菏泽非物质文化遗产概览

HEZE FEIWUZHI WENHUA YICHAN GAILAN

·上 册·

菏泽市政协文化文史和学习委员会
菏 泽 市 文 化 和 旅 游 局 编

中国文史出版社

图书在版编目（CIP）数据

菏泽非物质文化遗产概览 / 菏泽市政协文化文史和学习委员会，菏泽市文化和旅游局编 .-- 北京：中国文史出版社，2024.9. -- ISBN 978-7-5205-4855-7

Ⅰ．G127.523

中国国家版本馆 CIP 数据核字第 202421T2K4 号

责任编辑：程　凤

出版发行：中国文史出版社
社　　址：北京市海淀区西八里庄路 69 号　　邮编：100142
电　　话：010-81136606　81136602　81136603（发行部）
传　　真：010-81136655
印　　装：山东麦德森文化传媒有限公司
经　　销：全国新华书店
开　　本：787×1092　　1/16
字　　数：850 千字
印　　张：51.75
版　　次：2024 年 9 月北京第 1 版
印　　次：2024 年 11 月第 1 次印刷
定　　价：298.00 元（上下册）

《菏泽非物质文化遗产概览》
编审委员会

◆ 序　言

2022年12月12日，习近平总书记对非物质文化遗产保护工作作出重要指示强调，“要扎实做好非物质文化遗产的系统性保护，更好满足人民日益增长的精神文化需求，推进文化自信自强。要推动中华优秀传统文化创造性转化、创新性发展，不断增强中华民族凝聚力和中华文化影响力，深化文明交流互鉴，讲好中华优秀传统文化故事，推动中华文化更好走向世界”。挖掘菏泽丰富的历史积淀，传承弘扬非物质文化遗产，展现其厚重的本土人文，是历史赋予当代菏泽人的光荣使命和时代责任，是人民政协文化文史工作的价值追求和担当作为。

菏泽是“人文沃土”，历史悠久，文化底蕴深厚，人民群众在长期的生产生活实践中创造了数量众多、特色鲜明、形式多样的非物质文化遗产。截至2021年底，菏泽有人类非遗代表作项目1项（定陶皮影戏），国家级、省级、市级非遗项目分别有32项、112项、345项，省级以上非遗项目和传承人数量多年居全省首位。国家级非遗层面，有传统体育“佛汉拳”，传统美术“曹州面人”“鄄城砖塑”，传统音乐“古筝艺术”“鲁西南鼓吹乐”“弦索乐”，传统舞蹈“商羊舞”，传统戏剧“大平调”，传统曲艺“山东琴书”，民间传说“庄子传说”“牡丹传说”“尧的传说”，传统手工技艺“鲁锦织造技艺”等。菏泽非遗涉及音乐、体育、曲艺、戏剧、舞蹈、手工技艺等多个领域，可谓多姿多彩、百花齐放。

菏泽是中华文明发祥地之一，早在新石器时代，我们的祖先就在这里繁衍生息、渔猎耕种，创造着古代人类文明。菏泽最古老的非遗，非“商羊舞”莫属。“商羊舞”是模拟传说中商羊鸟动作的一种民间舞蹈，发源于鄄城县境内北部地区，流传于李进士堂镇、旧城镇一带，以李进士堂镇杏花岗村为代表。据考证，此舞源于商周时期，成熟于春秋战国时期，鼎盛于宋明时期。商羊并非“羊”，而是古代传说中的一种吉祥鸟，因此商羊也称商羊鸟。传说商羊本体是单脚的青鸟，是凤凰的近亲，属于凤凰羽族的一类。洪荒时期的商羊鸟修化成人形，实力十分强大，是上古十大妖帅之一，“商羊舞”源于旱灾时人们对商羊出现就有风雨降临的祈盼。由于商羊鸟在战国后再也没有见到，在长时间干旱缺雨时，人们便扮作商羊鸟，敲锣打鼓，模拟起舞，以祈求上天下雨，天长日久，逐渐形成了独具特色的“商羊舞”。

菏泽位于齐鲁文化圈、中原文化圈和黄河文化带的交汇处，当地文化具有兼容并蓄的特点。在漫长的历史流变中，经历了多次经济发展、人口变迁、宗教融合、战争洗礼……这里的文化既有齐鲁文化的厚重底蕴，又有黄河文化的开放性，正因于此，菏泽非遗呈现出门类齐全的特点。除历史悠久的“商羊舞”之外，菏泽地区的音乐造诣精深，其中“古筝艺术”是我国古筝六大派系之一，曲目丰富、内在刚劲、朴实优美。以唢呐为主奏的“鲁西南鼓吹乐”，则是当地节日庆典、婚丧嫁娶的“标配”。伴随说唱艺术发展而来的“弦索乐”，则因风格典雅而享“雅乐”之称。“曹州面人”“鄄城砖塑”等传统美术类非遗，则凸显出菏泽非遗“从民间来，到民间去”的优秀传统。“曹州面人”以食用面粉、糯米粉为主原料，从最初游方艺人走街串巷的即兴创作，逐渐演化为菏泽地区的代表性美术。“鄄城砖塑”则是始于清代光绪年间的砖塑技艺，当地多用此技法制作神庙、家祠等建筑的装饰构件。鲁西南深受孔孟思想影响，菏泽非遗具有浓郁的平民气息，乡村至今保留着具有深厚传统色彩的礼仪习俗，逢年过节、婚丧嫁娶、赶庙会、祭祖先，总讲究“礼、仁、义、孝”。菏泽传统音乐、舞蹈、曲艺、体育等，也与当地民俗息息相关，“鲁西南鼓吹乐”“大平调”等正是在此社会背景下发展起来的。

近年来，菏泽非遗频频“出圈”国际舞台，大放异彩，在传承与创新中焕发出勃勃生机，也孕育出产业发展的创新活力。“曹州刻瓷”作为民间一种独特的手工绝技，以瓷为纸，以刀作笔，让千百年前绘于绢帛、纸张上的山水花鸟、闲情逸致，以独具匠心的崭新面貌为更多人触摸、品鉴、感受，用白瓷、青瓷、骨瓷等瓷盘雕刻而成的花鸟鱼虫、山水亭台、仕女菩萨等，画面栩栩如生，绚丽多姿。“东明粮画”又称“福籽绘”，这是一项传承200多年的民间技艺，始于民间“围仓”和“花馍”的习俗。传统“粮画”通过巧妙利用五谷杂粮的自然形状和颜色，经过防腐防虫处理后，精心拼粘而成，画作所用的粮食、草籽、菜种等皆来自田间地头，传递了五谷丰登、国泰民安、金玉满堂、四季平安等美好寓意，被广泛应用于古代民间节庆或祭祀活动。“剪纸”既是菏泽重要的非物质文化遗产，也是手造产业的重要组成部分，近年来，在广大剪纸艺术家和从业人员的不断努力下，剪纸行业发展迅速，既有重量级作品斩获全国最高奖，为菏泽争得了荣誉，还有大量作品销往全国乃至海外，成为讲好中国故事、传递菏泽文化的重要媒介。“巨野工笔牡丹画”文脉流长，笔韵深厚，以菏泽牡丹为主要创作题材，在继承传统工笔技法的基础上，糅合现代工艺手段，精工细作而成，施笔严谨精湛，色彩绚丽多姿，凸显了牡丹雍容华贵的特点，集国花、国画、国礼于一身，堪称“不会凋谢的牡丹花”，已经成为菏泽特色文化的一张名片。

知来处，明去处，一个个非遗项目正是中华文明一步步走来的印迹，唯有守护好这些非遗才能奔赴民与国的美好未来。其中的每一项非遗，都代表了历史上的一个片段、一种智慧，是当时人们生活印记的活化石，也是中华民族一路走来的鲜活印记。保护非遗，就是保护我们的民族历史和共同记忆。而对非遗的保护和传承，更重要的是让它们活起来，让非遗走出学者研究和传承者的小圈子，被更多的人听到、看到、感受到，让历史传说代代相传，让古老技艺生生不息，让传统歌舞鲜活如初，让大众从非遗中得到文化获得感、提高生活幸福感。《菏泽非物质文化遗产概览》，由菏泽市政协文化文史和学习委员会、菏泽市文化和旅游局携手合作完成。一书在手，概览菏泽非遗。本书图文并茂，系统梳理介绍了菏泽 345 项市级以上非物质文化遗产的历史渊源、传承区域、表现形态、文化价值及存续状况，希望能够为讲好菏泽故事、促进改革发展略尽绵薄之力；也希望通过本书的出版，提高社会各界对繁荣发展文化事业和文化产业的关心关注，推动非物质文化遗产保护传承走向新阶段，让优秀历史文化为新时代菏泽的发展注入新动能、提升新魅力。

菏泽市政协党组书记、主席 王卫东

2024 年 10 月

◆ 凡　例

一、组成。本书内容由10个分篇组成，按现行地域排序惯例，依次为市直（含鲁西新区）、牡丹区、定陶区、曹县、成武县、单县、巨野县、郓城县、鄄城县、东明县。

二、编排。本书采用编目式，各分篇按非遗10个门类，依次为民间文学、传统音乐、传统舞蹈、传统戏剧、曲艺、传统体育游艺与杂技、传统美术、传统技艺、传统医药、民俗。

三、正文。本书集精揽要收录菏泽345项市级以上非物质文化遗产代表性项目，配图，后附“菏泽市市级以上非物质文化遗产项目名录”，数据内容资料截至2021年12月。

四、年份。公历年份(如：2022年)一般使用阿拉伯数字，朝代纪年(如：乾隆十二年)一般使用汉字。

五、数字。具有统计意义的数字(如：33%、50斤)一般使用阿拉伯数字，农历时间、谚语和约定俗成的词语(如：正月十五、十里八乡、两夹弦)中的数字一般使用汉字数字。

六、序号。文章层次标序，一级用一、二、三……；二级用（一）（二）（三）……；三级用1、2、3……；四级用（1）（2）（3）……同一段落内的序号使用①②③……（如：王氏正骨的手法主要有：①点，就是用拇指、中指和食指聚拢成三角形，均匀用力下点；②旋，就是用手肘尖顶住筋腱，按顺时针用力旋转；③拿，……）。

七、引文和注释。凡在文内说明出处的，一般不再标注（如:《史记·汉高祖本纪》中说:“甲午，高祖即位于泛水之阳”……;“天地尚不能久，而况于人乎？”(《道德经·第二十二章》)……)。

八、唱腔和板式。一般用“”，不用【 】或〔 〕(如:“流水”“垛子板”；不写成【流水】【垛子板】或〔流水〕〔垛子板〕)。

九、朝代和人物。一般用·分隔（如：唐·韩愈《师说》曰：……；不写成唐韩愈《师说》曰：……）。

十、戏剧和曲目等。用“”，不用《》（如：戏剧“打金枝”的主要内容是……；不写成戏剧《打金枝》的主要内容是……）。如：现在保留的昆曲剧目有“长生殿”“梧桐雨”“十五贯”……；不写成现在保留的昆曲剧目有《长生殿》《梧桐雨》《十五贯》……）。

十一、传人。一般各代用；（如：第一代，赵建中；第二代，赵宏宇；第三代，赵明学、赵连举；第四代，赵百通、赵百胜、赵百柱；第五代……）。特殊情况除外。

十二、文字。一般使用标准简化汉字。对于文章中出现的方言、俚语和其他语言表达习惯等，在编写中予以保留。

目录

【上 册】

市直（含鲁西新区）篇

牡丹区篇

定陶区篇

曹县篇

成武县篇

【下　册】

单县篇

巨野县篇

郓城县篇

鄄城县篇

东明县篇

菏泽非物质文化遗产概览

HEZE FEIWUZHI WENHUA YICHAN GAILAN

市直（含鲁西新区）篇

传统音乐

◆ 古筝艺术（山东古筝乐）

山东古筝乐，是中国古筝重要的组成部分，是全国很有影响力的主要流派之一，菏泽地区是山东古筝乐主要流传地。

筝，是我国古老的弹拨乐器之一，远在春秋战国时期就已存在，迄今有2000多年的历史，有着悠久的历史渊源，历朝历代不乏文艺作品折射出山东地区筝乐活动的影迹。

自清朝以来，筝在山东大地更是发展很快，特别是菏泽市的郓城、鄄城、牡丹区和聊城市的临清市一带普及甚广，有着广泛的群众基础，菏泽民间传有“城内大户多有瑟，城外村村都有筝”的说法。如今的时代，恰逢史无前例的经济文化大繁荣，在各界有识之士的关注和推动下，山东古筝乐迎来了又一次蓬勃发展的机遇。

山东古筝乐在长期流传过程中，逐渐积累了大量曲目，民间有“古曲十大套、小板曲七十二首、小曲五百首”之称。这些曲目因来源、结构、风格、表演形

古筝演奏

纪念一代筝艺大师赵玉斋先生诞辰一百周年音乐会

式等方面的不同，又可分为“大板筝曲”和“小板筝曲”。

大板筝曲来源于北方弦索乐遗存“碰八板”，采用结构严谨的“八板体”，节奏鲜明，音韵典雅，代表曲目有乐曲有汉宫秋月、隐公自叹、美女思乡、鸿雁夜啼、莺啭黄鹂、鸿雁捎书、夜静銮铃、清风弄竹等。而小板筝曲则主要从“山东琴书”和民间音乐中脱胎而成，结构多变、节奏丰富、流畅朴实，代表曲目有凤翔歌、天下同、大八板、叠断桥、呀儿呚、寒口垛、下河调、小金钱、五字开门、四字开门等。山东筝的传统演奏手法主要是右手弹，左手按，右手指法有托、劈、抹、挑、剔、勾、撮、摇、连托、双劈、双勾、双抹、花指等；左手指法有虚、实、点、空、揉、滑、吟、走等。右手多用大、食、中三个指演奏，常用的有托、劈、抹、勾、撮几种。

山东古筝乐在演奏形式上除独奏外，在菏泽还有与其他乐器合奏与伴奏两个方面。合奏是一种丝弦乐合奏，所用的基本乐器有筝、扬琴、琵琶、如意勾（一种弓弦乐器）四种，有时加进坠琴、软弓胡、二胡、简板、梆子等。伴奏，主要出现在“山东琴书”的伴奏当中，它在和扬琴、坠琴、软弓胡、琵琶、二胡、简板、碟子等组合的乐队中，起着跟腔送韵、加花变奏的作用，使说唱更为柔美华彩。近代，人们还把筝引进“两夹弦”“梆子”“柳子”等地方戏曲的伴奏中。

山东古筝乐的整体风格，恰合山东地域文化特征，稳健中有跌宕，铿锵中饱含热情、淳朴又不乏亮丽。山东古筝乐在发展之中，与当地的其他艺术门类联系紧密，受当地戏曲、说唱、民歌和其他器乐曲的影响较深，特别是和“山东琴书”关系最为密切。很多艺人本身就擅长演唱“山东琴书”。因此，山东古筝乐既有自己独特艺术风格的个性，又表现出和其他民间音乐相融的共性，深受各阶层人士的喜爱，表现出它雅俗共赏的审美特征。

山东古筝乐在长期流传过程中，经当地人民生活、语言、习俗之熏陶，受当地戏曲说唱、民歌小调的影响，久而久之，逐渐形成了具有华丽、柔美、刚劲、明亮、音韵浓郁艺术特点的山东筝派，涌现出一批有成就的民间艺人和古筝大师。

历代涌现的优秀古筝艺术家们，前赴后继地传承山东古筝乐，是其兴盛不衰的重要原因之一。从现知最早的筝家王乐涌开始，经黎邦荣、黎连俊、张为昭、张念胜、张应易、樊西雨等诸位前辈，再到当代的赵玉斋、高自成、韩庭贵、赵登山等筝艺大师，无一不是在身体力行、殚精竭虑地继承和传播山东古筝乐。

新中国成立以后，多位鲁籍筝家走出山东，陆续进入全国各地的音乐院校传道授业。这其中，赵玉斋和高自成两位先生的贡献尤为突出：赵先生将山东古筝带到沈阳音乐学院，培养出阎丽、杨娜妮、王晓红、张松、高亮等优秀筝家，几代人精耕细作，根深叶茂，影响致远。高先生将山东古筝带进西安音乐学院，为西北地区的筝乐发展奠定了坚实基础，培养出曲云、樊艺凤等知名筝家，而其子高武钢先生作为山东筝嫡系传人，更是深得其父真传。

由此，山东古筝乐从单一的“民间传承”状态，拓展出“院校传承”的新模式，成为中国古筝发展史中浓墨重彩的一笔，进一步促进了中国筝乐艺术的发展，也奠定了山东古筝乐在中国筝乐之林的重要地位。

当代山东古筝乐在本省的传播和发展，韩庭贵先生厥功甚伟，他长年执教高等艺术院校，基于传统勇于创新，培养出大批优秀传人和后辈。在民间，季玉玺、张守义、黎并香等先生，多年如一日地坚守和传承山东古筝乐，功不可没。而作为音乐研究者的牛玉新、苏本栋等先生，更是为山东古筝乐的理论建设、推广宣传作出了重要贡献。

艺术研究价值。山东古筝乐繁多的传统曲目及寓意深长的筝曲和富有特色的演奏技法，历史悠久，影响深远，在国内外享有盛誉，有着较高的教学和学术研究价值。中央音乐学院、中国音乐学院、台湾艺术大学等高等音乐艺术院校，均把山东古筝乐作为教材。《中国民族民间器乐曲集成·山东卷》是国家艺术科研重点项目，该《集成》所选 86 首筝曲，菏泽 73 首，聊城 13 首。另外，历年来，国内外一些音乐研究机构和高等音乐艺术院校的专家、学者、学生等，都曾慕名来菏泽采风，同时菏泽市文化馆等相关单位，还积极组织山东古筝乐外出展演交流，充分发挥山东古筝乐所具有的审美价值和对外交流价值。

实用价值。随着近年来保护传承工作的持续发力和群众文化活动的持续开展，山东古筝乐的实用价值、欣赏价值日益凸显。通过持续亮相各种舞台，加之寓意深长的传统曲目和古朴的音韵以及纯朴而又有难度的指法，得到了不同阶层、不同年龄段的认同与喜爱，山东古筝乐群众基础愈加巩固，更显示出所具备的鉴赏价值，对丰富人民群众的精神文化生活，提高群众对中华民族优秀传统文化的重视程度，保护传承民族民间传统艺术，发挥着重要的促进作用。

◆ 弦索乐（菏泽弦索乐）

弦索乐，是山东省传统民间音乐，属于丝弦乐乐种，又称“弦乐”“细乐”“弦诗”，流行于我国北方、南方和中原一带。这种组合形式最早见于宋元时期戏曲、

菏泽弦索乐表演人才培养师生合影

琴筝清曲古乐社演奏弦索乐《高调风》

曲艺的伴奏，常用的乐器有筝、琵琶、扬琴、三弦、胡琴等，乐器组合形式多样，乐器之间进退有致、跌宕起伏，形成的复调音乐极具中国特色，因此又被西方媒体称为“东方交响乐”。

菏泽弦索乐是鲁西南地区著名的传统民间音乐之一，源远流长，音乐风格古朴典雅，旋律曲调优美动听，乐器编制形式多样，并具有浓郁的地域民间音乐色彩，具有极高的学术价值、艺术价值和欣赏价值，主要分布在山东省菏泽市的郓城、鄄城等县区的乡村，也是一直在民间活态传承至今的“北方风格”的弦索乐。

菏泽弦索乐在“琴筝清曲”时期，主要演奏乐器有古琴、古筝、琵琶、奚琴。清中叶以后的“小曲子”时期，主要乐器仍保留古筝、琵琶、奚琴（如意勾），古琴改用扬琴（蝴蝶琴）。清代末年的“小曲子”，因出现了“撂地说书”的职业演唱，民间弦索乐使用的乐器也发生了变化。除了古筝、琵琶、如意勾以外，又增加了木筒坠琴。扬琴由原来的双迷子打琴，改为一手打琴，一手挎板击节。至民国初年，又增加了软弓胡、雷琴等乐器，木筒坠琴也逐渐被铜筒坠琴所取代。新中国成立后，随着弦索乐曲目的不断丰富，使用乐器依据表演曲目的不同也有所增减。目前主要演奏乐器有古筝、扬琴、琵琶、如意勾、软弓胡、二胡、雷琴、坠琴、板胡、笙、大阮、云锣、碰铃等。

菏泽弦索乐曲体主要分为大牌曲、小牌曲，以及在此基础上嬗变出的弦索

琴筝清曲古乐社演奏弦索乐《乡音和鸣》

乐歌。①大牌曲，又称“古曲”或“大曲”，这类曲目均为“八板体”，结构规整，古朴典雅，亦称为“雅乐”。相传有古曲十大套，每套由8首乐曲组成。代表曲目为“碰八板”，由汉宫秋月、美女思乡、鸿雁捎书、莺啭黄鹂、琴韵、风摆翠竹、夜静銮铃、书韵8首曲目组成。②小牌曲，亦称“小曲”，主要是来自琴筝清曲的牌子曲和民间曲牌，还有一部分是由地方戏曲音乐改编而来的乐曲。这类小曲有200余首，乐曲长短不一，结构灵活，具有浓郁的民间色彩。来自琴筝清曲牌的有凤阳歌、上河调、叠断桥、汉口垛、湖广调、江流水、大金钱、小金钱、银纽丝、乡音和鸣等；民间曲牌的有八板、降香牌、梳妆台、打场卦、五字开门、六字开门、尺字开门、工字开门、对开门等；由戏曲音乐改编而来的有混江龙、海丽花、高调风、东柳腔等。③弦索乐歌，这是一种弦索加歌唱的乐歌形式，亦称“琴曲”或“琴歌”，代表曲目有苏堤月、牡丹吟。

菏泽弦索乐伴随着“琴筝清曲”的流传与发展，逐渐演变为一个独立的民间乐种。几百年来，经过历代艺人口传心授、代代相传，在菏泽一带的郓城、鄄城，逐步形成了众多的民间班社。近年来，在弘扬民族优秀传统文化的大背景下，省内外多所专业院校相继开设菏泽弦索乐专业课堂，逐步走向专业化传承。

东鲁雅乐团，该乐团由雷琴创始人、弦索大师王殿玉先生与其弟子赵玉斋、高自成、韩凤田、郑西沛、谭永和、陈保贞以及好友古筝大家张为昭、琴曲大家高克奇等人组成，于1944年在家乡山东郓城发起成立。乐团会聚了众多弦索、筝乐大师，是菏泽弦索乐发展史上具有里程碑意义的团体，为菏泽弦索乐的传承打下坚实的基础。

鄄城霍庄村班社，霍庄村位于菏泽市鄄城县中东部。近百年来，这里涌现出了一大批优秀的民间弦索艺人，该班社可考历史可追溯至19世纪中叶，经过百年传承，现已传至第七代，他们植根民间土壤，学习众家之长，为菏泽弦索乐的传承和发展做出了突出贡献。其中，两位已故菏泽弦索乐的省级非遗传承人张心善、张效伦均生活于此。

鄄城县张菜园村班社，自20世纪30年代起，该班社常年活跃于郓鄄交界一带，主要代表人物有张念胜、张念中、张良之、张应易、张守义等。其中，该班社成员张应易曾多次受邀赴北京、济南参加弦索、筝乐交流活动，并与张良之于1985年受邀参加在菏泽举办的鲁西南民乐调研活动，是菏泽弦索乐从民间走向公众舞台的重要事件。

郓城县苏楼村班社位于菏泽市郓城县西南部，是当地著名的民间弦索班社。该班社现有艺人20余人，均来自附近的潘庄村、苏楼村、何堂村、新复街村等。艺人皆为当地农民，闲暇之余，相聚一起操琴玩乐，该班社现今发展状况良好，从艺经历多为师承或家传。

菏泽学院弦索乐班，菏泽学院音乐与舞蹈学院于2013年将菏泽弦索乐引入课堂并纳入音乐表演专业培养方案，作为中国乐器演奏专业学生的必修课之一，充分发挥了自身特色和优势办学条件，实现了菏泽弦索乐在专业教育领域内的有效传承和发扬。

青岛“迷胡”文化馆弦索乐团，乐团成员来自青岛各院校音乐教师，他们均有着专业音乐院校毕业的业务能力和爱好民间传统音乐的志向，对山东菏泽弦索乐情有独钟，他们相聚一起，研究交流，举办各种类型的演出活动，在社会上产生重要影响。

菏泽市琴筝清曲古乐社成立于2011年，乐社集中了一批菏泽优秀的民间艺术家，成立以来，整理恢复了一大批弦索乐优秀传统曲目，并改编创作了一批现代曲目，先后参加了第十届、第十一届中国艺术节和多项全国大型艺术演出活动，荣获多项荣誉。并应邀在中央音乐学院、中国音乐学院、中国戏曲学院、西安音乐学院、四川音乐学院、浙江音乐学院和台湾艺术大学、台湾大同大学、台湾世新大学等 20 余所高校做学术交流演出，在全国产生重要影响。

2019 年，国家艺术基金资助项目《山东菏泽弦索乐表演人才培养》在济南大学正式启动，该项目共录取来自全国各地 30 名学员，其中，既有来自国内一流专业高等院校的教授、副教授以及青年教师，也有来自地方专业院团的一线演奏员及在校研究生，他们均具有扎实的民族乐器演奏功底和音乐理论研究基础。经过为时 3 个月的集中培训，学员较为扎实地掌握了菏泽弦索乐的演奏和知识，为菏泽弦索乐在高校的传承提供了有力的平台。

◆ 黄河号子

黄河是中华民族的母亲河，黄河自河南入鲁，途经菏泽市的东明、牡丹区、鄄城、郓城四县区。鲁西南黄河河段是有名的悬河和豆腐腰险工河段。为防黄河水患，沿黄人民在修复黄河大堤和黄河航运中，逐渐形成了一种伴随集体劳动的歌唱——黄河号子，这是沿黄人民的劳动之歌，是菏泽地域黄河文化的一朵奇葩。

鲁西南黄河号子是应用于宏大劳动场面具有地方特色的民间歌谣，在人们

1947 年，党和政府带领人民治理黄河，数万民工在黄河大堤拉夯硪呼喊黄河号子

郓城沿黄村庄当年的老号工

参与集体协作性较强的劳动中，为便于协调指挥，统一劳动节奏，协调劳动动作，调节劳动情绪而唱。这是一种口头即兴创作，无任何乐器伴奏，属原生态的喊唱方式。曲调粗犷豪迈，情绪热烈奔放，节奏明快有力，具有浓郁的乡土气息。

黄河治理有不同的工种，鲁西南黄河号子也相应分成许多类别，主要有硪工号子、埽工号子、船工号子、搬运号子等，各种号子丰富多样，异彩纷呈。喊唱的内容多种多样，包含了哲人箴言、文人诗作、先知告诫、历史故事和民间故事。歌唱的形式既有合唱，又有领唱独唱，但最常见最典型的还是“一领众和”的歌唱形式。领唱者是集体劳动的指挥者，既具号召力，又有凝聚力，合唱者要绝对服从领唱者的口令，与领唱者配合一致。合唱的内容大多是衬词或重复领唱中的片段唱词。队形组合，步伐步态，形态各异。

作为一种非物质文化遗产，作为即将消失的绝唱，黄河号子具有独特的艺术魅力。黄河流域生态保护和高质量发展是国家战略，黄河号子是鲁西南最具标志性的文化符号，是黄河文化的主要内容之一，仍有长期存在的独特精神价值、音乐艺术价值和历史文化价值。

◆ 鲁西南黄河夯硪号子

菏泽是黄河入鲁第一市，黄河在境内全长 185 公里。地处黄河冲积扇裙核心带的菏泽，也位居黄河决口“摆尾”的频发区，在大河奔流的漫长时空里，菏泽人民一直都在苦苦找寻与黄河的相处之道。劳动人民在抵御黄水侵害而修筑堤坝或建屋打地基过程中，为了共同协作，统一步调，缓解疲劳，提高士气，即兴喊唱的一种娱乐形式被称为“硪号”。硪号全称鲁西南黄河夯硪号子，这是菏泽地域黄河文化中劳动人民集体协作的结晶。

人们在与大自然搏斗中，夯土垫基时发出的呼喊声，形成了最早的劳动号子雏形。秦《吕氏春秋》记载：“今夫举大木者，前呼‘邪许’，后亦应之”，此谓举重之歌。《宋史·河渠志》记载，“凡用丁夫数百或千人，杂唱齐挽”，这种“杂唱”就是劳动号子。至清代、民国时期，劳动号子日趋成熟，黄河修堤必喊号，城乡盖房不打哑巴夯，边打夯边喊号。解放之初的50年代和60年代，党和政府带领人民治理黄河，几次修复黄河大堤，工地上红旗招展，人山人海，雄壮巍峨的黄河夯硪号子惊天动地，与波涛汹涌的黄河之水交相辉映。

鲁西南黄河夯硪号子是一种口头即兴创作，无任何乐器伴奏，属原生态的喊唱方式。在修复黄河大堤宏大劳动场面中，为便于协调指挥，统一劳动节奏，协调劳动动作，调节劳动情绪而唱。曲调粗犷豪迈，情绪热烈奔放，节奏明快有力，具有浓郁的乡土气息，是鲁西南具有地方特色的民间歌谣。

埽工在黄河大堤打桩加固堤防

◆ 雷琴艺术

雷琴，是民族弓弦乐器中个性和特色最为鲜明的乐器之一。它是在山东民间坠琴的基础上发展起来的，距今已有100多年的历史。雷琴的创始人王殿玉先生，是山东菏泽郓城县徐桥村人，他创造的雷琴艺术和他那天才的演奏技艺，在20世纪20年代就已风靡国内外。他用雷琴仿奏的京剧和地方戏唱腔，以及人言哭笑、动物鸣叫等自然界音响无不惟妙惟肖。被誉为“稀有之奇才，罕见之绝技”，称他是“丝弦圣手”“丝弦大王”。

自20世纪20年代起，王殿玉先生演出足迹遍及大半个中国，他先后在上海、北京、天津、沈阳、张家口、石家庄、太原、西安、成都、重庆、贵阳、昆明等地巡演，他用雷琴既模仿人声歌唱，如京剧和地方戏的唱腔，韵味十足，惟妙惟肖；又模仿自然界各种声响，如人言鸟语、鸡鸣犬吠、笙管唢呐、锣鼓军号等，所到之处无不令人叫绝，所到之处，均有报界撰文介绍，称赞他高超的演奏技艺。其代表作有“六畜兴旺”、京剧“二进宫”“苏三起解”等。1940年前后，王殿玉先生与众位弟子共同创建了“东鲁雅乐团”，极大地推动了雷琴艺术的发展。

雷琴创始人王殿玉

雷琴艺术历经百余年的传承与发展，已成为民族器乐大

雷琴艺术省级传承人孔鲁顺在第十一届中国艺术节上领奏《高调风》

家族中的重要一员。雷琴艺术在其流传发展过程中，与当地的戏曲、曲艺和民间音乐相融合，逐渐形成了器乐和声乐、演奏和模仿相结合的演奏方法，在中外器乐中独树一帜，有着独有的审美品格和较高的学术价值、艺术价值和欣赏价值。

但随着时代发展和社会变革，尤其是改革开放后，市场经济对传统文化的冲击，使得一些传统的民间艺术生存空间逐渐缩小，雷琴艺术在民间的传承，也出现了人才断层。值得庆幸的是，近年来，在党和政府为弘扬中华优秀传统文化的大力推动下，一些有识之士和雷琴艺术的爱好者，对雷琴艺术做了许多挖掘、抢救、继承和弘扬的有益工作。

新中国成立后，王殿玉先生的传人赵玉斋、韩凤田、王福立、赵登山等，曾多次去美国、法国、德国等国家和中国香港、中国台湾等地区作访问演出，他们所演奏的雷琴均受到海内外观众的一致好评。中国音乐学院、中央音乐学院等各大音乐学府，均把雷琴艺术作为专业教学内容，在国内外多次举办雷琴音乐会和学术研讨会。1999 年，在王殿玉先生诞辰 100 周年之际，在山东郓城举行了隆重的纪念仪式，来自中央音乐学院、中国音乐学院等全国各地的雷琴艺术家和爱好者参加了这一盛会。2021 年，郓城县人民政府在县城宋金河畔，为王殿玉先生竖立铜像，王殿玉先生的弟子们在他的家乡郓城县徐桥村为其竖立纪念碑，以此来纪念这位雷琴艺术的一代宗师。

目前，雷琴艺术在全国有着众多的爱好者和一些民间社团传承研究机构。有影响的组织是菏泽市琴筝清曲古乐社、青岛迷胡胡琴文化馆、湖南省雷琴学社、中国音协雷琴研究会等，这些组织都在为雷琴艺术的传承与发展做着积极的推广和传承工作。

◆ 软弓胡音乐

软弓胡，又名“软弓京胡”，民间俗称“二股子”，是中国民族弓弦乐器中独具特色的民间乐器之一，它是在清代乾隆年间，由蒙古传入中原的一种弓弦乐器，距今已有 200 余年的历史。

清乾隆年间京剧形成后，软弓胡琴被用于京剧皮簧腔的伴奏。后经胡琴乐师不断加工改进，将软弓子改为硬弓，成了京剧的主要伴奏乐器——京胡。但流传在菏泽民间的软弓胡琴，却在南路山东琴书和菏泽弦索乐的演奏中，被保存了下来。

软弓胡由琴杆、琴弦、琴弓、琴筒（含蛇皮）、琴码等部分组成。琴杆一般长度为 49~50 厘米；琴筒为圆形，筒长 11.5~12 厘米，琴筒内直径 3.6~4 厘米；琴弦过去使用丝质琴弦，外弦用子弦，内弦用二弦，现在通用特制的金属弦；

软弓胡传承人胡化山

软弓胡传承人王振刚、孔鲁顺

全国首届软弓胡培训班师生合影

琴弓为特制的软弓，弓子的前端弯度弧形较大，弓子的长度一般为 60~80 厘米。

软弓胡不同于其他弓弦乐器，它独特的软弓所创造的沥弓技法（嘟噜弓），不仅能模仿唢呐等乐器的音效，还能模仿各种鸟语虫鸣等自然界音响，在胡琴家族中个性鲜明，独树一帜。软弓胡音乐的传承人、弦索筝乐艺术家赵登山先生在国内外讲学演出时，他拉的“百鸟朝凤”“笛笛歌”等软弓胡曲目，音乐风格诙谐、俏皮，音色高亮、饱满，其奇妙的音响效果，引来观众阵阵喝彩。

由于软弓胡的演奏曲目和它在乐队中的独特音色，形成了软弓胡艺术独特的艺术风格和鲜明的艺术个性，具有音色明亮、穿透力强、雅俗共赏的艺术特征。

近几年来，软弓胡在菏泽市琴筝清曲古乐社演出的弦索乐“乡音和鸣”“对开门”“海丽花”等一批新创曲目中频繁使用，随着乐社在省内外的交流演出，软弓胡的频频亮相，引起了省内外音乐界的广泛重视，一些音乐学院和高校的胡琴老师，也纷纷慕名来菏泽学习软弓胡的演奏技艺。

尤其是乐社参与了济南大学承办的国家艺术基金项目“山东菏泽弦索乐表演人才培养”，来自全国各地的学员，把弦索乐和软弓胡音乐也带到了全国各地。乐社还与青岛迷胡胡琴文化馆联合举办了三届“全国软弓胡音乐培训班”，更是对软弓胡音乐的发展起到了积极的推动作用。

◆ 古琴艺术

古琴，又称琴、瑶琴、七弦琴等，是中国传统拨弦乐器之一，其可考证的历史有3000年之久。

古琴历史悠久，《礼记·乐记》记载："昔者舜作五弦之琴以歌《南风》。"周朝时，《诗经·国风》中常出现与琴相关的诗句，说明古琴在周朝已经是一件民间常见的乐器。

古琴一般长约三尺六寸五，象征365天；面圆底扁，象征天地；琴身与凤身（也可说与人身）相应，有头、颈、肩、腰、尾、足。琴弦琴面从外向内由粗及细缚弦七根，古时琴弦用丝质制成，今多用钢弦。

古琴在琴、棋、书、画中居于首位。其内涵深邃，充分彰显我国传统文化的品格。"和雅""清淡"是琴乐标榜和追求的审美情趣，"味外之旨、韵外之致、弦外之音"是琴乐深远意境的精髓所在。寄寓了文人凌风傲骨、超凡脱俗的处世心态。

表演特点：古琴演出形式古朴简便。表演形式多为独奏，也有琴箫（筝）合奏等。演奏时将琴置于桌上，右手拨弹琴弦，左手按弦取音。演奏技法繁多，右手指法有主要为擘、托、抹、挑、勾、剔、打、摘及其不同的组合，如轮、锁、叠涓、撮、拂、双弹、打圆等；左手主要分为按音与滑音两种。

曲目特点：古琴的演奏曲目题材、内容丰富。多以经典传统古曲为主。有表现人物故事的"广陵散"，有体现自然景物的"阳春"，有隐逸怀古的"山居吟"，有神话哲理的"庄周梦蝶"等。也有部分经过琴家改编，具有现代艺术气息的音乐。

音乐特点：音乐风格多样。既有表现平静、大气、与自然融为一体的"高山"，也有表现古代帝王恢宏大气的"神人畅"，具有较强的艺术表现力。

古琴曾一度备受冷落，近20年有所恢复和发展，琴人之间交流观摩不断增加，各琴派风格兼收并蓄，逐渐亦有艺术化和表演化的发展新趋向，对古琴自古以来依琴人口传心授方式在读谱与打谱间代代相袭的传统，及由琴社、流派等所形成的古琴自然生态空间有一定的影响。古琴演奏、斫琴等专业人员，以及古琴爱好者日渐增多。

随着传统文化的复兴，菏泽乃至全国，古琴艺术正在逐渐复苏。具有山东地方风格的诸诚派，以及江苏广陵派等著名的琴派在菏泽当地有一定的影响。菏泽市县区古琴馆、研究机构和习琴者不断增多。在项目保护单位的大力推动下，菏泽的古琴交流展示活动日益频繁，举办菏泽市“非遗·琴韵”专场演出、“太古遗音”古琴名家全国巡演音乐会、市古琴文化艺术展、牡丹琴会等系列古琴艺术交流活动。同时致力于古琴文化历史研究，整理琴曲“华胥引”“南风歌”等，录制琴曲，出版“曹州清音”专辑，开设“二十四节气+古琴”专栏，对普及推广菏泽古琴艺术起到了积极的作用。

太古遗音古琴名家全国巡演菏泽站演出剧照

琴箫合奏《梅花三弄》参加牡丹琴会演出剧照

传统戏剧

◆ 山东梆子

山东梆子，又名“高调梆子”，简称“高梆”。距今已有400余年的历史。其中以菏泽（旧曹州府治）为流行中心的，习称“曹州梆子”；以济宁、汶上为流行中心的，习称“汶上梆子”“下路调”。旧时统称其为“高调”。与平调、莱芜梆子，以及“沙河调”都有一定的血缘关系，而与“豫东调”“祥符调”的关系更为密切。

山东梆子剧目内容丰富，题材广泛，经常上演的剧目有近千出，涉及群众生活各个领域。传统剧目散发着特异的泥土香气，地方色彩浓郁。有神话传说、家庭伦理、男女爱情、民间生活、历史故事等，深受群众欢迎。其中，基本剧目有老十八本、十七山、十二关、六州、五阵、四大征等。民间盛传“拆房卖砖也得看三金牙的‘莲花庵’”“看了‘牧羊卷’，三天五天不吃饭”等，充分体现了山东梆子为群众所喜闻乐见的民间性特征。除此之外，山东梆子还吸收借鉴了其他声腔的演出剧目。

山东梆子唱腔音乐属板式变化体，唱腔板式、曲牌丰富，唱词结构为上下句式。以七字句和十字句为主，也有数字不等的长短句及分逗不规则的唱词。男女声腔同宫同调，都是七声音阶徵调式。一些脍炙人口的唱腔也通过观众之口放声于鲁西南平原、泰沂山乡，形成了历经多年的文化特质和风采。对研究中国北方戏曲音乐具有不可替代的重要价值，对中国民族音乐具有持久的借鉴作用。演唱及道白的音韵基础属汉语北方方言语音的范畴，在山东方言中又归属“西鲁区”的语音片区，语音声调上基本使用“中州调”的四个声调类，无入声。以郓城、巨野、鄄城、成武一带为基础语音并剔除一些纯土俗的字眼读音，使之渐趋规范。演唱中有较严格的“尖团字”区分，韵白上口，对研究北方地

山东梆子传统经典剧目《五凤岭》赴香港参加中国戏曲节

方方言及音韵有重要的参考价值。

山东梆子表演程式丰富而又规范，角色行当齐全，注重技巧，动作粗犷，节奏强烈，载歌载舞，虚实相生。传统上角色行当是按生、旦、净、末、丑五种行当划分的，后来又按照“五生四旦四花脸”三大门头十三行的体制规范。现行的角色行当体制，分属生、旦、净、丑四大门类，细分31种行当类型。其表演程式分为个体程式、技巧程式和套路程式。“个体程式”较为单一，如山膀、云手、推圈、踹拎起、外撇连儿、缠丝腿、母鸡旋窝、恨脚、气色等，各行当都有基本的规范要求。“技巧程式”又分为一般性技巧和绝技性技巧。腰功、腿功、基本功、软毯子功、硬毯子功和桌子功是一般性技巧，还有翎子、甩发、髯口、水袖、折扇、手帕、大辫、笏板、出手等技巧或可称为特技。而沿铡、爬杆、滚棚、吊辫子、夹鸡蛋簸米则属于绝技性技巧，它带有汉代“百戏”的遗风成分。“套路程式”一般是指“把子”和“荡子”，以及“拉山门”“马趟子”“走边”一类。许多行当角色特用的身段技功，吸收了民间的优秀武术文化，为研究民间历史文化、地方戏曲表演艺术有不可低估的作用，有较高的艺术欣赏价值。

同时，山东梆子脸谱丰富，可细分为“红脸”“黑脸”“白脸”“小花脸”及

大型现代戏《古城女人》荣获第十四届文化新剧目奖

山东梆子大型现代戏《山东汉子》荣获第十一届文化新剧目奖

其他“勾脸”等种类。有一些固定的专用脸谱，具有较高的美学价值和收藏价值。

早期，山东梆子文场乐器由大弦、二弦、三弦三件组成。目前，换用板胡、二胡作主要伴奏乐器，逐渐增添了笙、阮、琵琶、笛等乐器伴奏。打击乐器主要由板鼓、大锣、小锣及钹四件乐器组成。还有大、小堂鼓，云锣，木鱼等。枣木梆子是为击节乐器。

山东梆子浸润着豪放婉约兼具豁达柔美并存的民风民俗，承载着齐鲁文化博大精深的底蕴重负，具有地方色彩鲜明的艺术特征。其流派之一的曹州梆子，与豫东调、祥符调、沙河调的艺术交流，扩大了山东梆子的流行区域，增强了艺术表现力，吸引了更多的观众，改善了剧种表现风格单一的局面，在声腔艺术和程式技艺上也得到了明显的发展，为鲁豫两省文化交流做出了贡献。山东梆子剧目内容多体现着中华民族的传统美德，演绎着中国人民的纯朴正直，对推动社会发展、塑造社会人文精神，弘扬优良传统道德规范有着重要的教育价值，对增强社会凝聚力，增进民族团结和社会稳定意义深远。民间传说、历史故事题材等剧目，映射出汉民族历史文化轨迹，体现了人民群众的思维方式和文化意识。在传播文化、保留和继承民间有价值的历史传说、人物掌故等方面起到了宣传作用，对研究我国古代文化，特别是民风民俗和地方文化有重要的参考借鉴价值。

目前，由于老艺人相继谢世，演员青黄不接，该剧种的发展、传承和存续面临严峻局面，对这一古老剧种保护与挖掘到了刻不容缓的地步。近年来，为培养后继人才，山东省部分市地相继建立戏曲学校、培训班和艺术学校。如山东省戏曲学校、菏泽戏曲学校、菏泽地区戏训班（菏泽艺术学校前身）、泰安地区戏训班（泰安市艺术学校前身）、济南市艺术学校、济宁艺术学校等，且设立山东梆子专业。菏泽各县的戏曲培训机构尤多，招收山东梆子专业学员，培养出一大批戏曲人才，在山东梆子的发展和剧种的传承方面做出了积极的贡献。

◆ 枣 梆

枣梆，原名“本地傗”（zhǎo），本地傗即指本地的山西梆子腔，系山西上党梆子流入山东菏泽后，受当地语言影响逐步演变发展而成。旧时贬称山西人为“傗”，故称山西传入的梆子为“傗梆”。1960 年，谐其原音，并因以枣木梆击节伴奏，便将剧种定名为“枣梆”。

枣梆剧目内容丰富，形式多样，今存传统剧目 80 余出，充满了扶正惩恶、清正爱民、侠肝义胆、尊老爱幼的传统美德，具有较高的艺术性和观赏性。对

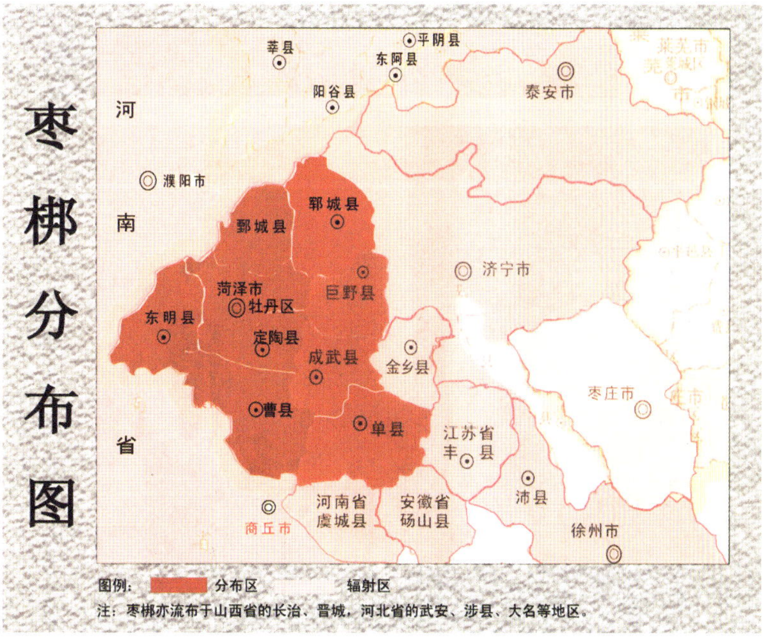

枣梆分布图

枣梆传统剧目《徐龙铡子》赴香港参加中国戏曲节

枣梆大型现代戏《草根大师》进京参加大运河文化带精品剧目展演

枣梆现代戏《生儿容易养子难》剧照

推动社会发展、塑造新的当代人文精神，起到了不可低估的作用。剧目多为历史题材，反映了不同时代文化背景和群众生活，群众喜闻乐见，如“荐诸葛”“连环计”“天波楼”“坐北楼”等；另有取材于民间传说故事的剧目，如“珍珠塔”“五花马”和神话剧“无底洞”“雷峰塔”等。枣梆还有一些在山东其他剧种中罕见的剧目，如“桃花洞”“小过山”等，生活小喜剧如“打城隍”“晒鞋”等，多为以“三小”（小生、小旦、小丑）为主，还有些唱皮黄、唱罗罗的和唱昆腔的剧目。另外，枣梆还曾有“三开膛”等运用“彩具”表现惊险刺激的“彩戏”，已不再演。

整理改编的传统剧目和新编历史剧有“徐龙铡子”“狄青借衣”等。菏泽人民剧社二组演出的现代戏“小二黑结婚”，当时在农村展演中有较大的影响。新中国成立后，演出的现代戏还有“白毛女”“党的女儿”“柯山红日”等。新创作演出的现代戏“牡丹向阳开”“光棍苦乐记”等剧目，贴近生活、贴近群众、贴近现实，既反映了鲁西南人民丰富多彩的生活又充分展示了当地的风俗文化，对研究我国北方广大地区的民风习俗、风土人情具有重要的参考价值。同时，创作演出了现代戏“牡丹向阳开”“全家红”“生儿容易养儿难”等及新编历史剧“包公卖官”等，这些剧目分别在全国及省、市戏曲汇演中，获得诸多奖项。

枣梆的唱腔，既高亢激昂又委婉活泼。旦角花腔，更为优美动听。枣梆各个行当演唱时都用大本腔（本嗓）与二本腔（假声）相结合的唱法，真假嗓结合，真嗓吐字，假嗓拖腔，而且真假嗓变声截然，由真嗓突然翻高而成假嗓，这个假嗓拖音甚长。黑脸、红脸的唱腔尾音，用假声“立嗓”，翻高八度，拖腔皆用“啊”“欧”音；小旦、小生的拖腔皆用“咦”“呀”声，自有独特风韵。民间就有“不吃饭不喝汤，也要听本地枣的咦呀腔”的说法。

枣梆属于梆子系统板腔变化体的剧种，有丰富的板式和曲牌，曲调流畅，表现力强。唱腔板式有“倒反拨”“靠山吼”“二八铜”“紧铜”“小栽板”“尖板”“哭迷子”“金钩挂”“流水花”“二板”等；专戏专用的唱腔有“奏曲调”“娃娃调”等；丝弦曲牌有“扬州”“大救驾”等数十个；唢呐曲牌有“朝元歌”“倒春联”等 20 余个。

早期的枣梆班社仅十六七人，行当划分和角色分工不严格。如演红脸、黑脸为主角的剧目，旦角演员即扮演家院或“把子”（龙套）；无专行丑角，均由其他闲角兼演。后渐有生、旦、净等行当分工。目前，枣梆剧种的生、旦、净、末、丑行当齐全，阵容整齐。表演程式生、旦、净、丑各行，互不相同。旦行讲究："青衣走，大甩手；小旦走、风摆柳"。再如"推圈"，系边推边走，各个行当出手的具体要求是：花脸过顶，红脸齐眼，武生齐眉，小生齐口，老生齐肩，旦角齐胸，武丑齐腹。经过长期的舞台演出实践，吸收、融化，形成了本剧种粗犷、豪放的独特艺术风格。

枣梆脸谱丰富，可细分为"红脸""黑脸""白脸""二花脸""小花脸"及其他"勾脸"等种类。有一些固定的专用脸谱，具有较高的美学价值和收藏价值。

枣梆的音乐伴奏，起初为"头把弦（锯琴）、二把弦、三把弦"，后来逐渐吸收了笙、笛、三弦、二胡、琵琶、大提琴等乐器，其音乐伴奏既豪放激昂又缠绵柔和，形成雅俗共赏的独特魅力。打击乐器与山东流行的其他梆子剧种大致相同，有时加霸王鞭伴奏，在其他剧种中不多见。主奏乐器多为演奏艺人自制，具有较高的艺术价值和使用价值。

近年来，为使枣梆剧种得到行之有效的保护和传承，菏泽市地方戏曲传承研究院对枣梆传统曲牌、音乐唱腔和传统剧目进行了抢救、挖掘，先后整理出版"枣梆唱腔音乐选粹""曹州地方戏唱腔集锦""曹州地方戏名家名段"等一批珍贵的文字、音频（像）资料；恢复演出诸多传统经典剧目"徐龙铡子""珍珠塔""蝴蝶杯""凤冠梦""游西湖""天波楼""姊妹易嫁"等，移植改编剧目"生死牌""海瑞赶考""借妻"等，并进行数字化处理并建档存储，并由齐鲁音像出版社出版发行"菏泽市地方戏曲传承研究院创作演出剧目合集"。创作演出了"生儿容易养儿难""包公卖官""走出大山""草根大师""站台""老兵"等优秀传统剧目、新创剧目及小戏曲百余部。创作排演的"生儿容易养儿难""包公卖官""走出大山"先后荣获文化部优秀剧目奖、山东省精品工程奖等奖项。"枣树情"获山东省第十届精神文明建设"文艺精品工程"优秀作品奖、全省"喜迎十八大 相约十艺节"展演优秀剧目奖；"草根大师"荣获山东省泰山文艺奖戏剧类一等奖，入选山东省地方戏振兴与京剧保护扶持工程、京杭大运河文化带精品剧目展演、全国梆子声腔优秀剧目展演等，多次晋京赴省演出。

现如今，枣梆活动阵地日趋缩小，观众数量急剧萎缩，一些演出经验丰富的老艺人、老艺术家年事已高，青年演员寥寥可数，青黄不接，授徒传艺显得势单力薄，造成了一些表演技艺难以传承的局面，只有加紧研究从各方面以各种途径、形式培养枣梆接班人，才有可能扭转枣梆的濒危状况。目前尚有部分传统剧目和优秀唱腔、唱段急需进一步的挖掘、记录和整理；现存的录音、录像资料，由于存储条件差，胶带已变质，急需更新补救，对这一剧种的保护，已刻不容缓。

◆ 大弦子戏（大弦戏）

大弦子戏历史悠久、源远流长，属于弦索声腔系统的古老剧种。它是在元明俗曲小令的基础上，集民间俗曲之大成，数百年来经过艺人的加工提炼、修饰和创造，发展沿革成为多乐调的戏曲声腔类型。因其最初以三弦为主要伴奏乐器，故被称为弦子戏；又因成立班社的先后不同、艺人的辈分及班社人员多少、演出水平高低，分为大、小班。大班称大弦子戏，小班则称小弦子戏。今日通称“大弦子戏”。

大弦子戏演出剧目内容丰富，在形成发展的过程中，博采众长，兼收并蓄，多取材于民间传说、历史故事等。旧有“唐三千，宋八百，唱不完的三列国”之喻。

大弦子戏传统经典剧目《黄花寺》剧照

大弦子戏传统经典剧目《金麒麟》

传统剧目300余出，其中赵盾兴围、芦林、茶船等早已失传。经常上演的有100多出，如牛头山、两架山、蟠桃会、战洛阳、单雄信打店、五虎征西、凤凰山、反五关、访昆山等，这类剧目，旧时均无统一定本，全凭艺人口传心授，唱词较为深奥规整，如“河梁赴会”中的诸葛亮口吟《铜雀台赋》全文，再如连环计·小宴、金印记·封相等还保留元明杂剧的原有词句。这种传统而又严谨规范的演唱方式在山东各地方戏曲剧种中绝无仅有，更显得其弥足珍贵。

大弦子戏唱腔韵味各异。每个曲牌通常派生出高、中、塌三种演唱形式，运用宫调转换手法，形成调式色彩对比，大大开拓了曲牌的表现力。乐器常用锡笛、笙、三弦，人称“笛似骨，笙似肉，弦似筋”，伴奏时音域广阔，音色亮丽，节奏明快，转换自如流畅，个性明显华丽，民族色彩韵味醇厚。

大弦子戏音乐曲牌繁多，计有200余支。既有民间俗曲小令的基础，又不断大胆吸收容纳兄弟剧种的有益养分，经过文人加工修饰，有的缠绵委婉，如行云流水，有的高亢激昂，如快刀断铁，形成雅俗共赏兼收并蓄的艺术特征。有的曲牌通过变革，形成颇多方式，仅“山坡羊”一曲，就有23种唱法。因而形成了每个剧目唱腔色彩各异的特征。

这些曲牌包括声腔和伴奏曲牌两类，结构严谨规范，曲调行腔委婉，曲牌过门完整齐备，调式丰富多变，风格迥异；尤其是慢三眼节奏的曲牌，加上唱词即为唱腔曲牌，不加演唱又是结构完整的器乐曲牌；而且它有异于其他剧种的摹拟唱腔的音乐旋律、结构。

经过长期的舞台演出实践及吸收融化，大弦子戏形成了武戏粗犷豪放、文戏细腻典雅的独特艺术风格。尤以粗犷泼辣、动作幅度大而又极其夸张为特色，程式动作相当丰富，注重技巧技能。强调渲染气氛，配合剧情发展。运用载歌载舞的手段，将生活动作升华提炼成形体语言，还多有虚实相生的取形摹真，使舞台表现愈加出神入化。

早期的大弦子班社，多由30余人组成。生、旦、净、丑行当齐全，经常以“三大门头十三行（也叫五生、五旦、三花脸）”来炫耀班社的阵容整齐，实力雄厚。后来，随着剧目的日渐增多，为完美地体现剧中内容，角色行当又有新的沿革和发展。体制上分为生、旦、净、丑四大门头，其中“红脸”及末行均归入生行。现行体制为十七小行。

大弦子戏脸谱一般为“红脸”“黑脸”“二花脸”“小花脸”及“奸白脸”等种类。多属净、丑行，生行中的“红脸”也有红色脸谱，是属山东地方大戏类型的一大特色。目前，山东省艺术研究所珍藏1958年前后大弦子戏老艺人手绘的37幅传统脸谱。

除脸谱外，大弦子戏还有着表现神仙鬼怪及各种动物的面具。有布质和纸质两种质地。将脸谱画在面具上，如《双人头》中演员使用的妆扮面具，一上一下似两个人头，变幻莫测，妙趣横生。

近年来，菏泽市地方戏曲传承研究院对濒危剧种大弦子戏传统曲牌、音乐唱腔和传统剧目进行了抢救性挖掘整理，并对早期形成的音频（像）资料进行数字化处理并建档存储，挖掘整理濒临失传的大弦子戏经典曲牌唱腔30余支，主要有“步步娇”“海里花”“大青阳”“玉娇枝”“原板风入松”“锁南枝”“山坡羊”“林锦序”“江头金桂”“泣颜回”“黄莺儿”“傍妆台”等，录制完成大弦子戏经典音乐曲牌、大弦子戏曲音乐集锦、“依团代传”大弦子戏汇报演出专场等一批珍贵的音频、音像资料；挖掘10余个传统折子戏和4个传统经典剧目，对七星庙、观画、人面桃花选场录音录像。

恢复演出两架山、金麒麟、黄花寺、昆山案4部传统经典剧目并录制光盘，其

大弦子戏传统经典剧目《昆山案》

大弦子戏传统经典剧目《两架山》赴香港参加中国戏曲节

中“两架山”录入由山东文化音像出版社出版发行的《菏泽市地方戏曲传承研究院创作演出剧目合集》，2014 年 11 月，“两架山”入选山东地方戏振兴与京剧保护扶持工程 2014 年度重点剧目；2015 年 6 月，依团带传成功恢复大弦子戏“两架山”被省文化厅评为 2014 年度山东省非物质文化遗产保护十大亮点；2016 年 7 月，“两架山”应香港·中国戏曲节组委会邀请，赴港参加由香港特区政府康乐及文化事务署主办的第七届香港·中国戏曲节，在社会上引起强烈反响，引起业界的广泛关注。同年 11 月，“金麒麟”入选山东省地方戏振兴与京剧保护扶持工程 2016 年度扶持项目。

现如今，大弦子戏活动阵地日趋缩小，举步维艰。目前已由解放初期的十几个剧团萎缩到目前只有菏泽市地方戏曲传承研究院大弦子戏传承保护中心一个专业剧团和菏泽市牡丹区船郭庄业余大弦子剧团，一些身怀绝技、演出经验丰富的老艺人、老艺术家相继谢世，单从接班人数量上讲就显得异常匮乏，势必有些宝贵的技艺难以得到传承。有些传统剧目和曲牌濒临失传，急需进一步挖掘、记录和整理，并妥善保存，以供研究、创新、发展之用。对这一剧种的挖掘抢救保护，已刻不容缓。

曲　艺

◆ 山东琴书

山东琴书又名唱扬琴、山东扬琴等，产生早期称作“小曲子”。1933 年著名艺人邓九如在天津演出时，定名为山东琴书。

南路山东琴书早期小曲子时期，以自娱性演唱为主，演出形式并不固定，一人或多人，最多时可达 10 余人，乐器以古琴、古筝、扬琴为主，坠琴、琵琶、月琴、简板、碟子、四胡、笛子等均可参与伴奏。演出场中间放一条桌，上摆茶水，演唱者半圆围坐，先奏几支器乐曲牌，然后演唱曲目。器乐演奏讲究个人技艺，如演奏“大八板”，只要曲头曲尾碰齐，中间部分各乐器可以支声复调的形式自由发挥，艺人们称之为“山顶上聚齐”。演唱则注重声韵美，危襟端坐不事表演。曲词重文采，说白极少，以连缀使用曲牌的多寡比高低，据艺人讲演唱曲牌可达 300 余支，仅用于“白蛇传”的曲牌就有 217 支。此时期的演出

山东琴书《潘平安相家》参加山东省乡村题材优秀文艺作品集中展演

山东琴书《水漫金山》参加明湖秋韵山东省精品曲目展演

曲目不多，代表曲目有“白蛇传”（二十四回）、“秋江”（八回），以及为数不多的短篇曲目。

山东琴书短篇代表曲目主要有“打婆婆”“大烟段”“兰桥会”“小秃闹房”“小寡妇上坟”“王婆赶会”“王宝钏”“三打四劝”“吕蒙正赶斋”“双秃闹房”“李二姐观灯”“吕洞宾戏牡丹”“秋江”“鞭扫洛阳”等。中长篇书目主要有“白蛇传”“空棺记”“独占花魁”“隋炀帝扬州观景”“王三姐拜寿”“小借年”“小姑贤”“杜景郎寻夫”“罗鞋记”“梁祝姻缘记”“翠花宫”等。

南路山东琴书音乐中遗存了大量明清俗曲曲牌，是音乐研究不可多得的活体标本，在曲牌联缀上，有自己独特的方法和规律，在众多同源曲种中发展的相对完备，其发展历程很有研究价值。以“凤阳歌”“垛子板”为基础，而衍化出不同风格、适应性强的唱腔板式。其演唱方法和乐器的演奏技艺有欣赏和继承借鉴价值。南路山东琴书是东路和北路琴书的源头，在音乐和曲目以及演出形式上具有母体价值。南路山东琴书在坠琴、古筝，尤其是特色乐器软弓胡的演奏技艺也有很高造诣，有着很高的欣赏价值。

曲目体裁多样、题材广泛，涉及历史故事、神话传说、民间传说、生活情

山东琴书《断桥》参加中国曲艺牡丹奖全国曲艺大赛

山东琴书参加全国首届曲艺类非遗项目保护成果展演

趣等各个方面，均是十分鲜活的文艺作品。南路山东琴书在不同发展时期均有许多优秀作品，如早期的“秋江”“白蛇传”兴盛期的“倒休”“蒙正教馆”“王天保下苏州”等，以及解放后的“瓜棚记”“断桥”“亲上亲”等，都是较为成熟的艺术作品，既有欣赏价值又有研究价值。在曲目结构创作技巧等方面，有着娴熟而成功的经验，如中篇书中使用扣子的技巧，短篇曲目运用语言、辙韵的技巧等等，都有很强的现实意义。曲目多是联曲体结构，艺人娴熟地掌握了曲牌格律，自然流畅地进行创作，留下了供俗曲研究的大量作品。

南路山东琴书还是琴剧的直接母体，琴剧的唱腔板式、演出剧目、伴奏形式均直接脱胎于南路山东琴书，对琴剧发展有着长久的影响。南路山东琴书的演出活动和作品中反映的鲁西南地区的民间事项，是民俗研究不可多得的活体素材。

2006 年国家非遗保护工作开展以来，为保护传承南路山东琴书，项目保护单位菏泽市艺术研究所围绕着艺术创作、艺术研究、非遗保护三位一体的工作思路，保护和传承成效显著。

启动抢救性记录工程，即曲本曲目、音乐唱腔、传承人访谈记录三部曲。

整理恢复、口述记录优秀传统曲目、经典唱段唱腔，出版了曹州曲艺系列《乡土·曲本集锦》《乡韵·音乐集萃》《山东琴书传统曲目集》等。后又集中人力重点对山东琴书传统代表曲目二十四回“白蛇传”进行整理恢复，排演、录制了“盗灵芝”“比武收青”“探亲”“上坟”“鼓楼盘琴”等曲目，为做好山东琴书项目的静态保护和动态传承意义深远。

为进一步加强山东琴书保护与传承，2004 年 9 月菏泽学院音乐系开设山东琴书选修课，菏泽市艺术研究联合菏泽学院音乐和舞蹈学院设立“山东琴书传习所”，由山东琴书传承人李巧莲等人授课，培养学员，拓宽了山东琴书传承空间，实现了校地资源共享，优势互补。

加强艺术科研与交流，《山东琴书走进大学课堂模式探索》获山东省政府首届文化创新奖，《菏泽民间曲艺历史与发展研究》获省艺术科研一等奖；出版《曹州曲韵·菏泽民间曲艺名段精选》等系列非遗保护成果；组织山东琴书传承人赴北京、天津、武汉、台湾等地进行交流演出等，传承人传承水平逐步提高，传承信心和文化自信不断增强。

◆ 莺歌柳书

莺歌柳书，又名莺歌柳子，是北方稀有的古老曲种之一。流传于鲁西南地区及豫东、苏北一带的一种民间说唱艺术形式，距今已有 200 余年的历史。

莺歌柳书作为稀有曲种，是坠子的直接母体，其演出形式较为简单，多为一弹一唱的双档，一人左手持八角鼓，右手敲击担任主唱，一人操三弦伴奏且帮腔，演唱起来有站有坐，表演温稳大方，随意自然。

莺歌柳书的音乐原有多种曲牌，如“山坡羊”“节子韵”“越调”“平调”等，但已失传。现在的莺歌柳书唱腔为韵白相间的单曲反复体，韵为四句腔的反复演唱极为规整。唱词韵散相间，以韵文为主，一韵到底，演唱风格古朴、深沉。莺歌柳书的四句腔为徵调式，第一句落 5（偶尔落 1 者），二句落 2，三句落 5，第四句又落 5，每句均为四小节，形成起、承、转、合的结构规律，而四句腔必有搭尾衬腔“哪哎哎呀哎哎嗯”。衬腔也是完整的四小节，富于表现力，形成了莺歌柳书唱腔的固有特点。以表示感情变化，或苦或乐，或讽刺揶揄进行调剂，给观众以情绪的满足。而流传到河南的莺歌柳书则演变为盲人自弹三弦、脚蹬腿板、节子演唱的“三大件”（又名脚板书）的演唱形式。

莺歌柳书的曲目遗存十分丰富，短篇书目54个，中长篇书目10余个。短篇书目唱词文雅规整，题材丰富，有较强的文学性。长篇书目故事情节曲折，人物形象生动，语言俚俗，乡土气息浓郁。有表现男女爱情才子佳人的书目如“偷诗”“许仙游湖”“断桥”等；有反映朝代折射历史的书目如“草船借箭”“关公辞曹”等；有借古寓今宣教伦理的书目如“郭巨埋儿”“墙头记”“朱买臣休妻”等；更有贴近百姓故事俚俗的书目如“两头忙”“拙老婆”“大吹大侃”等，这些曲目语言生动，生活情趣浓郁，具有强烈的地方色彩。

莺歌柳书《老鼠告猫》剧照

莺歌柳书被曲艺界公认为稀有曲种，曾被认为是几乎绝响了的曲艺形式，它曾在鲁豫苏三省部分地区有较大影响，具有曲艺史研究上的活化石价值。莺歌柳书直接促生了坠子书，对坠子书的音乐、曲目、演出形式、风格特点都有重要影响，其母体价值，值得重视。曲目风格纷杂，显示出其多源性特征，相对其他风格相对统一的曲种书目，具有更重要的研究价值。

莺歌柳书《一块传家匾》参加百姓宣讲曲艺比赛

莺歌柳书唱腔音乐早期丰富而多彩，而后期唱腔音乐则古朴单一，它与柳子戏、地方小曲等关系具有多种研究价值。演出形

莺歌柳书参加非遗进校园活动

莺歌柳书参加全国非遗曲艺周

式上存在许多不解之谜，如八角鼓的使用和来源，和盲艺人的“三大件”演出方式的关系等，都是学术界普遍感兴趣的学术课题。莺歌柳书具有重要的曲艺博物价值，对它的研究不仅对山东曲艺，对豫皖曲艺，乃至北方曲艺、方言及民俗学的研究都具有重要的学术意义。

自非物质文化遗产保护工程启动以来，菏泽市艺术研究所作为国家级非遗项目莺歌柳书的保护单位，针对濒危曲种传承窘况，制定“以经典曲目恢复带动濒危曲种重生”的总体思路，并不断探索实践。为保护传承莺歌柳书，保护单位探索“以经典曲目恢复带动濒危曲种重生模式”，使濒危曲种复活，走进百姓生活。经典曲目是在数百年的历史长河中大浪淘沙存留之菁华，具有极大的历史价值和审美价值。通过经典曲目的恢复来带动濒危曲种重生，不仅可以更好地传承和保护经典，而且可以弥补当前曲艺新作匮乏问题，缩短人才培养周期，使传承取得立竿见影之成效。

在这一思路指导下，菏泽市艺术研究所整理恢复了莺歌柳书优秀传统曲目“偷诗”“老鼠告猫”“吊打猪八戒”等，创作新曲目“一块传家匾”“一碗粥”，其中新创曲目“一块传家匾”获2019年度国家艺术基金资助项目。以此为依托，通过师带徒的传统方式与学校正规教育培养的双途径，培养了莺歌柳书传承人吴德平、郭玲、刘振婷等。加强艺术科研与交流，加强濒危曲种研究，整理出版“莺歌柳书传统曲目集”等保护成果。为“欧眼看非遗”——欧洲摄影家来菏非遗采风团，演出莺歌柳书。赴天津、武汉、重庆等地参加全国非遗博览会、全国非遗曲艺周、“讲好中国故事”全国曲艺展演、马街书会、泉城书会，开展送曲艺下乡、进校园活动等，使沉寂多年、鲜为人知的濒危曲种获得新生。

◆ 山东花鼓

山东花鼓又名花鼓丁香、打花鼓、花鼓腔、花鼓秧歌，是一种以花鼓为主要伴奏乐器，对口走唱的说唱艺术形式。以鲁西南菏泽、郓城为中心，活动范围辐射山东全境及河北、河南、江苏、安徽等周边省市、农村。

山东花鼓传统曲（书）目丰富，唱词俚俗，乡土气息浓郁，语言特色鲜明，地方色彩强烈，显现出艺人运用语言的智慧和成就，具有方言学、社会学、民俗学、乡土文化等多种研究价值。其短篇书目有“货郎段”“安安送米”“站花墙”等 100 余段。中长篇书目有“高文举赶考”“休丁香”“陈三两爬堂”等 40 余部。从山东花鼓演出曲目可以看出，它几乎没有表现金戈铁马的故事题材，却十分

山东花鼓传统曲目《蓝桥会》演出照

擅长表现家长里短的生活故事，即所谓“针线笸箩”，从它的基本曲目“老八本”（“头堂”“二堂”“休妻”“花墙”“大帘子”“二帘子”“花轿”“抱牌子”），即可以窥其一斑。

山东花鼓音乐形象鲜明，既有悠久历史的“货郎调”等传统曲牌，又有特色突出的地方小曲，还有相对成熟的板式唱腔，有较强的表现力和极大的兼容性，具有多音乐学科融合的特点。其唱腔音乐以七声音阶的宫调式为主，亦常出现宫、徵调式的交替使用，其唱腔的主体部分属于板腔变化体结构，但由于自由吟唱，有较大的灵活性、伸缩性。主要板式有“平调”“寒韵”“砍头橛”等。曲牌有“赶脚调”“娃娃腔”“垛子”等。其词式多为七字句、十字句。常以散板起唱，词句极为口语、俚俗，以多用衬字、衬词、衬句为特色，被称作“九腔十八昂”。

花鼓的伴奏仅有打击乐，没有文场。打击乐伴奏，由开台锣鼓和唱念锣鼓两大部分组成。开台锣鼓的主要作用是演出前招徕观众，其鼓点大多吸收于姊妹艺术并加以演化而成，主要有“开场锣鼓”“老三番”“凤凰三点头”等10多种。而唱念锣鼓则是各种板式唱腔、专用曲牌以及说白时穿插使用的锣鼓经，变化灵活长短不一，有30余种。山东花鼓衍生出多种地方戏曲，如两夹弦、四平调、五音戏、柳琴戏、茂腔、一勾勾等，是众多剧种的直接母体，对于山东地方戏的发展产生过重要影响。

山东花鼓演出形式古朴简便，是山东曲艺品种中唯一一个走唱类曲种。早期为一人打花鼓清唱形式，而最基本的演出形式则是男女二人对口走唱，男角叫“鼓架子”，多是挎花鼓，着便装，束腰带，双手舞动鼓棰，配合身段动作及曲调节奏进行敲击，演唱时插科打诨，以语言表情幽默风趣为特点。女角俗称“包头”“舞桩”，初均由男性演员扮演。化妆彩扮，包头贴片或戴满头绣球，两条彩球飘带飞舞胸前，

山东花鼓参加首届天津全国非遗曲艺周

山东花鼓《小二姐做梦》参加菏泽市曲艺保护成果展

乌黑长辫垂于脑后。上穿彩衫，下配五彩缤纷之飘带罗裙。足踩小跷，手持折扇（或用彩绸、花手绢）。演唱时手扶男角肩，边歌边舞。兼有一人多角特点，时出时进配合默契，活泼风趣，在农村集市、庙会演出倍受欢迎。在向戏曲过渡的一段时间内，花鼓的演出形式演变为七八个人的班社性质。除男演员仍不饰化妆自操乐器外，女演员以借鉴戏曲程式进行表演。而且这种表演方式，一直和戏曲表演长期并行不悖。

为保护传承山东花鼓，菏泽启动了非物质文化遗产普查工作，菏泽市艺术研究所非遗保护工作人员，深入郓城、成武、巨野等县区，对花鼓进行了全面普查，走访花鼓民间艺人，抢救恢复花鼓传统曲目，对花鼓的复苏起了积极的作用。

菏泽市艺术研究所探索“以经典曲目恢复带动濒危曲种重生模式”，获文化和旅游部科研院所科研建设优秀科研实践案例。坚持“在拯救性记录中留住非遗，在演出实践中传承非遗，在研究交流中弘扬非遗”，整理恢复优秀传统曲目“站花墙”“吕蒙正赶斋”“货郎段”等，组织艺人口述记录花鼓曲目 30 余个，创作新曲目“黄河滩相亲”；出版曹州曲艺系列“乡土·曲本集锦”“乡韵·音乐集粹”“山东花鼓传统曲目集”“山东花鼓唱腔集”“曹州曲韵·菏泽民间曲艺名段精选”（山东花鼓）等；多次组织市级传承人苗庆锁、王巧灵和民间艺人赴天津、武汉、内蒙古参加全国曲艺非遗周，中国非遗博览会、黄河非遗大展、胡集书会等国家级、省市级展演和宣传活动，山东花鼓那独具地方特色的唱腔，散发着浓郁的乡土气息在人们耳旁久久回荡。

◆ 坠　子

坠子俗名“渔鼓坠”，又名“坠子书”“玉琥坠”“简板书”，因使用坠子弦伴奏而得名。

刘瑞莲演出剧照

坠子初始为一人演唱，后来发展为双人或多人演唱。旧时，坠子的演唱场地多为茶馆、书场。演出形式是台上放一张条桌，上有桌布作为装饰，演员站在桌子旁边，手拿简板（演员打节奏用的两块檀木或枣木板，长约 25 厘米，厚约 1 厘米，宽约 2 厘米），有时用筷子随唱腔节奏敲击单钹。琴师手拉坠胡，兼踏脚板（桌子腿上绑的梆子）。由于器具简单，又便于携带，因而最适宜在集市码头、乡村街巷演唱，只要兴致所至即可演唱。坠子通俗易懂，老少皆宜，加之故事引人入胜，所以很受群众欢迎。

坠子的音乐由唱腔及乐器伴奏两部分组成。它既有曲艺演唱上的一般表现风格，也有自己特殊的演唱旋律和伴奏特点，还有自己鲜明的地方色彩和浓郁的生活气息。

坠子的唱腔音乐是坠子唱腔的主导部分，由多种曲调（板腔）构成。可归纳为“头句腔”“二句腔”“垛子板”“寒韵”“三句腔”五部分，在主体唱腔进行中，根据唱词中不同句式的格律，使用“三字崩”“五字嵌”“七字韵”“巧十字”“拙十字”“大寒韵”“小寒韵”“滚口白”等唱法，产生节奏和旋律上的变异，唱腔慷慨激昂、高亢雄健，洋溢着雄浑豪放的阳刚之美，表达出不同的感情。

伴奏乐器坠胡独具特色，早期开场时都有即兴演奏的闹台曲，热烈火爆，以吸引听众。闹台以后向起腔过渡的乐曲，是速度和力度的缓冲，称为“过板”，现代改为前奏曲。伴奏的主要部分托腔，是唱腔进行中的模仿性“过门”，包括乐句中间的对应性“过门”、乐汇中间的填补性“过门”“寒韵”（悲腔）中间的吟哦性“过门”。击节乐器有伴奏员使用的脚梆和演员使用的简板、矮脚书鼓、醒木等。由道情改唱的坠子的多用简板，由三弦书改唱的坠子的多用铰子，由大鼓改唱的坠子的多用矮脚书鼓，醒木多在说唱长篇书目时使用。演唱方式有单口、双口（或对口）、三口（或群口）三种，并各有适宜的书目。

坠子的主要伴奏乐器是坠胡，也叫坠琴。原是由小鼓三弦改制而成的拉弦乐器，空弦为四度，前奏为“5~1”弦，唱腔则变为“2~5”弦。由于它常做五度转换，所以艺人们说“过板下五度，唱腔上五度”。坠胡主要是随腔伴奏，有时加花，或用老少配等手法烘托唱腔，以增强艺术表现力。

坠子的击节乐器除脚梆、小镲外，主要是简板。不少造诣较深的艺人简板打得非常灵便，不仅用击板、闪眼、加花、连缀打等来渲染气氛，同时亦可作为表演道具。

坠子的表演身段与动作追求秀气、活泼。手脚的运用，要出得利索，收的

2022 年菏泽市群文精品巡演剧照

迅速，点到为止。三弦书的表演要诀与坠子基本通用，只是有的说法不同。如“二郎担山”“一步一捶”，坠子叫“二仙传道”“亮翅”。

坠子也和其他民间曲种一样，以说唱为主，表演为辅。要做一个好演员，要以生活为基础，着重人物性格和人物内心世界的刻画，以唱功为主，吐字清晰，分量要有扎人之感。还要有良好的思想品德和高尚的情操，只有演员艺术和思想品德共存，才能做一个好演员。

坠子在民间流传很广，民间艺人众多，它是民间艺术的瑰宝，是中华民族民间说唱艺术的结晶，发扬、传承坠子艺术具有重要的学术价值和实用价值。

◆ 山东落子

山东落子，亦名“莲花落”，因其主要伴奏乐器为大铜钹，又名“咣咣书”。艺人则被称为“打落子的”“唱咣咣的”。落子乃是一种源于宗教，逐渐过渡到世俗化说唱的民间曲艺形式。

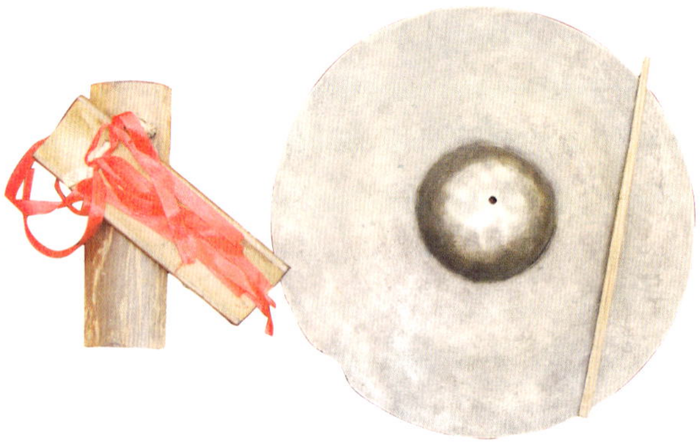

山东落子伴奏乐器大鑔（铙）、竹板

山东落子演出形式简单粗犷，多为单人表演，演出时左手敲单扇大铜钹，右手打竹板，一边演唱一边演奏，其间还会加入一些表演动作。山东落子风格独特，气势威武，具有较强的震撼力，以及浓郁的地方特色，充分显示了鲁西南人民率直彪悍的精神气质。其演唱随性发挥，表现力强，尤其在一人多角的表演上有较大的发挥空间。

语言特点：山东落子属于吟唱型的板腔结构体。散韵相间，唱白自由。基本句式以七字句为主，演唱者可根据情节气氛与情绪表达需要，自由决定其长短。由于唱腔规范性差，演员唱腔因人而异，且易受当地流行的曲艺影响。

音乐特点：山东落子为无弦索伴奏的吟诵式音乐结构。因为没有固定唱腔，

山东落子市级传承人褚福林

所以行腔可长可短，节奏可急可缓，自由随意。

曲目特点：山东落子短篇书目以生活题材为主，而中长篇曲目则多是移植其他曲种。由于它是由宗教活动演变而来的曲艺形式，因此曲目中还有不少宗教故事。现存山东落子短篇传统代表曲目有“小姑贤”“酒色财气”“小两口争灯”“三不归”“打黄狼”等。中长篇有“征西全传”“杨秀英搬兵”“薛礼还家”“回杯记”“白蛇传”等。

山东落子属于濒危曲种。保护单位加强抢救性记录，对代表性曲目“杨满堂正西”“两口争灯”“猪八戒拱地”进行整理恢复，录制曲目，出版“曹州曲韵”等。开展山东落子传承人访谈记录，与媒体结合，开辟“非遗·传承”栏目，讲述传承故事，弘扬传承精神。

山东落子市级传承人贾如生

传统体育、游艺与杂技

◆ 梅花拳

中华武术历史悠久、源远流长，伴随着中国历史的发展，武术日益走向成熟，现今我国武术拳种有130余个，而梅花拳就是其中一朵艳丽的奇葩。梅花拳，古称梅花桩，亦称花拳、梅拳、父子拳等，是我国比较古老的拳种之一。3000年前，梅花拳的雏形就出现在历史文献记载上。据《列子·汤问》及《史记·赵

梅花拳传人陈雷

双斧演练

世家》中记载，西周伯益九世孙造父为了学“六艺之御”，听从泰豆氏的指教，“立木为涂，仅可容足，计步而置，履之而行，趣走往还，无跌失也，造父学之，三日尽得其巧”。造父在仅可容足的立桩上练习基本功法为梅花桩。可见功法迄今至少有3000多年的历史，其文武功法盛行于周、秦、汉，到唐、宋已经发展到鼎盛时期，其功法开始在民间秘相传授，并传承下来；直至明末清初，云盘祖师朱永元西下昆仑山，来到徐州府，传艺于张三省（号张山），张祖又将其绝技授于邹宏义，邹祖师整理完善并定名为“梅花拳”公开传授于世，后人尊为梅花拳创始人，这就是所谓的喻梅花推演五行生化，定五势传载文武功法。现传谱系是自邹祖师开始，逐渐发展成为我国传人弟子最多的武术门派。

一、梅花拳拳法内容

梅花拳的拳法内容，有架子、对打捶、兵器、文武大法。

（一）梅花拳的灵魂——架子　梅花拳的基础是修习的根本大法，主要是由大、顺、拗、败、小五个拳势组成，架子分动、静两部分，静为五势，动为变化，久练可身强体壮、修身养性。矫健、敏捷，达到精气神合一的境界。套路有大架、小架、落地架、四个角、八个角等。

（二）梅花拳精髓是对打锤（又称徒手对练），可以二人、三人、四人等多人对练，内容繁多，如头套锤、二套锤、四门斗、散战、五虎群羊等。

（三）梅花拳器械是梅花拳的重要组成部分，许多古朴的兵器在古代战场上使用的搏敌战斗技术、实用性很强。常见器械如刀枪剑棍等。双器械与长重器械如双刀、双钩、大刀、大枪等。

软器械如梅花鞭、大梢子、小梢子、绳鞭、三节棍、流星捶等。稀有器械如量天尺、风火轮、牛角拐、护身披、拦马橛、镗叉、文棒、落子枪、五虎铲等。还有一些器械来源于农具，可见梅花拳的修炼已融入生活中。练习器械必须在掌握拳法的基础上进行，自古有“三年架子二年捶，刀枪把子一晌午”之说。梅花拳器械丰富多彩，有单练也有对练，对练有两人，也有三人或更多人对练。单练有单刀、双刀、单剑、双剑、长穗剑、齐眉棍、三节棍、梢子棍、梅花拐、绳鞭、流星锤、月牙铲、双钩、梅花枪、春秋大刀、九节鞭、双鞭、刀里加鞭。对练有单刀拐进枪、双拐破枪、大刀进枪、三节棍进枪、单刀对拐、单刀破春秋、三擒吕布等。

（四）文武大法的内功是运用无极、太极、三才、五行、八方、九宫、运转生化之理而运作的。可以修身养性、寒暑不侵、技击精进等等。其功法如草上飞（轻功）、金龙功、太阳功、内壮功等等。

二、梅花拳的风格特点

（一）左右对称，协调平衡。

（二）步走四门八方，拳打七拳六背，其演练可缓可急，可拳打卧牛之地，也可纵横交错，任意演练。

（三）文武合一，炼气修丹。

梅花拳自开派以来，长期有文场存在，并且文场领导武场、指导武场，这样形成了丰富的文化内涵，也是以达到文武合一为目的。它的最高境界是浑元一气。

◆ 梅花拳

梅花拳传人王福柱指导学生练功

梅花拳是中国传统武术中优秀拳种之一，梅花桩是梅花拳的一种功法，历史非常悠久。据《梅花拳根源经》和《梅花拳传承谱》描述，梅花拳第一代为收元老祖，是一个虚拟的人物。第二代为江苏徐州张三省，带有强烈的神话色彩。前两代均以开法传道为主，且单一相传，影响面非常狭窄。自第三代邹宏义开始，才有文理武功的具体记载。

菏泽是梅花拳第三代邹宏义祖师从徐州向北传道第一站。邹祖师在菏泽收的第一个弟子是刘金山（金标）祖师，而今已传20多世。百余年来名师辈出，南京打擂获优等奖吴体泮、杨士文，黄河一杆枪李福田，济南打擂优胜者魏士可，全国优秀辅导员郭子敬、赵星朗、贾龙升等武术大家，谱写了无数抗敌爱国的辉煌篇章，成为中华武术中最为绚丽的瑰宝之一。

梅花拳的基本内容包括文理和武功两大部分，讲究文武双场结合。文理指导武功，以武强身，以德育人，练功讲究内外结合，形神合一。

从文理层面看，融合了周易八卦、阴阳五行等精义妙法，讲究修身养性，炼神炼气，要求练功者身心并练，做到文武兼备。从武功层面看，练习梅花拳要从基本功开始，主要包括拳法、腿法、身法、步法等内容。武功锻炼的层次和形式分为架子、拳术、对练、器械四部分。梅花拳的兵器种类丰富，形式多样，以棋盘大枪为帅，春秋大刀为先锋，除刀、枪、剑、戟、斧、钺、钩、叉之外，还有许多罕见的器械，如镗钯、燕翅镗、拦马橛、提戟、文棒、九环锡杖等。在文理、武功的关系上，梅花拳强调以文养武，以武济文，指导思想和具体套路均遵循中国传统文化“五行八卦九宫太极无极”的哲学原理，因此梅花拳又被誉为“文化拳”。

梅花拳的动作舒展大方，刚柔相济，动静有致，形体神韵，静如寒梅怒放，动如残花飘荡，姿态美观、动静相间、刚柔相济，内功外功互补，轻功重功并举，

梅花大枪对练

软功硬功兼使，外练筋骨皮，内练精气神，变幻莫测，出神入化。

梅花拳创始之初，无论练功还是技击均在桩上进行。后来演变成地面形式，练习更为方便，但它仍然保持了原来的拳式动作、套路风格和招式。

改革开放以后，特别是近年来，虽然菏泽一带习练梅花拳的人数众多，但已呈逐年减少、濒危状况。加之传统武术习练的难度和没有融入现代体育教学体制这一实际情况，梅花拳的许多拳法、套路濒临失传，亟须保护、发展和传承。

梅花拳是我国武术中著名的优秀拳种之一，内容丰富，形式式样，具有强身健体、舒筋壮骨、祛病延年的实际效用。不论技击、擒拿都有特殊的招式，对防身健体更是随心应手，特别是武德高尚，尊大让小，谦虚忍让，虽有武功彰其外，实有文德居其内，历来深受人民的爱戴，实是中华武术宝库中的绚丽瑰宝。

传统美术

◆ 花鸟篆书（菏泽花鸟字）

花鸟篆书，俗称“花鸟字”，也叫“鸟字、鸟虫字、龙凤字、板书字、藏画字、匠意字”等，是我国民间广为流传的一种独特艺术。

花鸟篆书，不是一人一地的产物，而是各地艺人在数千年的长期劳动实践中发展演变完善而来。菏泽属黄河中下游流域，曾数度成为中原地区重要的政治、经济、文化中心。尤其自宋、元、明、清以来，菏泽花鸟字从艺人员更是众多，以至形成庙会、集市、街头、巷尾都有花鸟篆书艺人的身影。特定的地理人文环境，为花鸟篆书的产生和发展提供了丰厚的基础，因此，菏泽是花鸟篆书的主要发源地之一。

另外，从中华文明的发源和汉字的产生来论证，汉字从最初的象形文字，发展演变为甲骨文、金文，各种篆书、隶书已经形成完备的书法体系。汉唐时代，在继承汉字象形特点的基础上，借鉴“飞白书”的技法，在笔画加上圆点，

双手篆书

花鸟篆书作品展示

加肥笔画和波折，或加上鸟兽图案，不断吸收虫书、鸟书、龙书、穗书、麟书、鱼书、蝌蚪文等书之精华，花鸟篆书逐步走向成熟，在民间广为流传，可以看出花鸟篆书的产生、发展演变都与汉字的产生、发展、演变息息相关。

花鸟篆书特点是用鸟、花卉的形态特征构成基本笔画而成字，或用鸟形饰字，或添加其他花卉、粉蝶、草虫等形象构成主要文字。用竹块、木板、毡板等扁笔沾上不同颜料，采用灵活的运笔方法，绘出简洁的花、鸟、虫、鱼、山、水等形象来作为汉字的偏旁部首，巧妙地组成文字。花鸟篆书寓字于画，画里藏字，画字相融，字画一体，乍看似画，细观为字，享有“书法家难起笔，画家难润色”之说，它将书法艺术和绘画艺术的特色兼蓄而并收之，使二者珠联璧合，相得益彰。

民间花鸟字对联、中堂画等，把花卉、人物、故事情节、吉祥寓意的内容融入字体造型中，变化多端手法巧妙，形式更加多样化，而且组字形式不仅局限为鸟形，即以鸟为主，兼有瑞兽、花卉、吉祥纹饰、传说故事、八宝仙器等，从而使文字的图案性和绘画性加强，并且用色鲜艳多样、跳跃夺目。可见花鸟字是字的图画，或是画出的汉字。

民间花鸟篆字作品大的有对联、门画、中堂、条屏，小的有楹联、吉祥喜庆祝语，现在多为书写姓名。

使用的颜料要自行调制。最初艺人主要是用染布用的色片、色粉，后用广告色、涂料色精、食用色素和色浆，以色彩鲜艳、不易褪色为佳。用来放置、调制颜色的料盒，也是根据自己的习惯选用，每个盒子中放一吸水的棉花或海绵，或直接倒下颜料使用。

艺人们使用的画纸，过去没有太多讲究，普通白纸、胶版纸都可使用。现在花鸟篆书艺人用的画纸大多是印好的专用纸，尺寸大小不等，主要用以区别书写不同的作品。

◆ 指　书

指书就是用手指直接书写或蘸墨书写的一种字体或书法，属古典书法。从人类文明发展史上验证了先有指书书法后有硬笔书法再有毛笔书法，如今又有了电脑网络书法。从中国河南新郑出土的裴李岗陶器上有 8000 年前的指甲文，指书是书写书法的源头，堪称万笔之祖！其作品均达到甚至超越毛笔、硬笔书法之佳作，堪称书法之精华。

指书作品

指书创作

指书传人纪谦林自幼酷爱书法，以历代书法名家为楷模，并取各家之长，形成自己独特的指书风格。

◆ 根雕（曹州根雕）

曹州根雕《梦想》

中国根雕艺术源远流长，遍布全国各地，流派众多，曹州根雕制作技艺就是最具代表性的流派之一。

曹州根雕艺术是发现自然美而又显示创造性加工的造型艺术，制作工艺讲究“三分人工，七分天成”，主要是利用根材的天然形态，通过构思立意、艺术加工及工艺处理，融雕刻、绘画、书法、工艺、文学、美学、装饰学等知识于一炉，进行人工辅助性雕刻修饰，从而创作出人物、动物、器物等艺术形象作品，也是大自然千姿百态的根材与艺术家的艺术雕琢结合的产物。

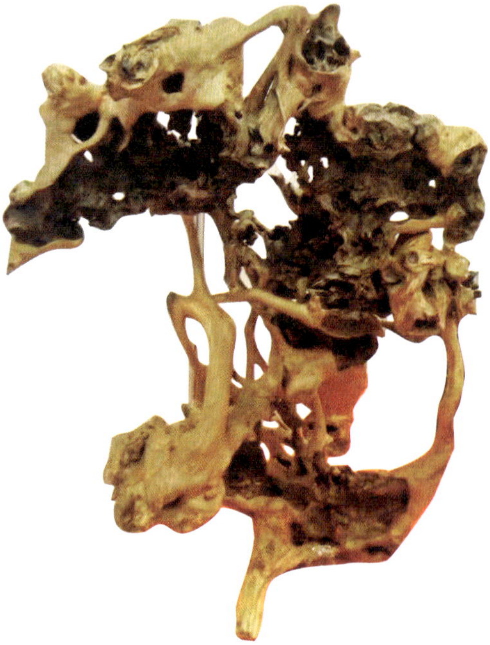

曹州根雕《国色天香》

曹州根雕造型的选择标准可概括为“稀、奇、古、怪”四种类型，根雕作品一般分为两大类，一是造型类，如书法、人物、动物、花鸟等；二是家饰类，如台、椅、几、座等。

曹州根雕创作是一项艰苦的劳动，其制作过程一般可分选材去皮、构思造型、雕刻修饰、打磨上漆等四个部分。完成一件根雕作品，耗时费工，一般要历时两三个月，甚至一年半载或更长时间方可完成。

◆ 曹州面人

曹州面人起源于曹州（今菏泽市），有着悠久的历史。追溯源头，它是在古代“花供”的基础上发展起来的，即古代祭天地、敬鬼神等祭祀活动中演变而来。

曹州面人长期流传于菏泽地区，是一种民间面塑艺术，已有150多年的历史。从郝胜、杨白四、王清源、郭湘云等民间艺人开始，经过八代面人艺匠的传承发展，已成为一种独具特色的民间艺术品，深受人民群众的喜爱和欢迎。

面塑艺术，在我国有着相当久远的历史，早在汉代迎神赛会上的傩舞，便有用面团塑成的鬼怪头部形象。宋代高承《事物纪原》一书中记：诸葛武侯征孟获时，有人说，蛮人多邪术，须用人头祭神，可借阴兵相助。诸葛武侯随用面包牛、羊、猪肉做成人头形状，用以祭神。新疆吐鲁番阿斯塔那地区出土的唐代永徽四年（653）的墓葬中，发现有面制女俑头和面制半身男俑，可以说这是今天所能见到的最早的面塑人物了。

风尘三侠

盗御马

面塑艺术在历史上往往与民俗及宗教活动联系在一起，不管是节庆风俗，还是红白喜事以及宗教活动，都使用面塑作礼品或供品。制作方便，省财省力，便于普及。旧时风俗，清明、寒食制枣饽饽，用柳条穿成串，插于门楣，以表祭祀祖先之意；祝寿、满月制大小寿桃、麻姑、麒麟，以表庆寿祝福之意。山东广大农村地区，至今还保留着这种古老的风俗，特别是妇女们制作的面花、面人风格朴拙。

曹州面人造型首先具有概括粗犷而又生动的特征，作品具有古朴的风味，粗犷、豪放，有山东人特质的一面；曹州面人的另一个特点是面人的造型特点具有程式化，简单易学。经过历代传承，民间艺人不断对面塑技艺进行继承和大胆创新，有的把中国和西方的雕塑技巧融入面塑之中，使这一民间技艺焕发出新的艺术光辉。在创作题材的构思、材质的选用、色彩的搭配，造型与构图的设计、意境追求的要素等方面，曹州面人都区别于其他派系，形成了自己独特的艺术风格。

夜宴桃李园

◆ 曹州麦秆画

麦秆画始于清统治年间，是皇宫御用欣赏珍品，中国独有的民间传统手工艺品之一。曹州麦秆画因菏泽古称曹州而得名。其制作工序十分复杂，整个制作工序全凭手工完成。需先将麦秆浸泡、熏蒸、漂洗，然后剖开整平，再进行熏烫，充分利用麦秆本身的自然光泽和质地，结合温度的高低变化，对熏烫部位分轻重缓急灵活处理。曹州麦秆画在传统技艺基础上更多体现的是创新；它是以优质麦秆原料，利用自然光泽，经过熏、蒸、漂、刮、推、烫、剪、刻、编、绘、贴、装裱等多道工序制作而成。题材涵盖人物、花鸟、山水、卡通、历史文化等多个方面，兼有现代与仿古风格，纯手工制作，其作品天然环保、富于内涵、做工精湛、古朴典雅。

◆ 木版年画

菏泽古称曹州，自古以来境内水系纵横、土壤肥沃，农耕经济发达，农耕文化繁荣，在此基础上产生出来的曹州木版年画是菏泽独特的民间传统美术，深受广大群众喜爱。

曹州木版年画始于明代早期，发展于清代，兴盛于民国，至今，传承有序，并随时代发展，年画艺人在技术上不断创新。曹州木版年画分布以目前的菏泽市区为中心，根据其地理空间与风格差异，分为北部、中部与南部三个区域。北部主要包括郓城县、鄄城县、巨野县等地，是曹州木版年画的中心区。中部主要包括东明县、牡丹区、定陶区等地。南部主要包括曹县、单县、成武等地。曹州木版年画的制作流程分为绘稿、刻线版、刻色版、印线稿、印色等工序。其中，刻版是制作的核心技术，刻版使用的工具，多为艺人根据自身刻版经验及使用习惯制造，使每一样工具使用时，均能得心应手。曹州木版年画技艺多为家传，也有带徒弟的，师傅将刻刀、棕刷等工具物品赠送与学徒，即成为徒弟得到师父认可的传承标志。曹州木版年画一般有六块雕版套色，包括大红、水红、草绿、茄紫、甘黄、黑等主色。在制作内容上不仅有各地常见的神像，

艺人制作年画

“复兴永”年画

同时还有独具曹州地方特色的“书本子”、水浒纸牌等木版年画内容。

目前，全市已知带有堂号的木版年画店有100余处，制作不仅有各地常见的神像等，还有独具一格的具有生活实用性的书本子、水浒纸牌等。技艺传承脉络清晰，如，曹州木版年画“复兴永”作坊传至今日，已逾百年，其创始人曹河晏先生生于清光绪元年（1875），鄄城红船镇人，年轻时拜师学艺，刻苦钻研木版年画的雕版和印刷技艺，学成后回家创办“复兴永”年画作坊，自行设计、雕版、印刷木版年画，并成为鄄城版画制作的一代名匠。曹河晏先生三个儿子曹丹文、曹瑞嬴和曹瑞太从小跟随其父亲学艺，其中曹丹文和曹瑞嬴画样雕版以及印刷技艺尤其精湛。曹瑞嬴的儿子曹洪诺作为曹州木版年画“复兴永”店的三代传人利用保存下来的几块小型雕版，积极发掘制作工艺，使“复兴永”作坊的木版年画印制技术完整地保存下来。

1986年出版的《山东工艺美术史料汇编》其他工艺篇中有“三面扇与三开折扇”一节，该章节以郓城县樊庄民间艺人薛传仁为主要考察对象，对其印制扇面画与制作折扇的手艺进行了文字记录，其中提到的当地木版扇面画印制艺人与扇面画销售习俗均是曹州木版年画研究中重要的历史文献资料。2014年、2016年、2018年在菏泽市博物馆举办三次《曹州木版年画展》期间，邀请了部分传承人在展览现场为观众演示曹州木版年画的制作过程，在社会上引起了轰动。

曹州木版年画表现内容丰富，形象刻画生动鲜明，具有浓郁的民族风格和地方特色，深受菏泽及周边广大地区人民群众的欢迎，产品畅销周边省市。

传统技艺

◆ 裘皮手工艺品技艺

自元明时期，回族穆斯林自新疆、西宁等地迁移而来，大多以牛、羊屠宰和皮毛加工为生，为了扩大谋生手段和满足群众文化追求，裘皮手工艺品应运而生，至清朝末期，逐步形成了裘皮挖画、平面粘画、半立体粘画到最后的立体仿真动物的技艺。

挖画工艺是在熟制好的皮张上用剪刀按照设计图纸，修剪出各种飞禽走兽，山水树木，加上色调的配制，形象逼真。

半立体毛粘画是将图案中飞禽走兽的形状用抹子（制作模型的一种工具，根据所需大小自己手工制作）、纸浆、胶等材料做出半个侧面，使其突出，然后用羊毛及兔毛粘贴在突出部分，让动物与背景图案产生层次感，使其立体感更强。

立体仿真工艺是根据每种动物的特征及形态，结合各类动物的生活习性，用手塑造出立体的动物形态，如站、卧、睡、跑等姿势，然后将裘皮工艺用鞣制过的羊皮、兔皮等用胶水将形体包裹，最后安装眼睛和鼻子，仿真效果极佳，有超强的立体感，栩栩如生。

非遗进校园

裘皮手工艺品制作主要有三大核心技艺。一是熟皮制裘工艺：首先，将收购的生羊皮、兔皮等经过腌制、晾晒、浸水、回鲜、去肉、脱脂、软化、鞣制、烘干等环节制作成熟皮。二是内胎塑造技艺：传统的为纸浆内胎，用抹子将纸浆结合各类动物的生活习性，手工塑造出站、卧、睡、跑等姿势的立体动物内胎，对比真实动物状态，不断进行调整；现代的多为吹塑内胎，采用传统纸浆内胎工艺，做出内胎模具，使用吹塑技艺，制成塑料内胎。三是裘皮粘贴技艺：将鞣制成熟皮的羊皮、兔皮等按照动物形态剪制成不同规格的物料，粘贴时按照真实动物形态搭配不同规格和颜色的毛皮，尤其是在面部表情、毛皮褶皱上更需要特殊技巧。

◆ 阿胶生产传统技艺

阿胶生产技艺很复杂，归纳为以下过程：选皮、浸泡、刮毛、洗皮、铡皮、化皮、过滤、浓缩、提沫、出胶、冷凝、切制、晾干等 13 步工艺，更不缺少“挂

阿胶制作流程之提沫

阿胶制作流程之收胶

阿胶制作流程之凝胶

阿胶制作流程之验收

珠”“挂旗”“吊猴”等阿胶炼制绝学。随着科技和设备的发展，现如今在设备和介质的使用上有了新的提高，比如，将传统的柴烧铁锅改用蒸汽加热的不锈钢夹层锅，避免了粘锅糊锅现象，提高了阿胶的质量。国家要求药品的 GMP 认证，现代化的检测仪器和检测方法更加确保阿胶产品质量，使传统的阿胶技艺得到了进一步的发展。

阿胶传统生产技艺是中华艺人经过多年的生产经验，代代相传，长期积累所得的宝贵财富，它也是中国传统技艺的杰出代表。此生产工艺具有巨大的文化、历史、工艺价值，其产品阿胶亦有很大药用价值和营养保健价值，阿胶在中药宝库中占据着重要地位。

文化价值：阿胶具有重要的文化价值，在医学书籍方面就有许多记载，如汉《神农百草经》、唐·孙思邈《千金翼方》、明·李时珍《本草纲目》、刘文泰《本草品会精要》、清·黄宫秀《本草求真》等等；明·吴铠《阿井胶泉》中亦有“九土所钟惟上品，千年制胶岂凡材”的诗句；对后人认识和使用阿胶具有极其重要的价值。

药用价值：阿胶传统技艺所生产阿胶的药用价值被历代名医所推崇。如汉《神农百草经》称阿胶为“药中之宝”；李时珍称之“三圣药”之一，与人参、鹿茸齐名；清·黄宫秀《本草求真》载：“阿胶（专入肝，兼入肺、肾和心），味甘气平，质润，传入肝经养血。复入肾滋水，水补而热自制，故风自尔不生。又胶润而不燥，胶性既能润肺，复能趋下降浊，使痰不至上逆耳”。至今中医仍然在使用，可见其药用价值之大。

◆ 鲁西南杆秤制作技艺

鲁西南杆秤制作技艺是一门古老手艺，它见证了历史的变迁，见证了乡村商贸发展演变的过程，作为商业贸易的必需工具，被广大群众所普遍使用。主料：秤杆常选用当地上好的杏木、枣木、榆木等为材料，纹路细腻且木质坚硬，木材经阴干一年以上才能使用；辅配料：铜丝、铜皮、铜制卡子、铁钉、铁盘、钢筋等；颜料：石灰、染料、茶渣等；器具：①制杆工具：锯、

制作的杆秤

刨子、铁斧、铁锉子、凿子、手钻、墨斗；②上色工具：毛刷、一般盛染液及水洗器皿；③铁匠工具：能够完整掌握杆秤制作技术的人还必须具备打制铁秤钩的能力；打制铁钩所用红炉、铁砧、长钳、手锤和大锤等工具设备均与铁匠相同。杆秤制作体现了古代工匠的聪明才智，从选材到制作完成，它每一道工序都是手工制作，全凭经验和悟性，所用的工具也都是工匠自己制作，在它身上表现了农耕文化与商贸文化的丰富内涵。

鲁西南杆秤制作技艺历代多为家族式传承，传承方式是以师带徒、口传身授。其中家住菏泽市曹洼村的曹氏家族，世代以制卖杆秤为生，现年已 70 多岁的曹金圣（曹金生）老人自幼跟随父亲曹凤车学习杆秤制作技艺，在当地颇有名气。80 年代初期改革开放，整个中国经济政策放宽、结构调整搞活，市场贸易蓬勃开展，带动了小商小贩增多。而小商贩们喜欢用携带方便的杆秤，杆秤的需求量也随着改革开放的风潮而热了起来，在这期间，因为曹金圣（曹金生）制作的杆秤称重精准，做工精良，去他家买秤的人络绎不绝，他制作的杆秤供不应求，常常足不出户就销售一空，当地流传着“一字两头平，买秤找金圣”的说法。

传授制秤抛光秤杆技巧

◆ 聚魁笔庄毛笔制作技艺

聚魁笔庄毛笔是菏泽市的传统工艺产品，已有200余年的历史。晚清至民国时期，笔庄位于菏泽最繁华的商业街今南华北街，所制毛笔销往周边五省30多个市，远销北京、上海、广州及东南亚各地。改革开放后，第六代传人刘家章重树聚魁笔庄老字号。聚魁笔庄以其悠久的生产历史，优秀的制作品质，良好的使用效果，被书画界视为上等佳品。

聚魁笔庄制作的毛笔，分为羊毫、兼毫、紫毫、狼毫四大类，有长锋、中锋、短锋，大楷、中楷、小楷等区分。聚魁笔庄的毛笔制作选料讲究，工艺烦琐，做工精细。原料主要精选特定区域的狼尾、羊毛、石獾、汉松尾、紫鼠须等，品质皆为毛笔原料中的一流。毛笔制作工艺流程分为分毛、脱脂、去绒、装毛、齐毛、垫毛、切毛、梳毛、修毛、成头、试用、装杆、上笔套、刻字、包装等100多道工序。毛笔制作完全是手工操作，工艺传统，尖、圆、齐、健四要兼备，尖指笔尖要锋利，圆指笔头造型要端正饱满，齐指整体的笔毫要均匀整齐，健指毛笔的品质要刚柔适度。书画通用，得心应手，可玩可赏，堪称一绝，为书画界喜爱赞赏。

传承人刘家章与其制作的巨型毛笔

书画文化是中华民族优秀传统文化，毛笔是中国书画的重要载体，文房四宝的重要组成部分，有很高的艺术价值。菏泽是著名的中国书画之乡，中国农民绘画之乡，有众多书画爱好者和一流的书画大师书画名家，书画组织和书画院遍布城乡。尽管聚魁笔庄有过辉煌的历史，但目前一些技艺精深的笔工年事已高，聚魁笔庄毛笔制作技艺作为非物质文化遗产，采取措施加以保护传承很有必要。

◆ 传统酿酒技艺（老泥池酒传统酿造技艺）

老泥池酒传统酿造技艺的窖池群采用古老传统工艺建筑而成，建造窖池共计 210 个。窖池采用赵王河多年冲积的具有黏性的黄僵泥，挖出后晒干、粉碎成面，根据传统配方加入氮、磷、钾、腐殖质及多种微量元素，利用 30℃ ~40℃水混合均匀后，再接入窖泥功能菌、酯化菌、生香酵母等有益菌种进行密封，高温发酵 70 天后筑成。窖池池底厚 50 厘米，保证其不渗水、不漏酒，墙底宽 60 厘米、墙顶宽 35 厘米，保证了墙体不倒塌，窖泥始终湿润，适宜微生物繁殖，保证其质量稳定。

老泥池酒酿造技艺坚守传统古法酿酒。酿酒原料主要是高粱，高中温曲，稻壳和水。其中高粱和大曲要经粉碎机粉碎，稻壳清蒸 30~40 分钟，出甑晾干后配料。配料时主要控制粮醅比和粮糠比，同时要根据季节变化适当进行调整。配料后要进行润料，将所投的原料和酒醅拌匀并堆积一小时左右，表面撒上一层稻壳，防止酒精挥发损失。然后装甑蒸粮，酒醅和新料混合后必须保证其疏松，装料时要桶中间堆料低、四周高，加热蒸汽要缓慢。甑锅蒸馏一小时后，清香馥郁的原酒就缓缓流出了。

自有的酒糟出入甑工艺。蒸酒完后酒糟出甑，加水、量水的用量视季节而定，一般出甑的粮糟含水量在 50% 左右，打量水后使入窖水分保持在 53%~55%。水分达标后撒曲，将发酵材料入窖，每装完两甑材料就踩窖，以压紧发酵材料，减少空气，抑制好气性细菌繁殖。窖踩紧后，可在面糟表面覆盖 4~6 厘米的封窖泥。每天清窖一次，因发酵酒醅下沉而使封窖泥出现裂缝的，应及时抹严，直到定型不裂为止，再在泥上盖层塑料薄膜，膜上覆盖泥沙。待 70 天发酵后再次配料入甑，以此循环。

扬酒糟

蒸酒糟

白酒储存和勾调工艺。原酒出锅后要及时贮存，容器材质、容量大小，贮存温度及环境不同对酒质的影响也各不相同，其中以陶坛贮存最佳。

贮存 1~2 年后注入酒海勾调，先调香，后调味；先调酯，后调酸。待融合一段时间后，经灌装车间包装分级入库，便可走入市场。

◆ 烧鸡制作技艺（陶城王老味柴烧鸡）

陶城王老味柴烧鸡又名房家烧鸡，世代祖传迄今已有200多年的历史。

烧鸡成品

房氏：乃山西洪洞人氏，明末房家烧鸡已经名满京城，经人推荐奉诏入御膳房。此后世代相传屡有改善。特别是后代传人房灵忠（房四）根据房家祖传烧鸡的秘方，采用传统工艺与现代工艺相结合，烧制别具特色的适合现代人口味的房家烧鸡。

房四烧鸡严格秉承传统工艺调理肉材，佐以28味纯天然名贵香料浸陈年老汤蒸煮，故而肉质细嫩松软、香透入骨、肉味香而不腻。

食材处理：烧鸡食材都是选用一年左右的仔鸡。仔鸡宰杀后要用热水处理干净，毛要煺全，腿、脚、嘴等处的老皮要洗掉，硬壳刮去，保持鸡身白净。然后放到清水里浸泡30分钟去除血水，捞出沥干水分备用。仔鸡晾干后再全身涂抹蜂蜜，净锅点火倒入色拉油中火烧至170℃左右，把涂抹好蜂蜜的仔鸡放入色拉油中，小火浸炸至表皮色泽金黄红亮即可捞出。同时将鸡的两只腿交叉插入腹中，双翅插入嘴中做好造型。

香料配置：佐以白芷、砂仁、肉桂、八角、香果、香叶、良姜、丁香等28味纯天然香料，按照特定比例制作成香料包。为承古育新，传承人对每一味香料的选用多次推敲遴选，不断让原始味道焕发新生机，并浸润陈年老汤蒸煮，逐渐形成了烧鸡香透入骨的独门绝技。

加工工艺：好鸡需要煨老汤，先高温卤煮，后小火回酥，以求肉烂而丝连。全净仔鸡入锅后正式开始卤煮，重物把鸡完全压入卤水里，大火烧开熬制30分钟。再改小火卤制 20 分钟，然后关火浸泡 8 小时让鸡完全入味，捞出沥干水分装盘即可。

成品展示：房四烧鸡因配料做法的与众不同，成品色泽红亮、肉香味美、肥而不腻、软烂脱骨，“色、香、味、软”堪称四绝。烧鸡鲜味醇厚，肉质细嫩却略有嚼头，食之口齿留香，让人垂涎欲滴，这方菜品成了忙碌生活最好的犒赏，深受广大食客的喜爱。

◆ 黄河窑陶瓷烧制技艺

黄河陶瓷烧制起源于黄河流域，人文始祖伏羲、东夷之帝少昊、贤明君主帝舜等都曾在黄河岸边生息。尧、舜是原始氏族社会末期华夏部落联盟的著名首领，是中华民族重要的文化始祖，也是儒家经典最为推崇的古代圣贤。在这里，尧与舜生息在黄河流域，开创了被后世称颂为“尧天舜日”的贤明之治，最早升起中华道德文明的曙光。帝尧部落号陶唐，故称陶唐氏，陶即制陶，有烘焙之义，“陶唐”合称即烧制陶器，尧的部族以制陶见长故称陶唐。也有人用甲骨文的“尧”字象形一个人顶举陶坯、且尧和窑同音来解释帝尧号陶唐。陶瓷烧制技艺千年流传至今。因在黄河岸边建窑烧制，故得名黄河窑陶瓷。陶瓷工艺

黄河陶罐

黄河陶瓶

创作黄河窑陶瓷

精湛，工艺种类齐全，千姿百态、栩栩如生，装饰丰富，艺术表现力强，有的庄重浑厚，有的典雅清新。烧制后的陶瓷斑斓灵动、醇厚清雅，代代相继，流传至今。

黄河窑陶瓷最早民间称谓出自明洪武年间村落族谱：祖上以制作黄河陶器为生。它是继彩陶之后，中国新石器时代制陶业出现的又一个高峰。后黄河窑陶瓷烧制技艺历代以口传身授的方式进行传承，据可考记载现已传至第四代传承人曹晓燕。

◆ 牡丹鲜花饼

菏泽是中国牡丹之都，也是全世界面积最大、品种最多的牡丹生产基地、科研基地、出口基地和观赏基地。菏泽地处北温带，土质肥沃，半淤半沙，四季分明，雨量适中，在气候、雨量、土壤等方面，都很适合牡丹的生长。牡丹鲜花饼是人们利用当地的牡丹鲜花为主料，采用千年古方和现代工艺结合的方法，利用低温发酵技术制作牡丹花馅，形成了自己独有制作工艺，既有鲜花食品的清净典雅，又有牡丹花的醇厚丰满，是一款地地道道的牡丹旅游产品，是人们节日走亲访友首选礼品，引领地方经济发展，带动一系列的旅游产品发展与壮大。

制作过程：将新鲜的牡丹花去蒂，花瓣摘散。加入红糖，适量加入蜂蜜调味，保留花香，去除苦涩。这一步骤中，红糖也可用白糖替代。花瓣揉搓好后，用容器密封，低温避光存放，中间须每十天一次倒缸，发酵 180 天，即可获得馅料的主角——牡丹蜜饯。使用酥油、水、小麦粉，分别制作油皮和油酥。包裹馅料前，先用油皮包裹油酥，制成油酥团。再将油酥团擀平、制卷，包上馅料，擀成小饼状。在饼皮表面刷上一层蛋液（也可不刷），用竹签戳几个洞，避免烘烤的时候变形破碎。烤制 25~30 分钟后，牡丹鲜花饼出炉。静置冷却后即可食用。

鲜花饼

原材料特征：以新鲜的牡丹花，除花蒂、枝干和其他杂质，用手工揉搓挤压，除去花汁。微凋后的牡丹鲜花与白砂糖、蜂蜜拌和均匀后，盛入容器中，根据制作的需要撒白糖，层层覆盖，最后密封低温发酵，时间越长口感越佳。成品略见牡丹花瓣，入蜜饱满，不硬结，酥松，无杂质，有浓郁的香甜味，突出牡丹的天然芳香。

产品特征：牡丹鲜花饼是当地的传统糕点，以鲜花为主料，配以精选食用糖、植物油、小麦粉等精制焙烤而成。所用原料均经过精细挑选，层层把关，并经无菌车间的风选、磁选等 10 余道工序。采用古方和现代工艺结合的方法，利用低温发酵技术，使牡丹鲜花在发酵过程中形成幽雅醇厚的风味，既有鲜花食品的清新典雅，又保留了牡丹花的醇厚丰满，入口丝丝花瓣绵软香甜，牡丹花香幽雅细腻。

牡丹鲜花饼成品

牡丹城酒业蒸酒锅

◆ 传统酿酒技艺（刘氏浓香白酒酿造技艺）

菏泽古称曹州，因有种植牡丹的历史，故称牡丹城。世有“曹州牡丹甲天下”之说。早在明、清之际，这里就有以牡丹花作原料酿制美酒的牡丹酒。据史书记载，饮用牡丹酒确有使容貌增色、活血通络、延年益寿之功效。

刘氏浓香白酒酿造技艺挖掘历史传统工艺，引进先进技术，配方，经科学勾兑形成的“牡丹城”美酒，既继承传统工艺，又博取众家之长，得到发扬光大。

刘氏浓香白酒酿造技艺秉承“十年磨一剑”的原则。“十年磨一剑”的磨不是乱磨，必须严格按照传统工艺，按照工匠大师、前辈总结的方法来磨，要科学地磨，高粱的破碎程度，发粮的水温、水量，蒸粮的时间，收堆的温度，下窖的温度，曲药的用量等。不厌其烦，严格按照传统工艺酿造。

传统医药

◆ 韩氏化刺膏

黑膏药“化刺膏”是方便人民大众用药的重要制剂，是民间传统手工制作技术绝艺，手工制作工艺复杂，工艺流程很难掌握；特别是油丹化合物时的火候很难控制，需要学习制作的人有多年的经验。黑膏药化刺膏传承情况最为完整。充分发挥中医药的独特优势，在人民健康事业中仍然发挥着不可替代的重要作用，是弘扬中医药活的文化传统传承，对中华民族文化有重要突出学术价值。

黑膏药是我国劳动人民几千年在同疾病作斗争中总结出来的一套独特的治疗方法。化刺膏具有简、便、验、廉的特点，使用价值疗效确切。治疗有独到之处。

“化刺膏”彻底解决了有病不愿服药打针，又想愈病的目的。外贴黑膏药直接作用于患处，使药物数倍提高，而且不易产生耐药性。对肝肾等内脏器官无毒副作用。主治腰椎间盘突出、膨出、增生、滑脱，椎管狭窄，颈椎病，各部位骨质增生，膝关节增生，滑膜炎半月板损伤，风湿性类风湿关节炎，强直性

熬制韩氏化刺膏

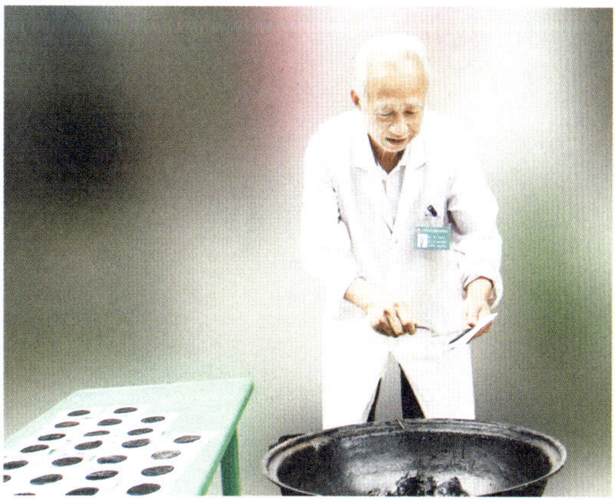

滩涂韩氏化刺膏

脊柱炎，股骨头坏死，脚跟刺，坐骨神经痛，肩周炎，痛风，颈、肩、腰腿疼痛麻木。最适用于经济贫困地区，有较好的社会效益，易被患者接受，具有见证中华民族活的文化传统独特价值。

◆ 韩氏化刺丸

“化刺丸”水泛丸属于祖国医学一种古老剂型，方便人民大众用药，是中医治病的重要手段，是民间传统手工制作技术绝艺。独特传统手工制作工艺复杂，特别是水泛丸手工制作工艺，制备相对操作烦琐。现在科学的发展取代了古代的制作工艺和方法。造成了即将失传的边沿。需要学习制作的人有多年的技术操作与经验技巧，且易被患者接受，被广泛用于临床。

学术价值：“化刺丸”传承情况最为完整。充分发挥中医药的独特优势，在人民健康事业中仍然发挥不可代替的重要作用。为弘扬中医药活的文化传统传

药捣罐捣药

药碾子碾药

药匾制丸

承，对中华民族文化有重要突出学术价值。

使用价值：“化刺丸”是我国劳动人民几千年在同疾病作斗争中总结出来的一套独特的治疗方法。是免煎复方制剂，其有效成分吸收更多药性，发挥更好。疗效更佳，使用价值疗效确切。

健康价值：是病患者的福音。亦能早期痊愈，中期控制，晚期缓解。本秘方简、便、验、廉，使患者早日减少痛苦，恢复健康。

推广价值：市场前景广阔。既具历代经典性又含现实实验性。既有个别（对症）又兼一定的普遍性（对病），因而对一种或一类病症体现较明显而有稳定的调理修复功能，秘方是对前人这样的反复实践过程的延续。

◆ 邹氏挑针疗法

邹氏挑针疗法是源于山东菏泽民间的一种治疗方法，是中国传统针灸的一部分。它是利用挑刺针在相关部位的反应点或者腧穴进行挑治，从而达到疏通经络、调和阴阳、治疗疾病的目的。至今已传承 200 余年。可以治疗多种因经络堵塞导致的内外科疾病。尤其是对于疼痛类疾病，基本上可以做到立竿见影。2020 年“邹氏挑针疗法”被山东省卫健委评为齐鲁医派中医药特色整理推广项目。

邹氏挑针疗法操作方法是用挑针挑破皮肤的反应点或腧穴点（也称为挑点），挑出皮下淤堵经络的“病筋”。具体操作规范是：局部碘伏消毒后，用利多卡因在相应挑点做局部皮内浸润麻醉，注射直径以 0.6 厘米皮丘为度。挑针以大约 5° 探入皮下，挑出纤维样组织，并进行旋运牵拉，挑断并用镊子夹住剪掉。然后从不同的方向挑出皮下纤维，直至挑干净。挑干净后根据疾病及穴位的不同，正气不衰者可拔火罐，持续约 3 分钟，以疏通局部淤阻，身体偏虚者可挑完后加用悬灸，以起到补虚的作用。正气衰或者肾俞附近不宜拔罐。治疗后用碘伏再次消毒，贴上创可贴，操作完毕。注意事项：①治疗期间不宜饮酒，不宜食用辛腥油腻之物。②保护创面，隔日方可洗澡。治疗禁忌：疤痕体质者；有严重出血倾向或严重贫血者；糖尿病血糖控制不佳者不宜使用本法。

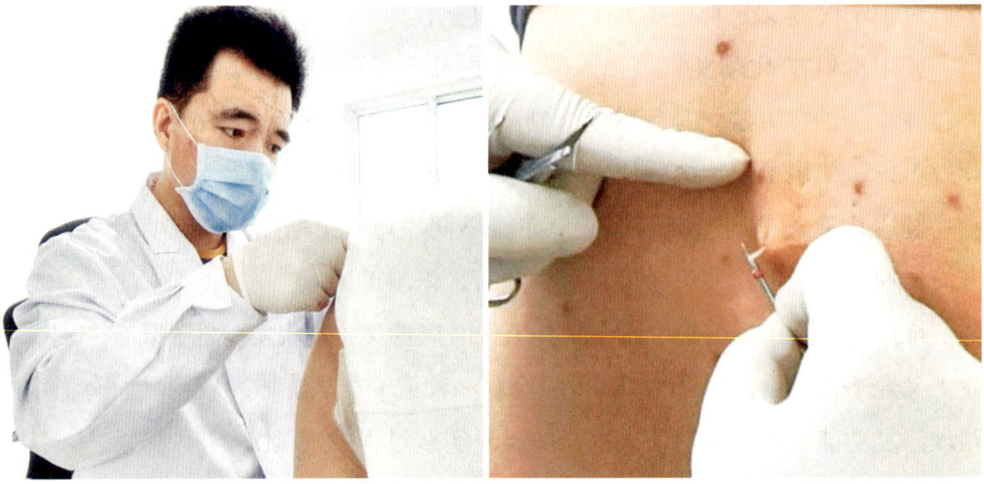

邹氏挑针疗法

因挑针传承民间，理论知识不完备，基本上知其然不知其所以然。经过历代的发展，“邹氏挑针疗法”有了一定的中医理论基础，但仍不够完善，现代医学理论基础仍欠缺。通过系统的学习研究，已经可以用中西医的理论阐述清楚挑针的原理。理论可以指导实践，完备科学的理论可以有效地提高疗效，也可以让更多的人信服挑针，更好地发展这项中医传统技术。

传统挑针操作无菌观念差，操作比较粗放，也会留一定的疤痕。把现代医学的无菌操作理念和方法带入传统的挑针，挑针工具要按照手术器械消毒标准，挑针操作按照门诊手术的标准，有效规避炎性感染和交叉感染。关于疤痕问题，传统挑针创口较大，很多人会留疤痕，影响美观，“邹氏挑针疗法”大胆创新，开创了不再单独破皮，而是通过注射麻药的针眼处下针，轻轻扩口，然后再操作，这样可以有效避免创口扩大，使创口从直径 4 毫米左右降至 1~1.5 毫米，基本上可以做到不留疤痕，患者更好接受。

◆ 朱明武杨氏吹喉疗法

明洪武年间，杨氏从山西洪洞县迁居于曹州（今开发区）辛集一带；清朝光绪年间，杨运三世祖杨金甲出生于曹州，曾在朱明武村当医生，专业治疗口腔疾病，尤其擅长吹喉疗法。

杨氏的医术自杨金甲开始，在开发区区域一代代传承至今120余年。

朱明武杨氏吹喉疗法，是我国传统医学宝贵遗产的一部分。医者根据咽喉病患者不同病情，将药末吹施于咽喉部，以治疗疾病的一种方法。通过医者的施药，使患者咽喉部病患部位得以直接施药，促使已发生病变的咽喉部功能活动恢复正常，从而达到治愈口腔疾病的一种方法。

搼粉

配置

施治

朱明武杨氏吹喉疗法根据中医治病理论，运用中药局部吹药综合疗法，使药力直达经咽喉部病变部位，引起病变机体机能的极大反应，从而调节维护咽喉部的正常功能，改善血液循环和新陈代谢，促进病变部位组织细胞的恢复和再生能力，使发生病变的器官功能活动恢复正常，并能迅速消除咽喉部疾病，解除患者痛苦，增强人体抵抗能力，是一种快速的药物性疗法。

历经杨氏数代人120余年的医疗实践证明，朱明武杨氏吹喉疗法深受广大群众的欢迎。因为此疗法有独特的理论体系和医疗手段及显著的疗效，在不干扰生命正常活动的前提下，对人体进行综合的、动态的、整体的观察和调整，具有安全、便捷的治疗特点。

◆ 曹州中药炮制技术

曹州中药炮制技术传承工作室的收藏品

炒制中药

曹州中药炮制技术是指在中医理论的指导下，按中医用药要求将中药材加工成各种中药饮片的传统方法和技术，古时又称“炮炙”“修事”“修治”。

曹州中药炮制技术作为我国独有的制药技术，一般是水制和火制为主。水制的目的是清洁药物，软化和调整药性，切制饮片。火制一般有炒制、炙制、火锻。炒制的目的是让方便药物粉碎加工，使种子类的药物有效成分更容易溶出。炙制是通过辅料蜜、醋、酒、姜汁、血闷润后炒、蒸、煮等来炮制药材，工艺技术要求十分严谨。如“血牡丹皮：取牡丹皮片，加入定量（20%）羊或猪血，黄酒（2:1），拌匀，闷润 6 小时，待血被吸尽后，置蒸制容器内，用文火加热蒸 2 小时，取出晾凉，晒干。为对该项目核心技术进行深入研究传承发展，传承人罗盼生主编《实用中药炮制技术》，奠定了传承和发展的基础，确保曹州特色中药炒炭技术、中药血制技术发扬光大。

◆ 中医传统制剂方法（巴必克疤痕膏）

清朝光绪年间，出生于鲁豫交界台前县中医世家专治痈疮的林兴润先生，首创了疤痕膏。其子第二代传人林成典凭此膏药行医几十年，不断改进完善，疗效更进。第三代传人林良臣，自幼受家学熏陶，习读祖传医书，深得家传，1962 年被聘为郓城县黄安医院医生，80 年代从医院退休后，在原籍行医，专治痈疮及疤痕。第四代传人魏荣菲，为将师传技艺发扬光大，造福更多疤痕患者，2014 年将行医地点迁至菏泽城区，注册了“巴必克”商标，申请了巴必克疤痕膏外观包装专利，在全国开展连锁加盟，使巴必克疤痕膏这一传统中医药瑰宝从菏泽推向全国。

巴必克疤痕膏依据宋代《太平圣惠方·疤痕诸方》“夫疤痕者，皆是风热毒气，在于脏腑，冲注于肌肉，而生疮胗，及其疮愈，而毒气尚未全散，故疮痂虽落，其瘢尤黯，或凹凸肉起，宜用消毒灭痕之药以敷焉”原理秘方制作，是一款专门治疗烧烫伤疤痕的膏药。巴必克疤痕膏精选五倍子、血竭、丹参、黄芪、黄柏等 32 味中草药，经过捣、研、泡、炸、滤、熬、收、贮十道传统制药工艺，精炼炮制而成；具有清热利湿、活血化瘀、去腐生肌、消肿止痛、软坚散结等功效。使用时，中药外治，将膏药直接涂于疤痕表面，通过透皮吸收，使药物

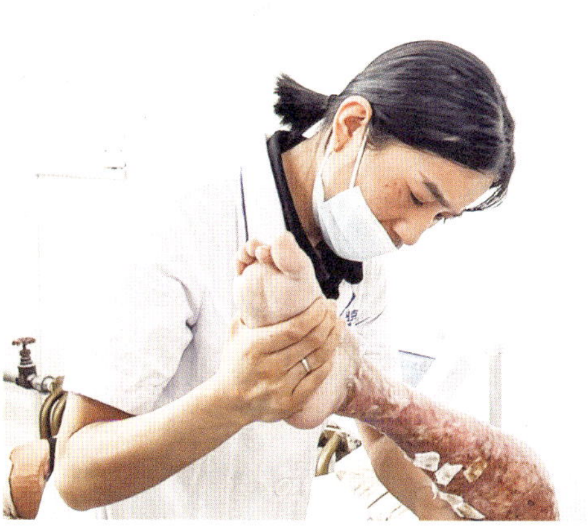

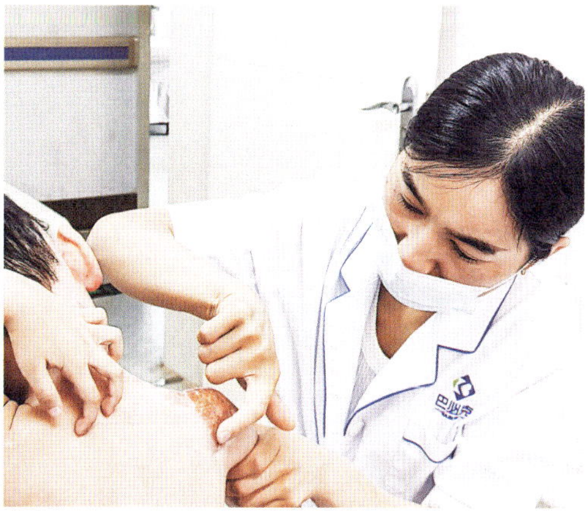

观察疤痕恢复情况

直达疤痕组织深层，消融疤痕组织细胞，抑制疤痕纤维细胞的增殖和活力，改善疤痕组织血液和营养供应，调节胶原蛋白过度合成和代谢，改进微量元素和自由基形成，促进肉芽组织上皮化，从而达到抑制疤痕增生、重建肌理、平衡色素、恢复弹性、接近正常肤色的修复效果。

巴必克疤痕膏传承120余年，经过四代传承人不断守正创新，延续至今，形成了独特的中医药祛疤特色，现已开发出增生性疤痕膏、凹陷性疤痕膏、按摩软化类疤痕膏等系列产品。相比其他疤痕治疗方法，具有简便易行、疗效确切、经济实惠、便于贮放的优点，患者更容易接受，至今已治愈上万名疤痕患者，具有一定的医学价值和社会价值。

◆ 中医点穴疗法（中医点穴）

中医是中国传统医学的重要组成部分，其地位在中国文化和医疗体系中都十分重要。始创于清咸丰年间的“中医点穴疗法”则是中医百花园中特别奇异的一朵。

“中医点穴疗法”的创始人是山东省菏泽市的刘合贵先生（1836~1906），他自幼酷爱习武，随少林武师学习传统武术大洪拳，是当地远近闻名的洪拳大师。刘合贵武医结合，将武功之神气集中到形上，加强形的功能，以武入医开创了“中医点穴疗法”。

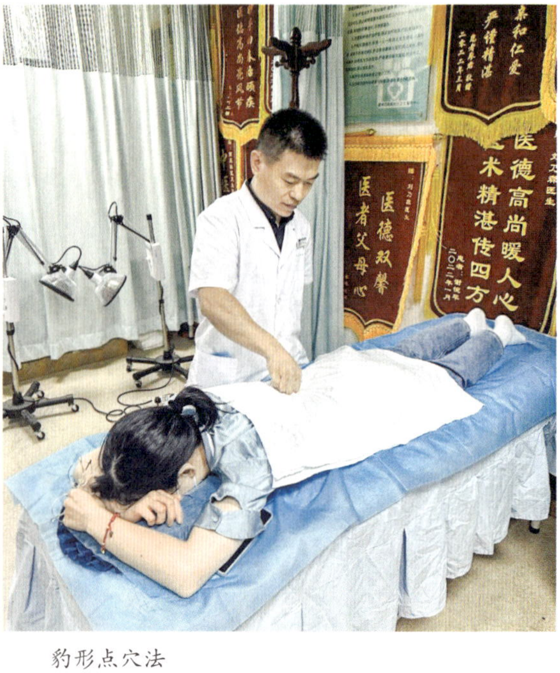

豹形点穴法

“中医点穴疗法”主要的治疗病症是颈椎病、肩周炎、腰椎间盘突出、膝关节疼痛等顽症。此外，对头痛、失眠多梦、

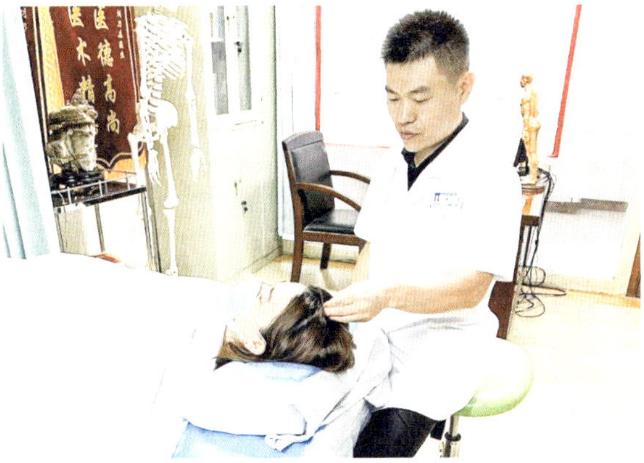

鹤形点穴法

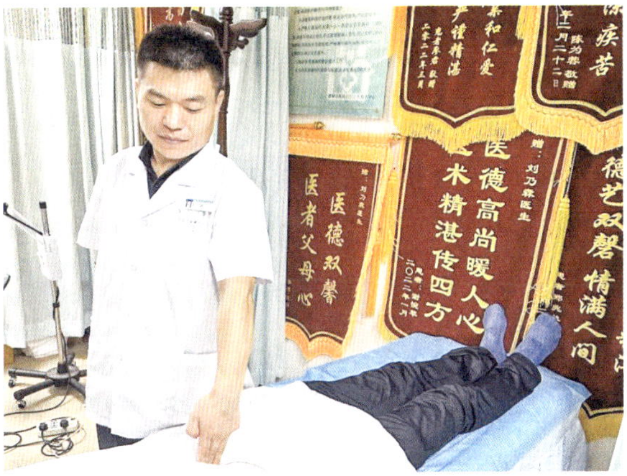

三指禅点法

痛经、食欲不振、精神疲惫等病症也有显著的疗效。

“中医点穴疗法”的指导思想仍然是以《黄帝内经》《针灸大成》等中医理论为指导，结合望、闻、问、切，以及表、里、虚、实、阴、阳、寒、热八纲辨证法施以操作治疗。

技艺的核心关键在于，需要以少林洪拳、一指禅和气功点穴为功力基础，达到手随心动和法从手出的自如状态。

操作此手法时，要做到气沉丹田、力灌指尖、意到手到、手到气到、气与力合、心与意合、层层深入、节节贯通、穿皮透骨、直达病灶，顺经顺气才能瘀闭自开。通过点穴来激活各脏器的精气功能，打通各条经络通道，使气血运行通畅，从而改善人体各脏器功能以及神经之间的调控系统，恢复人体的自愈能力，最终起到缓解病痛，强身健体的目的。

用好此点穴技艺的前提，则需要习练传统武术五形拳、大洪拳、小洪拳、炮拳、虎鹤双形拳、禅桩功以及气功功法、一指禅功法等，以功力作为技法的支撑。同时还必须熟悉相关中医理论和经络学说，按照人体经络运行方向进行治疗。

民　俗

◆ 黄河水神

黄河水神是黄河流域民间崇拜的水神，拥有着丰富的历史文化内涵及多彩的神话传说。黄河是中华民族的母亲河，但历史上的黄河常泛滥成灾，给沿岸人民带来巨大灾难，人们在无力征服水患的条件下，常祈求于神灵的保佑，由此孕育了黄河水神的崇拜。明清时期以来，沿黄区域影响最大最具代表性的水神是金龙四大王谢绪，成为民间和官方共同祭拜的河神，官方文书、档案和方志中，有大量官民营建河神大王庙和祭祀河神的记载。

黄河水神由来已久。《搜神记》《史记正义》《重修纬书集成》等史籍记载，最早的一位黄河水神是河伯。据《中国民间诸神》记载，唐以后，江河湖海各

金龙四大王庙

处水神多为龙王所占据。

真正为鲁西南黄河沿岸人民所崇信的河神，主要是明清时期官封的四位水神，分别是明代的金龙四大王谢绪、黄大王黄守才，清代的朱大王朱之锡、栗大王栗疏美。还有三位民间信仰的水神，分别是明代白大王白英、宋大王宋礼，清代张大王张曜，其中尤以金龙四大王谢绪影响最大。

谢绪，宋代钱塘人，忠于宋室，积极抗元，南宋灭亡之际慷慨赴水殉国，人们把他葬在金龙山。传说朱元璋率军打天下时，在徐州附近前有大河，后有追兵，只见一人踏水而来，对朱元璋拱手说:“我乃金龙山谢绪，愿为大王分忧。”遂喝退洪水，倒淹追兵。朱元璋即位后，查找到金龙山谢绪早已亡故。因谢绪曾隐居并葬于金龙山，兄弟排行老四，能够号令黄河之水，遂诏告天下，追封谢绪为“金龙四大王”，被封为黄河水神，兼管大运河漕运护航，立庙于黄河之滨。由此，谢绪成为民间和官府共同参拜祭祀的河神。

明清以来，对金龙四大王等黄河水神的崇信十分流行，加之官方提倡，“诏滨河州县皆为王立庙”。各县区的县志记载，官民营建大王庙、河神庙已十分普遍。据统计，处于黄河故道的曹县、单县就有大型的大王庙五处。现在的东明县至郓城县四县区黄河河道，明清时期大王庙遍布沿黄各地不计其数，几乎村村皆有大王庙。

据清代学者陈夔龙《梦蕉亭杂记》记载，金龙四大王的法身，是一条长不盈尺的金黄色小蛇，且头上有“王”字，它统领黄河的水道。每当黄河工地上出现这样的小蛇时，就被认为是神驾莅临，各级官员必率属众亲自恭迎。大王于庙幔内，三牲礼供，叩拜祷告，或招戏班，演戏酬神，直到大王法身消失。否则，河工就会不利。

据县志记载，清同治十年十二月，河决郓城侯家林，山东巡抚丁宝桢亲自督办堵复决口。此时发现金龙四大王出现，其长不盈尺，方头金鳞，虽爆竹震耳，但不为动，一时官军皆虔诚参拜，10余日不去，夜间金光射目，照耀波流。随即迎回演戏，以后大王不时临坛显灵。次年二月，官民奋力成功合龙，将决口大堤堵住。为感谢神灵保佑，奏请皇上批准，在决口处修建大王庙，丁宝桢撰文立《侯家林大王庙碑》于庙前，碑今犹存，此碑是黄河治理的重要资料。

过去每次黄河堵口，或黄河出现险情，都会在工地设立临时大王庙，或把河神抬出，由此增强了人们战胜黄河的信心。沿黄百姓则到水神庙烧香磕头，祈求免除水灾。堵口时凡出现小水蛇，就认为是大王降临，是堵口成功的预兆。抢险堵口成功之后，又到水神庙献祭，或演戏祝贺。凡船工出船或过往船只经过沿途的大王庙，没有不上岸进香祈祷的。船工见有小蛇上船是很吉利的事情，船工要举行接大王仪式，用大的瓷盘铺上黄表纸，跪着请水神的化身爬进盘去，捧进船舱，设供敬奉。

黄河水神，有长盛不衰的民间信仰，广大群众口耳相传，流传至今，已深深扎根于黄河流域民众的心中。在沿黄七八十岁的老号工、老船工中，仍流传着黄河大王许多灵异的民间传说。据传有一年夏季，洪水暴发，水势越涨越高，村民都跪在大王庙前磕头，这时有一位60岁老人手捧托盘也跪在庙前祷告。忽然大风刮来，一条金色小蛇飞速进入老人托盘之中，老人捧着大王进入庙内放在贡桌上，百姓连忙烧香磕头，不到一个时辰洪水就退下去了，一道闪光过后托盘中的大王不见了。又传有一个商人采集货物在黄河行驶，船行到大王庙停船稍息，只见船不停晃动，原来一条小蛇正趴在船上，突然间狂风大作，眼看船要下沉，船上商人急忙烧香祷告，祷告完毕，果然风平浪静，大王也不知不觉消失了。传说有一年鲁西南遭遇重大洪灾，洪水大漫所有庙堂，其他神像都被冲毁，唯有金龙四大王塑像安然无恙。

古老的黄河，流传着多少动人的民间故事，明清以来，对黄河水神的神化崇拜，最终形成了鲁西南沿黄人民的精神信仰。这些水神，神通广大，信众广泛，寄托着人民的希望和理想，有较高的精神文化价值。黄河水神是黄河文化研究的重要资源，它适应社会的需求而产生，又随着社会的发展而发展。因黄河水患减少，且不能航运，黄河流域群众不再对水神有强烈的需求，大部分金龙四大王庙已被毁坏，这一民间信仰和民俗文化的传承面临断代的威胁。沿黄众多的大王庙，曾经是沿黄地区的标志性建筑，也是黄河沿岸一个标志性的文化符号，加强对黄河水神以及大王庙这一标志性文化符号的研究，有利于黄河文化和菏泽优秀传统文化的宣传弘扬，进而推动黄河文化事业的发展。

菏泽非物质文化遗产概览

HEZE FEIWUZHI WENHUA YICHAN GAILAN

牡丹区篇

民间文学

◆ 牡丹传说

菏泽牡丹，又称曹州牡丹，历史悠久，驰名中外，关于牡丹的传说故事在民间广泛流传。1400多年来，一个个或美丽或凄婉的故事，流传于我国民间及世界华裔中，感动和教育着一代代中华儿女。

这些民间传说，我们依稀看见菏泽牡丹的铮铮傲骨、善良多情的品性，更从中感受到人民群众对菏泽牡丹的喜爱之情。内容不仅有历史史实，还有人生的酸甜苦辣和悲欢离合，涵盖了神话传说、人物传说和地名传说等，丰富多彩、寓意深刻、极富哲理，成为花城人民世代相传的精神资源与文化遗产。

《牡丹传说》演出剧照

牡丹文化的起源，若从《诗经》牡丹进入诗歌算起距今约有3000年的历史。秦汉时代以药用植物将牡丹记入《神农本草经》，牡丹已进入药物学。南北朝时，北齐的杨子华画牡丹，牡丹已进入艺术领域。宋代开始，除牡丹诗词大量问世外，又出现了牡丹专著，如陆游的《天彭牡丹谱》、丘濬的《牡丹荣辱志》、张邦基的《陈州牡丹记》、苏毓眉的《曹南牡丹谱》、余鹏年的《曹州牡丹谱》等。散见于历代种种杂著、文集中的牡丹诗词文赋、遍布民间的牡丹传说故事以及雕塑、雕刻、绘画、音乐、戏剧、服饰、起居、食品等方面的牡丹文化现象，更是屡见不鲜。

隋朝时，曹州著名花师齐鲁桓利用嫁接技术，嫁接出了高于楼台的牡丹花，于是"楼台牡丹"的故事流传至今。唐初名将、曹州人徐懋功（太宗赐李姓名勣）告老还乡时，将御花园里的珍品牡丹带回曹州老家繁衍生息，《李勣与牡丹》的故事在牡丹之乡广为流传。清代杰出文学家蒲松龄在他的著名小说《聊斋志异》中收录的牡丹传说故事《葛巾玉版》，使曹州牡丹名扬海内。菏泽城东北，几乎村村有花园，户户养牡丹，相继产生并流传有 200 余个美丽动人的传说故事。

这些牡丹传说，主要内容包括：人物传说、地名传说、品种传说、风格传

百花园

说等，既体现了普通百姓种花、爱花、崇花、敬花的趣闻，又有达官贵人、社会名流赏花、赋花、爱花的逸事。它以追求自由、崇尚爱情、歌颂生命生生不息的文风深深打动着人们的心灵，以鲜明的人物性格、离奇的故事情节、生动简练通俗的讲述方式，受到民众的喜爱。牡丹传说所涉及地理风物、民风民情、引典佐证等，已成为牡丹文化研究的重要元素。

一、牡丹起源的传说故事

我国的牡丹文化从《诗经》算起，距今约有3000年的历史。秦汉时期，牡丹进入药物学，人们认识到牡丹不仅能够观赏，令人赏心悦目，而且还能治病救人。

据宋代《海山记》记载，隋炀帝在洛阳兴建西苑，圣诏天下奇石花卉。由于牡丹花大色艳，特受一位妃子的喜爱，她哀叹牡丹花虽好，只可惜不能在楼台上观看！隋炀帝为了讨好爱妃，遂诏天下花卉巧匠聚集京城，为她培植高过楼台的牡丹花。唯有曹州人著名花师齐鲁桓历经艰辛，成功将牡丹嫁接在高于楼台的椿树干上，才赢得了妃子一笑。自此，富贵的牡丹也就顺理成章地进入了皇家园林。在菏泽民间，至今流传着齐鲁桓为隋炀帝栽植“楼台牡丹”的故事。

盛唐大诗人李白的《沉香亭咏牡丹》，千百年来一直为人们所传诵。《徐懋功带花回曹州》说的是唐朝名将徐懋功告老还乡时，特奏请皇上携带御花园里的珍品牡丹回家栽种，使曹州牡丹的花色品种更加丰富多彩。

民间流传最为广泛的还有《武则天贬牡丹》《秦岭深处遇牡丹》等，这些美丽动听的传说，佐证了菏泽种植牡丹的悠久历史，不愧为“牡丹之乡”。

二、牡丹品种的传说故事

这类传说有近百个故事，几乎每一种名贵品种的背后，都蕴含着一个个动听的故事。这些传说从不同侧面反映牡丹雍容华贵、华而不妖、贵而不娇的品行，有较高文化研究价值。

菏泽牡丹品种繁多，有1100多种。其中，有以数字命名的：一品红、二乔、三变墨玉、十样锦、千心黄；有以颜色命名的：锦袍红、种生黑、粉中冠、白鹤亮翅、玉翠荷花；有以神话人物和佳丽命名的：嫦娥奔月、贵妃醉酒、昭君出塞、飞燕红装；有以地理命名的：曹州红、彭州紫、洛阳春；还有以意境命名的：雨过天晴、青山卧雪、乌龙捧盛。

三、牡丹花型花姿的传说故事

关于牡丹花型花姿的传说故事在当地广为流传。如“花二乔”一株两色，双娇可爱，各领风骚，属玫瑰型重瓣类。据传，这种牡丹是一对双胞胎姐妹用生命换来的。由于牡丹花艳丽可爱，被人们亲切地喻为三国时期美女“大乔小乔”姐妹俩的化身。

“荷包牡丹”在牡丹园里独树一帜，传说她是由种花姑娘的花荷包变成的，所以人们叫它“荷包牡丹”。“丛中笑”像一位含羞的少女，脉脉含情地注视游人，从不为争宠而抛头露面。“大胡红”形若绣球，色泽鲜红，枝干挺拔，花大盈尺，卓然群芳，是红色花系里的佼佼者，属于皇冠型千瓣类。“贵妃插翠”层叠相映，红粉相间，几片绿色的花瓣晶莹透亮，犹如玉簪插在盛妆贵妃的发髻上，于是人们便给它起了这个好听的名字，属于千瓣类皇冠型。

四、牡丹仙子治病救人扶困济贫的传说故事

这类故事主要反映民间善有善报恶有恶报的因果报应意识，歌颂纯朴善良的道德追求。如《“蓝田玉”的传说》，说的是万花村的青年花农春宝，自幼生长在牡丹园里，跟随家人种花。后来家人相继去世，其成为孤儿，家贫如洗，娶不上媳妇，但他仍然坚持种牡丹。春宝感动了牡丹仙子“蓝田玉——蓝姑娘”，两人结为夫妻，过上了幸福的日子。再如《牡丹仙子的传说》，说的是以靠打长工为生的农民宝柱，倍受财主的迫害与刁难，无端扣工钱。在他走投无路的时候，一棵经常得到他照顾的牡丹幻化为美丽女子帮助了他，使他和他的长工朋友们都过上了幸福生活。再如《花王与花后的传说》《白牡丹的传说》等，此类故事不胜枚举。

牡丹仙子

五、牡丹园的传说故事

有关古老牡丹名园的传说。如《桑梨园》《巢云园》《铁篱寨花园》《军门花园》等传说故事，反映了曹州花农种花、育花、看花的吃苦奋斗精神，以及为了保卫花园主权，与意欲强占花园的贪官污吏、地主恶霸等黑恶势力顽强斗争的精神。如《秋翁遇仙记》传说是一位老秋翁，一生爱花如命，救活了一棵将要枯死的牡丹，却遭到花霸的打骂与欺辱。危难中，牡丹仙子现身惩治了花霸和贪官，伸张了正义。

有关主人与花园之间的深情厚谊的故事。如《凝香园的传说》，明朝万历年间，西台御史何尔健在家乡购置私家花园——何家花园。到第二代主人、明代工部尚书何应瑞归乡游园咏牡丹“廿年梦想故园花，今到开时始在家。摇风百态妖无定，坠露丛芳影乱斜”。再到何氏十六代孙——纵横山东、声闻京华的北平市市长何思源及其小女全国人大常委会副委员长何鲁丽回家乡游园、赏花、修园等传奇故事。

六、“牡丹下广”的传说

自隋唐时期牡丹传入菏泽，以牡丹品种、栽培技术和牡丹文化为主要内容的经营交流活动从未间断。尤其是自清朝开始，随着菏泽牡丹催花技术日益成熟，花农们纷纷将冬季催花牡丹运往广州销售，俗称“下广”。上百年来，关于牡丹下广的传说故事，源源不断。如《赵俭父子客殇广州》，说的是他们父子二

曹州牡丹园

牡丹剧场

人，到广州卖牡丹花，遭到当地花霸的欺负，最终客殇异乡。《高员外晒元宝》，说的是曹州花农赵凤琪“下广”发了大财，不忘众乡亲的故事。《卖花交朋友》，说的是李集花农李丰收在广州卖花，以花为媒，与当地花商结为好朋友的故事。这些故事或是凄婉的，或是高兴的，充分反映了普通百姓祈求平安、聚福纳财的美好愿望。同时，也体现了花农们以牡丹为媒，广交四海朋友，促进牡丹交流的胸怀。

牡丹传说主要以社会群体传承与流派传承为主。在牡丹区较有影响的、能说讲牡丹传说故事的有三大流派，即牡丹区李氏、赵氏和杨氏家族。

牡丹区李氏，祖籍牡丹办事处李集村。据李氏族谱记载：其祖上为唐朝大将李勣（徐懋功），徐懋功告老还乡时将牡丹带回菏泽老家。后世子孙感念徐懋功恩德，重视民间牡丹的传说，并将其视为“祖传文化”传承至今。主要传承人李丰收，善讲牡丹故事，重视收集有关牡丹的民间传说。

牡丹区赵氏，祖籍牡丹办事处赵楼村。据赵氏后人传，其祖上历代务农，以种植牡丹为生，培植了“赵粉”等许多牡丹新品种，其族人多次南下广州经营牡丹，留下了花神殿、高员外晒元宝、豆绿等许多牡丹传说。在花神殿有祭祀花神的传统。主要传承人赵峰，善讲牡丹故事。

牡丹区杨氏，祖籍古曹州城内。杨氏祖师为郓城著名民间琴书艺人李永振，以传唱牡丹传说故事而闻名乡里，深受当地百姓喜爱。主要传承人杨茂林，民间艺人，能编唱许多牡丹传说故事。

◆ 尧的传说

菏泽古称曹州，地处黄河中下游，是中华民族重要发祥地之一。相传是我国史前尧帝主要活动地区之一。尧的传说自汉代以来就在曹州大地广为流传，故事中所叙说的尧的人物，所表现的尧的精神，千百年来为人们传颂。

牡丹区胡集镇尧陵尧冢

帝尧陵石碑

据考，尧当年活动的成阳、雷泽均在今牡丹区胡集乡境，这也正与尧的传说相吻合。据史籍和汉碑记载，汉代曾对尧陵进行过大规模修建，汉代大修尧陵与范仲淹祭祖是有原因的。相传，刘姓、范姓、李姓、唐姓、季姓、陶姓均是尧王后裔，汉朝皇帝姓刘，他为了表示效法祖宗，施仁政于民，所以每个皇帝继位后都来尧陵祭祖。唐朝皇帝姓李，也是尧王的后裔，也对尧陵进行过大修，后来为了祭祖之便，还在山西临汾另筑尧陵，至今临汾人还认尧王寺为“老家”。

距今尧王寺村北约 10 华里的历山庙村，相传就是昔日尧的继承人虞舜耕地的历山。今历山遗址已成为省级重点文物保护单位，并有国学大师季羡林先生题写的“历山虞帝庙”巨匾，悬挂历山庙前。但凡盛世均流传些君贤民安、和谐乐业的故事，尧的传说也不例外，主要有《尧王审马》《合和万邦》《尧王访许由》《尧王嫁女》《尧王让贤》等。而战乱之年多出些忠勇臣民、共御外患的传说，如金兵入侵时期出现了《尧舜显圣》，抗日战争时期出现了《鬼子迷路》等传说，寄托老百姓保家卫国的意愿。

一、关于尧以德治国、礼贤下士的传说故事

这些传说包括《尧王访贤》《尧王探病》《先人后己》等。《先人后己》说的是一次北国兵来袭，把尧王的兵马分割成两段，团团包围，前段有尧王和他的大臣，后段有武将四岳的母亲及其他眷属，四岳突出重围后要先救尧王，尧王命令四岳：“我这里有武士保卫，你应先去救母亲和其他眷属！”四岳深受感动，勇气倍增，一鼓作气，杀退敌兵，先救出母亲，又救出尧王。尧王惊魂稍定，便去探望四岳的母亲。感动得四岳频频在尧王面前起誓：“四岳愿肝脑涂地，效忠尧王！”

《合和万邦》说的是那个来侵袭的北国部落。这年冬天突降大雪，人无粮，马无草，正在危难之际，忽听探马来报：“尧大军来到！”只见车辚辚、马萧萧从南方杀来一彪人马。北国人惊呼：“尧报仇来了！”不料尧在马上哈哈大笑：“我

牡丹区尧舜禹主题公园石碑

成阳故城与帝尧陵研讨会

专家学者实地查看成阳故城遗迹

尧的传说传习所

传承人讲述尧的传说故事

给您送粮草来了！”北国部落感动不已，从此归顺尧王。另有《教苗人种谷》《交友苗王》等传说，说明了尧王以仁德治国、协和周边万邦的才能和人格魅力。

《尧王访贤》在鲁西南一带更是妇孺皆知。尧王晚年要选一个合适的接班人，大臣们劝他还是用世袭的老规矩，让位给他的大儿子丹朱。可丹朱品德极差，不干正事。尧说：“我不能把江山交给他，为了一家的利益，贻误了黎民百姓万家的利益，还是废除世袭制，另访贤人吧。”他听说成阳西北 30 多里的箕山（现属鄄城县箕山镇）有个贤人名叫许由，便去访贤。这许由自命清高，他正在颍水边饮牛，一听尧让他去做官，断然拒绝，并用颍水洗了耳朵，说是“当官”二字玷污了他的耳朵。从此，不再到“洗耳处”下游饮牛，怕玷污了他的牛。至今颍水还在，跨颍水到箕山镇有座桥，桥头上有民国十七年立的石碑一座，阳面上书“箕颍桥”三个大字，阴面记述了尧访许由的故事。

二、替民解忧、关怀民生的传说故事

尧王亲民爱民的传说，在整个尧的传说中占有相当的比重。他立诽谤木广开言路，倾听民间呼声；他神奇审马，保护了百姓的财产，教育了有劣迹的黎民。《诽谤木的传说》说的是这一天尧王和大臣们正在议事，一个老百姓来告状，把门的武夫不让进。一直等到天黑，会还没开完，这位百姓急了，就“哪哪哪”敲起门前的一棵干树来。尧王听见响声，急忙出来问发生了什么事？听这位百姓说明了情况，尧王说：“以后我们再开会，不出来接见你，你就使劲敲这个干树楂子。”尧王以仁德执政，所以长寿，他在位 98 年，享年 117 岁。这些传说故事生动具体，既有传奇色彩，又在情理之中，听起来如家常俗语，趣味盎然，从不同侧面塑造了尧王体恤民情、关爱民生的感人形象，迎合了老百姓的审美需求，所以历久弥新。

三、关于尧王观测天象、制定人类历史上第一部历法的传说故事

这些传说故事主要有《尧王夜观天象》《闰月儿的降生》等。这些传说反映了尧王东方旸谷观测日出，把日夜时间均等，分出春、夏、秋、冬四季，把一年定为 12 个月，366 天，一月有 29 天多一点儿，大月 30 天，小月 29 天，这样合起来一年才 354 天，比一年的实际天数少 12 天，故又用闰月的办法加以调整等业绩。尧王依靠历法指导庶民的生产和生活，春种、夏耘、秋收、冬藏，有力地推动了农业生产和社会的前进，奠定了我国农业大国的基础。

四、关于尧的平民化传说和生活情趣故事

尧王平民化的生活趣闻，家常理道，虽然在其他传说中已表现出来，但在《尧王嫁女》中反映得尤为突出。说的是尧决定让位给舜，又怕他年轻性格有变，

祭祀大典

为对舜进行长期考察，特让自己的两个闺女娥皇、女英嫁给舜。嫁女这天，尧对她们说："你们谁先到历山谁为正房。"大女儿娥皇争强好胜，选了匹大骡子，二女儿女英牵了匹枣红马。历山在尧王寺（相传是当年尧王的大营）正北，不过十几里路，特修一条马路。娥皇、女英急催坐骑向历山奔去。跑在前头的骡子，突然分娩，让女英先到历山，做了正房。急得娥皇说："骡子不生育多好！"女英说："你不让骡子生育，我偏让马和驴配、驴和马配都生骡子！"这就是骡子不生育的来由。至今尧王寺至历山的路旁还长一片红草呢，相传那是骡子分娩的地方。这个故事说明她们贵为公主，也有平民世俗的争做正房的性情。现在历山庙中，舜王两边的二妃，还是一个喜脸一个哭脸呢！她们这种平民化的性格，直到后来湘江寻夫时才得到升华。此类故事具有浓郁的生活气息和强烈的艺术感染力，让人听来就像发生在我们左邻右舍的故事，反映了先贤们平民化的风范。

五、与尧舜有关的地方风俗和特殊物品、歌谣的传说故事

与尧舜有关的地方风物有尧王寺、历山舜王庙，二庙皆在原址，但比过去规模较小，石碑残缺，尧井、舜井、马连路和马连路旁的一片红土、红草。尧井现在尧王寺院内，口径上小下大。据该寺最后僧人高祥福老人说，他师傅都不知道这井是啥时候修建的，但从没淘过井，井水不会干，每到旱天，百姓们抬出尧王来求雨，太阳一晒，尧王就知道该送雨了，不出半晌就大雨倾盆。历山附近要是旱了，便抬着娥皇、女英回娘家，给父王要水，人们说十分灵验。因年深日久，井内砖料黏结在一起，当地百姓称它为琉璃井。据来勘探的考古专家考证，此井最晚修于汉代。舜井在历山舜王庙内，此井口径较大，却从没干过，每到水浅时，便敲锣打鼓来尧王寺给尧王要水。据说，这是当年尧王许给娥皇、女英的，至今还有这种求雨风俗。马连路已不存在，但仍有痕迹，每到夏天中午，便能看出从尧王寺到历山庙有条突出的高埂，高埂上面的庄稼比较瘦黄，据说这就是当年的马连路，因路基太硬导致庄稼不够茁壮。说也奇怪，马连道旁的红草至今还在。

与尧舜有关的地方风俗是每年农历二月初十的尧王寺庙会。相传这天是尧王的生日，每到这天人山人海，你拥我挤，除菏泽周边县区的群众外，还有来自河南、江苏、山西、陕西、河北的群众，他们以尧舜后裔为荣，以挤到尧王像前给老祖宗上一炉香、叩一个头而感到自慰，人民群众对上古明君的崇拜，说明了他们的向往和祈求国强民富、安居乐业的理念。据汉代碑文记载：当年

尧帝像

汉朝几代皇帝都亲自来祭奠尧王，以表示他们作为尧王后裔要效法先贤治国安邦的决心。

其祭奠方式是汉代传下来的“太牢祠”，供品要用整猪整羊，且是生的，降香要行九十四拜礼，作揖时腰要躬到90度，站起来双臂伸直要达到180度，然后慢慢弯曲成圆形，这叫作心诚意满。领拜人不仅要拜对面的尧王像，还要拜八方，对面还要有人陪着对拜。上香时要举过头顶，然后慢慢插入香炉。据高祥福老人介绍，这种“太牢祠”祭奠仪式是汉高祖刘邦来祭奠尧王时传下的。2008年农历二月初十，牡丹区特请王丕琢、陈泳超、李万鹏等全国著名民俗家来菏泽考察，他们说：“菏泽的祭尧方式是全国独一无二的，单就这‘太牢祠’祭奠方式，就可以申请国家级非物质文化遗产名录。”

一首《说尧帝道尧帝》的歌谣，至今尧王寺村一带的老人大都会唱：“说尧帝道尧帝，尧帝一生不容易，先安邦，后治国，安邦治国都稳妥。看星辰，排节气，一年四季有顺序。春天种，秋在收，年年都是大丰收。又烧陶，又烧碗，百姓啥事他都管。诽谤木，听民意，黎民疾苦记心里。年纪大，想让贤，大儿尧麻（丹朱乳名）不沾贤。又贪吃，又懒做，尧麻实在靠不住。访虞舜，人品好，这人实在很难找。又孝顺，又聪明，让位给他准能行。喊娥皇，问女英，嫁给虞舜中不中？两女儿，都同意，帮助虞舜管天地。废世袭，尧让贤，尧帝美名天下传。尧事迹，实在多，下回我再接着说。”

◆ 龙王冯传说（秃尾巴老李传说）

龙王冯传说讲的是焦三龙王的故事，龙王冯传说自明代正德年间以来，就在古曹州之地广为流传。明朝洪武年间，冯氏之祖冯重礼迁此建立庄园，取名冯家洼。相传，有一个名叫焦三的壮汉到冯家洼投宿，愿帮助冯重礼种地，被应允之后便起早贪黑奋力干活。每逢天旱苗枯，焦三总能兴云布雨。焦三做短工 3 年期满，与冯重礼约定在浓云密布、雷震骤雨时再来相会，随后便腾入云空，杳无踪影，冯重礼这时才知道焦三是龙王的化身。冯家洼百姓为答谢龙王之恩，就在冯家洼村南盖了一座龙王庙，冯家洼也更名为龙王冯。现存实物古代的有《龙谱》《龙影》，并存有印刷《龙影》的木板 7 块共 28 幅。

受民间传说影响，从明代至清代，历代帝王对焦三龙王均有册封。清代道光皇帝还下诏免去龙王冯周围八个村庄的皇粮，冯家洼也改名为龙王冯村。光绪皇帝还亲题“泽沛苍生”巨匾，挂于龙王庙前，可惜毁于 20 世纪“文化大革命”期间。至今，龙王冯村还家家敬着焦三龙王，有关其传说更是俯拾皆是。他一

龙王冯石龙雕像

整理龙王冯资料

腔正气，热爱劳动，乐于助人，感动和教化着一代代菏泽儿女。

龙王冯传说的基本内容，大致可分为如下几类：关于焦三龙王出身来历的传说故事 10 多个，焦三龙王史书上没有记载，主要是民间传说。关于焦三龙王勤劳助民、乐施好善的传说故事 10 多个，这类故事多是焦三龙王在龙王冯村的所作所为，数量最多，是龙王冯传说的主体。关于焦三龙王惩恶安良、为国平敌的传奇故事近 10 个，这类故事是焦三龙王人格魅力的升华。关于焦三龙王的人性化传说和生活情趣故事近 10 个，还有与焦三龙王有关的地方风俗和特殊物品、歌谣的传说故事，等等。

龙王冯传说起源于菏泽市牡丹区，流传地域以菏泽市和周边地区为中心，及山西省襄垣县、黑龙江省黑龙江流域，部分流传于全国 32 个省市、自治区，及港、澳、台地区和全球华人中。每逢农历“二月初二龙抬头”和“七月初五龙诞辰”的日子，龙王冯都会举行庙会，一直延续至今。苏鲁豫皖等周边地区的群众也纷纷慕名而来，庙会期间客流量达 10 余万人。

龙王冯传说在民间流传甚广，主要包含在当地群众的口耳相传中，在与其相关的众多典故、风俗中，也多有记载和反映。龙王冯传说主要以社会群体口耳传承为主，且故事完整，语言生动，保持了民间传说的原汁原味，传承久远，从无间断，一直流传至今。

代表性传承人李英，20 多年来为加强研究龙王冯龙文化做出了巨大的努力和贡献，整理出了古旧碑记、名人题词碑记、历史残留碑记、历代名人书法碑记等众多种类碑记，其中抢救性保护碑记数十块。现已收集在册，整理出版的研究成果有：收集在山东省民间文艺家协会编辑出版《秃尾巴老李的传说》中的《老李怎么成了秃尾巴》，还有收集在《菏泽市民间故事集成》中的《龙王冯传说》及发表在山东省《群众艺术》月刊上多种版本的龙王冯传说。

中国龙的传说有千千万万，中华民族历来被誉为龙的传人，但都是江海或天宫的龙，长工出身即劳动人民出身的龙，唯有菏泽牡丹区这一条。焦三龙王具备中国人民历代的忠孝仁义、智勇双全等儒家品德，且幽默风趣人情味十足。这条人性化的龙，体现了人们天人合一、神人合一的思想理念，让人看到一个骨骼健壮、血肉丰满的神人形象，这也是其他传说中的龙王无法比拟的。

龙王冯传说以抑恶扬善、歌颂劳动的鲜明主题，深深打动着人们的心灵，以曲折生动的情节，鲜明的人物形象，巧妙的故事结构，活泼、简练、通俗的讲述方式，迎合了劳动人民的审美需求，赢得民众广泛喜爱。故事中对方言俚语的提炼表现尤为突出，所写地理位置、农家生活、皇帝册封、石碑记载都有明显的地方特色，就像发生在民间的真实故事。龙王冯传说已成为菏泽百姓的重要生活内容，深入社会的方方面面，影响温暖着这片古老的土地，这些故事已成为龙文化研究的重要资源。加强对龙王冯传说的保护，有利于倡导龙的传人正直、勇敢、善良等传统美德，保护龙文化研究的完整性，促进世界华人的沟通融合。

传统音乐

◆ 鲁西南鼓吹乐

鲁西南鼓吹乐作为我国北方鼓吹乐的一大支脉，是一种以唢呐为主要演奏乐器的民间艺术形式，久负盛名，鲁西南也因此被誉为“鼓吹乐之乡”（俗称“唢呐之乡”）。以菏泽为中心的鲁西南鼓吹乐，主要分布于山东西南部的菏泽和济宁、枣庄的部分县（区），其中以菏泽市牡丹区、巨野县、单县、鄄城县、郓城县最具代表性。鲁西南鼓吹乐朴实爽朗、粗犷雄健、浑厚挺拔，但又不失优美细腻，有着浓厚的乡土气息，具有很高的艺术价值、研究价值和实用价值。鲁西南鼓吹乐现已成为享誉鲁西南大地乃至全国的艺术奇葩。

关于鲁西南鼓吹乐最早的史料记载，始见于东汉末年建造的嘉祥县武氏祠内的画像刻石。武氏祠有6块石刻碑淋漓尽致地体现了当时鼓吹乐舞曲的场面，其中左石室第三石有幅完整的鼓吹乐舞场面，五老洼第十六石中的鼓吹乐演奏中已经出现了排箫、竽（笙）、笛、角鼓等鼓吹乐中的基本乐器，可见当时鲁西南已经具有相当成熟的鼓吹乐演奏艺术了。

传承指导

根据当地鼓吹艺人的回忆，他们的鼓吹艺术已有十几代的家传渊源，由此推算，鲁西南鼓吹乐的历史沿革至少可以追溯到300多年前。另外，根据鲁西南鼓吹乐（唢呐、锡笛主奏部分）经常演奏的曲目来看，有些是宋、元以来的杂剧曲牌，如“混江龙”“滚绣球”等，也有大量明清时期流传的小曲、牌子，如“山坡羊”“锁南枝”“驻云飞”“一江风”“明天子”“到春来”“叠断桥”“采茶儿”之类。因此，鲁西南鼓吹乐有可能早在明清时期就已经在当地流传。

传习展演

自清朝中叶开始，鲁西南鼓吹乐涌现出大量的鼓吹班社和众多技艺高超的演奏能手。这些班社多以近亲组成，传授方式多以族内传授为主，也有的收徒传艺。牡丹区历史上最具代表性的鼓吹乐班社有：牡丹区城西关厢的“张家班”，代表人物张玉芝、张玉柏、张玉芳；城东关厢的“和家班”，代表人物和贯贤；小留镇喇叭李庄的“李家班”，代表人物李广福；沙土镇门陈庄的“王家班”，代表人物王学光；马岭岗镇侯集的“侯家班”，代表人物侯金宪、侯海江。

新中国成立以后，鲁西南鼓吹乐获得新生，涌现出大批技艺非凡的表演人才。著名的鼓吹艺人有袁子文、任同祥、和贯贤、张玉柏、王学光、张玉芳、李光福等。

1953 年，巨野县大张楼乡任店村年仅 15 岁的任同祥代表菏泽地区参加全国民间音乐舞蹈汇演，以一曲包含乡土气息的“百鸟朝凤”轰动全场，荣获金奖；同年又获得在罗马尼亚首都布加勒斯特举行的第四届世界青年联欢节银奖；1955 年获缅甸国家金奖。“张家班”的张玉柏自幼学艺，造诣精深，人称“响山东”；张玉芝 7 岁学艺，笙管笛箫，触类旁通，演奏技巧娴熟，且能设计唱腔，新中国成立后任教于山东省戏曲学校，培养出了大批戏曲音乐人才；张玉芳曾在 2004 年 5 月随菏泽市民乐团赴京演出，在中央音乐学院演奏唢呐独奏“尺字独奏”“锁南枝”等曲目，得到首都音乐界专家的高度评价。

1955 年，菏泽市巨野县“袁家班”传人袁子文、魏永堂演奏的“双合凤”“驻云飞”荣获全国民间音乐舞蹈汇演一等奖。1983 年 10 月山东省文艺汇演中，马宏川演奏的唢呐曲“五谷丰登”获全省创作二等奖、表演一等奖。1987 年全国民族器乐比赛中，“李家班”传人李广福演奏的唢呐曲“抬花轿”获全国二等奖；1992 年全国唢呐比赛中，李广福获得一等奖。

目前，以牡丹区为轴心，周边县区也涌现了大批具有较高知名度的鼓吹乐班社，如巨野县的“柏家班”“袁家班”、单县的“徐家班”“郜家班”、成武县的“冯家班”、曹县的“马家班”等。据初步统计，全市有鼓吹班社 300 多个，艺人 3000 多人。一代代的班社艺人共同演奏了“唢呐之乡”的雄风亮曲，奠定了鲁西南鼓吹乐在我国音乐艺术界的历史地位。

鲁西南鼓吹乐使用的乐器，主要是吹奏乐器和打击乐器两类。其中，唢呐是鼓吹乐中最主要的乐器，民间俗称“喇叭”或“响器”，由双簧哨子（芦苇制成）、芯子（铜制）、杆子（木质、锡质或铜质圆锥体，共有 8 个音孔，前七后一）和铜碗（喇叭形）四部分组成，竖吹，有大小不同的规格。唢呐音量大，音色明亮、粗犷，善于表现热烈奔放的场面和兴奋、欢快的情趣。大多用于民间节庆、婚丧嫁娶和戏剧场面，常与打击乐配合。代表性曲目有百鸟朝凤、抬花轿、大合套、大笛搅、一枝花、锁南枝等。

常用的演奏技巧有吐音（单、三、双吐），滑音（指滑、气滑、上滑、下滑、快滑、慢滑），花舌（快花舌、慢花舌、粗花舌、细花舌），指花（快指花、慢指花、单指之花、双指之花、实音指花、虚音指花），颤音（快颤、慢颤、长颤、短颤、气颤、舌颤、指颤、唇颤），以及吞、吐、垫、打、抹、压等，还有舌冲音、气冲音、反弹音、反双吐、连弹音、气唇同颤音、指气同颤音等特殊技巧。

鲁西南鼓吹乐常用的调名有两个体系：一个是承袭原地方戏曲的演奏指法变换称呼为平调、越调、二八调、下调、起调，另一个是民间鼓吹乐所用工尺谱演奏指法变换称呼六字调、尺字调、上字调、凡字调、五字调。

鲁西南鼓吹乐种类繁多，按演奏功能分为一般乐队（吹奏乐队）、祭祀乐和拜鼓乐三种。一般乐队（吹奏乐队）以一只木杆唢呐为主要乐器，配以笙、笛伴奏，用于一般红白之事，主要曲目有“五字开门”“六字开门”。

展演剧照

祭祀乐以两只中音唢呐为主，配以两架扁鼓、大鼓、点子、云锣、铜鼓，主要用于旧时大户人家祭祀，气势宏大，曲目以套曲为主。拜鼓乐以一只唢呐，配以闷子、磬、铛挡、扁鼓等，古朴典雅，庄重肃穆，用于丧事祭奠“二十四拜礼”。

演出乐队由 8 人组成为宜，艺人们各执其器，民间“喇叭哇哇叫，笛子花音俏，捧笙来搅和，锣鼓凑热闹”的说法，形象地概括了各种乐器的演奏特点和作用。

鲁西南鼓吹乐的演奏形式主要有两种，一是行进演奏，用于迎亲、送葬及节日喜庆场合；二是坐场演奏，乐手围坐桌子四边，边吹边打，常演奏些大曲牌或咔戏。

鲁西南鼓吹乐音色洪亮，技法丰富，流畅柔和，戏曲韵味浓厚，富有歌唱特点，具有鲜明的艺术特征。鲁西南鼓吹乐一曲多奏，变化丰富。以民间器乐曲牌“开门”为例，可变化派生为上字开门、尺字开门、凡字开门、六字开门、大合套、风搅雪、婚礼曲等十几首乐曲。以“抬花轿”曲牌为基础而形成的各种变体有抬花轿、拜花堂、大笛二板、大笛锣、百鸟朝凤、慢板笛绞等十几首乐曲。

在吹奏上，鲁西南鼓吹乐的很多曲目都有富有特点的展开部分——“穗子”。“穗子”在全曲是一个具有对比展开性的独立部分，它的特点是演奏上具有极大的即兴性，音型细碎，展开自由，旋律在环绕中心音不断变换游移时，伴随着丰富的节奏音型和多种演奏技巧，是显示民间演奏家卓越才华和高超演技的段落。

演奏风格上，唢呐虽无半音阶按键，但通过指气唇的协调配合，高度控制可以转 12 个调，以便于各种技巧的发挥。其中大唢呐以 G 调为主，中唢呐以 D 调为主，小唢呐以小 C 调为主。锡笛、铜杆以 F 调为主。指法运用方面，筒音常以踏吹三度，第八孔顶吹三度丰富了唢呐的技巧和表现力，表现出特殊的风格。演奏内容上，鲁西南鼓吹乐大部分是民间乐曲、戏剧曲牌、民间小调以及大量的地方戏唱段，还有通过口哨、咔哨、把攥子与唢呐的协调、默契配合可演奏成套的地方戏，运用高超的演奏技能，表演生动、活泼，声音形象、逼真。

鲁西南鼓吹乐是我国古代古吹乐的延续和发展，历经数代人演奏、加工、整理，艺术性越来越强，演奏技法日臻完善。其作为一种普及面广的民间艺术，从民间丧葬用场拓展到节日联欢、喜庆典礼、丰收庆典，对于丰富广大农村群众文化生活，满足群众文化需求发挥着重要作用。

传统戏剧

◆ 大平调

菏泽是中国戏曲之乡，大平调是菏泽市梆子声腔系统中有影响的大戏剧种之一。因其唱腔音乐比山东梆子音调低，故称平调。又因其击节用的梆子特大，长约二尺，故被群众称为大油梆或大梆戏，现在通称大平调。该剧种流行地区以曹州（今菏泽市）和河南濮阳、滑县一带为中心，跨越冀、鲁、豫、苏、皖五省边缘地带，号称流行“五省八州”。

大平调这一古老的剧种，距今已有500多年的历史。据明弘治十一年（1498）《滑县重修明福寺碑记》记载：“以上布施除修葺佛塔外，敬献大梆戏、大弦戏各一台”，其中的大梆戏即指大平调。清顺治己亥年（1659），该剧种“大兴班”遗存有演出合同，也证明该剧种历史悠久。

历史上大平调的三大流派和班社：一是流行于菏泽一带的大平调剧种谓“河东平”，清中叶主要班社有菏泽县尤家班、天兴班、双盛班、曹县袁家班、东明县耿发深班、三鳖肚班，清道光时期则有菏泽县双盛班。二是流行于开州（今濮阳）一带的谓“东路平”，亦称“开州平”，主要班社有清乾隆年间建班的清丰县洪家班、南乐万家班、濮阳范家班、陈家班、二花袄班。三是流行于滑县一带的谓“西路平”，也称“滑县平”，主要班社有滑县的公兴班、内黄的大盛班、浚县的同乐班等。三个流派都有各自非常著名的代表艺人。

1936年菏泽县双盛班改名为合义班，在共产党领导下，解放区的安陵县（今牡丹区大黄集镇）、南华县（今牡丹区高庄）演出过反霸助奸、团结抗日的“军民大生产”“李正劝妻”“一盒火柴”等剧目。解放战争时期演出过改造二流子、大团圆、妯娌俩等剧目，对当时的革命战争起到了一定的宣传鼓动作用。1946年原双盛班著名艺人陈贵馨、陈广勤在定陶陈集收徒传艺，培养了一批后起之秀。

演出剧照

1958 年春，菏泽实行剧团合并，命名为“菏泽县大平调剧团”。从此，大平调剧团逐渐走向正规化管理，并培养了一批男女青年演员。1969 年元月，由于种种原因大平调剧团撤销，1978 年菏泽县委、县政府重新组建恢复了大平调剧团。1980 年成立了菏泽县大平调戏曲培训班，招收 50 名学员，学制 3 年，培养了一批新秀。1984 年，在戏训班的基础上组建了菏泽市大平调二团。1985 年将两团合并，定名为菏泽市大平调剧团。

一、传统剧目

大平调经过一代又一代演员的辛勤努力，打造了众多经典剧目，在舞台上塑造了一个个鲜明的艺术形象。演出剧目丰富，既有文戏，又有武戏，既有传统戏，又有反映时代生活的现代戏，所演剧目深受群众欢迎。民间有“不吃饭，不睡觉，也要看看大平调”的说法，充分证明了大平调在鲁、豫、苏、皖、冀五省广大群众中的深远影响。

据山东戏研室1956年的初步调查，大平调经常演出的传统剧目有180余出，目前山东艺术研究所珍藏了其中的93个剧目，菏泽市牡丹区大平调剧团保存了122出剧目。这些剧目大多取材于《东周列国志》《三国演义》《水浒传》《隋唐演义》《杨家将》等古典小说。也有晚清根据民间传说故事改编的，如苏武牧羊、九头案、顶灯、火牛阵、刘玉娥报案等。1956年挖掘记录了大平调传统剧目三打金枝、弑朝篡、滚鼓山等93个剧目。剧目多以历史题材为主，角色以生、净为多。以生为主角的戏有下高平、下燕山、反阳河、晋阳关、反徐州、收姜维等。以净为主角的戏有战洛阳、铡美案、金鞭记、打三关等。大平调这种表现帝王将相、英雄豪杰的历史题材，形成了大平调剧种黑红花脸戏多、武打戏多、袍带戏多的表演特色。这些传统剧目，大都以宣传精忠报国、扶贫济困、清正廉明、尊老爱幼、见义勇为的传统美德为主要内容。

二、唱腔板式

大平调的唱腔属板腔体，唱腔的基本板式有“大起板”“小起板”“栽板”“小栽板”“快压板”“慢压板”“慢板”“二八板”“流水板”“三板”“金钩挂”“倒三拨”等30多个。而最主要的唱腔基本板式有“慢板”“二八板”“三板”，还有若干由上述板式变化而成的辅助板式。“慢板”为一板三眼，中眼起腔，落于板上，节奏平和明快，旋律质朴流畅。“二八板”为一板一眼，头句腔一般分两次行腔，讴腔多为三次行腔。其中“慢二八”适于叙事，“快二八”长于表现激昂情绪。“流水板”为一板一眼，眼起板落，有单句和连句两种，曲调简洁，朗朗上口，可慢可快，变化灵活。“三板”为散唱板式，慢唱时凄凉悲壮，舒展豪放；快唱时急促紧凑，高亢昂扬。女声唱腔优美华丽，富有抒情细腻的特点；男声唱腔质朴刚劲，具有挺拔大气的风格。演唱时一般都用真嗓，若用真假嗓结合发声，要求转换时界线不太明显，讲究喷口气势，有时强调“炸音”。有重大研究价值的唱腔和曲牌有100余支，唱腔大多为红脸、花脸唱段，既有流派特征，又具有个性化特点。

三、曲牌乐器

大平调的传统曲牌有100余支，丝弦曲牌有“桃红”“苦中乐”“滚龙球”等；笛子曲牌有“紫金杯”“朝阳阁”“爬山虎”等；唢呐曲牌有唱词的有“节节草”“满堂花”，无唱词的有“江流水”“园林好”；加击乐伴奏包打的有“风落松”“打虎拉”等。

大平调的乐器伴奏，主要特色突出在大弦、二弦、三弦器乐的配合，大梆子、大铜器的低沉，尖子号的激昂，使之个性分明，成为有机整体，韵致和谐。大平调的伴奏乐器可以分为文场和武场两大类。文场为大弦（八角皮弦月琴）、二弦（短杆皮弦二胡）、三弦（钢弦），俗称老“三把”。武场为大梆子（枣木制成，长约50厘米，中部挖6厘米左右的圆门，发音沉闷，重达5斤）、大铙、大钹各一对（直径尺余，俗称四大扇）、尖子号两支（铜皮打制，分为两节，长约120厘米，其声尖高）。四大扇、长尖子号多用于主要角色的出场，衬托角色的威风，营造极强烈的气氛，尤其表现古代战场的战斗气氛甚为炽烈，群众有“四大扇，尖子号，一听就是大平调”的说法。

四、表演程式

大平调具有丰富而又规范的表演程式，注重技巧特长，使饰演的人物显得格外鲜明生动。表演程式分为个体程式、技巧程式和套路程式。个体程式较为单一，如山膀、云手、推圈、罩拎起、外撇连、缠丝腿、母鸡旋窝等。技巧程式又分为一般性技巧和绝技性技巧。一般性技巧包括腰功、腿功、基本功、软毯子功、硬毯子功、桌子功。绝技性技巧包括翎子、甩发、髯口、水袖、折扇、手帕、大辫、笏板、出手等，还有沿铡、爬杆、滚棚、吊辫子等。套路程式一般是指“把子”“荡子”，“把子”源自武术，“荡子”是武术“把子”“斤斗”的组合，还有“拉山门”“马趟子”“走边”一类。“叨翎窜椅”“顺水掏井”“兔蹬鹰”“变草帽圈”一类，也有套路程式的成分。

大平调的表演多动作粗犷，节奏强烈。表演上具有“三五人千军万马，七八步四海九州”的特点，如以鞭代马、以桨代舟、开关门、上下楼、爬山乘舟、腾云驾雾等都是一种夸张变形的以虚引实、虚实相生的表演程式。

五、代表性传承人

大平调剧团多年来靠自己的不懈努力，培养造就了一大批在艺术界有重大影响的著名演员。如艺名花脸兴的岳秀海，在“战洛阳”中饰演尉迟敬德，嗓音浑厚，别具韵味；艺名大花脸虎的张全臣（1892~1963），被广大观众称为“活曹操”“活张飞”，表演细腻到位，常演常新。艺名二夹的陈贵馨，是一位深受观众喜爱的旦角演员，在“反西唐”中饰演樊梨花，扮相清纯美丽，唱腔优美动听。艺名小黑牛的郭盛高，1934 年生人，国家一级演员，是最知名的大平调演员，在“百花亭”中扮演李白，在“下河东”中扮演赵匡胤，主攻红脸，文武兼备，音调高昂，收放自如，极具艺术感染力。现在剧团中挑大梁的著名演员何西良（艺名花牛），1963 年生人，国家一级演员，唱腔朴实优美，行腔稳健，表演感情真切，既有传统又有创新的独特演唱风格，深受观众欢迎。

大平调有重大研究价值的唱腔曲牌 100 余支，是戏曲音乐研究不可多得的活体标本。大平调题材多样的剧目，均是十分成熟的艺术作品。大平调乐器的演奏独具特色，对我国传统戏曲的发展具有重要的艺术研究价值。目前尚有许多唱腔曲牌需要加以整理，由于传承人缺失，致使一些传统剧目、表演技功濒临失传，急需对这一有广泛群众基础的古老剧种加以挖掘、整理、保护与传承。

大平调进校园

◆ 大弦子戏

大弦子戏又名“大弦戏”，距今已 500 余年的历史，是元杂剧弦索腔发展演变而成的历史悠久的曲牌体剧种，因其最初只用三弦为伴奏乐器，故被称为弦子戏。经过数百年的传承与演变，其独具特色的戏文、表演风格、音乐结构体制，受到社会各界和基层群众的广泛喜爱。

大弦子戏有文字记载的最早时间在明代的弘治十一年（1498），在今河南滑县发现的《滑台重修明福寺碑》的碑阴上载有“以上布施除修葺佛塔外，敬献大梆戏、大弦戏各一台。”在明朝中叶时大弦子戏已被作为地方大戏以供敬神之用。大弦子戏以菏泽市为中心，分布在山东 50 余个县，辐射至河南、河北、山西、安徽、江苏等地。

清代大弦子戏步入兴盛时期。清乾隆年间，山东曹州一带及开封、漯河一

演出剧照

演出剧照

带发展到 18 个班社。清中叶以后，大弦子戏分为“旺”（汪）、“礼”（李）、“敬”三门。清代末年至民国初年，鲁西南一带涌现出东明科班、曹县曾家大兴班、菏泽辛集科班、定陶县房山玉庆班、曹县九成班、菏泽县船郭庄永兴班等一批著名大弦子科班和职业班社。民国二十二年（1933），郭传平（菏泽县船郭庄人）随郭远来学戏，攻红脸。船郭庄村成为菏泽大弦子戏流行和传承的主要村庄，抗日战争爆发后才中断活动。“文化大革命”中，菏泽地区大弦子戏剧团被撤销。直至 1978 年船郭庄村党支部书记、全国劳模郭良斋同志筹集资金，建起了船郭庄影剧院，并成立了菏泽大弦子戏剧团。伴随着新的传媒技术的普及，历史悠久的大弦子戏受到冲击，剧团于 1992 年解散。为了保护和传承这一古老文化，船郭庄重新组织成立了船郭庄大弦子戏剧团，并在 2019 年更名为山东弦索非遗文化有限公司。

主要传承人王秀兰，1954 年入大弦子戏剧团学戏，兼工旦、生，唱腔委婉亮丽，深受群众喜欢，退休后致力于大弦子戏的保护传承。李山领，1979 年进入大弦子戏剧团，主要负责剧目排演任务。

大弦子戏既有民间俗曲小令的基础，又不断大胆吸收容纳兄弟剧种的有益养分，因而音乐曲牌繁多，唱腔韵味各异。唱曲分为粗、细两种，粗曲字多调急，

大弦子戏下乡演出

情绪激昂；细曲字少调缓，行云流水。其唱曲又分高、中、下三种调门，演唱风格虽粗犷泼辣，而三弦、锡笛、大笛、竹笛、笙等伴奏乐器所奏出的音乐则细腻、优美、典雅，具有一种独特的艺术风格。有时为了制造气氛和特殊效果，往往使用大号（尖子号）和四大扇（大铙、大钹）伴奏。

大弦子演出剧目内容丰富，传统剧目有 300 余种，多取材于历史故事和民间传说等。其戏种多为功架戏，表演程式注重技巧，表演动作扎实夸张，武打多用真刀真枪，形象逼真，惊险动人，功架吸收了“大洪拳”。文戏细腻典雅，地方特色鲜明，具有独特的艺术特征和较高的艺术欣赏价值。代表剧目有“两架山”“奇中遇”“牛头山”等，相继恢复排演了“古城会”等传统剧目 20 余部。原有曲牌 300 余支，目前尚存 200 余支，其音乐曲牌结构严谨规范，曲调行腔委婉，曲牌过门完整齐备，调式丰富多变，风格迥异；尤其是慢三眼节奏的曲牌，加上唱词即为唱腔曲牌，不加演唱又是结构完整的器乐曲牌；而且它有异于其他剧种的摹拟唱腔的音乐旋律、结构。这种自成体系、独具风貌的音乐结构形式，对研究元明清时期的戏曲音乐现象具有重要的作用及巨大的参考借鉴价值。

曲 艺

◆ 山东琴书

山东琴书是山东地区传统曲艺品种之一，又称“小曲子”“唱扬琴”“山东扬琴”等，包括弹琴、唱词、吹洞箫等多种艺术形式，以其悠扬的旋律、优美的歌词和丰富的文化内涵而著称。山东琴书产生、发展传承至今，历经百年传承内涵丰富，已经与菏泽人民的生产生活、文明进程紧密联系在一起。

山东琴书最早形成于菏泽地区（古称曹州），原为农民自娱的庄家耍（又叫玩局）。乐器分别有扬琴、坠琴、京胡、古筝、琵琶、简板和碟子，表演为多人分持不同乐器自行伴奏。

据新修《曹县方志》记载：“曹县为山东琴书主要发源地，相传已有200余年历史。”该县梁堤头村，乾隆末年就曾出现过小曲子名家梁启祥，而后发展益盛，逐渐流布全省。

山东琴书的发展，大致经历了三个重要阶段，即由早期的文人自娱，到民间的业余玩局，后来发展为职业演唱——撂地说书。在发展过程中，琴书由鲁西南农村发展到了山东省内各地区，深受人民

山东琴书演出剧照

群众的喜爱，名家辈出，陆续发展形成了鲁东以广饶、博兴为中心的“东路琴书”，鲁北以济南为中心的“北路琴书”，鲁西南一带的琴书遂称为“南路琴书”，伴随艺术交流，山东琴书先后流传到河北、河南、江苏等地。

目前，山东琴书流行于以菏泽市为中心的地区，及河南、江苏、安徽的北部，河北的南部，以及东北的个别县市。菏泽市每个县区都有从事山东琴书表演的专业或非专业的演出团体，深受广大人民群众的喜爱。牡丹区有琴韵和秀云等多个艺术团，开展着山东琴书的传唱和演出。牡丹区李守法、陈惠敏夫妇作为山东琴书张门的传承人。1996 年成立了牡丹区琴韵曲艺团，2015 年李守法受聘菏泽学院客座教授，将山东琴书的唱腔、乐器演奏传授给年轻的大学生，目前已培养四届近百名大学生。

山东琴书，是民间曲艺长期发展的产物，距今已经有近 300 年的历史，反映了菏泽地方群众的社会生活，是群众生活和劳动的真实再现。

山东琴书的演唱主要以曲牌演唱为主，主要运用“上河调”“凤阳歌”“垛子板”和“汉口垛”等 18 个演唱曲牌，且有山东开门、五字开门等多个演奏曲牌。山东琴书传统的演唱讲究稳重大方，演唱者正襟危坐，仪态端庄，目不斜视，全靠富于变化的唱腔和有机的伴奏配合，来完成故事情节的表达和人物形象的刻画。随着历史的演变和艺术本身的发展，山东琴书的演唱逐渐打破了演唱陈规。如演唱者可根据故事内容情节的发展和人物感情的变化，面目呈现传神的表情，有时亦可略加手势以助表演，演员在演唱中可与观众直接交流感情，但其演唱风格依然保持了稳重大方的基本特点。

南路山东琴书采用菏泽方言表演，因脱胎于民间的“小曲子”联唱，所用唱腔曲调十分丰富，有曲牌 200 多支。发展为琴书说唱之后，使用的曲调逐渐集中，以“上河调”“凤阳歌”“汉口垛”“垛子板”“梅花落”最为常用，清末民初以来又进一步发展为以凤阳歌和垛子板为主要曲调，穿插少量小曲进行说唱的音乐体制，节目也以中长篇书为主，兼唱小段儿。

山东琴书传统代表性节目很多，长篇大书有“呼家将”“杨家将”“包公案”“回龙传”“大红袍”等 10 多个曲目，中短篇有“王天宝下苏州”“朱买臣休妻”“王二姐劝母”等 100 多个曲目。

传统体育、游艺与杂技

◆ 大洪拳

菏泽市武术博大精深，源远流长，经过传承和发展，形成了各具特色的诸多门派，大洪拳是菏泽市流传较广、习练人数众多、影响较大的一个著名地方拳种。

《菏泽市志》和《大洪拳拳谱》记载，洪拳之名最早起源于隋末唐初时期。隋大业年间，菏泽城西北 18 里朱楼李庄村的李洪，跟随徐茂功、单雄信聚众起义，武功高强，屡立战功。众弟子在其家乡建“洪庙”纪念，后人称他的功夫为“洪拳”。到了宋代，开国皇帝赵匡胤丰富了这一武术的内容，此拳又被称为“太祖红拳”。到了明代天启元年，五台山武林高僧灵空禅师云游到洪庙讲经传艺，李洪后裔李先明拜其为师，得到灵空禅师的拳法传承，经十几年潜心修炼，习得黑虎拳，与洪拳融会贯通，形成最早的大洪拳术。李先明设馆授徒，并著有《大洪拳练功秘诀》《点穴法》《药物治疗》等书籍传于世。李先明的儿子李泰继承大洪拳的拳法，延续至今已有 17 世传承人，400 多年历史。大洪拳以牡

兵器对练

招式对练

授徒

丹区、郓城、鄄城为中心，广为流传。习练大洪拳有广泛的群众基础，菏泽市各县区拥有大洪拳武校16个，场、馆、站86处，协会会员6万多人，传承人两千多人。大洪拳以菏泽为核心，目前已辐射河南、安徽、江苏等10多个周边地区。第二十四代，孔昭武融合大洪拳和少林拳法，创立“少林罗汉大洪拳”流传后世。在近现代，菏泽大洪拳培养了一大批精忠报国的武林精英和仁人志士。抗日英雄赵登禹将军便是大洪拳弟子，奉命任河北喜峰口前敌总指挥，带领菏泽1000余名大洪拳弟子手持大刀夜袭敌营，取得喜峰口大捷，一大批大洪拳弟子杀身成仁，为国捐躯。

大洪拳在鲁苏豫皖等北方地区拥有悠久的传承历史和广大的武术爱好者。其基本特点以活马步为主，加入军队战斗中的刺枪、托枪、刀劈、落马倒地后翻滚防守等技法，以实战为主要特征。历经数十代门人继承、发展与完善，形成今天具有独特风格与特点的大洪拳。大洪拳具有大开大合、刚中有柔、柔中寓刚、刚柔相济、舒展大方、势正行美、刁打巧击、闪展腾挪、观赏性强的特点，实战搏击时讲究运气为拳，化掌为刀，拳掌并用，攻守自如，有单练、对练和表演套路近200种。其基本内容主要有拳术套路、长短兵器、软硬兵器、徒手对练、器械对练、气功点穴、暗器、擒拿、散打等。所使用的长兵器有六合大枪、母子棍、琵琶棍、梢子棍、春秋大刀、单刀、双刀、双戟、剑、锤、钩等。软兵器有七节鞭、九节鞭、绳鞭、流星锤等。许多大洪拳名师名家在内外功法、动作、套路、技击、健身养生等方面有丰富的实践经验和理论基础。第十三代，马守义博采众长，深入研究拳法精髓，撰有《洪拳套路》《赵登禹大刀十八法》《鞭术》等著作，从而推动了这一传统武术项目的传承与发展。

1994 年，菏泽市成立了菏泽地区洪拳研究会，后改名为菏泽市洪拳协会。洪拳协会挖掘整理了大洪拳的拳术套路，计有长短兵器、软硬兵器、徒手对练、器械对练、气功、点穴、暗器、擒拿、散打等百余套，为国家、部队和省市武术队培养输送了一大批武术人才。

◆ 查　拳

查拳是中华武术的优秀品种，查拳以站桩开始，弹腿入门，套路求法，散打求真，提倡习武德为先，学拳明理，艺德并举，风格独特，姿态潇洒。菏泽自古尚武，早在明代就与徐州、沧州、青州并称全国四大“武术之乡”，民风彪悍，习武之风甚烈。萌发于菏泽的查拳源远流长、内容丰富、自成体系、普及广泛，

查拳展示

是优秀的民族传统文化，堪称中华武林的一枝奇葩。

相传在唐朝年间，有一支东征的军队，路过冠县时，留下一位身负战伤的青年将领，名叫滑宗歧。在当地百姓的精心照料下，滑宗歧恢复了健康，为了报答村民的调养之恩，他便把自己擅长的“架子拳”技艺传授给村民，后随其习武者日众，滑便将旅长安的师兄查元义请来共同施教。

查元义又名查密尔，武艺精良，尤善“身法势”拳。“架子拳”动作饱满，舒展有力，因此被称为“大架拳”;“身法势”动作紧凑，快速小巧，人们叫它“小架拳”。后来，查元义、滑宗歧相继故去，当地人为纪念恩师，便把他们所授之拳易名，用老师的姓氏代之，查元义所使的“身法势”就叫“查拳”，滑宗歧所使的“架子拳”就叫作“滑拳”。

萌发于菏泽的查拳，以菏泽城西门里丁元明传承为中心地带，流传于菏泽市各城区、各县区，以及梁山、德州、胶东冠县、河南、沧州、太原等地。第十四代，丁元明自幼习武，广学博采，功法全面，艺理俱精。现传承人王子平、丁尚德等人培养了一批武术英才，在全省比赛中取得了骄人的成绩。

查拳的基本套路有五步拳、六路转、十二路滑抄、十路弹腿。查拳正拳有十路，副拳二路，腿拳二路。对练有六路短打，四路对练。还有刀、枪、剑、棍等套路。

查拳是长拳类的主要拳种之一，它通过蹿蹦跳跃、闪展腾挪和起伏转折等动作，展现出筋顺骨直、灵活敏捷、动静分明、剔透玲珑、潇洒飘逸、自然大方、快速多变和节奏鲜明等长拳类拳种共有的风格与特点。

开合相间、起伏明显是查拳套路的结构特点，其通过把幅度大小不同的动作衔接成组，高低不等的姿势相互穿插。查拳几乎在每一套路中都有“仆步穿掌”式，其后连接动作多是虚步挑掌、行步拍脚“劈靠掌”等组成。这类动作的组合中，前动架势小，身体重心低，封闭严谨；后动架势大、重心高，肢长劲远。这种结构，使动作幅度的大小和姿势的高低，形成了明显的上下起伏，高低相衬，显示出大的舒展，小的紧凑，势低似贴地。这为指上打下、声东击西的战略战术奠定了扎实的基础，形成了优美的动态画面。

重腿法、多摔法是查拳的技击特点。这在查拳的教学程序和套路运动中，都有着充分的体现。查拳讲究“手似两扇门，全凭腿伤人”，其腿法又以屈伸性方法为主，在实用上有出击迅速收回快的优点。

干净利索、动静分明是查拳的节奏特点。演练实用时，要求动作在运行过程中如风驰雷电，狂飙千里；在定势时，则无论运动过程的激烈程度如何，都必须迅速转入静止稳定的状态。这种动静分明的韵律，使得手法脆快，步法轻灵，毫无滞涩之感。

形神兼备、内外合一是查拳技击的整体特点。它多以手脚齐发，下踢上打，手到步到，见机速进。在这些动作的运行过程中，要以腰的拧转，贯串四肢，以加强肢体的运行速度，增大动作的活动范围。同时，头随势转，眼随手动，构成了外形上的完整一体，形神兼备。另外，还要求将攻防意念贯注于一招一式，强调以气催力，使精神融注拳式中，呼吸配合动作，呈现出内外合一、干净利索的神采。

◆ 八卦掌

八卦掌是在我国流传很广的一个拳种，是武当内家拳三大名拳之一，体现了道家养生、健身、防身的功能。菏泽地区流传着 20 多个传统武术拳种，而尤以八卦掌在广大民众中广为传播。萌发于山东菏泽（曹州）的八卦掌，以菏泽城西门里丁元明传承八卦掌为中心，广为流传菏泽各县区，以及梁山、德州、

传承人丁尚品

胶东、河南、山西等地，是菏泽武术文化的重要组成部分。

八卦掌，是一种以掌法变换和行步走转为主的拳术。由于它运动时纵横交错，分为四正四隅八个方位，与“周易”八卦图中的卦象相似，故名八卦掌，初为河北省文安县董海川所创。

董海川生于清嘉庆十八年（1797），逝于光绪九年（1882），所传弟子近千人。他因材施教，弟子们所学各有所得，迅速衍化出多种流派。八卦掌主要有两大流派：一是以程廷华的龙爪掌为代表的程派，程廷华为董海川早期入室弟子；一是以尹福的牛舌掌为代表的尹派。其他流派基本都和这两大流派有关。

程派八卦掌经过程廷华、程有龙以及孙锡堃三代传承，通过与其他上乘武功融合，已得到新的丰富与发展。第五代，丁元明，1931年与师弟范河存赴天津拜师学习，为孙锡堃入室弟子，得八卦掌真传。后又进北京随孙禄堂学习太极、形意，融会贯通，将八卦掌传授于菏泽各地。

2009年9月成立了菏泽市八卦掌研究会，第六代，丁尚品，对八卦掌各类传统拳种套路进行了挖掘整理，为挖掘、整理、继承发扬八卦掌事业做出了不懈努力，为国家、省、市培养了一大批武术英才。

八卦掌以八大桩法为转掌功，又集八大圈手于一体。主要特点是身捷步灵，随走随变，与对方交手时身体起伏拧转，敏捷多变。其基本功以桩步、行步为基础。身形要求顶头竖项，立腰溜臀，松肩垂肘，实腹畅胸，吸胯提裆。步法要求起落平稳，摆扣清楚，虚实分用，行步如蹚泥，前行如坐轿，出脚要摩胫（两脚踝关节相贴而过）。走圈时，内脚直进，外脚内扣，两膝相抱，不可敞裆。身法讲究拧、旋、转、翻，圆活不滞。手形有龙爪掌、牛舌掌两种，主要手法有推、托、带、领、搬、拦、截、扣、捉、拿、勾、打、封、闭、闪、展等16法。要求每掌发出，皆要以腰作轴，周身一体，内外相合，外重手眼身法步，内修心神意气力。八卦掌练习分为定架子、活架子、变架子三步功夫。定架子是基础功夫，要求一招一式，规规矩矩，宜慢不宜快，以求姿势正确。活架子练习主要使基本要领在走转变换中运用娴熟。变架子要求变换自如，随意穿插，练习不受拳套节序限制。

八卦掌的运动特点是：一走、二视、三坐、四翻。这些特点为发展身手的捷径、灵活，特别是下肢的力量提供了必要的锻炼条件。八卦掌以“行桩”“蹚泥步”内功功法为入门基础，以拧翻走转为基本运动形式，以掌法的变化为主要技击手段。内外兼修，强调身心合练，身捷步灵如龙游空，拧翻走转掌法幻变无穷。出手成招，刚柔相济，踢打摔拿融为一体。拧裹钻翻，避正打斜，围圆打点，循循相生无有穷尽。

作为非物质文化遗产，八卦掌仍具有独特的文化属性，对八卦掌这个古老拳种的挖掘、整理与保护，有利于保护与弘扬民族传统文化，更有利于促进武术事业的全面、可持续发展。

◆ 掌洪拳

掌洪拳是我国传统武术文化的重要组成部分，具有大开大合，刚柔相济，舒展大方，观赏性强的特点，遗存有单、对练和表演套路 208 种，许多掌洪拳名家在内外功法、动作、套路、技击、健身养生长寿等方面的实践经验，对推动我国传统武术文化的传承与发展具有重要研究价值。

传承人尹庆桥操练双刀

菏泽牡丹区是著名的武术之乡，民风彪悍，习武之风甚烈，流传着 20 多个传统武术拳种，而掌洪拳是其中一个传播较广的传统武术拳种，有近 300 年的历史。

掌洪拳源自嵩山少林寺，由第一代于纯所传，其为鄄城县富春乡人氏，有《掌洪拳练功秘诀》《点穴法》《药物治疗》等著作流传后世。第二代，田凤林，清朝中期在曹州府及周边地区成立了“大刀会”和“长枪会”，宗旨是抗拒外族侵我中华。第三代，韩同荣7岁入门学艺习练掌洪拳。后进少林寺练武达8年之久，是掌洪拳承前启后的代表人物。

第七代，尹庆桥，现任菏泽市掌洪拳运动协会主席，山东省搏击运动学校名誉校长兼总教练，先后师从于吴仲云、刘福俭、韩厚田武术家，对掌洪拳的拳法、器械的熟练掌握，特别是对“阴阳功夫大架”吸气和呼气、运气法有独到之处。后师从炮拳宗师邓再田习炮拳，得其绝技真传。他本人多次参加全国、省、地（市）武术、散打、摔跤比赛，均取得了较好的成绩。

掌洪拳的主要内容有拳术套路、长短兵器、软硬兵器、徒手对练、器械对练、气功点穴、暗器、擒拿、散打等。徒手套路80余套，器械套路60余套，硬气功表演项目达50多套。

掌洪拳特别注意基本功训练，手法、腿法、步法、身法要求十分严格。主要技法特点是撑斩为母，尽八法之变；势正行美，繁华藻丽；扁身远击；闪展腾挪，刁打巧击；劲尚脆快，而兼气柔。手型有拳、掌、勾，步型有弓、马、虚、丁、仆、劈、打、架之法。其静止姿势武勇雄强，运动动作机警、巧变，身法有扁身、雀身之变，即侧身换膀，拧腰护腕。在打法上追求：有膀不见膀，无膀却有膀，手去复捺膀。可放长击远，雀身、俯身低势以并柔，即上惊下取、声东击西。在技法上有直闯硬进，强攻中路，打里手争中门，或两厢闪击，刁打倒取之技法。掌洪拳所用器械，长兵器以枪、棍为主（如六合大枪、单头、双头母子棍，阴手琵琶棍，蟠龙棍、大疯魔棍），短兵器有刀、鞭、剑、锏、镰、锤等。目前掌洪拳的交流方式主要是参加全国武术比赛和各种体育活动，传承方式主要是师父带徒学艺，在社区和学校广泛传承。

◆ 梅花拳（曹州梅花拳）

梅花拳，传统武术拳种之一，又称花拳、梅拳。因初时在桩上习练，亦称梅花桩，后为演练方便，改在地面演练，故梅花拳又称为落地干枝梅花桩。

梅花拳文化以德育人、以善为本，倡导“和为贵”“百善孝为先”的传统美德，同时梅花拳先师还用传统文化制定了一套完整的规诫，约束弟子身心举止言行，

兵器对练

双人对练

以通俗易懂的形式传递给梅拳弟子，使梅花拳在广大群众中有着巨大的影响力和聚集力。

梅花拳自清朝时期传入菏泽市牡丹区，距今有 300 多年历史，最初以父子相传的家传形式在民间流传，又称为“父子拳”。

第三代，邹宏义从徐州向北传道第一站，在菏泽收的第一个弟子是刘金山（金标）。清道光年间，河北鸡泽县柏枝寺焦彦章来菏泽传道 12 年。另外，清末至民国年间，濮阳拳师来菏传艺，丰富了菏泽梅花拳。20 世纪 70 年代，山东武术世家王守义在山东各地推广梅花拳，为梅花拳的发展写下了灿烂的一页。第十五代，王守义，1995 年被授予当代“中华武林百杰”。

第十六代，陆建民，武术高级教练，国家级武术裁判，菏泽学院体育系副主任，现任菏泽市武术协会副主席。第十七代，李亚龙，多次参加国家级和省级武术比赛，均取得优异成绩。梅花拳分布主要以菏泽为中心，周边地市有濮阳、沧州、徐州、邯郸、邢台等。

梅花拳技击技术全面，讲究上中下三盘打法上盘：刁，拿，锁，带，勾，搂，抱，打崩，挑，劈，砸，中盘：沾，粘，连随，吸，卸，柔，化，推，托，领，带，辗，转，扭，蹭，挨，膀，挤，靠，偎、身，靠打，下盘：踢，点，截，撞，勾，挂，踩，碥，跌，扑，滚，翻，前后扫跪，左，右，撑，拨，它打的是“一身之法”，身体的每个部位在技击之中都起作用。

基本内容包括：梅花拳老架、走线铜锤套路、梅花大枪套路、方天戟套路、春秋大刀套路、排八木套路、六和梅花刀套路、南阳叉套路、月牙棍套路、月牙大斧套路、虎尾三节鞭套路、齐眉棍套路、梅花双枪领人杖套路、梅花双戟套路、文棒套路、单刀套路、梅花坤棍套路、虎头双钩套路、九环锡杖方便铲套路、龙泉剑套路、梅花双刀套路、拐三尖套路、风火轮套路、梅花拳太阳功法等。

梅花拳传艺的过程体现了师徒之间的教育责任，不但要求传承人不断提高自己的教授水平，知难而进，精心传艺，而且也以文字形式规定了德育方面的具体要求，把崇尚武德作为中华民族的优良传统，不断发扬光大，用以指导习武者修养身心，规范举止，品评善恶。

◆ 蹬　技

根据杂技具体实践方式和表现形式来分，以足蹬物的杂技项目叫蹬技。表演者仰卧在头低臀高的睡垫上，双腿合上，将各种轻重的道具放在脚上，靠腿的力量、脚的技巧使不同的道具在脚上旋转、翻腾、变角度，做出不同花样的技巧，大大增加了表演的难度，使观众看见的脚上技巧比平常人的手足灵活。

艺术来源于劳动生活，古人们把生活用品，如四方桌、水缸、水桶、梯子、雨伞、毯子等传承到了现在，这些物件是蹬技的主要道具。古代多为女子表演，表演者用脚蹬弄各种日常生活用品，从而形成了真正的从劳作到艺术的升华。根据演员所蹬物件的不同，可以分成很多节目品种，若按所蹬道具的重量来分，大致有“重蹬技”“轻蹬技”“蹬人”三大类。

在汉代的百戏杂技节目中已经出现蹬技的技艺形式了，蹬技演员腿脚功夫高水平时期是北宋。菏泽的杂技艺术已有400多年历史，蹬技的传承已有130余年。据史料记载：明万历年间蹬技传入菏泽地区，清代时已成为菏泽地区不可缺少的娱乐项目，但在近现代才在菏泽地区自成体系，并且经过一代又一代人的坚持才得以百年传承。

民国初年，祖师孔昭发、孔昭帅将杂技和武术结合，创新蹬技，并取得较好反响。20世纪初期，吴凤英，艺名“麻子红”，虽然当时在全国杂技圈内已极具盛名，但仍虚心好学，拜孔昭发、孔昭帅为师，把杂技蹬技推向另一个高潮。解放后，杂技艺术受到政府重视，发展前途良好，1959年吴凤英管理的杂技团被调往菏泽归地区管辖，称“菏泽专署杂技团”。吴凤英的蹬技演出极受欢迎。

蹬技现传人孔艳玲，15岁时拜朱桂英为师学习蹬技，1998年26岁的孔艳玲建立了自己的杂技团，带领杂技团20多年来走遍祖国大江南北，公演5000场次以上。现如今，她已经培养了5位蹬技传承弟子，目前她仍继续为传承蹬技而努力。

蹬技的主要特征鲜明。其进行重力压持，训练腿部灵活度、腿部力量，把腿、脚掌力量和道具完美结合，训练出美轮美奂、高难度的动作，是蹬技的核心要素。

软硬功夫相辅相成是蹬技的主要特征。蹬技多数是女演员表演，演员躺在特制的方台上，以双足来蹬。至于所蹬物体，几乎包罗万象，从绍兴酒罐、彩缸、瓦钟到桌子、梯子、木柱、木板和喧腾带响的锣鼓等，轻至绢制的花伞，重到100多斤重的大活人；被蹬物体，或飞速旋转，或腾越自如，从光滑的瓷制彩缸，到笨重的木制八仙桌子，都可以蹬得飞旋如轮，只见影子不见物象。

蹬技有极大的适应性，表演形式、场所多样化。广场、剧场、街巷、客房，多至百人大荟萃，小至一人的现场即席献艺。正是这种广泛的适应性使其能千古犹存。

排练

杂技蹬技有严密的师承传统，又

演出

与姊妹艺术关系密切；有严密的内向性，技艺都是代代相传，同时还有地域性。

蹬技已传承上千年，是我国传统杂技的重要组成部分。蹬技兼容性强、观赏性强，特别是汉代宴乐百戏画像石中关于“安息五案”和蹬技的结合，融合了千年以前西域伊朗文化，孕育出一系列具有中国特色的蹬技，对推动我国传统杂技文化的传承与发展具有重要历史价值。

蹬技不仅融合了舞蹈等艺术元素，蹬技节目“蹬板凳”还把“五案”移到最下面的底座演员的足上来表演，10 条板凳与人体造型构成好像劈开的险山、耸立的碑石、双飞的燕子等不同景观，似一座座浮动的亭台楼阁，蕴藏着中国建筑艺术的神韵，有着重要的文化价值。

传统美术

◆ 曹州面人

曹州面人历史悠久，相传其源流可溯及尧舜时代，它是在古代祭天地、敬鬼神的“花供”基础上发展起来的。近代曹州面人的发展，以菏泽市牡丹区为中心，遍及菏泽八县一区，尤以鄄城、曹县为多，影响冀、鲁、豫、皖、苏周边几省，并流布全国、涉及海外。

曹州面人有文字记载的民间面塑可上溯至汉代。《论语·乡党》《礼记·月令》《吕氏春秋》均记载了古人驱疫除病的禳祭。其中舞蹈者头顶面制鬼怪头形、祈祷神灵。陈寿《三国志》载：“诸葛亮平蛮回至泸水，风浪横起兵不能渡……遂命行厨宰牛马和面为剂，塑成假人头，眉目皆具，内以牛羊肉代之，为言‘馒头’奠泸水……祭罢，云收雾卷，波浪平息，军获渡焉。”之后人们为避灾祸，求平安，用面粉捏成猪羊，敬天地、祭列祖、求神灵、祈福运，形成了早期面塑，称为

面塑作品《中华美德感恩孝亲》

面塑作品《葛巾玉版》

"花供"。

考古发现，最早用于祭祀的实物为新疆吐鲁番阿斯塔那出土的唐高宗永徽四年（653）墓中的面制女俑头、男俑上半身像和面猪等陪葬品。另据唐·封演《封氏闻见记六》记载："玄宗朝，海内殷赡，送葬者或当街高祭，张施帷幕，有假花、假果、粉人、面米长之属"，从中可看出面塑作为祭祀供品的运用。至今仍盛行于菏泽一带用于祭祀的"花供"，就是这种习俗的反映。宋代，在南方出现了米塑艺术，当时的米塑以花果、动物为多，人物少而且小，有些类似无锡小泥人。《梦粱录》中记：九九重阳"蜜饯局的五色米粉塑成狮蛮，以小彩旗簇之……名之狮蛮栗糕，供亲进酒，以应节序"。同时，北方民间也出现了专门制作民间面花、以应时节礼俗的作坊和艺人。

据考证，近代曹州面人形成于清咸丰二年（1852），艺人王清原、郭湘云与郝胜、杨白四合作，把米塑与"花供"结合起来，用可塑性很强的小麦面粉和质地黏糊的糯米粉为原料，掺入各种颜料，捏出的面人好看、挺实、个头大，在色彩和造型上趋于细腻，形成了今天闻名遐迩的"面人儿"。清末进士杜维桢在为他们撰写扬名碑文时称赞："每构一象，形容毕肖，眉目如生，栩栩欲活之效。"

形成时期。据"沐恩碑"记载：自咸丰二年，二君（王清源、郭湘云）各自食其艺，获值浮于所用……既而，杨君玉林□□□3人，以学于王君；段君文干数人，以学郭君；嗣而广收门徒，循相传授。

曹州面人进校园

曹州面人穆李传习所

发展时期。1908年，面塑在穆李村普遍发展，比较有名的面塑艺人有李朝平、马德交、马凤山、李俊福、李俊兴、杨振合、郝子礼、郝道黄、穆天春、穆宗书、穆绪干、常朝品等30余人。其中李俊福、李俊兴技艺超群。李俊福擅捏武将英姿，李俊兴擅捏佳人仕女，被誉为“文武二李”，驰名中外。

成熟时期。1920年后，李俊兴同师兄弟28人，多次去上海、广州、厦门、香港，并出国到菲律宾、印度、马来西亚、印度尼西亚等国以谋生计。1926年李俊兴应邀到老挝王宫表演面塑受到赞扬。1931年去苏联莫斯科表演，深受苏联人民的欢迎。1935年李俊兴在面中加入适量甘油、石碳酸、蜂蜜，解决了“面人儿”作品虫蛀、干裂的问题，在技术上前进了一大步。

全盛时期。解放后，面塑艺术受到各级政府的大力支持。1956年李俊兴、李俊金、李芳阁、李芳清、马凤鸣、穆化起、宋月亮、郝子泉等10多人受当时菏泽地区文化局的邀请在菏泽成立面塑组。1957年夏，李俊兴因在面塑艺术上的卓越贡献，被吸收加入中国美术家协会，当选为山东省美术家协会理事，并荣获国家“工艺美术老艺人”荣誉称号，享受国家终身补贴。1982年随山东省美术工艺团赴瑞士、德国、澳大利亚等国表演面塑。1995年联合国教科文组织和中国民间文艺家协会授予李芳清“民间工艺美术家”称号。

衰微时期。进入20世纪90年代，随着经济的发展，人民生活质量的普遍提高，生活需求的多样化，面塑作为谋生手段的功能逐渐消失，人们对面塑的热情也逐渐淡化，曹州面人的技艺传承渐于衰微。

曹州面塑是艺人在“花供”的基础上，吸取米塑的制作技巧，将其转化为一种可供观赏的艺术品。古曹州地域文化积淀丰厚，民间传说、神话故事、历史人物等等，当地人耳熟能详，妇孺皆知，因而丰富了曹州面人在创作题材上的选取空间，水浒一百单八将、杨家将、大闹天宫、姜子牙钓鱼等传统的面塑题材多取自于此。当地人生活除依赖土地之外，又把曹州面人转化为纯粹艺术品，作为养家糊口的技能。

曹州面人的发展根植于民间，是广大人民群众在生活中创造的带有鲜明的地域特色和深厚的乡土气息的民间艺术，其形式多样、取材广泛、造型简练，制作手法质朴、粗犷。

曹州面人的内容特征。曹州面人是在农村生活基础上产生的一种农民艺术，是农民思维与物质观念的产物，具有深厚的群众基础、鲜明的地域特色。它的题材、内容、艺术形式都是为适应农民生活需要、针对农村生活特点而产生的。

曹州面人的风格特征。曹州面人的风格由于地域文化不同而有所差异，其风格主体是古朴、粗犷、豪放。由于受到江米人技艺的影响，其作品既有北方的质朴豪放，又有南方的细腻精巧。

曹州面人的艺术特征。造型夸张、简练生动、色彩鲜明、对比强烈、比例适当、形象传神。作品具有浓郁的乡土气息，粗犷豪放中不乏精妙之处，具有工写结合的特点。表演性强，工具简单，操作方便，易于普及。

曹州面人已有近2000年历史，由于河水泛滥等天灾人祸，清咸丰以前的面塑艺人背井离乡，流落四方，面塑名家的姓名已难确考。自清咸丰二年近代曹州面人重新振兴以来，曹州面人门派众多，出现了许多造诣颇深的代表人物。这里仅以穆李村李芳清为代表，以郝胜、杨白四、王清源、郭湘云为一世，就曹州面人艺人的师承脉络和代表人物作简略说明。

第三代，李俊兴：是100多年来穆李村面塑贡献最大、名声最响、手艺最绝的面塑名家。1935年，李俊兴改进面塑制作工艺，解决了面塑作品虫蛀、干裂问题。1956年经省政府批准，以李俊兴为主任，成立“济南面塑合作社”，承接了中国面塑史上第一次大宗出口日本10万套“西游记”面塑订单。1957年李俊兴荣获“国家工艺美术老艺人”称号,1959年11月李俊兴出席了省“文代会”，加入了中国美术家协会，并当选为山东省美术家协会理事。

第四代，李芳清：是李俊兴的侄子，也是其得意门生。1958年进修于中央美术学院，得到刘开渠、张仃等名家指导。20 世纪 80 年代后多次出访澳大利亚、瑞士、德国等。1995 年荣获联合国教科文组织和中国民间文艺家协会授予的“民间工艺美术家”称号，从此“中国面塑第一人”的雅号便不胫而走。

第四代，穆绪建：生于 1961 年，著名面塑艺术家。师从面塑大师李芳清。2005 年韩国 KBS 电视台摄制组为他拍摄专访。2006 年新春应邀去新加坡作艺术表演，在新期间为国会议员献上了新年礼物“菏泽面塑——财神”，联合晚报给予报道宣传。2007 年初，应邀出访马来西亚，作品受到马来西亚文化部部长黄锦鸿的称赞。代表作品有《夜观春秋》《李逵夺鱼》《奥运福娃》《白菜蝈蝈》《年年有余》《牡丹仙子》《牡丹》等。

第四代，何晓铮：1958 年从师近代面塑艺术家李俊兴先生，学习面塑及民俗艺术，成为李俊兴先生的关门弟子。现任山东面塑艺术学会会长、中国民间文艺家协会会员。被授予“山东省民间手工艺制作大师”“中华当代杰出功勋艺术家”称号。创立了新的高分子共聚“水晶塑”和浮雕形式的面塑，解决了超大型面塑霉裂问题。

第五代，时振山：1951 年 10 月出生，牡丹区马岭岗镇时庄村人。1995 年 9 月被联合国教科文组织授予“民间工艺美术家”称号。1996 年、1997 年先后两次到美国表演面塑，为华盛顿州长和加州多位市政府议员现场塑像，《世界日报》报道了当时的盛况。他创作的面塑作品《童趣》《乐女》《五虎上将》先后荣获山东省民间文艺家协会优秀奖、99 国庆民俗文化博览会一等奖、首届中国民间艺术百绝群英会金奖。

第五代，李效普：牡丹区小留镇李公珍村人，中国民间文艺家协会会员。自幼受到曹州面人艺术的影响，随父学习面塑艺术，在继承民间面塑艺术的基础上，借鉴“汤派”面塑技法，形成了个人面塑风格。2003 年中央电视台东方时空对其进行采访，并播出专题片《传人》。2004 年 5 月参加首届中国民间工艺品博览会，面塑作品荣获中国民间艺术最高奖“山花奖”。

◆ 曹州剪纸

曹州剪纸，根植于博大精深的中国传统文化之中，具有较高的艺术性和欣赏性，是一门独特传统的民间艺术，是民俗生活中最具文化象征的艺术品之一。它起源于劳动人民的生活实践，寄托着劳动人民的理念和信念，抒发着创作者的喜怒哀乐，应用在日常的婚丧嫁娶等活动中，点缀在喜庆什器、门窗、家具和墙壁上。现在的剪纸作品已超出过去的局限，它从过去的单色剪纸发展到多彩套色剪纸，又从套色剪纸发展到立体剪纸。

曹州剪纸，源于中国的汉唐年间，历史悠久，且遍及城乡。解放前，各村庄皆有几个剪纸巧手，农村集市也有专售花样的，比如各种鞋花、帽花、枕头顶花、窗花、墙花、顶棚花，还有儿童的围嘴花、肚兜花等等，专门为绣花能手提供图案。新中国成立后，新的现代化剪纸出现，给民间剪纸艺术带来生机。改革开放以来，菏泽高度重视非物质文化遗产代表作的保护与发展，曹州剪纸艺术再度复兴繁荣于民间，并出现许多优秀的剪纸艺人。

曹州剪纸传承都为世代相传或师徒传承。师徒相传，能者为师，师徒之间可以相互探讨和切磋剪纸技艺，取长补短，拓宽剪纸视野，世代相传形成了剪

切磋剪纸技艺

套色剪纸展示

纸大家族。著名剪纸艺术家葛秀英，在传统技艺的基础上注重创新，剪出了大量的反映现代生活的剪纸作品，受到社会各界人士和多家媒体的好评。自从 2003 年退休以来，积极参加全国、国际艺术大展赛，荣获金、银、铜奖及优秀奖等 30 余项荣誉，现任菏泽市剪纸艺术协会主任。为弘扬鲁西南一带的民间剪纸艺术，她积极举办培训班和个人剪纸作品展，培训了一批又一批的剪纸艺术人才。曹州剪纸人才辈出，风格各异，尤其是葛秀英、郭红、刘爱华、周艳丽、常风铃等一批剪纸艺术家，制作出一幅幅精品力作，充满了浓郁的乡土气息。

曹州剪纸在古老传统的剪纸基础上，注重地方特色，它的题材、内容和艺术形式都是因当地人们的喜爱而产生的。在构绘图案时，绘制出阴阳布局合理，点、线、面疏密适度的花鸟虫鱼及反映现代生活的剪纸画面。曹州民间剪纸的主要体裁有传统的单色剪纸、近代剪纸和现代剪纸。

单色剪纸的传统代表作品：双喜系列图、鸳鸯戏水、丹凤朝阳、松鹤延年、连年有鱼、喜上眉梢、水浒英雄 108 将、红楼梦、三国演义、五虎上将、西游记、牡丹图、百子图、脸谱系列、十二生肖等，另外还有寿礼剪纸、葬品剪纸、诞生礼剪纸、年节剪纸、节令剪纸、花鸟鱼虫剪纸等。

彩宣套色剪纸的代表作品：富贵平安、春色、国色、四季平安、十二生肖系列图、彩瓶图（已出专集）、花好月圆、和谐中国、平安世界等。

立体剪纸的代表作品：野趣、天象图、秋艳图、蝴蝶飞舞等。

曹州剪纸，题材多取自民间神话、传统故事中的花鸟、人物、生肖、动物、婚礼、生活场景等，构图精巧，造型别致，玲珑剔透，栩栩如生。这些生动形象、色彩艳丽的精美作品，寄托着人们的美好向往，蕴含着丰富的文化艺术价值。曹州民间剪纸，是千百年农耕文明所形成的艺术体系的重要组成部分，也是中华大地上的一朵具有十足泥土香味的花朵。

◆ 刻瓷（曹州刻瓷）

曹州刻瓷，是一种用刀、锤等工具在陶瓷上雕刻图案并涂色的传统手工技艺，在陶瓷刻胎、印记基础上发展而来。曹州刻瓷得益于菏泽悠久的历史和深厚的文化底蕴，至今在菏泽市各县区及鲁、苏、豫、皖四省交界地区广为流传，是中华艺术瑰宝中不可或缺的一员。

曹州刻瓷兴起于清朝同治年间，至今 150 多年历史。牡丹区吴店镇鹁鸽堂村马氏先人马树槐，当时从事在陶瓷碗、盘、瓶上刻字、花鸟、印记等简单刻瓷装饰及修补手艺，至今已传承至第七代马宪荣。曹州刻瓷将中国书法、绘画及素描等多门艺术与刻瓷技艺相融合，创造了写意、工笔刻法，突破了刻瓷只有点和线的局限，出现了线与面的结合，色彩上一改早期的单色刻瓷，创造了彩色刻瓷，从而使曹州刻瓷艺术有了极大提高。

刻瓷创作

曹州刻瓷是一项集绘画、书法、刻镂于一身，笔、墨、色、刀为一体的传统手工艺术，主要包括设计、雕刻、着色三大基本工序。首先按照陶瓷造型、釉色进行图案设计，在所刻瓷器上画出墨稿；雕刻时一手拿刀，一手持锤，依据墨稿选择线刻、面刻或是点刻，各种刀法都要配合所表现画面和物体的质感与艺术效果灵活运用，刀口离瓷面1~2毫米，在锤的敲击下移动，掌握好力度并注重留釉色，从而保留釉面的光泽感，以凸显作品的瓷味；最后综合多方面因素搭配色彩，先淡、后浓，不只是简单的平涂，一遍不到位可以重复上色，以达到满意的艺术效果。

曹州刻瓷刻法精细，富有层次，曹州刻瓷结构严谨，布局得当，刀法干脆利落，泼辣多变，粗中有细，豪放有致。巧妙利用瓷的釉面，根据明暗及刀痕的疏密、力度，体现所刻事物的纹理，先刻瓷后上色，重视细节的展现，注重留白，观有墨韵、触有手感，风格古朴典雅。曹州刻瓷所用小锤子为祖传，采用铁加藤条制成，牢固轻巧且坚韧耐用，顶部形状为梯形，上窄下宽，可以根据受力面不同而进行选择。刻瓷时依据器物的形状和凸起之处体现立体感。其创造了叶脉雕刻法、肌理雕刻法，突破了传统刻瓷中只有点和线的局限，增添了以深浅浓淡为面的手法，再辅以彩绘，从而使得刻瓷艺术得到了一次质的飞跃。

刻瓷作品

曹州刻瓷所刻题材涵盖山水、花鸟、人物、肖像，最独特之处便是以菏泽当地的牡丹为主题，在各种器物上进行雕刻，美观典雅的同时，也传播了牡丹文化。曹州刻瓷用它独特的艺术形式记载着当地的人文地貌、民风民俗和历史变迁，并以其艺术魅力教育、感化、鼓舞他人，具有很强的历史和民俗研究价值。

◆ 泥塑（菏泽泥塑）

菏泽泥塑是选用黄河冲积平原地下的胶泥，经过晾晒、筛选出无杂质胶泥土，掺入少许棉花，反复捶打、摔、揉，然后储存醒放一段时间，再由下而上，由内及外，从整体到局部手工捏制各种人物和动物，经过阴干、打磨，再涂以粉底，施以彩绘而成。

菏泽泥塑形式种类很多，有塑像、场景、摆件和玩具等。作品题材主要包括中国传统故事人物八仙、牡丹仙子，文学名著《水浒》《聊斋》《红楼梦》人物，古代佛像神祇“达摩面壁”“十八罗汉”“文昌帝君”“十二月花神”等，以及菏泽当地民俗风情的剃头、打烧饼、水煎包和农耕、秋收、酿酒工序场景等。其所塑作品不仅形似，而且以形写神，夸张写意，达到形神兼具的境界，以展览

泥塑创作

展示、讲课和亲身体验为主要活态传承形式。

泥塑创作

菏泽泥塑历史悠久，可追溯到尧舜时期“舜作什器”于寿丘，把泥塑、陶器艺术品贩售于曲阜、菏泽、濮阳一带。秦汉时代，它在古代供奉的神佛造像和民俗陪葬用的陶俑基础上发展起来，距今已有近 4500 年的历史。另有齐国军师孙膑（今菏泽鄄城人）在桂陵（曹州牡丹园附近）捏泥人、泥马演练兵阵，大败魏国大将庞涓，后来孙膑辞官隐居，泥塑技艺就流传了下来。菏泽每个村庄的土地庙、关爷庙、奶奶庙等均有泥塑神像塑造、佛像奉祀活动，这直接促进了泥塑偶像需求的扩大和泥塑艺术发展。每当庙会，唱大戏娱神、卖泥娃娃等泥玩具等活动更是热闹非凡。至清代，泥塑形成天津泥人张、无锡惠山和山东泥塑多家传承流派。

菏泽泥塑自清朝同治年间流传至今，历经第一代赵勤玉、第二代赵凤吾、第三代赵继仲、第四代赵东民、第五代赵鲲鹏等五代传承。赵东民在继承传统泥塑艺术上又加入现代设计元素，积极参加全国展览交流活动并现场授艺，荣获多种奖项。1995 年被中国民间文艺家协会授予中国民间工艺美术家称号，2016 年获得山东省政府奖“泰山文艺奖”和山东省民间工艺大师称号。菏泽泥塑以牡丹区为中心，分布于各县区。

泥塑技法主要有圆雕、浮雕等形式。菏泽泥塑作为鲁西南地区代表性泥彩塑，有着独特的地位，是在农耕社会基础上产生的一种民间艺术。菏泽泥塑因其地域、文化的特点，更多受到齐鲁文化、中原文化及黄河文化的影响，囊括绘画、面塑、戏曲等多种艺术因素，从而形成地域人物气息见长的造型风格。题材内容多为传说故事、历史人物、民俗风情，造型上趋于具象写实，人物形象按照真实的比例结构，夸张写意，色彩趋同客观物象进行艺术再创造，具有鲁西南地域乡土性格等艺术特点。创作者需要有极高的美术功底，丰富的民俗传统文化修养，造型古朴，以形写神，形神兼具，欣赏角度丰富多样，具有强烈的视觉冲击效果。

菏泽泥塑历经百年传承内涵丰富，与菏泽人民的生产生活、文明进程紧密联系在一起。民间艺人用天然或廉价的材料，制作出精美的工艺品，增加了生活的新亮点，深受人民群众喜爱。

◆ 木雕（菏泽木雕）

菏泽木雕题材涉及范围较广，小到昆虫瓜果，大到动物、植物、历史人物，或民间传说、民间故事等等。木雕按表现形式分为圆雕、浮雕、透雕、线雕。

菏泽木雕艺术源远流长。据史书记载，早在新石器时代，先民就在菏泽境内繁衍生息，保留着许多原始社会的历史遗迹，比如安邱堌堆、官堌堆、历山堌堆等。当时原始木器的使用和刻画，是木雕艺术的源泉所在，最初菏泽木雕的雏形，主要用于农耕用具和祭祀信仰，逐渐用于装饰建筑、家具。

木雕创作

木雕作品

尧舜时期，梳子原始形式的出现，木质、贝壳项链的使用，证明了先民们对美的向往和追求。唐代，菏泽木雕又吸收了佛教元素。发掘于菏泽城区内的元代古沉船，又为我们研究元朝时期木船形制及制作工艺提供了实实在在的标本。

菏泽木雕多为家族传承，第三代李元书；第四代李孔纪先生；第五代李明建与李彦锋，创建一品红木有限公司，李明建任菏泽市匠工木雕文化有限公司技术总监，作品多次参展获奖。

菏泽木雕特质明显，具有强烈的民族传统和地域性色彩。木雕作品和菏泽地区人民生活起居息息相关，完美诠释了“物以致用”的原理。菏泽木雕对材质要求不高，不管是朽木、软木、硬木还是高档红木，在从业者手里皆可雕饰。雕刻工艺分为平雕、圆雕、巧雕，除平雕需要图纸外，其他工艺均直接上手，无图雕刻。最后一道工序是打磨上蜡，与其他项目要么白茬要么大漆重彩不同，菏泽木雕从不掩饰木材的瘤疤、虫眼等“缺陷”，认为缺陷也是上帝的恩赐，也可以在匠人手里有自己的色彩。简洁实用的工艺特色，菏泽木雕以实用为主的发展历程，表现在工艺上就是简洁实用。浓郁的地方文化特色，木雕题材多取材于历史传说、民间故事和神话传说。加佛教造像、日常器物上的花鸟虫鱼、历史人物和文化元素，有的体现水浒里的忠义精神、传统忠义孝善文化。

菏泽木雕完美诠释了物以致用的原理，透过桌椅板凳的造型，我们能看到古人生活的状态；透过雕梁画栋上的图像，能感受到古人们对于美好生活的向往；透过门槛窗格的缝隙，能发现古人的勤劳和智慧。这些传承下来的木雕技艺，在题材上体现了丰富的文化价值。尧舜文化、牡丹文化、水浒文化的忠义精神以及佛教思想、儒道思想都通过木雕交汇交集，形成一个独特的文化现象。

传统技艺

◆ 曹州耿饼

曹州耿饼是用成熟的柿子加工而成的一种纯天然的绿色食品，是馈赠亲朋好友的高档礼物。它既是食品，又具有一定的药物价值，被誉为曹州名吃、名优特产。

曹州耿饼具有悠久的历史，它产于秦、汉年间菏泽赵王河两岸，盛于唐、宋、明、清，为历代皇家之贡品。

相传汉朝时期曹州府有一耿氏族人在宫廷内当御厨，每逢春节探乡回宫时总是给刘邦奉上几斤曹州耿氏制作的柿子饼。刘邦尝食后赞曰：“食之曹州柿饼，三日不食足矣！此饼乃是上品，何家所奉？”刘邦得知此饼乃是后宫御厨耿氏所

曹州耿饼

奉，遂传书此饼更名为“曹州耿饼”。凡曹州府耿氏族人制作的柿饼免交官税，同时赐免税碑一座，现仍在丹阳办事处桑海社区院内屹然树立。年复一年，历代相传，曹州耿饼历代贡品，流传至今。

在清代初期，曹州东北赵王河两岸上下 50 里，柿树成林，朱果累累，河两岸具有数百家柿饼小作坊。现老柿树保存很少，柿饼小作坊所剩无几，只有菏泽开发区的曹州耿饼厂尚有一定规模。曹州耿饼制作与传承主要以菏泽市开发区、牡丹区、定陶区为中心，辐射到鄄城、巨野、东明、成武、曹县等县。

主要传承人杨现印，现任菏泽开发区曹州耿饼厂名誉厂长，他所制作的耿饼先后被评为金奖和优质名牌产品奖，享有山东省十二大特产之一“曹州耿饼自益霜”之美誉。第六代，杨存亮，现任曹州耿饼厂厂长，为柿子产业深加工做出了积极贡献。

曹州耿饼的传统制作，自清代嘉庆年间（1832），杨氏传人杨进职在继承传统制作模式的基础上，召唤其身边子女和邻居合伙制作，利用古老的传统工艺，收取曹州镜面柿（当地的八月黄、九月青）而后清洗、消毒、人工去皮、晾晒、上锥、发汗、初次上霜、入缸保存、二次上霜，直到加工而成，上市销售。

改革开放以来，杨氏第五代传人杨宪印走南闯北，自发研制出了现代制作工艺，在制作过程中，严把各个质量关口，所生产的柿饼均为一流产品。

曹州耿饼是老曹州人每逢节日必不可少的一款地方性美食，带有浓郁的地域特点，具有深厚的乡土气息。耿饼制作必须精选当地镜面柿，即大小均匀、无虫害、无斑点、成熟率在 90% 左右，精选品种为“八月黄”“九月青”优良品种。其外形美观，橙黄透明，细致柔软，味道甘甜浓郁，营养丰富，“自溢豆瓣霜”是独特的耿饼风味，霜溢全周时为最佳食用时节。

曹州耿饼是一种纯天然食品，餐桌上的美味佳肴，营养丰富，又有一定的药用价值。据《本草纲目》记载，可治疗肠胃病、止血解毒、软化血管、降“三高”，也可治咽炎、口腔生疮溃疡。

◆ 曹州井氏养蜂技艺

养蜂取蜜

曹州井氏养蜂技艺起源于清光绪三十三年，菏泽市牡丹区牡丹街道夏庄村。井氏先人井复恒，1907年在鲁中山区采药期间，从山上带回一窝蜜蜂，在家繁养。由此开启了井氏家族几代人的养蜂之路，距今已有110余年历史，现已传承至第六代。

20世纪60~70年代，第二代井树梓和第三代井百忍秉承对蜜蜂的热爱和执着，坚持养蜂，并坚守传承这种匠心的养蜂技法。

80年代末，第四代井建科开始了规模化的蜜蜂繁养，带领家中三位兄弟不断扩大养蜂规模，宣传井氏养蜂技法，并走向正规化、规模化的养蜂之路，足迹遍布全国十几个省份。

第五代，井洪秀，2013年成立菏泽市井氏养蜂合作社，任总经理，帮助更多喜爱养蜂的人学习曹州井氏养蜂技法，坚持传统养蜂技艺。

曹州井氏养蜂技艺秉承古法喂养，沿用定地结合转地的放蜂模式，以树桶蜂箱和活箱活框养殖方法为主，提倡“强群取蜜，以蜜养蜂”的养蜂观念，遵循自然法则，尊重蜜蜂生态，从养蜂的范围和酿蜜的种类来讲，曹州井氏养蜂人足迹遍布南北好多省份，蜂蜜多达十几个类别。

曹州井氏养蜂技艺坚持单王饲养，不改变蜜蜂在自然界中的生活状态，不人为重组干扰蜜蜂的生活习性。这种养蜂方法可以提高蜂蜜在蜂巢内的酿造周期，不会引起分蜂热现象，取出的蜂蜜浓度更高，营养更丰富，可储存的时间更久。

另外，国内蜂场大多使用双甲脒、氟氯氰菊酯和一些抗生素给蜂群消菌治螨，但这种方法药物残留时间很长，对蜂群有伤害，对蜂蜜污染大。曹州井氏养蜂技法消菌治螨使用古法，将蜂胶、香樟树皮沫、薄荷叶等浸泡于高度白酒中，用这种提取液来代替药物，对蜂群消菌和治螨能起到很好的预防和治疗作用，而且这种方法不会对蜂巢造成任何污染，取出的蜂蜜营养价值和药用价值比常年用药物蜂群取出的要高出很多倍。

◆ 烧鸡制作技艺（吉家烧鸡制作技艺）

吉家烧鸡由吉永华曾祖父吉振岐创制，历经百年四代传承，已成为菏泽的一道地方名吃，获省市知名品牌。2015 年吉家烧鸡被山东省商务厅、山东省烹饪协会授予“齐鲁名吃”称号，2020 年被菏泽市商务局授予“老字号”称号。

“吉家永华”柴烧鸡由牡丹区何楼办事处牛庄村吉永华曾祖父吉振岐创制。吉振岐从十几岁开始就学习厨艺，他虚心好学，潜心研究，严把质量关，柴烧鸡每天供不应求，声誉响彻十里八乡。

第二代，吉广现加工经营时，已达到每天销售 100 多只。第三代，吉克信，将料包中药材数量增至 20 余种，品质上了一个新的台阶。第四代，吉永华 1986 年在菏泽繁华地段人民剧院南侧，创办了“老地方大酒店”，他经营的招牌菜“吉氏永华柴烧鸡”名扬菏泽县区。2002 年将酒店迁往牡丹区中山西路，店名更为菏泽市牡丹区老地方家常菜馆，不仅在菏泽有总店，在周边省市也有加盟连锁经营店。

吉家烧鸡

吉氏永华柴烧鸡在传统工艺的基础上不断创新与发展，制作工艺特点明显。选择原料非常讲究，必须用本地养殖的柴鸡，散养的最佳。即使规模养殖的鸡，也不能喂养含有添加剂和激素的饲料，生长期原则上1年左右，否则不可采用。

从初加工、宰杀、烫毛、脱毛、开膛、取内脏，到别制成型、上色等工艺都非常严格，不得马虎，否则就达不到预期效果，影响菜品质量。

秘制料包非常严格标准，根据烧制鸡的数量和重量投放料，选用花椒、八椒、良姜、肉蔻、草果、丁香、桂皮、香叶等30余味中草药材，合理配制，湿水下锅，开锅后1个小时关火焖制4个小时后才可出锅食用。成熟后，色泽红润，香气宜人，食用后回味无穷，香而不腻，营养丰富，成为菏泽当地的一道美味佳肴。

◆ 香油制作技艺（李磨油小磨芝麻香油制作技艺）

小磨香油是以芝麻为原料加工制取的食用植物油。李磨油小磨芝麻香油承袭李氏家族祖传“冷磨凝香”工艺，采用低温（100℃以下）水代法制取，依古法，用小磨，百转千回，磨出滴滴醇香。李磨油小磨芝麻香油色如琥珀、橙黄微红、晶莹透明，味道浓香醇厚、经久不散，其含有的维生素E和芝麻中特有的芝麻酚等物质具有极强的抗氧化能力，可放置1年不变色、不变味。小磨香油可用以做汤、凉拌、调馅及用于风味小吃，还可用于医药、金属、印染工业等，营养价值和经济价值较高。

明嘉靖二年，第十一代李南从金乡逃荒到曹州西 8 里，饥渴难耐，找一湿地挖坑饮水，发现此处水清澈甘甜，后在此安家以磨油为生。之后李家香油慢慢做起了口碑，“先做人后磨油”成了李家香油的家训。李南之后经过 400 余年口授心传，现已经传承第二十六代李国顺。李国顺于 1971 年出生，1988 年初中毕业后随父亲李顺长学习磨油，悉心研究香油的传统制作方法，走街串巷卖香油，2006 年将香油坊发展成为李磨油食品有限公司，并注册了李磨油商标。

香油按制作方法分为小磨香油和机榨香油，小磨香油因香气扑鼻、香味浓郁诱人而得名。因以芝麻为原料，故也称“芝麻油”“麻油”。人们把芝麻尊称为“油料作物皇后”，把芝麻油尊称为“植物油脂国王”。

李磨油小磨芝麻香油承袭李氏家族祖传的“冷磨凝香”工艺，采用低温（100℃以下）水代法制取，制作工艺复杂。首先要选择颗粒饱满的新鲜芝麻，这是非常关键的第一步，只有上好的原料，才能制作出优质的香油。然后是洗籽，以清除杂质和泥沙，洗好晾干后炒芝麻，炒籽是李磨油工艺核心步骤之一，掌握好时间、温度、色泽三要素才能保证炒籽的质量。接着就是芝麻上磨，掌握好温度和石磨转速，才能磨出好的酱坯。芝麻酱坯磨好后就到了制作香油的至关重要的一步即出原浆，俗称水代法。水代法生产过程温度适中，有利于保持产品香味持久和营养物质不丢失。最后是兑浆搅油，将磨好的芝麻酱坯入锅

种植基地

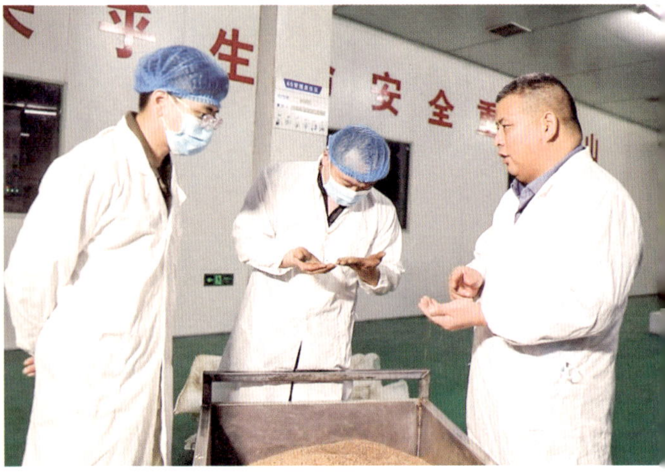

芝麻筛选

后加开水搅拌，用葫芦进行敦油，让油与酱渣进一步分离，直到把酱坯中的油分离干净。

香油成品展示

李国顺在继承传统工艺的基础上，扩大规模，成立李磨油食品有限公司，让李磨油“冷磨凝香”传统技艺有了更好的传承与发展，现已经发展成为集芝麻种植、小磨香油研发、生产及销售为一体的专业化香油产业链企业，产品销售至菏泽各县区，远销到济南、临沂、北京、西安、新疆等全国各地。

李磨油小磨芝麻香油有着400多年的历史，每一滴香油承载着李氏家族十几代人的技艺，李磨油小磨香油“冷磨凝香”工艺对研究饮食文化有着重要作用。

传统医药

◆ 荆氏经络点穴疗法

荆氏经络点穴疗法是中国的一种传统点穴医疗方法，以中医经络学、阴阳学、气学、五行学等为理论基础，运用循经取穴，主要为人打通气脉，让其气通血行，进而达到治病救人、康复人体正常生理功能的治疗方法。该疗法主要适用于颈椎、腰椎等疼痛性疾病，失眠、过敏性鼻炎、咽炎、脱发、痛经等疑难杂症。该疗法在不干扰生命正常活动的前提下，对人体进行综合、动态、整体的观察和调整，具有诊断、预防、治疗、康复、保健的特点，充分体现了中医药“简、便、快、验、廉”的优势。

荆氏经络点穴疗法理论渊源为《黄帝内经》和传统医学的经络理论，已经有数千年历史。该疗法清朝乾隆以前传承人不可考。乾隆年间，第一代，荆学

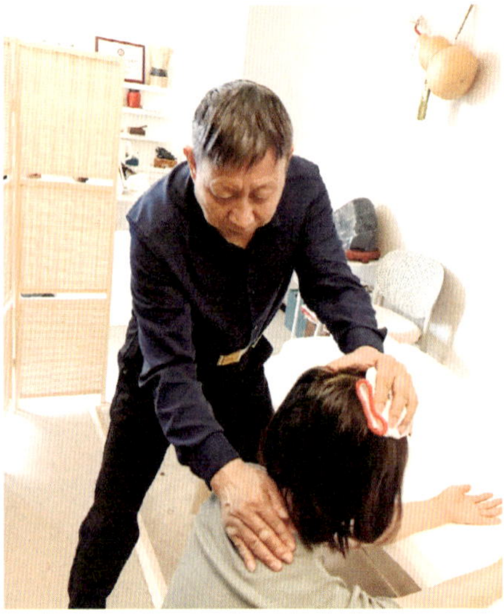

经络点穴

曾出生于曹州，专业治疗跌打损伤、脱臼、腰腿疼，尤其擅长点穴术。荆学曾在清朝军队当医生，把祖上的医术、点穴治疗方法、医术带到军中，人们送他外号神医老荆。自荆学曾开始，历经第二代荆明章，第三代荆东阳，第四代荆福亢，第五代荆水银，第六代荆思信，第七代荆向学，第八代荆克中等 8 位后人，不断传承，发扬光大，在牡丹区传承至今已 200 余年。

第八代荆克中，出生于菏泽市牡丹区王浩屯荆集，继承了祖上传下来的武术、医术和点穴按摩术，在牡丹区及周边行医 40 余年，被称为“当世华佗”，被甘肃敦煌中医院聘请担任名誉院长、北京民族医药文化研究促进会专家。荆克中先生重视荆氏经络点穴疗法的传承和发展，利用医学交流会议、民族医药文化沙龙等机会，不断向社会展示荆氏经络点穴疗法，广收门徒，对学习者给予悉心指导，先后培养了荆国锋、荆伟霞、孙飞等 100 多位传承人。

荆氏后人，一般皆自幼习武、学医，恪守祖训，传承医学，治病救人，闻名于乡里。荆氏经络点穴疗法主要是通过手法刺激经络穴位而起作用，达到治病救人、保健养生的效果。目前是以师徒传承方式为主、家族传承方式为辅。

荆氏经络点穴疗法根据中医经络理论，运用整体点穴手法，使功力直达经络穴位，激发人体的内在潜能，引起机体机能的极大反应，从而调节经络系统的功能，改善血液循环和新陈代谢，维持体内阴阳平衡，促进病变部位组织细胞的恢复，提高其再生能力，使发生障碍的器官功能活动恢复正常，并能迅速消除疲劳，解除痛苦，增强人体抵抗能力，是非药物性和非损伤性的一种疗法。

医者根据不同疾病与病情，在患者体表适当的穴位或特定刺激线上，用手进行点、按、掐、拍、叩、推等不同手法的刺激，通过经络的作用，让病人全身 72 大穴全部畅通，促使已发生障碍的功能活动恢复正常，从而达到治愈疾病的目的。整个手法治疗过程只需 2~3 分钟时间，简单快捷，病人随治随走。该疗法不吃药、不打针、不手术，不用任何器械，具有绿色安全，方便快捷和无痛苦等特点。

历经荆氏数代人 260 余年的医疗实践证明，荆氏点穴疗法具有很高的临床价值，有独特的理论体系和医疗手段及显著的疗效，深受广大群众的欢迎。

◆ 王氏穴位卡灸疗法

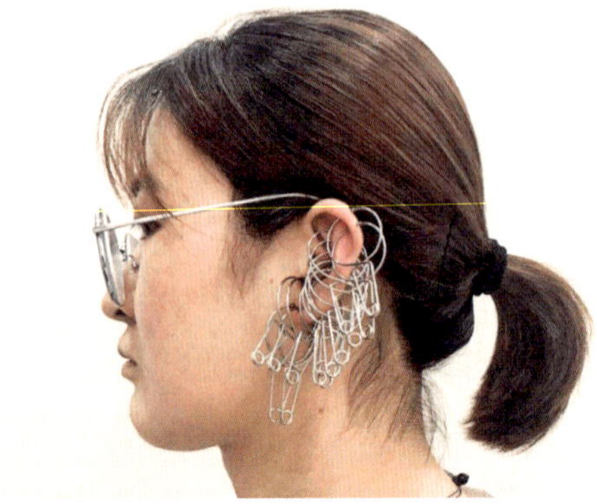

耳部卡灸

王氏穴位卡灸疗法以中医经络学、阴阳学、气学、五行学等为理论基础，运用循经取穴打通气脉，让其气通血行，从而达到缓解疼痛、治病救人、恢复人体正常生理功能的治疗效果。该疗法有运行气血、协调阴阳、抗御病邪、调整虚实、疏通经络、活血化瘀、消解疼痛等功效，主要适用于过敏性哮喘、过敏性鼻炎、急性面瘫、失眠、视物不清、咽炎、脱发、痛经、颈肩腰腿等疼痛性疾病。王氏穴位卡灸疗法集中国传统的针灸及点穴疗法于一体，以卡灸代针，点压代刺，既具针灸精准、持久的特点，又有点穴安全、广泛之优势，是针灸与点穴的完美结合。

王氏穴位卡灸疗法始于明代，原号“广济堂”，至今传承 25 代 600 余年，积累了丰富临床经验，成为独树一帜的卡灸流派。王氏穴位卡灸疗法始祖王整为明英宗正统元年秀才，后在民间以穴位疗法行医，在山西临汾、晋中一带享有极高的声誉。第九代王永平御医，因治愈太子头疼顽疾，被万历皇帝赐“龙衣”一套并赐“术精岐黄”牌匾。第十六代王凤栖，为避战乱由山西洪洞县迁至山东省菏泽市牡丹区，在民间继续以穴位卡灸疗法为百姓医治疾病，尽管收益不高但仍世代相传。第二十二代王东亮，曾走街串巷为百姓灸穴服务，不论贫富贵贱一视同仁，有钱没钱皆可医治，受到四方乡邻高度好评。第二十四代王进福上进好学，对王氏卡灸疗法情有独钟，自幼跟随祖父王东亮学习卡穴疗法，在世代传承基础上发扬光大。目前该疗法以师徒传承为主、家族传承为辅的方式传承，已经培养了 20 多位传承人，40 余家加盟店和 80 余位传承弟子，为王氏穴位卡灸疗法这一珍贵医术绝技的传承和发展打下了坚实的基础。

现代神经生理学证实了不同穴位刺激的信号可以到达许多不同的脑区，激发多种中枢递质的释放，刺激不同穴位产生不同效应，刺激穴位在预防医学和治疗学上有着十分重要的意义。

王氏穴位卡灸疗法主要是通过精准布置卡灸环刺激经络穴位而起作用，卡灸环分特大、大、中、小、特小等多种型号，用于人体耳、手、腿、膝、踝等部位，其实施形式似灸非灸，似针非针，既能达到针灸的效果还能避免针灸带来的危害。该疗法主采耳穴，映射全身，是一种操作简便、作用快捷、安全可靠、无痛低廉、不扎针、不吃药、不手术、一次见效的纯绿色自然疗法，在常见病、多发病及部分疑难杂症治疗方面凸显出极大优势。

王氏卡灸疗法较完整地继承和发展了传统中医理论，运用巧妙熟练的手法并配以特制穴位卡灸环，通过人体穴位精准施术，辨证治疗，不仅具有其独特的医疗价值，也备受患者欢迎，临床使用前景广阔。

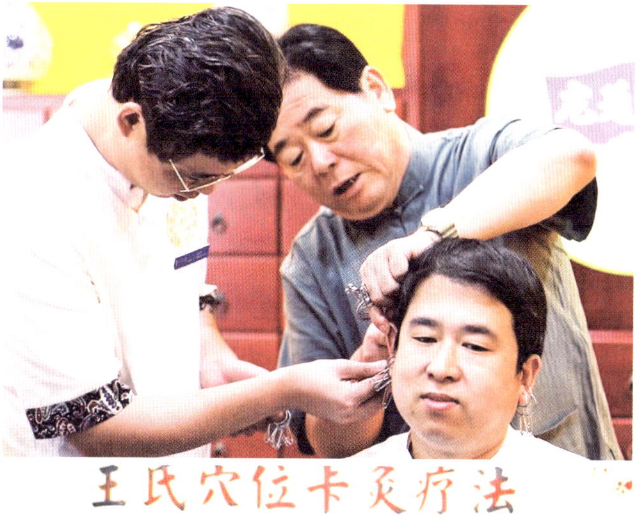

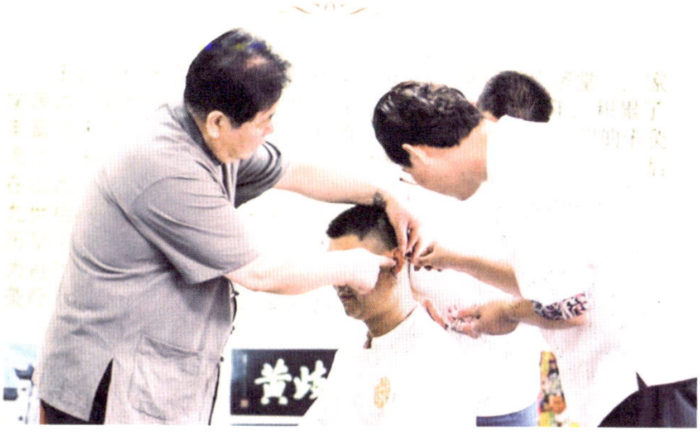

卡灸教学示范

民　俗

◆ 曹州牡丹花会

曹州牡丹花会起源于隋代以来民间的“谷雨三朝看牡丹”。随着曹州牡丹的繁盛，逐渐发展成为集游园观赏牡丹、祭祀花神、民间娱乐、牡丹贸易为一体的综合性民俗盛会，体现了人们对牡丹的热爱和对美好生活的向往。曹州牡丹花会的活动区域主要分布在菏泽市的牡丹区及周边郓城、鄄城、曹县、东明、定陶、巨野等区县，影响到山东、河南、河北、安徽、江苏等周边省的10多个县市。

曹州牡丹栽培历史悠久。相传，隋朝时曾在洛阳西苑为隋炀帝嫁接出“楼台牡丹”的曹州牡丹花师齐鲁恒在回到家乡曹州后，置地辟园，种植了许多牡丹新品种。第二年谷雨这一天，牡丹花竞相开放，引得四邻八乡的乡亲纷纷前来观赏。从此，“谷雨三朝看牡丹”逐渐成为当地人春游的一种习惯。

明清时期，曹州牡丹栽培已十分普遍，当时的曹州形成了一批有一定种植规模的牡丹名园，如凝香园、巢云园、万华村园、桑篱园、赵家花园、毛家花园等，主要分布在城东和城东北一带。曹州花农将牡丹销往外地，因外销牡丹

古今牡丹园

国花牡丹园

而富裕的花农，在明万历年间募捐建成花神殿，殿内敬奉花神青帝和十二花神。每逢出发前和归来后，必到花神殿祭拜花神，祈保花事平安。随着花神殿香火的日益兴旺，每年谷雨节前后，地方官府会同乡贤名绅组织一些与之相应的民间文化活动，活跃曹州牡丹花会的气氛。在当时人们习惯上把春天祭拜花神、游园观赏牡丹称为“春会”，而把秋天交易牡丹苗株外销的贸易活动称为“秋会”，把每年腊月十五至二十五在广州销售“晒花”牡丹称为“下广迎春会”。“三会”成为曹州牡丹花会不可分割的组成部分，客观上大大提高了曹州牡丹在全国的知名度和影响力。

到民国初年，曹州牡丹花会已影响到周边10多个县。“文化大革命”期间，花神殿等建筑被毁，花神祭祀及游园观花停止。1982年以后，花神祭祀、游园赏花和牡丹贸易活动开始恢复，现已发展为鲁西南地区著名的综合性民间文化活动。

曹州牡丹花会代表性传承人李丰收，牡丹区李集人，牡丹花会祭祀会首之一，精通花神祭祀程序和祭祀文化。赵孝知，牡丹区赵楼村人，牡丹栽培专家，擅长组织传统花会活动。

每到谷雨时节，牡丹连阡接陌，竞相开放，十分壮观，人们纷纷前往游览观赏。明代文学家，万历年间进士谢肇淛在《五杂俎》中载：“百里之中，香气迎鼻，欢呼谑浪，达旦始归。”曹州牡丹花会于每年的农历三月初六至十六举办，三月初六祭拜花神，从三月初七开始游园赏花。其间民间娱乐主要活动内容有花神祭祀、游园赏花、牡丹贸易和民间娱乐。

花神祭祀活动。祭祀仪式在花神殿举行，花神殿正中是一尊青帝塑像，两旁分别是十二花神塑像。祭祀当天，由会首领众祭拜，行三拜九叩大礼。礼毕，

曹州牡丹园

天香公园

中国牡丹园

鸣锣响鼓，鞭炮轰鸣。之后，香客和游人即可烧香祭祀。花神殿外搭起戏台，当地著名戏班连唱四天大戏，当地花农广邀外乡至亲好友前来看戏，场景热闹非常。

游园赏花活动。每当谷雨时节，人们前往牡丹园游园赏花，欢度花期。明万历年间有“披红子”习俗，即对评出的名品牡丹披红布褒奖。清朝花农把自己花园的牡丹鲜花编成花篮或花环赠送或出售，游园观花女性将鲜花置戴在头上，谓之“赏红”“护花”，这些习俗延续至今。

牡丹贸易活动。牡丹贸易主要在“秋会”上进行，以牡丹种苗买卖、曹丹销售、商定冬天开花的“熏花”“晒花”事宜为主，被称为“不见花的花会”。

凝香园

花农、花商凭花棵、花芽判断花的品种，议论花的好差，谈定花的价格。

民间娱乐活动。随着花神祭祀规模的扩大，花神殿所在的芦堌堆一带形成庙会。各村的舞狮、舞龙队按抽签顺序先后上场；竹马、旱船队穿插表演；耍刀枪、玩杂技、说书的民间艺人则围场演出，每演一场或几个节目，即绕场募钱；一些面塑、泥塑等艺人也到此摆摊助兴。

曹州牡丹花会是鲁西南地区花神信仰的核心空间，保留了当地以民间信仰为特点的传统民间文化，展现了众多的民间艺术、体育竞技活动的原生形态，传承着各种传统表演艺术形式，对丰富群众业余文化生活、构建和谐社会具有重要意义。

◆ 菏泽斗羊

菏泽斗羊是一项菏泽民间喜闻乐见的竞技项目，起源于三国时期，发展于清光绪元年，现被列为《中华百绝》之一。菏泽斗羊平时以散养为主，定期进行比赛交流，尤其在节假日期间，养羊人自发组织起来进行活动，根据斗羊级别，双方各挑一只羊进行格斗，优胜劣汰，评出等级。菏泽斗羊主要分布在菏泽市牡丹区沙土镇王尹楼行政村附近，辐射单县、成武县等周围县区，谱系完整，主要通过家族传承、师徒相授的方式传承，现已传承至第五代。

清光绪元年，菏泽市牡丹区沙土镇王尹楼村陈兆征开始养殖斗羊。

民国时期，第二代，陈永清很喜欢斗羊，据传方圆几十里每逢有斗羊活动他一定参加，为了不影响斗羊成绩，都是头天下午牵着羊，推着独轮车，带着草料、口粮连夜赶到斗羊现场。

斗羊比赛

50 年代，第三代，陈长忠受父辈影响也喜欢斗羊，因生活紧张，陈长忠到了宁可自己饿着也要喂斗羊的痴迷程度。生产队时期，禁止家畜饲养，陈长忠喂养的一只小斗羊差点遭殃，斗羊也慢慢消失在人们的视野中。

80 年代初期，生产责任制实行，随着农民生活条件的好转，菏泽斗羊的比赛活动也逐渐增多。第四代，陈峰 40 年间从没间断过养殖斗羊和组织斗羊活动，并成立菏泽市牡丹区田园文化有限公司，主要传承菏泽斗羊这一文化活动。1984 年以来，陈峰带领菏泽斗羊传承人参加七次全国性斗羊大赛，均取得优异成绩。1991 年陈峰在“中华百绝”博览会上表演菏泽斗羊，深受国内外游人赞赏。陈峰把全部喂养经验、斗羊技巧都手把手地教给第五代陈春萌，这一古老的民俗文化得以代代相传。

菏泽是小尾寒羊的起源中心，小尾寒羊的种公羊就是全国著名的菏泽斗羊。

斗羊体形结构匀称，侧视略呈长方形；鼻梁隆起，耳大下垂；短脂尾呈圆形，尾尖上翻，尾长不超过飞节；胸部宽深，肋骨开张，背腰平直；体躯长呈圆筒状，四肢高，健壮端正。公羊头大颈粗，有发达的螺旋形大角，角根粗硬，前躯发达，四肢粗壮，有悍威，善抵斗，性情暴躁，易攻击对方。养殖户通过选出优秀公羊，繁育出前胸宽厚、腰直腕圆、腿粗蹄齐、鼻隆耳大、犄角矫健的后代。

菏泽斗羊，从选羊、喂养到养护都很有讲究。能选作斗羊的公羊都是百里挑一，选羊时不分体重，只分年龄，一对牙就可以被选为初斗羊，6 颗牙及其以上属于成年羊，参与斗羊最好的是 4 颗牙，也就是壮年。斗羊早晚喂 2 顿，除了添加草之外，还会加入豆粕、玉米粉、麦麸皮等富含高蛋白的精饲料，精细喂养的话，半年可长到 100 多斤。

赛前，斗羊被依次编号，逐队上台比赛。比赛时，两羊拉开 30~50 米的距离，斗羊人同时松手，两羊相撞，撞击力量相当于其体重的 3 倍，撞击 10 次为一个回合，以一羊放慢速度或躲避碰头来判断输赢，赢的一方被封为该场的羊王。

菏泽斗羊这一具有鲜明特色的民俗娱乐项目不仅丰富了当地群众的娱乐生活，也助推了菏泽当地肉制品、羊毛制品等行业的发展，同时也被寄予了祈盼来年风调雨顺、五谷丰登的美好寓意。

菏泽非物质文化遗产概览

HEZE FEIWUZHI WENHUA YICHAN GAILAN

定陶区篇

民间文学

◆ 陶朱公传说

陶朱公传说源于山东定陶，广为流传于我国的民间及世界华商中，距今已有 2500 多年的历史。相传，范蠡弃官离越后，经齐国西行至陶（今山东省定陶县），以陶为“天下之中，诸侯四通”，遂定居于陶，开创伟业，定陶之名由此而始。陶朱公传说在春秋末年以来就在古陶之地广为流传，流传的大都是陶朱公经商、生活的传说故事。陶朱公传说故事以及故事里所体现的陶朱公的经商之道和人格魅力，千百年为人们所传颂。

陶朱公，本名范蠡，字少伯，楚国宛地三户（今河南省南阳淅川县）人，是春秋末年著名的思想家、政治家、军事家、经营思想家和大商人，被后人传颂为“治国良臣、兵家奇才、华商始祖”，享“一代名相，千秋商祖”之美誉。

相传，范蠡在青少年时代就聪明过人，他虽生活在“衰败”的贵族之家，却饱读典籍，胸怀大志。后受宛令文种赏识，与文种一起入越，成为越王勾践的谋士，尽智竭力帮助越王勾践报仇灭了吴国，此后功成身退，由海路到达齐国，变更姓名，自谓鸱夷子皮，“苦身勠力”地“耕于海畔”。凭着“父子治产”，“致产数十万”(《史记·越王勾践世家》)。

传说陶朱公在陶地的 19 年间，先是以鱼致富。因为陶在当时为“天下之中”，“水陆四通”之地，他认为渔业是致富的重要途径，从养鱼入手成了他积累财富的重要来源。不仅如此，他还把养鱼、经营渔业的丰富经验总结成《陶朱公养鱼经》，此书在汉代已经流行，并被实践所用(《水经·沔水经》)。现定陶县城内仍存有一大池塘，出土有“明神宗二年立”“陶朱公养鱼处”石碑一块，传说此处是当年陶朱公教百姓们养鱼的地方。

陶朱公居陶后，看到陶地被黄河、济水淤积的土地十分肥沃，极适于种植树木，于是他就带领家人和百姓们在滩涂种植大量树木，收获颇丰。据《齐民要术·种槐、柳、楸、樟、梓等五十》载：《陶朱公术》曰："种柳千株则是柴。十年以后，有髡树，得一载；岁二百树，五年一周。"陶朱公在从事农业之外还经营畜牧养殖活动。传说当时鲁国有一名叫猗顿的穷士，不善农桑活计，"耕则常饥，桑则常寒"，便上门求教陶朱公，陶朱公对其说："子欲速富，当畜五牧。"教猗顿喂羊、出售牛马羊，现今定陶城东南仍存有一地，当地百姓称为"陶朱公养马场"，附近村庄的名字亦曰"养马场"，就是陶朱公当年养马的地方。

由于春秋战国时期，私营个体手工业大量兴起，这时期陶朱公审时度势，提出了"务完物，无息币"，强调贮存货物要好，以免浪费或损害消费者的利益。陶朱公虽然是一名自由商人，但他主张物价应局限在不伤害生产者和经营者的合理幅度之内。陶朱公深知，当时的农业经济占国民经济的主导地位，他针对农业经济生产的发展规律，发现了农业收成存在"三年坏年成，三年好年成，又三年坏年成"的周期性，提出了"经济循环论"，掌握到这一点，他在指导自己的经商行为时，便有了预测行情的依据，往往占人之先，立于不败之地。经过一段实践，陶朱公又提出兼顾重视生产、流通、农民、商人的"农商俱利"

商圣范蠡像

口号，在以后的商贸经营领域里产生过巨大的影响。

陶朱公不仅经商有道，传说陶朱公自幼对天文、历法就很感兴趣，成人后，每到一地，凡是准备长期居住的地方，都要修建一座观象台，研究其与军事、农业、商业的变化关系，发现粮食丰歉与天体运动的循环关系的周期，这也是他重视天文气象观测的结果。原定陶城内存一观象台遗址（现遗址上竖一范蠡像）传说是陶朱公留下的。

陶朱公在制陶上还有所发明和创造。传说他举家迁入陶地后，发现所耕种的土地土质上等，土黏性很强，经过多次实践能烧制上等的陶器，于是他就带领乡民利用陶土资源优势，制缸制壶，制盆制罐，发展陶业生产，当时的“天下之中”，千家以“陶”为业，万家与“陶”结缘，成了“陶”的世界，后人还称其为“制陶先师”。现定陶陶朱公墓地周边区域，还大量出土了春秋时期的陶制品十几种之多，现存放于定陶县博物馆展示。

陶朱公晚年更是反复说：“善治生者，能择人而任”，强调采取任贤使能的用人原则，认为只有选任好“天下事来应之，物来知之，天下莫不尽忠信”。认为唯有任贤使能，调度各方面的专长，才可在变幻莫测的商海中搏风击雨，永立不败之地，故司马迁称其“所止必成名”。

陶朱公传说故事众多，他与美女西施的故事更是家喻户晓，人人皆知。传说在西施未入吴为吴王夫差之宠妃之前，范蠡就与西施一见钟情，倾心相爱。西施色艺双绝，果敢机智，在国家有难、迫在眉睫之际，受范蠡劝说，甘愿用“美人计”去迷惑吴王，征服敌人，最终以自己的内援配合了越国的复仇战争。灭吴后，有情人终结良缘，随上将军范蠡泛五湖、经商陶邑之地，共度余生，白头偕老。

千百年来，人们把陶朱公传说里的故事加以发挥、充实、演绎、细化，将许多经营之道、致富之术托于陶朱公名下，撰写了各种法则、戒律、教训等，并将其称为经商之宝。民间流传的陶朱公经商十八利、陶朱公造秤、猗顿拜师、情人眼里出西施、陶朱公考子、真金琉璃聚宝盆、红鸡蛋、笆斗等传说故事近百个，经百姓们代代口传，传至今日不仅影响着人们的商业经营，许多还影响到当地的民俗习惯。

陶朱公传说故事，经过民间长期的流传，陶朱公本人也被民间从凡人传说成圣人、由圣人传说成财神。定陶一带至今还流传着“红兰寺，朱漆门，堂上坐着大财神。大财神，出凡尘，三聚三散越王臣。越王臣，富贵身，手里捧着个聚宝盆。聚宝盆，天下闻，财源滚滚满乾坤”的民谣。宋朝诗人吕本中在《过定陶范蠡庙》（即红兰寺，是供奉陶朱公的庙宇，在定陶城南古柳河畔，民国时废）中写道：“悠悠千载五湖心，古庙无人锁绿荫。为问功成肥遁后，不知何术累千金？”

陶朱公传说深深扎根于民间，故事传说中的语言提炼表现得尤为突出，所写地理位置、农家民俗、引典佐证、历史记载都有地方特色，陶朱公传说就像发生于民间的真实的故事。这些故事已成为陶朱公文化与研究的主要来源。它有利于对陶朱公传说的正本清源，弘扬传统文化；有利于倡导儒商文化和富而好德的传统美德；有利于倡导在经济生活中逐利的同时，提倡义利相兼、天地之间人最为贵的良好社会风气。

陶朱公的传说不仅传说了陶朱公深谙世故，得以“居官为卿相，居家则富翁”，更多的是传说了陶朱公流传千古的经济思想和商业精神，还传说了他用政治、军事的谋略来管理经济，从而使陶朱公的经营理念，以民间传说的形式将其思想遗留给后世。故事里所体现的陶朱公经营理念，有利于倡导遵循经济发展规律，因地制宜，不墨守成规、固步自封的经济思想；有利于倡导农林牧副渔全面发展，保护农民利益，进行宏观调控，以免影响生产者和消费者利益的价值观。故事里的经商理念还有利于倡导公平竞争，反对恶性垄断，提升行业自律。

陶朱公传说故事，对港澳台及海外华人的影响也极大。美国、新加坡、马

陶朱公墓

陶朱公养鱼处碑

来西亚等国家，都有当地华商甚至当地居民所建的陶朱公庙，那里的商人每次外出经商谈业务，都要到陶朱公庙去许愿，生意做成后再到陶朱公庙还愿。国内外商人的这种认同感，华商世界里这种认祖归宗，使海外华人因陶朱公的传说而产生了极大的亲和力。陶朱公传说对团结台海两岸中国人，团结世界华商、国际友人，加强国际间经济发展与交流，构建和谐世界有着积极的促进作用。

在国内，许多城市、商埠，凡有庙宇的地方，都供奉财神的神位。北京相国寺里所敬的财神之一就有陶朱公。这也从侧面证实了陶朱公居定陶经商致富的史实。陶朱公的传说故事，历经两千多年风雨的洗刷，至今仍然深入人心，为后人所传颂。

在民间广为流传的陶朱公助越灭吴，经商致富，富而好德的传说故事，千百年来已深深地扎根于广大人民群众心中，是中国乃至世界华商的商业典范，是灿烂的中华民族文化瑰宝。因此，对陶朱公文化的研究、保护、利用很有必要。

◆ 戚姬传说

戚姬传说源于山东省定陶县，广为流传于我国的民间及世界华人中，距今已有 2200 多年的历史。戚姬传说自汉高祖刘邦于定陶登基称帝，就在鲁西南及

戚姬寺遗址维修现场

戚姬寺遗址

周边地区广为流传，其故事里所体现出的其睿智与善良、多才与多艺、顽强与勇敢的人格魅力，千百年来一直为人们所传颂。

戚姬，本名戚懿（前 223~前 194），姬是其封号，社籍定陶县城北 13 里戚家庄人（今戚姬寺村），是汉高祖刘邦在位时的宠妃，被后人誉为中国西汉时期的纺织家、音乐家和歌舞名家，是西汉历史上最具传奇色彩的女子。

相传，古代楚汉战争时，汉王刘邦和西楚霸王项羽彭城一战，刘邦大败，逃至定陶境内戚家寨，幸得戚氏父女相救，受其恩惠，遂与戚懿结为夫妻。公元前 206 年，刘邦称帝，封结发妻吕雉为后，封戚懿为姬，定都洛阳（今河南省洛阳市），后迁都西安，开创西汉 200 年之基业。

戚姬从小就聪慧灵巧，很有悟性，善养蚕，精通种棉女红（女工），懂园艺，改造陶布。作为古代纺织家，她对中国古代纺织技术的发展较有贡献。汉之后的 1000 多年里，陶布即被列为贡奉朝廷的重要礼品，流传至今的“棉花歌”，传说就是戚姬编唱的。即使在今天，要想纺织一匹四格子正或六格子正的花色棉陶布，仍然要延续戚姬当年传下来的 72 道工序才能完成。

戚姬善诗词，懂音律，编排舞蹈，其生前所创的“翘袖折腰”之舞，美轮美奂，花样繁多且可独可群，舞姿非常优美，从出土的汉画像石来看，甩袖和折腰都有相当的技巧。晋代葛洪所撰写之《西京杂记》记述：“戚姬善为翘袖折腰之舞，歌《出塞》《入塞》《望归》之曲”，又云：“戚姬姜鼓瑟磬筑。帝常拥夫人，倚瑟而弦歌……”相传，戚姬舞蹈时，喜欢在席上赤脚跳跃，两只彩袖凌空飞旋，娇躯翩转，极具音律美。

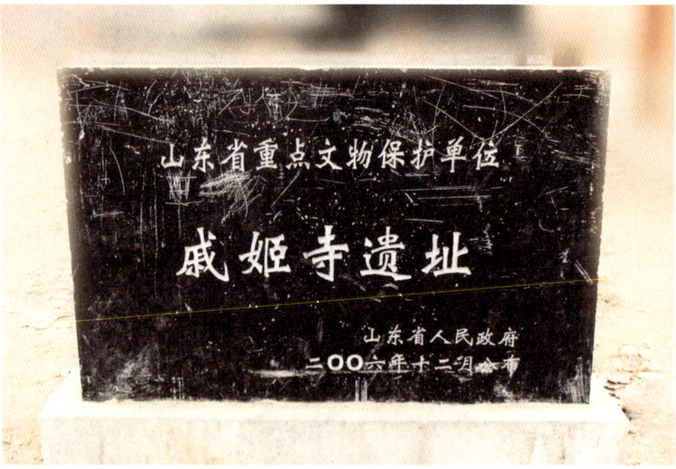

戚姬寺遗址省保标志碑

戚姬的传奇人生，被后人以传说的形式流传至今，那些脍炙人口的传说故事，其语言精练，流畅自如，所涉地理位置、农家风俗、引典佐证、历史记载等都带有浓郁的地方特色。“翘袖折腰舞”“棉花歌”“骑龙抱虎”“戚姬菜”等众多传说故事，已成为戚姬传说和汉文化研究重要的历史资料来源。

戚姬传说里所提到的纺织、酿酒、养花、刺绣以及歌舞艺术，在今天仍被人们所模仿和表演，其所传达的艺术理念，在当今艺术界仍受到推崇。当代艺术团体复演的汉宫歌舞、翘袖折腰舞、长板舞等，无不表现出我国汉代艺术的价值，折射着古代艺术的光辉。

所有这些传说故事，既集中体现了戚姬的聪明睿智、多才多艺，同时，也体现了人们憧憬美好生活，追求真善美的愿望，体现了定陶乃至鲁西南及周边地区的风土人情。

戚姬传说故事，早已深深植根于民间口耳直传的群体之中，是鲁西南乃至中国古代文学宝库里一颗璀璨的明珠，以传说形式传承延续中华文化，加强对戚姬传说价值的研究和利用很有必要。

◆ 冉子传说

冉子画像

冉子文化源于孔子儒家文化，产生于山东定陶，富有自家特色，广为流传于我国各地，距今已有2000多年的历史，是儒家文化传承的延伸。春秋战国时期，孔子门下优秀的三位学生德才兼备的冉雍、英年早逝的冉耕、政事干练的冉求合成“三冉”，在史书中留下厚重一笔，便有了冉子文化的起源，千古传诵，流传至今。

据《冉氏家谱》和《曹州府志》记载，祖“离”生三子：长子冉子耕，字伯牛，二子冉子雍，字仲弓，三子冉子求，字子有，冉子孺，字子鲁，冉子季，字子产，耕雍求系兄弟，冉孺为冉求子，冉季为冉雍子。耕雍求为孔子十二哲之三，配享大成殿圣人左右，孺季列七十二贤之位，本门号称“一门三哲五贤”皆为现定陶区冉堌镇冉堌村人，是春秋末期从师孔子的儒学家。

据“冉氏家谱”和“曹州府志”记载，冉子耕在孔门以德行著，为人谨小慎微，危言正行，侍坐，夫子，尝以之自励。冉子雍在孔门以德行著，据敬存帝王钦翼之旨，行简，伤晚近烦扰之颓。冉子求以政事著，为人恭老恤幼，无忘宾旅，好学博艺，省物勤己，技擅从政；冉子季在孔门最少昂昂有大志，自入孔门，勤于讲道，夜以继日，坐以达旦，孜孜无已，时后成大儒；冉孺，孔子周游后始学于圣门，孔子称“孺子可教也”自圣门勤学好问，道期贯通，理求精微。

冉子传说在民间流传很广，主要包括在各地人民的口耳相传，族谱、县志、府志、碑记、《史记》等古书记载中也有记载，冉子传说集中体现了孔子的儒家文化和当地的传统文化。

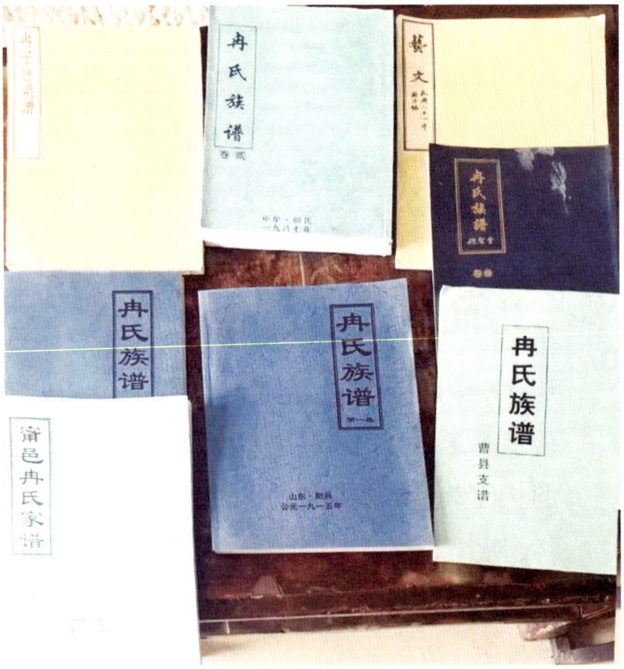

冉氏族谱

冉子传说的基本内容大致可分为：

关于冉子的出身来历：冉子的来历，史书中说冉子系出周文王十子冉季载。

关于冉子传说的传承与发展：以弘扬中华民族传统美德，传播传承冉氏文化，追念祖先，继承祖德，砥砺志节，敦亲睦族为主线，以开发和拓展冉氏思想为根本，以引导、凝聚和激励族人，为社会的安定团结及经济繁荣作贡献为目的。对冉子传说的研究，实事求是，坚持百花齐放、百家争鸣的方针，倡导独立之精神、自由之思想，开展活动贯彻民主集中制原则。

冉子传说糅合儒、释、道等文化及劳动人民智慧，以故事、歌谣等形式普遍存在。这些内容丰富的传说，塑造出以“冉子”“三冉”为代表的先贤群体形象，其流传区域涵盖了河南、山东等黄河中下游地区，以及苏、鄂、湘等地，并通过祭祀、文化工作者撰述等形式得以传承。冉子传说是儒家文化的结晶，更是炎黄子孙无法割裂的一脉传承。加强对冉子文化的研究和挖掘，有助于发展和弘扬传统文化，构建和谐社会。

冉子祠堂

传统音乐

◆ 牛屯鼓乐

第六代传人牛辉涛

牛屯鼓乐是山东鼓乐的重要流派，是一种以鼓为主要演奏乐器的民间艺术形式。牛屯鼓乐主要分布于菏泽及周边地区，定陶县牛屯村是牛屯鼓乐的主要分布区域之一。

早在17世纪初期的明朝万历年间，明神宗（朱翊钧）二年，当时牛氏祠内有鼓乐画像3块，这3块鼓乐石详细刻画了牛氏先人以鼓作乐，载歌载舞的欢乐庆典的精彩场面。其中1块画像不仅雕刻了擂鼓的气势，鼓的周围还出现了至今仍为鼓乐配器的钹、铙、锣、镲等鼓乐中的基本乐器，足见牛屯鼓乐历史底蕴之深厚。

牛屯鼓乐相传是牛氏先祖牛文灿自学创立。据牛屯村牛氏家谱记载：“牛文灿，七世，定陶县孟海镇牛庄人，明秀才，万历二年在赴京考试路上，与万历皇帝不期而遇，曾结为金兰之好。后万历皇帝封官不受，赠其龙衣蟒袍一袭，朝中皆尊其为御老。”

牛文灿自幼便喜爱鼓乐，又有文化，赴京赶考期间，又曾在京城多次观看鼓锣演出，从中了解和掌握了一些鼓乐知识，他取长补短，又独创自编，写下“闪将”“天公作美”“天下太平”“风调雨顺”等鼓乐，教书之余，由他组织并口授给牛姓家人演练。后来，牛姓家人又卖粮筹款，购置了锣、铙、钹、镲等伴奏

鼓乐排练

乐器，这样锣、铙、钹、镲与雷霆大鼓一起交叉混合穿插击打，形成独特且具魅力的牛屯鼓乐。牛屯鼓乐经过几百年演变过程，逐渐形成了一整套演奏技巧，促进了山东鼓乐的发展。

牛屯鼓乐在明朝极尽辉煌，得到迅速发展，周围几百里范围内的村庄都派人来学习牛屯鼓乐，最多时鼓乐班子发展到100多个。更有幸得到神宗皇帝“此鼓只应京城有，乡间哪得此鼓声”的夸赞，牛屯鼓乐便一直享有“牛屯鼓乐如响雷”的美誉。更因神宗皇帝命钦差赐牛屯鼓乐乐队每人一身黄色大马褂以示褒奖，至今牛屯鼓乐演奏时，演奏都身着黄马褂服装，与红皮大鼓和红色飘带相映生辉，威武不凡。

牛屯鼓乐中最具特色的是牛屯令鼓，又名“雷霆大鼓”。牛屯雷霆大鼓因其擂时发声奇特，响声犹震雷贯耳而享誉鲁西平原。

牛屯鼓乐经过明、清两代的发展，鼓乐文化更趋纯熟。每当有重大的节日活动，举行祭祀庆典的时候，人们把鼓乐演奏起来，以祈求苍天降福、消灾灭祸，为黎民百姓带来风调雨顺的好年景。在很长的一段时间里，牛屯鼓乐成为人们“接关爷求雨”的法宝。据牛屯村老人说，每当干旱少雨时节，“关爷出巡”就会到玉皇庙求雨。此出巡队伍，以罐取水走在最前，后面跟着“关爷”，再后是鼓乐队，最后是抬“撵”纵队，每两人抬1“撵”，需20“撵”，排成斜纵队前进，紧凑而有序。至于“撵”的做法更是想法奇特，每根“撵”都是一去皮柳椽，长约5米，茶杯粗细，周身涂以五颜六色的颜料，绘以滚龙图案，下面缀上砘子子（压麦垄使用），人走动时，上下扇动，前面鼓乐响敲起，鼓声如雷，后面抬“撵”的队伍合着鼓点，扭起腰肢，浩浩荡荡出发。据说“出巡”队伍每次都能感动玉皇大帝，号令龙王爷把甘霖洒向大地，为黎民百姓带来风调雨顺，五谷丰登。

今天的牛屯人，为了传承鼓乐技艺，再现牛屯鼓乐风采，牛屯鼓乐队第六代传人又聚在一起，寻找遗失的鼓乐技艺。直到2001年，第七代传人才把鼓乐

菏泽民间器乐音乐会

重新敲起来，并与村里的秧歌队相互配合联袂演艺。有关单位对大鼓演艺文化进行了抢救性挖掘，整理其传人口述资料，翻译鼓乐乐谱，以使牛屯鼓乐这一民间艺术得以传承和发扬光大。

从18世纪中叶起，牛屯鼓乐就享誉鲁西南。牛屯鼓乐是我省古代鼓乐的延续与发展。就鼓乐而言，经历数代人逐渐改造，配器而日趋完善，雷霆大鼓已成为民间鼓乐中不可缺少的令鼓。就曲目而言，经多代人演奏逐渐完善，可称得上是民间音乐中的不朽之作。

从技艺手法来看，牛屯大鼓鼓点发展十分成熟，演奏技艺达到了很高水平。牛屯大鼓鼓点表现力强，节奏鲜明，承传有序，念法有个性，有特色，与一般鼓点不同，又演入了戏曲之间的艺术文字，气势雄壮，有感情有起伏，有高潮，整齐统一,一气呵成。经多代民间艺术家的口授心传，牛屯鼓乐的演奏技法有了逐步的提高，使其更具有科学性，更加规范化。

从古至今，学习牛屯鼓乐的人从未间断，多次参加市、县举办的各类农民文艺演奏，常年奔波在鲁西南的乡村之间，促进了民间文化的交流合作，有较强的民俗研究价值。而且，牛屯鼓乐作为一种普及面广的民间艺术，牛屯鼓乐拥有地方品牌价值、民俗旅游价值、乡土文化价值等许多有待开发的东西，已由民间族群祭祀的用场扩展到节日联欢、喜庆典礼、农俗庆典等风俗中，对于丰富广大农民群众的文化生活，满足群众文化需求有着极其重要的推动作用。

演出现场

◆ 鲁西南民歌

明末清初，民间的弦索小曲在山东定陶已经很流行。到了近代，定陶的民间音乐就更发达了。随着时代的变迁，新中国已度过了 70 个灿烂的春秋，在这辉煌的 70 年中，定陶民歌的发展也是日新月异，那些蕴藏在山东人民心中健康的、现实主义的音乐源泉，一直延续至今，为鲁西南民歌的创作提供了必不可少的、丰富的音乐资料。

民歌直抒胸臆，它最接地气，丰富了人民的文化生活，成为团结人民，鼓舞人民的有力武器，是劳动人民在长期的生活劳动和斗争中喜怒哀乐情绪的艺术化的表达，民歌千百年来产生于民间也口口相传于民间。山东定陶是中国文明发展最早的地区之一，可以追溯到大汶口及石器时代。

定陶古称陶，亦称陶丘，尧、舜二帝曾在此建都，享有“天下之中”的盛誉，是中华文明重要发祥地之一。《诗经》里《曹风》中的《蜉蝣》等 4 篇，就产生在鲁西南定陶一带，这些篇目就是春秋时期民歌高峰期的代表作，都是反映鲁西南民众的社会背景与生活的民歌。自古以来鲁西南人民口头创作了无数首民歌，直至新中国成立后的 50 年代，这些流传下来的民歌才被重视，并收集整理出来。

鲁西南民歌作为山东民歌中的一个重要组成部分，有着独特的魅力和特点。定陶人民勤劳勇敢、正直善良，他们创作的民歌也和他们的性格一样，再加上地域和方言的影响，这里的民歌不光内容丰富，形式多样，而且有鲁西南特有的明快、开朗、活泼特点，表达了这里的人民敢于和一切艰难困苦作不懈斗争的大无畏精神。保护传承好鲁西南民歌，对于研究古时代的文化

1975 年秋张玲在菏泽县剧院演唱《包楞调》

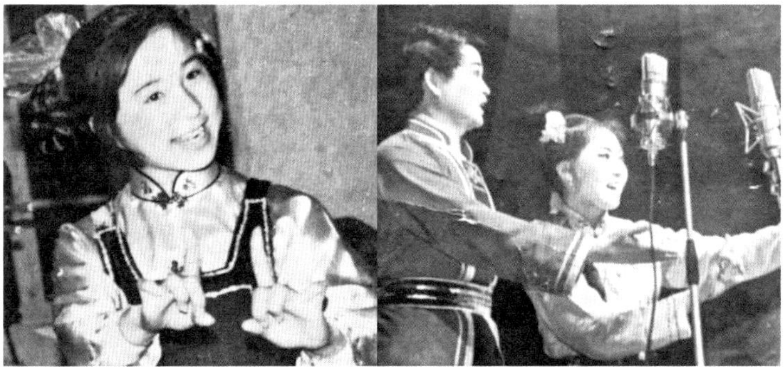

1983年在山东剧院举办山东省第二届民歌演唱会，左图为张静演唱菏泽儿歌《引蛾螂》，右图为牛卫东与魏存演唱《王大姐卖鞋子》

和人们的生活以及现代音乐作品的创作，都有着重大的价值。

民歌让更多的人认识到古定陶这个地方的风土人情，体会到定陶民歌的艺术特色。比如民歌“包楞调”，它在这块土地上经历了上千年的传承，欢快活泼、跳跃明快、曲调优美的旋律填补了我国民歌花腔女高音的空白。民歌“义和团”表达了鲁西南人民勇敢坚定的大无畏精神。儿歌“花蛤蟆”生动形象地描绘出了青蛙蹦跳时的模样，反映了儿童欢快活泼新奇的可爱形象，它陶冶了儿童们热爱大自然的高贵情操。民歌是音乐的母体，正是有了浩如烟海的民歌，才逐渐产生了种目繁多的曲艺，戏曲。

民歌积累了丰厚的音乐素材，作曲家们遨游在民歌的海洋里，取其适合的音乐语汇，为人民编写出优美动听的音乐作品。比如“好汉歌”就是根据鲁西南民歌“大锔缸”而创作的。在现代社会，民歌在研究社会生活、民族文化、音乐创作和对外交流等方面仍然具有不可替代的价值。

传统戏剧

◆ 二夹弦

在鲁西南有“拆了房子卖了梁，也要听两夹弦的‘站花墙’”之说。两夹弦，又名二夹弦，当地群众也称它为“大五音”。因其唱腔清新、流畅、优美，也被群众亲昵地称为“半碗蜜”。两夹弦的兴起，是在鲁西南一带流行的说唱艺术形式“花鼓丁香”的基础上发展演变而成。现今流行于今菏泽市及河南东北部、安徽北部的广大地区。因主要伴奏乐器四胡而得名（“四胡”有四根弦，每两根弦夹着弓上所系的——股马尾用以拉奏）。

清道光初年（1821），山东省鄄城县（旧称濮州）引马集有个穷秀才白殿玉，擅诗词，通音律，酷爱花鼓丁香，依其情态，常编些花鼓新词教妻吟唱。后来，他对花鼓小唱靠一面凸肚腰鼓击节伴唱，深感乏味，即考虑改革增加丝弦，以润声色。其妻纺棉时常哼吟曲词，妻每唱一句，便纺抽棉花，纺车“嗡、嗡、嗡”声成了唱腔的鲜明伴奏，白深受启发，经过多次尝试，终于做出了形似二胡的“弦子”为妻伴奏，声韵和谐，其色陡增。后又在此基础上，编词清唱，并根据词意突破原始腔调的节奏规范，融入其他姊妹艺术的唱腔，博得广大听众的喜爱。

白殿玉在引马集收了3个乞讨人为徒弟，他们是莘县的李季安、东平的戚成兴和济宁的梅福成。咸丰八年（1858），鄄城一带患水灾，李季安北归莘县，白殿玉带戚、梅二徒乞讨至曹州（今菏泽）东北的大徐庄落户。后由戚、梅二人在大徐庄收徒数十人，在菏泽、鄄城、郓城、定陶等一带农村“打地摊”卖唱。这期间，人员逐渐增加，已由一人清唱发展到七八个人的演唱形式，其体裁也由说唱式的叙事体过渡到戏曲化的代言体，具有了简单的表演程式。乐器又增加了丝弦（两根弦的“弦子”）伴奏，两夹弦剧种初具雏形。

清同治年间（1864），曹州城西南魏堂村贡生魏金玉聘请戚成兴、梅福成为师，在村里成立了两夹弦玩友班，随后趁本村庆贺王氏立贞节牌坊之机，在四辆太平车搭成的戏台上，演出了“安安送米”，这是两夹弦由地摊小唱走上舞台的开始。戚、梅二人在演唱时常拿蒲扇作为道具配合形体表演，群众遂送他们“大蒲扇”“二蒲扇”的艺号。

与此同时，流落在黄河以北的莘县、临清一带的李季安尽管也收徒传艺，但吸收其他艺术的营养很少，其曲牌、板式，基本上还停留在白氏初传的水平上，不如曹州（菏泽）“大、二蒲扇”的两夹弦唱腔委婉、细腻，易于表达各种感情。因流传区域不同，观众便称鄄城以北、莘县一带的两夹弦为北词两夹弦，称曹州（菏泽）一带的两夹弦为南词两夹弦。南词两夹弦发展迅速，从艺者甚多，流传区域很快扩大到河南省的安阳、新乡、开封、商丘等地。而北词两夹弦继李季安之后，只有鄄城的王贯得、吴志修等稍有名气。较知名的北词两夹弦名演员要数鄄城的王自端。他以唱“王婆骂鸡”出名，吐词爽快流畅，一口气可唱200多句，有“嗡倒山”之誉。

《春秋商圣》进京演出

《焚香记》剧照

1878年春，菏泽东关泰山奶奶庙大会，专请戚成兴的两夹弦班来演出助兴，连唱四天，每天数场。曹州府台、县令都观看了演出，并赏银50两。自此，两夹弦由村镇舞台走向城市舞台。

宣统二年（1910）左右，“大蒲扇”的传人王玉华在曹县马楼一带组织了第一个两夹弦职业班社“洪兴班”，常年进行营业性演出，每天戏价800铜钱。这一时期，两夹弦根据自身的条件，借鉴其他剧种的程式，对生、旦、净、丑各角色行当进行了细致、确当的划分；改变了过去仅仅依靠“三小”为主体的状态。为丰富上演剧目，排演了公案戏（“清官断”）、功架戏（如“九女”）、连台本戏（如“金镯玉环记”）等。

1928年，“大蒲扇”的传人徐广远的高徒王文德（早期工旦行，后改为大生，艺名“小印（艺）”），其召集20多位艺人在本村（菏泽市安兴镇贤圣寺）庙院内，成立“共艺班”，主要演员有王文德和其二弟王文胜（艺名“二宝”）及三弟王文亮（艺名“三燕子”）、张秀香、崔兰琴、赵秀真（艺名“二金牙”）、马福勤等。这个班社在王文德带领下，吸收了当地地方大戏的表演程式，使其表演更趋完美。在音乐方面，大胆改革，丰富了两夹弦的唱腔板式，创造了“慢北词”和“连北词”，增加了笛、笙、唢呐等乐器。培养了一批新生力量。如弟子杨桂莲（艺名“二蚂蜂”）、张海莲（艺名“三蚂蜂”“水上漂”），当年都在“共艺班”学过艺。通过他们的努力，两夹弦这个独具风格的剧种更加走向了成熟和完美。同时，也由于这些优秀演员的出现，使两夹弦日益广泛地流行起来。

新中国成立后，两夹弦艺术得到迅速发展。该剧种最突出的是1951年以原“共艺班”演员为主体成立的菏泽县新艺剧社。1959年剧社调升专署，成为菏泽专区两夹弦剧团。在党的“百花齐放，推陈出新”的方针指引下，两夹弦演员的艺术水平进一步提高。菏泽专区两夹弦剧团著名演员黄云芝（艺名“小白鞋”）以细腻、婉转、悠扬的唱腔和优美的姿态、轻盈的台步而得享盛名，使得两夹弦剧种在重唱功的基础上进一步加强对身段技巧的提高和重视，该剧种也升华为完美综合艺术的统一体。

目前，定陶县两夹弦剧团作为全国唯一的两夹弦专业剧团，肩负着这一古稀有剧种的传承和发展的重任，由于诸多因素影响，观众数量急剧萎缩，剧团呈现出青黄不接的严重状况，两夹弦剧种已面临濒危的境地。

一、唱腔

两夹弦的传统艺术风格是唱功重于做功，因之它的唱腔是剧目、布局的核心。初期，生、旦、丑角都用本嗓演唱，红脸、花脸行当都用二本腔（假嗓）演唱。20世纪二三十年代以后，两夹弦得以迅速发展，角色行当齐全，音乐、唱腔基本形成。唱腔基本上用真嗓，尾音翻高时用假嗓，只有红脸用二本腔演唱。由此而始，两夹弦唱腔基本固定下来。

二、唱词

两夹弦的唱词有两种不同的结构方式：一是以七字句和十字句为主的上下句式，韵脚为上仄下平，下句押韵。二是在上下句结构的形式中，有一种字数多少变化不定的长短句曲牌词格形式。这种结构形式的唱词，虽仍为上下句体，但句子的排比、罗列、韵脚的要求等都更为严格，垛句上下的呼应却不一定对称；另一种结构形式是“三、三、二”结构的“娃娃”曲体。这种词格，除第4句和第7句跳韵外，其余各句均为同一韵脚。第1段体3句为“平、平、仄”，第

《公鸡过寿》剧照

彩排活动

2 段体 3 句为“仄、平、仄”，最后段体 2 句为“仄、平”。在实际应用中，要求十分严格。

三、念白

两夹弦所用的语言，为鲁西南地区的方言。与普通话相比，声韵基本相同，但其四声调值都有着明显的差异，语汇称谓不尽相同。

四、伴奏

（一）文场音乐

文场的乐队配置、大小不等，一般是 4 至 8 人。使用的乐器以四弦（也叫四胡）为主，它类似二胡，有 4 根琴弦，分别夹着 2 股马尾进行演奏，以发出双音，音量较大。琴师在演奏时常戴有金属指帽按弦，音色铿锵有力。其他弦乐器有二胡、矮杆坠胡，有时也用小提琴、大提琴配合。拨弹乐器有琵琶（早年是使用柳叶琴，与山东拉魂腔所用相同，现已改为琵琶）、中阮、三弦等。管簧乐器有竹笛、笙、闷子等。

（二）武场音乐

在武场音乐中最关键的是司鼓，他是文武场音乐的总指挥，兼奏手板、边鼓及堂鼓。云锣、木鱼、小钹等使用很少，一般不另设专人，而由操持大锣、钹的人分别兼奏，唢呐由弦乐师兼奏。

两夹弦的使用价值极为丰富。如 1959 年进京演出《三进士》被中国京剧院移植并改编为《八珍汤》;《三拉房》剧目被山东省吕剧院移植演出，并将该剧带往香港公演；现代戏《狗蛋推车》被山东莱芜梆子移植改编为《推媳妇》；《愣姐让房》被河南省台前县移植演出；电视连续剧《水浒传》的主题歌“好汉歌”就运用了“锯缸”的曲牌体，使人感受到了古老曲调的新颖、别致和实用。

据《中国戏曲志·山东卷》和《菏泽文史资料》记述，从清道光初年至今，两夹弦剧种有近200年历史，传承谱系大都在艺人口中传颂，传至今日已历10代。

两夹弦音乐唱腔丰富多彩又协调统一，具有很强的抒情性和表现力，其“大板”的引子、曲身和曲尾的运用方式尤为独特，在大起板后，曲身可任意反复，曲尾可转向其他板式继续演唱；其曲牌大都是从民间音乐中吸收而来，许多仍保留着较原始的状态；其剧目多是生活小戏，具有浓郁的乡土气息和地方特色。两夹弦起源发展历史脉络清晰，显示了地方剧种发展的普遍规律，具有戏曲史论、戏曲音乐、戏曲艺术等多种研究价值，是地方方言、民间文学、民俗等学科研究的活体标本。

◆ 皮影戏（定陶皮影）

定陶皮影，又名隔纸说书，起源于清朝末期张湾镇后冯村，至今约有200年历史，相对于山东其他地方皮影的说唱艺术来言，定陶皮影则近乎地方戏曲，在山东皮影艺术中可谓独树一帜。定陶皮影造型古朴典雅，民族气味浓厚，操

定陶皮影表演

作巧妙，道白有声有色，又广泛地吸收了鲁西南地方戏和民歌曲调的风格，故韵味独特，悠扬婉转，语气诙谐，故事生动，深受农民喜爱。

一、定陶皮影的发展历程

初时，冯氏先人善于剪纸作画，明朝移民至定陶后，经常在纸板上刻成各种人物、动物，拴在木棍上玩弄嬉戏，并编讲一些童趣故事，自娱自乐。当时刻画的影人尺寸不固定，灵活性也差。

因为纸张不易保存，冯玉濮、冯玉福就试着在动物皮草上刻画，照着木偶的形式改进制作工艺，增加关节，使其灵活性大大加强。由于牛皮的特殊质地，在制作过程中都要选用上等、年轻的公牛肚子两侧的皮作为原材料，这样的牛皮厚薄适中，质坚而柔韧，青中透明。所取牛皮待洗干刮净，晾至净亮透明时才用于制作。制作时先将样稿轻画于牛皮之上，然后用各种型号不同的刀具或刻或凿，最后上色、熨平，每个过程都有专人负责，最后一关只有族人才完成，从不外传。加工成形后的皮影各部件，用软丝线打结固定，装订组合后上杆待用。雕刻时，不能镂空太多，适当留实，尽量做到繁简而不拖沓，艳丽而不空洞。每一个形象不仅局部耐看，而且整体配合也美，既充实又生动，构成完美的艺术整体。组合起来，场面人物突出，色彩、造型醒目，画面线条的显示细密繁复、疏密层次以及工艺都具有较强的可观性。

随着雕刻工艺的改进，所刻人物基本掌握在尺余大小，人物身体仿佛真人缩小，手臂过膝，面部一般为正侧面，阴刻、阳刻互有搭配。阴刻多为圆眼睛、

定陶皮影排练

传承人冯守坤

疙瘩鼻、额头饱满，冠饰后移幅变大，显得精干有神采。阳刻多为平长细眼，小嘴巴、直鼻梁，显得平和大度。旦角多用阳刻，那全侧面的外轮廓线极富弹性，悬鼻、高额、小唇、一弯细眉和凤眼直连云鬓。透过镂空而留下的外轮廓看其五官的造型细线，使人能感受到古代青年女子"面如薄粉一般同，唇似丹朱一点血"的极尽娴雅妖媚之态。净角多用阴刻手法，其眼、眉、鼻、嘴的笔法刀法大胆、夸张，变化多样。有的形象"巨口獠牙，口放霞光千道"，造型粗犷，酣畅淋漓。一般影箱有七八十个身段，上百个以上的基本不重复的头部造型，如净角形象光是眼眉部分的变化，一幅影箱中至少有五六十种之多，充分表现出了人物造型的基本特征。同时在人物刻画上还吸收了历代壁画、雕塑、画像石等艺术成分，创作出的一幅幅皮影，让人看后叹为观止。

定陶皮影在用线上除了其他皮影都用的虚线、实线之外，其虚线、实线、绘线及暗线的运用也更为别致。虚、实线常用于皇宫贵族的建筑、摆放、衣饰等，显得富丽堂皇；绘线以黑线代刀，在难以雕镂的微小装饰物上描绘，细致精彩，使用的颜料大多是艺人们自制的大红、大绿、杏黄等，尤以杏黄用得最多。这样一来，皮影更显色彩鲜艳明快、清雅大方，耐蚀而且长久不变形。

定陶皮影的其他影件如殿堂帅帐、案几、牙床、花轿、车马以及各种动物、花卉等道具，结构多被压缩，而且稍有透视感，都比影人低，与影人同台演出时，形成强烈对比，彰显影人肢体灵活，充分体现粗中有细、豪放有致的艺术风格。

20 世纪 30 年代，定陶皮影的制作表演形式才固定下来。第三代传人冯瑞荣，把祖辈传下来的操纵方法总结成艺诀，对皮影艺术进行了丰富和发展。规范了演出道具，并沿用至今，所用布幕，多用生绢、生丝布，桐油滤过，框架为“3×7”尺大小，灯光用海碗吊灯，一灯多火念，明晃照人。增加了伴奏人员，演出时少则六七人，多则一二十人，上演剧目也达到了三四十出，并有了连台本戏，可连续演出月余。

二、定陶皮影的艺术特征

定陶皮影艺术的早期形式尚保留有纸窗影戏的表演手法，至今在群众中仍流传着“纸窗影戏看坐骑，纱窗影戏看摆设”的说法。后续经过创造后，定陶皮影艺术形式更为丰富，多上演历史演义戏、民间传说戏、武侠公案戏、爱情故事戏、神话寓言戏等。例如，冯氏后人表演皮影大多以《封神演义》《西游记》中的故事为主要内容，大部分剧目流传至今。不仅如此，艺人们还自己编写了一些民间故事，更多地移植了一些戏曲故事，随着皮影制作工艺的成熟、剧目的丰富，定陶皮影逐渐开始在乡村流动演出。但是此时演出形式仍然比较简单，仅三五人操纵演唱，没有专门的乐队，活动范围也仅限于周边地区。

定陶皮影在音乐上广泛吸收了戏曲和说唱艺术的因素，形成了较为固定的行当、板式、唱腔。乐队以板胡为主奏乐器，文武场齐全。表演技艺也大大提升，操纵技巧繁复高超，武打场面紧锣密鼓，影人枪来剑往，上下翻腾。文场的音乐与唱腔更是音韵缭绕、优美动听。演出范围扩大到山东、河南、安徽、河北交界的广大地区，成为深受当地群众喜闻乐见的艺术形式。

在制作工艺方面，定陶皮影制作最初受鲁西南剪纸的启发，采用纸张雕刻，经过长时间的使用摸索，后改用牛皮。牛皮多选用鲁西南有名的大黄牛，这种黄牛皮与其他原料相比，更具有耐磨损、耐霉变、易着色、不变形的特点，再经过雕镂、敷色、熨平、连接等多道工序方可制作完成。

定陶皮影每个作品的诞生，大体上可分为7道工序：①制皮：以新鲜的牛皮为佳，先用清水浸泡数月，取出后将皮的两面反复刮制干净，再刮薄至透明，洗净后订于木框上绷紧阴干。②描样：将制好的皮料切块，经湿布捂软后，用硬木推板打磨光平，再用钢针描绘图样。③雕镂：将描好的图样的皮料，垫在木板或腊板上进行镂刻，雕镂完毕后，擦洗干净，压平着色。④着色：主要使用红、黄、青、绿、黑五种纯色，一般互不调配，但可分深浅区分层次，进行平涂，双面着色。⑤熨平：皮影着色后阴干，熨压平整。⑥上油：以增加皮影的耐用性，可上一些桐油或腊。⑦订缀：在影人的两手、两下臂、两上臂、上身、下身和两腿10个部件的关节点处，用线订缀起来，再用一皮条包围在上身的脖领处作为安装影人的插口。最后在脖领前订上一根铁丝作为支撑影人的主杆，在两手端处用线各拴一根铁丝为耍杆，插上影人头后，一件完整的皮影即告完成。

三、定陶皮影的文化价值

定陶皮影是我国珍贵的文化遗产，距今已有约200年的历史，对文化的传承与发展具有极高的价值。

在美术方面，定陶皮影做工精良，造型俊俏，镂刻细致，线条流畅，直观的图案装饰，色彩的对比强烈，明快而富于动感，充分体现了粗中有细、豪放有致的艺术风格。

在文学方面，定陶皮影深深扎根于民间，富有浓郁的地方特色，善于把当地的传说故事和戏本上的语言用当地的道白传达给观众，通俗易懂，流传广泛，地方语言的提炼表现尤为突出。

在音乐方面，定陶皮影音乐的兼容性比较强，戏曲、曲艺、民歌、小调等，能上口的都能搬上舞台来表现，能在唱腔、伴奏上，随心所欲，吐字发声技巧都十分完备成熟，有很高的欣赏价值。

在学术方面，定陶皮影的学术价值是多方面的：①定陶皮影的产生发展、兴盛衰微，脉络清晰、资料丰富，具有原发性，在山东皮影独树一帜，是研究山东皮影发展的活标本。②定陶皮影的造型和技巧，反映了农民的审美特性，对地方戏曲和曲艺有较大的影响作用，具有推动地方戏曲和曲艺发展的普遍意义。③定陶皮影中的生活场景具有地方特色，有很强的民俗研究价值和乡土文化价值。

由于定陶皮影造型古朴典雅，民族气味浓厚，以其演出装备轻便，声腔丰富优美，表演精彩动人而著称，深受广大民众的喜爱。但是从20世纪80年代中期开始，受现代影视媒体等新科技和流行娱乐形式的冲击，皮影演出市场逐年萎缩，定陶皮影的传承和发展处于濒危的境地，因此对定陶皮影采取措施加以保护传承尤为重要。

◆ 柳子戏

柳子戏，又名弦子戏，亦叫“北调子”，因曲牌“柳子”好听上口，群众便称其为柳子戏，为约定俗成之名，后普遍称其柳子戏。定陶县杜堂乡宋楼村宋家班柳子戏社，历史悠久，源远流长。近百年来，宋家班柳子戏，经几代艺人口头传唱，至今未衰。保留的传统戏有100多个，常上演的有五六十个，保留的曲版有二三百个，常用的近百个，可谓民间戏社中的佼佼者。

自古以来，宋楼村就处于交通便利、四通八达之要道，商贸交易发达，四方戏迷又多汇于此，不同文化交流、学习的机会较多，产生于宋楼村的宋家班柳子戏自然而然地就成了民间戏曲和艺人汇集之处。因此，宋家班常行地主之谊，前来拜师的人就日益增多，故民间流传有“宋家班的师傅干儿多”。

宋家班柳子戏自元、明以来，特别是清末民初以后，由流行于中原地区的民间曲牌衍化而生，戏社所演曲牌体柳子戏属西路柳子之正宗，是山东柳子戏最重要的流派。主要活动于鲁、豫、苏、皖、晋、冀等省交汇地区。宋楼村南北二三里有个以玩杂技谋生的袁姑集村，因该村玩的杂技好，宋楼村唱的柳子好，故民间广为流传有“袁姑集的竹马好，出来个驴驹子都会扑腾两下子；宋

《白兔记》小生（张玉芝）剧照

《打登州》（左一张贵银）（左三孔祥奇）剧照

楼的柳子好，出来个猫狗都会咬（唱）个娃娃头（曲牌名）"，这也从侧面验证了宋家班在群众中的影响和威望。

宋家班是西路柳子"春、夏、秋、冬"之"冬"字辈，后又续有"金"字辈，"金"字辈以下又排了两辈。"冬"字辈的开山始祖是宋楼村的宋廷振，此人自幼酷爱戏曲、武术，善演武生，会吹奏笛、笙等多种乐器，于 1933 年在宋楼村创建了第一个科班。因曹县曾家先于宋楼村有柳子戏科班，所办的两个科班"大曾班"创于 1914 年左右，"小曾班"创于 1930 年左右，辈分为"春""秋"字辈，又巨野龙固集的孔家义的龙固班为"夏"字辈，故宋楼村柳子戏科班按照"春、夏、秋、冬"的排列，将其字辈定为"冬"字。至此，四个班并称为"春、夏、秋、冬"辈，后因"夏"谐音为"下"，艺人们认为不祥，为避讳，遂将"夏"改为"明"，"夏"字辈亦称"明"字辈。1946 年，宋楼村的宋云阁和刘师爷（外号"老一"）又创建了"金"字辈，也算是柳子戏的第五个科班的辈字。

新中国成立初期，其他各路的柳子戏班相继消失，西路柳子也逐渐减少，主要代表就剩宋家班了，也是常演常停，柳子戏走到了生存的绝景。1953 年，国家要求各地成立剧团，宋家班大部分人员均落户郓城，在当地政府支持下，就地成立了"工农剧团"，随后参加了华东汇演，反响极大。1956 年 11 月参加曲阜孔庙汇演，荣获一等奖，并奖励镶银竹笙、三弦各一个。1959 年上调省城济南，成立了山东省柳子剧团，至此，宋楼村宋家班留在家乡的只剩下"冬"字辈的宋学清、刘进堂、刘进武、刘金凤（艺名）、刘金铭等人仍在家乡演出，始终保留着柳子戏的一点根基。

至20世纪60年代，宋家班柳子戏社因“文化大革命”而停止演出，80年代中期才逐渐恢复，部分老艺人又会同省柳子剧团的师兄弟子挖掘整理了一批传统剧目和曲牌，省柳子剧团还把整理出版的柳子戏曲谱赠予了宋家班，至今宋家班的老艺人还能指认出当年的伙伴。

柳子戏是一个拥有几百支传统音乐曲牌的古老而著名的剧种。其演唱在民间称为“小旦唱得颤巍巍，小生唱得云上飞，青衣哎哎水中漂，花脸横磨声如雷”。可见，柳子戏的艺术形象尤为特色与丰富。

在声腔方面，柳子戏音乐唱腔由主腔（弦索腔）和客腔两部分组成，曲牌基本上分为越调（以D作宫）、平调（以G作宫）、下调（以F作宫）、二八调（以C作宫）四大调。另有反工四调（以A作宫）和起调，起调是比原调高起一调。

柳子戏唱腔主腔包括五大曲、复曲、单曲、小令、上下句体。客腔有“高

《穆桂英挂帅》（李彦玲）剧照

腔”“青阳”“昆调”“乱弹”“罗罗”等部分声腔。

乐曲曲牌主要由丝竹曲牌和唢呐曲牌组成。丝竹曲牌包括独奏曲牌、合奏曲牌，唢呐曲牌包括伴奏曲牌、带词曲牌。

在剧目方面，20 世纪 50 年代和 80 年代山东省戏曲工作组在定陶宋楼村调查统计时，从整理出版后赠送给宋家班的资料汇编中可以看出，老艺人忆及的传统剧目有 216 出。这些剧目是多声腔汇集综合而成，按声腔分类：俗曲 116 出（包括柳子 7 出，耍孩儿 15 出），另有“高腔”及“高腔娃娃”16 出，“青阳腔”11 出，“昆腔”3 出，“乱弹”27 出，“罗罗”10 出，“皮簧腔”33 出。

柳子戏剧目多取材于《三国演义》《封神榜》《岳飞传》《杨家将》《水浒》《聊斋志异》《隋唐演义》以及民间俚曲和神话故事。经常演出的有“虎牢关”“杨家将”“打登州”“孙安动本”“错断颜查散”等。除此以外，还遗存了一部分明清时期即具有一定影响的早期戏曲剧目，如“白兔记”“红罗记”“玉簪记”等，保留一批反映民间生活的小戏，如“马古伦换妻”“王小赶脚”“锯大缸”等，保留了一些神话戏和鬼怪戏，许多武打都用真刀真枪，魔术化表演更是精彩纷呈。

在艺术表现方面，柳子戏的武戏粗犷豪放、文戏细腻，艺术风格独特。表演程式比较固定，生、旦、净、丑各行，互不相同。如旦行讲究“青衣走，大甩手；小旦走起风摆柳”，而“推圈”却与京剧的“拉山膀”相近。柳子戏科班练功讲究“太阳不出喊嗓，打着鼓点练功”和“一个架子耗住不动”的程式。

柳子戏是我国珍贵的文化遗产，是中国戏曲古老剧种之一，距今已有约 600 年的历史，蕴藏了丰富的文学价值。柳子戏的大部分曲牌中，结构严谨规范，曲调行腔委婉，曲牌过门完整齐备，调式丰富多彩，且自成体系。柳子戏音乐对研究中国北方戏曲、元代散曲具有不可替代的重要价值，对中国民族音乐亦具有持久的借鉴作用。

柳子戏音乐对本地其他剧种的影响深远。例如，定陶县到两夹弦剧团 1983 年移植柳子戏“孙安动本”，著名演员祝兆明扮演孙安，获得成功，此剧已做保留节目长期演出。而且，柳子戏的许多剧目都起到了寓教于乐的积极作用，剧目内容也充满了扶正惩恶、清正爱民、尊老爱幼、见义勇为等高风亮节，这对新农村文化建设，丰富广大农民的文化生活，弘扬美德，必将有着极大的推进作用。

◆ 大平调

大平调《包青天》演出

大平调历史悠久，起源于明代中期，在定陶已有 500 多年的历史，其表演粗犷、豪放、刚劲、有力、粗中见细、刚中有柔，夸张中不失真实，豪放中更见优美，特点鲜明、风格独具，具有鲜明的地方色彩。群众有这样的歌谣：“四大扇、尖子号，论听还是大平调。”可以说大平调以其独特的魅力深获广大人民群众的喜爱。

大平调自明中期以来一直是河东平调最重要的流派。其在鲁西南地区有着浓厚的群众基础，从清末的双盛班到解放初期的合义班，乃至今天的定陶区范蠡大平调剧团一直都在进行着演出，使这一优秀剧种得以继承和发扬，并涌现了诸如张文祥（艺名张二）、郭盛高（艺名小黑牛）、三弦大师王汝田等著名演员。

大平调《胡魁下山》演出

改革开放以后，演出逐步得以恢复。第六代大平调传承人王瑞廷、刘现真牵头到当地文化部门注册登记，然后组织起散布于黄店周边的艺人和爱好戏曲的农民，于 2009 年重新成立了定陶区范蠡大平调剧团，搭班演出。因为农村的演出市场越来越小，所以定陶区范蠡大平调剧团的生存处境十分困难，已经到了濒临灭绝的地步。菏泽市定陶区范蠡大平调剧团成立几年来，剧团积极响应区委、区政府建设“文化定陶”的号召，积极开展戏剧传承活动和戏剧进校园及送戏下乡活动，每年送戏580余场次，得到群众一致好评，为定陶区的文化建设做出了积极的贡献。

大平调是明清时期流传于豫北、鲁西、冀南等中原一带的古老民间剧种，声腔为梆子系，一大铙、大镲、尖子号等乐器烘托气氛，应工角色以黑、红脸居要，演唱激情豪放，表演粗犷夸张，唱白均用方言，身段靠架以大洪拳为功底，真刀实枪，具有气势磅礴的阳刚之美。历史上，大平调有400多个剧目，现保留下来的只有200余出，经常演出的传统剧目有五六十个，涉及历史故事、神话传说、民间传奇、侠义公案、生活情趣等各个方面，其内容多反映朝纲、宫闱、袍带间的忠奸斗争，宣扬忠君爱国思想和恪守纲常的伦理道德，及军事征讨、改朝换代等重大事件。大平调在剧目结构创新技巧等方面，有着娴熟而成功的经验，它的语言、韵辙技巧等都有很强的现实意义。

大平调的唱腔属板腔体。唱词为上下句式，唱腔为7声音阶徵调式。大平调的唱腔，都是在一对相对称的上下句基础上变化而成。唱腔基本板式有“慢板”“二八板”“流水板”“三板”，还有若干由此板式变化而成的辅助板式。大平调的音乐唱腔吸收了其他剧种的精华，曲调行腔委婉动听、高亢明亮、风格各异；伴舞独具特色，对研究古老的民间戏曲音乐有着不可替代的作用，对中国民族音乐具有持久的借鉴作用。

大平调具有广泛的群众基础和旺盛的生命力，数百年来长盛不衰，深受广大人民群众的喜爱，许多传统剧目，表现了精忠报国、尊老爱幼、扶危济困、清正廉明、见义勇为的传统美德，对弘扬中国传统文化，塑造人类美好心灵，具有不可低估的作用。

大平调《三代人》剧照

曲 艺

◆ 山东琴书

马集镇优秀非遗项目“南路琴书”别名扬琴，早期叫小曲子，1933 年才和山东另外两路琴书定为山东琴书，沿用至今。南路琴书大约在清雍正年，发源于鲁西南老城曹州府（现在菏泽市）距今已有 250 多年的历史。

明末清初，鲁西南曹县单县定陶已有小曲子戏，那时只是自娱活动，文士富豪大户人家才能玩得起，江湖艺人自称孺门传清。光绪末年灾荒连年，当时早期有苗金福，曹县古营集西 6 里赵武堂人，带领徒弟聂兆林定陶田集西北 3 里许聂庄人，开始下海作艺赶集上会，演出收钱，演出方式少用曲牌以大书长篇扣人心弦。山东南路琴书的演唱方式讲究稳重大方，演唱者大都围桌而唱，以唱为主，少有动作，只在道白时偶有所指。南路琴书的传统曲目，多以表现农俗习惯、生活故事、才子佳人传奇等内容为主，善用地方方言，通俗易懂，让人听来熟悉亲切，文雅抒情，唱词也很清秀。南路琴书不仅有流利的基本唱腔，而且有风格各异的曲牌，丰富了音乐性，增强了表现力。

第五代传承人袁绍法

传统的演唱方式特别讲究稳重大方，演唱者各持乐器，围桌端坐，全靠唱和伴奏表达曲目的思想情绪，没有动作和表情。后来虽有极少的演员道白时略加手势面目表情，但仍不像其他曲种演员那样活跃，还是保留着文明大方的风格。从它的传统曲目来看，多是表现农俗生活故事和爱情故事，听起

南路琴书表演

来易懂熟悉亲切，唱词方面是文雅通俗，文辞颇秀，所以老百姓都称针线筐戏，又称它为客屋台戏。唱腔方面，它不仅有流利的垛子板和优美的凤阳歌两种基本唱腔，而是还有不少不同风格的曲牌，这就大大地丰富了它的音乐性，增强了它的表现力，能表达复杂的感情和刻画各种不同性格的人物。城市演出流传到鲁东鲁北，因受当地语言习俗和其他因素的影响，又形成了东路北路琴书的两大流派。东路琴书的艺人又把琴韵乐器搬上舞台，一生一旦的小戏曲用驴托箱到各地演出，深受欢迎，老百姓把他称为驴剧小化装，这便是吕剧的前身。琴书表演随着表演人员的增多、剧团的兴起以及“小二黑结婚”的一炮打响，开始演出有情有爱、情由之戏，最后发展为吕剧。而扬琴通过进化演变成大调曲子，当地叫为板凳戏，几人一围，坠琴伴奏，几人有表情有动作演出。随后规模不断扩大，发展了演员，排起了大型戏，又加上音乐，成为曲剧团至今，唱腔演奏在不断进化，形成了洛阳曲子、南阳曲子。曲牌大体相同，但唱腔有所改变，从而表明琴书曲种与戏曲有着一定的发展联系。

在今天，南路琴书又在音乐上进行了发展，使传统音乐在融会贯通的基础上又推陈出新，演员的表演形式也有一些变化，站坐更加自如，表演形式更适合社会发展。器乐队也由过去单一性变成了多样性，采用了乐谱演唱，统一了服装，设计了舞台布景、道具等，使舞台形象更为美观。同时，山东南路琴书经常地参加省、市举办的曲艺调演、汇演或比赛，随着社会的变革，山东南路琴书的表演水平进一步提高。南路琴书对山东琴书的贡献也很大，主要表现在艺术价值上，为山东琴书提供了丰富的俗曲曲牌，其特色乐器软弓胡也提高了山东琴书的演奏技巧，极具欣赏和研究价值。在文学价值上，它为山东琴书提供了丰富的文化内涵，是研究地方曲艺的活体标本。

传统体育、游艺与杂技

◆ 梅花拳

梅花拳，古称梅花桩，亦称花拳、梅拳、父子拳等，是我国比较古老的拳种之一。梅花拳的功法迄今至少有3000多年的历史，历代皇家将此文武功法视为保家镇国之宝，仅在王公大臣将相中流传，并不断完善和提高。其文武功法盛行于周、秦、汉，到唐、宋已经发展到鼎盛时期。至南宋被元所灭，为保存汉民族的血脉及图谋复国，部分隐居民间的大臣，将这个整套的文武功法开始在民间秘相传授，并源源不断地传承下来。直至明末清初，一代宗师张三省将

梅花拳

梅花拳绝技授于邹宏义，邹宏义系统整理完善并公开传授流之于世，因此邹亦被后世弟子尊为祖师，现在所流传的清晰的谱系大都是自邹开始的。梅花拳逐渐发展成为我国传人弟子最多的武术门派。

梅花拳基本内容主要有文道、武道、医道 3 大部分。梅花拳武功方面以道家为主，道法自然，清修静练，主要有号称“万拳之母”的梅花 5 势拳法，历史悠久的干支 5 势梅花桩功法，梅花拳的灵魂——架子、梅花拳的精华——盘捶、争奇对妍的兵器、性命双修的内功等部分以及兵法、阵法、实战法。技法包括四击，上中下 3 盘练法，另外还有独特的武道理论一元两气三点四线五行六面七星八卦九宫十合等，练其外行其内，包罗万象，行变化之实，被誉为“文化拳”。

梅花拳文功方面主要是以佛家为主，明心见性，见微知著，教拳育人，敬天地，忠君爱国，孝敬双亲，尊敬师长，遵纪守法，刻苦习艺等等，要求练者遵守门规，以强身健体为目的，保家卫国，扶弱除强等。

梅花拳医道方面，主要继承了岐伯术，始于东汉时期，以传承养生功法及治病救人为主，其代表性的疗法包括直达养生最高境界的太乙养生术——太阳功、几近失传的被《黄帝内经》列为中医第十三科的祝由术、综合升温去寒疗法、降能祛病疗法等，并有系列保健、美容、养生及治病的配方。

梅花拳拳理集儒释道三家精义而成，整个学习过程中遍含孙子的谋略、道家的深奥、禅说的精义、周易的神妙，还含有能强身治病的医道法门。梅花拳之梅花桩法是本派之独有的练习方法，桩法众多，适合多人演练，故有“空中梅花”之说。梅花拳拳械诸法特点显著，演练时要动作紧凑、层层叠叠、动静分明、快慢相间、刚柔兼备、招式朴实、变化无端，路线走四门八方，往往呈“中”字形或“米”字形，既有表演观赏价值又有技击防身价值。

梅花拳的历史文化传承体系包括文功体系、武法体系、医道体系，使传承者能够熟练掌握梅花拳械功法的技艺特点，主要包括 13 套完整的梅花拳法、梅花拳五行拳法、梅花拳盘捶及梅花刀枪剑钩叉等 60 多种套路技艺，以及梅花拳软硬轻玄独具特色的内功方面，因而能够运用掌握的技术知识展开研究，向社会展示传承梅花拳技艺文化。

◆ 定陶阴阳掌

定陶是一座历史悠久古老的文化古城，名胜古迹遍布全县，“仿山皇陵”“刘邦登基台”“范蠡湖”“梁王台”“项梁墓”等。丰厚的历史文化底蕴，孕育出丰富多彩的民间传统武术流派，阴阳掌便是其中代表之一。定陶阴阳掌，是以掌法为主的拳种。它始于宁夏，汉末传入内地。相传为东汉末年西凉名将马超所创，流传至今已有1700余年历史。

据史料记载，汉末西凉人马超与曹操对阵中原，曾兵屯于陶，为了提高军队的战斗力，马超创编了一套适于训练的拳术套路与汉末道教阴阳护法武术相融合，这就是阴阳掌的前身。他承袭家族世代武功并博采众家之长，成为名震三国的西凉公子，更有三国英雄数马超之说。

至今流传有歌诀云：“阴阳相生出西凉，变化多端阴阳掌。十字抓地头顶天，身为弓弩拳为箭。”在漫长的发展演变中，出现了难以数计的众多著名武师，并发扬光大，流传至今。特别是清末至今，阴阳掌在中国东部黑、冀、鲁、豫、苏等省得到长足发展。1836年，原籍河南省登封县的阴阳掌大师许保山先生应李微新之邀来到定陶，在姑庵乡付楼村一带收徒传艺，乡间弟子从者如云，阴阳掌从此落地生根，风靡鲁西南。阴阳掌至今仍在定陶县姑庵、黄店、天中、滨河街道办事处等地薪火相传、生生不息，焕发着勃勃的生命力。定陶阴阳掌现有弟子门徒近千人。河南登封许保山、山东定陶李继学等几代拳师为该拳在我国东部的广泛传播发挥了积极作用。

传徒授艺

第二十八代传承人，李继学，8岁师从父亲李启进

阴阳掌招式

学习传统拳术和器械，15 岁拜菏泽北小留大李庄李文采为师，学习民间传统武术阴阳掌，少林拳，刀枪剑戟鞭棍，散打，擒拿，软功硬功，各种套路，二十出头即辗转陕西、山西、东北、内蒙古等地开场子授徒，以武会友。闯荡江湖几十年，教徒数千人，足迹遍及大江南北。擅长阴阳掌和春秋大刀、月牙铲、双刀等。1997 年在家乡创办将军武校，历时 10 年，培养学生 7000 余人。2013 年 7 月获山东武术争霸赛金牌，菏泽演武楼武术邀请赛银牌，2014 年菏泽海峡两岸传统武术交流大会荣获大红拳一等奖、月牙铲一等奖。

第二十九代传承人，李明山，自幼习武，14 岁只身前往登封县嵩山少林寺拜师学艺，苦练少林功夫，学习八极拳、南拳等传统套路。16 岁随父亲李继学闯荡江湖，开场授徒，并在山西、陕西等地武校任教。1997 年回家乡创办将军武校，2005 年在定陶建立了武术培训基地，2013 年成立定陶县明山武术培训中心，任中心主任。从李明山上溯三代，历时近 200 年，皆以传承发展阴阳掌为己任，创办各类武术培训学校或武术团体，开门授徒 2 万余人，其弟子在全国及世界各地演出，在历届全国性武术比赛中获大奖 50 余次，为中华传统武术走向世界做出了积极贡献。

定陶县境内许多人都演练阴阳掌，每年春种秋收之后，人们会集合一起，拉出刀、枪、棍、棒等器械，披上狮皮，带上引狮绣球，进行演习，来祈求风调雨顺，庆贺丰年，纯朴的人民以此来庆贺丰收，表达对丰收的感恩之情。

阴阳掌以中国传统哲学阴阳学说为理论基础，掌法讲究阴阳相合，避实击虚、真真假假、变幻莫测，阴阳掌出拳时，以气催力，“嗨”声如号令，出手快如闪电，让对手防不胜防。阴阳掌重视腿法，练拳先站桩，苦练在腿上。手似两扇门，全凭脚打人。现有拳术、器械、对练套路50余套。

定陶阴阳掌阴阳相合、刚柔相济，历经数十代武术先师的传承、演化，使阴阳掌法博大精深。伸为阳，屈为阴；仰掌为阳，俯掌为阴；实为阳，虚为阴；刚为阳，柔为阴；动为阳，静为阴；上为阳，下为阴；进为阳、退为阴。各种掌法技击讲究阴阳相合，刚柔相济。刚为进攻，讲究崩、合、吊、搒；柔为防守，讲究沾、粘、连、随，上下相随、左右相合。

阴阳掌秉承“无极生太极，太极生两仪（即阴阳），两仪生四象，四象生八卦，直到混元无极”的运行规则；分大、中、小3架，一右、二左、三拆、四合4部分。功法严谨，时段明确。快慢有度，刚柔相济；内外相互照应，动静结合适宜；体动节节贯通，段面突出有点；招式不变中有变，十分讲究。

一、武术研究价值

阴阳掌创于汉末，历史悠久，是中华武术一颗璀璨的明珠。千余年来，传承不衰。在《风尘拳术秘录》、故宫博物院藏《军机处录副奏折·农民运动》中都有记载。这对研究我国武术的发展具有独特的历史文化学术价值，对鲁西南地区的武术发展和民俗习武状况也有重要研究价值。

二、民俗学价值

通过阴阳掌对鲁西南地区各种民间风俗如祝贺、婚丧嫁娶活动和民间礼仪的内容、程序有重要的研究价值，能进一步了解鲁西南的历史、人文、地理、民俗等方面，具有民俗学研究素材的特殊价值。

三、强身健体价值

阴阳掌动作舒展大方，姿势端正，力走四梢，动静分明，既有上步跳跃，下势扑地的动作，又有翻腾滚打动作，长期练习可以增强肌肉的力量及关节的协调性，能增强平衡能力，提高人们的身体素质和健康水平，达到强身健体、延年益寿的目的。

四、崇武尚武的社会价值

鲁西南人民历来有崇武尚武的风尚习俗，武术流派纷呈，武术大师辈出。这对培养人们爱国爱乡的情操，培养勇武精神，养成刚正不阿，不信邪的道德品质和社会风尚都起到积极作用。

阴阳掌是诸多流派中的佼佼者。在它流行的广大地区，民俗纯朴、风气纯正，社会安定，民心稳定，为建设小康社会发挥了促进作用。因此，阴阳掌的存在和发展有着十分重要的现实意义。

◆ 定陶夕阳掌

夕阳掌又名西凉掌，是少林寺张三丰所创的内家拳，至今已有 300 多年的历史。传至今日，夕阳掌以山东省定陶县张湾镇河西董村为中心，已辐射到菏泽市城区、牡丹区、曹县以及河南、安徽、黑龙江、广东等地，范围覆盖大半个中国。

张国林、张阳杰是第二代传承人，第三代至第六代传承人不详。巨野人张石头，单县人张迷糊是第七代传承人，济南人崔福军是第八代传承人，曹县庄

定陶夕阳掌

寨镇旧集人高明武是第九代传承人，定陶区张湾镇张占海、张合兰、曹县庄寨镇段集人段金塔是第十代传承人，张湾镇董安邦、卢宝军等人是第十一代传承人，董传海、董传现、董传立、董学福是第十二代传承人，董海玉、董国纲、董建立、董传国是第十三代传承人，董玉龙、董盼盼是第十四代传承人。

夕阳掌掌拳 15 套。其中包括八锤、九锤、四锤、七锤、磨盘锤、五锤、一路靠打、二路靠打、三路靠打、四路靠打、大撇手、武缠腿、二龙戏珠、挂号拳、底盘锤。

架子 10 套。其中包括五步拳、莲花拳、太极拳、六路架、二十五式、三点式、十字掌、小破场、突击拳、军体拳 24 式。

对打把子 15 套。其中包括单刀破枪、双刀破枪、七十二棍、磨盘梢子、大刀破枪、双斧破枪、双锤破枪、双剑破枪、南洋梢子、三十六棍、赵匡胤的三十六棍、双沟、孟七辊、紫龙枪、六枪。

9 点 13 手。9 点包括打脑门提档、左右打脸、左右打肋、左右踢裆、左右剪脸、双蹦肋、凤凰单展翅、凤凰双展翅、青龙探爪；13 手包括迎面锥子手、插花、落花、五虎喷门、五虎端门、赶四掌、要四锤、采花手、扑棱手、缠丝手、左右插花手、秦雄吊打、三升提斗。

燕青 18 把。包括跌四把（分为左右中上下四把），里八紧，外八紧，外撇筋，里撇筋、扶手把、白马卧槽、调指把、拿肘三把、掐脖子把、薅头发把、拽领子把、定心把、合骨把、掐指把。

弹腿 6 路。包括劫腿、摆腿、挑腿、外撇腿、沟腿、端腿。

夕阳掌动作朴实，舒展大方，技击性强，具有刚柔相济，内外结合，虚实变化等特点。从武术在现代社会中的表演和竞技角度来看，夕阳掌具有非常高的竞技价值。夕阳掌是在传统文化指导下的一种身心兼修的特殊运动，它不仅锻炼体质，还能控制心情和思维意识的活动，对道德、性格进行修养和磨炼。

◆ 定陶二路洪拳

定陶二路洪拳是宋太祖赵匡胤所创的外家拳，至今已有500多年历史。传至今日，定陶二路洪拳以山东省定陶县张湾镇蔡楼村为中心，已辐射到菏泽市牡丹区、曹县及河南、安徽等地。

第二代传人于纯在清嘉庆、道光年间，与云华张某、四川唐某并称武林三侠，一生杀富济贫，行侠仗义。第四代于锡贵率门人乡勇平寇，被当朝赐予五品蓝翎。第五代传人蔡广仁、蔡中成曾追随赵登禹将军从军，参加了二十九军大刀队。第七代传人蔡中俊，曾在西安市担任私人保镖多年，在安徽省萧县创办淮海武校，是定陶县洪拳协会名誉主席，菏泽市著名老拳师。第八代传人蔡海燕曾在淮海武校、开元武校、将军武校等武校担任教练多年，收徒百余人，是菏泽市著名拳师，中国武术六段，国家一级教练。第九代传人蔡盼喜是国家一级教练，菏泽市一级裁判，曾在河南省郑州市体育学校散打队任教，中国武术五段。

二路洪拳，简单直接，实用性强，动作朴实，攻防严谨，架势小巧，用力短促，刚柔相济，且多使暗劲（寸劲），以快制胜。身法要求曲而不曲，直而不直，起纵落横，滚进滚出，稳如泰山，出其不意。

定陶二路洪拳

二路洪拳内容丰富，拳打一线，对场地、器械要求简单，且可健身、防身。这些特点决定了其广泛的适应性，因而妇孺老幼男女皆可根据自身喜好身体条件、价值诉求的不同而选择不同的内容练习。

二路洪拳拳法包括单人拳术、对练拳、对练器械等50余套。

单人拳术有8路大架，包括一路架、二路架、洪拳架、合拳架、四平架、头趟架、破锤架、连锤架。单人器械有八路，包括单刀、九节鞭、大刀、拐子、枪、剑、棍，梢子棍。

对练拳20套，包括串花、过桥、桥楼、劈锤、靠山拳、龙山、二洪底盘、三人拳、四人拳、挂话拳、三十六式、洪拳三十六式、抹眉、大洪底盘、剑锤、五封锁、连锤、豁携、三人对练、四人对练。

对练器械30余套。包括擒枪拐、少林扶平拐、刀、七星刀、对扎刀、二洪刀、截首刀、单刀破春秋、大刀破枪、大刀破双刀、劈头刀、对扎枪、盘龙棍、梢子破棍、对打梢子、翻把梢子、花梢子、文三节棍、武三节棍、白手夺双刀、白手夺匕首、匕首破枪、四节镗破枪、镗镰破枪、单刀破枪、双刀破枪、三不齐、三杆枪、四门斗、小梢子破枪、小梢子破棍、二龙吞西虎、二龙戏珠、扑猴梢子、桃园三结义、白手夺双枪、狮子滚绣球、头遍枪、二遍枪、三把刀。

二路洪拳的武德主要包括敬天地、孝双亲、尊师爱徒、济众生、御邪恶，为国争光，为民谋利等内容，对于弘扬爱国主义和民族精神，以及维护社会正常秩序具有积极的作用。二路洪拳有些套路动作惊险，步步惊心，峰回路转，浑然天成，有很强的实用性和观赏性。同时二路洪拳不仅具有系统的技击理论，有很强的健身与攻防效果，而且与多种文化形态，如军事、娱乐等有着相互渗透的密切关系。了解二路洪拳的发展进程，对于研究中国武术各门派的形成，中国各个历史时期的民俗文化，具有较高的参考价值。

◆ 定陶洪拳

洪拳起源于山东菏泽城西北18里朱楼李庄，创始人李明先。菏泽（古称曹州），地处山东西南部，是中华文明重要的发祥地，被称为全国“四大武术之乡”，

洪拳绝技阴阳指

春秋大刀

民情素称彪悍，习武之风甚烈。这里流传 20 多个拳种，尤以洪拳最为普及。民间流传“就算全家不吃盐，也要练练大洪拳”的俗语。

据历史资料记载，洪拳自清嘉庆初由第七代传人朱耀明传入定陶，百年来，定陶习武之风从未间断，洪拳得到不断传承发展。状元笔和白虎钢鞭是洪拳独有的器械类套路，与仙人挂画、阴阳指都是由洪拳传人李定国传入定陶，全部套路至今保存完整，世代相传。自嘉庆至民国期间，洪拳在定陶区达到鼎盛，其间出现了李定国、李斯聪、李文彬、李秉阶等许多名师高手。尤其是八代传人李定国被誉为“一代武生”，先后培养著名武师数百名。1994 年菏泽地区成立了洪拳协会，定陶成立了分会，促进了洪拳文化规范发展。第十三代武师李良斌大力传承洪拳文化，做出积极贡献，被菏泽地区授予“优秀拳师”，被菏泽市、定陶区武术协会授予“武术世家”，创办了各类武校，培养学员达五千余人，为国家输送武术拔尖人才 400 余名，曾多次获得上级表彰和荣誉，影响广泛。

洪拳主要内容：包括打手对抗和套路运动形式两类，及盘、法、势、理四个方面。①盘：是洪拳传统的基础训练，以十大盘功为基本功法。②法：即打手手法，其零手有两百种之多，与组手排子（如五虎群羊、六把扇子、蜜蜂采花、八排手、九手排子、十二镫捶手），打手母子九拳及打手，跑拳程式——门子，相辅并习，组成洪拳完整的打手体系。③势：即套路，如头套架、二套架、五花炮，有三十六路（套）之称。④理：即拳法理论，有《洪拳打手歌五篇》《打手要言》《拳谱》等。

洪拳所用器械，长兵器以枪、棍为主（如六合大枪、单头双头母子棍、阴手琵琶棍、蟠龙棍、大疯魔棍），短兵器有刀、鞭、剑、锏、镰、锤等。

据不完全统计，拳术套路、长短兵器、软硬兵器、徒手对练、器械对练、气功点穴、暗器、擒拿、散打等200余套。如徒手单练：五花炮、二趟洪拳、头套洪拳、二郎拳等100套；兵器单练：盘龙棍、七星单刀、五虎刀、断门刀等100套；徒手对练：大靠山、劈山、抹眉、豁斜等35套；兵器对练：单刀进枪、双刀破枪、三群吕布、四节镗等66套；硬气气功：双风贯耳、铁板桥、龟息大法、口吞宝剑等40套。

洪拳是我国传统武术的重要组成部分，遗存有单、对练和表演套路近200种，许多洪拳名家在内外功法、动作、套路、技击各方面成就很高，对我国武术的传承与发展做出了巨大贡献。同时洪拳具有大开大合、刚柔相济、舒展大方、观赏性强的特点，其表现方法广泛应用于戏曲、舞蹈、影视等各艺术门类，对于我国传统艺术的发展与创新有重要艺术研究价值。

◆ 掌洪拳（定陶掌洪拳）

掌洪拳是我国比较古老的拳种之一。据《列子·汤问》及《史记·赵世家》中记载，西周伯益九世孙造父为了学“六艺之御”，听从泰豆氏的指教，在仅可容足的立桩上练习走步，动作轻巧，穿行自如，往返灵活，行走敏捷，变化迅速，达到一种“不以目视”便可“回旋进退，莫不中和”的境界。可见掌拳的雏形功法迄今为止，至少有3000多年的历史。

自那以后，历代皇家将文武功法视为保家镇国之宝，仅在王公大臣将相中流传，并不断完善和提高。直至清初，一代宗师张中堂将掌洪拳绝技传授其子张金章。第二代传人张金章系统整理完善并公开传授，流之于世。清朝康熙初年，张家父子为更好地推广掌拳，寻访其他门派，交流技艺，汲取其他门派之精华，使掌洪拳更加完善。后在曹州西南王浩屯村传艺，先后收王维显、冯西岭、王同景、王维伦为徒。其中定陶王德明深受师父爱戴，得到真传，现是掌洪拳唯一掌门人。王德明于中年时，对掌洪拳原有的套路和器械重新进行加工提炼，形成了掌洪拳独特的风格。为掌洪拳在定陶的发展打下了坚实的基础，促进了掌洪拳在鲁西南的繁衍和壮大。

掌洪拳的基本内容主要有文道、武道和推拿手法三部分。

掌洪拳文道方面主要是以儒家伦理为主，教拳育人，孝敬双亲，尊敬师长，精忠爱国，遵纪守法，刻苦习艺，遵守门规，保家卫国，扶弱除强，以强身健体为目的，服务社会等。

掌洪拳武道方面主要以道家为主，道法自然，清修静练。内容丰富，主要表现在拳架、锤套、单练器械和对练器械四个方面。一是拳架：洪拳一路和二路，功夫架，三大势上下路，二洪拳架，小炮场。炮拳一路二路，掌拳头路，快炮架，连环架，二洪炮架等。拳架特点，有快有慢，有柔有刚，舒展大方。走如风，站如钉，拳势配五行，内合五脏，运用五行生克之伦理组成，体现出整个掌拳的基本精神。即天地万事万物都有阴阳太极变化的真理。拳架可单练，可两人对练，还可多人演练。

二是锤套：四二蹚，通锤，底盘锤，超锤，小磨盘锤，大磨盘锤，靠子锤，五、六、七、八、九锤，翻子锤，八卦锤，排锤，拳打二人忙等。其特点是掌、拳和腿、脚相互配合，快打多。拳理讲解，变化无穷，自然形成身心结合，技法自如，随心所欲，眼到手到。和拳架一样，也是在拳场的四面八方上进行的。包括上中下、慢中快三盘的技法打下基础。充分反映出掌拳的变化精神，也是

掌洪拳教学

前辈顺应自然统一和合的又一体现。

三是单练器械：单大刀2套，朴刀1套，单刀3套，单枪1套，单棍2套，单剑1套，单鞭1套，双鞭1套，流星锤1套等。其特点是技击功法上的虚与实，柔与刚，慢与快；动作中的左右、里外、大小和进退等对立统一的独特形式。为对各种长短兵器技击的使用打下坚实的基础。

四是对练器械：大刀破枪、朴刀破枪、单刀破枪、双刀破枪、双钩破枪、毛镰破枪、梢子破枪两套、四十八刀、蹚镰破枪、旋手棍对打等。其特点是技法绝妙，变化无穷，技击功法极为强烈。同时也体现出五行八方九宫，阴阳太极变化的思维规律。

关于打法，内容丰富，内涵深奥。主要有抢手，搌手，搅手，滚手，钳手，防接手，反三手，奔子手，插花手，扑楞手，落花手，锥子手，三只手等十三手。另外还有三星提斗，老牛观天，金狮锁喉，和尚撞钟，金鸡弹爪，乌鸦登枝，罗焕跪楼，卧马窜槽，老鼠上灯台，白鹅大展翅，凤凰单展翅，蜜蜂采花，五虎喷门，五虎端门，秦琼刁打，跻灵滑步等。

掌洪拳是在传统文化指导下的一种身心并练的特殊运动。锻炼掌洪拳，不仅身体健康，精力充沛，技击御敌能力增强，还可以开发智慧。同时掌洪拳拳势泰然，动作朴实连贯，舒展大方，结构严谨，轻灵沉着，技击性强，具有动静无始、变化无端、快慢相间、刚柔相济、内外结合、虚实变化等特点，从武术在现代社会中的表演和竞技角度来看，掌洪拳具有非常高的竞技价值。

◆ 定陶戴氏心意拳

戴氏心意拳最初发源于山西省晋中市祁县小韩村，创始人名戴隆邦，生于清康熙五十三年（1714），在武术世家的熏陶下，学文习武，全面继承其祖师爷戴伯苗所传的意拳，后承姬氏所创心意六合拳，并得曹继武先生传授古心意拳，傅山先生传授内功心法（小周天功），结合各种武术（螳螂、八卦等）创戴氏心意拳。期初在戴氏家族内部传承，很少外传。自乾隆十五年（1750），传入定陶，绵延不绝。

戴氏心意拳功力测试单手劈

戴氏心意拳训练房

据历史资料记载，至 20 世纪初，才由戴氏心意拳第四代传人戴魁开始对外传授，定陶陈集镇西李庄村李兰秀拜戴魁为师，自此戴氏心意拳由戴奎传入定陶。100 多年来，戴氏心意拳在定陶得到不断传承发展，李兰秀先师在家乡共传授弟子 10 余人，其间出现了李新磊、李新和、李新站、李自法、张心印、吴继明、张存良、刘启运、郭侠、吴雷等许多名师高手。第六代名师吴继明大力传承戴氏心意拳文化，授受弟子 60 余人，创办了天翊武术馆，培养学生 400 余人，吴继明被山东省形意拳心意拳研究会授予“中华武术形意拳心意拳一级教练员”称号，被菏泽市武术协会授予“武术世家”称号，多次率弟子到全国各地参加武术表演，曾多次获得上级表彰和荣誉，影响广泛。

戴氏心意拳保持了古朴的拳术风貌。戴氏心意拳传系主要以劈、崩、钻、炮、横五行拳，龙、虎、猴、马、蛇、鸡、燕、鹞、鹰、熊十形拳，乌牛摆头、狸猫上树、饿狗扑食、野马践槽、灵蛇拔草、金鱼抖鳞、鹞子穿林七小形，裹、践、钻三拳，崩、背、炮三棍，养、坐、开、闸、砸、竖、射七步丹田功，一至五趟螳螂闸势捶，挑顶、云领、展截、裹胯四把、蹲猴势桩、浑元桩、三才桩、两仪桩、童子功等功、技、法、式为其拳法的传承载体。

戴氏心意拳传承古朴，具有极其广泛的群众基础，自 20 世纪末以来，由于受社会环境、价值观念等多种因素的影响，传统武术场馆相继停办，学习戴氏心意拳的人逐渐减少，这一传统武术面临失传危险，保护和传承好这一优秀传统文化，已迫在眉睫，刻不容缓。

戴氏心意拳是我国传统武术的重要组成部分，技击性很强，它能用头、肩、肘、手、胯、膝、足等部位击打敌方，非常实用，并因此受到国内外武术家的重视和广大武术爱好者的喜爱，对我国武术的传承与发展做出了巨大贡献，具有重要的研究价值。

戴氏心意拳集搏击、健身、防身、养生于一体的优秀拳种，具有良好的健身效果。其理论基础就是内外兼修，经常训练，可达到外固形体而不散，内固根本而气实的目的。同时，具有高超的技击功能，深受广大人民群众的喜爱。古往今来许多戴氏心意拳名家上演了一幕幕扶危济困、见义勇为、除暴安良、精忠报国的感人剧目。据记载四代宗师戴魁和五代弟子王步昌，在抗日战争时期，亲护中央首长陈毅通过日寇的交通封锁线，为抗战做出了积极贡献。习练戴氏心意拳，对提高国民素质，弘扬社会正气，构建社会主义和谐社会具有不可估量的作用。

戴氏心意拳不仅是拳术，更是一门艺术，其拳术动作紧凑，根节稳固，具有刚柔相济，动、静、束、展、多变的特点，观赏性强，其表现方法可广泛应用于戏曲、舞蹈、影视等各艺术门类，对于我国传统艺术的发展与创新有重要的艺术研究价值。

戴氏心意拳进校园活动

传统美术

◆ 曹州堆绣

曹州堆绣

曹州堆绣起源于唐宋，盛行于明清，在定陶流传已有近千年历史。主要以佛像、神话人物、仕女、花鸟、吉祥图等为表现对象。用丝、麻、棉、毛等织品为质材，经过剪、贴、裹、堆、染等主要工序堆成的纯手工艺品。其特点是色彩绚丽、对比分明、质感饱满、做工考究、具有很强的鉴赏性、工艺性。

堆绣的渊源是从有服饰以来开始在礼仪场合穿用。自唐代以来，衣冠服饰制度经过了长期的承袭、演变，因而显示出上承历史服饰，下启后世服饰的重要特点，在服饰风格上显示出华丽、清新。曹州堆绣集中于定陶县陈集镇。以软缎和彩丝为主要原料，用晕色、切色、拉丝等20余种堆法，充分发挥堆绣的特长，具有浓厚的鲁西南地方风格。

曹州堆绣多以现实生活为对象，以田园风光为载体，作品以花卉、人物、动物、鸟类仿生为主流，画面色彩绚丽，生活气息浓郁，形象逼真，内容丰富，并有很强的视觉冲击力。做堆绣的人从小就要经长期的言传、身教，有一套成熟的家传训练方式，对他们进行手感、毅力、耐心及观察力、模仿力的培养，使他们在漫长的成长过程中通过积累经验，方能完成以单一小活到大活最后能独立创作全过程

曹州堆绣工坊

的精美成活过程。这些手巧、心灵、聪慧、具有创造力的人们，几乎是用毕生的精力在进行创作。她们的作品多带有鲜明的艺术个性，每件作品都是她们丰富的内心世界的独白，并通过作品向世人展示着坚毅的不朽人格。具有几百年留传的老虎靴、老虎枕、年年有余布兜和千姿百态的花草虫鱼门帘、花开富贵的牡丹挂图，都是她们延传的精品。她们创作的精品都不易模仿和重现，传承更为困难。

曹州堆绣制作的堆绣有平面堆绣与立体堆绣之分。平面堆绣也叫“平堆”。它是把剪好的绸缎块按要绣的物体，平贴拼合在底衬布料上，中间不填充羊毛或棉花，然后稍加修饰渲染，也产生立体效果。这种绣法的效果特点是：画面均匀平展、色块突出、装饰性强；立体堆绣也叫“棱堆”。它是将刺绣与浮雕完美结合成一体，在所堆的布绸图案中间铺垫羊毛或棉花，使其成凸起状。其效果特点是：堆绣出的图案造型富有强烈的真实感，立体视觉表现突出，具有较好的观赏价值。堆绣的取材大都是佛经故事，多以人物为主，一般不表现大场面。它注重人物的造型和神态，讲究各种绸缎的搭配，粗犷中见细腻，主体突出，色彩鲜明，对比强烈。堆绣是刺绣艺术的创新，是刺绣与浮雕的结合。一幅堆绣可以说就是一幅丝质的彩色浮雕作品。

曹州堆绣发展十分成熟，手工艺技巧、用料寓意均达到较高的审美价值。从普通的堆绣作品，到结构复杂的牡丹、花鸟等生活气息浓郁的作品，无不体现着曹州堆绣布艺高超精绝的手工艺术，有着很高的传统和欣赏价值。

◆ 曹州绳编

曹州绳艺起源于明清时期曹州辖区名门望族的绣楼之中，时称绣楼“女功”，是绣楼女功绳艺技法中的高档工艺，更是古曹州牡丹文化精彩的缩影。

至今已经传承第十代传人秦怀忠，1984 年师从孔庆娟学习曹州绳编，除了能熟练掌握绳编的基本手法，还在绳编传统技艺的基础上，经过多年的研究，整理出了系统的曹州绳编的花结体系，更进一步方便了曹州绳编的传承和教学。

曹州绳艺的艺术特色，蕴含着鲜明的民族特色与浓厚的乡土气息。在绳结纹理构成、造型特征和精雕细琢的工艺上都有别具一格的艺术特色。纹理构成主要表现在抽象构成、复合性构成、随意性构成。抽象化构成采用高度概括的归纳方法，具有很强的抽象形式美感，却又不失自然原形之美。复合性构成运用结本身的相似形体互通性原理，将各种动植物等形象，通过联想、简化等造型方法，使造型更加形象和富有艺术美感。随意性构成，是曹州绳艺美术造型最常用的表现形式。这种创作的方法随心所欲、轻松自如，对自然事物的描述不拘泥于客观的真实性，而是一种主观的随意创作。创作者凭着娴熟的绳结基本功和对工艺美术的直观敏感度，把自己挚爱的事物感情化，从而自由自觉地

曹州绳编三代艺人切磋绳艺

传承人制作《踏雪寻梅》

达到目的性表现。

曹州牌子花活多以现实生活为蓝本，以田园情趣为对象，以仿生作品为主流，高雅气派，孤芳独影，生活气息浓郁。

曹州牌子花活发展十分成熟，手工艺技巧、用料寓意均达到较高的审美价值。从普通的绳结作品，到结构复杂的牡丹、花鸟等生活气息浓郁的作品，无不体现着曹州牌子花活高超精绝的手工艺术，有着很高的传承和欣赏价值。同一时期、同一造型的作品，其经手不同其变化也相应脱俗，精彩纷呈，为鲁西南绳艺的发展提供极高的成功经验。曹州牌子花活的学术价值是多方面的，其一，曹州牌子花活的产生发展、兴盛衰微，脉络清晰，相关资料丰富，在鲁西南女工技艺中具有代表性，是研究鲁西南绳艺的活体标本。其二，曹州牌子花活体现着鲁西南一带女性长期在闺阁练就的含蓄、端庄以及在爱情表达上的委婉、隐晦的形式。

曹州牌子花活完全手工绳艺，是一种独具特色的线绳编制艺术。是曹州牡丹文化体系的重要组成部分，有着独特的文化内涵和审美情趣，反映出绳艺文化多姿多彩的和谐美。从普通的绳结作品到结构复杂的官花牡丹、花草鱼虫、鸟兽禽畜等作品，都彰显原始、真实、生动的传神效果，具有很高的欣赏价值和较高的美学研究价值，为研究曹州牌子花活的兴盛衰微以及鲁西南古老的绣楼文化提供了活体标本。

绳编《绿牡丹》

绳编《对牌官花》

曹州绳编技艺在定陶区文化馆非遗保护中心现场展示制作，接待领导及参观调研 200 余次，接待参观群众及中小学生爱好者平均每年 2000 人次，较好地宣传了曹州绳编技艺及其遗产文化。绳编项目被央视及省、市电视台以专题形式相继报道 17 次，省、市报纸专题报道 20 余篇。录制的曹州绳编短视频在抖音、快手等新媒体平台播出，播放量上百万。

◆ 陶丘雕刻

定陶，古称“陶”，又名陶丘，是鲁西南一座历史悠久的古城，中华文明的发祥地之一。定陶文化积淀深厚，民间工艺丰富多彩。源于西周时期的陶丘雕刻技艺就产生在这里，距今已有 2000 多年历史。据《定陶县志》记载：“仿山……古曹国葬地，积壤之高，仿佛若山，自曹叔振铎至伯阳二十五代并司祠焉。”相传曹叔振铎生前体察民情，轻徭薄赋，广施周礼，升天后仍牵念百姓疾苦，到西王母那里请来蟠桃树，为百姓消灾驱邪。后人为纪念他，每年农历的三月二十八日从四面八方赶来朝觐，并把桃木桃核带回去辟邪压惊，陶丘核刻就此诞生于陶并随庙会传播到四方。

陶丘核刻历史渊源较为久远，早期核刻取桃核为原料，以汉民族吉祥文化为表现对象，以当地民俗文化为主流，图案大多古朴抽象，内容丰富，视觉冲击力强，流传的神兽、人物、生肖、巴斗、扣子、帽扣等饰物都是沿袭至今的精品。秦汉以后，妇女儿童盛行佩戴八斗、桃核扣，用以调五神压惊气。明至清中期陶丘核刻技艺倾向于奇巧精细，因文玩需求的影响，用料不再局限于桃核，麻核桃、杏核、樱桃核、橄榄核等材料被广泛使用。陶丘核刻制作有浮雕、镂空雕等工艺之分。艺人根据表达内容的需要，从选料、净坯、描线，到刻制、打孔、抛光都颇为讲究。陶丘核刻的刀具，又名桃花錾，艺人靠磨制的工具，在果核上随形而琢，随性而刻，使作品产生丰富的立体效果，形象逼真、栩栩如生。陶丘雕刻作品，呈现出山东鲁西南传统风格，题材取材广泛，造型古朴，刀法娴熟，线条流畅，技艺精湛，刻画人物、神兽方面神情兼备，栩栩如生。题材以历史名人及民俗传说为主。

核刻百年老件

桃核百年老件

核刻作品《桃核钟馗》

陶丘核刻工具与果核材料

陶丘雕刻传承难度比较大，需要代代传承人手手相传，手工手艺做法，很多题材没法机雕，只有手工制作才能把核雕的神韵保留，在传承中收徒要求比较高，很难做到大面积的传承。

现在的陶丘核刻，在保留了传统工艺的基础上，工艺更加细腻传神，作品视觉效果趋向完美，观赏价值更高。代表作《孔子》《孔孟之道》《五虎上将》《三羊开泰》《钟馗》均在国家、省级专业大赛中荣获金奖。

传统技艺

◆ 定陶烧鸡

定陶，古称陶，是中华文明的发祥地之一。定陶历史上曾 3 次为国，8 次为郡，12 次置军，历史文化积淀深厚。发源于明、清，驰名于当今，享誉鲁西南的定陶烧鸡，距今已有 4000 多年的历史。

春秋时，定陶为“天下之中”，济、菏二水在此交汇，人流物运齐聚于此，当地经济因漕运繁忙，呈现出蒸蒸日上的繁荣景象。

到了明朝，定陶市面上就有了卖烧鸡的作坊。定陶当地的商家，为了便于过往的客商们在经商路上也能有鸡吃，就想办法用火油把鸡烧炸后出卖，得到客商们的青睐。卖不完的油炸鸡放时间长了会又干又硬，难以下咽，商家就把油炸鸡放到锅里煮了再卖，当地人和客商们都喜欢吃，这是定陶烧鸡的雏形。

据说，曹州有名的大家族，何家、宋家、孔家都爱吃定陶烧鸡。著名的爱国民族人士何思源，是曹州一中的校友，民国时任山东省教育厅长，曹州一中同学到济南看望他，都会给他带上几只定陶烧鸡，其品尝后曾夸赞：“曹州牡丹竞国色，定陶烧鸡争奇香”，被后人传为佳话。

定陶烧鸡

如今的定陶烧鸡，比较知名的品牌有“张家烧鸡”“丁家烧鸡”“王家烧鸡”“黄家烧鸡”“贾家烧鸡”“房家烧鸡”等，烧鸡远销河北、河南、山西等周边地区。定陶县城陶驿路北段绵延500米，已形成定陶烧鸡一条街，每到夜色降临，车水马龙，摊连摊，铺靠铺，实为陶城一大景观。

定陶烧鸡具有丰富的价值。一是艺术价值。定陶烧鸡制作工艺十分成熟，已与当地民风民俗有机结合，具有较高的审美价值，体现着高超精绝的烧鸡制作工艺，有着较高的传统饮食欣赏价值。二是学术价值。定陶烧鸡制作工艺产生发展、兴盛衰微的脉络清晰，相关资料丰富，在鲁西南烧鸡食品中具有代表性，是研究鲁西南烧鸡的活体标本。

该工艺体现着鲁西南饮食文化的独特形式，对研究当地民风民俗十分重要。除具有饮食功能外，定陶烧鸡还被人们赋予一定的象征意义。

◆ 十里铺糕点制作技艺

定陶文化积淀深厚，民间工艺丰富多彩。起源于宋朝的十里铺糕点就产生在这里，距今已有1000多年历史。

十里铺糕点

十里铺位于古县城西北10里，古代驿站、仿山庙会必经之路，清代远近闻名的裕大点心铺就在这里开店，制作技艺延续至今。十里铺糕点属传统糕点食品，当地俗称果子、点心。其制作工艺和食用原料完全承袭古法，不添加任何现代食品添加剂，保存期长且不易腐烂。点心味道极其甜美，口味松软适中，为老辈人喜爱，多用于中秋、过年送礼之用。

传统十里铺糕点分为3类。①过年礼品，由堆沙、蜂糕、红橘饼、金棍、羊角蜜、三羊开泰、三刀六样组合成八两一封的传统点心，用桑皮纸、草纸包裹，上附果子签，用草纸绳包裹成传统原始礼包。②喝茶点心，古时候乡绅豪门闲暇时与茶同时食用的一种点心，做工精细繁杂，颇为讲究，被称为“官礼茶食”。③中秋食用的月饼。月饼是当地久负盛名的汉族传统小吃，象征着团圆和睦，深受百姓喜爱。

十里铺糕点历经百年传承保留传统制作技艺的同时，加大拓展新的制作技艺，一直保持手工制作，技艺传承纯正，追求老口味、高品质。

一是历史价值。十里铺糕点的历史文化丰富深刻，值得探究。十里铺属地在定陶仿山镇，定陶仿山是孔子到过之地，围绕糕点形态寓意挖掘、老字号视觉资料追溯、传说故事形象探索、名人游历品尝之地或知名手艺人故居环境考察等主题进行文化梳理，使古老深厚的本土糕点文化在当下环境中重新焕发生机，可以找到新的文化“卖点”和经济增长点。

二是文化价值。采撷天然食材、匠心健康绿色焙烤，返璞归真到品味、品质、品牌的初心；嵌入工匠的发酵、温度、情怀、情感，焙烤有故事有匠心的绿色产业品味糕饼；春日笈食、夏日惬点、秋日爽糕、冬日馨味。其不仅是百姓的日常美味，也是工艺复杂的视觉艺术品。它题材广泛、造型奇巧、装饰精妙、色彩和谐、包装讲究，具有较高的艺术价值，形式语言更富有浓郁的地方风情和民俗内涵，是一项重要的非物质文化遗产。将传统糕点的视觉资源进行固化、改良与再现，不仅对传统糕点本身的行业发展大有裨益，更能产生许多意想不到的文化结晶与创意成果。

◆ 传统酿酒技艺（邓氏黍米原浆酒制作技艺）

黍米原浆酒的历史渊源，可以上溯到古代春秋时期。据史书记载：春秋越国范蠡在鲁西用黍米为原料酿造“黍米酒”；《吕氏春秋·权勋》记载：“司马子反渴而求饮，竖阳谷操黍酒进之。”《齐民要术》中也有“黍米酎酒”和“神曲

酿酒制作

黍米酒”的工艺配方;《西京杂记》记载汉高祖喜用“黍米”酿的“菊花酒”。由于此酒源于春秋时期，盛行于历代上层名流社会，故几百年来晋、陕、豫、鲁等地区都将此酒习惯称为“名流酒”。延续至今，1994 年此酒荣获中国国际精品博览会“中国唯一保健酒王”荣誉称号，2016 年被确认为非物质文化遗产项目。

我国改革开放以后，某大军区雨林基地聘请鲁西邓氏黍米原浆酒技艺第十七代传人邓广存先生及其子女到该地，以邓氏黍米原浆酒技艺生产“牡丹村牌”原浆酒。该酒品出产后，以其营养丰富，无副作用，口感适宜等特点，深受有关方面盛赞，并多次获得国家级酒类评比殊荣。

由于“军企脱钩”政策，邓广存偕其子女携同“牡丹村牌”原浆酒全部生产技术人员回家乡菏泽，建设现代化酒类生产厂房，购置适合名流酒工艺的先进生产设备，生产经营“牡丹村牌”原浆酒。

“牡丹村牌”黍米原浆酒以黍子为原料，运用古法作坊传统工艺和先进的科学技术精心酿造加工而成，含有多种营养成分。经中国国家食品质量监督检验中心技术鉴定，此酒含有锌、铁、锰、铜、锗、硅、钾、锶、镁、硒、锂、钠、乳酸乙酯、异戊醇、乙缩酯等 16 种对人体有特殊医疗保健作用的微量元素，并含有人体必需的 18 种氨基酸。此酒品不但营养高，且长期饮用可以预防多种疾病，已获得国家技术专利。

据《诗·大雅·江汉》《西京杂记》《齐民要术》记载，邓氏黍米原浆酒制作技艺已有 400 多年的历史，至今已经是第十九代传人。

邓化田（1879~1979），第十六代传人，师从邓氏黍米原浆酒制作技艺第 15 代传人邓廷贵，能熟练掌握黍米原浆酒的二次液态发酵工艺。

邓广存（1899~2000），第十七代传人，师从邓化田，能独自完成黍米原浆酒的“洗米、煮米、发酵、蒸馏、炒黄酒酶、二次发酵”六个步骤，并创办黍米原浆酒作坊，收徒 10 余人。

邓传星，1955 年生，第十八代传人，师从邓广存，在熟练掌握黍米原浆酒古法酿酒技艺的基础上，能自制麦麸植物大曲。创办菏泽邓氏黍米生物酿造有限公司，研发生产的“牡丹村”“名流酒”等黍米酒品牌远销海外。

邓学志，1981 年生，第十九代传人，师从邓传星，得到了邓传星的真传亲授，不但能熟练掌握黍米酒的二次液态发酵工艺，自制麦麸植物大曲，而且对原有的酿酒设备进行了多处改良，对酒曲的制作、发酵投曲时的温度、发酵的时间及蒸馏酒时的温度控制得更合理化。成立菏泽市定陶区学志黍米酒酿造研发中心，积极传承和推广黍米酒酿造技艺，收徒 100 余人。

◆ 糕点制作技艺（隆盛昌糕点制作技艺）

隆盛昌起源于清穆宗同治八年（1869），延续至今已有 140 余年的历史。创始人张钦崑老人，取名隆盛昌，寓意生意兴隆昌盛。

最初的隆盛昌仅是五大屯路边一个小作坊，当时五大屯有种植玫瑰花的传统，富贵人家以制作胭脂，观赏为主。由于玫瑰花具有花香怡人、甜而不腻、美容美颜的特点，隆盛昌的师傅开始以玫瑰花（烘干或腌制）为基础，辅以苏

隆盛昌糕点

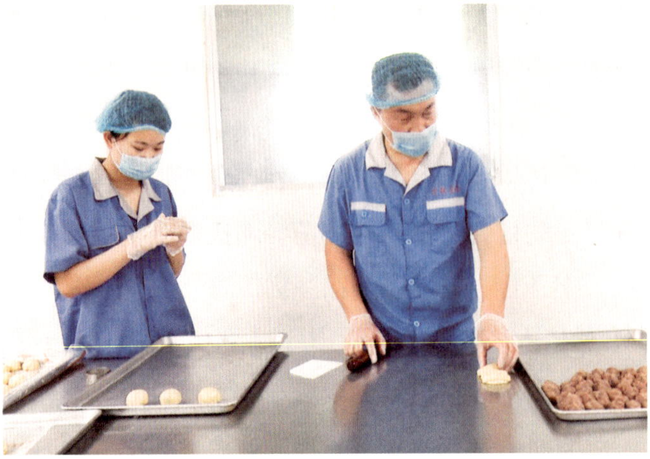
隆盛昌糕点制作

子、白豌豆，经多道烦琐复杂工序（选、泡、煮、磨、洗、沉、炒）制作馅，再以大油擦酥，经过反复试验，制作的开酥玫瑰糕点松酥可口、花香浓郁、入口绵软即化，由此得名“玫瑰酥”。在老人“以诚信为本”的苦心经营下，以独具特色、品质优良的产品赢得了过往客商的赞誉。

第二代传人张鸿修从山西聘请糕点制作师傅，不断改进制作技艺与经营理念，并将其发扬光大，在社会经济效益方面都取得了令人瞩目的成果。

第四代传人张汝青 16 岁开始糕点制作生涯，传承祖辈糕点制作技艺，后在北京中式糕点制作泰斗、北京故宫御茶膳房学习糕点制作，达到了糕点制作的更高境界。

隆盛昌糕点的发展根植于民间，传承于民间，是广大人民群众在劳动和生活中创造的，具有鲜明地域特色和深厚乡土气息的民间技艺。

品种繁多。隆盛昌糕点的品种除了有年节食用的六样点心和传统中秋月饼外，还有近代的江米条、倒口酥、绿豆糕、油炸月饼、香葱月饼、生姜月饼，多达 36 种。

表现丰富。隆盛昌糕点表现形式丰富，从早期的九重饼发展到明清时期的六样点心，这是隆盛昌糕点区别于其他地区糕点的主要标志。

制法讲究。完整保留了传统的手工特色，采用一种特殊疏松手段，比如烤制品中的玫瑰酥，皮层分明、色泽美观、口感松酥、馅料肥而不腻、入口即化。在制法上继承和发展了传统的方法，制作工艺不因繁杂而简化，不因细小而省略，使各种点心从味道到口感均保留了老点心的风格，麦香、油香呈现了老记忆效果。

历史价值。隆盛昌糕点 140 年的历史映衬着鲁西南地区人民群众的生产、生活方式，从中可透视历史的沧桑巨变。其具有百年传统糕点制作、经营的历史，积淀了丰厚的食品文化，从生产工具、工艺流程到产品口感和样式，反映了不同历史时期的生产力水平、历史和文化内涵，对北方糕点食品的历史、文化和制作工艺的研究，具有重要参考价值。

文化价值。隆盛昌糕点历经百年，长盛不衰，得力于其独特的制作工艺和文化内涵，从中折射出鲁西南大地的民俗民风，体现着人们对幸福、团圆、美好生活的追求。人们逢年过节走亲访友都要拎着隆盛昌的点心，甚至小伙子看望岳丈大人提的也必须是隆盛昌的点心。隆盛昌糕点已具备了自己独特的文化内涵。

科学价值。隆盛昌糕点的配方、上料、烤作都非常讲究，其中包含着丰富的营养科学知识，冉堌一带流传着“病人吃了止痛，好人吃了增寿”的说法，其中蕴含的饮食文化值得深入研究。

◆ 郭家驴肉制作技艺

郭家驴肉产品起源于清朝晚期，至今已有150多年历史。清朝末年，定陶力本屯郭庄村民郭三，其祖辈上就经营卤制熟食生意，尤以制作驴肉熟食技艺见长。郭三自16岁起，继承祖辈技艺，专心制作驴肉，在郭家驴肉技艺传承谱系中，被后人尊为“祖师爷”。为制作上等驴肉，1889年，郭三与郭氏本家郓城县郭继勋联合举办了养驴场，放养北方土驴。因土驴肉质健腻，幽香可口，至民国时期，郭家驴肉已经享誉鲁西南。

郭家驴肉

清末，郭家驴肉还因“夏氏偷驴”传为佳话。1903年，郓城人夏辛酉，因家贫欲当兵生活，却拿不出到曹州的路费，偷盗郭家的驴子时被捉。郭家问明事由后，怜其家境贫困又立志报国，就出钱帮助他参加了兵勇。夏辛酉不负众望，历经磨难，一生多与外敌作战，为一代民族英雄，每每得胜而归，定以郭家驴肉犒劳三军。其历任兖州镇总兵、登州镇总兵、武卫军先锋左翼长、云南提督兼帮办北洋大臣、帮办南洋大臣，郭家驴肉也名扬四海。

配料

郭家驴肉保持着原生态的家庭作坊制作形式，至今仍然是父传子、师传徒，采用口耳相传、言传身教的传承方式，历经数代秘制提炼和传承发展，逐渐形成了集生产、销售、餐饮于一体的传承链条，绵延不衰。

郭家驴肉的第五代传人郭国生、郭丽兄妹，在继承传统的基础上，经过多年的技艺提升和市场运营，对传统餐饮文化倾注了更多的心血，使他们对传承郭家驴肉制作技艺有了更大信心，他们不仅是郭家驴肉传统制作的文化挖掘传承人，更是传统文化的守护者。

郭家驴肉因制作技艺特殊，配料讲究，既有色香味美的食材功能，又具有独特的制作技艺，堪称驴肉之上品。其主要原料为生鲜驴肉。步骤包括：①肉块分解。要按部位把肉分成前肘、后肘、前臂、后墩、元宝、肋条、腱子、腰球、肚厢皮等待用。②生肉处理。用清水浸泡，洗净后，排酸，腌制，精选用料，使其充分入味，待以制熟。③制成品。腌制完成后，使用名贵中药材滚煮，焖锅，成品上市。

驴肉的营养价值极高。汉代著名的思想家、政治家陆贾在他的《新语》中将“驴肉与琥珀、珊瑚、翠玉、珠玉列为天下五宝”。清朝皇帝乾隆品尝驴肉后，也曾赞道：“可谓天上龙肉，地上驴肉”，可见驴肉的美味。据传闻唐代的杨贵妃之所以能够肤若凝脂就是因为服用了驴肉。在《全唐诗·宫词补遗·肖行澡》中说杨贵妃“暗服阿胶不肯道，却说生来为君容”。就是说她是食用驴皮胶才有如此美容功效。

驴肉富含人体必需 8 种氨基酸和 10 种非必需氨基酸，尤其是生物价值特高的亚油酸、亚麻酸的含量都远远高于猪肉、牛肉。《本草纲目》曰：驴肉“补血益气”。《千金・食治》载：驴肉“补血，益气，治劳损，风眩，心烦”。从营养学和食品学的角度看，驴肉比牛肉、猪肉口感好、营养高。鲁西、鲁东南、皖北、皖西、豫西北、晋东南、晋西北、陕北、河南、河北一带形成了独具特色的传统驴肉食品和地方名吃。

◆ 传统酿酒技艺（春秋酎酒酿造技艺）

春秋酎酒酿造技艺起源于定陶。定陶古称陶，亦称陶丘，尧、舜二帝曾在此建都，享有“天下之中”的盛誉，是中华文明重要发祥地之一，历史文化积淀深厚，张氏家族传承的春秋酎酒酿造技艺就诞生在这里。

至汉代，汉文帝颁布酎酒制，酎酒酿造被制度化。明代户部尚书曹邦辅家族在定陶冉堌酿桂花酎酒，酎酒技艺在当地发展至鼎盛时期。

春秋酎酒工坊

张氏宗族，自明永乐年间奉旨迁居曹州府定陶县张庄寨，居家以酿酒为生计，家积日厚。康熙五十八年张家十一世祖张绍周在定陶城东大隅首开办张家酒坊酿制桂花酒，至此春秋酎酒酿造技艺在当地历史演变过程中，日臻完善。春秋酎酒酿造技艺经历了兴盛衰微的复杂历史延续过程，至代表性传承人张庆柱薪火相传已 10 代，距今 300 年历史。

春秋酎酒酿造技艺传承方式主要是口耳相传，并在实践中加以验证。张家一脉嫡传，言传身教，在酎酒已经被遗忘的年代，经第八代传承人张秀芳与第九代传承人张存月父子两代人执着坚守，使这一民间瑰宝被传承下来。现在的春秋酎酒酿造技艺以第十代传人张庆柱为代表，他延续张氏先辈传统技艺，能熟练掌握酎酒酿造工艺，完整地保留了传统酎酒的独特性，选料更加讲究，工艺更加精湛，为这一古老技艺肩负起传承职责。

春秋酎酒属传统酿制黄酒，以黍米为主要原料，液态发酵酿制。选优质黍米作原料，从去杂、洗米、煮米、加曲液态发酵酿制清色原浆作为酒母，经多次补料再发酵，如此反复三重九酝酿制而成，最后圈酒储藏，其目的就是使酒性更为醇厚温和。初酿酎酒为清色，成品酎酒呈琥珀色。

春秋酎酒酿造技艺以口耳相传、言传身教的传承方式嫡传或收徒，在民间传承传播，传承人必须亲临作坊，亲身体验酿酒实践才能逐步掌握基本酿制方法。酿制酎酒讲究一个“寸”字，否则会功亏一篑。

春秋酎酒酿造技艺具有丰富的价值。

历史价值。酎酒文化历史悠久，丰富多彩，是自周礼以来古文化的重要组成部分。酎酒酿造技艺是古老文化遗产的重要组成部分，是当地文化和手工业发展的活化石，有较高的历史研究价值。

文化与学术价值。春秋酎酒酿造技艺在漫长的历史变革中，经历了兴盛衰微与再传承的复杂过程，其传承方式体现了劳动人民的勤劳智慧，恢复酎酒酿造技艺有较高的文化与学术研究价值。

民俗价值。随着我国工业化的进程不断加快，传统文化被暂时搁置或遗忘，酎酒文化的复兴，对于研究当地民俗民风发展变化有着重要研究价值。

经济价值。随着对酎酒酿造技艺的发掘整理不断深入，酎酒技艺的恢复，对改变当地农作物生产方式，增加农产品附加值有着重大意义。

药疗价值。《本草纲目》有百病用酒、百药酒为首的记载，药酒的方剂计有

69 种。酎酒技艺的再现，给人们提供了酎酒富含的人体所需多种营养，可化湿开胃，开窍豁痰，具有较高的药疗价值。

◆ 皮影制作技艺（定陶皮影雕刻技艺）

冯氏先人善于剪纸作画，明朝移民至定陶后，始创了皮影戏。因为纸张不易保存，冯玉濮、冯玉坤就试着在动物皮草上刻划，照着木偶的形式改进制作工艺，增加关节，使其灵活性大大加强。大约在 20 世纪 30 年代，定陶皮影的制作表演形式才固定下来。第三代传人冯瑞荣，把祖传下来的操纵方法总结成艺诀，对皮影艺术进行了丰富和发展，规范了演出道具，并沿用至今。后来，由于战乱，冯守坤的父亲只把皮影戏的唱腔传承了下来，定陶皮影雕刻工艺技艺断绝了。

近年来，定陶皮影第七代传承人冯克献为了恢复皮影，对定陶皮影雕刻技艺的描样、雕刻、着色、熨平、上油、订缀等工序进行了整理和挖掘，获得了

制作皮影人子

古代淑女头型

大量珍贵的第一手资料。为原汁原味地还原定陶皮影道具雕刻技艺在造型艺术上的独有特性，冯克献将祖先留下来的皮影道具进行拍照，然后按照 1:1 的比例进行描样复制。在着色上，通过不断探索和挖掘，终于摸索出先用牛皮和红、黄、青、绿、黑等颜料根据一定的比例熬制成牛皮胶进行着色，后上一层清漆进行护色的办法，再现了定陶皮影道具的原貌。同时，商品牛皮、电钻、铆钉的运用，使皮影道具的制作效率大大加快，人物更加灵活，色彩也更加鲜艳，富有生活气息。

在雕刻艺术风格上，定陶皮影用牛皮制作，形制巨大，高一尺有余，造型俊俏，做工精良，镂刻细致，线条流畅，色彩对比强烈，明快而富于动感，风格质朴粗犷，色泽古拙，刻工劲健，充分体现了粗中有细、豪放有致的艺术风格，具有强烈的地方特色。

在动作表现手法上，定陶皮影影人的两手、两下臂、两上臂、上身、下身

皮影戏演出道具

和两腿 10 个部件的关节点处，由线或铆钉订缀，使影人的动作更加自然，活灵活现。每一个影人脖子背后，都有一个专门缝制的皮条，作为安装影人头部的插口，做到一身多面，充分体现了古人的智慧。

皮影雕刻技艺工具

在着色上，主要使用红、黄、青、绿、黑 5 种纯色，不用混合色，表现了古朴的美。

定陶皮影道具损坏的现象日益严重，复制迫在眉睫。2018 年以来，在定陶区文化馆的大力支持下，第七代传承人冯克献购置了牛皮、三套雕刻刀、微型锯、电钻、牛皮胶、清漆、细竹竿等工具，相继雕刻完成了《西游记》人物道具 160 套，传统戏“穆桂英挂帅”“刘墉走南京”道具 20 套，现代戏“孙猴八戒逛张湾”“退彩礼”等道具 15 套，每年演出 200 多场次，深受群众欢迎。

定陶皮影具有丰富的价值。

美术价值。定陶皮影做工精良，造型俊俏，镂刻细致，线条流畅，图案的装饰直观，色彩的对比强烈、明快而富于动感，充分体现了粗中有细、豪放有致的艺术风格。

文学价值。定陶皮影深深扎根于民间，富有浓郁的地方特色，善于把当地的传说故事和戏本上的语言用当地的道白传达给观众，通俗易懂，流传广泛，地方语言的提炼表现尤为突出。

学术价值。定陶皮影的学术价值是多方面的。其一，定陶皮影的产生发展、兴盛衰微，脉络清晰、资料丰富，具有原发性，在山东皮影中独树一帜，是研究山东皮影发展的活标本。其二，定陶皮影的造型和技巧，反映了农民的审美特性，对地方戏曲和曲艺有较大的影响作用。其三，定陶皮影中的生活场景具有地方特色，有很强的民俗研究价值和乡土文化价值。

传统医药

◆ 马纪庄眼药制作技艺

菏泽马氏中医眼科，发源于明，成就于清，发展于民国，弘扬于当代，延续至今已有近600年的历史。马纪庄眼药有一套成熟、独特的制作技艺，用以制成膏、丹、散等眼药。马纪庄眼药及家传的方剂治疗黄斑变性、眼底出血、病毒性角膜炎。

定陶马纪庄享誉鲁西南村落，村中马氏是古陶名门。据口传史志及家谱记载，族系中多有行医者，历代不乏名医。明朝初年，马氏族人一支从山西洪洞县大槐树迁居定陶东关，其中即有行眼医者，后又分支迁居东王店北马纪庄。

清代末年，族人马万春曾侍奉清朝宫廷，被称“御医马万春”。马万春自幼随父学医，得其真传，声名远扬遂为御医，民国时期回归故里。20世纪20年代，在马纪庄开设诊所，悬壶济世，前往治疗眼疾者众多，声誉鲁西南。他将古方逍遥散改进为明目逍遥汤；他的金针拨白内障术在当时对于治疗白内障贡献很大；他用中医药治疗儿童视神经萎缩也取得良好效果。其子马年丰，自幼也随父从医，1932年开始独立行医，对眼内障、眼外障疾病的防治及眼部结构与脏腑经络的关系，有较深研究，探索发明的益母丸方、青光眼方、皮质盲方等中成药配方。

老中医马崇益采摘药材

1941年，地区专员孟阁臣为答谢马先生医好他家人眼疾之功德，送于“目医巨擘”四大金字匾额。马先生悬壶济世六十载，患者门庭若市，其医德高尚，技术精湛，实为杏林之魁，由此，马氏眼科在鲁西南享有较高声誉。

马纪庄眼科经过几代人的不懈努力，并结合马万春老先生“眼血贵似金，脾湿则目病”的独特理论，精心研制出了“马氏明目散”。纪庄眼科的第五代传人马崇益不仅继承、发展了祖传古典方剂，还研制了“双花明目丸”“虚化逍遥饮”“加味导赤散”等方剂，并坚持亲自尝药、试药，亲身体会。

马纪庄眼药，用法方便，药力强，收效快，深受古人重视。其祖传方剂共有 396 方，有手抄本在世，是中医眼科的宝库，应进一步发掘、整理、提高。其中外用药 87 方，占 21.97%。外用药 87 方中，小方（10 味药以内）71 方，占 81.6%；中等方（11~16 味药）10 方，占 11.5%；大方（17 味以上）6 方，占 6.9%。小方中的“单方”（1~2 味药）有 15 方，占 17.24%，接近中等方和大方之和。马纪庄眼药不爱用大方，是求“中病”，取“药少力专”之意。《眼科龙木论》（1575）仅占 14.62%。

马纪庄外用退翳药由炉甘石、麝香、人中白等保密中药配制而成，炮制方法精细。其中炉甘石的炮制方法是：将炉甘石打碎，把灶心土制作成泥块，把打碎的炉甘石包住，用桑木柴暗火煅烧 12 个小时，取出，醋击，并用煎好的黄连水浸泡数小时，再经过水飞后，干燥方可成药。

马纪庄眼药药剂型共有散、丹、膏、丸、汤、熏、灸、药、汁等 9 种。其中散剂最多，共 42 方，几占半数。散剂可大量配制，长期保存，不易变质，使用方便，药效又快，是外用药的重要剂型。丹剂实际也是散剂的一种，性较酸烈的散剂或丸剂被称作丹。膏剂亦较多，占 22 方，占 1/4，多为煎熬成膏，少数由散剂加调料制成，或生药捣烂成膏等，其特点是黏附力强，药效持久。丸剂、锭剂属同类，共 10 方，预先做好，用时化开，或点或洗，甚为方便。

现在定陶马纪庄眼药制作技艺的传承面临众多挑战。一是因社会变革，西医的侵入和普及，中医受到前所未有的冲击，无论是大城市，还是在广大的乡镇农村，

老中医马崇益授课

中医眼科技术相对薄弱。二是医术精湛、经验丰富的老中医年事已高，年轻的中医学者少，有些宝贵的医术验方难以得到传承。三是中医眼科医术缺少书籍、音像资料，一些经方验方没有印制条件，急需抢救性挖掘整理。

◆ 中医眼药（李庄眼药）

定陶李庄眼药为中医祖传世家药，发源于明，成就于清，发展于民国，弘扬于当代，延续至今已有几百年的历史。李庄眼药在长期医疗实践中，形成了独特的眼科学术理论体系即眼科“五轮学说”，并运用中医理论将眼科疾症的发病机理、症状、治疗原则、制药工艺、服法用量等总结提炼，使李庄眼科理论与实际医疗经验有机地结合在一起，眼疾内治理论得到巩固和升华，医疗技术也取得了大的飞跃。

李庄地形低洼，原名李坑，明洪武三年从山西迁入本地，后因治疗眼疾而出名，故清朝改名为“眼药李庄”。20 世纪 60 年代，定陶县眼药李庄享誉鲁西南，名扬省内外，主要得益于李庄眼药的神奇功效，据史志家谱记载，族系中多有行医者，历代不乏名医。

李庄眼药在长期医疗实践中，形成了独特的眼科学术理论体系，成就了眼科“五轮学说”。李氏认为：“眼有五轮八廓十二经络，三百六十脉络，皆一身精气上升通灵之窍而为光明。所谓五轮者乃从五脏所分，肝属木为风轮在乌睛上，

配制工具

心属火血轮在眼为二眥，脾属土肉轮在眼为上胞下睑，肺属金气轮在眼为白仁，肾属水水轮在眼为瞳仁；所谓八廓者因八卦而名也，大肠为天廓，脾胃为地廓，名门为火廓，肾为水廓，小肠为雷廓，胆为山廓，肝为风廓，膀胱为泽廓。……看病用药，小病或愈，大病难全，久而必犯者何也，盖以治外而不治内，治标而不治本，根源之地未明故也……”该理论开创了眼疾内治的先河，从而奠定了李氏眼科医学的理论基础。

李庄眼科尤其在眼疾内治方面具有重大突破。运用中医理论将眼科疾症的发病机理、症状、治疗原则、制药工艺、服法用量等总结提炼。如记载“人患重帘之症者，皆因心火上炎，肝经风热上攻于脑，热毒流下于风轮之中，赤滞泪出，肿疼难开，乌睛上或有红白之色，宜服洗心散、修肝散治之”。又如“坐起生花者，以肝血衰胆肾二经之虚火，阳不举，久坐伤血，犯则头晕眼花，五色之花目前缭乱，昏暗不明，良久乃定，亦是内障苗根，若不速治恐久变成青缘又变为五风症矣，亦肝肾二经之症，宜用补肾固本丸、明目固本丸、点用清理散”。因此，眼疾内治理论得到巩固和升华，医疗技术也取得了大的飞跃，为中医眼科的发展和传承做出重大贡献。

李庄眼药有《扫雾丹》《珍珠十宝丹》《拨云散》《加味洗心散》等眼疾良方20余篇，后经历代传人补充整理，共有经方40余篇，并汇集成册，流传至今。其中不仅记载了治疗眼疾中药经典处方，还记载了中药材的相关储藏、粉碎、炒、煎、烘等炮制技术，如火煅炉甘石、水飞朱砂、处煅石决明等独特的炮制工艺。家传中药炮制工具药臼、药碾、戥称，中药存储工具玉石瓶，瓦岗等至今保存完好。

◆ 中医针灸疗法（中医针灸针挑疗法）

针挑疗法是一种古老而又有效的独特疗法，属中医外治方法之一。其在解决疾病上更显优势，既绿色环保，又能立竿见影，还没有副作用，有较高的实用价值。

针挑疗法最早可追溯到石器时代，起源于石器时代的“砭石”，进步于铁器时代的“粗针”，是先民在与疾病作斗争的过程中经验和知识的积累。中医针灸针挑疗法的传承过程能体现中医传承发展的历史，是中华文明起源和传承的一个佐证。

据医史家和考古学家的研究证实，针挑疗法起源于砭石。砭石是指远古时期，人们利用石尖作为工具，在人体表划、刮、压、刺的一种最简单的保健疗法。1963 年，从内蒙古自治区头道洼新石器时代遗址出土的一根磨制石针，经考古学家和医史工作者鉴定认为：这根石针是距今 4000 年至 1 万年前的新石器时代的原始针具——砭石。关于砭石的用途，东汉高诱在注解《淮南子·说山训》时便明确地指出：“石针所抵弹人痈痤，出其恶血。”南北朝全元起说：“古来未能铸铁，古用石为针。”可见砭石是未有金属针具之前的原始针具，是针刺术的鼻祖。这个时期统称为“砭石”时期。

到了铁器时代，这项技术又得到了长足的发展，出现了较粗糙的金属制的“粗针”，这个时期称为“粗针”砭刺时期。

后由于种种原因，针挑疗法散落民间，植根民间，直到新中国成立，中医针挑疗法才蓬勃发展起来。传承方式是家传，传承人传承的这一项技术来自外祖母刘曹氏，刘曹氏得益于其父亲，其父亲得益于其祖父，口口相授，单脉相传，已有百年的历史。目前只有传承人掌握这项技术，希望能得到更好的保护和传承。

中医针挑疗法，是在人体一定的穴位上挑刺，使皮肤微微出血，或拨出一些纤维（即民间绝技挑羊毛疔）来调理多种疾病。原理简明：皮肤是“卫气所留止”，“卫气”是人体“正气”的重要组成部分，有“卫外而为固”“抗外安内”

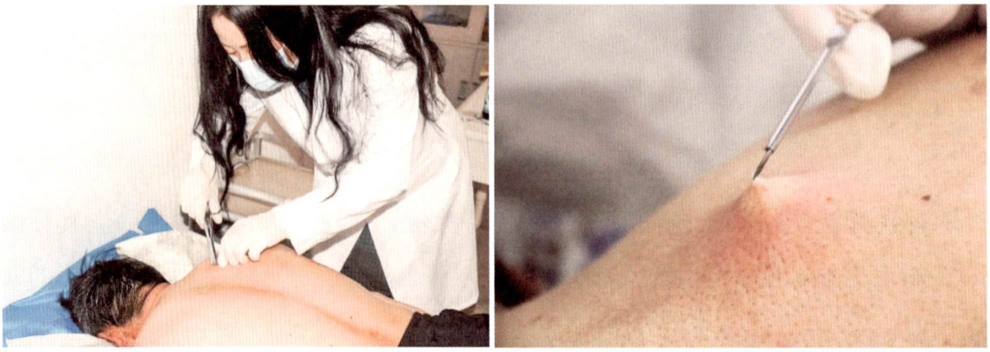

针挑疗法

的作用。皮肤借“卫气”的运行和经络的传导作用，起到对外接收信息，对内传达命令的作用，是机体的“受纳器”和“效应器”，在皮层的特定位置给予适当的针挑刺激，可以充分发挥“卫气”作用，起到疏通经络、推动血行的作用，使阴阳调和，把已经发生的病理变化加以纠正，身体恢复健康。

针挑疗法原理明了，操作简单，效果明显，把它进行剖析研究，可以借鉴于其他医术，相辅相成，共同进步。

◆ 中医传统制剂方法（彪字号膏药制作技艺）

彪字号膏药起源于清末，发展于民国，弘扬于当代，至今已有 130 余年历史。清末，境内战乱、水患、疾病连年不断，灾荒困境，瘟疫多发，其骨病甚多。朱氏族人一支从山西洪洞县大槐树迁居定陶南关，其中即有行骨医者，其后祖孙相传，以医治骨病而名誉四方。

有文字记载的传人朱从康（1870—1948），自幼随父习武学医，家风严谨，为人宽厚仁义，青壮年时任县衙都头，中年卸任并在县衙附近（现定陶八街）开设药铺，以古方祛风膏和针灸之术而名声大振。朱从康医德高尚，平民百姓治病纹钱不取，深受百姓爱戴，当地有“穷人贴药、富人拿钱”的说法。

为解除百姓痛苦，朱从康不辞劳苦，四处拜访中医名家，虚心请教，医术大有长进，他精心配制的膏药处方，大胆拿来实验，常言道马通人性，势必与人相同，于是就用马做实验，把煎好的药掺在马的草料里，只要马吃了拌有草药的草料没问题，再在自己身上实验，服用后效果明显，才拿来给百姓治病。他一生立志承袭古法，继承岐黄事业，救人无数。

彪字号膏药制作技艺首先用铁锅盛满香油，把药材浸泡于香油中，浸泡满 15 天；然后加热，把药加热至发黄，呈茶色时出药，把加热后的草药从铁锅中分离出来；随后把药油继续加热到一定热度下黄丹；最后把药熬制到黏糊状后验药，用筷子试药，滴在水中药呈珠状，药成。

彪字号膏药作为代表中医药文化特色的传统中药配方，其独特的组方、神奇的疗效治愈了国内外众多患者，对弥补西医治疗筋骨疾病方面的缺陷有较高

膏药配制

医疗研究价值。

但是，现在彪字号膏药制作技艺的传承面临众多挑战。一是因社会变革，西医的普及使得中医受到前所未有的冲击，无论是大城市，还是在广大的乡镇农村，中医骨科技术相对薄弱。二是医术精湛、经验丰富的老中医年事已高，年轻的中医学者少，有些宝贵的医术验方难以得到传承。三是中医骨科医术缺少书籍、音像资料，一些经方验方没有印制条件，急需抢救性挖掘整理。四是由于传承方式单一，有传男不传女、传内不传外的习俗，加之膏药熬制技艺烦琐，导致本膏药传承处于濒危状态。

◆ 中医传统制剂方法（小儿穴位贴制作技艺）

穴位贴在我国的应用历史悠久，古医言曰："穴位贴能治病，无殊汤药，用之得法，其响立应。"穴位贴之优劣，疗效是根本。小儿穴位贴直接作用于患处，使药效数倍提高，而且不易产生耐药性。定陶小儿穴位贴属于外治，避免了内服药物的毒副作用，再加上疗效确切，受到了群众广泛欢迎。

定陶历来就属兵家必争之地，西周时期为曹国国郡，汉代刘邦在此登基称帝，范蠡助越灭吴后辗转至陶，并在此定居经商。自春秋至西汉 800 多年间，定陶一直是中原地区的水陆交通要道和古代重要都会，这也就造成穴位贴的需求量增加。

定陶小儿穴位贴的起源和发展分五个阶段：

第一阶段自 1865 年至 1910 年，由马集乡石庄村路氏从青岗集乡武庄村聘

中药配制

请来的武师傅指导制作技艺。

第二阶段自 1910 年至 1938 年，传统膏药铺由路氏自己掌握工艺制作，此阶段达到本技艺的巅峰时期。

第三阶段自 1938 年至 1969 年，因传承人参加抗战原因，此阶段为本技艺的低谷期，几近濒临失传。后期路继堂跟随传承人学习传统膏药制作工艺。

第四阶段自 1970 年至 1999 年，路继堂不断四处学习并改良制作工艺。

第五阶段自 1999 年至今，路金锋跟随路继堂学习，并于 2013 年正式传承技艺，并在原来传统工艺的基础上，结合现有科技技术，不断提升技艺的便捷性，速效性。

小儿穴位贴制作过程传统，工艺复杂，时间长，每个环节出现一点差错，都会影响到整个产品的质量。制作过程最低需要经过 12 道工序：一是选购优质中药材，二是筛选参差不齐中药材，三是浸泡中药材，四是晾晒，五是香油、蜂蜜熬制，六是去渣，七是搅拌，八是涂布，九是凝膏模切，十是挑选优品，十一是贴片，十二是成品。

小儿穴位贴使用的贴敷疗法是医学中独具特色的外治法，操作简便，作用迅捷，使用安全。小儿穴位贴中的药物直接贴敷于体表穴位上，药性透过体表皮肤、黏膜等的吸收发挥作用，有效避免了胃肠吸收的首过效应，减少了刺激性。一方面在局部产生药物浓度的相对优势；另一方面可通过经络的贯通运行，直达病所，发挥药物“归经”和功能效应，从而发挥最大的全身药理效应。

面对西药技术的入侵，新型科技速成型膏药的市场占领，传统黑膏药正在逐渐退出历史舞台。因为传统黑膏药在制作过程中劳动强度大，制作成本高，制作周期长，销售渠道少，使得这种技艺面临着迅速消亡的境遇。目前，山东顺祺药业是全县唯一一家生产手续齐全、保留传统膏药手工技艺的企业，但掌握本传统技艺的人也只有两三个人。

民　俗

◆ 仿山山会

仿山位于定陶县城北，定陶古称陶，是中华文明的发祥地之一。尧、舜二帝曾在此建都，定陶即是尧、舜、禹时代的定都地。《定陶县志》记载："约公元前 21 世纪，尧初居唐，后成陶，定陶为尧都。"尧、舜、禹的思想、品质及创造的文化、文明，是儒家文化最根本的来源，也是中华文明最主要的根源。

仿山山会发源于定陶县西周至春秋战国时曹国 25 代君王陵地，距今已有 2000 多年的历史。仿山山会是研究中原地区古代贸易物流交易、民风民俗活动的活化石。

仿山

据《定陶县志》记载:“仿山在县西北十二里，层阜隆然，古曹国葬地，积壤之高，仿佛如山，自曹叔振铎至伯阳二十五代并称焉。”明天启三年《仿山创建玉皇祠记》云:“山稽郡乘，曹叔之陵寝地也。以人力作阜……崇三十丈，延袤百亩。”“平原上积壤之高大，仿佛如山，故称仿山。”仿山山会以其独特的历史渊源，悠久的传统文化，千百年之不衰，成就了鲁西南规模最大的传统民间集会而闻名遐迩。

仿山山会

仿山从春秋时期建曹国王陵，至明清之际，仿山墓群之巅，历代所修庙宇有大小48座。每年农历三月二十七日至二十九日是仿山山会的日子，来自晋、冀、鲁、豫、苏、皖等省的商贾游客提前数日就来到仿山，十几万人之众云集于此，车水马龙，贸物交易，成为鲁西南及周边地区农贸交易的大型场所。

绵延十里的山会，正值麦收前的光景，除麦收农具外，仅骡马一市每日成交量都在千匹以上，至于牛羊之类的家禽牲畜就不计其数了。至于其他京广杂货、日用商品等应有尽有。更有打拳卖艺的、跑马玩杂技的、说书唱戏的、舞狮的、玩猴的、吹唢呐的……各类民间文化

仿山山门

仿山旅游区牌坊

会聚于此，锣鼓喧天，热闹非凡。其他捏面人的、吹糖人的、拉洋片的、写鸟字的、鼓吹周易的、推八卦的等传统文化艺人，在这里比邻擦肩，随处可见。

仿山山会为古传统山会，每年于农历三月二十七日至二十九日集会 3 天，近几年提前至农历三月二十五日开始成会，三月二十九日山会结束，会期延长到 5 天。仿山山会自然形成，规模越来越大，涵盖祭祀和商品贸易，在其周围地区闻名遐迩。山会时间较集中，一年一次，赶会的人大都提前几天到会，每天近 10 万人次，商品齐全，品种繁多，各种活动场面热闹非凡，民间艺人随处可见。

仿山山会以其众多的人文景观，优美的景色，丰富的文化内涵和优秀的传统文化，给后人留下了众多珍贵的历史文化遗迹。流传千余年的仿山山会，为研究古代的商贸习俗提供了活体样本，也为研究民俗文化提供了丰富的资料，具有很强的民俗研究价值和乡土文化价值。

菏泽非物质文化遗产概览

HEZE FEIWUZHI WENHUA YICHAN GAILAN

曹 县 篇

民间文学

◆ 伊尹传说

伊尹传说多来源于史料记载，如《尚书》《论语》《吕氏春秋》《列子》《楚辞》《孟子》等古典典籍，当地百姓世代口耳相传至今。

伊尹画像

据史料记载：伊尹，又名伊挚，又称阿衡、保衡，夏末商初有莘国（今山东曹县莘冢集）人，出身于奴隶之家，曾辅佐商汤起兵伐夏桀，助商汤建立了商朝。他为商朝理政安民60余载，

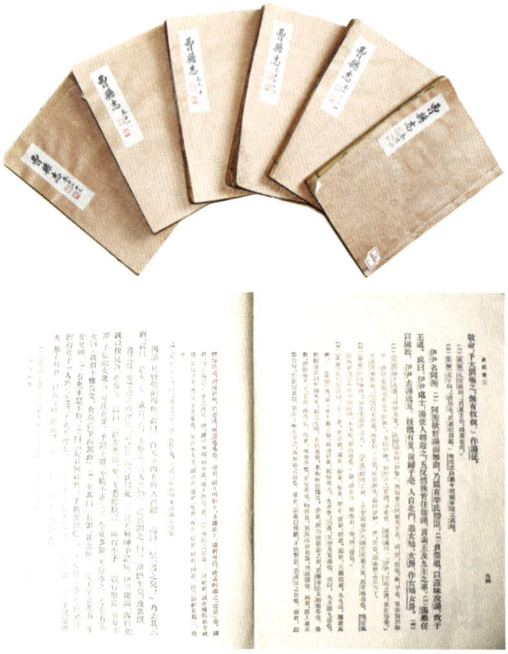

文献

历五王，世称贤相。伊尹于公元前1713年死后葬于亳（今山东曹县大集乡殷庙村），享年百岁，被后人尊为“元圣”“厨祖”“第一贤相”和“帝王师”。传说，汤娶有莘氏之女为妃，伊尹自愿作陪嫁媵臣，随同到商。他背负鼎俎为汤烹炊，以烹调、五味为引子，分析天下大势与为政之道，劝汤

承担灭夏大任。汤由此方知伊尹有经天纬地之才，便免其奴隶身份，任命为右相，成为执政大臣，并助商王成汤灭夏。传说典故故事“伊公调和”“伊尹以味说汤王”“商汤三聘伊尹”“伊尹煎熬”“割烹要汤”“调和鼎鼐”“伊尹事汤”等，从不同的侧面反映伊尹“治大国如烹小鲜”的治国思想。

伊尹传说故事在民间非常多，主要流传于山东、河南两省的部分地区，也影响到全国的烹饪界和中国香港、中国台湾、新加坡等地中国烹饪同行。流传最广的是关于伊尹为“汤师”以及伊尹为“厨祖”的传说，也是伊尹传说主体最有价值的地方。

伊尹传说已经在民间流传几千年，在长期的流传过程中，人们在尊重史料的基础上，不断地加工、提炼，许多传说故事语言优美、结构精巧、想象丰富、意蕴新奇，故事情节跌宕起伏，既有文学性，又具有思想性。加强对伊尹传说的研究、传播，有利于当代人研究历史，传续文脉，发展文旅经济。

伊尹墓

在曹县城西北普连集镇莘冢集行政村内东，现有莘冢集遗址，为省级文物保护单位；在曹县东南大集乡殷庙村西有伊尹墓，墓前有伊尹祠，后有百亩荷塘环绕，庙前有伊尹古井一口。

圣元祠拜堂

◆ 商汤传说

商汤，姓子，名履，又称成汤、武汤、武王、天乙。殷墟甲骨文称成唐，亦称大乙，西周甲骨与金文称成唐，是帝喾后代，契的十四代孙。他是商族部落领袖，商王朝的建立者。商族从始祖契到汤，曾先后迁居 8 次，直至汤定居于北亳（今曹县南部）。商汤传说大多可见于《史记·殷本纪》《国语·鲁语上》《集解》《孟子·滕文公下》《诗·商颂·殷武》《易经·彖辞》《通志·氏族略》等古籍中，具有较高的历史研究价值。

商族兴起在黄河下游，现在的河南、山东一带。商部落的历史可以追溯到母系氏族公社时期。这个部落的始祖叫契。传说契的母亲简狄洗澡，忽然发现燕子下了个蛋，吃了以后便怀孕生契。所以古代有“天命玄鸟，降而生商”。商原为夏的属国之一，夏朝末年，夏王室内部矛盾日趋尖锐，成汤则在国内布德施惠，轻赋薄敛，使百姓亲附，政令通行，商族逐渐强大起来。暴虐的桀担心汤势力壮大而威胁自己的政权，便将汤召入夏都，囚禁在夏台。商族送

成汤王陵

汤陵残碑

安陵堌堆

部堌堆

梁堌堆

郗堌堆

桀以重金，并贿赂桀的亲信，使汤获释归商。

商汤传说扎根于民间，传说故事中的地理位置、民俗民风都具有鲜明的地方特色，有重要的地方民俗研究价值。

在曹县城南阎店楼乡土山集村西现有成汤王陵，明、清两代的“重修汤陵碑”尚存；在曹县侯集回族镇梁堌堆村北有梁堌堆（景山）遗址，为省级文物保护单位。

传统音乐

◆ 商汤鼓角

商汤鼓角是曹县民间一项重要的艺术形式。曹县的鼓角文化可追溯到商代，故民间有“汤汤鼓（商汤鼓）”“汤汤锣”的称谓。

古时人们为了祈求风调雨顺，常要祭天求神，鼓角的演奏是祭祀的前奏。最初的参与者主要为“火神会”成员，乐技多为祖传，其表演形式分为朝台、串街、广场，一直延续至今。目前，曹县商汤鼓角的表演主要集中在曹县东南部的青堌集镇、安蔡楼镇、大集镇，曹县北部的普连集镇、青岗集镇、古营集镇，曹县西南部的邵庄镇、郑庄镇，曹县西北部的庄寨镇、韩集镇，曹县城内的四关社区（北关、南关、西关、东关）。

据《中国大百科全书音乐·舞蹈卷》记载，山东有三个主要鼓乐流派，曹县商汤鼓角属西南路，组合灵活多样，膜鸣、体鸣、哨嘴等乐器有机结合，地

商汤鼓角

方色彩浓厚。远古时期曹县“商汤鼓角”的演奏风格是粗放激情，经过漫长的历史演变，风格转为优美、细腻、节奏明快。其艺术风格形式多变，既气势磅礴、轰轰烈烈，如千军万马厮杀疆场；又犹如高山流水，委婉动听。

曹县“商汤鼓角”既可独立演奏，又可为一些民间舞蹈如“高跷”“蹦伞”“二鬼摔”等配合演奏。在演奏的同时摆开纱灯、牌子灯和“七星”“八卦”“龙”“凤”“黑虎”“麒麟”等牙旗，队伍极为壮观。适逢春节前后、二月二、庙会，当悠扬的号角响起，大家拿起家什，凑在一起鼓角齐鸣，热闹半天。一村引发，村村响应，震天动地，激荡人心，震响数十里。除夕夜更是通宵达旦玩个痛快。直到现在，每逢重大节庆、庙会，鼓角老艺人还聚在一起摆开架势进行演奏。

商汤鼓角的曲牌，以突出表现鼓和角的曲牌有“白马上城”“十八国临潼斗宝”“狮子三出洞”“乌骓双撕咬”“三点扑拉蛾”“山坡羊”“长流水”“闹花灯”“八角琉璃井”“凤凰三点头”“闹三国”“单口咬”“双口咬”“富贵不断头”等 200 多个。

口授传艺是曹县商汤鼓角的主要传承形式，以前是家庭式的传艺，不收徒，解放后技艺高超的老鼓角艺人开始收徒传艺，使商汤鼓角的演奏技法得以很好地传承和发展。著名鼓角演奏师有郗子超、杨振德等，后以王福奎、李秀敏夫妇为主要代表，王福奎通过 20 多年的潜心研究，先后整理出“风绞雪”“狮子三出洞”等 10 余篇演奏老曲牌。

商汤鼓角作为民间娱玩载体，与民俗礼仪、宗教信仰息息相关，是研究当地历史文化的活化石。

传统舞蹈

◆ 蹦　伞

蹦伞是流传于曹县一带古老的民间舞蹈，当地俗称“抡伞”“花鼓伞”“马伞”，是远古时期部落聚会时开展祭祀仪式沿袭下来的一些肢体语言，慢慢地人们从这些简单的肢体语言中演化出一种舞蹈形式，后经民间艺人不断加工整理、挖掘、传承，形成了现在的面貌。蹦伞艺术是山东省民间艺术中不可多得的舞蹈形式。

古时黄河不断泛滥，人们只能祈求神灵保佑平安，蹦伞就是祭祀活动中的一项重要内容，是一种“民俗活化石”。其表现形式承载着民间信仰，体现了地方文化精神内涵，是曹县当地民间习俗的具体反映。当今，蹦伞艺术更多地突

蹦伞

出其娱乐性功能，是现代人们闲暇之余的一种民间娱乐和健身形式。同时，蹦伞也广泛用在当地婚丧习俗中，随附于“花轿”舞而出现。

蹦伞

蹦伞艺术表演活动有朝台、串街、广场三种形式。

“朝台”是群众在农历正月初七送火神祭祀的活动。利用蹦伞送火神，祈求神灵保佑年年风调雨顺、五谷丰登。

“串街”是蹦伞玩友班子利用春节进城进行走街串巷的演出。如进城看到生意兴隆的店铺，在街上放一条长凳，就地鼓乐齐鸣，蹦上几个小场，祝贺“生意兴隆，财源茂盛”。商铺老板马上摆上八仙桌子，放上香烟、茶水表示谢意，最后封上几封上好的点心，作为玩友班子的酬劳，演出才算结束。

“广场”是蹦伞舞的主要演出场子（群众称为跑场子）。

蹦伞舞分为“文伞”和“武伞”两种。曹县民间素有习武之风，演习大洪拳、小洪拳、二洪拳、梅花拳、猴拳的人众多，“文伞”中多以大洪拳架势为基础，动作粗犷大方，朴实美观，表演时以走场为主，并以“花轿舞”配合，多出现在婚丧礼仪的表演之中。“武伞”中多以小洪拳、二洪拳、梅花拳、猴拳架势为基础，动作幽默、灵活、变化多端，逗人喜欢。

蹦伞逢年过节出外演出，首先由会首下请帖，定好互访日期，按照预定顺序依次串村巡演。会首挥动小旗指挥，玩友班锣鼓喧天，彩旗招展。进村后在指定场子等待演出，待群众到齐后，便擂鼓一阵，伞头老汉脚蹬鼓边，肩扛花伞，领舞“开门引伞”，顶花少女配合演出。

蹦伞道具有花伞、木质留跟绣花鞋、方布巾等。伞头直径约 40 厘米，外罩两层彩绸，另加一圈丝线穗子，穗子织结在网状围子上，围伞头一圈，顶端系花儿数朵。“文伞”伞头略大于“武伞”伞头。“文伞”一般在婚丧仪式中表演。“武伞”代表作品有“花伞情”“游春”“祖孙观灯”“父女采茶”等舞蹈节目。绣花鞋鞋底为木质，形似现代的高跟鞋，俗称“四寸金莲”。方布巾用来配合舞蹈动作挥动，以活跃现场气氛。

蹦伞艺术主要分布在曹县境内的阎店楼镇陈楼寨村、安蔡楼镇孙开村、郑庄镇仲堤圈、梁堤头镇、磐石办事处闫庙村、曹城办事处西关社区等处。影响到菏泽市及周边河南、江苏、安徽交界地区。

曹县蹦伞是山东省民间优秀舞蹈形式之一。蹦伞舞作为远古祭祀民俗文化的产物，具有浓郁的地域特色和民俗信仰色彩，充分体现了深厚的历史文化积淀，又承载着浓厚的民俗情结。它的趣味性透过舞蹈动作、情节传达给现场的观众，使这一民俗载体在娱玩的同时，传播、宣扬着中华民族传统道德观念和精神文化内涵，从形式和视角上给人以美的享受。蹦伞舞发展到今天，其娱玩功能已非常完善，突出表现了一种积极健康、昂扬向上的人生追求，对提高人民群众文化素质、促进人民全面发展、构建社会主义和谐社会，将产生积极的推动作用。

◆ 竹马舞

曹县侯集竹马舞，又称“跑竹马”，是一种流传于曹县回民群体中的一种娱乐舞蹈形式。这种表演性舞蹈起源于明朝洪武年间，是侯集镇的回族先民们为庆丰收、闹新春等喜庆活动而创作，至今已有600多年历史。

竹马分为前后两部分，是用竹子扎起马形骨架，外面蒙上各种颜色丝绸做的套子。演出时，演员身穿民族戏服，把竹马系在腰间，可以做各种骑马状。

竹马舞表演，粗犷豪放、动作逼真。前有旗、锣、伞、扇开道，紧跟着大号、战鼓、大铙、大镲、锣等烘托。在大号嘹亮、战鼓震天声中，演出队伍随之而来，列队有致，护会人员两边保驾，如皇帝出宫。队伍后边有大鼓和铜制响器敲打随和，煞是热闹。全场演出的演员有五六十人，表演的线路是古代战场上作战时多种阵法的变化。

开始演出之时，演员用马鞭向观众丹凤三点头，以示尊敬。初起似行云流水，至大阵变化时如万马奔腾，粗犷豪放、大气磅礴。阵势雅名已失传，其俗名有两钐门、十字进、夹底墙、套搭弯、珍珠倒卷帘、连环扣等。

演员表演时不断变化队形和舞步，缓时銮铃叮咚似行云流水，急时战鼓轰鸣如万马奔腾，显示其端庄高雅，再现了回族民众的淳朴民风，二三十匹马展现万马奔腾之场景，风格独特，绝无仅有。演员在跑动时，各角色分工明确，各司其职，配合默契，以走场为主，有“双进门”“开四门”“水溜溜”“绕八字”“蛇蜕皮”“十字靠”“剪子股”“跑圆场”“三龙出水”“南瓜蔓”等10余种，表演者通过表情、姿态，表现剧情和人物性格。

历经数代人的演绎和创新，竹马舞先后融入打击乐、唢呐等乐器伴奏，伴奏乐器多为锣、鼓、镲等打击乐器。这种活动与秧歌等有机结合，逐渐发展成为一种载歌载舞、气氛热烈、内容更鲜活的寓教于乐的民间舞蹈和民间娱乐健身运动。

代表性传承人有金付学、马敬献等。

竹马舞是曹县回族先民们生活习俗的体现，艺术风格独树一帜，具有重要的历史借鉴、科学研究、艺术观赏、保护传承价值。竹马舞发展到今天，其娱玩功能更加完善，从动作到表演的阵势、形式和视角上，给人以美的享受，更加突出了人们积极健康、昂扬向上的人生追求。

竹马舞

◆ 马叉舞

马叉是集体育、游艺与杂技于一身的民间表演性项目，在曹县广为流传。在曹县当地有一句顺口溜“北关的狮子，南关的叉，还有侯集的好竹马……”，这项始于清朝的传统民间艺术，在曹县发展至今已有百余年历史。

马叉舞的舞蹈动作大多以大洪拳、二洪拳、梅花拳架势为基础，动作粗犷大方，表演时以走场为主。马叉的表演形式与竹马舞一样，有 3 种：朝台、串街、广场，主要以重大节日表演为主。如果成功地办一个马叉舞会，总会首、打旗、武场、化妆师等人员需要 60 多人。每年到了重大节日、春节花会，几十名青壮年在阵阵鼓、镲声中，着装、画脸、高擎彩旗、列队持叉上街演出。每一名马叉手根据特有的鼓点，舞动马叉或将马叉抛至半空，在落下的瞬间根据其下落力道顺抛继续舞动，在行进中还要不停地穿插跑位，表演起来非常喜庆、热闹，每一轮的表演时间约为 20 分钟。随着清脆悦耳的叉环相撞发出的叮铃声，一根根马叉在胳膊、后背、身体等处上下翻飞，“仙人洗面”“转鱼”“张飞梗马”与武术相似的马叉招数陆续上演。一根根 3 斤多重的马叉在艺人们的手中，似乎活了起来，自始至终马叉都是在空中不停地旋转、翻滚当中。

20 世纪 30 年代，曹县就成立了马叉会，每到春节，就为当地居民献上精湛的马叉表演。新中国成立后，除春节等节日外，遇有重大的庆祝活动，曹县马

马叉舞

叉会都会上街演出。近年来，曹县马叉舞协会不断发展，队伍逐渐壮大，如今马叉这门民间艺术，已成为当地重大节日、民间花会的重头戏，深受老百姓的喜爱。

代表性传承人赵广德，曹县曹城办事处南关社区人，10余岁便跟随师傅学习马叉舞。在传统马叉舞表演基础上，创新了多种艺术表演样式，形成了独有的艺术风格。20多年来，他相继收授6批学徒，现今都成了马叉舞团队的中坚力量。2011年，赵广德组建了曹县马叉舞协会，将曹县大量的马叉舞艺人纳入其中，将曹县马叉舞表演队伍进行了整合，使曹县的马叉舞队伍更加具有影响力。

马叉舞是山东省民间传统舞蹈的一个重要的组成部分，曹县马叉舞继承和发扬古老的原生态民间艺术，它丰富的内容和强烈的民间武术韵味，强烈的地域民俗特性，承载着曹县人民的勤劳、智慧与才能，反映出本地民风的淳朴和人民坚韧不拔的毅力，是我们研究民间传统舞蹈史很好的素材。

◆ 狮子舞

狮子舞，又称“舞狮”“狮灯”“舞狮子”，狮子舞现分为南狮、北狮两大类。曹县狮子舞属于北狮一派。据《曹县县志》记载：曹县狮子会创建于明洪武年间（约1397），主要分布在曹县曹城办事处北关社区，并影响到周边乡镇和周边地区。它以民间花会形式存在，狮子会的活动时间一般在春节和春季寺庙法会期间表演展示，也参加一些重要的节庆庆典活动。

曹县狮子舞演出，可分舞台演出和场地演出两大类。初时，狮子舞只是摹拟动物做一些简单动作，经历代艺人们潜心研究、创新，动作越来越多，主要包括走、站、翻、跳、摆、挠、抢、抖、滚、甩10种。

现在狮子舞表演，一般是二人一狮，雌雄成对出现，由装扮成武士的主人前领。有时配一对小狮子，小狮戏弄大狮，大狮弄儿为乐，尽显天伦，表演较为接近杂耍。踏着“咚咚呛、咚咚呛，咚呛咚呛，咚咚呛”的锣鼓点，绕场、转圈、打场子表演。现在曹县狮子舞擅长表演各种风趣喜人的动作，比如挠痒痒、舔毛、抓耳挠腮、打滚、跳跃、嬉球等等。正式演出时，狮子卧于地上，开始

狮子舞

先由拿绣球者逗引狮子表演抖毛、舔毛、打滚、直立、啃痒、蹲、卧、摇头摆尾等习惯性动作。拿绣球者扮一戏剧中的小武生，手持绣球“跟头”上场，打一趟武术拳脚动作，紧接着朝卧狮跺脚、举球、抖球唤起狮子开始表演，狮子起舞后领狮者退场。只有在表演抢球时由领狮者抛球，表演跳方桌、跳条凳时领狮人先示范给狮子看，启发狮子学着跳，完成基本的表演项目。然后表演“大盘门”“啃桌角”“窜桌子”“滚绣球”“大过桥”“上老杆”等。

狮子舞始终要有铜器伴奏，俗称“玩狮子离不开铜器”，狮子舞的配乐主要是钹、锣、鼓为主的打击乐，一般都有大鼓、大锣、两对大铙、大镲，一面堂锣、堂鼓。

鼓牌主要有“白马上城”“十八国临潼斗宝”“狮子三出洞”“乌骓双撕咬”“三点扑拉蛾”“山坡羊”“长流水”“闹花灯”“八角琉璃井”“凤凰三点头”“闹三国”“单口咬”“双口咬”“富贵不断头”等。

代表性传承人黄文风，曹县曹城办事处北关社区人。黄文风自幼就随父辈和北关狮子舞老艺人学习狮子舞表演，2013 年成立曹县传统狮子舞协会，专门从事狮子舞的传承与发展工作。

曹县狮子舞经历了 100 多年的传承发展，以武术的功底融入舞蹈动作中去，从动作到内容，都显现着独特的地域色彩，充分体现着曹县的历史文化积淀，又承载着浓厚的民俗情结。狮子舞发展到今天，其娱玩功能更加完善，从形式和视角上给人以美的享受，当地居民以狮子舞来传达他们的精神内涵，极大地丰富了精神文化生活。

传统戏剧

◆ 皮影戏（曹县皮影）

曹县皮影，又名皮影戏、皮儿影、隔纸说书，是我国皮影艺术的一个重要地方分支。乾隆年间，受当地民间其他艺术启发，曹县常乐集乡任庄村任氏创始了皮影，并以此赖以生存，至今已传8代。与山东其他地方皮影不同，曹县皮影演出是把地方戏曲“大平调”有机地植入，在山东皮影艺术中可谓独树一帜。

任家班皮影

曹县皮影多上演历史演义戏、民间传说戏、武侠公案戏、爱情故事戏、神话寓言戏等。演出时，艺人们在白色幕布后面，一边操纵影人，一边用当地流行的曲调讲述故事，同时用打击乐器和弦乐进行配合，受到观众好评。

曹县皮影故事生动，道白有声有色，声腔丰富优美；演出装备轻便，操纵技巧繁复巧妙，武打场面紧锣密鼓，影人枪来剑往，上下翻腾，表演精彩动人。音乐广泛吸收了地方戏曲"大平调"的艺术因素和民歌曲调的风格，形成了较为固定的行当、板式、唱腔。乐队以板胡、大油梆子为主奏乐器，悠扬婉转，韵味独特，而且文武场齐全。

传承人任银来，10多岁起就跟随祖父、父亲开始学演皮影，熟练掌握从皮影制作到演出一系列活计。近年来多次组织讲习班，教授影人操控、演唱、乐队伴奏、皮影制作等基本技艺。他积极推进皮影进校园、进社区活动，把皮影舞台搬到了曹县中小学课堂上，向群众展示皮影艺术，让更多的人认识了曹县皮影。

◆ 大弦子戏

大弦子戏最初以三弦为主要伴奏乐器，故又称为弦子戏。又根据成立班社的先后、艺人的辈分及班社人员多少，分为大、小班。大班称大弦子戏，小班则称小弦子戏。今日通称"大弦子戏"。大弦子戏集民间俗曲之大成，在元明俗曲小令的基础上，经过艺人的不断加工提炼、修饰和创造，发展成为多乐调的戏曲声腔类型。清乾隆年间，"大弦子戏流行于山东菏泽一带，影响到河南开封、漯河一带，发展到十八个班社"。

大弦子戏演出剧目内容非常丰富，既有商周戏，又有三国戏、水浒戏等各种演义类剧目，大弦子戏表演动作粗犷，架势夸张，注重技巧，脸谱丰富，演员常用民间杂技真刀真枪及赤膊"彩戏"等表演，很有地方文化特色，具有较高的艺术欣赏价值和研究价值。

大弦子戏有音乐三大件：锡笛、笙、三弦，人称"笛似骨，笙似肉，弦似筋"，伴奏音音域广阔，音色亮丽，节奏明快，转换自如流畅，民间的习俗醇厚。

演出剧照

大弦子戏曲牌繁多，每个剧目唱腔色彩各异。剧目分为用锡笛伴唱，用大笛伴唱，用罗笛伴唱，用横笛伴奏等。每个曲牌又分为高、中、低三种唱法。由于大弦子戏植根于民间，所以，大弦子戏的发展、繁荣与民俗文化息息相关。

代表性传承人刘义忠，曹县大弦子戏剧团团长。刘义忠10多岁开始学习大弦子戏，长期在曹县大弦子戏演出中担任生角并主管配乐等，2018年创立曹县大弦子戏剧团并担任团长。40多年来，刘义忠致力于大弦子戏的剧目创新、传承与发展，曾多次到菏泽、河南等地学习交流大弦子戏艺术，不断创新剧目、唱腔，如将“两架山”“金麒麟”“火龙阵”“奇中义”“审诰命”“牛头山”等10多部传统剧目进行重新整理和改编，演出形式耳目一新，受到社会的广泛好评。

曲　艺

◆ 坠　子

坠子即鲁西南坠子，又叫“鱼鼓坠”“坠子书”“简板书”“响板书”。据《曹县县志》记载，鲁西南坠子在曹县已有近百年的传承发展历史，它是在鱼鼓的基础上结合莺歌柳书演变而成的。

鲁西南坠子属北方戏曲曲种，演唱形式简单，有单人、双人对口两种形式，演员手打简板，伴奏者拉坠琴，蹬脚梆子掌握节奏。使用的乐器有鱼鼓、简板、坠琴、脚梆和小钹等。加之坠琴音色清脆、明亮，中低音浑厚，模仿能力特强，故能吸引大批听众。

鲁西南坠子源于当地民间说唱，善于抒情，又长于叙事；唱腔优美，婉转动人，语言通俗，故事性强。长期以来从道情、三弦书、山东大鼓、琴书等曲种移植、继承了大量优秀书目，后又创编、积累了一些独具特色的书目，有长篇、

坠子

中篇、短篇200余种，保存了不少流传悠久的艺术精品。

鲁西南坠子传统节目极为丰富，段子戏以“三国”“列国”“西厢记”“红楼梦”为主，民间小故事也不少。蔓子活（即大部说唱）有“大小英烈”“秦琼打擂”“说唐”“刘公案”“杨金花夺印”“呼延庆打擂”“嘉庆私访”等80多部。

鲁西南坠子从酝酿到形成，一直保持着朴素的乡土风味和浓厚的生活气息。鲁西南坠子还擅演生活小戏，语言来自民间，唱腔吸收融汇其他曲艺品种以及当地地方戏曲，以其独特表演和演唱，凸显了鲜明的地方特色，反映了该曲艺形式流行区域内的历史变迁以及人民生活的场景。鲁西南坠子说唱结合，表演艺术生活化、情趣化，丰富拓宽了曲艺艺术原生态的表现形式，是群众喜闻乐见的一种曲艺表现形式。

代表性传承人元秀梅，曹县仵楼镇人，自幼随师傅解秀云学习鲁西南坠子，精通演奏技艺，在全国性比赛中多次获得殊荣，近年培养弟子多人。

◆ 山东琴书

山东琴书是一种鲁西南民间说唱艺术，它用生活中提炼出来的生动形象的、说唱化的语言来讲述故事，描绘人物，状物写景，抒发感情。

山东琴书

山东琴书源于明代中期曹县兴起的一种民间自娱演唱的小曲子。据《曹县县志》记载：当时，一些士绅名流，喜抚琴弹唱小曲以自娱，叫作“琴筝清曲”。这种小曲子，最初是精于音律的文人，利用流行在本地的地方戏曲曲调编演曲目，逐渐形成固定唱腔。起初只是风雅访友，后渐变为农闲或节日聚会的自娱性“庄稼耍”（又称“玩局”）。至清代中期，原来唱曲使用的伴奏乐器古琴和古筝改为扬琴（又称“蝴蝶琴”）和简板，表演时分持不同乐器自行伴奏，分行当围坐表演，以唱为主，间有说白或对白。后来渐由业余玩局变为撂地说书的职业性演唱，艺人们创编移植了一大批适应群众口味的新节目，丰富了演唱内容。琴书多采用本地地方方音表演，因脱胎于民间的“小曲子”联唱，所用唱腔曲调非常丰富，有曲牌 200 多支，鼎盛时期有 300 余支。

山东琴书具有简便易行的特点：演出一般为 2~3 人，余者为伴奏兼伴唱。从形式上看，琴书属于坐唱形式的曲艺，演唱时坐成八字形，扬琴居中，其他乐器分列两旁。参与者不要化妆彩匣，不要行头衣箱，走到哪里就说唱到哪里。

山东琴书的基本曲牌是二板（也叫快板、垛子板）和四句腔（也叫慢板或凤阳歌）。音乐结构以唱凤阳歌、垛子板两种曲调为主，穿插使用曲牌，唱词通俗易懂，后又加入了在鲁西南流行的地方戏曲剧种大平调、四平调、两夹弦、山东梆子等，演唱风格也由以前的纤柔细腻变得活泼质朴。山东琴书说唱底本即琴书作品的语言，具有相当高的文学价值，又能雅俗共赏。琴书文化底蕴丰厚，对吕剧的发生发展产生过重大影响，具有较高的历史文化价值。

代表性传承人王培真，自幼随师父学习琴书演奏技艺，目前经常性开展琴书进校园、进社区展示展演活动。

◆ 山东花鼓

山东花鼓在曹县又称为“花鼓叮响”“叮响”“叮当”。据《曹县县志》记载，曹县山东花鼓戏，在曹县已有近 200 年的历史。

花鼓叮响演出时有五六人，有别于其他地方的以丝弦乐伴奏，主要是一生一旦两人连说带唱，一句连着一句，连绵不绝，只使用打击乐器，有腰鼓、锣、

演出剧照

二锣、手镲、梆子。

从声腔和剧目看，曹县花鼓初期以民间小调和牌子曲演唱，民间小调戏曲化程度低，艺人在传承发展中逐渐吸收了与之毗邻且语言、语音又比较接近的当地戏曲音乐，形成后来的“呀腔”和某些“打锣腔”。唱腔音乐可归纳为起腔、平腔、送腔、尾腔4部分，在主体唱腔中，根据唱词中不同句式的格律，使用三字崩、五字嵌、七字韵、寒韵、滚口白等唱法，并加入“咿呀、咿呀”小调门，产生节奏和旋律上的变异，表现不同的感情。演唱剧目有悲剧、喜剧之分，伴奏乐器以锣鼓打击乐器为主。在长期的舞台演出过程中，它又融入地方戏曲音乐，依循旋律特点相对固定的声腔格式，花鼓戏把这称为“正调”。“正调”的形成弥补了小调之不足，和曲牌联缀之不足，使花鼓戏具备了传统曲艺的音乐条件。由于曹县花鼓戏没有丝弦乐伴奏，从行腔起板开始就字字入耳、腔随字行、婉转动听、连绵不绝；中间艺人换气休息时以锣鼓旋律送腔。

曹县花鼓叮响具有生动活泼、生活气息浓郁等民间小调的固有特色，其演唱剧目多取材于演员和观众身边的生产劳动、男女爱情或家庭矛盾以及民间故事，加之语言质朴、唱腔口语化、词句通俗易懂、演员表演真切自然，令人有百看（听）不厌之感，因而拥有广大观众。过去曹县周边一带，无论是农村的放牛娃还是乡镇的手艺人，都能有板有眼地哼上几段花鼓戏的呀腔。曹县花鼓戏其演唱范围也由解放前农村的草台庙社，到各地分别成立专业剧团，再到进入城市剧场公演。后来植入鲁西南流行的地方戏种，才逐渐出现故事性强的民间传说题材剧目，也形成了艺术上比较完整的花鼓戏曲艺形式。

曹县花鼓戏吸收了当地各种民间艺术的精华，突出了地方独特的艺术表现形式，是山东省传统曲艺的重要组成部分，也是体现当地民风民俗的重要载体。曹县花鼓戏的传承与发展，有助于更好地弘扬地方传统文化，激发百姓的爱家乡热情。

曹县花鼓戏代表性传承人潘守德，可以完整地演唱传承剧目 50 余部，如“王员外休妻”“王三姐拜寿”“朱美臣休妻”“许仙借伞”“罗成算卦”“罗成托梦”“大劝”等。

传统体育、游艺与杂技

◆ 二洪拳

二洪拳

二洪拳是山东省民间传统竞技体育的一个重要的组成部分。属长拳类别，套路短，难度小，风格古朴。地处山东、河南两省边界的曹县仵楼乡张楼村，在解放前经常受到流寇袭扰，为了保家护院，青年均在农闲时习武。为了提高水平，当时功夫较好的刘文彬、刘广善就请师傅李金乐（菏泽沙海人）来设场子授徒。李金乐又请自己的师傅杨玉芳（河南人）来撑场子。杨玉芳为嵩山少林寺俗家弟子，武功超群。有一次，附近一武场武师前来踢馆，杨玉芳很轻松地就把对方打败。有人问他所用拳法，杨玉芳随口说是“二洪拳”。此后，杨玉芳在张楼村开始传授二洪拳法。后来，弟子麻均成参军，在济南跟随韩复榘当了保镖。退役回家“安场子”授徒，二洪拳名声大震。

二洪拳以实战技法和功力训练为主，套路只作为初学者练习身法、步法、劲力、协调性的训练，同时也作为农村过会、摆场子表演的一种娱乐形式。二洪拳偏重身法高低，步伐进退，掌、肘、膝基本用法训练，为初学入门奠基之拳。其拳势小巧玲珑，节奏严紧，技法刚健有力，朴实无花架，招含攻防，步步为营、稳扎稳打，步幅小，连续上步返身顾后，平掌倒退皆严谨法度，着重实用。其习练之理如书法之永字八法，发力柔中含刚，出手皆带身法，较紧密；拳、掌、肘、膝等用法皆在套路中重复安排，且有的左右对称，多次重复，浅显易学易练，又含深奥难测的拳理，初学者无形中增长各项技能。

二洪拳的技法训练是以单势技法、组合技法，左右互换练和两人对抗练组成的。有一路、二路、三路乃至六路大架为其基本套路，单练、对练套路较多，攻中有防、防中兼攻。发力柔中带刚，出手皆带身法。其高、低、斜、正、束、放、转、侧等身法皆有重复安排。

拳术套路有六步拳、八步拳、八卦片、醉拳、地趟拳、武松脱拷等。

器械套路有六合单刀、双刀、滚堂刀、子龙枪、少林棍、齐眉棍、三节棍、大梢子棍、手梢子棍、醉剑、醉棍、剑术、春秋大刀、月牙铲、双锏、牛心拐、虎头双钩、九节鞭、双鞭、刀里加鞭、单绳标、双绳镖等。

徒手对战有七锤、窜花锤、五风锁、梁山、鲤鱼跳龙门、三英战吕布、五虎群羊等。

器械对练有白手夺刀、白手夺枪、白手夺匕首、对劈刀、对打棍、对花枪、单刀破枪、大刀破枪、大梢子破枪、手梢子破枪、三节棍战枪、四节镗战枪、双枪破春秋、双锏破枪、双枴破枪、月牙铲战春秋等。

代表性传承人苑随起，曹县庄寨镇大寨南街人，师从于麻均成，武术高级教练，国家一级裁判，武术六段，山东省武术运动协会理事，擅长二洪拳中的硬气功、器械中的长枪。1975 年，苑随起拜麻均成为师学习二洪拳，苦练不辍，练就扎实基本功，系统性掌握二洪拳核心技艺。1983 年，苑随起跟随洪拳名家夏柏华教授系统学习研究洪拳体系，对二洪拳的教学训练方法有了进一步提升。他开办武馆，亲自教授二洪拳，根据徒弟身体条件的不同，因人施教、精心授艺，并确定其主攻套路和专业。他以二洪拳中核心拳术套路为主教内容，兼以器械套路辅助，使二洪拳前辈们留存的套路、功法精髓得以有序流传。苑随起每年带领学员举办非遗进校园、非遗进社区等各类公益活动，积极参加各类展示展演活动，弘扬传承了二洪拳文化，提升了社会影响力。

二洪拳是曹县人民娱玩生活中不可缺少的民间传统竞技体育项目，参与人数众多，与民间礼仪息息相关，具有明显的地域特性。

◆ 曹县八卦掌

八卦掌又称“无极阴阳游身八卦连环掌”“游身八卦掌”“八卦连环掌”，是一种以掌法变换和行步走转为主的拳术。运动时步伐纵横交错，分为四正四隅八个方位，与“周易”八卦图中的卦象相似，故名八卦掌。八卦掌将武功与导引吐纳融为一体，内外兼修，不但强身健体，而且能锻炼攻防搏击技能。

八卦掌自董海川先生创建至今，已有300多年的历史。形成了尹派、程派、梁派、史派、张派五大流派。流传于曹县的主要是程派。

八卦掌的基本内容是八母掌，也叫老八掌，即单换掌、双换掌、顺势掌、背身掌、翻身掌、磨身掌、三穿掌和回身掌。其中每一掌都可以衍化出很多掌法，素有一掌生八掌、八八六十四掌之说。八卦掌中的四十八法、六十四手、七十二招均为技击交战之法。八卦掌有单练、对练和散打等形式。八卦掌古朴典雅、飘逸灵巧、快如霹雳、动若疾风、稳似磐石、轻如飞燕，具有阴柔美、阳刚美、节奏美、韵律美、技击美、技巧美、形神美、意境美的特性。其运行特点：以掌为主，以走为先，身随掌转，步随身行。其运动路线是沿着八卦图线循环往复，不停地走转，以此达到练神、导气的功效。其步法多是走蹚泥步，即两脚平起平落，如在泥水中行走。平稳而有力，重心在后如坐椅，迈步过程中，

八卦掌

两腿胫骨相磨，两脚踝骨相蹭，形成剪刀步形，步法是里圈脚直迈，外圈脚扣步，也称里直外扣。还有一种步法是鹤形步，行走转圈时，形象仙鹤，抬腿时似鸡形，伸腿似鹤形，落地似鸵形。练习时提腿时吸气，伸腿时呼气，吸足吐尽，周身要做到松、稳、慢、匀。

八卦掌法主要讲究阴阳，前后左右力矩均衡，练习八卦掌不但能使身体健壮，更重要的是以技击散打为研究重点。八卦掌以走转为基本运动形式，路线复杂，曲直交替，可以增强呼吸系统机能，增加血氧；增强心血管系统机能，促进血液循环；增强消化系统机能，摄取营养；疏通经脉，健脾强肾；改善神经系统机能，补脑养神。

代表性传承人谢富德，曹县曹城办事处石蛤蟆大街人，幼年跟随伯父谢宝德（八卦掌第四代弟子）学习八卦掌。1982 年秋，谢富德到北京跟随八卦掌第四代传人刘兴汉先生学习。2009 年，主持成立了曹县八卦掌协会，面向社会授徒训练、传承推广，每年带领弟子及学员举办非遗进校园、非遗进社区等各类公益活动，积极参加各类展示展演活动。

◆ 关东炮捶

关东炮捶，原称少林关东拳，是将东北关外的武术之长，演化于少林拳中，形成的一个独特拳种。关东炮捶在曹县传承已有 100 余年，随着一些习武者的传承和发展而保留下来，它是山东武术拳种的一个重要组成部分。

19 世纪中期以前，地处鲁、豫两省八县交界处的曹县，受流寇骚扰严重，当地群众闲暇之余，摆场子习武，关东炮捶作为一个拳种，既能强身健体，又能在边界冲突、防范流寇骚扰中保家护院，就被推广起来。

关东炮捶兼有内家拳的内涵和外家拳的特点，拳脚并用，其动作沉稳刚劲、充实有力，快猛巧捷，飘忽轻灵。发力气劲合一，刚柔相济，气势勇猛。强调拨击，讲究招式。左架右打，擅长技击，见招打招，虚实并进，手法有占手、柳子手、缠丝手、阴阳掌、拧步挂小手、左右大缠丝手、上掺、下掺、四两破千斤等，脚法有跺法、踢法、连环脚、弹脚、踹脚等，以拘、搂、掤、扒、趄、

关东炮捶

闪、吊、滑为主要动作，组成虚实多变，身捷步灵、快似闪电、变化莫测、随心所欲的拳术特点。关东炮捶分单练、对练两种练法，可练成坐八功、太阳功、拦劲功三种功夫，深受广大习武者喜爱。

关东炮捶这一拳种，具备传承和发展当地文化历史的功能，其丰富的内容和强烈的民间武术韵味，对丰富和完善中国武术史，有一定的积极作用。

代表性传承人袁家五，曹县孙老家镇二郎庙村人，7岁开始学习关东炮锤，习武10余载，随后又拜南京水西门李老八为师。由于受当时自然灾害影响以及生活所迫，被迫闯关东。其间，他结交当地著名拳师，肯于吃苦，精心习练，对各种套路融会贯通，练就了高超拳术。解放后，他返乡开始收徒授艺。跟随他学艺学有所成的代表性传承人有张明恩、张明远、郭九新、王金标等。

◆ 二郎拳

曹县境内的二郎拳最早起源于清末民初，是由一个叫邱英柱的拳师在少林寺中习得，后来他还俗回到自己的家乡（现曹县砖庙镇丘庄村），开始开场收徒传授二郎拳，自此，二郎拳便在曹县流传开来。19世纪20年代，曹县设立曹县国术馆，定期举行武术比赛，闲暇之余，开展强身健体活动，二郎拳也随着一些习武艺人的传承和发展而保留下来。

二郎拳的习练形式多样，可双人演练，也可单独演练，以二人对练为主，单练、对练套路颇多，攻中有防、防中兼攻。二郎拳讲究气沉丹田，同时气贯拳力，并且手脚并用，拳出寸劲，跟寸脚，主要的腿法有钩挂连环腿等。二郎拳的散手技法集武术摔打、擒拿之大成，而且还有点穴功，这些对搏击格斗有很高的实用价值。其中八路长拳以八卦方位命名，取拳打八方之意，讲究一接、二缠、三进、四拉、五切、六拿。其手法密集，变化精妙，刚柔相济，攻防兼备，利于实战。

二郎拳

二郎拳风格独特，套路讲究“拳打一条线”，趟子清晰，起落有序，终式回归原位。其特点是动作连贯，变化多样，虚中有实，实中有虚，有刚有柔，手、眼、身、步法紧密结合，闪、展、腾、挪灵活多变，极具观赏性，如“百人迷魂阵”气势宏伟、甚为壮观。

代表性传承人苏建魁。20 世纪 60 年代末，苏建魁跟随姬传栏拳师开始学习二郎拳，先后参加了多个重大的武术比赛，并取得了优异的成绩，后组建了曹县南关武术馆，现如今二郎拳习练者已达几百人。

二郎拳是山东省民间传统体育、游艺与杂技的一个重要的组成部分，其丰富的内容和强烈的民间武术韵味，对强身健体、丰富和完善中国武术，都将产生积极的推动作用。

◆ 梅花拳

梅花拳简称“梅拳”，亦称“梅花桩”，为僧门拳派，是我国最为古老优秀的传统武术门派之一，具有文武双修的特点。梅花拳以“梅花”命名，是“喻梅花以推演五行”，并取梅花在冬未尽、春未到之时开放，含先觉先知之意，合先备先用之理，达后发先至之效。

梅花拳产生于明朝末，据《梅花拳根源经》和《梅花拳传承谱》记载，梅花拳第一代传人为法王老祖，第二代传人为徐州张三省，第三代传人为邹宏义，从徐州传武至菏泽，随之梅花拳传遍黄河两岸。梅花拳第十三代传人吴玉俊从菏泽将梅花拳传到曹县大集、大杨庄等地，从此梅花拳弟子在曹县遍地开花。现已形成了常乐集镇、大集镇、曹县城区三大梅花拳分支。

梅花拳“武场”以练习及传承武功为主，其武学功法既博大精深，又简单有效。代表性的武学功法有号称为“万拳之母”的梅花五势拳法，历史悠久的干支五势梅花桩功法，以及兵法、桩阵、套路、徒手、常规器械、实战法、擒拿法、分筋挫骨法等。

梅花拳崇尚武德，以和为贵。它不是单一的拳体，而是我国古老的中原文化的综合载体。其武术动作舒展大方，既有实战意义，又有欣赏价值，并能伸

梅花拳

筋拔骨，且具祛病延年之效。

梅花拳的主要代表性传承人有李同生、孔凡进、岳彩稳等。

李同生自幼跟随师父学习梅花拳，2015 年创办曹县梅花拳武术馆，发展学员近百人，并在中小学开设武术专业课程，传授梅花拳技法，习武学生百余人。

孔凡进自幼跟随师父学习梅花拳，经过多年的不断探索和研究，结合现代人的生活习惯以及锻炼规律，创造出了一套适合人们休闲健身的梅花拳学习套路，受到了广大群众的欢迎。

岳彩稳自幼跟随师父学习梅花拳，2013 年成立曹县梅花拳武术协会，多次参加省市举办的大型传统武术比赛，并取得优异成绩。

传统美术

◆ 曹县江米人

江米人是用江米面捏制的用来祭祀和娱玩的人物、花鸟鱼虫等民间工艺品，风格独特，色彩绚丽，艺术造型多样，是山东民间艺术的一个重要品种。2008年6月，曹县江米人项目被正式列入国家级非物质文化遗产保护名录。

曹县江米人历史悠久，流传广泛。地处黄河流域的鲁西南，一直以来黄灾严重，人们为了祈求风调雨顺，常杀猪、羊等牲畜祭天地神灵，后来演变成用面捏成猪、羊等家畜作供品，还增加了瓜果、蔬菜、蒸馍等多种样式的食品，

技艺

并在上面涂上各种颜色进行修饰，曹县江米人即由此而来。经过上百年传承，江米人由祭祀天地单一的动物造型扩展为人物、花鸟虫鱼等多种造型，在民间形成一套传承有序、流传广泛的民间手艺。

旧时，江米人艺人凭手艺吃饭，且本小利大，挑着扁担走四方，叫“走江湖”。江米人作为曹县民间艺人的一种重要谋生手段，旧时流传一首民谣：“只为谋生故，含泪走四方，大雪下关东，六月下西口，走遍天下路，何处是家乡？”既道出了艺人的艰辛，也说明江米人流传区域之广。他们挑子的一头挑的有耳朵锅（两边带“鼻”的小生铁锅）、碗、瓢、面盆和铺盖卷等日常生活用品，一头挑着马扎和江米人工具箱（木制），箱内放有竹签、拨子、剪子、梳子和预先备好的面团和几斤面粉（一般是只准备一天用的）。“一根扁担两条绳，走遍天涯不受穷”，“肩上放上扁担货，走遍九州不挨饿”，每到一个地方，就要停上几天，当街摆摊卖艺。走一地卖一地，用赚取的钱做盘缠路费和补给江米面料费，养家糊口。江米人艺人三五人一班，徒弟一般十几岁就随师父走街串巷，每人一副“挑子”。

江米人以江米面、大米面、小麦粉为主料，加防腐剂和水，调和蒸成熟面团后，掺入颜料，制作成红、黄、蓝、绿、黑等各色料面，使用刀子、剪子、梳子、拨子等工具，用揉、捏、剪、挑、压、粘、贴等方法，塑造形象，捏成的人物形态各异，生动传神。江米人作品涵盖花卉果蔬、祥禽瑞兽、人物形象、市井风情、现实题材等。祥禽瑞兽有龙凤、麒麟、狮虎、十二生肖、怪兽、鸡、鸭、狗、猪、羊、象、猫、鼠、兔等。花卉有牡丹、菊花、灵芝、蔬果、瓜、梅兰竹菊、荷花等。人物形象以历史人物或神话传说为主，有关羽、张飞、赵云、孔子、老子、庄子、童子、打鱼郎、读书郎，以及八仙过海、嫦娥奔月、杨家将、岳飞抗金、穆桂英挂帅、玩杂耍、舞狮、抬花轿等，还有社会现实的题材。

江米人原来主要用于祭祀活动。在曹县桃源镇敬火神的祭祀活动中，大量使用江米人做供品。比如，花供中第三座就是用江米面捏制的人物，有八仙过海、唐僧取经、桃园结义、秦香莲抱琵琶、穆桂英挂帅、岳飞抗金，老态龙钟的包拯、仙翁，也有威风凛凛的神将等。这些以祭祀为目的的江米人，通过象征寓意传承着深远的信仰文化、忠奸善恶、道德伦理以及对于火神崇拜的信仰。在曹县安蔡楼镇火神台村的祭祀活动中，江米人也是重要的敬火神祭祀供品，同扎棚结彩、鞭炮彩带一起成为祭祀活动的主体。

用江米面捏制成各种人物形象的江米人，色彩绚丽，造型各异，形象逼真，特征鲜明。作为一种具有浓郁地方艺术特色的工艺品，还可以把江米人放在室内案头作为一种装饰陈设。特别是在 20 世纪 50 年代以后，曹县江米人成了乡村的儿童玩具，孩子们可以透过江米人的形象，了解古代文化，掌握历史知识，形成正确的人生观。比如，三国人物、水浒人物、杨家将等形象的江米人，发挥了在潜移默化中教育后代的功能。近些年，曹县江米人不但流入城市，还出口国外，成为特色陈设工艺品。

江米人主要通过家庭和师徒方式传承，已有 100 多年的历史。在曹县青岗集镇曾经有仵油坊村 12 家、刘楼村 14 家、王庄村 11 家、苗楼村 15 家从事江米人制作。在桃源的东街、北街、西街、南街等 11 个行政村，曾有 1000 余户人家从事江米人制作。在安蔡楼镇火神台村 10 多个行政村，曾有 100 余户人家从事江米人制作。此外，在楼庄、王堂等其他乡镇也有大量分散的艺人从事这门手艺。近年来，在曹县耕夫草堂内设置了江米人传习所、传习教室，专门用于江米人制作传承和创新，目的是让更多的人了解这项传统技艺。

代表性传承人王锡金，15 岁开始学习江米人的捏制工艺，其作品色彩鲜明、造型饱满、用色大胆、栩栩如生，艺术风格独特，作品曾出口到新加坡、澳大利亚等国家和地区。2017 年，王锡金被评为国家级非物质文化遗产代表性传

江米人展示

承人。

刘彦中，江米人第五代代表性传承人，2016 年开始学习创作江米人，其作品先后获得“花开盛世”2023 中国牡丹之都手造创新大赛一等奖，2022 年全国面塑艺术创作展一等奖，2022 年首届“振兴传统工艺——鲁班杯”大赛优秀奖，2022 年首届中国非物质文化遗产“非创杯”文创大赛铜奖。2023 年 7 月，作品《迎祥纳吉》《钟馗》《至圣先师》在法国卢浮宫展出，亮相于世界艺术殿堂。

江米人作为祭祀民俗的产物，展现真善美，鞭挞假恶丑，突出一种积极健康、昂扬向上的人生追求，拥有传统文化痕迹，更重要的是，江米人作为一种玩具形式，其本身就是一部生动的历史教科书，有利于培养儿童正确的人生观和世界观。江米人人物、植物、动物形态各异，在比例、配色和塑形中有着功能美与形式美，是艺人对生活的艺术化提炼，展现了独具匠心的审美思维。

◆ 曹县柳编

曹县柳编是一种地方土特产，利用本地生长的纯天然杞柳条为主要原材料，用麻绳经纬交织编结成的一种绿色、无污染生态生活用品。传统曹县柳编编织是民间传承的一种编织技艺。

据传：很早以前，倪集乡岳楼村有一岳姓青年，自幼父母双亡，吃百家饭长大，但他心灵手巧，他家的许多小农具都是他自己亲手制作。有一次，他发现自己辛辛苦苦积攒下来的鸡蛋少了几个，经过仔细观察，发现鸡蛋竟然是被老鼠偷走了。怎样才能防住老鼠偷鸡蛋？他就琢磨着把鸡蛋悬挂起来。他

柳编材料

柳编制作

尝试了很多种方法，最终用柔软的柳条编制了一个篼篼子，把鸡蛋放在里边，然后用绳子把放鸡蛋的篼篼子吊在梁头上，从此老鼠就再也没有偷到鸡蛋。之后，他又用柳条相继编制出簸箕、筐、篮、篓等家用器具，个个美观又结实耐用。其他村民见到后，也效仿他编织筐子和篮子，后来编制的器具花色品种也逐渐多起来。当地群众家族相传，邻里相授，世代传袭下来。在曹县形成了用杞柳条编制各种农用、家用器皿的习俗。

中国传统农耕社会自给自足的自然经济形态，决定了农民就地取材、就地加工、量材为用的传统生活方式。曹县柳编编织就非常有代表性。据《曹县县志》记载，曹县境内盛产杞柳，这种杞柳条子具有皮薄、柔韧、洁白、实心、着色力强等特点。普连集镇、倪集镇一带的农民利用杞柳的这种特性，将其加工成粗细均匀的条子，再将条子编织成器具，就是柳编。曹县的农民生产、生活中使用的大大小小的盛器，都是自己动手编制而成，男人负责编制大型的篼篼、簸箕、筐、篮，妇女编制一些小型、轻巧的食篮、菜筐、果盘、箩筐、簸箕以及动物造型的篮筐，还有形象别致的花篮、礼盒、壁挂等艺术品，造型富有新意，色泽洁白光亮，装饰简练美观。

曹县柳编技艺遍布于曹县各乡镇，成为当地农民普遍掌握的一种手工技艺，逐渐影响辐射到鲁西南及河南北部一带。明末清初，曹县农民间编织的篼篼、柳箱、筐、篮、升、斗、簸箕、筐箩等，就有人拿到集市上销售用来换取粮食及生活用品，有些技艺娴熟的农民编织的器皿样式考究大方，结实耐用，产品远销京、津、苏、浙等大商埠。清末以后，条编艺人遍布全县，达千余人。

曹县柳编原料有杞柳条、柳木、经线绳、竹子等。收割后的鲜柳条，是不能直接用来编织器具的，必须先剥干净柳皮，在阳光下曝晒，待水分全都被蒸发干净之后，柳条变得又白又亮，宛若羊脂白玉，处理后的杞柳条柔软易弯、粗细匀称，是编织柳编工艺品最好的原材料。

工具有大镰、小镰、木墩、锥子、模具、系桩子、压线机、铁锅、梁子、摽棍、刻线滑子、刮板、木槌、拢头等。

柳编编织技法，有平编、纹编、勒编、砌编、缠边等。不同器物的编织流程不尽相同，编织前要先把柳条放在水里泡上一晚，编织期间有时还需要喷水几次，其目的是保持杞柳条湿润，保证其韧性，不易被折断。在编织过程中，艺人结合杞柳材质特点编织出各式各样的图案纹样，在造型结构上符合美学、人体工程学，充分考虑使用者在使用过程中的舒适度，造型饱满，古朴大方，牢固耐用。

曹县柳编艺人秉承“传男不传女”的祖训，父子相承，将柳编编织技艺传承至今。

代表性传承人陈东景，曹县魏湾镇陈菜园村人。陈东景几十年的心血都花在了柳编编织这一门手艺上，只要一有时间，他就会进行各种设计创作，看似不可能实现的柳编花型样式，都被他一一尝试编织出来。从小时候好奇地学着父母，笨拙地拿着细细的柳条编织穿插，到现在能熟练地编织出各种柳编花型，凝结了他几十年的心血。

柳编成品车间

柳编成品

近年来，曹县大力发展柳编产业，杞柳条种植面积达8万亩。出台政策鼓励柳编编织技艺的创新，生产的柳编工艺品多达300多个花色品种，年生产能力8000万件（套），产品远销美国、西班牙、德国、英国、荷兰等60多个国家和地区。目前，柳编产业从业人员达1万余人，形成了"公司+基地、基地带农户"产、供、销一条龙的生产经营机制。农村中年龄较大或失去农业生产能力的成年人，借助这一手艺，足不出户，就能从事生产，养家糊口。2004年6月，曹县被中国林学会授予"中国柳编之乡"称号。

◆ 曹县木雕

20世纪70年代，在浙江余姚河姆渡文化遗址出土了一件距今约7000年的木雕鱼，周身阴刻圆涡纹，是目前我国发现最早的木雕艺术品。在甘肃武威出土的百余件汉陶俑和木俑，则更具生活气息，它反映出我国汉代盛行厚葬的风气，而陪葬的木俑雕刻，为我们了解传统木雕提供了实物资料。到隋唐时期，木雕才用于几、箱、橱、床、神龛等家具装饰，并成为建筑装饰的一部分，各种点心模具也开始使用。宋代时，城市经济的发展使世俗小品的雕刻得到长足发展。明清时期，木雕更多地用于民居建筑、家具及生活器用上，在曹县民间至今仍保留有不少精美的木雕饰件。

曹县木雕起源于传统农耕时代，主要是曹县民众婚丧嫁娶及生活日用、家居装饰之用，主要制作月饼模、相糖模、馍模及各种家具雕刻、神龛雕刻等，它是山东民间传统木雕文化的重要代表。曹县木雕作品流行于山东菏泽、河南商丘、濮阳一带，是日常生活、居家及祭祀的必备品，木雕因地域不同而呈现不同特色。

曹县木雕花纹图案种类繁多，样式有悬雕、透雕、浮雕、圆雕、平雕等，题材多以吉庆祥瑞寓意的内容为主，它是适应当地民众生产生活、祭祀信仰需求而产生。逢年过节，婚丧嫁娶，乃至日常生活，都要用各种模具来制作点心，如相糖模是用来制作祭祀相糖供品的模具，月饼模是八月十五压印月饼的模具，寿馍模具则是用来制作祝寿寿馍的模具，家具、牌匾、屏风等日常起居装饰、神龛装饰等也要以各种木雕作装饰，这些充斥生活角角落落的木雕艺术作品，折射出曹县人独特的审美情趣和浓郁的吉祥文化色彩。

近年来，曹县木雕产业发展迅猛，发展前景广阔，形成了一批具有国际竞争力的现代化企业。在曹县，许多家用制作点心的模具，一些高档木制家具和木雕艺术品，多为木雕雕刻而成，但其中最具盛名的还当属祭祀用品，曹县生产的棺木、祭坛和神龛等祭祀类木雕制品，在全国乃至海外都占据非常大的市场份额。

曹县木雕工艺流程步骤主要有备料、下料、依样描画（上墨线）、制坯、粗雕、修光、精雕等。

原料有梨木、柿木、枣木、桐木、杨木、檀木等。不同的木材用途不同。如梨木纹理细腻，软硬适中，既便于细致雕刻和相糖成型，又持久耐用。檀木主要用于雕刻高档的工艺品。杨木也可用于雕刻，但木质较软，一般用于雕刻家具装饰品等。

木雕制作

木雕制品

常用器具有锯、直尺、软尺，圆规、铅笔、平刀、圆刀、半圆刀、斜刀、反口圆刀、三角刀、弧形刀，出坯凳、打木槌、样本、斧子、刨子等。

曹县木雕的制作需熟练的技艺与艺术悟性，特别是精雕过程，细致的花纹完全靠艺人自己的想象，直接雕绘，做到意在笔先。且雕刻时，依据造型的需要和雕刻方面灵活用刀，一气呵成，不拖泥带水，线条流畅有节奏，呈现出艺人技艺的精湛。它是民间艺人对材料、工具、民间文化的有机整体掌控的技能体现。

代表性传承人蔡秀芳，从事木雕制作已有30余年。蔡秀芳善于根据民众生产生活需求创作，创作题材多以吉庆祥瑞寓意的内容为主。她融合百家之长，形成了自己独特的制作工艺，创作的木雕花纹图案种类繁多，每一件作品都栩栩如生、入木三分，体现了木雕技术美与艺术美的完美结合，代表作品有《罗汉》《紫气东来》《十八罗汉图》《梅兰竹菊》等。蔡秀芳创作的新式点心模具，其造型新颖、花纹精美，成为当地一特色。在技艺传承方面，蔡秀芳培养出了多名技术过硬的青年木雕工匠。蔡秀芳还定期面向社会群众、在校学生开课传授技艺，积极配合非遗部门做好公益活动。2003年4月，蔡秀芳在首届中国林产品交易会荣获“首届中国（菏泽）林产品交易会”金奖；2006年8月，在国家林业局和山东省人民政府等组织的中国林产品交易会获得“唯一指定木雕工艺品”；

木雕制品

2020 年 7 月，创作的《罗汉》在第十二届中国（山东）工艺美术博览会上荣获金奖；2021 年 5 月，创作的《紫气东来》在 2021 第十三届中国（山东）工艺美术博览会上荣获金奖；2021 年 6 月，参加由山东省妇女联合会组织的“建行杯”山东省首届妇女手工创业创新大赛荣获优秀传承奖；2023 年，创作的《荷塘月色》在 2023 山东工艺美术博览会暨“山东手造”精品展上荣获“荷花杯”山东省工艺美术设计创新大赛金奖。

曹县木雕多样化的木雕题材，是传统文化精神的集中展现，图案设计贴近生活，具有浓郁的乡土气息，在信仰及伦理道德教化作用方面体现了其社会价值。

◆ 指　画

指画又称指墨画，也称手指画，是指作者在作画过程中，用手指来替代毛笔，画中一切景与物的造型、赋彩，均用手指来完成，故其作品被喻为“指墨”。属于中国水墨写意画之范畴。

指画创作全凭手指，作画时，用手指头、指甲蘸水墨或颜色，在纸绢上勾皴点泼，或间以手掌抹擦，以成图像。指画其线条独特，画线画点方面，一般都是指甲指肉并用，落指是圆的，收指也是圆的，线条边缘处自然形成斑驳的质感，又因指头不能过多蓄水，长线全由短线相缀而成。因此每条线的画成，往往似断非断，似连非连，似曲非曲，似直非直，或粗或细，极为自然。独具特色的线条和特点鲜明的墨色，使指下所表现出来的物象可以达到似生非生，似拙非拙，似是而非的效果。

指画艺术的发展已有很长的历史。唐张彦远在《历代名画记》中记述：“惟用秃笔，或以手摸绢素。”这表明唐代画家作画时已开始用“手摸绢素”来辅助毛笔作画了。据传，清代道光年间，曹县当地的一位民间画师在外游历期间，偶然接触到指画技艺，顿时大感新奇，认为用手作画能够直观地感受到与纸张接触的力度，是一种全新的绘画风格，便四处拜师学习指画绘画技巧，学有所成之后，便回乡潜心研究指画艺术并传授，从此，指画艺术便在曹县当地流传开来。在晚清至民国期间，指画因其绘画方式不雅，备受歧视，被拒入大雅之堂。直到20世纪40年代，传统指画才得以新生，曹县画家姚炜亭在指画大师潘天寿指导下，习得了指画绘画技艺，至此指画艺术才在曹县发展起来，一直流传至今。

指画是中华民族传统文化的重要组成部分之一，是中华民族文化的沉淀和积累，是中国传统艺术文化的瑰宝。其独特的笔墨形式，给观者留下的则是无以言状、潜移默化的感染和美的独特享受，其线条力度和韵味的抽象美，可以美化人们的生活，陶冶人的情操，丰富人的内心精神世界，满足人的精神文化需求。

指画

指画依靠师徒教学的传承方式，

言传身教，延续至今。代表性传承人周卫东，现为山东交通学院教授。20 世纪 80 年代末，周卫东在天津美院跟随张蒲生教授学习指画，回到家乡后又长时间跟随高启明学习，得到高启明的真传。经过多年的学习创作，逐渐地形成了自己的指画风格，曾到多地进行指画艺术交流研讨。

◆ 烙画（曹县烙画）

曹县烙画，俗称“火针刺绣”“火笔画”“烫画”等，烙绘者多是能书会画有知识的农民，所以烙画自古既受到农民的喜爱，又受到社会上层人士的青睐。是齐鲁传统美术中不可多得的艺术品种，也是中国传统美术中极其珍贵的画种。

据《曹县县志》记载，明末清初，曹县有种风俗：出嫁闺女陪送嫁妆，要在家具上雕花或者烙烫花卉，以达到美化家具的目的。开始时，烙画艺人以铁针为工具，在油灯上炙烤进行烙绘。后来，由“电烙”替换“油灯烙”，通过控温技巧，巧妙把绘画艺术的各种表现技术与烙画艺术融为一体。

早期烙画作品仅限于在木板、树皮、葫芦等材质上烙绘，技法多数是采用中国画和民间画相结合的表现手法，后经历代艺人的不断实践探索，在力求继承传统花色的基础上不断丰富、创新，吸收西洋画表现手法，收到了理想效果。后烙画艺人们大胆采用宣纸、丝绢等材质，更加丰富了烙画这门艺术形式。烙画作品一般呈深、浅褐色，古朴典雅，清晰秀丽，别具一格。

创作

曹县烙画基本技法，包括勾、划、点、染、皴、擦等，通过温度控制画面的浓

烙画作品

淡、轻重，线条的缓急变化，经渲染、着色后，可产生更加强烈的艺术感染力。烙绘技法随时间发展出润色、烫刻、细描和烘晕、渲染等各类技法，烙画作品表现形式多样，小至直径不足 1 厘米的佛珠，大到几米乃至几十米的长卷，以至大型厅堂壁画，如《清明上河图》《大观园图卷》《万里长城》等。烙画作品内容，多为古典小说、神话故事、吉祥图案，以及山水风景、花卉等。

代表性传承人葛福柱。葛福柱十几岁跟随当地老艺人学习烙画技艺，经过几十年的不懈努力，现已创作出了 300 多件精美的烙画作品，有人物、动物、风景、民间吉祥图案等。葛福柱历经三年零四个月的鸿篇巨制作品——《清明上河图》，长 12 米、宽 0.75 米，采用散点透视的构图法，将繁杂的景物纳入统一而富于变化的画面中，画中人物 815 名，衣着不同，神情各异，融入繁杂的树木、亭阁等景物之中。

烙画艺术是一种民间艺术，它根植于民间，凝结了民间艺人的聪明才智。烙画题材来自民间生活，已成为一种风格高雅的艺术欣赏品和国际友人的馈赠礼品，备受世界各地人民的喜爱。

◆ 砖雕（曹县砖雕）

《左传》记载：“晋灵公不君，厚敛以雕墙。”砖雕实物自汉至清代屡有发现。应该说，砖雕是由东周瓦当、秦砖、空心砖和汉代画像砖发展而来的。

曹县砖雕起源非常早，与当地的民居建筑相辅相成发展。早期的砖雕艺人多为泥瓦匠出身，制作的砖雕作品也相对粗糙，不能够有序地进行传承。清光绪年间，曹县有一位砖雕艺人叫赵仿续，年轻的时候，他的砖雕在曹县当地就很有名了，许多大户人家盖房都请他作砖雕建筑装饰。后来他又到京城向当时的建筑工艺大师学习砖雕技艺。自赵仿续始，历经赵世均、赵玉堂、赵汝领和赵西国，曹县砖雕已传承五代。

曹县砖雕

曹县砖雕是用黏土捏制，主要以小说戏曲故事为题材，有花鸟、动物以及房顶上的五脊六兽，经过晾干、烧制，最后再用刻刀进行雕刻修饰，精致细腻、气韵生动。它不同于天津的砖雕，也不同于广东的灰塑，而是自成一派，保持了传统的民间捏塑和土陶工艺特色，是古建筑装饰中很重要的一种艺术形式。

传统的曹县砖雕制作工艺的特色为用手将黏土捏制成不同的造型，经过烧制后而不开裂走形。工艺流程主要分为四步：第一是和泥，将本地黄河淤泥反复和至像面团一样细腻而有韧性；第二是雕塑，根据预先构思好的设计，用木刀分层次逐步刻成人物、花鸟等形象；第三是烧制，将雕刻好的砖雕阴干后入窑烧制，根据砖雕大小不同，烧制时间一至两天不等；第四是二次雕刻去毛刺，将出窑后的砖雕去除边角毛刺，以及将细节不够饱满的部分进行二次雕刻，力求使砖雕达到最佳效果。

曹县砖雕的图案风格自然、朴实、清新，保留着民间工艺品的原汁原味，具有鲜明的地方特色。传统的曹县砖雕多选材于戏曲故事，通过画面的故事情节，描述正义与邪恶、忠义与奸佞、善良与丑恶，寓教于乐，传承了历史与文化。人们在欣赏这些故事的过程中增长知识，开阔眼界，接受了传统的道德教育，成为一部形象直观的启蒙教育教科书，具有积极的社会意义。

◆ 泥塑（曹县泥塑）

泥塑起源于中国古代图腾崇拜、神灵崇拜，可上溯到新石器时期。发展到汉代已成为重要的艺术品。随着道教的兴起和佛教的传入，以及多神化的奉祀活动，社会上的道观、佛寺、庙堂兴起，直接促进了泥塑的需求和泥塑艺术的发展，到了唐代，泥塑艺术达到了顶峰。

曹县泥塑是一种民间手工艺术。它以泥土为原料，以手工捏制成形，或素或彩，以人物、动物为主。曹县泥塑在本地流传已有数百年历史，早期是以制作神像和祖先、圣人塑像为主，后来题材内容才逐渐丰富起来，有花鸟动物等。据史料记载，在明朝就有挖采黄河泥制作塑像作为生计的行当。民间泥塑艺人用天然的或廉价的材料，能够做出精美小巧的工艺品，博得民众的喜爱。

创作

曹县泥塑的制作方法是：在黏土里掺入少许棉花纤维，捣匀后，

泥塑作品

捏制成各种人物的泥坯，经阴干后便形成了泥塑作品，如果想要彩色的泥塑作品，可将泥塑涂上底粉，再施彩绘。泥塑的基本用料——泥土需精心准备，一般选用带些黏性又细腻的土，经过捶打、摔、揉，有时还要在泥土里加些棉絮、纸、蜂蜜等。捏制坯胎，根据草稿或自己的创作构思捏制。曹县泥塑作品形象众多，包括神仙、魔怪、人物、动物、植物等一应俱全，显现出独特的地方色彩和独具匠心的审美思维，在比例、配色和塑形中形成功能美与形式美的审美体验。

曹县泥塑代表性传人贾忠仓，10 余岁起跟随师傅学习曹县泥塑，技艺精湛，不断创新，开创了新的艺术形式和艺术风格，丰富了曹县泥塑的作品形式。

传统技艺

◆ 曹县戏文纸扎

曹县戏文纸扎又称为“扎作”“糊纸”“扎纸库”“扎罩子”“彩糊”等，是传统丧葬习俗中的一项主要表现形式。

曹县戏文纸扎，源于古代民间宗教祀祭活动中的供奉用品，是在古代墓葬殉葬俑的发展和演变中形成的艺术品形式。每逢过节祭祖先人，或遇到家庭丧事，都要做纸扎戏人供奉。纸的出现使戏文纸扎艺术得到普及，宋代，戏文纸扎在曹县已成为专门经营的行业；明清之际，曹县戏文纸扎工艺之精湛远远地超过宋元；民国时期曹县城有多家纸扎铺子，戏文纸扎的应用也更广泛，成为当时各个阶层丧俗和祭奠活动的主要供奉用品之一。戏文纸扎的出现，表明人们对鬼魂的崇拜越来越趋向世俗化、功利化，越来越注重人情味。

工作室

曹县戏文纸扎以草木为骨，彩纸为服，泥模制头，折剪并用，点染传神，统一而完整地表现了人物的形与神。与其他民间美术相比，戏曲纸扎更注重对表现对象的展示和祭祀场面的烘托。主要品种有纸人、纸马、摇钱树、金山银山、牌坊、门楼、宅院、家禽等在祭祀及丧俗供奉活动中所扎制焚烧的纸制品。其次还包括彩门、棂棚、戏台、店铺门面装潢、匾额及扎作神话人物、戏曲人物、舞具、风筝、彩灯等。戏文纸扎为哀丧、祭祀场面蒙上一层神秘的面纱。

曹县戏曲纸扎的艺术形象多取材于戏曲舞台，从造型到色彩，都十分讲究，一套戏文纸扎就是一部戏的再现。为更好地表现戏曲故事的情节、人物和场景，大都刻画精彩的瞬间，人物的动态幅度较大，表情生动传神，开脸根据戏曲中的生、旦、净、丑而形象有别。一般是两三人组成一出戏，人物神采飞扬，形象栩栩如生，相互之间以动作、表情呼应，在色彩上追求醒目的效果。主要作品有《杨家将》《西游记》《老鼠嫁女》《水浒传》《打金枝》《对花枪》《柜中缘》《黄河楼》《卷席筒》《穆桂英挂帅》等。纸扎的内容除了戏曲故事，还有神话故事、历史故事、传说故事、小说等。近年来，曹县戏曲纸扎还扎制许多富有生活气息的衣食住行用品，如亭桥牌楼、住宅院落、桌椅板凳、杯盏盘碗、服饰鞋帽、被褥枕头、牛马车辆等，品种繁多、样式丰富。

曹县戏文纸扎制作技艺传承主要有家族传承和师徒传承两种。代表性传承人张于周，曹县楼庄镇王堂村人。幼时跟随老艺人学习戏文纸扎制作技艺，技艺精湛，其作品收录在《中国民间美术全集·祭祀卷》《中国民艺采风录》等丛书、

作品

著作中。张于周经常组织开展戏文纸扎传习培训活动，培养了一批专业戏曲纸扎艺人，扩大了戏文纸扎的影响。

戏文纸扎是曹县当地民间丧俗祭礼的一个重要载体，它与民俗礼仪、宗教信仰息息相关。其目的是精神寄托取悦亡灵，以期护佑家族，带有人类最朴素、最纯真的感情色彩，展现了中国人以血缘关系为纽带的家庭、家族、伦理道德观念。同时，戏文纸扎作品多取材于当地流行的戏曲演出，其艺术价值与审美价值较高，对研究地方戏曲文化具有一定的辅助作用。

◆ 曹县龙灯制作技艺

龙灯制作传统手工技艺，是伴随着舞龙灯这一节日民俗活动出现的。上古时期我国黄河流域就有春、夏设土偶龙、木偶龙祈雨祭龙的仪式。最初的龙灯制作与舞龙灯是作为祭祀神、娱神活动而出现，四季祈雨舞各色龙灯，祈求龙王保佑风调雨顺、五谷丰登。到唐宋时，龙灯制作以及舞龙灯逐渐演化成民间喜庆节日的娱乐活动。

据了解，曹县龙灯制作以及舞龙灯习俗最早出现于清乾隆年间，曹县倪集乡王吕集一带就成立了专门的龙灯制作以及舞龙灯组织——龙灯会。龙灯会人

龙灯制作

数达五六十人之多，在当地很有影响力。每年春节、正月初七（火神节）、正月十五元宵节、正月十八（祭祀泰山奶奶）、正月二十五（祭祀玉皇大帝）、二月二（龙抬头）等重要节日，都会举行隆重的舞龙灯活动。曹县制作的龙灯适合在夜间舞动，舞龙时四里八乡的群众都来观看，场面十分热闹。

龙灯制作包括扎、糊、画三大工艺步骤：

（一）扎制龙灯。主要有备料、扎龙头、扎龙身、上龙筋等。

（二）糊制龙灯。主要有备料、糊龙头、糊龙身等。

（三）画龙灯。主要有备料、画龙头、画龙身等。

曹县龙灯制作是一种特色鲜明的地方传统手工技艺，龙灯制作构思巧妙，工艺讲究，造型美观、磅礴大气，色彩鲜明、搭配和谐。舞龙灯配乐曲目多样，舞龙花样、表演步法丰富，具有较高的观赏价值。曹县龙灯制作与人们的生产生活密切相关，承载着民间信仰以及民众对风调雨顺、丰衣足食的美好期望，充实着民众的节日娱乐生活，体现了中国民众民俗活动的多样化。

◆ 曹县烧牛肉传统制作技艺

曹县烧牛肉起源于何年不详，元代已有对烧牛肉加工的描述，元代的“煮前腌肉”，明代的“急煮慢焖”，“集市购牛、生牛宰杀、土缸腌渍、精选切块、锅煮、纯香油炸制”，明代中叶时，曹县烧牛肉的工艺已臻完善。风味独特、久负盛名的曹县烧牛肉在明清时代就已驰名黄河两岸。传说：八国联军攻打北京，慈禧太后逃难，各州府进贡本地的土特产，在古曹州府进献的物品中，慈禧太后享用了曹县烧牛肉，闻其香而提其神，品其味而解其困，遂将其定为皇宫贡品，曹县烧牛肉从此也就有了“天上有龙肉，地上烧牛肉”的美称。随着曹县商业、金融业的繁荣，许多达官显贵把它作为宴客的必备佳肴，曹县烧牛肉经回族商人带到全国各地，从而使“曹县烧牛肉”誉满华夏。

曹县烧牛肉以鲁西南黄牛为制作主原料。鲁西南黄牛为中国“五大名牛”之一，体躯雄壮，骨骼细致，肌肉发达，皮肤柔薄，肉质细嫩，柔软多汁，肌纤维细，脂肪分布均匀，出肉率高，是役肉兼用型的优良品种。

曹县烧牛肉选肉严格，调料多样，工艺繁多，制作精细。精选 1~3 岁鲁西南黄牛，宰杀后选料、分割、烹煮，将煮好的牛肉缓缓放入沸腾的油锅，稍炸捞出即可食用。成品烧牛肉，色泽红润鲜亮，肉质鲜嫩、紧凑，无膻味，香味醇厚而不腻，食之口中余香留长。将牛肉切成薄片直接排在碟内，不用加任何佐料即可上桌。冷食、热食皆可，切块、切片皆宜。若与名吃“曹县烧饼”一起食用，别有一番风味。当地有“烧饼加牛肉，越吃越有味”的说法。加工好的烧牛肉成品水分少，耐贮存、不变色味。而且，曹县烧牛肉味甘、性温，具有扶胃健脾、益气血、强筋骨之功效。其加工、用料皆随节气时令而变，十分讲究。

曹县烧牛肉以家庭作坊为依托，其技艺皆以家族为单位代代相传。以父子传承为主，不招学徒。这种传承方式，使得配料和制作工艺秘不外传，核心技艺只掌握在几个人手中。

代表性传承人王光。王光 7 岁起即随爷爷学习烧牛肉的制作工艺，仅药料的配置方法就学了 3 年之久。稍大后开始学习烧牛肉的传统制作工艺，于 1992 年创建山东王光集团公司，采用传统的纯手工制作技法加现代化生产方式，曹县烧牛肉的“王光”商标被评为“山东省著名商标”，被菏泽市评为“曹州十大名吃”之一。

曹县烧牛肉生产工艺流程复杂，每道工序的细腻程度和要求都非常高，是一份极其宝贵的饮食文化遗产。曹县烧牛肉产业，解决了大批人员就业，公司 + 农户的经营模式，为曹县增加了农业增效、农民增收的途径。曹县烧牛肉已经销到全国各地，其声誉久盛不衰。

烧牛肉

◆ 麻酥糖制作技艺

麻酥糖

麻酥糖在当地又称为麻糖、祭灶糖，用曹县当地大麦芽和小米发酵熬制成糖，并拉成长条状，蘸上芝麻形成的一种特色糖品。以香、甜、酥、脆四大特点久负盛名。麻酥糖制作中广泛使用的麦芽糖是一种廉价的营养食品，容易被人体消化和吸收。麻酥糖外部所包裹的芝麻作为食品和药物，含有丰富的卵磷脂和亚油酸，不但可治疗动脉粥样硬化，还有助于补脑，增强记忆力。

在曹县，民间有吃麻酥糖祭灶王爷的习俗。腊月二十三日是传统祭灶日，当地人认为把又黏又甜的麻糖献给灶王，粘住灶王爷的嘴，好让他的嘴变甜，只能“上天言好事，下地保平安”。

麻酥糖完全是手工制作，程序复杂，从原料加工到成品有十几道工序，每道工序的技术含量、细腻程度和要求都比较高。有些工序全凭长期积累的经验，难以为现代技术所替代。生产出来的麻酥糖，粗细均匀，芝麻沾满不露糖，和外地制作的实心麻酥糖相比，突出了色泽乳白，体亮晶明，两端封口不通气，吃起来酥脆香甜、风味独特，营养丰富的特色，不仅是儿童喜爱的食品，也备受大人喜欢。

曹县麻酥糖制作，主要集中在曹县西北的韩集镇大刘庄村一带，为曹县独有的一种传统食品制作技艺。大刘庄的麻酥糖制作，是祖传手艺。据传，在明代，大刘庄的一位刘姓先祖，在一次祭灶的时候，不小心把祭灶糖掉进了芝麻里，后食之香酥脆甜、味美可口，才演变成现在的麻酥糖。作为一种传统技艺，一直是以家传为主，靠的是口传心授和经验积累。在众多作坊中，以刘秉善谱系传承的技艺最为传统翔实，至今已传承了五代。第五代传承人刘松庆，10 岁开始跟随祖父刘振川、父亲刘化民学习麻酥糖制作技艺，现今成立了麻酥糖制作企业，将传统的麻酥糖制作带上了商业化道路。

麻酥糖制作技艺作为一种重要的饮食文化载体，长期以来，其传统制作技艺折射着曹县人民的生活习俗、消费习惯和质朴性格，以及期盼过上好日子的美好憧憬。

◆ 鲁西南传统木工制作技艺

鲁西南传统木工制作技艺源于曹县孙老家镇徐菜园村徐氏家族。以传统木结构家具为主，富有地方特色。明清时期，鲁西南一带的木匠迫于生计，在山东、河南、安徽一带从事家具制作，他们相互取长补短，形成了一个具有地域特色

制作

的制作群体。嘉庆十年（1805）曹县徐菜园村的徐上元掌握了这门技艺，他以制作木结构家具赖以营生，在当地享有盛名，附近村庄居民嫁女、乔迁新居添置新家具，均请他制作。他口传心授给后人，至今已传承九代。

鲁西南传统木工制作技艺，以典型的明清传统木工家具传承为主，选用优质木材，结构设计实用合理，制作的家具结构简明扼要、紧凑和谐，坚固耐用，主要部件组合利落、雕刻有力，整体线感呼之欲出。线脚乍看较简单，不外乎平面、凸面、凹面，线不外乎阴线和阳线，但是悉心观察可发现其中是变化多端的。如线脚中使用的香线、捏角洼线等，单纯、清晰、饱满，给家具增添了爽利的线性感，而即使是一些浮雕、透雕，也是由各式线的变化构成的。另外，马蹄形的各式脚式，椅子的背板、搭脑、扶手和联帮棍所形成的线条美也自然流畅，与家具造型和谐统一。使家具在满足使用功能的前提下，每个部件用不同艺术造型，或以各种手法对构件表面装饰各类纹饰，具备形式与内容的完美统一，更具观赏性，在视觉效果上给人以心情舒畅的感受。

鲁西南传统木工制作技艺主要靠父子、师徒传承，传承方法以口传心授为主，并不断吸纳古代传统木工技艺。传承人徐光炳，10 岁起从下大料开始学徒，

成品

接触传统木工的制作技法，从小板凳、大板凳开始做起，逐渐学习雕刻牙板，制作拐子龙铛、马踢腿、三弯腿，现已经熟练掌握鲁西南传统木工制作技艺的各个流程。

◆ 曹县老土布制作技艺

曹县老土布是“鲁锦”的一种，广泛流行在曹县西北魏湾、楼庄、桃源集、庄寨一带。当地民间俗称老土布、老粗布，也称花格子布。

在曹县，流传着这样一个群众自编的《织布段子》：

小花籽用灰拌，撒到地里戳七遍。

打花顶，抹花船，两个大姐来拾棉。

拾篮里放筐里，晒得花籽砰砰干。

铁轴轴对着木轴轴压，木轴轴底下是棉花。

拉皮弓落皮弦，背后背着弯柳椽。

秫秸秆对案子，一个棉车八根翅，纺个穗子滴流圆。

打车打，浆线传。

风筝转，落子缠。

精工娘娘跑成行，

镶工娘娘站两旁，

织工娘娘坐中间。

织成戳毛蓝，剪子剪，钢针钻，

看这个大姐做个布衫子难不难。

随着《织布段子》的吟唱，各色相间，丰富多变，结构细密，织纹紧凑，实用美观并富有浓厚乡土色彩的老土布出现在人们的面前。

据《曹县县志》记载，在元代，曹县就有种植棉花的记录，使用棉花做原料纺线织布已经非常普遍。曹县本地居民将传统的丝、麻纺织工艺糅于棉纺织工艺，织成的棉布就是通常所说的土布。早在明代万历年间，棉花开始在曹县大面积种植，棉纺织技艺日趋成熟。随着织具的改进和纺织、印染技术的发展，

曹县老土布

到清代，织造技艺达到了炉火纯青的境界。曹县老土布曾作为贡品进献朝廷，至今中国民间艺术研究所还收藏着曹县老土布数百个品种。清末，随着洋布的大量涌入以及民族纺织工业的发展，手工织造的鲁锦受到冲击，渐趋衰微。解放后，曹县老土布的织造技法从单纯的提花织造逐步演化出包花织造、砍花织造和挑花织造等多种复杂多变的技法，成为当时人们不可或缺的生活必需品。

曹县老土布的织造从采棉纺线到上机织布，先后要经过大大小小 72 道工序，经过搓棉条、纺线、打线、浆线、晒线、落线、刷线、经线子、综线子、织布等 10 道主工序，和几十道子工序，全部采用纯手工工艺。织造工具几乎全是木制的，结构都很简单。随着纺织技术的不断革新，曹县老土布的织造由最初一把梭、两把梭，发展到 13 把梭，最多可达 20 把梭。工匠们通过纺线、染线、浆线、经线、做综、上梭，用手工操作土织布机子等一系列步骤，织出各色各样的花棉布。

技艺精巧的织手能织出古朴、简练的花草、动物图案和形象逼真的人物。如今各式各样的土织花布纹样多达 200 多种，这些花纹当地称为十字联、十样景、汉花、大锦花、小锦花、狗牙梅、龟背锦、字拐等，品种繁多，五彩斑斓。

由于手工织花棉布质地优良，耐穿耐磨，色彩华丽，图案设计贴近生活，具有浓郁的乡土气息，已引起国内外众多的装饰美术家的关注，与现代生活相结合，开发制成时装、背包等，土织花布在城市已成了很时髦的商品。

曹县老土布靠的是口传心授和经验积累。传承人祁翠娟，曹县魏湾镇南董庄人。她 10 岁开始跟随家中老人学习曹县老土布制作，熟练掌握老土布制作技艺。近年来，祁翠娟积极组织开展传习培训活动，用授课和操作指导的方式，对群众传授技艺，培养了一批专业手工艺人。

曹县老土布是传统农耕时代曹县民众生活、家居之用具，它是山东民间传统技艺的重要代表。作为传统历史文化的产物，多样化的题材，织造的技艺细节，独特审美体验，是传统文化精神的艺术化展现，反映了当地民众热爱生活、追求美好生活的强烈愿望。

◆ 曹县蒸碗制作技艺

曹县蒸碗是一道曹县当地的特色美食，最早是人们祭祀活动用的贡品。过去曹县常常灾祸横生，人们为了祈求风调雨顺，常杀猪、羊祭天。随着祭祀活动的不断增多，祭祀所用的食材也逐渐增加，祭祀过后，贡品中的食物短时间内吃不完，容易腐烂变质。当地人就想尽办法来解决食物变质问题。经过不断摸索，人们发现将食材炸制或者腌制后蒸熟，食物口感更佳，味道更醇厚，同时能极大地延长食物的保存时间。后来人们在此基础上不断改进，将食材分割

成品

制作

好放入碗中再蒸制，最终演变成了现在的曹县蒸碗。独特的制作方法以及方便储存的特性，使曹县蒸碗成了一道特色的美食。随着蒸碗的兴起，各种各样的食材慢慢地被加入蒸碗之中，成为蒸碗的原料素材。

曹县蒸碗为传统美食，其制作工艺复杂，用料考究，种类繁多。传统主要品种有蒸蹄子、蒸黄牛肉、蒸山羊肉、蒸素鸡、蒸鸳鸯蛋、蒸扣肉、蒸土鸡、蒸卷煎、蒸排骨、蒸米粉肉、梅菜扣肉、蒸草鱼、四喜丸子、蒸面子鸡、虎皮鸡蛋、蒸甜米等 20 多个。曹县蒸碗选用的每一样食材都是优质的原料，从而保证拥有极高的营养价值。

曹县蒸碗最早出现在节日和婚丧嫁娶等重大活动宴席上，同时也用于招待亲朋好友，早先的时候，当地的人们几乎家家都会制作蒸碗，每逢腊月过半，家家开始置办年货，开始着手制作蒸碗，一碗碗香气扑鼻的蒸碗从锅中端出，色香味美的同时也寓意着圆圆满满、年年有余以及对来年生活的美好向往。

曹县蒸碗制作工艺均以家庭作坊为依托，以师徒和家族之间传承为主。代表性传承人王志宽，曹县曹城办事处人。王志宽 20 多岁跟随师傅赵福林学习曹县蒸碗制作工艺，专业从事婚丧宴席上的蒸碗制作。经过不断学习，熟练掌握蒸碗制作工艺，他还摸索出了一套更加完善的配料秘方，解决了以往蒸碗料多味苦、料少味淡的问题。2005 年以来，他创办蒸碗品牌“致宽堂”，运用先进的密封杀菌包装技术，将曹县蒸碗销往全国各地，让更多的人开始了解品尝曹县蒸碗这一独特的特色美食。近年来，王志宽相继收授了多名学徒，传承曹县蒸碗的传统技艺。

曹县蒸碗，长期以来作为曹县的一种重要的饮食文化载体，很大程度上体现了曹县的风俗传统和曹县人民的生活习俗、消费习俗，其传统加工技艺折射着曹县诸多的传统文化元素。曹县蒸碗烹饪工艺流程复杂，有些工序难以为现代技术所替代，是一份极其宝贵的饮食文化遗产。顺应发展，曹县蒸碗已融入餐饮行业当中，开始了商业化运营。

◆ 皮影制作技艺

曹县皮影，在曹县当地又名皮儿影、隔纸说书，是我国皮影艺术的一个重要地方分支。曹县皮影起源于明末清初曹县常乐集乡任庄村，相对于山东其他地方皮影的近乎说唱艺术而言，曹县皮影的演出则是把地方戏曲“大平调”有机地植入里面，在山东皮影艺术中可谓独树一帜。常乐集乡任氏于明朝迁居曹县，清乾隆年间黄河发大水，良田变成了沙土地，已无法耕种，受当地民间艺术启发创始了皮影，并以此赖以生存，至今已传8代。

曹县皮影从制作到演出，已形成完善的体系。演出道具系用牛皮制作，高一尺有余，风格质朴粗犷，色泽古拙，刻工劲健，很接近当地的剪纸风味，具有强烈的地方特色。早先在纸板上刻成的各种人物、动物，易损毁且不易保存。当时刻画的影人尺寸不固定，灵活性也差。任氏先人就试着在动物皮上刻划，照着人体结构的形式改进制作工艺，增加关节，使其灵活性大大加强。所取牛皮待洗干刮净，晾至净亮透明时才用于制作。制作时先将样稿轻画于牛皮之上，然后用刀具或刻或凿，最后上色、熨平，每个过程都有专人负责，最后一关只有族人才能完成。由于是赖以生存的一门技艺，无论是制作皮影道具，还是演出剧本，从不外传。

皮影戏

曹县皮影的其他影件如金殿帅

帐、案几、牙床、花轿、车马以及各种动物、花卉等，结构多被压缩，而且稍有透视感，都比影人低，与影人同台演出时，形成强烈的对比，彰显影人肢体灵活，充分体现粗中有细，豪放有致的艺术风格。曹县皮影多上演历史演义戏、民间传说戏、武侠公案戏、爱情故事戏、神话寓言戏等。不仅如此，艺人们还自己编写了一些民间故事，更多的则是移植一些戏曲故事。随着皮影制作工艺的成熟，剧目的丰富，曹县皮影逐渐开始在乡村间流动演出。

曹县任家班皮影

曹县皮影的美术造型主要来源于古代壁画、佛像、戏曲脸谱、戏曲服装、民俗装束、剪纸等民间艺术。为了适应影人在屏幕上横向活动的要求，皮影艺人们采用了大胆夸张、合理变形的艺术手法，基本上采用正侧面单目的造型。就整体而言，皮影的造型特点往往是整体上简约，而形体的内装饰较为丰富，做到了民间艺术造型“繁”与“简”的有机结合。是一种独立存在的艺术形式。制作精美的皮影人可以作为手工艺品供人们欣赏，可作为室内的装饰品，点缀生活的空间。皮影戏将丰富的社会文化内容与独特艺术表现形式有机结合在一起。在中华民族几千年的艺术发展史中，皮影戏这一民间艺术，真正体现了人与人、人与

自然的和谐统一、体现了匠心独具的技术美。

曹县皮影在音乐上广泛吸收了地方戏曲“大平调”的艺术因素，形成了较为固定的行当、板式、唱腔。乐队以板胡、大油梆子为主奏乐器，文武场齐全。表演技艺也大大提升，操纵技巧繁复高超，武打场面紧锣密鼓，影人枪来剑往，上下翻腾。文场的音乐与唱腔更是音韵缭绕、优美动听。演出范围扩大到山东、河南、安徽、河北交界的广大地区。由于它造型古朴典雅，民族气味浓厚，以其演出装备轻便，声腔丰富优美，表演精彩动人而著称，深受广大民众的喜爱。曹县皮影操作巧妙，道白有声有色，又广泛地吸收了鲁西南地方戏和民歌曲调的风格，故韵味独特，悠扬婉转，语气诙谐，故事生动。任氏后人表演皮影大多以《辕门斩子》《西游记》等中的故事为主要内容，大部分剧目流传至今。

◆ 麦芽糖制作技艺

麦芽糖也叫饴糖，又称胶糖、饧糖，是由糯米、粳米、麦面、粟或玉米等经过蒸煮、发酵，加入麦芽经发酵糖化制成的糖类食品。

麦芽糖的制作是一门祖传手艺，麦芽糖艺人们多是祖祖辈辈十几代人都从事加工麦芽糖。明洪武年间，大量山西洪洞县百姓迁居至曹县，带来了大量的手工技艺，其中就有麦芽糖制作工艺。当时制作麦芽糖的艺人多迁居至曹县韩集镇，也造成了后来韩集镇许多人以制作麦芽糖的手艺为生。

原料

制作

麦芽糖制作做工讲究，温度要求高，程序复杂，从原料加工到成品有十几道工序，全由手工完成。生产的麦芽糖甘甜可口，香气宜人，色泽金黄，体亮晶明，味道纯正可口，营养丰富。麦芽糖性温味甘，与水溶解后会化作葡萄糖，作为医学上的营养料，可用作养颜、补脾益气、润肺止咳、缓急止痛、滋润内脏等使用，有和胃顺气、止咳和医治便秘等作用。

作为一种重要的饮食文化载体，早年间，每年中秋节过后，艺人们就开始外出做麦芽糖生意。挑一副担子，辗转于安徽、河南、湖北等地，春节前几天才能回到家。这种农闲时走街串巷的麦芽糖生意延续了几百年。现在，这种世代相传的手工制作技艺也开始寻求新的发展，如探索运用现代化的生产方式，将麦芽糖制作进行产业化等。

传统医药

◆ 全鸡接骨膏

全鸡接骨膏，是结合民间传统膏药制作技艺，经过几代民间医师对膏药配方的潜心研究和改进，在实践中探索形成的一套独特制作工艺，对接骨续筋、消炎止痛有奇效。据传，全鸡接骨膏是陈姓民间医师创研而成。陈姓医师本是一个托骨匠（即民间所说的迁坟人），在给人迁坟过程中，要把散开的人骨，按人体骨骼结构重新摆放好入殓。一次，邻村的一骨伤患者小腿骨折，不能行走，痛苦不堪。找到他诊治，他很快就帮患者骨头复位。此后邻近村庄骨折患者，都找他正骨，他常常能手到病除。但正骨只是解决了骨头复位的问题，

全鸡接骨膏

而不能解决疼痛肿胀的症状。后来他遍寻民间接骨老医师，结合他们外治骨折后的肿胀疼痛秘方，潜心钻研，终于成功制作出全鸡接骨膏。在消炎止痛的同时接骨续筋。全鸡接骨膏以其独特的制作工艺和接骨中消炎止痛的疗效，在民间享有很高的声誉。

全鸡接骨膏的制作，以捣制为主。首先准备活鸡，在捣制过程中，随时加入五加皮、炒乳香、炒没药、海马、海龙、血竭、麝香、红花等中药材，边捣制边用柳木棒翻拨鸡肉泥。捣制过程需 3~4 小时，才能把鸡肉、中药材捣制成肉泥状。把鸡肉泥放在手中碾磨，鸡骨、中药材均无碎片扎手，即表示“全鸡接骨膏”基本完成。为了最大程度保持药性，需选用石头臼和柳木棒进行捣制，直至制作完成，敷在患者伤口处，用夹板固定。

全鸡接骨膏属中药外治法的一种，贴于体表的膏药刺激神经末梢，通过反射，扩张血管，促进局部血液循环，改善周围组织营养，达到消肿、消炎和镇痛的目的。全鸡接骨膏还有“简、便、验、廉”，副作用小等特点，用之得法，加速骨折部位的愈合时间，具有极高的药用治疗价值，是一份宝贵的中医药文化遗产。

全鸡接骨膏依靠以师带徒、家庭传承两种方式传承延续。代表性传承人王玉珍，同时还是活血接骨膏的传承人。

◆ 活血接骨膏

活血接骨膏又称骨科接骨秘制膏药、黑膏药，属中药外治法的一种。

明清时期，曹县民间常有在街上打把式卖艺的，为维持生计这些艺人同时贩卖治疮小膏药接济家用。活血接骨膏是在总结前人小膏药验方的基础上，由一位刘姓民间医师所创制。它以油内入药熬制膏药，利用中药材特有物质与油在熬制的过程中发生化学变化，产生加速骨伤愈合物质，从而达到治疗骨伤的目的。经几代民间医师的不断创研，传承发展至今。

新中国成立前，在曹县，正骨医生与售卖膏药是分开经营的，一般情况下正骨的不熬制膏药，熬制膏药的不正骨。由于受当时医疗条件所限，刘氏后人继承祖传绝技熬膏药看疮，其后又熬膏药治疗骨伤，在鲁西南一带很有名气。他们与陈氏后人合作，在陈氏后人正骨复位后，贴上全鸡接骨膏以消肿止痛续筋后，就要用刘氏的“活血接骨膏”来辅助治疗骨伤，以利于骨伤患者骨折处尽快复原。

活血接骨膏的制作主要有炼油、下丹、下药等程序。制作过程中，首先在铁锅中倒入芝麻油，大火熬制，并用柳木棒不断搅拌，选取东丹、漳丹、红丹或者铅丹，把丹粉均匀撒在油锅中，加入所需药材，直至熬成膏油，放进凉水中拉扯成条，不黏手、有韧性，放在平板上不塌架，表示制作成功。熬好的膏药捏之不黏、不粘且有力，色黑、润和而有光泽。活血接骨膏作为辅助治疗药物，在为骨伤患者贴敷膏药时，需先观察患者使用全鸡接骨膏的效果，如果患处已消肿，就将存放的膏药条放入温水中烫软，用拇指将其涂在消毒白棉布上贴附在患者骨伤处即可。一般一贴膏药贴 7 天。

活血接骨膏

由于膏药用于肌表薄贴，多取气味俱厚的药物，渗药力强，因此可透入皮肤产生消炎止痛、活血化瘀、通经活络、开窍透骨、祛风散寒等功效。贴于体表的膏药刺激神经末梢，通过反射，扩张血管，促进局部血液循环，改善周围组织营养。同时，药物穿通皮肤及黏膜后，经过血管或淋巴管进入体循环，可产生全身性药物作用，达到消肿消炎和镇痛的目的。

活血接骨膏依靠以师带徒、家庭传承两种方式，言传身教，得以延续至今。

代表性传承人王玉珍，山东曹县人，曹县同善正骨医院院长，20余岁起开始行医，20世纪60年代，王玉珍拜师老医师刘玉佩，在6年的学习中尽得刘氏亲传。40余年潜心钻研，他的膏药使骨折患者正骨后接骨续筋的疗效进一步增强，使骨折后的复原过程进一步缩短。王玉珍多次参加全国性的骨伤科医院学术研讨会，并在《中医正骨》杂志发表多篇学术论文。2012年，王玉珍建立曹县同善医院，将活血接骨膏制作技艺应用于临床。并广招学徒，传授活血接骨膏核心制作工艺，每年带领徒弟们开展义诊进社区、下基层等活动，为周边群众进行免费骨伤治疗，宣传推广接骨膏制作工艺。

◆ 中医推拿疗法（曹县中医推拿疗法）

曹县中医推拿是集中医、按摩以及传统武术于一身的民间医药项目，主要流传在曹县曹城办事处一带，是山东省民间中医门类中不可多得的一种推拿形式。

据文献记载，早在秦汉时期，推拿就已经成为一种比较成熟的医疗手段。医圣张仲景在《伤寒杂病论》中，最先提倡“膏摩”疗法，即将配制好的膏药涂抹在患者体表，然后用手法在其上抚摩搽揉，具有手法与药用双重作用。

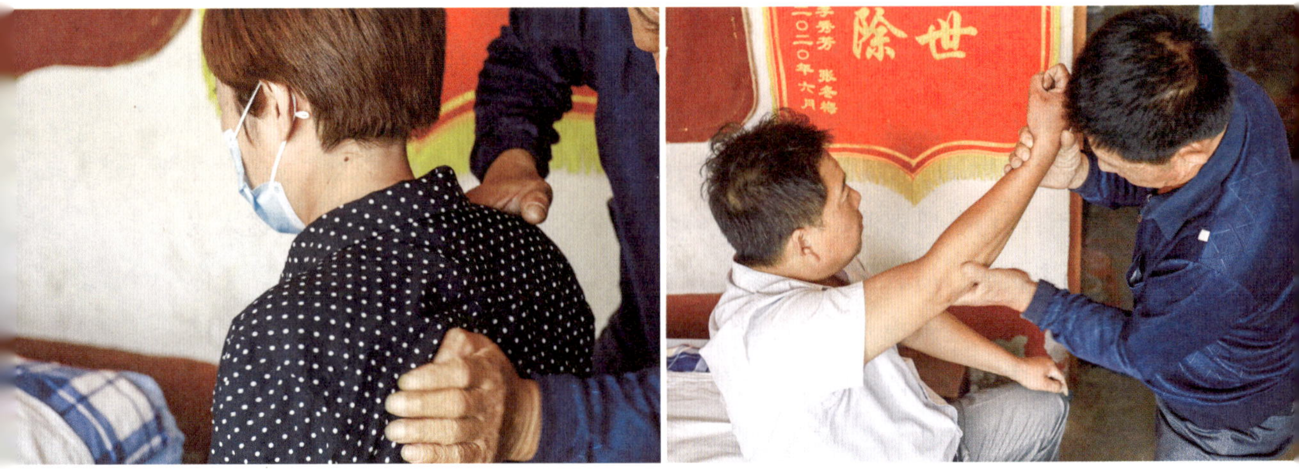

中医推拿

曹县中医推拿是以中医的脏腑、经络学说为理论基础，用自己的双手作用于病患的体表、受伤的部位、不适的所在、特定的腧穴、疼痛的地方，运用推、拿、按、摩、揉、捏、点、拍等形式多样的手法，达到疏通经络、推行气血、扶伤止痛、祛邪扶正、调和阴阳的疗效。从性质上来说，它是一种物理的治疗方法，推拿手法的物理刺激，使作用区引起生物物理和生物化学的变化，局部组织发生生理反应，这种反应，通过神经反射与体液循环的调节，一方面得到加强，另一方面又引起整体的继发性反应，从而产生一系列病理生理过程的改变，达到治疗效果。

曹县中医推拿从传统中医体系内分出来，成为独立的体系，传承至今。曹县当地的中医推拿传承体系众多，其中以孔凡进这一脉传承谱系最为完整有序。

孔凡进，曹县郑庄街道办事处孔道口村人，10余岁起跟随父亲学习中医推拿，凭借祖传和多年摸索，在传统中医推拿的基础上结合梅花拳医道理论，研发了多种推拿手法。20多年来，他相继收授6批，建立了曹县中医推拿协会，组织中医推拿艺人培训，整合曹县中医推拿各个门类派别互相交流，逐渐形成了曹县中医推拿团队。

◆ 中医针灸疗法（子午流注针灸疗法）

子午流注针灸疗法是集中医、针灸以及传统自然学科于一身的民间医药项目。清朝后期，曹县一位在当地有名的吕姓医师，善于治疗各类疑难杂症，在一次外出行医交流时，偶然接触到子午流注针灸疗法，在见识到此针灸疗法的神奇妙用后，便虚心拜师学习，终于得到该针灸真髓，后将子午流注针灸疗法带到了曹县。目前，子午流注针灸疗法主要集中在曹县韩集镇。

子午流注针灸疗法与中国传统针灸一脉相承而又独具特色。中医理论认为，人体功能活动、病理变化受自然界气候、时辰和生活规律等影响，呈现一定的规律：人体中十二经脉对应着每日的十二时辰，不同的经脉中的气血在不同的时辰有盛有衰，根据不同的病症，在相应的时间刺激特定的穴位和经脉可以更高效的治疗疾病。根据这种规律，子午流注针灸疗法提出了“因时施治，按时

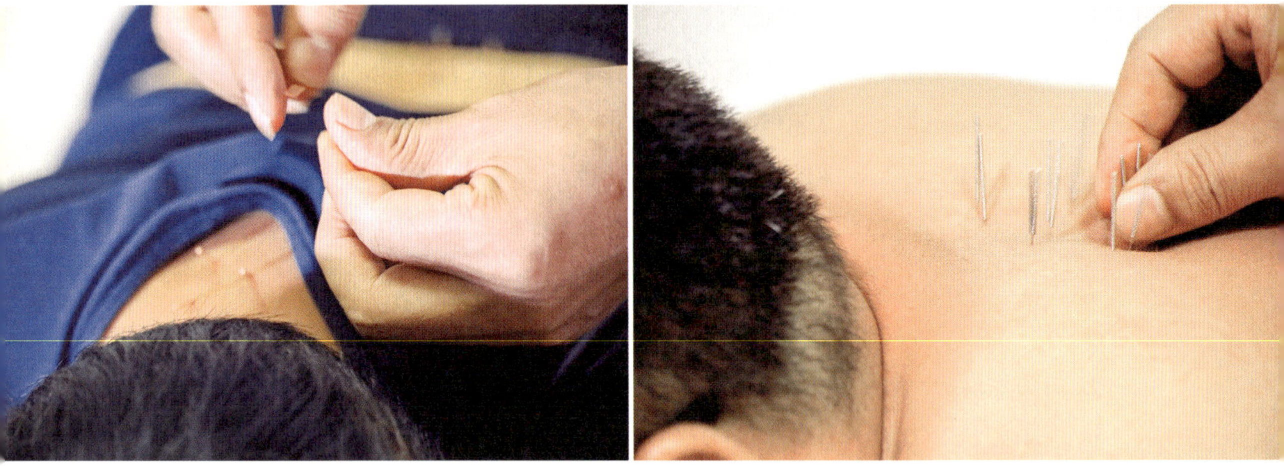

针灸疗法

针灸，按时给药”等治疗观点，具体操作方法是辨证循经按时针灸取穴。子午流注针灸疗法在针具应用、针刺配穴方面独具特色，其神奇的治疗手法往往能在短期内解除患者的沉疴旧疾。

子午流注针灸疗法传承至今已有五代，现主要代表性传承人吕建华。吕建华受家庭影响，自小便开始跟随父亲学习子午流注针灸疗法，后拜于国医大师程莘农门下研究中医针灸针法，从事针灸临床已有30余年，在实践中不断发展和完善子午流注针灸疗法，使祖传疗法得到了进一步的发展。

◆ 面瘫牵正膏制作技艺

面瘫牵正膏制作技艺，是在总结前人经验的基础上，结合民间传统膏药制作技艺，经过几代民间医师对膏药配方的潜心研究和改进，在实践中探索形成的一套独特制作工艺，对治疗面瘫、面神经麻痹以及风湿、偏头痛等病症都有较好疗效。该牵正膏以油内入药熬制膏药，利用中药材特有物质与油在熬制的过程中发生化学物质变化，从而达到治疗面瘫等面神经性疾病的效果。

中医外科膏药是运用中药归经原则，运用药物互相协调为用的效能，组成多味药物的大复方，以发挥药物的良好效果。由于膏药用于肌表薄贴，多取气味俱厚的药物，渗药力强，因此在局部用药后，无论在左或右下肢，都可使坐骨神经传导速度明显增快，这对病理状态下因神经损伤所致传导阻滞，具有明显的疗效。有些刺激性强的药物，通过神经反射可以调节肌体功能促进抗体形成，提高人体免疫力，促进功能恢复而达到治愈目的。

面瘫牵正膏

传说，面瘫牵正膏制作工艺，最初起源于唐朝时期的三善堂，后由三善堂后人李姓民间医师自学祖传的医书，着力研究面瘫疾病，并根据残缺的祖传药方还原出了治疗面瘫的面瘫牵正膏。这种面瘫牵正膏比其他种类的面瘫药物治疗效果更好，一经推出，便受到了百姓的追捧。后来他又拜访各地名医，经过多年的学习、摸索，在面瘫牵正膏原有的基础上改进了药方和制作工艺，使得面瘫牵正膏的治疗效果更进一步。

长期以来，面瘫牵正膏制作工艺全靠家族式口授传承，膏药制作加工时的火候大都凭经验掌握。经过言传身教，得以延续至今。该制方长期秘不外宣，地方资料也很少涉及膏药制作的记载。传承人李云涛，曹县韩集镇人，自幼跟随祖父学习中医，并得其真传。李云涛 20 余岁开始行医，经过多年潜心钻研，他的面瘫牵正膏对面瘫患者治疗疗效好，不仅获得多项医学专利，还多次应邀参加全国性的面神经学术研讨会。

民　俗

◆ 桃源花供

桃源花供是以花供祭祀火神的民俗活动。

使用花供祭祀火神是曹县桃源集的特色。传说明朝洪武末年，瘟疫盛行。一群山西迁民沿黄河东下，走到今东明地界时，从上游漂来一幅火神像，他们认为火神指点他们在此登岸安家，于是人们就弃舟登陆，在东明大屯乡附近安家，后来几经搬迁到了曹县桃源定居。人们为了感谢火神的庇佑，便将发现火神像的日子，也就是农历正月初七，定为火神的生日，摆供祭奠。

关于使用花供祭祀火神，当地老艺人讲：过去生活贫苦，拿不出鸡鸭鱼肉这样的供品祭祀火神爷，但为表达心中情意，便想出用面捏塑鸡、鱼等形状的供品代替。久而久之，就形成一种风俗。最初的供品仅为白面制作，后来用当地盛产的白萝卜为原料雕刻，供品花样增多，所以称为“花供”。火神会也就成了花供会。据《曹县志》记载，桃源镇每年农历正月初七摆花供敬火神已延续成俗。

桃源花供

桃源集过去有专门负责组织安排花供的组织，叫香会，它是民间的自发组织，选举精通花供仪式、工艺，德高威望之人担任会首。每年麦收以后，入会人家需要拿出几升小麦交给会首变卖成钱，置办花

桃源花供

供用香火纸烛。由于曹县桃源集是双“十”形街道，按方位分南街、北街、前西街、后西街、前东街、后东街、大街七个单元，所以花供由七条街共同举行。不同街道皆选举出自己的会首，管理花供事务，桃源集七条街选举出总会首，负责召集各街会首，协调花供整体事务。每年腊月初十前后，总会首召集各街道商量花供事宜。来年正月初六晚上制作花供，初七进香、朝台、摆花供。

春节一过，桃源村民便搭棚结彩，忙于花供祭祀。按照花供分工不同，可分作主持街和花供街，主持街由各街道轮流承担，负责准备供桌、搭彩棚事务，当年不置办花供。花供街为其他六条街道，他们各自于正月初六晚上召集各街道的能工巧匠连夜制作花供，正月初七依次将花供进奉火神。人们手托供品组成十几排的献供队，花供祭祀时鞭炮齐鸣，人潮簇拥。祭祀花供分为6座，按次序陈设在棚内八仙桌上。第一座是用白萝卜雕成的亭台楼阁、亭塔牌坊等建筑物；第二座是用山药泥配以各色颜料捏制的动物；第三座就是用江米面捏制的人物，有八仙过海、唐僧取经、刘关张桃园结义、秦香莲抱琵琶、穆桂英挂帅、岳飞抗金；有老态龙钟的包拯、仙翁，也有威风凛凛的神将等，其余的三座花供均以花卉、蔬果等为主题。桃源集各条街道的人群朝台进供时，有数万人前来观看，随进供队伍而移动，于是就有了“桃源花供——走着瞧”的说法。待到花供送至彩棚后，会首带领本街会众来到火神像前进行祭拜。祈求火神保佑风调雨顺、五谷丰登、人丁兴旺、消灾祛病。此外，正月初七这天，人们还要请戏班子演唱以示庆贺，一般唱祭火神的“神戏”。

桃源花供艺人一般情况下分为家传、跟班学习、拜师学习三种。代表性传承人徐保忠，曹县庄寨镇桃源集人，21 岁跟随街邻跟班学习花供的制作技艺，对各种花供材料都有深刻的了解，熟练掌握桃源花供核心制作技艺。在制作方面，无论是威严的牌坊、高塔，还是活灵活现的戏曲面塑人物、面塑动物、新鲜的瓜果，都展现了精湛的技艺水平。并积极开展传承实践活动，利用项目传习所现有设施、工具、材料等，在曹县庄寨镇桃源集组织开展桃源花供传习培训班活动，用授课和操作指导的方式为传承人讲授花供制作技艺。

桃源花供在造型、绘色等技艺中显现出独特的地方色彩，题材丰富，色彩搭配讲究，是艺人对生活的艺术化提炼，展现了独具匠心的审美思维，是民众寄予的美好生活的艺术化展现。桃源花供是原始火神崇拜的遗存，从其诞生之日起就具备了古俗传承的历史与文化价值。而今，桃源花供已演化成当地民众祈福纳吉的传统社火活动。透过这一传统民俗活动，可以反映出中原文化在历史中的变迁与影响。利用传统的民间信仰习俗，凝聚了一方百姓、缓和了社会矛盾，起到了增强民众凝聚力的作用，在族群生活中起到了维系社会伦理关系和宣扬法理的重要作用。

菏泽非物质文化遗产概览

HEZE FEIWUZHI WENHUA YICHAN GAILAN

成武县篇

民间文学

◆ 伯乐传说

据传，天上管理天马的神仙叫伯乐，人间就把善于鉴别马的优劣的人叫伯乐。到了春秋时期，伯乐又成为秦国管理马的官职名称。

伯乐（约前 680~ 前 610），姓孙名阳，春秋郜国人（今成武县城西北孙家庄），祖辈是兽医。孙阳少年时跟随父亲学习相马、驯马、医马。游历诸国，西出潼关，到达秦国。秦穆公时任监军少宰，官为伯乐将军，负责秦国的战马挑选、驯育和医治。《庄子·马蹄释文》引石氏《星经》曰："伯乐，天星名，主典天马，孙阳善驭，故以为名。"

一、古籍所载的成武人伯乐事迹

成武人伯乐善于相马，能从马的外形上看出马的优劣。

骥服盐车。《战国策·楚策四》云："夫骥之齿至矣，服盐车而上太行，蹄

伯乐墓

申膝折，尾湛胕溃，漉汁洒地，白汗交流。中阪迁延，负辕不能上。伯乐遭之，下车攀而哭之，解纻衣以幂之。骥于是俯而喷，仰而鸣，声达于天，若出金石声者，何也？彼见伯乐之知己也。”

牝牡骊黄。《列子》曰：“秦穆公谓伯乐曰：‘子之年长矣，子姓有可使求马者乎？’伯乐对曰：‘良马可形容筋骨相也。天下之马者，若灭若没，若亡若失，若此者绝尘弭辙。臣之子皆下才也，可告以良马，不可告以天下之马也。臣有所与共担纆薪菜者，曰九方皋，此其于马非臣之下也，请见之。’穆公见之，使行求马。三月而反报曰：‘已得之矣，在沙丘。’穆公曰：‘何马也？’对曰：‘牝而黄。’使人往取之，牡而骊。穆公不悦。召伯乐而谓之曰：‘败矣，子所使求马者！色物牝牡尚弗能知，又何马之能知也！’伯乐喟然太息曰：‘一至于此乎！是乃其所以千万臣而无数者也。若皋之所观，天机也。得其精，而忘其粗；在其内而忘其外；见其所见，不见其所不见；视其所视，而遗其所不视。若皋之相者，乃有贵乎马者也。’马至，果天下之马也。”

按图索骥。《艺林伐山》载，伯乐《相马经》有“隆颡蛈日，蹄如累麴”之语。其子执《马经》以求马，出见大蟾蜍，谓其父曰：“得一马，略与相同，但蹄不如累麴尔！”伯乐知其子之愚，但转怒为笑曰：“此马好跳，不堪御也。”

伯乐年老致仕回成武老家。秦穆公让他推荐一名能接替他的人。伯乐推荐了九方皋。后来九方皋也成为一代相马名师。伯乐回到成武故里，总结其相马经验，写出了我国历史上第一部相马学著作《伯乐相马经》，以及《伯乐针经》《伯乐疗马经》《疗马方》《伯乐治马杂病经》等著作。

伯乐去世后葬于成武故里。墓地在今成武县伯乐集镇伯乐村。此地曾属济阴郡（郡治在今定陶），故《太平寰宇记》济阴县下记：“伯乐冢，秦人善相马者，葬此”。清道光十年《城武县志·舆地志》中也有伯乐村和伯乐社的记载。20世纪50年代犹存孙阳伯乐墓和明嘉靖重修墓碑。

伯乐在后世最为乐道的是唐·韩愈《杂说四》（马说），其文曰：“世有伯乐，然后有千里马。千里马常有，而伯乐不常有。故虽有名马，祇辱于奴隶人之手，骈死于槽枥之间，不以千里称也。马之千里者，一食或尽粟一石。食马者不知其能千里而食也。是马也，虽有千里之能，食不饱，力不足，才美不外见，且欲与常马等不可得，安求其能千里也？策之不以其道，食之不能尽其材，鸣之而不能通其意，执策而临之，曰：‘天下无马！’呜呼！其真无马邪？其真不知马也。”

现在成武县伯乐村和另五个孙庄都有伯乐后裔。成武县为弘扬伯乐文化，命名了伯乐大街，建设了伯乐相马石雕、伯乐公园、伯乐渔村、伯乐苑、伯乐书画院等。

二、民间关于伯乐的传说

民间关于伯乐的传说主要有伯乐降生、天马监、一顾值千金、伯乐赌马、伯乐升仙等十几个。

一顾值千金的传说。据说，当年成武养马贩马盛行。当时伯乐在当地相马已经成名。伯乐很喜欢相马，每逢集市，伯乐就要去集市上看看，给马相面。人们一见伯乐前来，很多买马的人都会围拢在伯乐身边，让他替自己挑匹好马。卖马的人则很怕伯乐说自己的马孬。有一次，一个卖马的人找到伯乐，对他说：“我老娘病重，急需用钱，家里很穷，没钱治病，只好把家里仅有的一匹马卖掉。可是来了三次集市，都没人买。眼看老娘快熬不住了。请您帮帮我，把马卖出去，我好给老娘看病。”伯乐见此人是个孝子，有心帮他，便说：“你让我怎么帮你？”卖马的人说：“你不需要其他帮助，只需要在我的马前停一会，端详一阵我的马，然后离开后再回头看看我的马，就可以了。”伯乐按照此人的话，在他的马前停下来看了一阵，然后离开，走了十几步，又回头看了看。果然，接着就有好几个买马的人围上来，要高价买这匹马。卖马人当即就把马卖了出去，而且卖的价钱是这匹马实际价值的十倍。其实，这个民间传说，在史籍中也有记载，《战国策·燕策二》：有人卖骏马者，比三旦立市，人莫知之，往见伯乐曰：“臣有骏马，欲卖之，比三旦立于市，人莫与言。愿子还而视之，去而顾之，臣请献一朝之贾。”伯乐乃还而视之，去而顾之。一旦而马价十倍。

伯乐赌马的传说。伯乐到秦国后，很得秦穆公的信任。凡是购置马匹都要叫伯乐看看是不是好马。时间一长，秦国有一个大将很不服气。一天，秦穆公又叫伯乐去看秦国购置的一批战马。这个将领便说：“秦王，我等整天驰骋疆场，好马劣马见过无数，哪里用得着他来相马，只要我们看看就行了。这伯乐没有上过战场，看马不过是看马的外表罢了。”秦穆公知道他不服气伯乐，告诉他说：“战场杀敌，伯乐不如你；但是相马辨马，你不如伯乐。”将军说：“那我和伯乐比比如何？”穆公问伯乐愿不愿意比试。伯乐说：“当然可以。请您说如何比试？”将军说：“你挑一匹马，我挑一匹马，看谁挑的马跑得快。”伯乐说：“好。将军

伯乐相马雕塑

先请。”将军从众多马匹里挑了一匹十分健壮、蹄高身长、浑身火红的战马。伯乐却挑了一匹看起来不算高大、浑身乌黑、四蹄长满白毛的马。随着秦穆公一声令下，伯乐和将军各骑战马向前飞驰。大约一个时辰后，伯乐回到穆公面前，待了一阵将军才返回来。再看伯乐的战马，仍然气定神闲，还是原来的样子；而将军的战马，却大汗淋漓，气喘吁吁。将军立即下马，向伯乐道歉，从此拜服了伯乐的相马能力。穆公看到伯乐挑的马如此优秀，便将此马留下，作为自己的又一匹战马，并且赐名此马为“乌雕踢雪驹”。从此，穆公经常骑着此马征战四方。

伯乐升仙的传说。伯乐老年致仕，返回成武故里。数年后，忽然生病。儿女床前伺候。不过几天，伯乐把儿子叫到跟前，说：“儿子，我阳间寿数已尽，明天清晨玉帝就要派金星接我升天。以后，你要继承祖业，好好学习相马之术，专心养马相马，保持家业兴旺。”儿子说：“父亲大概是病得胡思乱想，哪里有什么金星接你？你只管安心养病就是。”第二天天刚一放亮，伯乐却突然从床上坐起来，仔细洗漱，换好衣服，让儿女扶着自己正襟危坐在堂屋（门朝南的正房，当地叫堂屋）的椅子上。不一会儿，就听得院子上面仙乐缭绕，满眼祥瑞飘飘。伯乐见状，告诉儿女们，好好原地待着，不要出屋，不要说话。伯乐只身一人从屋内走到院子里。刚到院中央，只听得有人朗声说道；“伯乐接驾。”伯乐立即匍匐在地，朝天叩首道：“微臣伯乐恭接仙驾。”只听得空中有人说道：“奉玉帝圣旨，请伯乐返回天庭。”伯乐道：“谨遵玉旨。”忽然一阵香风吹来，伯乐忽然不见。后世即传说伯乐又回到天庭做天庭的天马监去了。

◆ 九女传说

据《曹州府志》记载：“汉和帝时，老夫金姓，无子，生九女，乡里讥之。女耻，誓不嫁，共力绩纴，相养如儿。后卒，同穴而葬。明弘治六年岁荒，有发其冢者，得志石，铭曰：‘孝哉九女，逾时弗嫁。甘旨奉亲，温凊冬夏。风树既悲，白华亦谢。墓可封哉，永敦风化！李佐时笔也。’墓在九女集之西，旧有祠。”清道光庚寅《城武志》也有关于九女的这段记载。

东汉和帝时，成武县西南20多里处，有一村庄，住一金姓人家，刚三十出头就有八个女儿，他盼望能再添一子，可妻子庞氏却不能再生了。有一年春天，金老汉去田里干活，在路边又捡了一个被父母遗弃的女孩，起名金九姐。

一天，金老汉干完活回家，无意间听村民议论他：虽有九个闺女，也抵不上一个瘸腿儿，到死后还是没人摔漏盆（摔漏盆，也叫摔老盆，是当地在父母去世出殡时，由长子手执一个底部钻有洞眼的盆子，在棺椁前摔碎，表示哀悼父母，并继承父母遗产）。他心里很不是滋味，很是伤心，回家蒙头大睡。女儿

九女集碑

清雍正立九女故里碑

们知道这件事后，纷纷表示一辈子不嫁，孝敬父母。打那后金家九姐妹，头不搽油，面不补粉，白天下地种庄稼，晚上在家纺线织布，日子越过越富足。天热了轮流给父母打扇，天冷了轮流给老人暖被窝。全家十一口相依为命，和和美美过日子。

花开花落，一转眼过去几十年，金家夫妇已是白发苍苍。金家九姐妹孝敬父母的事，一传十，十传百，没有不知道的。后来，庞氏活到100多岁寿终正寝。又过了一天，金老汉也含笑九泉。九姐妹倾尽所有，排排场场地发送了爹娘。

玉皇大帝得知了金家九姐妹的孝亲之事，非常感动，当即派王母娘娘下凡，把她们召进天宫。从此，九姐妹就成了九仙女，一直在天堂过着快乐幸福的神仙生活。

九女奉孝的故事，历史上很长一段时间只是口头传说。明弘治六年（1493），成武当地发生灾荒。当地人四处挖掘食物，九女墓也遭挖掘。墓冢出土墓志石一块，其上有铭文，并有“李佑时笔也”的落款。墓志铭的出土，证实了九女故事的可信性。

清乾隆派大臣监工，在九姐妹住过的村庄建造了“孝女祠”“孝女坊”和“孝女碑”。正面碑文是乾隆皇帝御笔亲书：“贞烈贤孝和帝时人金氏女故里。”背面碑文是乾隆皇帝御诗：“奇哉九女孝非常，矢志终身不嫁郎。甘之奉亲菽水香，二老殁后升天堂。”

成武后人为了缅怀金家九女，把当年金家住过的村庄更名为“九女集”，一直延续至今。

传统音乐

◆ 包楞调

包楞调是中国民间的花腔女高音独唱曲，是“担经”演唱中的曲子。

后来，又有了交响乐、古筝演奏的“包楞调”。古筝曲“包楞调”已被全国民间器乐考级委员会指定为八级曲目。“包楞调”现已由独唱发展为合唱、舞曲、器乐曲、交响乐等艺术形式。

包楞调有民间性特征。它是具有民间花腔特色的歌曲，中间又糅进了抒情乐句，与头尾的花腔形成了鲜明的对比。装饰音和滑音运用巧妙，强弱对比惟妙惟肖。花腔干净利落，特别是花腔中的八度大跳，反映了民间的一种泼辣风情，旋律具有民间花腔的艺术特征。

成武包楞调现存的唱词是由一首诗组成的词句。这首诗共 16 个字，每个字

1962 年在农村搜集民歌

组成四段词，共 64 段。歌词的格式是：第一句末尾是白楞楞楞，第二句末尾是一点红，第三句是组诗中的字眼，第四句是紧包楞。歌词内容广泛。包括了春夏秋冬、山水花草、名胜古迹、琴棋书画、君王贤士、格言哲理、乡土民情等。

这首诗（歌词）的 16 个字是："晴空明镜，松峰风鸣，星亭清静，景动风轻。"

晴

梨树开花白楞楞楞，桃树开花一点红，春雨满地天刚晴，桃花相映紧包楞。

风吹水波白楞楞楞，水中的莲花一点红，夏雨迅猛天快晴，莲花莲籽紧包楞。

长长的豆角白楞楞楞，尖尖的辣椒一点红，秋雨连绵天放晴，辣椒豆角紧包楞。

雪花飞舞白楞楞楞，梅花开放一点红，冬雪盖地天大晴，雪抱梅花紧包楞。

空

茉莉开花白楞楞楞，石榴开花一点红，南国的青竹腹内空，竹竿竹叶紧包楞。

纸糊的风筝白楞楞楞，风筝的穗穗一点红，线牵风筝飘在空，风筝线绳紧包楞。

黄河的鲤鱼白楞楞楞，鲤鱼的尾巴一点红，鱼跳龙门飞在空，鱼和水来紧包楞。

纸卷的炮仗白楞楞楞，燃着药捻一点红，炮仗声声响在空，闪光雷鸣紧包楞。

明

崂山的泉水白楞楞楞，乐陵的小枣一点红，蓬莱仙阁放光明，八仙过海紧包楞。

泰岳的肥桃白楞楞楞，肥桃尖尖一点红，月照桃园一片明，月光肥桃紧包楞。

茫茫的海潮白楞楞楞，海中的珊瑚一点红，珊瑚棵棵透水明，海水珊瑚紧包楞。

悬崖的瀑布白楞楞楞，山峰的野花一点红，水洗滑石照眼明，水动花飘紧包楞。

镜

天上的银河白楞楞楞，织女的头绳一点红，鹊桥通天水如镜，牛郎织女紧包楞。

嫦娥奔月白楞楞楞，天女散花一点红，中秋月圆明如镜，星星月亮紧包楞。

玉马如生白楞楞楞，马铃的缨缨一点红，金童马背托宝镜，金童玉马紧包楞。

少女素装白楞楞楞，指甲拨琴一点红，月夜晴空悬明镜，少女月琴紧包楞。

松

仙鹤展翅白楞楞楞，仙鹤的头顶一点红，狂风呼啸知劲松，青松仙鹤紧包楞。

仙翁的银发白楞楞楞，拐杖的龙珠一点红，仙翁高山育青松，青松仙翁紧包楞。

冰山雪岭白楞楞楞，山前的庙宇一点红，庙宇门前一棵松，青松古庙紧包楞。

月宫的玉兔白楞楞楞，玉兔的眼睛一点红，月宫院内不老松，青松玉兔紧包楞。

峰

唐僧的龙马白楞楞楞，孙猴的小脸一点红，西天取经越山峰，妖魔鬼怪紧包楞。

山腰的羊群白楞楞楞，牧童的鞭梢一点红，山歌婉转绕山峰，羊群牧童紧包楞。

梨子熟了白楞楞楞，山楂熟了一点红，山楂梨树满山峰，青山果树紧包楞。

天空的星星白楞楞楞，地上的灯笼一点红，灯笼高高挂山峰，星星灯笼紧包楞。

凤

绣花的银针白楞楞楞，针上的绒线一点红，飞针走线绣彩凤，银针绒线紧包楞。

谷雨的露水白楞楞楞，牡丹开花一点红，牡丹花中飞彩凤，凤凰牡丹紧包楞。

月洒银辉白楞楞楞，夜香花开一点红，花好月园出彩凤，凤舞花枝紧包楞。

高山流水白楞楞楞，花染春光一点红，山青水秀鸟朝凤，鸟语花香紧包楞。

鸣

岳飞的银枪白楞楞楞，风吹盔缨一点红，精忠报国世长鸣，英雄千古紧包楞。

韩世忠的战袍白楞楞楞，梁红玉女将一点红，红玉退敌战鼓鸣，鼓声杀声紧包楞。

赵子龙浑身白楞楞楞，长坂坡前一点红，力敌百将战马鸣，怀抱阿斗紧包楞。

月下的张生白楞楞楞，西厢的莺莺一点红，谯楼五更雄鸡鸣，梆声鸡声紧包楞。

包楞调演出剧照

星

曹州的耿饼白楞楞楞，柿子熟了一点红，夜半古筝伴星星，柿园古筝紧包楞。

西湖的水波白楞楞楞，少林寺大门一点红，拳术快速赛流星，神拳飞脚紧包楞。

黄山的云雾白楞楞楞，山中的芙蓉一点红，松涛云海半天星，星星云海紧包楞。

燕山的冰雪白楞楞楞，长城的烽火一点红，长城连天接星星，星星长城紧包楞。

亭

一排排石桌白楞楞楞，油漆的石鼓一点红，松峰峻岭一琴亭，琴声歌声紧包楞。

小小的酒盅白楞楞楞，樱桃酒肴一点红，深山峡谷一酒亭，猜拳行令紧包楞。

河中的帆船白楞楞楞，船头的花瓶一点红，山前河弯一花亭，山歌渔歌紧包楞。

小小的银钩白楞楞楞，钩上的鱼饵一点红，江边一座钓鱼亭，鱼上银钩紧包楞。

清

玉兰花开白楞楞楞，月季花开一点红，花映水中看得清，落花流水紧包楞。

鹅毛大雪白楞楞楞，雪中的新娘一点红，雪水烹茶甜又清，洞房花烛紧包楞。

露水滚珠白楞楞楞，花染水珠一点红，露水绿叶分外清，花噙水珠紧包楞。

深秋的晨霜白楞楞楞，霜叶片片一点红，鱼翔浅底河水清，秋风落叶紧包楞。

静

光天化日白楞楞楞，花儿朵朵一点红，世无欺心人平静，春夏秋冬紧包楞。

诗书画卷白楞楞楞，中了状元一点红，寒窗苦读心安静，苦尽甜来紧包楞。

关公的大刀白楞楞楞，赤兔战马一点红，闯过五关不平静，又斩蔡阳紧包楞。

大江东去白楞楞楞，火烧战船一点红，三国鼎立难平静，争权夺利紧包楞。

景

冰雪融化白楞楞楞，春暖花开一点红，万里河山尽美景，山清水秀紧包楞。

长江三峡白楞楞楞，崖畔山花一点红，诗情画意山川景，江水龙舟紧包楞。

东海龙宫白楞楞楞，哪吒闹海一点红，翻江倒海水战景，鱼鳖虾蟹紧包楞。

雁池秋月白楞楞楞，西浦荷花一点红，斗鸡台前十大景，文亭成武紧包楞。

动

桌上的灯台白楞楞楞，点上银灯一点红，灯光闪闪影影动，灯光灯捻紧包楞。

佛前的香炉白楞楞楞，烧上高香一点红，香烟缕缕微微动，香头香灰紧包楞。

苏州的官粉白楞楞楞，杭州的胭脂一点红，佳人婀娜飘飘动，合手念佛紧包楞。

月明地出来白楞楞楞，太阳出来一点红，太阳落山星星动，月亮太阳紧包楞。

风

说书的姑娘白楞楞楞，灵巧的小嘴一点红，鼓词名艺满城风，历代风云紧包楞。

月下的萧何白楞楞楞，追赶韩信一点红，战马加鞭快如风，文官武将紧包楞。

渭河的浪花白楞楞楞，姜子牙钓鱼一点红，文王拉牵走顶风，明君贤臣紧包楞。

人挖的运河白楞楞楞，杨广的花船一点红，花天酒地刮臭风，祸国殃民紧包楞。

轻

月下游春白楞楞楞，花看半开一点红，酒饮微醉脚下轻，风花雪月紧包楞。
夏云多变白楞楞楞，烘云托月一点红，浮云飘飘轻又轻，雷雨云雾紧包楞。
满天星斗白楞楞楞，洞房花烛一点红，听房的小伙脚步轻，悄手蹑脚紧包楞。
桑蚕老了白楞楞楞，蚕老变蛹一点红，蚕吐银丝一身轻，丝茧裹身紧包楞。

◆ 成武大鼓

成武大鼓，也称成武牛皮大鼓，是一种古老的打击乐器。因为成武大鼓的直径可达两米，像当地碾米的碾盘，所以成武人也称之为“碾盘大鼓”。

成武大鼓的历史据传可以追溯到西周时期，大鼓原来是用于战争时的崔兵进攻，后来传于民间。大鼓在清末民初时非常盛行，每逢重大节日、丰收喜庆、祭神求雨、庙宇开观、赶庙会、续家谱、送火神、闹元宵、开业经营等活动，成武人就敲起大鼓庆贺。由于鼓声能听十几里，如有特殊情况，像灭火、救人、拿贼捉盗等急事，也以击鼓为号。

成武大鼓表演

成武县民间工艺制作的直径两米的大鼓

成武大鼓的鼓点。原来都是艺人们世代口口相传，没有文字谱。后经整理出了 100 多个鼓谱点。成武人常用的鼓谱点有“大得胜”“小得胜”“乒乓乓”“水罗音”“仓八”“八番子”“五铙二镲”“六铙四镲”“一条龙”“一转转”“格老八”“羊抵头”“小八棍”“四大揣”“闹长安”“大八棍”“五马闹场”“一令康”“一窝风”“八仙过海”“十一锣”等。击打的鼓点分别表现不同的情绪，如欢快、激昂、热烈等。击鼓的风格也各不相同，如粗犷、强悍、紧凑、温婉、轻柔等。

成武大鼓一般是集体演奏。艺人们组成鼓队，鼓队有大队和小队，一般小队 10 余人，大队 30 余人。鼓队演奏人员的排列位置是“当面鼓，对面锣，左边铙，右边钹。司鼓后面一队人，敲着节奏跟人学”。

击鼓演奏。一般直径长的大鼓，有两人对敲，配以大锣、大铙、大钹。常用的击鼓技法有击鼓心、击鼓边、击鼓帮、单槌打、双槌打、轻槌点、重槌砸等技巧。

成武大鼓在冬闲季节盛行民间。差不多一进腊月人们就开始练习大鼓，一直练到正月十六。在正月十六这天，各个鼓队走上街头，展示自己的演奏技巧，互相暗中较劲比赛，看谁打的鼓点多、打得好。近些年，成武经常举办民间艺术节，大鼓配合秧歌队、唢呐队，鼓乐极其震撼，非常热闹。尤其是近年来，成武东门里大鼓队请专业人士制作了一面直径两米的牛皮大鼓，鼓大声沉，击打时传音较远，被当地称誉为“鲁西南第一大鼓”。

◆ 成武儿歌

成武儿歌是流传于成武民间的儿童们在日常生活中或游戏时所唱的歌曲以及妈妈们为幼儿唱的哄孩调。

成武儿歌的特点。内容比较简单，一般是单一集中地描摹、叙述事件。思想内容比较浅显，简单有趣的韵语中表明普通事理，对周围事物的认识比较单纯。篇幅结构比较简洁，短小精巧，单纯、自然、结构单一，一般只有四句、六句、八句，个别较长的也不过十来句，较为方便记忆。

成武儿歌的说唱形式。①只说不唱的儿歌，有规律节奏。在一定音高上的朗读调，也叫数板调。它具有一种原始的音乐特征。②有说有唱，与语言紧密结合，大多具有一字一音的游戏歌曲音乐特征，它的产生大都先有节奏后有音调。③不说只唱的儿歌，音调上模仿大人的民歌。音调与儿童语言紧密结合，音乐素材单一，结构简练。曲调的表现手法多为一个短小的主导音调贯穿全曲，并且音域都很窄，重复与变化。重复是它的主要手法。

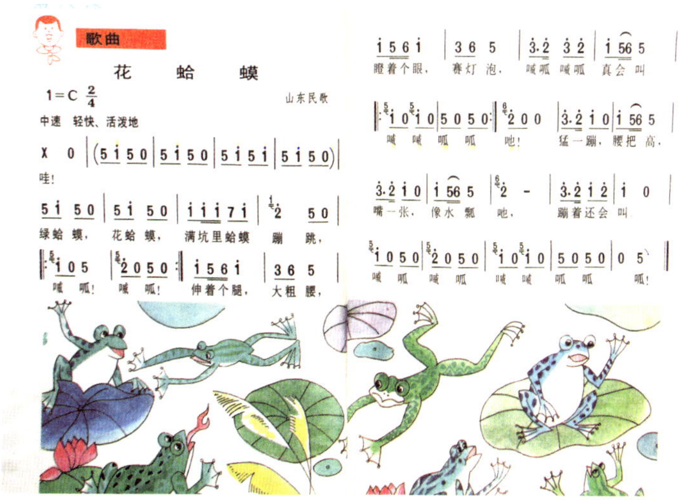

编入小学音乐教材的成武儿歌《花蛤蟆》

成武儿歌非常丰富，过去一直是限于口耳相传，后来进行了专门整理。现存100多首。按题材内容，有叙事儿歌、游戏儿歌、摇儿歌等。成武儿歌中比较出名的有“花蛤蟆”“黄

成武儿歌参加非遗汇演

成武儿歌演出剧照

豆歌”“打蚂蚱”“扔啊扔”“你那营里尽俺挑”“炸果果”“棉车的”（手纺车，当地叫棉车的）等。

花蛤蟆

绿蛤蟆，花蛤蟆，
满坑里蛤蟆蹦蹦跳，
伸着个大腿粗腰，
瞪着个眼儿赛灯泡，
喂哇喂哇真会叫，
喂哇喂哇真会叫，
猛一跳，腰把高，
嘴一张，像水瓢，
蹦着也会叫，
喂哇，
蹦着也会叫。

炸果果

炸，炸，炸果果，
腰里别了个皮果果，
翻开、凉开，一白（掰）过来，
你一半、我一半，
咱俩吃喽搂买卖，

你敲梆子我敲鼓，
咱俩变个小老虎，
小老虎，撅尾巴，
一撅撅到天底下。

棉车的（亦名纺花）

棉车的，摇摇拉，
哼呀哼呀来纺花（当地纺棉花叫纺花）。
纺成线，织成布，
你做褂子我做裤。
也有单，也有棉，
花花绿绿过好年。

◆ 鲁西南鼓吹乐

鲁西南鼓吹乐是一种以唢呐为主要演奏乐器的民间艺术形式，是山东鼓吹乐的主要流派。据传，成武的鲁西南鼓吹乐始于明代，后来逐渐兴盛。近代以来，有三十几家唢呐世家组成的民间鼓吹乐班社，其中汶上镇的冯家班、苟村镇的梁家班、孙寺镇的张家班和九女镇的焦家班、刘家班、杨家班较为出名。

鲁西南鼓吹乐

成武鲁西南鼓吹乐演奏乐器。唢呐，民间俗称“喇叭”或“响器”，也叫“大笛”。由双簧哨子（芦苇制成）、蕊子（铜制）、杆子（木质、锡质或铜质圆锥体，共有八音孔，前七后一）和铜碗（喇叭形）四部分组成，有大小不同规格。唢呐音色明亮，且音

演出剧照

量大而粗犷，善于表现热烈、兴奋、欢快、悲哀等情绪。多用于民间节庆、婚丧嫁娶和戏剧场面。其他乐器有笛、笙、钹、梆、锣、鼓等吹奏乐器和打击乐器。

鼓吹乐种类。按演奏功能分：一般乐队（吹奏乐队）。以一支木杆唢呐为主，配以笙、笛伴奏，红白之事多吹“五字开门”“六字开门”。祭祀乐队。以两支中音唢呐，配以打击乐，曲目以套曲为主，曲风古朴典雅，庄重肃穆。拜鼓乐队。以鼓为乐点，配以唢呐笙、笛等，曲目以热闹喜庆为主。民间有“喇叭哇哇叫，笛子花音俏，捧笙来搅和，打鼓凑热闹”的说法。

成武鲁西南鼓吹乐演奏多为乐队演奏。乐队组成形式有五种。①用一支唢呐（中音唢呐）主奏，民间叫“单大笛”。配以笛子、笙、小钹、梆子、云锣、小锣、乐鼓。乐队一般为 8 人，是一种主要演奏形式。②用两支唢呐（低音唢呐）演奏的形式，民间称“对大笛”。打击乐器有小钹、云锣、铜鼓、乐鼓，乐队一般为 6 人。③用锡笛（锡制杆的海笛）主奏的形式或锡笛、笙、笛合奏的形式，这是大弦子戏曲牌专用乐队的编制，乐队一般为 5 人。④笙、笛合奏的形式，这是柳子戏曲牌或民间小曲的专用乐队。⑤咔戏（俗称“咔腔”）乐队，所用乐器有唢呐（兼奏把攥子）、笙（2 人），打击乐器大锣、小锣、皮鼓等，乐队一般 8~9 人。

鼓吹乐常用的演奏技巧。有吐音（单、双、三吐），滑音（指滑、气滑、上下滑、快慢滑），花舌（快、慢、粗、细花舌），指花（快、慢、单、双、实、虚指花），颤音（快、慢、长、短、气、舌、指、唇颤音），以及吞、吐、垫、打、抹、压等。

成武鲁西南鼓吹乐常演曲目。有“百鸟朝凤”“抬花轿”“打枣”“锁南枝”“一枝花”“混江龙”“滚绣球”“一江风”“采茶儿”“山坡羊”“到春来”“朝天子”“叠断桥”“穆桂英挂帅”等。

鼓吹乐常用的调名有两个体系。一个是承袭原地方戏曲的演奏指法变换，称为“平调”“越调”“二八调”“下调”“起调”。另一个是民间鼓吹乐所用工尺谱演奏指法变换，称为“六字调”“尺字调”“上字调”“凡字调”“五字调”。

鼓吹乐的变化。成武的鲁西南鼓吹乐，一个曲子可以通过板腔式、移调指法式等变奏方法吹奏出不同的曲调。如“开门”曲牌，经过变奏，可以吹出：“上字开门”“尺字开门”“凡字开门”“五字开门”“六字开门”以及“大合套”“风绞雪”“婚礼曲”等十几首乐曲。“抬花轿”曲牌经过变奏，可以吹出“抬花轿”“拜花堂”“大笛二板”“大笛锣”“百鸟朝凤”“快慢笛绞”等十几首乐曲。

成武鲁西南鼓吹乐的演奏形式。行走演奏，边行进边演奏，这种演奏一般是只有唢呐、笙、笛子的演奏。坐台演奏，这种演奏多用于大型活动，演奏乐器较为齐全，一般是乐队所有的乐器都会派上用场。站着演奏，这类演奏一般是在台前的桌子边上演奏，或者在行进中的停止演奏。若是停止演奏，所用乐器和行走演奏一样，若是在桌边演奏，则和坐台演奏乐器大致相同。

传统舞蹈

◆ 担　经

担经是流行于鲁西南的一种以挑担走动、边唱边舞的民间舞蹈艺术。

历史上，成武的梁王庙、白浮图、九女集、天宫庙、孙寺、纪河寺、玉皇庙、桑村寺等村都有寺庙。每所寺庙都有庙会。每逢庙会，善男信女到庙里烧香拜佛，祈求平安，尤以妇女为多。一开始，是年迈的妇女，肩上挑着担子，担子的一头是进香的香火，一头是为了平衡衬个东西。边走边祈祷，口中念念有词。这就是担经的开始。

成武担经人的服装。有的穿道姑服装，脚穿红、绿彩鞋；有的穿彩装（秧歌服），扎斗篷，头上多有点缀。成武的担经人一般不化妆，这是成武和其他地

文化馆工作人员采访担经人

成武梁王庙担经场面

方担经的区别之一。极个别化妆的担经者，也都是化成类似京剧青衣的戏装。

担经的主要伴奏乐器。包括吹奏乐器和打击乐器。有唢呐、笙、笛、锣、鼓、镲、钹等。

担经的表演道具。是一个特制的挑担，叫“经挑”。扁担是用一根柔软的一寸宽、五尺长的竹片做成，扁担的两端用彩绳作为连接。挑子的两头分别是用布或绢做成的吉祥物。有大鲤鱼，寓意是年年有余；莲花盆，寓意吉祥平安；灯笼，象征日子红红火火，团团圆圆；花篮，象征生活美满幸福；担经者左手拿彩扇，边走边扇，寓意是扇走邪气，驱除魔障，邪毒不侵。

成武担经表演。担经者边挑担行走，边随着担子的颤动而起舞。担经在舞台的行走路线，花样较多。一是“剪子股”。这是三人表演时常用的舞步，以十字路线为中心，对面穿插，走成剪子股路线。二是“铁锁链”，这是两人或多人表演常用的舞步，一人（队）走“S”形路线，另一人（队）走反向的“S”形路线，两人（队）合起来就像拧麻花一样多次相叠。担经在舞台上的表演有两个突出特点。一是担经走“经步”。也就是基本舞步较小，走起来比戏曲中的“碎步”稍大。因为，据说“担经要想着经挑有千斤重，所以步子要小而扎实”。二是“指担”。也就是用大拇指将担子的重力托起，食指和无名指与拇指形成合力夹住担子，以便拐弯转向灵活。这也是担经者的特技。

成武县担经演唱。演唱的内容多是一些民歌、经歌、时令小调、戏曲、曲艺等。经常演唱的有“娘娘经”“老母经”“谢神经”“敬神经”“求神经”“泰山经”“丰收经”“祭祖经”“走路经”“莲花经”“礼佛经”“拜求观音菩萨经”“进庙经”等。唱词内容主要是求神保佑、感谢神灵、歌颂祖先功德、祈祷祖先庇护、教人遵守社会公德、尊老爱幼、多做好事等。其中著名的山东民歌“包楞调”就出自担经曲，其花腔俏丽泼辣，抒情句优美流畅，具有民间花腔的艺术特征。

担经一般是边表演边唱，是音乐和舞蹈的结合。但个别担经也有一人（队）专司演，一人（队）专司唱。如“花盆经”就是以两人配合演唱，一人唱，一人在舞台演。

成武担经起源于传统的庙会，唱词、服装等自然带有佛道神灵的色彩。担经源于当地百姓，在百姓中历代流传，经过无数百姓的加工润色，民间特色比较鲜明。成武担经作为一种表演艺术，融合了音乐和舞蹈元素，其中流传下来的一些民歌、经歌、时令小调、戏曲、曲艺等曲目，具有一定的民间艺术性，尤其是山东民歌“担经·包楞调”较为出名。

传统戏剧

◆ 四平调

四平调，是一种地方剧种。

四平调的起源。四平调由花鼓演变而来。以花鼓的平调男女唱腔为基础，吸收了其他剧种的音乐特点，和花鼓的曲调相融合，确定了四平调为 2、1、6、1 的唱腔落音格式。用六棱二胡将腰码下移定弦，称为高胡主弦乐。在花鼓伴奏乐器的基础上，增加了弦乐伴奏。花鼓剧种因此演变成了一个新的剧种。因为曲调四平八稳，四句一平，因此，鲁西南一带的人们称这种剧种为“四平调”。

四平调《伯乐传奇》剧照

四平调作为剧种形成较晚。据《中国戏曲志·山东卷》记载“四平调由‘花鼓’形成于20世纪30年代”。鲁西南的成武、菏泽、曹县等地是四平调的发源地之一。在1952年成武就有了成武县工农剧社，于1960年更名为成武县四平调剧团，后来停演。1979年成武县四平调剧团再次恢复至今。

四平调具有地方特征。它主要流行于山东、江苏、河南、安徽四省接壤的地域。四平调所使用的舞台语言，以鲁西南、苏北、豫东、皖北四省接壤处的地方土语为基础，属于“中州音韵”。采用十三道韵辙，在方言上属山东方言的西鲁区。演唱传统剧目稍加上韵，演出现代戏则直接将当地语言搬上舞台。成武的四平调由于借鉴了京剧、评剧等剧种，有时字句上也有普通话的发音。

成武四平调伴奏乐器。以高音二胡为主，定A调6~3弦，拉内弦时弓杆同时将外弦擦响，形成一个纯五度和弦。另外，伴奏乐器还有笙、唢呐、扬琴、琵琶等。

成武四平调吹奏曲牌多数借鉴于“东路梆子”和“昆曲”的曲牌音乐。但在使用上却比较灵活，并根据本剧种音乐的特点有一定修饰，使其和唱腔音乐融为一体。

成武四平调的基本板式。四平调唱腔的基本板式为平调（或称为“平韵”“平腔”“流水板”“二六板”），它的曲调是该剧种各种板式的基础。四平调板式主

四平调传统剧目《泪洒相思地》

要有原板、慢板。这两种板式的旋律基本相同，只是节奏和行进速度上有区别。中速节奏的称为四平调原板，慢节奏的称为四平调慢板。

王凤云老师演出剧照

成武四平调唱腔。四平调根据戏曲音乐板式派生的原则，以“平板”为基础派生出“平”“直”“念”“散”四种声腔体系，以表现戏曲故事中喜、怒、哀、乐等多种复杂情绪。唱腔方面吸收借鉴了京剧、评剧等剧种的一些旋律音调。基本唱腔通常由四个乐句组成，四句一翻。旦角唱腔近似评剧；小生唱腔近似京剧；须生和花脸唱腔近似梆子腔。除旦角外，其他角色有时行腔与弦音不一致，最后才统一起来。一般是唱完一段，最后一句留给其他角色唱。女声唱腔在质朴中不失委婉俏丽，男声唱腔在高昂豪放中又兼备柔情。

成武四平调的化妆。采用了京剧的化妆方法和脸谱。有象征忠义、耿直、血性的红脸；象征威武、勇猛、肃智的黑脸；表现奸诈、阴险、多疑的白脸等。四平调的舞台服饰和传统戏剧的服饰基本相同。

成武的四平调剧目有200余出。开始多演一些多反映民间男女婚姻家庭伦理的“三小戏”（小生、小旦、小丑）。“三小戏”后来形成了生、旦、净、丑等戏剧行当，也能演连台大戏、文戏、武戏和传统以及现代的大中小剧目。常演剧目有传统剧目和现代新编剧目。传统剧目有“小包公”“小借年”“梅香”“回龙传”“绿牡丹”“珍珠衫”“白玉楼”“宝莲灯”“琵琶词”“三元会”“金鞭记”“彩楼记”“紫金镯”“大红袍”“玉桃恨”“小姑贤”（又名“王登云休妻”）“三贤”“休丁香”（又名“败子张云芳”“火烧凤凰庄”“火龙记”）等。新编剧目有“白毛女”“小二黑结婚”“夺印”“沙家浜”“红灯记”“焦裕禄”“丰收之后”“春暖梨花”“情满人间”等。

四平调音乐从“花鼓”中演化而来，这对于研究民间“花鼓”艺术以及北方民间戏曲音乐的演化，颇有参考价值。

◆ 大平调

大平调本名平调，是梆子声腔系统的地方戏剧种。因其唱腔音乐比山东梆子、豫剧、河北梆子的音调低，故称平调。又因为它伴奏乐器梆子特别大（二尺多长），当地人又叫它大梆子戏。现在通称大平调。

据成武县当地说法，大平调起源于陕西梆子，经山西、河北、河南传入鲁西南东明、菏泽、成武、曹县、郓城等地，在明代弘治年间就已在民间演唱。清中叶，大平调已相当普及。大平调流行于以曹州、河南濮阳、滑县一带为中心，跨越冀、鲁、豫、苏、皖等交界区，主要城市有郑州、陈州（淮阳）、徐州、亳州、大名、磁州、济宁、兖州等，号称“五省八州”。它有三大流派，菏泽、东明、曹县、成武一带的大平调称河东平，是指黄河以东的演艺流派；河南滑县、浚县的称西路平；河南濮阳、清丰的称东路平。经历代传承演进，成了今天的大平调地方剧种。

成武县大平调的传承。大平调是集体演唱的戏剧，在20世纪初，当地艺

大平调《下河东》演出剧照

成武县大平调传统剧目《打蛮船》

人组成专门演唱大平调的合义班。约1940年，部分艺人从合义班分出，在曹县成立了王孔集班。1948年前后，王孔集班归属成武，后成为成武县新艺剧社。1955年，更名为成武县大平调剧团。后来解散，于1999年再次成立至今。

大平调的主要伴奏乐器有梆子（大平调的梆子特大，有二尺多长、五斤多重，调低而动听）；大弦、二弦、三弦；大铙（一尺余长）、大钹各一对（即“四大扇”）；尖子号（四五尺长）两杆。鲁西南民谣云：“四大扇，两杆号，一听就是大平调。”说明四大扇和尖子号是大平调的主要伴奏乐器。这也是大平调和其他梆子戏的明显区别。

成武大平调音乐内容丰富。有“大金钱”“水上漂”等100多个传统曲牌；还有“朝阳歌”“紫金杯”等30多个笛牌；唱腔上有“起板”“栽板”“导板”“倒三板”“一串铃”等30多个板头；有“真声”吐字，“假声”行腔，甩腔时翻高八度的唱法。红脸、黑脸、旦角还有一种特殊的“讴”腔（用吸气或呼气发出极高的假声，表达激昂情绪），调高气足。

成武大平调特色。大平调板式规整，曲牌丰富，俗中见雅，意蕴悠长。曲调行腔委婉动听、高亢明亮、风格各异。大平调传统表演规整严谨、仪态大方、有完整的角色行当体系，其唱腔与山东梆子大体相同。但发声一般都用真嗓，唯有在慢板、拐头钉等板式的起板中，尾声使用极高的假嗓（即讴腔，也叫扬腔），发声高而细。假嗓有呼、吸两种，用以表达激昂欢快的情绪。红脸、黑脸演唱时有时强调“炸音”。乐器伴奏低沉雄浑，激昂磅礴，韵致和谐。表演程式

成武大平调剧照

粗犷豪放、刚劲有力，但又刚中有柔、粗中有细，夸张中不失真实，豪放中保有细腻。舞台表演以生活化、通俗性为本，以黑红脸戏、蟒靠戏、袍带戏、武打戏见长。尤其是吸收了武术传统套路、真刀真枪对打的表演手段。如“大名府”中，卢俊义和李逵开打就使用了“镗镰削柳椽”的特技；“李炳下江南”中有“三变胡子”，“下河东”中有“绕花锏”招式。

大平调的角色行当。分为“四大门头”，即生、旦、净、丑，尤以净角的黑脸和红脸最为凸显。

大平调唱词。一般为上下句式，以七字句和十字句为主，也有数字不等的长短句唱词，男女腔同宫同调，都是七声音阶徵调式。如“高平关”中的唱词：“金头玉棍往下打，高挂竹帘驾回宫。怒冲冲拳打朝阳院，柴大哥拦挡我不能行……”

成武大平调的传统剧目号称一百单八出。大多取材于演艺小说和民间故事。剧本多是根据《东周列国志》《三国演义》《水浒传》《隋唐演义》《杨家将》《说岳全传》等著名小说以及其他历史或现代故事编演的。成武大平调经常演出的剧目有“苏武牧羊”“九头案”“铡美案”（秦香莲）“铡郭槐”“辕门斩子”“闯幽州”“下河东”“李炳下江南”；以及现代剧“张山李四”“天职”“法魂”等几十个剧目。

◆ 两夹弦

两夹弦，也叫“二夹弦”“大五音”“乱弹”，是一种流传于苏鲁豫皖一带的地方戏剧。两夹弦是由花鼓丁香演变而来的剧种。按流行区域不同，鄄城以北、莘县一带的两夹弦为北词两夹弦；菏泽、成武、定陶一带的两夹弦为南词两夹弦。

两夹弦形成。开始是农村逢年过节，“玩友”在牛车上搭台演唱。行头只有一身褶子，两身布衫，一件官衣，一顶纱帽。最初只有两三个人。所演剧目多为“三小”（小生、小旦、小丑）为主角的生活小戏。演唱时多为清唱或简单化装演唱。乐器只有一面手锣、一个梆子、一个挎在腰侧的凸肚花鼓。清末，采用了四根弦的四胡作伴奏乐器。它形如二胡弦筒却又明显偏小，弦杆上有 4 根弦轴连接 4 根琴弦，弦弓上的两股马尾分别夹在两根弦之中，故称“两夹弦”。民国初期，两夹弦得以迅速发展，角色行当齐全，音乐、唱腔基本形成，有了班社，正式形成了当地剧种。

成武两夹弦伴奏乐器。以四胡和柳叶琴为主，辅以二胡、板胡、三弦、横

成武堌王两夹弦剧团演出剧照

笛等。管簧乐器有竹笛、笙、闷子等。打击乐器与京剧相同。

成武两夹弦基本唱腔。主要是“大板”“二板”，另外还有“三板”“北词”“娃娃”“山坡羊”“捻子”“赞子”“砍头橛”“栽板”“哭迷子”等腔调。在唱法上，初期、生、旦角都用本嗓演唱，红脸、花脸行当都用二本腔（假嗓）演唱。唱腔基本上用真嗓，尾音翻高的用假嗓，只有红脸用二本腔演唱。

成武两夹弦唱词。唱词有两种不同的结构表式。一是以七字句和十字句为主的上下句式，韵脚为上仄下平，下句押韵。在这种结构形式中，也有一种字数多少变化不定的长短句结构形式。这种结构形式的唱词，虽仍为上下句体，但句体的排比罗列、韵脚的要求等不太严格，垛句上下的呼应也不一定对称。另一种结构形式是“三三二”结构的“娃娃”句体，这种词格，除第四句和第七句跳韵外，其余各句均为同一韵脚。第三句为“平、平、仄”，中间三句为“仄、平、仄”，最后两句为“仄、平”。在实际应用中，要求并不十分严格。

成武两夹弦剧目。成武两夹弦剧团的常演剧目有经典传统剧目的所谓“老八本”，即“头堂”“二堂”“休妻”“花墙”“大帘子”“二帘子”“花轿”“抱牌子”。另有“梁祝下山”“安安送米”“吕蒙正赶斋”“小姑贤”“王定保借当”“七错”“打老道”“打棒槌”“打城隍”“打面缸”“打瞎子”“穷劝”“武大仨下工”“拴娃娃”“抱牌子”“织机”“王莽篡朝”“贺后骂殿”“三拉房”等90余出。

两夹弦参加戏曲汇演

曲 艺

◆ 弦子鼓

弦子鼓，也叫犁铧大鼓，是一种民间的说唱艺术。因最初是敲击耕地用的犁铧碎铁片唱农歌，故称为犁铧大鼓。自《老残游记》后，因谐音美称为“梨花大鼓”。

据传，弦子鼓是我国北方最早的鼓曲形式，有北方大鼓鼻祖之称。弦子鼓起源于鲁北，逐步流传于鲁、苏、豫、冀等地。成武弦子鼓约始于明代弘治年间。

成武弦子鼓的伴奏乐器。有矮脚小鼓、大三弦和月牙板（也叫梨花片）。

弦子鼓板头。有“垛子板”“三字紧”“四开门”“五字崩”“六扇子”“七开板”以及一些民间小调。

弦子鼓艺人田知印

弦子鼓录制节目

成武弦子鼓的演唱。演唱形式多为单人站唱，演唱时演员右手执鼓槌击鼓，左手拿两块月牙钢板敲击演唱，乐师以三弦伴奏。除单人演唱外，也有二人对唱形式。

弦子鼓的唱腔。属板腔体，一般分“慢板”（又称头板）“二板”（流水板）“三板”“快板”等板式。弦子鼓音乐唱腔独特，男腔顿挫有力，女腔舒展优美。

成武弦子鼓的剧目。中篇是唱说相间，如“杨家将”“呼家将”等。短段只唱不说，如“小黑驴”“小黑牛”“王二姐思夫”等。

弦子鼓流派。有三个支派，其唱腔与书目各具不同的特点与风格。一是“老北口”派。唱腔粗犷、豪放，其开头腔是用头板或类似头板的二板起腔，速度慢，尾音长，板起板落，咬字狠，吐字真，落音重，字密声促，善用顿音，其旋律似说似唱自然流畅。故有“老牛大摔缰”的俗称。二是“小北口”派。其演唱风格溶入借鉴了一些西河大鼓的技法，较之“老北口”显得巧俏、委婉细腻，善说演“文书”，唱中加叙。三是“南口”派。其唱腔婉转悠扬，曲调华丽细腻，字少腔繁，节奏舒缓。除板腔体唱腔外，“南口”派还有一些曲牌体唱腔，叫牌子腔，分快慢两种，只在特殊唱段（如“小黑驴”“小黑牛”“王二姐思夫”）中使用。

弦子鼓直接推动了山东快书的形成，并对“乔派”河南坠子和西河大鼓等说唱艺术产生过重要影响。

◆ 坠子书

坠子，也叫坠子书、玉虎坠、渔鼓坠，是一种说唱形式的民间戏曲艺术。

据传，成武坠子出现在清末，是民间“莺歌柳书”和“道情书”相结合而形成的艺术形式。

成武坠子的演唱。早期为“单口”，即一人演唱。坠子艺人（当地叫说书的）左手打檀木或枣木简板，边打边唱。还有的将坠琴绑在腰间，能站着拉唱，走街串户，边走、边拉、边唱，旧时被称为“跑摊子”“巧要饭”的。坠子后来发展为“二人班”，就是一个说书艺人再加上一个拉坠琴伴奏的艺人（当地叫拉弦的）。说书人左手打简板演唱，右手偶尔打书鼓，以烘托气氛；拉弦的艺人不管唱，只管伴奏。再后来有“对口”，即两人对唱，一人打简板，一人打单钹或书鼓；拉弦的仍然只管拉弦伴奏。还有多人搭档演出的“群口”，这是班社的集体演唱，伴奏乐器也相对较多。

成武坠子常见的演出形式。多为一拉一唱的“二人班”。演唱时摆上一张桌子，桌上放一小铜钹、醒木和小书鼓。拉坠琴的弦手坐于桌侧；演唱者站立桌前，

坠子书演出剧照

坠子艺人贾福军和吴秀云

左手打简板，右手持一根竹棍，随着坠琴的旋律击出鼓点。板击强拍（板），鼓击弱拍（眼）。拉弦的艺人脚梆亦击强拍。简板的持法，要求与肩平，不能过高或过低，须敲钹子时，放下简板，拿起棍子。也有的无鼓、无钹，只持简板。右手空着，与左手相互配合，做出各种动作。醒木仅在长篇大书的说白当中偶尔使用，震撼提神，烘托气氛。

伴奏乐器。有简板、书鼓、坠胡（坠琴）、脚梆、锣等，较大的班社还有二胡、扬琴、三弦、琵琶、大提琴等。

成武坠子的内容。有长篇、中篇、短篇 200 余篇，题材广泛，涉及历史故事、神话传说、民间传奇、侠义公案、生活趣闻等各个方面。如《水浒》《三国演义》《说岳全传》《说唐》《大明英烈传》《大红袍》《杨家将》等，也有新书，如《平原枪声》《胶东半岛游击队》《烈火金刚》《苦菜花》《野火春风斗古城》《林海雪原》《铁道游击队》，以及当地创作的“慰英魂”“听墙根”“俩鸡蛋”“领奖台上”等。

成武坠子的唱腔音乐。坠子由多种曲调（板腔）构成，包括“引子”“起腔”“平腔”“送腔”“尾腔”等部分。坠子的唱词有不同的句式，如“三字崩”“五字嵌”“七字韵”“巧十字塞韵”“滚口白”等。

成武坠子吸收了三弦书和山东大鼓的元素，唱腔带有山东梆子、山东枣梆等地方戏曲的痕迹，形成了独特的地方风格。

◆ 山东琴书（南路山东琴书）

山东琴书又名“唱扬琴”“打扬琴”，早期称作“小曲子”，是流传于山东的一个地方剧种。

山东琴书约在清代，发源于菏泽地区，开始是小曲子艺人由卖艺转向职业性演唱，后来唱扬琴由联曲体向以“凤阳歌”“垛子板”为主曲的板腔体发展。清末至民国初，山东琴书分为南路琴书（包括李派和茹派）、东路琴书（商派）、北路琴书（邓派），有三路四流派的说法，成武山东琴书属于南路琴书。

成武山东琴书伴奏乐器。主要是坠琴、古筝、软弓京胡、三弦等乐器等。

成武山东琴书曲牌。有 200 多个，开场器乐曲牌 24 支，南路山东琴书以“凤阳歌”“垛子板”为基础，而衍化出不同风格、适应性强的唱腔板式。常用演唱曲牌有“凤阳歌”“垛子板”“上河调”等；演奏曲牌有“大八板”“降香牌”“梳妆台”等。南路山东琴书在曲牌联缀上，有自己独特的方法和规律，在众多同源曲种中发展的相对完备。

成武山东琴书演唱形式。早期表演形式为分角坐唱，演唱者四五人或六七人，演唱者也是自操乐器的演奏者，还是各种角色的演唱者。艺人分别操琴、筝，

山东琴书成果展演出

天宫镇王家班演出剧照

配以四胡、竹笛、琵琶、简板、碟子、碰铃等，配合演唱。操琴、筝者唱主角，居中坐唱，其余分坐两侧呈扇面形伴唱。清末，演唱者走向职业化，由二人自操乐器对口演唱。近年来，成武山东琴书的演出形式一般为 2~5 人，演唱者也兼乐器伴奏，一般 2~3 人，余者为伴奏兼伴唱。传统的演唱，讲究稳重大方，演唱者正襟危坐，仪态端庄，目不斜视，全靠富于变化的唱腔和协调的伴奏配合来完成故事情节的表达和人物角色形象的刻画。

成武南路山东琴书的剧目。据传有 200 余个，常演剧目有“双头马”“小姑贤”“洗衣记”“空棺计”“借年”“王婆骂鸡”“水漫金山”“状元祭塔”“断桥”“盗灵芝”“梁祝”“姻缘记”“罗衫记”“倒休”“打黄狼”“后娘打孩子”“宋江坐楼”“王宝钏”“战长沙”，以及新编剧目如“老王卖瓜”“大林还家”“姑娘的心愿”“瓜棚记”“黄忠大战穆桂英”“焗瓷盆”等。

◆ 花鼓丁香

花鼓丁香，也叫花鼓腔、打花鼓、花鼓秧歌，是一种走唱形式的说唱艺术。花鼓丁香是流行于苏、鲁、豫、皖四省接壤地区的民间艺术。

花鼓丁香的流行变化。花鼓丁香按流行地域分为南（流行于菏泽、济宁、泰安）、北（聊城、德州、滨州）、东（邹县、滕州、枣庄峄城）三路。后来都有了演变。南路演变为“两夹弦”“四平调”。北路演变为“聊城花鼓”“茌平花鼓”“柳林花鼓”“一勾勾”。东路演变为“五音戏”“柳腔”“茂腔”等地方剧种。成武县花鼓丁香清代就已在民间演唱。

成武花鼓丁香演奏乐器。大小锣各一面，鼓一个，一对手钹，一个梆子（演奏者打锣兼打梆子）。

成武花鼓丁香唱腔。花鼓丁香唱腔以七声音阶宫调式为主，主体部分为板式变化体结构。常用板式有平调、寒韵、夸七锣、过序子、念板、锣鼓冲、砍牛橛等。另有专段专曲的货郎调、拐磨子、赶脚调、娃娃腔等。唱词的句式结构以七字句居多，也有五字、八字、十字和十二字句式。唱词讲究押韵合辙。打击乐由开台锣鼓和唱念锣鼓两部分组成。

成武花鼓丁香的演唱。开始是由男女两人演唱，男斜挎花鼓，头戴帽头或礼帽，身穿中式短衣，双手舞动鼓槌，配合身段边歌边舞，男角叫作“鼓架子”。女角着裙，扎绣球，彩绸或白手帕，脑后戴假辫子，脚尖缚脚垫子（踩跷或叫彩鞋），立起足尖跑场。演唱时，扮女角的扶着男角肩膀，一边打鼓一边唱。

成武花鼓丁香演唱剧目。成武县花鼓丁香的剧目有近百个，常演的有“三打苏凤英”“马前泼水”“王林休妻”“高文举赶考”“安安送米”“休丁香”（张郎休妻）“站花墙”“小借年”“蜜蜂记”“观文”“吕蒙正赶考”“货郎段”“小二姐做梦”“陈三两爬堂”“风筝记”“金钗记”“玉杯记”等。

成武花鼓丁香的特点。早期没有弦乐伴奏，演出剧目多为民间生活故事，表现男女爱情的故事颇多，后来七八人或十几人组成一个戏班。一般是男的扮演小生或须生，女的扮演青衣或花旦，生旦对唱或轮唱。演唱中有白口、拖腔，有时夹有快板、相声等多种艺术形式，也有许多当地方言、口语等，表演时还常常穿插一些滑稽动作。

花鼓丁香演出剧照

传统体育、游艺与杂技

◆ 斗　鸡

斗鸡是民间的一种娱乐活动。

成武斗鸡可以追溯到西周时期，据《成武县志·古迹》记载："斗鸡台，在文亭山后，周釐王三年（前679），齐桓公以宋背北杏之会，率诸侯伐宋，单伯会之，取成于宋北境，时斗鸡其上。"这是成武最早见诸史料记载的规格较高的斗鸡活动。成武斗鸡始自西周，历代盛行，从未间断。

成武斗鸡季节。从每年的古历十月初一开始到来年的端午期间，均为成武斗鸡比赛的季节。到处都有斗鸡活动。小在街头庭院，大到庙会闹市，时时处处都有斗鸡。

成武斗鸡的选育。成武斗鸡是历代经心选育、不断优选改良、逐步定型的

斗鸡大赛

优良禽种，主要有黑、红、紫 3 大品系。这 3 种优良斗鸡虽色型有异，斗势斗法也各不相同，但共同特点是体魄健壮、高大威猛，耐力强、性情凶悍，善于拼斗且威武不屈，鸣叫声浑厚响亮，有良好的遗传性。

斗鸡比赛

成武的斗鸡训练。成武人总结出了训练斗鸡的十几种方法，如提、搓、撵、盘、跳、闷、溜、跑、按、推、掷、拉、揉等等，不一而足。斗鸡训练主要是训练鸡的斗性和斗技。斗性与血缘有关。斗鸡的选择，主要以斗性顽强特别是打斗到最后仍有斗性、并有良好遗传性的鸡用作种鸡。因此，斗鸡者很重视斗鸡的血缘纯度，经过近亲繁殖，选育成纯度很高的优良斗鸡家系。利用不同家系间斗鸡交配产生的后代，体质健壮、斗技高、打法快，但遗传性不稳定，不宜作种用。斗鸡的斗技。主要是根据斗鸡身体的特点，训练斗鸡的打法。包括高头大咬（斗架时头势高昂）；平头平身；打游击（打几下就跑圈）；全能打（各种打法都可以）。斗鸡取胜的要素："准、重、快。"准，是指能否打到对方的头上；重，是指出腿打击力的轻重；快，是指单位时间内起腿打击的次数，并能连续打几腿。尤其是临参赛的斗鸡，除了平时的训练外，在比赛前都要经过 1 个月的强化训练。临战前 3 天停止训练，除了让其自由活动外，其余时间一律让其闷罩休息。通过这样培训的斗鸡，才能在比赛中充分发挥其潜质、英勇无敌、战无不胜。

成武斗鸡的特点。成武斗鸡，无论斗鸡品种的塑造和优选繁育，还是斗鸡的饲养及斗技、斗法和斗势的训练，都有一套严格而成熟的繁育措施与训练手法。成武斗鸡保持了纯正优良、稀有种禽的特种基因，形成了全国乃至世界的优良斗鸡种群。在孵化饲养和训练方面也是严密、科学、规范、自成体系。不仅在什么时间、用什么蛋孵化鸡有讲究，而且在饲养防病、治病疗伤里面也大有学问。

◆ 斗　羊

斗羊是鲁西南地区以两只羊相互抵斗的一种民间娱乐活动。

据传，成武斗羊源于三国时期。一次曹操被袁绍打败退兵曹州（今山东菏泽），人疲马惫、士气低沉，曹操无计可施，互见两羊相抵，十分威武，他为鼓励士气，召部下观赏。曹兵随即群情激昂、士气大振，反戈一击，袁绍大败。后来在曹操的倡导下，曹州兴起斗羊活动，以致在民间延续至今。成武县成立了斗羊协会，使斗羊逐渐组织化。

斗羊场面

成武县斗羊比赛。选择斗羊，一般是用雄性小尾寒羊（有白、花、黑数种毛色）。斗羊邀约。斗羊前两边相斗的人先期相约，最后定下日子，观众在旁记住斗羊日期，名为“听风”。接力口传消息，谓之“风传”。到约定日期，选在斗羊活动中有名气、“压众”的数人为“主事的”，选定场地。斗羊场地，一般长 60 米、宽 8 米，多选在泥地或草坪。若场地过硬，不宜羊扒地助跑，冲斗力就不好发挥。斗羊比赛。斗羊比赛时观众自动聚集，“主事的”将斗羊按年龄、体重、名气分类，轮番入场，一对一对地斗，单循环赛。斗羊开始，先是吹奏一阵乐器，随即两只斗羊出场。它们先是悠闲地散步，走到一起，彼此挠毛、接吻，甚是亲密，看不出一点相斗的架势。一会儿，随着音乐节奏的增速、锣鼓的骤然密集加快，决斗气氛突然而生。两只决斗的羊眼圈渐红，彼此用角互蹭，口中还嗞嗞作响。待角蹭频乱，只听裁判员一声哨令，两家主人便把羊拉开约 50 米距离。这时音乐骤然停止，只听当的一声锣响，双方主人各自用力一拍斗羊，两只羊像猛虎下山般飞驰扑向对方，互相抵去，两个羊头四只角激烈碰撞。如此反复，大约要斗几个回合，才能决出本局胜负。比赛一般设三局二胜。最后选出一二三名进行奖励。斗羊方式。一是自由斗，放开两只羊自行争斗；另一是拉开斗，由主人拉着拉开一定距离，猛回头，斗一个回合，拉开再斗，直到决出胜负。

成武县每年农历三月三在汶上集举行斗羊比赛，九月九在县城举行斗羊比赛。比赛现场，角斗场面惊险生动，云集人群助威呐喊，精彩激烈，人气、羊气十足。

传统美术

◆ 刻 瓷

刻瓷，是采用一定技艺在瓷器（瓷板）上刻制出各种图案，进而制成各种雕塑工艺品。

据传，刻瓷艺术起源于秦汉时期的剥玉和石刻，民间有人在陶瓷器皿上用刀冲刻出姓氏和印记，这便是刻瓷的前身。

清初，民间已有专门从事刻瓷的行业。乾隆后期，宫中设置了“造办处”，成立了“镌瓷坊”，专业制造宫廷御用刻瓷工艺品，刻瓷工艺趋于成熟。成武刻瓷始于清初，后来得到传承和发展。

刻瓷所用工具。主要工具是特制刀具，一般用高碳钢和金刚钻石制成，顶端呈锥状，便于在坚硬的瓷器表面刻、凿。其他辅助工具有案板、绘图尺等。

成武刻瓷的主要工序。①设计图案。按照设计者的想法，把要刻制的作品先在纸（板）上画出图案，作为刻制的样本。②描绘图案。在原色瓷器上，用墨汁书写或绘画，描摹图案样本。待描摹图案的颜色干透后，再行刻制。③刻制图案。依据瓷器上的图案，用特制刀具，采取刻瓷技法进行刻制。一

绘草稿

刻瓷作品

般刻制的步骤是，先粗略刻制线条，然后再细致刻制图案，最后进行精微刻制。刻制是刻瓷中的核心技术和环节。④填色，在刻制的图案上按照预先设计的图案，采取一定的工艺进行填色，使图案达到预期的色彩效果。填色一般要经过几遍填好。第一遍干透后，再填下一遍，以此往复，多遍填色。填色不能使颜色串色和互染。

成武刻瓷的传统人工用刀技法。①钻刀法，是用小木槌均匀地敲打高碳钢钻刀，使之在瓷器表面形成大小、疏密、深浅不同的点的排列，构成所需要的画面或字体。②双勾法，是用金刚钻石刀，沿字体或画面的外部轮廓刻画，用双线表现字体和画面。③刮刀法，是先用双勾法刻出字画轮廓，然后再将双线间的瓷釉刮去，以便填色。现代有专门的刻瓷设备，用电脑设计好后，按照图案设计要求，装入程序，进行刻制即可。

成武刻瓷经常采用的雕刻技法。开始多以平刻为主，其图案多是点、线、面等几何图形构成的简单图案。后来，在艺术表现手法上，融入了其他刻制方法和工艺方法，形成了有自己特点的刻制技法。①阳刻法，即在黑色或深色釉面上以点的疏密和用刀的深浅，刻凿出人物形象的明显层次，形成强烈的空间效果。②阴刻法，在白色的釉面上，以不同疏密的点组成素描调子，根据用刀的深浅轻重，刻凿出人物形象的阴暗层次，暗部密、亮部疏，而后将所需颜色平搽到刻过的刀痕里面，人物形象便脱颖而出。③釉染法，将刻瓷与彩绘艺术结合起来，使刻瓷艺术进一步丰富完善。

成武刻瓷作品。有文具、茶具、瓶、盘、瓷板等。

成武刻瓷题材。把西画的“面”与国画的“线”结合起来设计图案。主要题材有书法、山水、花鸟、草虫，以及江山多娇、万里长城、鹿鹤同春、松鹤延年、麒麟送子、富贵牡丹、龙凤呈祥、孔雀开屏等。作品主要展示书法艺术的魅力、祖国山河的壮美、花草虫鱼的可爱，寓意生活幸福、平安吉祥、康泰欢乐。

成武刻瓷风格。以素雅为主基调，讲究刻凿，兼蓄画面的艺术美、雕刻的立体造型美、材质的自然肌理美和工艺的装饰美，既能体现传统书画艺术风格，又能保持瓷器表面的晶莹光洁，是当地的优质案头摆件和馈赠礼品。

◆ 泥塑（曹州泥偶）

成武泥塑（曹州泥偶）制作技艺是成武县工艺匠人以泥土为原料，通过一系列加工制作，经过淬火而形成艺术品的一种技艺。

成武曹州泥偶制作技艺，最早可以追溯到新石器时代。据史料记载，春秋时期，陶器制作技艺就在鲁西南地区得以传承发展。曹州泥偶制作技艺就是在当地日用陶器兴盛的基础上逐渐发展起来的。

创作曹州泥偶

成武曹州泥偶制作技艺以康氏泥偶较为出名。现已传承四代，第三代，康绍华；第四代，康志敏。康志敏的泥偶以“龙人康”为陶艺品牌。

制作技艺类型。

曹州泥偶作品《母爱》

曹州泥偶作品《女子乐坊》

泥偶按实物形态可分为人物陶塑、动物陶塑、器皿、微塑、瓦脊 5 类。

成武曹州泥偶制作工艺流程。

泥料炼制。选择制作陶器的黏泥，加水反复糅和，形成没有裂纹、没有皱褶、软硬适度、易于刻制的泥块。放置阴干（先阴干到一定程度，不是干透）。不得暴晒、不得出现干裂。

构思成型。构思图案，按照构思的图案，选择和切割泥块。

雕刻装饰。用雕刻刀，根据图案要求，运用阴雕、浮雕、圆雕、透雕、通雕等各种雕刻方法，进行雕刻。雕刻一般是先粗雕、再细雕、再微雕。以保证雕刻时，步步深入，精益求精。

修补阴干。雕刻后，对某些小瑕疵进行修补，力求尽善尽美。然后再行阴干，直到干透。

上釉烧制。按照图案要求，上各种釉色，形成精美鲜亮图案。上釉时须十分细心，深浅、颜色等同时顾及，不得溢出、过线。

干燥后入窑烧制，用火加热到一定温度后即得到了坚硬的陶质泥偶。

整个制作工艺继承和发展了传统的刀塑、按塑、捏塑、贴塑 4 种方法和上釉烧制技术。

成武曹州泥偶作品内容。主要以乡土风情及神话历史故事为主，种类和题材包括渔、樵、耕、读、牧、弈、饮、琴、游、戏乃至拍蚊、搔痒、挖耳等百姓日常劳动、生活情景，各类花鸟虫鱼、野兽家畜、菜蔬瓜果等百姓熟悉的事物，以及寿星、八仙、钟馗、关公等百姓熟悉与喜爱的神仙人物和历史人物。

成武曹州泥偶特点。保留了传统的手工特色，纯真而朴素，鲜明而和谐，造型生动、胎釉浑厚、技法丰富，表现了褒忠贬奸、扶正祛邪、祈福求安、尊老爱幼等传统观念。

◆ 旋　木

旋木，是一种流行于成武当地的一种木工制作技艺，因产品主要是随着旋轴一起旋转而制作，故称为旋木。

成武在汉唐时代就有旋木制作技艺的雏形，至明代正式形成了旋木制作技艺，成武旋木以胡氏旋木较为有名。

成武旋木工具。主要是车床，以及斜口刀、切断刀、打坯刀、半圆刀、刮刀以及其他木工工具。标准的车床左边有一个固定的主轴箱，右边有一个可来回移动的尾座，它可以沿着床身在任意位置锁定（根据工件的长短调整尾座和主轴箱之间的距离）。尾顶尖在进行轴车削和面盘车削时用来固定木料，与装在驱动主轴上的前顶尖沿车床轴线精确对准。主轴箱和尾顶尖之间配有车刀架。在工作时，车刀首先放在刀架上再接触木料，车刀架用来作为车刀的杠杆支点。

成武旋木的制作工艺流程。①预先设计出轴对称形式的旋木器具图形。②根据制作器具，选择相应的大小、长短、质地可用于旋削的木材。③用木工的锯、锛、斧等工具，制成相应的木坯。④将木坯固定在旋转的器具（现代用机床）上，用专用的刀具对旋转的木坯进行旋削。⑤经过反复旋削等制作，最终制成预先设计的、轴对称造型的旋木制品。

笔筒

成武旋木的种类。以技术特点可以归纳为四类：第一是轴车削。主要制作比较细长的物体，如擀面杖、刀把、棉纺锭子、二胡拉杆。

套娃玩具

这种器具，直径小于长度，主要是加工外曲面。第二是端面车削。主要制作球形把手和内部掏空物体，如笔筒、茶叶罐、葫芦、花瓶。这种器具，也是直径小于长度，但在加工中，除了加工外曲面，还需要加工两端和里面。第三是盘面车削。主要制作有宽大平整表面的物体，如盘子、木碗、木托盘、石头底座。第四是花样车削。如鬼工球、笔筒取芯。

成武旋木的特点。旋木制品融合了抽象艺术、雕塑技法等元素，造型生动，线条流畅，质地玲珑剔透，精巧美观，实用性强，具有传统的自然主义以及写实主义风格。

传统技艺

◆ 成武酱菜制作技艺

成武酱菜是产自成武县的一种用酱腌制的佐餐食品。

据传，酱菜起源于先民为了保存盐分、替代食盐而逐渐摸索出的一种方法，后来逐渐形成了一种独立的佐餐食品。据《成武县志》记载，成武人武忠友为宫廷御厨，尤擅腌制宫廷小菜。回乡后，将其秘方传于后人，遂有成武酱菜。清雍正年间，武氏后人始在成武县城东门里建“老银昌”酱园，主营甜面酱、酱菜、酱油、食醋。清乾隆年间，乾隆皇帝下江南途经济宁州，成武县令贡以“老银昌”酱园的酱菜，深受喜爱，乾隆赐名“紫琥珀”。清末，武氏酱菜传孟氏、曹氏。孟氏至新中国成立前已传十二代。

成武酱菜主要品种。酱大头（当地也称酱大疙瘩头）、酱红萝卜、酱乳黄瓜（当地也称酱嫩黄瓜妞）、酱花生米、酱八宝菜、酱莴苣（当地也称酱笋）、酱辣椒、

走进国宴的成武酱菜

酱什锦、西瓜酱豆、甜面酱等。

成武酱菜生产工艺流程复杂，一种酱菜要历经 3 年、32 道工序。每道工序循序渐进、环环紧扣，特别是酱制过程中，不使用任何添加剂，完全是利用日晒夜露，自然发酵、浸渍，能使其形成多种特殊的酚香气味，具有驱蚊防蛆的功效，并能抑制多类细菌繁殖，从而形成了外无苍蝇，内无蛆虫的独特工艺现象。

成武酱菜

成武酱菜的主要工艺。

选菜。选择无虫、肥嫩、新鲜、有机的蔬菜，清洗干净，晾干，除去外部水分。

选酱。选用上等的甜酱。

切削。将晾干的蔬菜放入盐水中腌制。盐水要没过蔬菜。腌制时间根据蔬菜种类、数量、单个重量掌握，以腌透为原则。在腌制过程中，要经常翻倒。

阴干。将腌透的蔬菜，捞出阴干。

成坯（菜坯）。根据腌制酱菜的要求，切成不同形状的条、块、丁、丝、片等菜型。

脱盐。将菜坯加入清水浸泡，清水要没过蔬菜。浸泡时间以将菜坯脱去盐分为目标。

酱腌。将脱盐的蔬菜，按一定方法和比例，放入酱中进行腌制。酱要没过蔬菜。在酱腌过程中，要经常翻倒蔬菜。尤其是开始时，要天天翻倒。随着时间的延长，可以隔几天翻到。

出缸。酱菜腌制 3 年后，呈现紫琥珀颜色，透明铝亮。香味四溢，色、香、味俱全。

成武酱菜以“酱大头”最为出名。国家批准对成武酱大头实施地理标志产品保护。

地域保护范围。包括：山东省成武县成武镇、九女集镇、大宫庙镇、孙寺镇、苟村集镇、白浮图镇、张楼乡、大田集镇、党集乡、南鲁集镇、汶上集镇、伯乐集镇等 12 个乡镇的现辖行政区域。

成武酱菜的质量技术要求。

主要原辅材料。①芥菜（大疙瘩头）。在保护区内种植的芥菜中，选用抗病、高产、商品性好、适合于腌制的优质品种。每年 11 月中、下旬采摘。要求成熟适度，新鲜完整，无病虫害。②甜面酱。选用保护区内生产的小麦粉，用晒酱工艺生产甜面酱。③生产用水。使用保护区内的地下水，符合国家生活饮用水标准。

加工主要流程。清洗芥菜，腌制，削皮，脱盐，酱渍（四酱、三酱、二酱、原酱），成品。

加工要求。①腌制菜坯时间不低于 9 个月。②采用清水浸泡脱盐。脱盐期间换水 2 至 3 次。③菜坯入酱缸酱渍，每日打耙 2 次。日晒夜露，不得淋雨。春夏秋季，第四酱工序酱制时间 1 个月，第三酱工序酱制时间为 2 个月，第二酱工序酱制时间不低于 2 个月，原酱工序酱制时间不低于 3 个月；冬季，第四酱工序酱制时间一个半月，第三酱工序酱制时间不低于 2 个月，第二酱工序酱制时间不低于 3 个月，原酱工序酱制时间不低于 4 个月。

质量特色。①感官特色。色泽：红褐色，有光泽。香气：酱香浓郁。滋味：咸甜适口，无酸味，无异味。质地：脆、嫩。②理化指标。包括：还原糖、总酸、食盐。③安全要求。产品安全指标达到国家规定。

成武酱菜特点。风味浓厚、酱香浓郁，具有鲜、脆、嫩、甜、咸、香、亮、透、紫等特色。富含还原糖和氨基酸，高于国家规定的卫生标准和质量标准。适合佐餐和馈赠。

◆ 黑　陶

黑陶是指黑色的陶器。

黑陶诞生于中国的新石器时期，是远古一个时代的象征。成武黑陶源于中国“龙山文化”，约属于新石器晚期。

成武黑陶的制作工艺流程。

选料。①选择黄河流域的红胶土作为原材料（这种红胶土可塑性好、细腻）。②原材料要经过晾晒、风冻。③把风冻好的红胶土倒入搅拌池，然后加水进行细致的搅拌。在搅拌的同时要不断地观察泥浆的密度；如果太大，很难通过滤网，就要多加水来稀释泥浆。通过滤网的泥浆流入沉淀池，一直到沉淀池冲满为止，就完成了整个材料的淘洗过程。④将淘洗好的原材料用纱窗盖好以防灰尘进入。在25℃的温度下，沉积15天。⑤沉积好的原料呈开片状；取出沉积好的原料一定存放在阴处，用塑料薄膜封闭好，随用随取。

黑陶艺人王保祥

加工。黑陶的加工分两大工序，即成型与雕刻。一是成型。黑陶的成型可分为手工与轮制两种。①手工制法。又分为三种：捏塑法。一般的小型陶器，多用手捏成各种器形，器壁上多遗留手指纹，器形不很规整。模制法。某些特殊的器形往往采用局部模制的办法，目的是为了规整。泥条盘筑法。先将泥捏成泥条，然后圈起来，一层一层地叠上去，将里外抹平，制成器形。②轮制法。它是更进一步的制陶工艺。在成型前，要有一个器型的图纸。图纸的上面标明它的最大高度与直径。然后通过拉坯机拉出图纸要求的型制规格。二是雕刻。①磨光。在陶器将干未干之时，用砾石或者骨质器械在表面压磨。经过烧结后，这样的陶器就有了光泽。现在所见的黑陶都是用这样的方式加工的。②软雕刻。过去的黑陶多数使用压印、拍印、刻画、附加堆纹等，现在则多使用镂空与浮雕。附加堆纹、镂空与浮

双耳琵琶生肖瓶

黑陶作品

雕是黑陶最有特色的装饰手段。

烧结。黑陶的烧结工艺非常独特，包括三个阶段。①烘干排湿阶段。先将陶坯烘干，再装入窑内，用文火烧结，这样陶坯不易爆裂。②提温成熟阶段。温度一般在400度以上，约5小时（如出现大面积结块，要把这些结块分开，同时观察窑室内器皿色彩的变化是否一致）。③着色阶段。黑陶的着色是它与其他陶器最大的区别，必须使用还原焰烧结。听其声（通过使用小煤块投掷陶器发出的声音可以听到它的成熟程度。没有余音，或者是短音，都可能是没有成熟）、观其色（有烟而不辣眼）、闻其味（浓香味而不呛人）。黑陶的烧结最初要低温烘烤，然后再慢慢升温。

成武黑陶，无釉而乌黑发亮，胎薄而质地坚硬，造型优美，叩之如磬，具有黑、亮、薄、硬四大特色，是较好的工艺摆件和礼品。

◆ 白酥鸡制作技艺

白酥鸡，原名白素鸡，是成武当地以鸡为主要食材制作的一道美食。

成武白酥鸡的起始，有两种说法，一说是起始于唐朝贞观年间。一说初创于清朝康熙初期。白酥鸡是当地民间宴席中的常见美食，祭祀活动、婚丧嫁娶、红白喜事、祝寿、宴请贵客，一般都有白酥鸡。当地甚至还把是否会做白酥鸡作为衡量厨师技术高低的标准之一。

成武白酥鸡的原材料。2~3 斤的当地土柴鸡，上等精细猪肉，当地的山药、绿豆、香油（芝麻油）等。

成武白酥鸡制作技艺。成武白酥鸡从原料到成品，要经过十几道工序，完全由手工制作。其主要工序是：

做“底子料”。用瘦猪肉、鸡肉、山药，绞碎并加入蛋清和绿豆淀粉，搅拌混合后，佐以麻油、细盐和五香料，继续搅打均匀，做成“底子料”。

打混材料。将鸡脯抽去白筋，用刀背砸成细泥，再加入少量猪膘油、山药共砸，直至完全混合。

做“顶子料”。兑入适量蛋清和绿豆淀粉，反复搅打，再放入细盐和少许麻油，继续搅打至适中，做成“顶子料”。

成型。料子制作好后，先将底子料做成直径 15 厘米左右的半球，再以等量的顶子料涂于表面，使下薄上厚，并用光滑的竹片沾蛋液或清水抹光。白酥鸡

白酥鸡原料

在成型过程中，可以制成各种形状，如鱼形、虾形、鸡形等。

白酥鸡成品

蒸制。大火烧开后，将成型的白酥鸡放入笼中，蒸40分钟左右，再中火蒸，最后小火蒸。中间要掀盖放气，以使蒸出的白酥鸡又白又嫩。

成型的白酥鸡，形状为半球形，分为两部分，中间为暗红色，即“底子”，覆面为白色，即“顶子”。

白酥鸡食用的方法很多，可以凉吃，可以做汤，也可以切成菱形或其他形状蒸食，还可以将白酥鸡进一步加工成肉汁素鸡、香菇鸡、酱汁鸡、卤汁鸡、红烧鸡，以及芙蓉素鸡汤、酸辣素鸡汤、清淡素鸡汤、海米素鸡汤等。

成武白酥鸡的特点。脆嫩、酥软、鲜香，香而不腻，白而入口。白酥鸡现已有机械化生产，工序有了简化，并创制了可以较长时间保存的“软包装”。

◆ 香油制作技艺（李六香油）

李六香油部分产品

香油，也叫芝麻油，就是用芝麻制作的油，因为其香味浓郁，当地因此称为香油。

鲁西南地区制作香油，在清代就已遍及民间，菏泽各地都有自己的名牌香油，成武香油以李六村的香油较为有名。

香油的功效。香油可以增进食欲，帮助消化。香油富含亚油酸、油酸、亚麻酸等不饱和脂肪酸，容易被人体分解吸收和利用，对降低胆固醇、防治心血管病有一定作用。香油中含有丰富的维生素 E 和芝麻素，具有促进细胞分裂和延缓衰老、保护肝脏、抗氧化、抗癌等功效。香油可以润肠通便，对于治疗便秘有一定疗效。

制作过程

成武李六香油的制作工艺。①选材。选择颗粒饱满的新鲜芝麻（只有上好的原料，才能制作出优质的香油）。②淘洗。用铁盆或大锅放上水，加上选好的芝麻，用笊篱搅和一段时间后，轻轻撇除上面漂浮的叶子和瘪粒，再用笊篱把诚实的芝麻捞出来。③烘炒。芝麻捞出沥水二三十分钟后，锅炉生火，用风箱（现代用鼓风机）把火吹旺后，再把芝麻放进滚筒里。先用急火炒至七成熟；然后改成文火继续炒。其间，一定要不断用铲子从滚筒中铲出少量的芝麻，用手捻开看火候。成枣皮红时芝麻就炒好了。④放烟（凉）。芝麻炒好后用簸箕把芝麻中的烟扬净，同时也起到降温的作用，防止热芝麻继续熟化。⑤研磨。将放好烟的芝麻上磨磨制。在磨制过程中，要控制好芝麻进磨速度，以此调节芝麻酱的粗细。尽量磨细一些，提高出油率。⑥制油。传统使用的是“水代法”。芝麻磨好（成芝麻酱）后，按照一定比例，将油坯放入锅中，锅放在旋转架上，放上搅齿，使锅快速旋转，然后加上热水，并用搅杠不断地搅浆，待油浮在表面时，再加入适量的水，换慢速旋转锅。继续搅动，等水和浆充分搅拌均匀，再用搅杠把浆挑起。然后把浆上面大部分油取出放进桶里，进行敦油。让油与浆进一步分离，开始深敦；再逐渐调节进行浅敦，直到把浆中的油分离干净。敦油完毕，用勺子把油撇出。

成武李六香油特点。色如琥珀，橙黄微红，晶莹透明，浓香醇厚，经久不散。放置一年不变色、不变味，无浑浊物质，芝麻香味浓郁。

◆ 捏糖人

捏糖人是用熬制的糖稀捏制成各类人物造型的一种制作技艺。

据传，捏糖人有两个起源。一说是源于古代祭天地、敬鬼神的“花供”。一说是源于明代刘伯温在“火烧庆功楼”后逃跑为捏糖人工匠所救，而后传出捏糖人技艺。捏糖人很早就流行于北方地区，特别是在北京一带比较盛行。约在明代传入成武县。以伯乐、孙寺、苟村等乡村的捏糖人较为有名。

早年间，成武捏糖人的艺人们，骑着自行车，带着特制的长方形木箱，里面装有制作糖人所需的原料和工具，车把上挂一铴锣，走村串乡，赶集上会，捏卖糖人。

捏糖人作品

传承人胡新存

捏糖人的原材料。主要是糖稀。

成武捏糖人技艺。①熬糖稀。先将玉米清洗干净、破碎，把一些皮屑和胚芽去掉，再进行粉碎。淘洗浸泡一段时间后，把它煮成液化状态。然后让它发酵，再过滤一遍，把玉米掺入大麦芽，用传统方法，熬制糖稀。②吹捏拉制作。捏糖人的主要技艺就是吹、捏、拉。由于糖稀要不断加温才易于吹捏拉，所以在盛糖稀的铜勺下面要始终燃烧着锯末以保持温度。当糖稀的软硬适中时，艺人从大铜勺里取出一团糖稀，揉成球状，团成个空腔的长球形。空腔的一端拉细，就形成一根空心的小管子，马上用嘴对着管子朝里吹气，边吹边用双手在糖泡上随手拉和捏出各种造型。

成武捏糖人作品。单个人物主要有孙悟空、猪八戒、白骨精、二郎神、嫦娥、仙女、吕洞宾、张果老、铁拐李等；传统的组合造型有猴子爬杆、老鼠偷油、蝎子打架、黄鼠狼拉鸡、唐僧取经、许仙和白素贞、张生和崔莺莺、梁山伯与祝英台、仙女散花、嫦娥奔月等组合造型；动物有十二生肖，以及狮子、大象、毛驴、鸭、鹅等；植物有辣椒、葫芦、莲花、西红柿、南瓜、冬瓜等。

成武捏糖人能在极短的时间内，通过吹、拉、捏的手法，塑造出人或动植物的形象，其造型夸张写意，惟妙惟肖，活泼淳朴，很受当地儿童的喜爱。

◆ 纸 扎

纸扎，也叫纸活、扎罩子、扎彩等，一般是用竹木制作成骨架后，再用带有图案的各种彩纸（花纸、金纸、银纸等）糊制成类似实际器物的制作技艺。

据传，纸扎源于春秋战国时期，至今流传于鲁西南一带。纸扎有广义和狭义之分，广义的纸扎包括喜庆纸扎和丧俗纸扎，喜庆纸扎如风筝、彩灯、竹马、旱船、匾额、彩门以及舞具、门面装潢等；狭义的纸扎专指丧俗纸扎，主要是在祭祀及丧俗活动中所扎制的纸品。成武纸扎主要是指丧俗纸扎，以康庄纸扎较为有名。

成武纸扎的制作过程。首先是选材。选用上好高粱秸秆、竹篾、竹竿、苇子杆为主要材料；各种纸张（金银纸、彩纸、印花纸、皱纹纸）、麻绳、墨、绸缎、浆糊等为辅助材料。其次是扎骨架。用高粱秸秆、竹篾按物品的形体捆绑成形（个别纸扎也用到预制好的金属或玻璃器物，如罩子四角的鹅头、琉璃坠等，这些器物在焚烧时，纸扎工匠一般要先行回收，以备日后重复使用），俗称“扎骨架”。再次是裱糊。用各种样式的纸、布裱糊在相应位置。最后是彩绘。这是最关键的工序，决定着纸扎作品艺术水平的高低。纸扎艺人根据预先设计的图案，使用各类颜料，绘制图案。图案绘好后，再行装饰，然后经过修补、细描等完

纸扎艺人王明启

成制作。

成武丧俗纸扎种类。主要有棺椁罩（俗称罩子）、金山、银山、摇钱树、花圈、贡楼（阁）、牛、马、金童、玉女、聚宝盆、四合院等传统纸扎作品。当今又有一些现代的东西，如别墅楼、轿车、沙发、电视机、冰箱、洗衣机等。丧俗纸扎作品，一般色彩艳丽、造型拙朴、寓意明快，并且种类繁多、样式各异。

成武纸扎融入了绘画、草编、竹扎、贴糊、泥塑、彩绘等艺术元素，特别是在彩绘环节，手法粗犷，表现形象生动夸张，将施色的勾、画、点、染，融为一体，其作品线条细腻，色彩鲜艳和谐，有地方文化内涵和乡土情趣。

◆ 传统酿酒技艺（草里王酿酒制作技艺）

酿酒是一种利用生物发酵技术生产含有一定酒精浓度饮料的过程。

中国的酿酒历史可以追溯到夏代。一说是仪狄造酒。《战国策》中说：“昔者，帝汝令仪狄作酒而美，进之禹，禹饮而甘之。遂疏仪狄，绝旨酒。”另一说是杜康造酒。《说文解字》中说：“杜康作秫酒”，“有饭不尽，委之空桑，郁结其味，久蓄芬芳。本出于代，不由奇方。”考古也发现了中国在几千年前就有了酿酒器具。成武是西周时期的郜国所在地，郜国时期就有了酿酒。成武的酿酒以草里王村的酿酒较为出名。

成武草里王村酿酒工艺。每道工序紧密相连，环环相扣，步步精准，时间到分。主要工艺流程有①制曲。原始的酒曲是用发霉或发芽的谷物，加以改良，就制成了适于酿酒的酒曲。②糖化。以含淀粉的粮食为原料（高粱、玉米、大麦、小麦、大米、豌豆，以及地瓜干等），用大曲、小曲、米曲霉、黑曲霉、黄曲霉

窖藏

渥堆发酵

等将淀粉发酵分解成糖类。这当中，要经过一系列的工序，一般有选粮、蒸煮、摊晾、撒曲、做箱、培菌等。这些工序，一般称为糖化过程，也就是将粮食（淀粉）转化为可发酵的糖类。③发酵。用酵母菌再将葡萄糖发酵，产生酒精（原酒）。这当中也要经过一系列的工艺过程。④勾兑。将酒精采取一定工艺加入适量的水和其他添加物，勾兑成直接饮用的白酒。⑤装储。白酒制好后，或者装入容器进行储存，以便进一步让酒再行成色蓄味；或者装入容器直接售卖。一般的白酒都会在特制的容器和储藏室（酒窖）内储存一段时间再行售卖，以提高酒的质地、口感和色味。

成武草里王村酿酒工艺的特点。窑池时间长，一般 3~5 年，多是陈酿。采用特殊的发酵工艺，环保健康，温度湿度控制很严。配方独特，草里王村水质优良，酿出的酒口味纯正，香味较浓。

◆ 糖画制作技艺

糖画，也叫糖丞相、倒糖人儿、倒糖饼儿、糖灯影儿，是当地用糖稀绘画的一种民间制作技艺。

据传，成武糖画起源于明代。清·褚人获《坚瓠补集》记载：“熔就糖”，即印铸各种人物及动物，作为祀品。所铸人物“袍笏轩昂”，俨然文臣武将，故戏称“糖丞相”。其中诗云:“熔就糖霜丞相呼，宾筵排列势非孤。苏秦诱我言甘也，林甫为人口密腹。梅雨还潮几屈膝，香风送的暖全肤。纸糊阁老寻常事，糖丞来年亦纸糊。”

成武糖画制作工具。主要有勺子、糖铲、火炉、石板、竹签等。

成武糖画制作技艺。①原料。取一定数量的白砂糖、冰糖、蜂蜜，按一定比例混合后，作为原料。②熬糖。将原料放入特制铜锅中，加入清水，文火熬制成糖稀。其间要轻微搅拌，让原料充分混合均匀，至微黄黏度适中，倾倒于大理石板上，使其快速凝固，然后切片备用。③绘画。在石板上按照预想，绘制出将要制作的图案。④熔解。作画前，将备用料放入铜锅，文火加热至易于流动的流汁态。⑤制作。用铜勺盛起糖汁液体，通过人工控制流汁的流淌速度，按照平滑石板上预先绘制的图案，绘出或直或弯、或粗或细、圆润流畅的线条。⑥稍微冷却后，用竹片轻轻从石板上揭起来，糖画就绘制完成了。

糖画题材多样。单个图案主要有孙悟空、猪八戒、唐僧、杨二郎、葫芦娃、哪吒、吕洞宾、张果老、铁拐李、十二生肖，狮子、大象、苹果、柳树、莲花等神圣、动物和植物；组合图案有麒麟送子、龙凤呈祥、凤凰牡丹、花开富贵、万里长城、鹿鹤同春、福寿双全、仙女散花等。糖画亦糖亦画，既可观赏把玩，也可即时食用。

成武糖画特点。每逢节日、庙会等，艺人们便会带着桌子、铜锅、铜勺等器具，前往制作糖画。糖画作品风格简明，造型夸张，线条流畅，淳朴敦厚，具有当地的乡土气息。

糖画传承人刘军安

◆ 烧牛肉制作技艺（徐家满当烧牛肉）

烧牛肉是鲁西南一带以当地牛肉为主要原材料制作的一道美食。

祖国医学认为，牛肉具有补脾胃、益气血、强筋健骨的功效。对于脾胃虚弱、气血不足、虚劳羸瘦、腰膝腿软等都有一定疗效。烧牛肉在宋代就盛行于菏泽一带，是民间的传统美食。《说岳全传》《水浒传》中都有武将喜食牛肉的故事。当地的节日、寿诞、请客、喜宴等，是必有的菜肴。成武的徐家烧牛肉创始于清朝末年，有“香味传十里，肚饱眼还饥”的称誉。徐家烧牛肉因其味美醇香、货真价实，而得名“满当”。

成武徐家满当烧牛肉的原材料。一般用1~2年的鲁西南黄牛为主要原料。鲁西南黄牛是我国的名贵牛种，个大、力壮、易养，生长繁殖快，肉质良好，肉食味美，肌纤维细，脂肪分布均匀，大理石状花纹明显，营养价值高，屠宰率57%以上，净肉率达到49.0%，骨肉比1:6，脂肉比1:4。牛肉经过卫生检疫后，放进冷库进行排酸，保证肉里皮外温度一致。

成武徐家满当烧牛肉制作工艺。先后有30多道加工工序。主要工序是：①为确保肉质细嫩可口，宰杀后剔光骨头，把牛肉切成均匀的小方块。②将切好的牛肉，加入经过传统秘方配制的佐料，反复进行抄、按、揉、搓等揉制（或放入机器搅、滚、拌、揉）。③将揉制好的牛肉，放入缸中，按一定比例加入生

徐家满档烧牛肉

抽、老抽、料酒、白糖、甜面酱、豆瓣酱等进行腌制。每天翻缸浸味，让料味进入肉内。在腌制期间每天做好记录，一缸一缸记好顺序，仔细观看肉的颜色，反复嗅闻入味程度。每天在恒温库中倒换腌缸。腌制一般要 7 天左右。④把腌制好的牛肉下锅大火蒸煮，开锅后撇净浮沫。再加入按秘方比例配制的“八大味”（肉蔻、肉桂、陈皮、凉姜、砂仁、草果、花椒、茴香）继续蒸煮。直到入味，再改用文火煨煮，至牛腿上的跟腱熟透为止。⑤然后将煮好的牛肉捞出冷晾，再放入香油（芝麻油）锅中炸，火候要平稳，炸制外酥里嫩，色泽绯红，香味浓郁即可。

成武徐家满当烧牛肉，鲜香嫩美，咸淡可口，透而不烂，入口有嚼头。

◆ 古城香油水煎包制作技艺

成品展示

水煎包是将包子用水和油煎制而成的一种面食。

水煎包在成武、曹县、定陶、菏泽等鲁西南一带于清代已经盛行于民间，成为当地的一种特色美食。

原材料：精制小麦面粉、猪肉、香油（即芝麻油）、水及各种调料。

制作工具：案板、刀、盘子、竹片（当地叫拨齿）、火炉、平底锅（当地也叫包子锅）及尖顶盖（当地也叫尖锅帽）等。

成武水煎包制作工艺流程：①制面。选择优质面粉，用水拌和，加入适量碱（不用酵母粉），稀稠适宜（与水饺面差不多），采用古法提碱（即发酵），至半发状态即可。②制馅。选择新鲜的猪五花肉，在案板上用刀剁碎（可先切成核桃大小的形状，再剁。现在多用绞肉机打碎），成泥状。放入盆中。再将花椒、大茴香（八角）、丁香、陈皮、肉蔻、小茴香、桂皮、白芷等打成粉末，按一定比例混合制成传统的香料。然后按照顺时针方向用木棍一直不停地搅拌。边搅

包制水煎包

拌，边加香油、料酒、酱油、白糖、盐、甜酱等佐料。再边搅拌、边分批次加入打碎的生姜、大葱，以及配菜。搅拌至用筷子挑起一团馅泥，距离盆高一定距离，将筷子带馅翻转向下，而筷子上的肉馅泥不从筷子上掉下来，就算制馅完成。③制包子坯。首先是制皮，一人揉面，即在案板上将半发的面揉和好，制成圆条状，用手揪成一个个小面团。包制人将一个个小面团用手捏成球冠状面皮。其次，是包馅，将调制好的包子馅，盛入盘中，包制者用拨齿将馅从盘中取出放入制好的皮内，包捏严密，成为鼓状，就形成了包子坯。④煎制。将包子锅烧热，加入适量香油，将包子坯分别放在锅内。加入用深井水和小麦面粉搅拌成的很稀的面水，一般是淹没生包子高度的 1/3 即可。盖上尖锅帽，中火烧制。待锅中的面水烧干后，包子底部即有一层面锅巴，转小火，浇香油，少停。用专用翻铲将包子戗起来，将原底面朝上、原顶面朝下，让加入的香油流遍锅内，再少停片刻，包子即可出锅食用。

成武水煎包的特色。水煎包呈书鼓形状，鼓周面皮松软，呈白黄色，两个鼓面均带有锅巴（当地叫隔栅），呈深红色。外面香油四溢，吃起来绵、软、酥脆、焦香，馅有弹性、多味兼具，咀嚼感强，是当地著名美食。

传统医药

◆ 烟庄正骨

正骨是中医的一种骨科疗法。一般是指中医用推、拽、按、揉、捺等手法治疗骨折、脱臼、跌打损伤等疾病，是古代祖国医学“十三科”之一。正骨的主要对象是外力导致的骨骼、关节、筋腱等软组织的损伤。正骨在鲁西南一带民间颇有声誉。成武的正骨以烟庄正骨较为有名。

成武烟庄正骨起源于清末，在张氏家族中几代传承，基本形成了完整的体系。

成武烟庄正骨基本疗法。主要诊治骨折、脱臼、筋腱等软组织损伤。其基本疗法以复位、接骨、续筋、固定为前期治疗方法，以内外用药为主要治疗过程。尤其是烟庄正骨的用药有独到之处。接骨膏药、口服中药、熏洗中

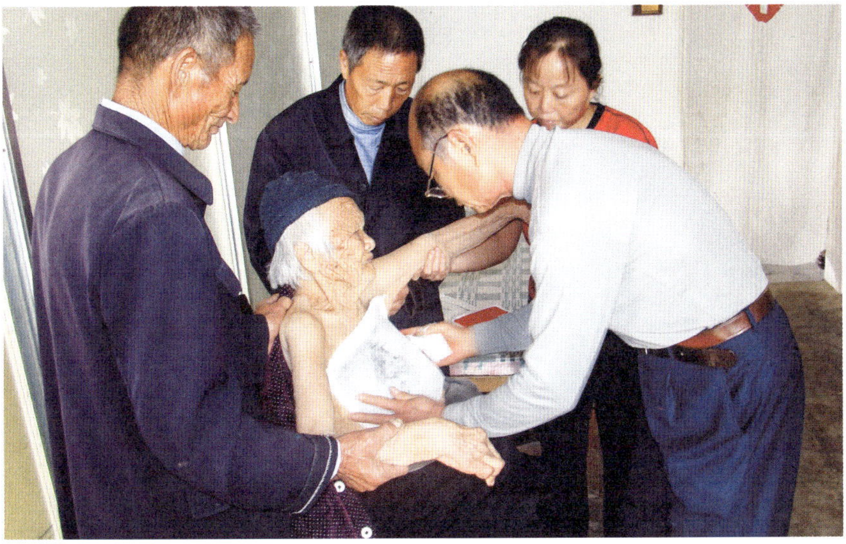

烟庄正骨

药，在不同患者的施治中，药物的成分大致相同，但由于量的增减和一两味药的取舍不同，其药理和药效就有较大变化。因此，治疗中必须听从医嘱，不能擅自配制使用。对于没有移位的骨折患者，只贴膏药。对于有移位的骨折患者，经过手法复位后，外敷膏药，再用木板加以固定，即可康复。

成武烟庄正骨的特点。①用手法整骨，用小夹板固定。②外敷接骨膏药。烟庄正骨膏药是有独特疗效的醋膏药。膏药的主要成分是食醋、黏米粉、乳香、没药、洱茶、红花等，其主要功能是活血化瘀、消肿止痛、接骨续筋，以及皮外固定。③口服中药，其主要成分是当归、川芎、防风、乳香、血力、洱茶、红花等，主要功效是活血化瘀、接骨续筋。④骨折后期的熏洗药，主要成分是海桐皮、伸筋草、乳香、当归、川芎、防风、白芷、川乌、草乌、甘草、食醋等，主要功效是舒筋活血、祛风除湿、通利关节，促进肢体功能的修复。

一般正骨诊疗，诊治得越早越好，最好是在没有发生严重水肿之前治疗，特别是不要延误治疗，一旦造成陈旧性骨折，其诊疗过程中即会造成患者的更大疼痛，也需要更多的诊疗时间，甚至需要较多步骤和较为复杂的诊疗。

民 俗

◆ 梁王庙庙会

彭越（？ ~前 196），字仲，砀郡昌邑（今巨野县）人。秦朝末年，彭越率众起义，成为一方农民起义的首领。公元前 203 年，刘邦和项羽在垓下决战，彭越帮助刘邦，最终打败项羽，统一了天下。刘邦在定陶称帝，封彭越为梁王，都定陶。公元前 197 年，陈豨在代地造反，刘邦前去讨伐，向彭越征兵。彭越称病未亲自前往，被诬告谋反。刘邦将其逮捕流放，后遭吕后杀害。宋·石延年《梁王台》诗云："梁王力战辅炎刘，百二山河一旦收。千古高台遗旧恨，功成何不学留侯。"

菏泽当地人为了纪念这位故乡的汉初名将，立庙建祠。成武的梁王庙就是其中之一。

梁王庙内排练担经

梁王彭越像

成武梁王庙。成武梁王庙建于原来的梁丘，梁丘是春秋时期的古地名。原来的梁王庙有三进院、三座殿，坐北朝南，规模较大。前大殿为“盟友轩”，大殿内立有齐、郑、宋各邦首领的塑像。殿内的壁画描绘了楚兵马仰车翻、将伤士亡、溃不成军的情景。中大殿为“沛公堂”，塑有刘邦的坐像，萧何、张良、韩信等文臣武将肃立两旁。后大殿为“梁王阁”，为彭越的塑像，彭越神明英武，神采奕奕。后来兵燹烽火，屡遭焚毁，又屡次修建。近年重修的梁王庙，有玉皇大帝殿、如来殿等。

成武梁王庙会。每年的农历四月十二日是成武的梁王庙会。原来的梁王庙庙会香火兴盛，最盛时香客数十万。庙会上，人们来到梁王庙，烧香磕头，祭祀玉帝、佛祖和梁王等神灵。献供品、献香烛、献钱财，以表诚心，祈求五谷丰登、岁岁平安。人们敬仰梁王，所以在梁王殿拜祭的时间最长。

庙会上有很多娱乐活动，如各路戏班搭台唱戏，各个经班表演担经，唢呐班相互进行比赛，人们还有组织地进行扭秧歌，以及高跷、旱船、狮子等各种艺术表演。

成武梁王庙会上各类商品琳琅满目，生活中的吃、用、穿物品，生产工具、小工艺品等应有尽有，人们摩肩接踵，车水马龙，十分热闹。

◆ 瓦堌庙庙会

瓦堌庙是成武县乡间的一座庙宇，后来因善男信女到庙中的祭拜而形成了庙会。

据《成武县志》记载，瓦堌庙始建于汉初，是汉高祖刘邦亲自下令建造的。

瓦堌庙庙堂

据传，楚汉相争时，彭城（今徐州）一战，刘邦被打败，遭楚军追赶，逃到成武县天宫庙，藏身庙院内一堆瓦砾之中。刘邦藏身瓦砾，暗中祈祷，感动了神灵。本来天气晴好，却忽然间大雾弥漫，伸手不见五指。楚兵到来后，找遍庙宇内外，都没有找到刘邦的踪影。后来，刘邦当了皇帝，派人专程到成武县当时他曾经避难的地方，重建了庙宇，再塑了神灵金身。大庙建成，刘邦还亲自来寺庙祭拜，以谢神灵庇佑之恩。因为是汉高祖祭拜过的庙宇，人们从此后，纷至沓来，善男信女一批又一批地来庙内烧香磕头，求神保佑，香火兴盛。随着善男信女每月初一、十五来烧香祭拜，逐渐形成了庙会。

成武瓦堌庙庙会。庙会原来比较出名，来自苏、鲁、豫、皖交界地区的人们，成千上万，摩肩接踵。各种买卖兴隆，地方小吃热气腾腾，各种工艺品摆满大街、生产生活用品等应有尽有，尤其是骡马和各种家畜交易非常繁荣。当地的各种艺术在此展示，担经、跑竹马、狮舞龙舞、斗鸡以及当地的四平调、两夹弦等戏剧艺术当街演唱。各地善男信女来瓦堌庙烧香磕头，求神保佑，庇护平安，求子求财，祈福祷告，祈求来年风调雨顺、五谷丰登，以及阖家平安、五子登科、吉祥幸福，也有不少善男信女在原先祈求的愿望实现后，来庙内还愿等。寺庙内，香烟缭绕，人群会聚，虔诚礼神，仪式繁多，严肃庄重。

瓦堌庙在过去曾多次被毁，屡毁屡建。最近一次修建是 20 世纪 70 年代，当地划出近 50 亩土地，由民间善男信女集资，重修了庙宇。在修建过程中，曾

瓦堌庙大殿神像

挖出一块石碑，上有关于明万历十年重修瓦堌庙的记载。如今的庙宇，有三进三出的大殿、配房，各殿内供奉有佛道两教的佛祖神圣，大殿前有一大香炉供善男信女上香。庙会每年举办两届，一次是农历的三月二十五至二十八，会期4天；一次是农历十月初八至十三日，会期6天。

◆ 吉祥寺庙会

吉祥寺是位于成武县白浮图村东北的一座寺院。

成武吉祥寺始建于南北朝时期，据传是当时的皇帝亲自下旨御赐寺名“吉祥院”。唐代进行重修扩建。元代以前，寺庙里石碑林立、古树参天、香火旺盛、信徒众多。尤其是寺院内的白色佛塔，据说保留有众多“舍利”和珍贵经卷文书。塔，在梵文里面翻译成浮屠，佛塔是白色的。因此，吉祥寺又叫白浮屠。寺庙旁边的村子也叫白浮屠村。至今残碑上还有“吉村曰白浮屠”的刻文。据说，到了元代，当地一名姓聂的尚书重修吉祥寺，

吉祥寺

将寺院变成家庙，称为“聂家寺”，又俗称“聂寺”。在当地的方言里，“聂”跟“灭”谐音，犯了忌讳。寺院的香客渐少，香火衰败，僧侣离去，寺庙逐渐破败。清末，当地重修，方有一定规模。

近年重修后，吉祥寺现占地 60 亩，建筑面积 7000 平方米，有大雄宝殿、仿古圆殿、天王殿等建筑，还有 7 间东西廖房。寺院内供奉着如来佛，佛像是青石材质，身高 2.4 米，约重 5 吨，庄严肃穆，是历史文物，被誉为“灵佛国宝”。院内还有弥勒佛、文殊菩萨、普贤菩萨、地藏王菩萨等佛像。如来佛恬静安详地盘坐在莲座之上，佛像头大身小，脸颊略扁平，上为发髻。在二重殿还供奉着木质的观音菩萨像。在天王殿的东西两侧分别修造钟楼、鼓楼，在大雄宝殿后方建造观音殿、地藏殿与念佛堂，还有八百罗汉堂以及高 108 米佛塔。

成武吉祥寺院现仍存南北朝时期古佛一尊，高七尺有余，造型古拙，衣朴无华。民间传说北齐二年时发洪水，山崩地裂，群山移位，佛祖乘水而来，嗡嗡有声，驱退洪水，显现石佛真身，坐落此处镇压洪水，力挽狂澜，保护此地世世代代平安吉祥。后来人们在此祈福求子，很是灵验，故名扬百里，香火日盛，随着前来进香人员的逐渐增加，来此卖吃卖艺的也随之增多，逐渐形成了庙会。

吉祥寺庙会

成武吉祥寺庙会每年举办两届。一次是农历正月初一至初六，会期 6 天，一次是农历三月二十五至二十八，会期 4 天，是鲁西南地区著名庙会之一。庙会期间，人山人海，摩肩接踵，各地香客云集于此，非常热闹。人们按照多年朝顶进香活动中形成的一套约定成俗的程序，献供品、献香烛、献钱财，以表诚心，祈求五谷丰登、岁岁平安。庙会上有各种娱乐活动，如唱大戏、扭秧歌、唢呐比赛、担经等。商品交易也很繁荣，吃、穿、用，生产生活的各种商品应有尽有，展现了成武当地的民俗风情。

菏泽非物质文化遗产概览

HEZE FEIWUZHI WENHUA YICHAN GAILAN

·下 册·

菏泽市政协文化文史和学习委员会
菏 泽 市 文 化 和 旅 游 局 编

中国文史出版社

目 录

【下 册】

单县篇

巨野县篇

郓城县篇

鄄城县篇

东明县篇

菏泽非物质文化遗产概览

HEZE FEIWUZHI WENHUA YICHAN GAILAN

单 县 篇

民间文学

◆ 吕后传说

单县，古称单父，春秋时为鲁国单父邑，秦置单父县，汉为县侯国，唐、宋置单州，明、清称单县。闻名遐迩的吕后传说就发源于此，并广泛流传于我国民间，距今已有 2000 余年的历史。

西汉高后娘娘庙

吕后（前 241~ 前 180），名雉，字娥姁，秦朝砀郡单父县（今单县）终兴镇潘庄村人，是中国封建社会既有万般柔情又有刚毅性格，既有文才又有谋略，极具传奇色彩的女子。

相传，吕雉初遇刘邦是在单父县令宴请其父吕公的宴会上，吕公善相面，通易经，相刘邦有贵人之相，故将爱女吕雉嫁于刘邦为妻，此时的吕雉只有 20 岁，而刘邦已有 43 岁了，只做个沛县泗水的亭长。嫁于刘邦为妻的吕雉亲率全家老小，从事农桑耕种，虽生活艰辛，却胸怀大志，非常支持刘邦的事业。她善厨艺，懂养殖，每逢重大祭奠节日，都杀羊祭祀，还把上好的羊肉熬成汤，请乡亲品尝，久而久之，她家的羊汤在沛县、单父一带就成了远近闻名的名吃，汉以后“单父羊汤”已成为宫中御用。

即使身为皇后，吕雉仍没有忘记关注民生，她兴农桑，喜纺织，用上好织品开展对外贸易交流。由于她的提倡，著名的古丝绸之路才源远流长上千年。她定音律，造编磬，规制宫中礼条，对西汉乃至汉以后的皇家乐礼影响深远，从西汉出土的汉画像砖上可见一斑。

吕后还是一位有谋略的皇后，作为刘邦的患难夫妻，她辅佐刘邦治理朝政，为稳固汉初政权，设计谋将反叛之臣逐一诛杀，《一言斩彭越》《诱斩韩信》等传说故事至今脍炙人口。

她处事冷静，保太子，不争宠，废酷刑，开言路，贵为太后，女主称制，天下归心，疆域和睦。她提出了一系列富民强国、攘外安内的政策，为汉之400年基业打下了坚实的基础。故《史记》评价说：“高后女主称制，政不出房户，天下晏然，刑罚罕用，罪人是稀，民务稼穑，衣食滋殖。”吕后被当今史学界称为主宰中国命运的第一个女政治家。

《吕公避仇》《栖凤石》《坐娘娘》《单父羊汤》《丝绸嫁公主》《汉服的来历》《吕氏家酒》《吕后出嫁》等众多传说故事，早已成为吕后传说以及汉文化研究

吕后庙

吕后像

吕堌村

吕后祠堂

的重要来源。吕后传说和吕后的名气家喻户晓，单县至今仍保留有许多与吕后传说故事有关的遗迹，这些遗迹也早已成为单县古景之一。

吕后传说发源于民间，根植于民间，传说里蕴含着人生哲理，为后人留下了许多美好的愿景。

社会价值。吕后传说源于民间，其语言的提炼尤为突出，所设地理位置、民情风俗、引典佐证等都表现得极具地方特色。许多传说故事都已成为鲁西南及周边地区汉文化研究不可缺少的重要资料来源。

实用价值。所提到的酿酒、纺织、羊汤等民间技艺，仍为今天的人们所享用，无不表现出我国古代人民的智慧结晶。

研究价值。加强对吕后传说的研究，有利于对吕后本人历史功绩的正本清源，弘扬传统美德，有利于加强古代技艺对当今社会影响的研究，有利于倡导人们注重吸收实践经验，勇于创新，敢于创造。

◆ 老君寨传说

单县地处鲁、苏、豫、皖四省结合部，古称“单父”，因舜帝之师单卷在此隐居而得名。春秋时，我国大哲学家、道教鼻祖老子——李耳曾在此隐修十年，著作了一部“包罗万象，涵化九域”的旷世经典《道德经》，同时又在县城西南30里孟渚大泽中，绘图建了一座村寨，后人称为“老君寨”。单县这座古邑留下了很多关于老子的传说，这就是“老君寨”的传说。

老君寨位于单县境内西南浮龙湖南岸，又名“李集”，距县城30余华里。据老君寨现存碑文记载：“老子于公元前478年孟春由河南鹿邑西隐函谷途经单父李集，孟渚隐修十载，由此建寨而名……”

老君寨位于古孟渚大泽之中心，此地风光旖旎，环境清幽，历代高人大贤多隐居于此。自古以来，这座具有神秘色彩的千年古镇就流传着关于老子的许多传说，如《老君寨传奇》《葫芦岛》《玄井》《月亮湾》《晨雾集》《南北玄帝庙》《黑龙潭的传说》，等等。

老君寨北面就是古孟渚大泽中的一处面积最大的天然湖泊，因相传有龙沉在湖底，故原名“沉龙湖”；汉朝初年有人见龙浮于湖面然后腾飞，故后又改称

老君庙

"浮龙湖"。湖中西南部有一处狭长的湖泊，因为形状如月牙，古称"月亮湾"。据老君寨内的"老君庙"院中现存石碑记载：唐明皇去泰山封禅返京途中特地绕道"老君寨"，见老君塑像有些破旧，遂拨帑币重塑老君坐像，并建大殿3间，配殿、厢房各3间。后经历代不断修缮，到明清时，此地已是四省八县远近闻名的道教圣地，香火十分兴旺。

春秋战国时期，以老子为首的道家学派和以孔子为首的儒家学派，以及庄子、墨子、荀子等诸子百家，均在总结继承殷商文化的基础上构建了上至帝王将相建国兴邦的治世韬略与处世哲理，下至平民百姓修身养性的思想境界与爱国情操，创建了宝贵的中华传统文化，培育了中华民族的道德情操和精神气质。开发老子传说，宣传老子思想，对弘扬祖国传统文化，凝聚民族力量意义重大。

老君寨传说源于民间，源于老子曾经隐居过的地方。这些传说和故事都有着很浓厚的传奇色彩和地方特色，而且经过人们不断的口头艺术加工，其语言更为凝练，内涵也越加丰富，已经形成了富有特色的地域文化。老君寨传说故事不仅是单县民间一笔宝贵的文化和精神财富，也是我们祖国传统文化宝库中的一枝绚丽的奇葩。通过发掘整理老君寨的传说，我们可以进一步研究老子和他的思想。这些传说给我们提供了线索和素材，它对研究老子的生平和思想，研究单县的人文历史起着重大作用。

老君寨全貌

传统音乐

◆ 鲁西南鼓吹乐

单县文化馆金唢呐艺术团

鲁西南鼓吹乐是我国鼓吹乐的一大支脉，是山东鼓吹乐的重要流派，是一种以唢呐为主要演奏乐器的民间艺术形式。鲁西南鼓吹乐主要分布在菏泽市、济宁市，菏泽市单县是鲁西南鼓吹乐的主要发源地和分布地区之一。

关于鲁西南鼓吹乐最早的史料记载，始见于东汉末年建造的嘉祥县武氏祠内的画像刻石。武氏祠中六块石刻碑淋漓尽致地体现了当时鼓吹乐舞曲的场面，其中左石室第三石有幅完整的鼓吹乐舞场面，五老洼第十六石中的鼓吹乐演奏中已经出现了排箫、竽（笙）、笛、角鼓等鼓吹乐中的基本乐器。可见当时的鲁西南已经具有相当成熟的鼓吹乐演奏艺术了。

根据当地鼓吹艺人回忆，他们的鼓吹艺术已有十几代的家传渊源，由此也可推算，单县唢呐的历史沿革至少可以追溯到300多年前。另外，根据唢呐、锡笛主奏部分经常演奏的曲目来看，有些是宋、元以来的杂剧曲牌，如“混江

田国防演奏《白鸟朝凤》

田家班

龙”“滚绣球”等，也有大量明、清时期流传的小曲、牌子，如山坡羊、锁南枝、驻云飞、一江风、明天子、到春来、叠断桥、采茶儿之类。因此，唢呐有可能早在明、清时期就已经在当地流传。

自清朝中叶开始，唢呐艺术呈现出更加旺盛的生命力，涌现出大量的鼓吹班社和众多技艺高超的演奏能手。这些班社多以近亲组成，传授方式多以族内传授为主，也有的收徒传艺，表演团体多半是由家庭、近亲组成的“唢呐班”，他们平时大多务农或以理发为业，遇婚丧喜庆，便搭班表演。

单县位于鲁西南边陲、苏鲁豫皖交界处，是著名的“唢呐之乡”。由于地理位置特殊，分布在单县的鼓吹乐又有着其本身突出的艺术特点。这一带唢呐艺人云集，仅单县境内唢呐班就有 70 多个，艺人 500 多人。在长期的发展过程中，形成了自己独特的地方风格。单县的唢呐音乐，既保留了鲁西南鼓吹乐粗犷、豪放的风格，又吸收了河南、安徽、江苏等地鼓吹乐的清新、细腻的韵味。

单县的唢呐班大体可分为四大家。以徐东春为代表的徐家班，在 20 世纪 20 年代较有名气。他 13 岁在柳子戏班里任唢呐手，人送外号“一杆枪”。徐东春的孙子徐广爱、徐广云兄弟，演奏音色优美，技巧纯熟，韵味独特。徐家班 1985 年参加鲁西南民乐调演获演奏奖，徐广爱被选入《中国民间艺术人才库》一书，1997 年被中国艺术研究院文化艺术市场研究中心授予《文化艺术人才库入网资格证书》，获“创作委员”称号。徐广爱早在 1959 年就与任同祥共同参加菏泽的唢呐汇演，他演奏的传统曲牌“大笛绞”“凡四调”及徐广云演奏的“三音开门”等 4 首乐曲被收入《中国民族民间器乐集成》(山东卷)。

以部来义为代表的部家唢呐，在单县享有盛名。老一辈唢呐艺人部来义在单城南、东南以至安徽砀山、河南虞城都颇有名气，外人送雅号“快刀子”。他吹的“大锯缸”深受群众欢迎。部来义的孙子部保福是位出类拔萃的后起之秀，1982 年在济南参加全省唢呐比赛获奖；他演奏的传统乐曲“跳春枝”“花喜鹊”等选入《中国民族民间器乐集成》山东卷。

城东杨家唢呐班的杨玉仁演奏技艺精湛，在苏鲁豫皖一带名气很大，他的弟子田向东在特技表演方面较为出色，他表演的“火烧葡萄架”“呲牙笛”“口中喷火”“鼻孔插钢钉”等甚是精彩。2005 年春节前夕，中央电视台第七套节目对他们一家的唢呐表演进行了录制播放。田向东及其儿子田国防等参加 2006 年山东省首届农村文化艺术节，演奏的绝活绝技荣获金奖。2008 年参加了山东音协等组织的民间音乐进校园活动，在山东艺术学院及山东师范大学演出受到热烈欢迎。

城西的高家班，高乾伦的演奏朴实、纯厚。高进法、高进忠是他的弟子和传人。高进法模仿的戏曲“脸子腔”逼真、粗犷、豪放，他吹奏的大平调、四平调婉转、动听。高进忠及其儿子高峰、高华继承了祖传的演奏技艺，现全家分成两班，活跃在单县城乡。

新中国成立以后，鲁西南鼓吹乐获得新生，涌现出大批优秀的表演人才：单县部家班的后人部保星，原济南军区前卫歌舞团任唢呐演奏员，在 1993 年获山东省器乐大赛一等奖，1996 年获中国民族器乐大赛银奖，2001 年代表国家民乐团赴维也纳参加了“新年音乐会”，出访过欧洲等国家；田家班后人田国防，多次参加省市汇演并获奖，现为鲁西南鼓吹乐省级代表性传承人。

鲁西南鼓吹乐传承人部保福

新时代唢呐艺人在乐队组合、演出形式等方面都有所创新，有的在传统乐队中加入流行乐器，扩声设备也不断更新，从而丰富了传统乐队的表现手法和演出阵容。2019 年单县文化馆成立“金唢呐乐团”，新创排演了“庆丰收”“打枣”“枣梆情韵”等曲目，多次参加省市演出活动。2021 年，金唢呐乐团演奏的“枣梆情韵”入选山东省第十二届文化艺术节优秀节目汇演，获得优秀节目奖（最高奖）。

在理论创新方面，文化馆研究馆员荣世生的论文《鲁西南鼓吹乐研究与非物质文化遗产保护》在中国传统音乐学会第十五届年会宣读；2009 年获省“山东省文化艺术科学优秀成果二等奖”；2011 年入选国家文化部《全国非物质文化遗产保护论文集》。荣蕙荞的论文《鲁西南鼓吹乐“开门”调名研究》在《中央音乐学院学报》2008 年第 1 期发表，并获 2013 年山东省文化厅非物质文化遗产保护研究优秀成果二等奖。荣世生、荣蕙荞的论文《民间鼓吹乐曲“凡字调”曲名研究》在 2010 年中国传统音乐学会第十六届年会宣读；并发表于 2015 年第 1 期《中国音乐学》，2017 年获“山东省第二届非物质文化遗产保护优秀科研成果二等奖”。荣蕙荞的论文《从宫调使用谈民间器乐与戏曲的关系——以鲁西南鼓吹乐与菏泽地区地方戏曲为例》2018 年 6 月收录于《戏乐音声》一书。

单县唢呐演奏艺术实力雄厚、曲目丰富、技艺高超、风格独特，乐队组合灵活精干，演奏上刚柔兼长，热情豪爽，粗犷雄健、浑厚挺拔，但又不失优美细腻，有着浓厚的乡土气息，具有很高的艺术价值、欣赏价值、研究价值和实用价值。鲁西南鼓吹乐现已被评为国家级非物质文化遗产保护目录，单县文化馆被列为名录保护单位。文化馆每年举办的元宵节“农村文化艺术节”及“十月物资文化交流大会”全县唢呐比赛或演奏会，推动了鼓吹乐艺术的发展，为唢呐的普及推广注入了活力。

郜家班

如今，受到当地政府重视的民间唢呐演奏不再局限于民间礼仪活动，而是更多地参与社会各种文艺活动，如文艺比赛、文艺汇演、各种庆典等等。平时婚丧嫁娶、节日及各种庆典都有唢呐演奏，吸引了众多的观众，受益人数达百万人，每年全县唢呐班社经济收入近百万

徐家班

元，为单县文化产业的发展做出了积极的贡献。

单县的民间艺人活跃在广大群众当中，丰富了群众的文化生活，传承了优秀的民族文化，对单县的文化、艺术、风土人情、社会生活等产生了巨大的影响，成为人们文化生活和社会活动不可缺少的艺术表演形式。一代代的班社艺人共同演奏了“唢呐之乡”的雄风亮曲，奠定了鲁西南鼓吹乐在我国音乐艺术界的历史地位。

传统舞蹈

◆ 精灵皮

精灵皮表演

单县历史文化底蕴丰厚，因其四省通衢的特殊地理位置，商贾云集，带来民间艺术的交流和繁荣，其中，传统舞蹈精灵皮就是其中之一。

精灵皮，老百姓又叫“打响竹”，是流传于这一带的一种古老的民间舞蹈。据史志记载，古时的单县城西南是四大历史名泽之一——孟渚泽。舜的老师单卷、闻名天下的老子等都曾隐居孟渚泽畔，那时的单县湖泽众多，渔业发达。据当地的老艺人说，大约是在元朝，蒙古族入主中原，大力倡导发展汉族文化，单县民间开始流行一种以水族精灵形象为主题的舞蹈。

传说精灵皮是人们为了庆祝和期盼渔业丰收、向往美好生活而创作的一种舞蹈。节庆时，人们架着花船，穿戴起鱼、虾、蚌、龟、鹤等衣饰，在锣鼓的伴奏下，模仿水族精灵的动作，翩翩起舞。又传在当地有一个叫碌碡（绰号“老艾”）的民间艺人，长得五大三粗，膀大腰圆，在街头卖艺时，常抡起两根竹片，在地上摔打，竹片相击，发出“叭叭”的响声，并口喊“闪开、闪开”的口号，以引人注意，后来效仿者渐渐增多。后经发展，“打响竹”发展成二人执竹击打，加入民间杂耍的表演队伍。表演时，走在队伍最前列，后面跟“花船”和“精灵皮”。渐渐地人们就把“打响竹”和“花船”“精灵皮”合在一起进行表演，形成了现在的传统民间舞蹈精灵皮。

精灵皮为集体舞。“精灵”皆为水族扮相，有鱼、虾、龟、蚌、鹤、青蛙等。在表演行进中，前面有 2 人“打响竹”，2 人甩火球开道，1 人推花车，1 人扮成县官坐在花车上，后跟举灯牌者 6 人，水旗手 8 人，后面又跟花船 4 只，众精灵紧随花船后面，追戏船夫渔姑。

场地表演时，精灵们模仿水族形象动作，相互嬉戏逗闹，或憨厚老实，或灵巧可爱，或美丽温柔，或高贵典雅；划船的船娘或摇橹，或点篙，或急转弯，或荡漾不前。渔姑台步如在水上飘行，或将花船调头摆尾，或将花船上下左右摇曳，美不胜收。“县官”追逐逗戏渔姑和众精灵，动作滑稽搞笑，令人捧腹。精灵们三两单独表演时，除嬉闹外，还表演一些情节戏，如“鹬蚌相争，渔翁得利”等。寓教于乐，令人难忘。

精灵皮舞蹈时，队形变换主要有“双龙吐须”“横 8 字”“剪子股”“双麻花”“拧蒜辫”“双龙摆尾”等。

乐队组成为民间锣鼓，有大鼓、小堂鼓、大锣、小锣、水锣、大铙、大镲、小镲等。精灵皮行进表演中的锣鼓较为单纯，一般用豫剧锣鼓“一标标”或民间锣鼓“一窝风”。

精灵皮排练

广场撂地表演，除用“一标标”或“一窝风”外，还有配合动作用的紧急风、快冲头、四击头、撕边锣、马腿、小锣滚头、大锣滚头等等。场地表演的锣鼓乐队人员一般坐在下场门的靠前方，亦可正对演员，易与演员配合。乐队统一由司鼓的鼓键和手势做指挥。演奏中司鼓看演员，其他演奏者看司鼓。

现在单县著名的精灵皮民间艺人有张西岩、张留起、白东菊、范文魁、张发增等。白东菊、范文魁现为精灵皮市级非遗代表性传承人。

精灵皮世代相承，不断发展，群众对其产生了深厚的感情，具有广泛的群众性；精灵皮一般是在农闲时进行排练，在春节、元宵节时进行表演，具有很强的节令性；演出时，不论是表演者还是观看者都能得到较大的娱乐和艺术享受；精灵皮因以“口传身授”为传承方式，在舞蹈、曲式、乐器等方面都有即兴表演，有较大的随意性。

精灵皮只有在春节正月初七送火神、正月十五元宵节的晚上及重大节庆时才进行表演，每到春节正月初七送火神、正月十五元宵节的晚上，单县旧城牌坊街、胜利街至西关街处，灯火通明，百姓倾城而出，放烟花，放河灯，放云灯，观看县城四关的民间艺术团队表演舞狮子、耍龙灯、打响竹、跑旱船，通宵不眠，热闹非凡。

精灵皮是富有地方特色的民间舞蹈，深受当地群众喜爱，具有群众性、节令性、娱乐性、即兴性等特征，具有重要的研究价值。其主要价值表现在：

民俗价值。精灵皮的起源、发展，与当地的世风民俗息息相关，具有鲜明的民俗内涵。

历史价值。精灵皮的表演题材涉及神话传说、民间传奇故事等诸方面，具备了古俗传承的历史价值，体现着自身的历史文化积淀，表达着自己的希望。

艺术价值。精灵皮集舞蹈和音乐于一体。表演中，粗犷豪放与委婉细腻相结合，具有较强的艺术表现力和感染力。

精灵皮伴奏乐队

人民群众是精灵皮赖以生存的基础，现代文明的冲击导致人们审美方式发生改变，随着娱乐方式的多元化，现代传媒及影视艺术的迅速普及，演出阵地已日渐缩小，部分表演技能失传，急需进一步的挖掘、记录、整理和传承。

传统戏剧

◆ 四平调

传承人刘继轩（前右）表演剧照

四平调是流行于山东、江苏、河南、安徽四省接壤地区的一种地方戏，由一种民间说唱艺术——“花鼓”发展演变而成，因它的曲调四平八稳，四句一平，被称为四平调。

花鼓早时亦称“花鼓丁香”或“打花鼓”，原是一种古老而优秀的民间歌舞演唱形式，它由最初的形式进入漫长的曲艺阶段后，又演化到以板腔体为主的半曲半戏阶段，深受广大群众的欢迎。“听见花鼓响，锅饼贴到门框上”“花鼓班子进了庄，家家户户不喝汤（晚饭）”，这两句民谚，形象地道出了花鼓在民间的受欢迎程度。然而，这种表演艺术却被封建统治阶级污蔑为“淫词滥调，有伤风化”，屡被禁演。老艺人为了谋求生路，奔波江湖，多次改名为“山东干砸梆”“山东老调”“山东老梆子”“山东丁香”等。

俗话说“无乐作和不成戏”，因此，艺人们有了花鼓上弦成戏的强烈愿望和迫切要求。

传承人张龙水（前左）指导乐队伴奏

1945年夏，以花鼓艺人王汉臣（艺名贤儿）、邹玉振（艺名五朝）为首的花鼓班社在安徽亳州演出时，聘请了河南豫剧弦手杨学智，开始进行“花鼓”加弦乐伴奏的尝试。他们以花鼓的“四平”板式为基础，吸收了其他剧种的精华，克服了种种困难，研究成功了四平调的主要板式“平板”（当时没有板式名称，有的称“平腔”“流水”，也有的称“四平调”）。同年，以李玉田、甄友明、杜学诗等人为首的花鼓班社在河南惠亭集等地演出时，以“花庭会”“陈三两爬堂”作为试验剧目，也进行了花鼓加弦乐伴奏的研究探索。以后两个班子遇到一起，互相切磋，取长补短，统一了四平调的唱法，对四平调剧种的形成做出了积极贡献。

新中国成立前，仅有河南“芒砀”和柘城“新生”两个四平调剧团。新中国成立后，山东的单县、成武、曹县、鄄城，江苏的丰县、沛县、徐州，安徽的砀山，河南的商丘，河北的丘县、大名等地，相继成立专业四平调剧团，也涌现了一大批优秀演员，如甄友明、邹玉振、王汉臣、王桂芳、刘玉芝、王凤云、王现礼、穆学礼等，四平调这一新生的剧种呈现出一派欣欣向荣的景象。

“文化大革命”期间四平调各专业剧团均被撤销。1978年，山东的成武、金乡，河南的商丘、长垣，恢复了四平调专业剧团。1980年，山东、河南、江苏、安徽的四平调专家在河南商丘召开四平调音乐座谈会，共同研究四平调剧种存在的问题，确立了四平调各类板式名称，议定了剧种的发展方向，并成立了四平调音乐学会。

20世纪40年代，单县老艺人王进科、李玉田、宋全文、张全良、张士领等也将花鼓戏改为“四平调”，他们的弟子有张龙河、张龙水兄弟及丰县的崔玉勇、成武县的崔玉英等人；演员还有王现礼（王进科之子）、宋子佩、翟明礼等，主要巡演于山东单县及周边地区。

1953 年初，单县“四平调剧社”成立，1958 年下放到莱河镇（原李半庄公社）。1963 年，单县“四平调”剧团解体，但四平调这个剧种在单县并没有消失，而是以庄户剧团的形式长期保留了下来。

张龙河、张龙水兄弟从县四平调剧团返乡后，组织戏班，收徒传艺，坚持演出。“文化大革命”期间，他们成立农村宣传队演唱四平调现代戏。1978 年张龙水、张龙河组织成立了李半庄公社四平调剧团，一边从事农业生产，一边搞业余演出。2012 年，年已八旬的张龙河、张龙水兄弟组建了黄六村四平调庄户剧团，人员发展到 30 余人。张氏兄弟的徒弟张庆桃、许凤兰、陈德学等第三代传承人又培养了第四代传承人陶爱梅、李玉真、朱美玉等。

1978 年，王进科之子王现礼重建“大兴班”。演员有门现礼、樊光连、翟明礼、李贵英等。1983 年，王现礼的徒弟、单县黄岗镇的李世平组建了“单县精英汇四平调剧团”，40 年来演出从未间断，剧团多次在县、市汇演中获奖。

老艺人张金聚（1912~2001）创办了单县莱河镇大许河四平调剧团，后传艺给女儿张青云，徒弟庞圣珍、张文红。张青云又传艺给刘继轩、李秀琴等人，该团现在长期坚持演出。

四平调来自花鼓，唱腔音乐是它的重要组成部分，以唱为主是其显著特征。四平调以“平调”为基本板式，又派生出“平”“直”“念”“散”四种声腔体系，大大丰富了四平调唱腔的表现力。

四平调剧团演出

四平调的伴奏主弦为高胡，定弦为 A 调的 6—3 弦，拉内弦时用弓杆同时擦响外弦，形成多个纯五度和音，有着独特的地方风味。四平调的打击乐器，与京剧基本相同。

四平调的剧目共有 200 余出。开始主要移植了花鼓戏的传统剧目，如四大记“蜜蜂记”“金镯玉环记”“汗衫记”“红灯记”等。后来又移植了许多整理出版的新剧目，如“小姑贤”“西厢记”“秦香莲”等，不但能演行当较全的梁山将、戚继光斩子等，也能排演武松打店、三岔口等高难度的武功戏。

艺术价值。四平调以善唱著称，旋律优美、淳朴，具有浓厚的生活气息，有较高的艺术欣赏价值。

学术价值。四平调剧目繁多，对研究我国古代文化有着重要的参考价值，对研究北方民间戏曲音乐、花鼓艺术具有不可替代的作用，对研究中国民族音乐具有持久的借鉴作用。四平调演唱及道白在语音上隶属北方语言系统，使用中州音韵，十三道韵辙，对研究北方方言及音韵具有重要的参考价值。

实用价值。四平调源自历史悠久的“花鼓”，有着深远的民族情结，它的许多剧目内容都体现了中华民族的传统美德，这为推动社会发展，塑造社会人文精神，弘扬优良的传统道德风范有着重要的宣传教育价值，对增强社会凝聚力，增进民族团结和社会和谐意义深远。

◆ 柳琴戏

柳琴戏，戏曲剧种之一，又称“拉魂腔”，因伴奏的月琴酷似柳叶，1953年文艺界专家们和老艺人们改名为柳琴戏，广泛流传在豫鲁苏皖接壤地区。

柳琴戏展演

柳琴戏形成于清代中叶以后，主要分布在山东、江苏、安徽、河南四省接壤地区。柳琴戏的来源是以滕州及鲁苏皖交界地区民间小调拉魂腔为基础，受当地柳子戏的影响发展起来的，柳琴戏唱腔丰富，有“九腔十八调，七十二哼哼”之说。演唱时拖腔独特，男腔粗犷高亢，女腔柔韧细腻、委婉华丽。表演艺术粗犷、明快、朴实，具有浓厚的乡土气息，尤擅长喜剧表演手法。柳琴戏从过去七八人的草台班到如今的省级剧团，各个时期均涌现出一批受欢迎、声望高的优秀演员，他们以各具特色的唱腔和表演风格，丰富和提高了柳琴戏的艺术水平。

柳琴戏采风活动

柳琴戏“文场”有土琵琶、笛子、唢呐、笙、管、二胡、小三弦等，“武场”有“四大件”。伴奏音乐也运用了和声、配器等技法。值得一提的是，柳琴戏的主弦乐器，从只有两根丝弦的土琵琶，通过改革多次研制相继制成了三、四、五、六弦的多种高中音柳琴。柳琴戏的角色有自己特殊的名称，在小头、二头、二脚梁子、老头、老拐、大生、勾脚、毛腿子、奸白脸等行当中，小头即闺门旦，二头即青衣，二脚梁子即青衣兼花旦，老头即老旦，老拐即彩旦，大生即老生，勾脚即丑，毛腿子即花脸，奸白脸即白面。柳琴戏的表演粗犷朴实，节奏明快，乡土气息浓厚，演员的身段、步法明显带有民间歌舞的特点。

日落西山，夜幕降临，舞台上明灯高悬，锣鼓响起，四方的观众涌来，演出开始了。演员们装龙像龙，装虎像虎，惟妙惟肖的表演将观众带进戏中故事的世界。两个半小时的演出结束了，演员集体谢幕，但观众不肯离去，鼓掌欢迎再来一段。演员们不辞劳苦再送上半小时的节目，观众们仍沉浸在剧情当中，久久不能离去，这就是演出现场的真实写照。

近年来，由于现代文艺和流行音乐的冲击，以及经济利益的驱使，年轻人对这种艺术已不屑一顾，但单县柳琴艺人依然坚守着柳琴戏的演唱阵地，活跃在城乡舞台上。现在单县有朱集镇武河民间柳琴戏剧团，裴范庄柳琴戏班社和龙王庙镇陈草庙柳琴戏班社，并能组织参加演出。他们深深扎根于群众之中，坚持为群众演唱，为柳琴戏的传承与发展做出了积极的贡献。

◆ 山东梆子

山东梆子，又名“高调梆子”，简称“高调”，起源于山陕一带的梆子腔，距今已有400余年的历史。其中以菏泽（旧曹州府治）为流行中心的，习称“曹州梆子”。作为山东梆子形成最早的区域——菏泽单县，古称单父，位于山东省的西南部，历史悠久，文化底蕴丰厚，是齐鲁文化和中原文化的交汇地。这里历史上曾是黄河泛滥地区，天灾人祸给人民带来了不少苦难，不少人逃荒要饭，卖艺谋生，这也给戏曲这种演唱形式简便、曲调通俗易懂、便于流传的艺术形式的诞生与流传提供了现实生活的土壤。山东梆子早期班社较多，解放初期，菏泽就有业余梆子剧团100多个，比较著名的有单县黄后楼班、巨野大姚班、定陶大兴班、东明三义堂班等。

山东梆子唱腔音乐属板式变化体，且板式、曲牌丰富，其音乐既生动又平俗，具有高亢奔放、刚劲激越、婉约和谐、舒展明亮的独特韵味。表演程式丰富而又规范，注重技巧特长，动作粗犷，架势夸张，不同行当的表演异彩纷呈，具有较高的艺术、学术和实用价值。许多行当角色特用身段技功，吸收了民间

山东梆子《大汉英后》剧照

的优秀武术文化，为研究民间历史文化、地方戏曲表演艺术有不可低估的作用。山东梆子有着丰富的内容和表现形式，涉及百姓生活的方方面面，体现了民众的智慧和对美好生活的向往，深受当地民众喜爱，几百年来传承不断。

山东梆子剧目丰富，多取材于民间传说，历史故事等，经常上演的剧目有600多出。早期班社较多，涌现出众多著名艺人，是当地传统文化的重要代表。1984年单县文化局为发展单县戏曲事业，成立了戏曲培训班，培养了谢寅玲、刘翠芳、郭兆海、黄启刚等优秀演员，现在均为单县戏曲事业主要演员、传承、传播者。2012年经过体制改革，由单县县委县政府批准，原单县豫剧团改制，成立单县地方戏曲研究保护中心。现在的单县地方戏曲研究保护中心既能演山东梆子，又能演豫剧，常年活跃在山东、河北、江苏和河南等地，所到之处观众赞不绝口，享有非常高的声誉。近几年，单县山东梆子剧团恢复和新排演的很多优秀剧目，多次参加国家、省市汇演比赛并获奖，排演的新剧“山东汉子”入选国家舞台艺术精品工程，“大汉英后”获省级奖励。

山东梆子剧团送戏下乡

山东梆子剧目内容多体现了中华民族的传统美德，演绎着中国人民的纯朴正直。对推动社会发展、塑造社会人文精神，弘扬优良传统道德规范有着重要的教育价值，对增强社会凝聚力，增进民族团结意义深远。

曲艺

◆ 山东落子

山东落子伴奏乐器

山东落子流行于山东及江苏、安徽北部等地，是以菏泽市单县及其周边县、市为代表的优秀传统曲种之一。其曲调质朴无华，风格粗犷豪放，是一种重要的曲艺演唱形式，现已列入国家级非物质文化遗产保护名录。

山东落子演变自古代的“莲花落”，因其伴奏乐器主要为单页大钹（俗曰咣咣）、竹板，而不用管、弦乐器，故俗称“咣咣书”“铙铙书”。按照民间艺人的说法，落子的起源可上溯到东汉时的“范丹老祖”，但目前尚未见有关史料记载。民间的另一传说认为莲花落起源于乞讨要饭。另据考证，落子源出隋末唐初僧侣募化所唱的“落花”曲子（《续高僧传》卷四十），唐代叫“散花落”，都是用来宣讲佛教教义的；丐者沿门乞讨时唱的小曲，通常称作“莲花乐”。莲花乐即莲花落。可见其早年本为僧家的警世歌曲，至宋代才有穷人讨饭歌唱的莲花落，并在民间流传。莲花落的演唱多有故事情节，且往往有唱有说，因而已是完整的说唱艺术形式。宋代的“陶真”，便是莲花落的一种。莲花落在元、明时期流行甚广，又称为“抛钹”和“抛颂”。元以后，“莲花乐”称作“莲花落”，明代又产生了叙事莲花落，从此唱曲与叙事两种莲花落并存。明清交际间，诸城丁耀亢所著《金屋梦》中也有打落子的记载。

莲花落最兴盛时期是清朝，特别是晚清，已演化为民间流行的哓哓书，即今天的山东落子。见诸记载是在清代中叶后，傅惜华所藏清咸丰六年《百万句全》（手抄本），就有标明“山东莲花落”的“姐儿房中闷沉吟”等三支。关于落子的传承史，据目前艺人的推算，仅能上溯十代，约至清朝中叶。“山东落子”一词，最早见诸清道光十二年（1832）（手抄本）《赶板牌子曲》《快书》《岔曲》《马头调》各样曲中。

清朝中叶流行于山东各地的落子，通称“山东落子”，以其流行地域、语言、唱腔不同，又分为“南口”“北口”“东口”三种：以流行于鲁中南、鲁西南的“南口”为早，影响较大。著名艺人有刘本春、王金山、王教增、乔玉山、李合钧、侯教山等，近代知名艺人有侯永芝、张元秀、高庆海等。“北口”流行于鲁西北地区临清、夏津、武城一带，清末崔玉臣（老玉）及弟子荀春盛等人较为著名。流行于济南及其以东潍县、平度一带的为“东口”，著名艺人有“飞哓哓”季宝奎等。

鲁南、鲁西南地区流传的南口落子，以单县及其周围县、市为主要代表，曹县、成武、巨野、郓城、济宁、鱼台等县、市也都有流传。

清嘉庆年间，落子艺人朱合常，艺技高超，经常活动在山东、江苏交界地区，并有“独霸江南”之盛誉。朱和常的弟子孙教君，单县李半庄乡石寨人，他演唱落子技艺出众，名声曾传到泰安及鲁南一带。

山东落子作品汇演

孙教君的弟子段永廉（1900~1984），单县龙王庙乡阎塘村人，其演唱风格高亢、豪放，被誉为苏、鲁、豫、皖落子“四大名将”之首。他那时的演唱形式为三人表演，中间一人为主，手持一面大钹，用小木棒敲击伴奏，其他二人手持竹板和节子击打节奏。后来，为了演出方便，就由一人演唱。由此落子逐渐演变成一个自打自唱的形式，演唱者右手打板，左手敲钹。

段永廉的弟子张元秀，是单县曲艺队的二级演员，系中国曲艺家协会会员，山东落子省级代表性传承人。她在继承传统的基础上，创造出一套优美的曲调，并常在唱腔的句末使用“哟嚎嚎”这一独具特色的大甩腔，从而形成了自己独特的风格。1982 年山东省曲协为她演出的落子节目“找橡胶”进行录像；2005 年春节，中央电视台对张元秀及其表演的山东落子节目作了专题报道；2009 年 6 月 9 日，张元秀在济南大观园参加山东省首届“非遗日”曲艺汇演，受到各界好评。

张元秀的弟子齐林华，原单县曲艺队演员，中国曲艺家协会会员、山东省首批“齐鲁文化之星”，山东落子省级代表性传承人。齐林华在继承师父张元秀演唱技艺的基础上进行创新，将三弦书、坠子等其他鼓曲类艺术的精华唱腔韵味，运用到山东落子的演唱中，并加入乐队伴奏，增强了山东落子的表现力，使山东落子曲牌更加丰富。近年来，她与弟子刘霞、王青先后参加全国非遗曲艺周、全国乡村优秀曲艺节目展演、中国非遗传承人群曲艺鼓曲研培班成果展示巡演、全国曲艺新人新作线上展演等交流展演展示活动，广受好评。

单县曲艺艺人刘修东，也是一位小有名气的落子演员。他的演唱声情并茂，不仅整理掌握了大量的传统曲目，如“小两口争灯”“韩湘子度林英”“马前泼水”“老鼠告猫”“小姑贤”“下山”等，还编排了“中国梦”“赤子情”等部分现代曲目。单县的陈化恩、王元中、单承恩、池明霞等人也都是出色的落子

山东落子参演山东曲艺大赛

艺人。

20世纪中叶，菏泽市各县均出现了一些较有影响的落子艺人。1957年，在山东省第一届曲艺汇演中郓城县艺人李春元演唱的“偷石榴”、巨野县艺人冯庆海演唱的落子传统曲目“李存孝夺镐”均获得表演三等奖。巨野县的褚福林、郓城县的贾如生等艺人的演唱，也受到了当地群众的好评。

山东落子风格粗犷强悍，具有浓厚的山东地方特点，尤其演唱到激情处，艺人们常将手中的响钹高高抛起，猛转身打个飞脚接住再唱，有声有色，节奏不乱，成为山东落子特有的绝活儿，也就是某某艺人被称为“飞天咣咣”“飞咣咣”的由来。

山东落子因系无管弦伴奏之徒歌形式，唱腔较随意，故而语言比较口语化，易为听众所接受；同时也因其唱腔的灵活性，易受方言以及当地戏曲、小唱和其他曲种的影响，演员唱腔因人而异，形成种种风格差异。南口受花鼓影响且适应说书要求，北口受山东大鼓影响，出现明显的不同风格。

山东落子属于吟唱型的板腔体结构，有慢板、中板、快板、急板、垛子等板式。音乐调式采用七声雅乐徵调式音阶，风格明亮，其快板铿锵有力，慢板抒情委婉，与鲁西南地方的戏曲、曲艺风格相近。落子的唱词大致押韵，以唱为主，有时唱白穿插，曲调平坦，风格粗犷。基本句式以七字或十字句为主，每句唱词的字数不太固定，一般为七至十二字，因此每句音乐的长度也不固定，随句子长短而定。句首有时加上衬词“哎”，句尾有时加衬词“哟”。经常演唱的传统曲目长、中篇有千里驹、包公案等60余部；段儿书有刘备招亲、祭东风、游西湖及短篇新作雷锋、欧阳海等50余篇。

山东落子语言通俗，富有口语化特色，对于研究民俗学、方言学、社会学、曲艺发展史等具有重要价值。山东落子具有重要的学术价值。落子的演唱曲目，可以反映出我国的民间文学、民间艺术和民俗的一些情况。落子的唱腔和音乐，可以反映出它与其他民间戏曲和曲艺的借鉴与传承，具有研究说唱音乐发展的重要价值。

当地文化部门及文化工作者在落子的保护和传承方面取得了可喜的成绩：单县文化馆研究馆员荣世生的论文《山东落子音乐》获山东省文化厅“2013年度非物质文化遗产保护优秀科研成果三等奖”，副研究馆员陈文娟的论文《试论山东落子的历史渊源》发表于《文化大视野》。单县文化馆先后举办山东落子培训班6期，培训学员10余名。2013年，齐林华在文化部门的支持下创办了“齐林社”,2015年刘修东开办“张集镇曲艺班社”，积极开展落子等曲种的传承活动。齐林华的弟子刘霞、王青，刘修东的弟子孙广平等多次参加全国、省、市级汇演、比赛和交流活动并获奖。

山东落子演出形式独特、行动轻便，语言通俗易懂，群众易于接受，在丰富城乡群众文化生活，促进社会主义先进文化建设等方面都将继续发挥积极的作用。

◆ 山东渔鼓

渔鼓，又称“渔鼓书”，是一种独具风韵的民间曲艺形式，一般由一人单独演唱，伴奏乐器为一鼓一板。鼓为渔鼓，即一截长约1米、直径约10厘米，下端蒙着鱼皮、蟒皮或猪心外膜的竹筒。“渔鼓”初时是用竹筒和鱼皮制作而成，用手击之发出“砰、砰、砰”的声响，因此而得名。板为简板，是一对长20厘米的檀木片。艺人演唱曲目时，端坐于高处或站着，将渔鼓斜放在左胸前，以左肘护住，右手拇指按住渔鼓下端，中指、无名指轻轻而有节奏地拍打着蒙皮，发出“嘭！嘭！”之声；左手拇指和中指、无名指则捏着简板，五鼓三板击拍，形成悦耳的节奏。渔鼓表演有唱、表、白之分，以唱为主。渔鼓的曲调以高昂雄浑见长，且尾声悠长，别具一格。

山东渔鼓主要流传在山东省单县及其周边县市，现已列入省级非物质文化遗产保护名录。

渔鼓渊源于唐代的“九真”“承天”等道士曲。以道教故事为题材，宣扬出世精神，名为道情；南宋始用渔鼓简板伴奏，易名渔鼓；元代随山东栖霞道士邱处机被封国师，统领天下道教，而在山东广泛传播；明代的渔鼓演唱内容渐转向叙事；清中叶后，受民间说书潮流影响，才由道士化缘转化为世俗说书，所唱曲调也向板腔结构形式过渡。明清以来，渔鼓成为比较流行的曲艺形式之一。

山东渔鼓有南、北、东三口之分，“南口”流行于济宁、临沂及鲁西南一带，属于寒腔渔鼓，著名艺人有苏合寺、张合法、翟教寅、王永田等；“北口”流行鲁西北一带，临清康老学、韩教德可为代表；“东口”流行于莱阳、即墨、胶州等地，后称胶东渔鼓，今已绝响。

菏泽、济宁、聊城、滨州、临沂、枣庄、胶东等都有渔鼓存在，单县及其相邻的金乡、鱼台、成武等县曾非常盛行。知名的单县渔鼓艺人有彭永才、赵志法、杜元铃、宋明莲、王元中、赵石辰、赵明新；济宁的杨教信；鱼台的王元科、戴永庆、谢元庆、王元信等。

著名渔鼓艺人杨教信，济宁市西郊杨西庄人，1878 年出生，他的徒弟彭永才，系单县徐寨马赵楼村人，1890 年出生，以演唱渔鼓为主，于 1958 年去世。

彭永才的徒弟杜元铃，1920 年出生，单县徐寨镇人，20 世纪 60 年代曾在单县曲艺队演唱，现已去世；杜元铃的师弟刘元森，1927 年出生，金乡县鸡黍镇袁庄村人，擅长渔鼓和大鼓。杜元铃和刘元森，属于“曾、柴、杨、张”四门中的“曾”门传人。

传承人宋明连女儿郭瑞霞

单县渔鼓艺人宋明莲，女，1947 年出生，单县谢集乡武圣庙村人。15 岁学艺，师从著名渔鼓艺人杜元铃。16 岁考入单县曲艺队，后因下放学员回村，回村后继续从事演唱活动。

传承人赵明新

著名渔鼓艺人赵志法，单县谢集乡王板桥村赵楼村人，1910 年生人，师承南派“高”门传人——河南省永城县艺人王明山。20 世纪 50 年代参加平原省文工团，后参加单县曲艺队，60 年代中期开始自己从事演唱活动，于 1985 年去世。

赵志法的儿子赵石辰、孙子赵明新都是渔鼓艺人。赵明新 1966 年生人，14 岁时跟祖父学习渔鼓，并拜安徽省涡阳县艺人管元辰为师。赵明新是渔鼓优秀传人，他演唱的渔鼓“孙小虎顶舅”,2015 年 12 月参加菏泽市曲艺比赛获二等奖。

渔鼓艺人王元中，单县时楼镇黄庄村后黄庄人，1941 年出生，19 岁学艺，师从鱼台县罗屯镇前隋海村艺人隋永成和单县渔鼓艺人赵志法，擅长渔鼓和落子，属“张”门传人。

山东渔鼓属于吟唱型的板腔体结构，唱词的句式结构一般为七字句式或十字句，间有少量的五字句等形式。唱词讲究合辙押韵唱，多为一韵到底。因系无管弦伴奏之徒歌形式，唱腔较随意，故而语言比较口语化，易为听众所接受。它的演唱内容大体上分为三大类：①说教类：无故事情节，把忠孝节义、三纲五常等伦理道德编成唱词说唱，用以劝化教育世人。②故事类：多属传统曲目，包括神话故事、民间传说、社会案例、家庭轶闻等。③赞颂小事及寓言类笑话等。传统曲目有“韩湘子讨封”“韩湘子渡林英”“杨排风征东”“老鼠告猫”“罗成算卦”等。新曲目有“雷锋参军”“一块银圆”“俘敌记”等。

山东渔鼓有着重要的历史文化价值、学术价值和艺术价值，它的曲调、曲目保留了很多原生态东西，为研究清以及以前各朝代曲、词提供了良好的历史记录，是研究这一地域音乐文化史、社会发展史、思想道德史重要的史料，具有较高的历史价值；渔鼓语言通俗，乡土气息浓郁，对于研究民俗学、方言学、社会学、曲艺发展史等具有重要的参考价值。山东渔鼓显示了宗教艺术向民间艺术转变的规律性特征，具有重要的学术价值，对研究我国的民间文学、民间艺术和民俗具有重要意义。通过它的唱腔和音乐，可以反映出它与其他民间戏曲和曲艺的借鉴与传承，从道情到渔鼓，后发展到比较成熟的说唱形式，有的地方又变为渔鼓坠和渔鼓戏，可以从中发现我国地方民间戏曲、曲艺音乐艺术的共性与个性，进一步探索其渊源和发展变化情况。

渔鼓当前仍活跃在群众文化生活中，在社会主义文化建设中发挥着积极的作用。

◆ 花鼓丁香

“花鼓丁香”又名山东花鼓、打花鼓、花鼓腔、花鼓秧歌，是一种以花鼓为主要伴奏乐器，其他打击乐为辅助乐器，对口走唱的说唱艺术形式。

花鼓丁香历史较为久远，有关“花鼓”歌舞形式的记载早在汉代就有，当时用于宴享的鼙鼓（形如腰鼓）便是花鼓的初始形式。魏晋时代已经流行，到唐、宋代均有记载。元、明以后，花鼓以皖北砀山为中心，活跃于鲁、苏、豫、皖接壤地区。

花鼓在单县最早始于何时不见著述。但据50年代艺人口碑资料显示，至少在清朝以后，花鼓即活跃于鲁、苏、豫、皖四省接壤地带，其中流行山东的花鼓大致分为“南、北、东”三路，以南路花鼓鲁西南为中心往北、往东发展，与各地民间小曲、舞蹈等艺术形式互相吸收结合形成不同的艺术风格，并发展成为地方戏曲剧种，在山东戏曲发展史上产生过非常重要的影响。

清中叶，流行于菏泽、济宁等鲁西南地区的南路花鼓，形式上已经发展比

传承人刘兰芝（右）李爱荣（左）表演《三打苏凤英》

花鼓班社刘克银（中）万子玲（右）表演

较完备。以一人击打花鼓演唱，或者二人对口演唱，成为山东花鼓的主要演出形式。二人对口，一男一女。男角叫作“鼓架子”，多是挎花鼓，着便装，束腰带，双手舞动鼓槌，配合身段动作及曲调节奏进行敲击，演唱时插科打诨，以语言表情幽默风趣为特点。女角俗称“包头”“舞桩”，起初均由男性演员扮演。化妆彩扮，戴满头绣球，上穿彩衫，下配飘带罗裙，足踩小跷，手持折扇（或用彩绸、花手绢）边舞边唱。舞姿妩媚，变化多端，具有相当难度，在农村集市、庙会演出备受欢迎。

清末，菏泽花鼓已出现戏曲化倾向，由“一人多角”式的对口演唱，逐渐发展成为几个人分角演唱，新增添的人手兼操大锣、小锣、铙钹、梆子等打击乐器。约在清咸丰末年，演变为两夹弦、四平调两个剧种，但说唱形式的花鼓并未消亡，一直并行发展。

20世纪30年代前后，南路花鼓艺人杜学诗，艺名“黑云彩”较为驰名。民国十五年（1926）前后，杜学诗等艺人到上海、亳州、阜阳一带演出，改名“山东老调”“山东干砸梆”“山东丁香”。再后来在兖州、泰安、聊城等地演出时，易名“江苏文明梆”“老梆子”。1937年卢沟桥事变后，杜学诗其女杜雪琴、女婿杜庆才等，均成为山东花鼓著名演员。

据艺人传说，清朝年间，单县与砀山接壤的一个村子有位青年名叫高山，拜资深丐帮弟子名曰“吴影”的花鼓高手为师，得到真传，后来收徒传艺，培养了几位知名弟子：有成武县的李玉琢（外号二艮瓜），李恩波（外号牛爷）、李守根；单县的苗锁柱、谢敦香、闫自立等。众弟子业成之后，分别于鲁中、鲁西南、苏北、皖北、豫东等地，开始他们的演艺生涯，由此，南路花鼓丁香形成格局。

高山的弟子中，单县王进科、闫自立，成武李玉琢、李恩波，砀山邹玉振、李玉田，虞城张福祥等的传承有序可查。

单县知名的花鼓艺人谢怀振、谢圣伦、单成冉，均为高山二弟子李恩波的传人。后来谢怀振、谢圣伦、单成冉等又收徒弟三批共 36 人。其中第一批首徒张瑞田，第二批首徒刘克银，第三批首徒刘兰芝，为单成冉师父的关门弟子。

单县的王进科在 30 年代初期与砀山的邹玉振、李玉田，虞城的张福祥等人成立了“大兴班”花鼓班，时聚时散。30 年代中期与肖景贺，虞城的孟现孔（白酥梨）又在单县成立了孙六花鼓班、肖庄花鼓班及曹楼花鼓班社。

新中国成立后花鼓艺术更趋繁荣，许多班社改为花鼓丁香或花鼓戏剧团，演出频繁。“文化大革命”时期，绝大多数花鼓班社解体，演出基本停滞，70 年代末再度繁荣。

1978 年单衍昌、刘克银、刘兰芝等成立了单县谢集镇齐砦花鼓班社，活跃至今。

花鼓丁香传统曲（书）目甚多，其内容多为反映男女爱情、家庭道德伦理的悲欢离合故事，唱词俚俗，乡土气息浓郁。段儿书有“货郎段”“小二姐做梦”等百余个。中长篇书有“休丁香”“风筝记”“金钗记”“陈三两爬堂”“玉杯记”等 40 余部。经常上演的曲目有“黑驴段”“王婆骂鸡”“吕蒙正赶斋”等 90 余个。

走访花鼓丁香传人谢怀振（左三）

花鼓丁香的音乐十分丰富，既有曲牌又有板腔，风格独特，表现力强，其主要板式有“平调”“寒韵”“夸七锣”“过序子”“娃娃”“羊子”“砍牛橛”“哭迷子”“直板”“念板”“货郎调”等。曲牌有“赶脚调”“盼南京”“徽调”“丰县调”“河南调”“扑蚂蚱”“娃娃腔”“采茶调”“拐磨子”“垛子”“八句头子”等。由于自由吟唱，其唱腔音乐有较大的灵活性、伸缩性。其词式多为七字句、十字句。常以散板起唱，词句极为口语、俚俗，以多用衬词、衬句、衬字为特色，被称作“九腔十八昂”。

花鼓的伴奏仅有打击乐，由开台锣鼓与唱念锣鼓两大部分组成，其鼓点大多吸收姊妹艺术并加以演化而成。开台锣鼓的鼓点有老三番、新三番、串三番、串三锣、阴阳锣、遍地金、凤凰三点头、紧冲冲、游场锣、炸黄锣等十多种；而唱念锣鼓则是各种板式唱腔，专用曲牌以及说白时穿插使用的锣鼓经，变化灵活长短不一，有 30 余种。

花鼓丁香的主要价值表现在：①花鼓丁香历史悠久，是人民长久以来的主要文化娱乐形式之一，具有浓厚的文化积淀。②花鼓丁香的演出曲目，地方特色强烈，具有方言学、社会学、民俗学、乡土文化等多种研究价值。③花鼓丁香音乐形象鲜明，既有传统曲牌，又有地方小曲，还有板式唱腔，有着较强的表现力，具有多种音乐学科的研究价值。④花鼓丁香衍生出多种地方戏曲，如两夹弦、四平调等，对于山东地方戏的发展衍生有着重要影响。

◆ 山东琴书

山东琴书又名唱扬琴、山东扬琴等，早期称作“小曲子”。1933 年著名艺人邓九如在天津青年会商业电台演唱时，定名山东琴书。山东琴书约产生在清代雍正年间，发源于鲁西南菏泽地区（清曹州府），迄今已有 250 年左右的历史，因产生于鲁西南的单县、曹县等地，故名南路山东琴书。在南路琴书的基础上，商秀岭在胶东创出了东路山东琴书，邓九如在济南创出了北路山东琴书。

明末清初，鲁西南单、曹二县的刘楼、尚楼一带，就出现了唱扬琴者，抓筝弹唱自娱，开始仅在文人富豪大户人家中玩起。光绪末年灾荒连年，许多人因生活困难也学起了小曲子拉唱，后来有艺人下海作艺赶集上会，演出收钱，结束了自娱活动。清末民初是南路琴书的鼎盛期，菏泽全境特别是单县、曹县等县均有多个琴书班社以及相对知名的艺人，如单县的韩广成、曹县的苗金福、袁振洪和活动在单县一带的金乡县的李若亮、李若光兄弟等。20 世纪 80 年代，单县文化馆的创作干部丁书东与业余作者苏志刚新创作的反映改革开放题材的琴书段子“大林还家”在全国及省汇演中获奖。

山东琴书为民间小曲联唱体，共有小曲 200 余支，最盛时演唱和演奏的曲牌达到 300 多个，以“上合调”“凤阳歌”“梅花落”最为常用。另有“满地红”“满江红”“大金镥”“小金钱”“叠断桥”“双蝶趣”“湖广调”“罗江怨”“汉口垛”“哭门子”“打枣杆”“大上坟”“爬山虎”“龙凤阁”“十杯酒”“泣颜回”“满堂红”“娃娃调”“坡儿下”“雁鹅调”“呀儿腰”“落满坡（正反调）”“牧曲”“蝶恋花”“十样景”“五字崩”“呀儿僧”“喜挂图”“混江龙”“银河桥”“红头绳”“大小金条丝”“大小银钮丝”“铺地锦”“石榴花”“风筝曲”等。随着发展，其伴奏的乐器也越来越多，以扬琴为主奏乐器，另有筝、坠琴、软弓胡、板胡、四股弦、蝶子、大板梆子等。传统曲目分牌子曲、中篇、长篇 3 类。牌子曲产生较早，有全部“白蛇传”等；中篇在山东琴书中最具代表性，有“王定保借当”“梁山将”“哭长城”“杨八姐游春”“吕洞宾戏牡丹”等 100 多个；长篇多为移植改编，如“杨家将演义”“包公案”“大红袍”等。

南路琴书作为山东琴书的起源，具有深厚的历史价值、极高的艺术价值和

山东琴书传人范兴春（左一）

山东琴书传人韩广强（右一）

文学价值。它的音乐中遗存了大量明清俗曲曲牌，是音乐研究不可多得的活体标本。南路山东琴书的唱腔板式、演唱方法和乐器的演奏技艺具有欣赏和继承借鉴价值。南路山东琴书曲目体裁多样，中长短篇曲目丰富，具有较强的欣赏价值和研究价值。

◆ 木板大鼓

木板大鼓又名“鼓子快书”，是山东大鼓的变体，是一种说唱兼有的曲艺形式，表演时一人左手持木板，右手持鼓槌，说唱中轮番敲击木板和书鼓，使其与说唱相配合，没有丝弦乐伴奏。

山东大鼓书守望者杨绪英老艺人

木板大鼓发源于鲁西北一带的农村，是由民间的鼓词、运河号子、小调演变而来，距今已有300余年的历史。木板大鼓在清代乾隆时期即已形成，同治年间已流行开来。后来艺人在山东大鼓的基础上抛弃三弦伴奏，变铜板为木板，改用鼓板伴奏、单人演唱的形式。唱腔上，选用木板大鼓的原调，与说唱道情的曲调和民间小调巧妙结合，形成了具有地方特色的木板大鼓。木板大鼓风格朴实，富有浓郁的乡土气息；曲调高昂，说、唱、道白兼备；叙事抒情交融。传统书目很多，其中尤以说为主、唱为辅的中长篇见长。

木板大鼓一般由一人表演、说唱结合。表演者左手打三页板右手击书鼓，表演内容以忠孝节义、教化育人曲目为主，演唱通常运用朴实的鲁西方言，旋律优美，形式轻便灵活，适应各种演出场合，说学逗唱兼备，或激昂，或委婉，表现力非常丰富，通常在山东菏泽、聊城，河南濮阳、安阳一带表演。

木板大鼓以鼓板见长，开腔前先击鼓两遍，以镇书场，唱腔开始后又击一遍，

刘明显演唱木板大鼓

以接词话。演唱起来说唱结合，唱腔以板腔体为主，念白则以当地口音为主。整个演唱过程，虽无乐器伴奏，但鼓板相击，跌宕起伏，扣人心弦，极富变化。尤其是击鼓中大慢板、慢板、慢二板、快二板、三板子、碰板、闪板、晃板等多种板式的运用，更伴有怀中抱月、冲天一炷香、天王托塔、上三番、下三番等优美的表演动作，使木板大鼓的艺术风格得到完美展现。

大鼓书的唱腔音乐，属板腔体，分快板、慢板，艺人有“一人一腔，百人百调”之说。但在演唱中大都由一种板式为主，有的叫“平腔”，有的叫“平板”或“二八板”；在此基础上又发展衍化出一些附属性的板式，如引子（亦称引腔）、起腔、落腔、寒韵、滚口白、三字锦、五字坎等。演唱中所用的鼓点，有长鼓点、短鼓点、散鼓点和行腔鼓点四种。

单县流传的木板大鼓在表演内容和形式上，经过不断完善，使本曲目特点鲜明突出：一是有浓郁的乡土气息，极富地方特色。二是演唱以长篇大书为主，连续性强，易吸引观众。三是以鼓板伴腔，说唱自由运用，有时长唱短说，有时长说短唱，加上生动的方言和逼真的动作表演，令人百看不厌。四是木板大鼓只需一人表演，行动自由方便，田间地头、集市庙会均可，加上反映民众日常生活、伦理道德的说唱内容，更为群众所喜爱。

山东大鼓传人谢明信表演大鼓《会亲家》

◆坠　子

坠子书是坠子的俗称，又叫“玉琥坠”“渔鼓坠子”，因用坠胡伴奏而得名，流行于山东、河南全境及华北、东北地区部分城市。坠子书的伴奏乐器有专职伴奏者使用的脚梆和坠胡，演员使用的简板、矮脚书鼓与醒木等。坠子书是我国曲艺的重要组成部分，它风格独特，既保留了山东民间小调粗犷、豪放的风格，又吸收了其他曲种的韵味，质朴豪放，唱腔优美，有着独特的地方特色，具有重要的艺术价值、研究价值和文化价值。

单县地处四省八县交界处，常有艺人来往，最早在此演唱的是安徽郭合银，后有鲁启明母子，徐州马明兰、李元同，长年在此作艺。1956 年县文化部门对单县曲艺艺人普查登记，有半职业演员 235 人，1987 年再登记时 140 人在册，有过半演员从事坠子演唱。1959 年单县曲艺队成立，其中坠子演员过半，在单县段永莲、廉永霞从事坠子较早。单县的坠子表演以唱为主，唱中夹说。坠子书从酝酿到形成，一直在民间流传，保持着朴素的乡土风味和浓厚的生活气息。从渔鼓道情、三弦书、山东大鼓、琴书等曲种继承了大量优秀书目，又创

宋芙蓉演出剧照

袁爱香在菏泽乡音乡韵录制节目

编、积累了一些独具特色的书目，有长篇、中篇、短篇200余部，保存了不少流传悠久的艺术精品。新中国成立以后，坠子书除继承传统优秀曲目外，还编写了不少反映现实生活的新作。

坠子书是流传在单县及其周边地区的一种独具风韵的民间曲种，是当地传统文化的重要内容，深受老百姓喜爱。它既有曲艺演唱上的一般表现风格，也有着自己特殊的演唱旋律和伴奏特点，还有自己鲜明的地方色彩和浓郁的生活气息，其曲调清新、风格幽默，地方色彩浓郁，具有鲜明的地域特色。

单县知名的坠子艺人原有段永廉、廉永霞、邱巧云、刘鸣凤、郭宪菊、刘秀云等，随着老一代艺人的离世，曲艺衰微，很多艺人改行，坠子书这一传统曲种面临着失传的局面，目前有齐林华、宋芙蓉、李宪章、郭瑞莲、袁爱香、苗广芹等还在坚持演出，他们为坠子的传承与发展做出了突出贡献。

传统体育、游艺与杂技

◆ 大洪拳

十三世传人霍长芳

单县地处鲁、豫、苏、皖四省交界处，春秋时为鲁国单父邑，是国家命名的武术之乡、长寿之乡。自古以来，这里的人们就有尚武习武的习俗，至清末民国时，民间武术更是得到广泛的普及和发展，习武者甚众，流传本地的拳种繁多，其中“大洪拳”是最具代表性的拳种之一。

据老拳师讲述和有关史料记载，大洪拳创始于明天启元年（1621），菏泽朱楼李庄出身、武术世家的李先明向云游至此讲经传艺、精通武术的五台山高僧灵空禅师学习黑虎拳，经十几年潜心修炼，终得灵空禅师武术绝技真传，成为当地显赫一时的武林高手。此后，李先明博采众长，经多年苦心钻研，以黑虎拳和家传武功为基础，从动作、内容、理论、练功方法、拳术套路各方面予以革新，创造出一种新的武术运动形式，即今日菏泽大洪拳的雏形。

单县大洪拳是单县武术名家刘佐臣、霍继相、谢海冉等在李先明先生的大洪拳法基础上创新与发展而形成的，其拳法主要有三步架、四路架、小六路、五路攻打、六路架、夕阳掌、八卦掌、十路弹腿、荷叶掌、对打四锤、五路锤等。器械类主要有单刀、双刀、棍、十八镉、九节单鞭、双鞭、绳鞭、刀里夹鞭、春秋大刀等。

单县大洪拳以五拳为根本，即龙拳练背、虎拳练骨、豹拳练力、蛇拳练气、鹤拳练精。身法讲究“起落进退反侧收纵”八法，使手眼身法步运用自如，在此基础上，先练单拳，罗汉架、跑步架（炮锤架）、二红架、身法架、大洪架、四厢架、五行架、六合架、七星架、八卦架、九宫连环架等，对打拳：窜花、跳楼、五风赞、大小二红、大小过桥、二龙戏珠、三人打、拳打二人忙等 30 余趟。在拳术练到一定程度后，再练十八般兵器及绳鞭、流星锤等软器械，现保留单人器械 32 趟、对打器械 41 趟。这些拳法器械刚健有力、朴实无华、节奏严谨、舒展大方，突出了大洪拳的全部特点。

单县大洪拳经明、清两朝近 400 年数十辈大洪拳门人的精修细研，世代相传，绵延不绝，自成风格，涌现了一批武术名家，如刘士端、霍继相、谢海冉、霍长仁、霍长芬、刘保全、霍香、王世轩、霍庆峰等，他们在国家和省市级武术比赛中多次获奖。

历史价值。单县大洪拳，是数百年来流传于鲁苏豫皖地区的老拳种之一，在发展演练过程中，又吸收外家拳术之精华，逐渐形成了具有鲁西南特色的单县大洪拳而传留后世。其一，它的形成和发展皆在民间，其功法精练实用，强身健体，老少皆宜，具有广泛的群众性。其二，其功架、招数以实战为主，攻防皆有绝招，具有实用性。其三，单县大洪拳分内功、外功、拳术、器械等，现保留 120 多套，其功架、套路众多，特点鲜明，十八般兵器齐全，具有丰富

大洪拳传人霍庆峰（白衣者）表演单枪破刀

大洪拳传人周洪科在四川峨眉山举行的第八届世界传统武术锦标赛接受颁奖

的内容。

学术价值。单县大洪拳兴起于鲁西南，扎根于民间，富有地方特色，影响至周边的江苏丰县、沛县、洋河，安徽的萧县、河南的濮阳等地区都有武术爱好者习练，是这一地域民俗文化的大荟萃，充分展示了武术艺术的丰富多彩，对研究地方传统武术、地方文化有着重要的参考和借鉴价值，对研究我国北方传统武术有着重要的参考价值。

由于受“文化大革命”及现代竞技市场的严重影响，单县大洪拳受到严重摧残，原有资料荡然无存，现有资料多是20世纪八九十年代整理的，少之又少，当时老拳师年事已高或已过世，体差耳聋，多有不便，故整理的资料很不完整，现有一些民间武馆武校缺少支持大多勉强维系。目前，老拳师健在者极少，中青年后继乏人，对这一传统拳术的挖掘和保护，已刻不容缓。

为挖掘、保护和传承这一优秀的传统武术，制定了长期的保护计划。2015年，深入普查、走访健在的传人，进行抢救性录音录像；2016年，对收集的资料进行整理，汇总拳谱，培养学员，成立单县大洪拳协会；2017年，对已掌握的套路进行录音、录像，进一步完善资料库；2018年，召开大洪拳交流研讨会，深入研究该拳种，筹建现代武术馆或学校，编辑教材，打造“武术之乡”，推动大洪拳发展；2019年对挖掘整理的资料整编、出版，举办大洪拳比赛，发现、培养人才，使大洪拳得到传承发展。

传统技艺

◆ 单县羊肉汤传统制作技艺

单县羊肉汤，是鲁西南汉族传统名吃，其制作技艺广泛流传于山东省单县及周边地区，以“色白似奶，水脂交融，质地纯净，鲜而不膻，香而不腻，烂而不黏”的独特风格，被誉为“中华名吃汤食一绝”。单县羊肉汤在当地传统饮食文化中有着不可替代的地位，在老百姓生活中影响极大，不仅是单县人舌尖上的味道记忆，更是一道抹不去的家乡符号，深深烙印在漂泊四海的游子心中。

相传，单县羊肉汤始于原始社会末期。舜的老师单卷及其部落生活在单县一带，过着半耕半渔半牧的生活。传说，当时饲养的家畜主要是青山羊，而羊的吃法随着饮食器皿的使用，逐渐演变为吃肉喝汤。随后，经过几千年的传承和发展，其制作工艺越来越完善。

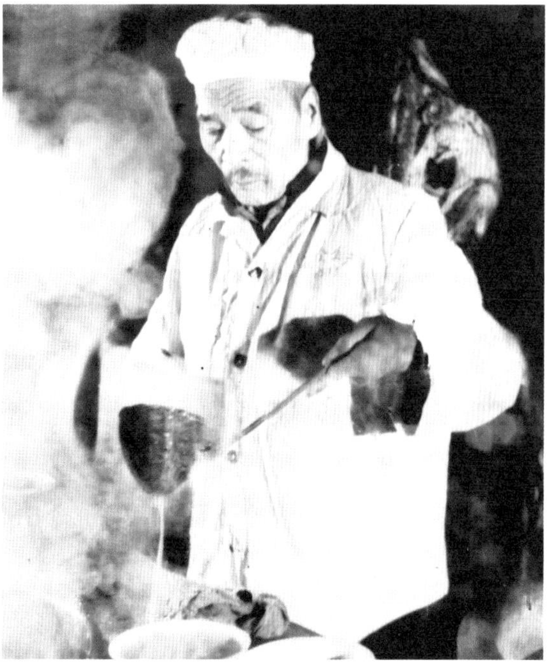

三義和传人周永岐

据《单县志》记载：“1807年初，由徐桂立、曹西胜、朱克勋三人在单县刘隅首开设‘三義和羊汤馆’，至今已有200多年的历史。”三義和羊汤馆的开设使单县羊肉汤从当地民间餐桌走向了市场，民众不仅在家熬制羊肉汤喝，也走进羊汤馆品尝另一种风味，一时间风靡全城。后来三家分开经营。

三義春传承人周保存

周记三義春羊肉汤第二、三、四代传承人合影

至 1935 年，“三義和”徐桂立的第八代传人周永岐（1904~1989）联合窦保德、吕运法开办了“三義春”羊汤馆，完全继承了老祖号“三義和”的制作技艺，又经过不断地研究，逐渐创制出自己的独特风味，在食客中有着很好的口碑，在单县及周边地区迅速打响。1956 年公私合营，“三義春”归国营单县饭店。其间，周永岐广收徒弟，培养了刘家雨等一批优秀的传承人。此后，随着改革开放和市场经济的发展，单县羊肉汤传人在单县开设了数量众多的汤馆，并将制作技艺带到了全国 20 余个省市，使这门古老技艺遍地开花，闻名遐迩。

单县羊肉汤历经百年而不衰，源于其独特的制作技艺。单县羊肉汤制作精细，在用肉、烧煮、火候、配料、刀工、器皿等方面均十分讲究。用水必须用深井水，用肉需选用本地产 2~4 年的肥青山羊，尤以“捶羯”“蒙羊”为最佳。主要制作过程是锅内添水，水响后加入 50 斤打孔的羊腿骨和脊髓骨，烧开后撇去浮沫，捞出骨头，倒掉水。将处理好的骨头再次放入锅中，大骨头放上下层，小骨头码放在中间，垒成城墙形状，添入温水，再陆续放入 25~30 斤鲜羊肉、焯好的羊杂和 3 斤羊网油，大火烧开后撇净血沫，将葱姜佐料（白芷、桂皮、草果、良姜、陈皮、杏仁等二十几种）下锅，熬煮 40~60 分钟即好。盛碗时，加少许香油、丁香面、香菜、蒜苗即可食用。熬制好的羊肉汤，白如脂、亮如奶，鲜香不腻，回味无穷，有天花汤、膀夹肉汤、佛顶球汤、眼窝汤等 72 种汤品之多，食用时再配上软糯筋道的水壮馍和红彤彤的油辣椒，人间美味不过如此。

单县羊肉汤历经几千年，特别是最近 200 多年的传承发展，制作工艺不断创新，存续状态良好。据不完全统计，单县现有单县羊肉汤餐饮企业近30家，传承已达11代。在全国20余个省市开设了400多家加盟店；固体羊肉汤产品在商场及互联网均有销售。现已成立了单县羊肉汤保护协会，促进了单县羊肉汤的传承和发展。单县羊肉汤企业多次参加国家级非遗博览会、食品博览会等交流展示活动，广受好评，中央电视台等多家媒体对单县羊肉汤进行过专题报道。

随着生活水平的不断提高，食用羊肉汤对于单县民众来说不再是逢年过节的期盼，家家户户一年四季都会熬制羊肉汤，特别是秋冬季节，食用频率更高。

单县羊肉汤历来享誉盛名。1986年单县羊肉汤被收录《中国名菜谱》，1987年单县羊肉汤被收录《中国名汤大全》；1997年“三義春”被评为“山东省名小吃”；2006年“三義春”被山东省列为“百年老字号”重点保护企业；2015年原国家质检总局批准对“单县羊肉汤”实施地理标志产品保护；2018年5月，单县县委、县政府成功举办了“单县首届长寿文化节暨单县羊肉汤节”，同年12月“三義春”羊汤馆与单县职业中专学校举行了教育部现代学徒制签约和拜师仪式；2019年6月，单县县委、县政府出台《关于单县羊肉汤产业发展的三年实施意见》，以促进羊肉汤产业集群化、市场化、品牌化、国际化发展为重点，以增加农民收入、实现农村富裕为目标，加速提升“单县羊肉汤”全产业链发展水平，政府牵头创立了单县集体品牌“单养千秋”，建立了现代化青山羊养殖基地，开办了单县羊肉汤连锁经营店等。

单县羊肉汤

单县羊肉汤营养丰富，有着较高的文化价值、社会价值和历史价值。单县羊肉汤是单县的金字招牌，它承载了单县的历史和文化，是黄河故道文化和单县饮食文化的重要组成部分，促进了长寿文化的形成和发展，对研究区域历史文化有重要的作用。同时，单县羊肉汤传统制作技艺带动了养殖业、餐饮业、食品加工业的发展，在实施乡村振兴战略、助力精准扶贫中发挥了重要的作用。

◆ 柳编（条编）

条编是从清朝末年就流行在我国农村民间的一种传统手工技艺，至今已有100多年的历史。条编技艺主要包括白蜡条编织、柳条编织等。

单县属北温带黄河冲积平原，四季分明，光照充足，境内旷野坦荡，地阜物华，为柳条、白蜡条的生长提供了得天独厚的地理条件，也为条编工艺的发展奠定了良好的基础。特别是在单县的黄冈镇朱小楼村、莱河镇西朱六村、崔庄村及徐寨镇赵庄村等，村里几乎家家户户都以条编手艺为生，形成了良好的编织技艺和编织氛围。条编的制作过程流程较为复杂，不同的品类编织方法也各不相同。但是总的来说主要分为备料、编织、修正三大部分。白蜡条的耐折性能较好，编织的时候对环境的要求也比较宽松，只要保持白蜡条的水分不流失，在编织的过程中就相对容易一些。

条编制作

单县条编的样式有提篮、花篮、粮食囤、蔬菜水果筐等，题材多以实用性为主，主要是为了适应当地民众生产生活、消遣娱乐的需求而产生。每年收获的季节，这些条编工具为忙碌的民众提供了不少便捷。这些实用而不失华丽色彩的条编工具折射出单县劳动人民独特的审美情趣和劳动智慧。

条编作为一种传统工艺，具有不可替代的价值。首先，条编取材于绿色环保无污染的白蜡条和柳条，条编原料的大面积种植不仅美化了环境净化了空气，也提高了人们的物质生活水平。其次，条编是农村主要的家庭副业，农民在闲暇之余借助家传的手工技艺，利用本地盛产的白蜡条和柳条，编织各种生产生活工具，拿去集市上出售，来购买一些生活必需品。收入虽低，但是在很大程度上缓解了家庭生活的压力，增加了农民的收入。编织艺人借助自己的手艺将白蜡条资源转化为社会性收益，不仅为自己增加了一定的收入，也为社会主义新农村建设及发展农村手工传统文化产业，提供了一些启发。

当今条编渐渐被塑料、搪瓷、玻璃及其金属制品所替代，但条编依然在影响和服务着我们的日常生产和生活，亦能让人们感受到传统农耕时期特有的造物方式和生活方式。一根根紧绷的编条，是劳动人民辛勤耕作踏实上进的力量传承。条编作为传统历史文化的产物，多式多样的条编成果，是传统文化精神的一个缩影。同时条编也是我国北方传统农耕文化的典型象征物，其应用范围几乎覆盖了整个北方地区，是我国近代农村社会变迁的见证物，因此研究以条编为代表的传统农业生产生活工具具有重要意义。

◆ 杨氏方笙制作技艺

单县位于鲁苏豫皖四省结合部，属黄河冲积平原，四季分明，物产丰富，这里历史文化底蕴深厚，是国家命名的“民间艺术之乡”“唢呐之乡”“戏曲之乡”。国家级非遗代表性项目《鲁西南鼓吹乐》主要伴奏乐器方笙，同样延续着民间音乐的发展形式，在各地方戏曲、曲艺、民间歌舞、民间器乐等形式中，随着各乐种的发展而演进。

笙，是源自中国的簧管乐器，是世界上最早使用自由簧的乐器，至今已有3000多年的历史。笙由笙笛中的簧片发声，吹吸皆能发声，其音色清晰透亮，在“八音”分类法中，它属于匏类乐器。笙的音色明亮而清脆、柔润而甜美，短促的吐音恰如弹弦乐器的色彩，气息富有韧性，音量富有张力，音域宽广，表现力强。笙的簧振动和气振动的双振动发声的特质，使它的声音具备了簧和管的双重音色。“我有嘉宾，鼓瑟吹笙。吹笙鼓簧，承筐是将。”《诗经》中如是写道。作为我国最古老的乐器之一，笙以其清越的发音、柔和的音质为世人所称道。殷代的甲骨文中已有“和”（小笙）的名称。春秋战国时期，笙已非常流行，它与竽并存，在当时不仅是为声乐伴奏的主要乐器，而且还有合奏、独奏的形式。明清时期，民间流传的笙有方、圆、大、小各种不同的形式。

据单县张集镇田老家村杨氏族谱记载，1900年初杨占科和他的4个儿子杨兴存、杨兴田、杨兴全、杨兴乾，在单县张集镇田老家村刘辛庄定居，就开始制作14簧方笙，距今已有120年的历史。杨氏族人素懂音律，擅长民间管乐唢呐、笙、笛的演奏，杨兴存之子杨玉仁除汇演奏外更是擅做14簧方笙，其所做之笙样式美观，音色优美，洪亮清晰，在当地及周边县市区小有名气，受到鼓吹乐班社同行的一致好评。后来杨玉仁又把方笙制作技艺传授给了他的2个儿子杨德君、杨德良和侄子杨德顺，杨氏代代相传延续至今。

杨氏方笙选用福建紫竹竹竿，选苗后用炭炉火烤，取直笙苗刷净，用侧柏木做笙斗、笙脚，进行打磨拼装后油漆；用铜锣锣心分割做簧片，以簧蜡固定在笙脚的簧槽上，然后调试。在制作过程中，要求笙苗对缝，竹苗节对节。从

杨氏方笙

杨氏方笙制作传人杨德君授课

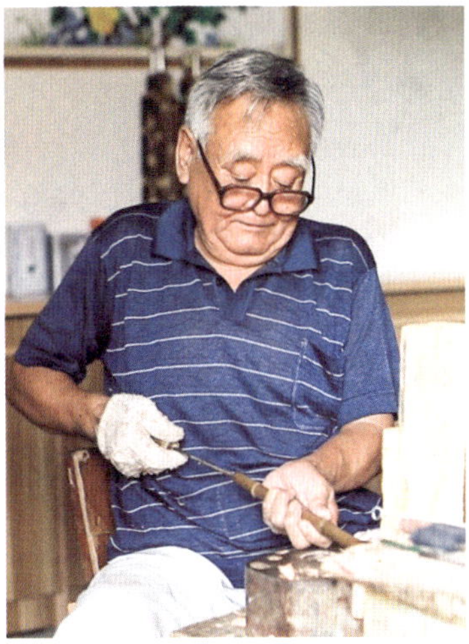

杨氏方笙制作传人杨德顺

选取原料到加工完成一般要经过笙苗选料、打磨、取直、打孔、簧片处理、校音、笙管安装等百多道工序，由于大部分为手工作业，制作完成一把成品笙需要3~4天的时间。杨氏方笙以14簧为主，外形美观，发音高音清脆透明，中音柔和丰满，低音浑厚低沉，音量较大。在和其他乐器合奏的时候，能起到调和乐队音色、丰富乐队音响的作用。

杨氏方笙对研究区域历史文化有重要的作用。同时，杨氏方笙制作业的发展，在实施乡村振兴战略、非遗助力精准扶贫中发挥了重要的作用。

◆ 黄岗馓子制作技艺

馓子，别称“寒具”，传说是为了纪念春秋时期晋国名臣介子推而发明的一种食物。因为纪念介子推而有了寒食节，过去寒食节期间厨房不能用火，人们便提前炸好一些环状面食，作为寒食节期间的快餐。宋代苏东坡曾作《寒具》诗：“纤手搓成玉数寻，碧油煎出嫩黄深。夜来春睡无轻重，压褊佳人缠臂金。”可见这种食物在当时是十分流行的。

我国不同民族不同形状不同风味的馓子种类多得无法算清，而单县的馓子形状、风味独特、别具一格，与其他地方的馓子有明显不同。单县黄岗馓子最

黄岗馓子

制作馓子

早的记载见于单县民间文学《刘峨传说》：清乾隆三十九年（1774），时任道台的单县黄岗刘老家人刘峨回单探亲返京，带回黄岗馓子，得到太后及朝廷赞赏，后在秋冬季节驿道快马供奉皇宫，这也是民间相传“御贡黄岗馓子”的由来。

赵家馓子创始于何年已无从查考，据赵家馓子现在传承人赵安先（1970 年生人）回忆，他从小就记得曾祖父赵传义老先生（1883~1976）和曾祖母炸馓子，他 9 岁开始跟着祖父赵家文（1912~1986）、父亲赵敦寅（1942~2016）学做馓子，直到如今，又把技艺传给了两个儿子，目前至少已传承五代。

据《单县风物》记载，黄岗馓子用石磨小麦精粉、食用盐、纯棉籽油为原料，精心加工制作而成。薄如纸，色金黄，呈瓦状，咸香适口，酥脆无渣，并以城南黄岗集赵家馓子最为代表，也最为老百姓认可，远近闻名。

黄岗馓子经过 200 多年的传承发展，制作技艺越来越完善，已经成为当地民众的一种饮食习惯。单县黄岗馓子制作过程中，和面时需按季节按比例精确添加面粉、食盐、温水；醒面需要靠经验掌握时间；盘面需要有耐心、细心；炸制时需要有巧劲儿，更要精准控制火候。这种具有明显地方特色的技艺在单县世代相传，经不断改进、完善，形成了单县黄岗馓子制作技艺。黄岗馓子是当地及周边地区传统饮食文化的重要代表，在老百姓生活中影响很大。

单县黄岗馓子具有独特的原料、技艺和产品特征，经严格用料、精准火候、精心制作而成，有着较高的文化价值、社会价值和经济价值。黄岗馓子对单县人来说，是一道抹不去的家乡符号，是黄河故道文化和单县饮食文化的重要组成部分，促进了长寿文化的形成和发展，对研究区域历史文化有重要的作用。

同时，黄岗馓子制作技艺带动了餐饮业、食品加工业的发展，在实施乡村振兴战略、助力精准扶贫中发挥了重要的作用。

◆ 吴氏制香传统技艺

制香又称合香，是香文化的重要组成部分。早在元朝末年，时任元朝东台御史之吴敬为避兵乱，从河南开封迁于归德府定居，迫于生计，经过几年来的精心细研，结合民间制香之术，研制出了手扳柱制香。清康熙六年吴氏先人吴敬第九世孙吴维桢先辈把宫廷制香秘方与工艺带到民间，从此开启了民间制香工艺的流传。后迁至单县吴三庙的吴氏家人，根据祖传宫廷制香结合当地民间制香之术，手扳柱制香也慢慢在民间得到发扬和改进，吴氏传统制香从先祖吴

制香

敬首创一直延续至今，代代传承，从未间断，并不断创新发展。1994 年第十七代传人吴永坤，在传承吴氏传统制香技艺的同时，走出传统手工制香效率低下的困境，和其子吴玉东和儿媳崔玉香外出学习制香先进技术和管理模式，结合现代制香工艺技术，购置制香设备，基本形成了由“手工制香”向“以电制香”的转变，也改变了传统制香“靠天吃饭”的落后局面。历经吴青莲、吴永坤、吴玉东、崔玉香（吴玉东之妻）等十几代吴氏制香人的历代相传，在香料配制、制作技艺等方面不断发展。

目前吴氏制香传承人吴玉东和妻子崔玉香，为了把吴氏传统制香发扬光大，在传承祖辈手工制香业基础上，结合现代制香工艺发展创新，1995 年传人吴玉东夫妻成立了山东盛源香业有限公司，2015 年建立吴氏制香传承培训基地，产品种类达 200 多种，带动周边 16 个自然村两千多名留守妇女和老人从事制香和包装工作。2013 年，吴氏传统制香入驻阿里巴巴，并开发国外市场，产品通过网络销售到全国各地和东南亚地区，成了名副其实的传统制香专业淘宝村。2018 年 3 月山东省省长龚正同志来吴氏制香（山东盛源香业有限公司）视察调研，并给予了高度评价。2017~2019 年吴氏制香分别参加了厦门国际佛事用品展览会、菏泽市（国际）林产品展销会和山东省扶贫展销会。山东省电视台、《菏泽日报》等多家媒体对吴氏制香代表性传承人吴玉东和崔玉香夫妇进行了专题报道。吴氏制香“山东盛源香业有限公司”连续多年被评为“中国 3·15 诚信企业”“中国 4A 级品牌企业”“山东省诚信品牌单位”等荣誉称号。

吴氏制香的活态传承具有很重要的意义和价值。①经济价值：制香业的产生需要手工包装和制作，吴氏制香工艺的发展带动周边 16 个自然村两千多名农村民工就业问题，对当地农村经济的快速发展产生了推动作用，为乡村振兴做出了积极贡献。②医用价值：由于绝大多数的香料本身就是药材，如沉香、檀香、丁香、木香、肉桂、菖蒲、龙脑香（冰片）、麝香、降香、安息香、甘松香等，所以佛家的香很早就用于治病。用于治病的香品，也称为“香药”，是“佛医”的一个重要组成部分。

吴氏制香以其净化空气、除温祛疫、消炎杀菌、安神助眠的功效，成为百姓生活的保健佳品。

传统医药

◆ 活鸡接骨膏

活鸡接骨中医疗法起源于民间，据载：清代名医林如高善用祖传秘方活鸡接骨法治疗骨病，以家传和师传两种方式世代相承，在苏、鲁、豫、皖交界地区的单县、曹县、商丘等地，有着悠久的历史。

在近现代传人中，涌现出许多知名医生，如宋茂钦、刘颜良、刘启超、宋付信、吴燕、孙玉芹等，其中宋付信是最具代表性的传承人之一。宋付信，男，1965 年生人，单县浮岗镇焦庄村人，15 岁学医，多年来行医足迹遍及山东、江苏、河南、安徽等地。他借鉴前人诊治的传统方法，按师传祖传秘方潜心研究，在实践中探索形成独特的诊治方法和药膏制作技艺。

2001 年 6 月，《菏泽日报》以《宋氏鸡膏》为题，对宋付信事迹进行了专题报道。2006 年 1 月，被山

活鸡接骨膏制作工序

东菏泽名医名院大典编辑委员会授予“菏泽名医”称号并授牌。2007 年山东电视台公共新闻频道《齐鲁风采》栏目对其事迹进行了报道，多次被中华医学临床研究医学会（国际认证中心）、国际特邀名医专家协会来函邀请参加年会。

宋氏活鸡接骨膏制作技艺主要包括活鸡膏和黑膏药制作技艺。

活鸡膏制作方法：①选用 2 斤左右家养或野养鲜活菜公鸡 1 只，拔去鸡尾、鸡翅上的大毛，整鸡放在石臼中砸碎，捣成糊状。②加入 22 味粉碎好的中药，像和面一样和成糊状。③摊在白布上，敷在正位后的骨折处，外上夹板固定。④ 24 小时后换黑膏药。

黑膏药制作方法：①将红花、川乌、草乌、乌加皮、土元等 58 味中草药放入烧热的香油锅内榨制，提取药味。②捞出杂质后，将麝香、三七、血蝎、海马、穿山甲等 27 味中药研成粉末后加入油锅内，熬成黑膏。③趁热倒入大盆凉水中，让其冷却凝固成固体状。④根据病患伤势情况，切取适量药块，放入直径约 20 厘米的小铁锅内，用酒精灯加热成糊状，摊在白布上，敷在患者骨折部位。⑤ 1 周后，再换黑膏药。⑥一般儿童患者,0.5 个月（2 贴）即可痊愈。成人 1 个月（3~5 贴）痊愈。⑦敷膏药后，可用西药抗生素输液。

宋氏活鸡接骨膏具有显著的民间性，具有治疗范围广、治疗时间短、痊愈快、治疗费用低、无痛苦等特征，其独特的疗效具有实用性。活鸡接骨技艺是我国传统中医药的继承和发展，蕴含着博大精深的中医药文化，具有突出的医用、药用和实用价值。

医用价值。采用我国传统的中医闭合整复技术和民间秘方，结合现代中西医正骨理论，创制出一套完整的正骨、接骨诊治方法，在临床应用中具有独特的疗效，为大量病人解除了痛苦。

药用价值。宋氏活鸡接骨膏独特的制作技艺，几乎包容了研、筛、煮、熬、榨、包等几十道烦琐工艺，是我国中药传统生产技艺的继承和发展，蕴含着博大精深的中医药文化，具有突出的历史文化和科学价值。

实用价值。宋氏活鸡接骨膏，疗效显著，痊愈快，不手术，无痛苦，花费低，在民间深受群众欢迎。

◆ 风寒湿骨关节病消痛贴

风寒湿骨关节病消痛贴，是晚清年间山东单县马先菊老中医自己精心配制研究，并亲自在自己患病部位进行贴敷试验，成功研制出的一种能治愈风寒湿骨关节病的消痛贴。前贤马先菊老中医用自己独创的风寒湿骨关节病消痛贴，治愈了数万例风寒湿骨关节病患者，受到方圆几百里老百姓的赞扬和爱戴。

陈培信（1887~1976）是单县郭村镇张保楼村人。13 岁拜马先菊先生为师学习中医，其继承和发扬了前贤马先菊先生的风寒湿骨关节病消痛贴的秘方和制作技艺。

其中药组分为虎杖、威灵仙、红藤、苍术、桂枝、蚂蚁、芥子、附子、炮干姜、麻黄、防风等 23 味道地中药材。

其制作工艺为①挑选地道的上述中药，进行炮制、去杂，并按量称重；②进行粗粉碾碎；③将碾碎粗料使用中药破壁机进行中药材破壁处理，以此提高药效和皮肤吸收；④加工后的微粉，按量分装成袋，密封备用；⑤取适量医用蒸馏水装聚乙烯袋备用作湿润剂。

其使用方法为剪一块白布、一块薄膜、一块胶布，先将薄膜摊平，将药粉倒在薄膜上，然后扒开药粉倒入湿润剂，像和面一样和成块，然后将薄膜对折，

风寒湿骨关节病消痛贴

中草药配制

药块在中间，用手指压成 12 厘米 ×8 厘米大小的药片，扯开薄膜，将白布盖在药片上面，然后将布和药片一起翻过来，将白布向上四面对折，将消毒白布面对折处粘上胶布，然后贴在痛处即可。

风寒湿骨关节病消痛贴在传承的基础上又结合了现代科学中药破壁技术，更利于皮肤吸收，使其疗效提高 6~7 倍，能治愈颈椎病、肩周炎、腰椎间盘突出症、膝关节炎、膝关节增生、跌打扭伤等，疗效好，见效快。

2015 年 4 月将其申报了国家发明专利，专利号 201510197611.4，专利名称为“治愈风寒湿骨关节病消痛贴及制备方法”。2016 年 5 月 30 日，该发明专利参加中国“郑和杯”青年精英创业创新大赛，获得了三等奖。

风寒湿骨关节病消痛贴是我国传统中医药的继承和发展，彰显了我国中医药文化的博大精深，具有突出的历史、文化和科学价值。

◆ 马仁堂鲁黑膏

中国传统医药文化源远流长，数千年历史光辉灿烂，不仅为中华民族的繁衍昌盛作出了重大贡献，而且至今仍在为促进世界各国人民的健康发挥积极作用，中医骨伤科是中国传统医药文化不可或缺的组成部分。

马仁堂鲁黑膏是一项传承百年的民间中医疗骨妙方，起源于清朝光绪年间，由一代疗骨名医马振东创立。马振东治疗骨伤骨痛医术精湛，深入探究病例，广泛搜集民间跌打损伤、颈肩腰腿痛、刀枪骨伤的疗方，在《金匮要略》《千金要方》《外治医说》《异处病同康复理论》等理论基础上，结合中医学、针灸学、穴位学、植物药学和经络学五大学科，研制出了选料严、制作精、疗效好的独特膏方——鲁黑膏。

鲁黑膏是根据传统膏药炮制方法手工制作而成，膏药制作工艺有着严格的流程，药材精选川芎、地龙、羌活、红花、独活、防风、三七、乳香等 60 多味名贵中药材，炮工熬制。制作出来的膏药外观色泽黑亮透明、温润细腻，贴于患处，便于透皮吸收。在治疗效果上能够活血化瘀、消肿止痛、舒筋活络、开窍透骨、祛风散寒，对颈肩腰腿痛、关节炎、风湿病等骨病骨痛有显著效果，

马仁堂鲁黑膏

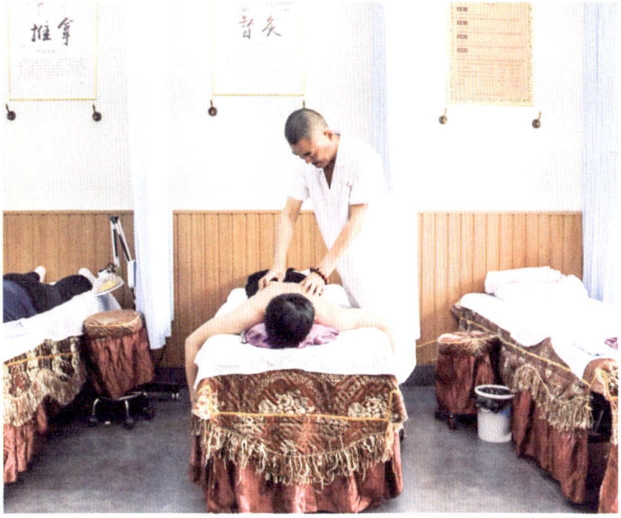

传承人马丙存诊疗室

具有标本兼治的疗效，能够达到西医无法达到的治疗目的。

清末民初至解放年代，世道动荡战争四起，马振东之子马金诚苦心经营，将鲁黑膏的制作工艺和产品疗效进一步改良，他广施善心，在艰难的环境中为苦难民众治病，同时将原来的堂铺改名为“马仁堂·筋骨康”。

第三代传承人马文祥接过衣钵，继续为骨病患者问诊治病。后因战争年代其父马金诚仁心济世，不辨患者身份，在“文化大革命”中，马文祥因此受到了不公正的待遇。行医疗骨难以继续，于是他关掉堂铺，怀揣膏药秘方返回僻壤乡里，只为求访上门的街坊四邻治疗骨病，深受赞誉。

第四代传人马巨升精心研究祖上传承的鲁黑膏秘方，并结合现代医学和中医理论，对膏方的制作工艺进行了改进，在保留传统技艺的基础上，对生产制作流程进行了完善。同时，对前人传承下来的中医摸骨疗法进行了系统整理，形成了独特的马氏正骨疗法。

第五代传人马丙存受祖父熏陶，酷爱中医，自小便立志将中医的疗骨精粹技艺发扬光大。他深入研究骨伤骨病原理，和中医药大学、中医科研机构等单位合作，结合对现代医学理论、名贵中药材药性原理、人体解剖学骨骼关节结构作用、临床骨病治疗反馈和膏方现代制作工艺的探究，对膏方和正骨疗法都进行了科学改良，使鲁黑膏产品更有效、更安全。并创立了山东马仁堂药业有限公司，开发出了系列膏药产品，使鲁黑膏这一民间中药疗骨瑰宝，重新焕发生机。

新形势下，国家提出“坚持中西医并重，传承发展中医药事业”的方针，为中医药的发展指明了方向。马仁堂鲁黑膏经过上百年的传承，救治康复骨病患者无数，备受百姓推崇与赞誉。

◆ 中医正骨疗法（德缘堂正骨膏）

中医骨伤科历史悠久，魏晋时期炼丹术盛行，黑膏药已经出现。唐宋时黑膏药的制备逐渐完善，医药大为兴盛，膏药的种类随之越来越多，治疗的范围也越来越广，明清时已经成为普遍的用药之一。到清代，膏药已经发展成为普遍的民间医药，是常用的外治措施之一。现代工艺的橡胶膏出现后，黑膏药已几乎从医院中绝迹，只流传在民间。

德缘堂正骨就是民间流派之一，起源于20世纪初，发展于20世纪60年代民间名医张常法先生。他擅长理筋正骨，用双手对筋走、筋翻等筋离其位进行理顺，对骨关节脱位、错缝、移位骨折进行手法复位。伤处贴黑膏药，外用硬纸片固定，黑膏药有活血接骨膏和强筋健骨膏两种，对骨伤科疾病的早中期和后期及骨科杂病进行分期治疗。

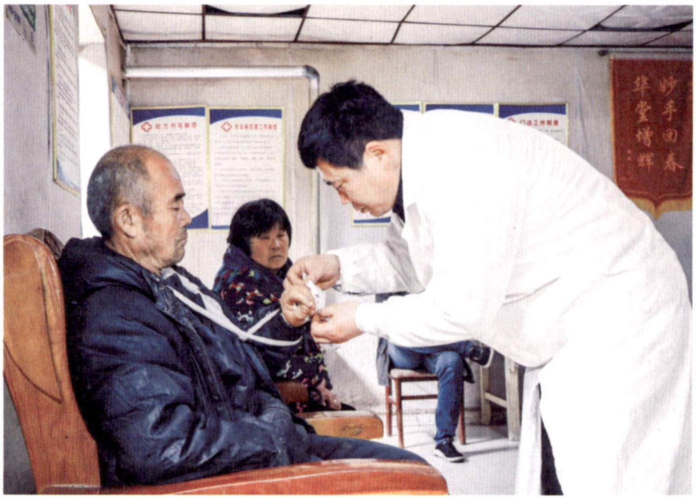

传承人谢朴全为患者治疗骨伤

德缘堂正骨膏是运用中药归经原则，运用药物互相协调为用的效能，组成多味药物的大复方，以施展药物的良好效果。因为膏药用于肌表薄贴，可透入皮肤产生消炎、止痛、活血化瘀等效果。贴于体表的黑膏药刺激神经末梢，通过反射，扩张血管，促进局部血液轮回，达到消肿、消炎和镇痛的目的。

民间骨伤科名医张常法是张西坤老先生之子。他自幼聪慧，忠厚诚实又乐于助人，父亲看其是块学医的好料，便开始了言传身教。他不违父命用心研习，在当时没有任何标本的条件下，他在自己身上用手摸每块可摸到的骨头形状，用手指点按身体某部位出现的不同身体感受，观察皮肤颜色的变化，把这些感受和变化运用到骨伤科疾病的诊疗上面。张月芝是张常法唯一的孩子，张常法感到年势渐高，怕正骨之术无人传承，便手把手教其医术，张月芝学成后亦独立行医乡里，用从父亲那里学到的中医正骨之术服务于一方百姓，深受广大患者敬佩。

谢朴金是张月芝第四子，自幼随母亲在外祖父身边玩耍，耳濡目染喜欢上了中医正骨，少年上学之余开始随外祖父张常法学习医术，18 岁时外祖父去世，他开始独立行医治疗骨伤疾病。行医过程中越来越感觉到理论知识的匮乏，故读了多册中医骨伤古籍。1991 年又上了单县卫生进修学校，系统学习了全科医疗知识，通过观察实体标本，更加丰富了人体解剖学知识。

在治疗过程中谢朴金发现纸板固定力度不够，便改成木制夹板、不同部位的特制固定带、牵引带，根据病情需要选择适宜器械进行固定，大大提高了固定效果。在药物治疗方面，除祖传膏药外他还根据疾病的早、中、晚三期辨证应用内服药，早期用行气活血祛瘀药，中期用和血补气养血药，后期用补肝肾强筋骨药。在手法治疗方面，他总结了前期治疗手法，结合近三十年的临床经验，创立了正骨十二法和理筋十二法。

时至今日，谢氏正骨经过几代人的传承发展，在诊疗技术和理论水平上都有了很大的提高。

◆ 中医传统制剂方法（言午堂清癣膏）

膏药疗法是我国医学中独特的中医疗法，历史悠久，源远流长。用黑膏药治疗皮癣的技艺主要流传于鲁西南单县及周边济宁金乡、安徽砀山、江苏丰县等地，其中单县许氏一脉传承的清癣膏在治疗牛皮癣（医学上称为银屑病）方面技艺独特、疗效显著、诊疗自成体系，深受广大群众的认可和赞誉。

言午堂清癣膏是传承祖传验方采用传统工艺熬制的纯中药黑色膏剂，主治牛皮癣（医学上称为银屑病）的传统中医药疗法，始创于清同治年间，至今有100多年的历史。言午堂清癣膏历经六代传承，在治疗全身性、泛发性牛皮癣方面，经验丰富，用法独特，疗效显著，为大量患者解除了病痛。言午堂清癣膏第五代传承人许安芝开办徐寨言午堂治疗门诊，对治疗过程逐步细化，总结了一套患者诊断、用药前准备、用药过程指导、用药后恢复、定期回访等完整的诊疗流程，治愈患者遍布单县及周边金乡、砀山、丰县等地。第六代传承人许庆秋在烟台开设言午堂皮肤健康中心旗舰店，规范品牌经营，并通过新媒体进行宣传，加上治愈患者的口口相传，很多患者慕名而来，已在烟台及周边海阳、莱阳、威海等地享有盛誉，进一步扩大了项目影响力。

配药

敷药

随着服务区域逐年扩大，患者逐年增多，社会影响力也在逐步提升。言午堂清癣膏其炮制工艺、工序、选料、用法制作考究，配方精细，选用二十几种中药材按祖传秘方和工艺加工而成，主要有备药、寝药、炼药、下丹、筛料、祛毒等。

言午堂清癣膏治疗癣病具有用药周期短、治愈快、不手术、无痛苦、花费低、使用安全、无毒副作用等显著特征，深受民众信赖与赞誉，具有显著的医学价值、历史价值、文化价值、社会价值。

民 俗

◆ 马神庙会

单县，旧称单父，乃上古舜帝之师单卷隐修之地。它位于山东省西南隅，地处苏鲁豫皖四省八县结合部，属黄河下游冲积平原。此地百里沃野，土肥水美，物产丰富，民风淳朴，历史文化底蕴丰厚。

单县马神庙会，是单县规模最大，也是历时最长的民间物资交流盛会。它起源于明嘉靖七年（1528），为苏鲁豫皖一带著名的物交会之一，距今已有近500年的历史。据《单县志》记载：“1523年黄河决口，旧城淹没。1526年知县钞秀营建新城，1528年秋竣工。同时，在城西北建马神庙一处。并定于每年古

十月会旧景

庙会场景

历十月初一进行祭祀。祭祀时，招引不少人前来观看，由此逐渐形成了一个庙会。”这就是“马神庙会”。祭祀“马神”之后，接着举行马和骡子比赛耐力的赛跑活动。当时单县参赛的马种多来自蒙古，体形高大健美，肌肉发达，而参赛的骡子却是本地黑骡，从各方面都比不上蒙古马种。后来由于山西商人在单县的生意越做越大，资本雄厚，他们见到这种情况，便从山西引进了一批品种优良的“山西红骡”来参与比赛。这种骡子体形高大，四肢健壮，肌肉结实。蒙古马不是它的对手，年年甘拜下风。因为大会多有参赛胜利者方面主持，所以单县的马神庙会也叫“山西骡马大会”。

随着时间推移，大会规模不断扩展，会期也越来越长，到了民国初年，“马神庙会”已经发展成为各种商品贸易的大规模交流会了。随着商品品种的增多，庙会规模也越来越大。商贾物资来源于周边几十个地区及上海、广州、山西、河北、内蒙古、黑龙江等地。会期也移至每年的农历十月十五至二十四日。逐渐演变为单县十月物资交流大会，简称“十月会”。民国十一年（1922），山西商人集资在单城西北堤圈内马神庙附近修建“山西会馆”。会馆占地十亩，四合大院，青砖灰瓦。附近建有戏楼、钟鼓楼、关帝庙等。馆西有空地几十亩，都是一望无际的干涸芦苇坑，可容纳数千人，为每年“十月会”的主会场。一些大型杂技演出也多在此地举行，一时盛况空前。

马神庙会经过多年的发展，规模越来越大。每年一进入农历十月，来自苏、鲁、豫、皖、晋、冀等省的商贾游客就来到这里，抢占摊位，等到十月十五大会之时，人们成群结队涌向县城，到马神庙、关帝庙烧香拜佛，祈福去灾；民间的斗鸡、斗羊、玩猴、杂耍、曲艺，大型的歌舞团、马戏团、杂技团、戏剧团云集于此，真是人山人海，车水马龙，香烟缭绕，人声鼎沸。庙会期间，摊位绵延10余里，各类商品品种非常齐全。京广杂货、日用商品等应有尽有。山会的餐饮业也是门类齐全，五花八门，争奇斗艳，香气袭人。更有打拳卖艺的、跑马玩杂技的、说书唱戏的、舞狮的、玩猴的，各类民间文化会聚于此，锣鼓喧天，热闹非凡。其他还有捏面人的、吹糖人的、拉洋片的、写鸟字的、周易相面的、推八卦的等传统文化艺人，在这里比邻擦肩，随处可见，为庙会增添了几分文化气息。

1938年日军侵占单城，庙会停止。1950年后，县政府在单县城组织举办了“百货大会”，从此，单城十月古会又得以恢复。“文化大革命”期间，马神庙会被作为“四旧”废除，一些庙会设施也遭到了毁灭性破坏，戏台尽数被毁，马神庙大殿也被拆除。1978年党的十一届三中全会以后，单城古会又获新生。在县委县政府的积极引导、科学管理下，大会规模不断扩大，古会重新红火起来。

马神庙会以其独特的历史渊源，悠久的传统文化，历经几百年而不衰，成为鲁西南规模最大的传统民间集会之一，在晋、冀、鲁、苏、豫、皖等省交界的广大地区久负盛名，是研究中原地区古代及近现代物流交易、民风民俗活动的活化石。对带动区域经济发展，促进周边地区的文化交流，繁荣发展群众文化，具有极大的推动作用。为研究古代的商贸习俗提供了活体样本，为研究民俗文化提供了丰富的资料，也对今天发展商贸流通，有着重要的借鉴意义。

菏泽非物质文化遗产概览

HEZE FEIWUZHI WENHUA YICHAN GAILAN

巨野县篇

民间文学

◆ 麒麟传说

麒麟，是传说中的神兽，是麟、龙、凤、龟的四灵之一。麒麟代表了瑞祥、通灵、秉德、体仁、显贵，是国泰民安、吉祥和谐的象征，是具有民族特色的吉祥物。

巨野与麒麟相关的历史源于大汶口文化时期（约 6300~4700 年前）。当是时，巨野就有先民在此繁衍生息。在殷墟中发现的甲骨文卜辞中，已有“戊卜贞王，麟、驳、駁”（《甲骨文编》）之句。可知殷商时期已有对麒麟崇拜的习俗。《诗·周南》有“麟之趾”:“麟之趾，振振公子，于嗟麟兮。麟之定，振振公姓，于嗟麟兮。麟之角，振振公族，于嗟麟兮。”据传商、周当是麒麟崇拜的肇始。春秋末，“王道不兴”，天下大乱，此时麒麟在鲁国大野泽（今巨野）畔出现，并为哀公所获。君臣士子无人能识，唯孔子识之，并著于《春秋》，且从此绝笔。于是，麒麟便被神化成为神异吉祥的瑞兽。《礼记·礼运》:“麟、凤、龟、龙，谓之四灵”，将麒麟列于首位。官方以麒麟现身喻为圣仁明君；百姓则视麒麟会给人们带来和平、安宁、幸福、和睦和吉庆。于是，先民麒麟崇拜的习俗流风在巨野流传开来。

巨野的麒麟故事。始于春秋“西狩获麟于大野”的故事，葬麟之处即为“麒麟冢”（现位于巨野县麒麟镇获麟集村西北 1.5 公里，1979 年公布为县级重点文物保护单位）。故事的大致内容是鲁哀公听说大野泽（今巨野），

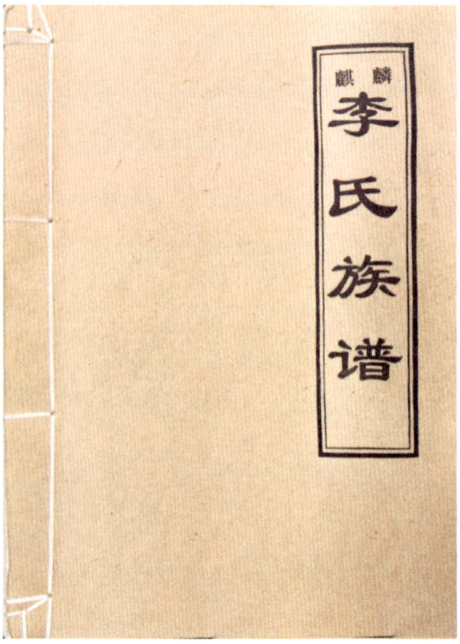

“麒麟李”族谱

有珍禽异兽出没，便在其十四年（前 481）春天，率众来大野泽打猎。结果猎获到一只怪兽，牛尾、马蹄、麋身，头上有一只肉角。众人都不知道什么野兽，便去请孔子辨认，孔子说，这是仁兽，名字叫麒麟。孔子认为麒麟是珍稀的吉祥神兽，麒麟降临天下，天下吉祥。今麒麟被打死，不吉祥。于是他建议就地厚葬，并建麒麟台以为纪念。相传，孔子出生时（前 551），天降麒麟，满院溢香。西狩获麟后，孔子作《春秋》，至此而辍笔。第二年（前 479），孔子也死了。故世传：孔子生，麒麟降；麒麟死，孔子亡（获麟绝笔）。

巨野麒麟的史籍记载。《春秋·卷十六》载："鲁哀公十四年，春，西狩获麟。"《左传》说："十四年春，西狩于大野，叔孙氏之车子鉏商获麟，以为不祥，以赐虞人。仲尼观之，曰：'麟也'，然后取之。"杜预注："大野，在高平巨野东北，大泽是也。"《史记·孔子世家》："鲁哀公十四年春，狩大野，叔孙氏车子鉏商获兽，以为不祥。仲尼观之，曰：'麟也'取之"。《集解》引服虔曰："大野，薮名，鲁田圃之常处，盖今巨野是也。"《正义》括地志云："获麟堆在巨野县城东十二里。《春秋》哀公十四年，经云'西狩获麟'。"《国都城记》："巨野故城东十里泽中有土台，广轮四五十步，俗云获麟堆。"古籍《公羊传》《穀梁传》《孔子家语》《历朝纲鉴汇纂》《东周列国志》等皆有记载，其内容基本相同。

元明清的地方史志关于麒麟的记载。《兖州府志》《曹州府志》《曹南文献录》《巨野县志》，都有"西狩获麟"的记载。或见于"编年"（大事记），或见于"名胜古迹"，或著于"艺文"，或记于"建置"，或绘于"图考"，或载入"碑碣"，内容非常丰富。其中，明天启三年所编《巨野县志·山川》载："巨野东南金山下焦氏山产麒麟，孔子未生时，麟衔玉书至阙里，其文曰：'水精子继衰周而素王。'颜氏异之，以绣绂系麟角，信宿而去。怀妊十一月而生孔子。遂改焦氏山为麟山。"清道光本《巨野县志》载：雍正十年（1732）六月初五日辰时，巨野新城农民李恩家母牛产一麒麟。《曹州府志·艺文》载有山东巡抚岳濬的《恭贺瑞麟表》，描述甚详。

巨野历代麒麟遗址遗迹。西汉初年，建"麒麟阁"以褒扬功臣，铸"麟趾钱"通行天下，置"麟游县"自诩为盛世明君。唐武德四年（621）置麟州于巨野，高宗以"麟德"为年号，并建"麟德殿"，翰林学士韦表微亲撰《麟台碑铭》并立石于麒麟冢前。宋时在麟台西建"西极寺"；明改为"瑞麟寺"，占地 500 余亩。元代孔子五十三世孙孔浩任巨野尹三年后致仕，在"麒麟冢"西面安家定居，并建“春秋书院”，以为孔子“灵爽必栖于此”，欲世居以供养，遂代代奉春、秋祀事。明天启三年前后，巨野知县方时化培麟冢、复麟台、置香案，并于麟冢东起“圣母殿”，殿后起“五圣祠”。明嘉靖十四年（1535）进士张九叙斗书“麒麟冢”碑。明天启年立“重修瑞麟寺功德碑”，获麟集村“麒麟寺”碑。明崇祯十二年（1535）在古潴水河上架“麟游桥”。明本《巨野县志》载：“世传巨野焦氏山产麒麟，因名麟山。”麟山是传说中麒麟降生的地方。明、清巨野行政区划中，城东十里先后名为“获麟乡”“获麟保”。1940 年修建了“麒麟冢碑楼”。

巨野由麒麟传说所引发出的麒麟崇拜和相关习俗。自先秦而汉，至宋、明、清为鼎盛时期，民间以麒麟为吉祥图腾，焚香祭拜。先后建设了不少关于麒麟的纪念性建筑。地方史志等不少书籍，都有关于麒麟的记载。关于麒麟的故事在巨野县还有很多表现形式，如戏曲、民谣、曲艺、舞蹈、建筑、雕刻、刺绣、剪纸等。麒麟是巨野独有的地域文化。

麒麟文化。麒麟是我国独有的祥瑞动物。它体现了集美、体仁、吉祥、通灵的精神，素有“仁兽”“瑞兽”之称。麒麟是中华民族大融合、大团结的象征，集儒、释、道诸家，文、史、哲等各科精华，是独树一帜的祥瑞文化。是中国 5000 多年传统文化的重要代表，是中华民族“文化特产”。麒麟文化是儒家文化的体现。传说中的麒麟，形态庄重，内在仁厚，性情温和，中规中矩，择土而践，不踏青草和昆虫，是一副谦谦君子的模样，与中华民族的传统美德十分吻合。威而不猛，泰而不骄，贵而不俗，灵而不钝，蕴含着自强不息、向往盛世、平和可亲的精神，更是体现出了大中华风范。麒麟文化的内涵与儒家文化中所提倡的“仁、义、礼、智、信”“中庸之道”有着非常的相似相通之处。

巨野麒麟传说的内容。巨野过去曾有《麒麟的传说》小册子流传于民间，惜已佚失。流传至今的主要有麒麟台的传说、骡子不抱的传说、获麟集的传说、西狩获麟的传说、麒麟送子的传说、回麟集的传说、麒麟送宝的传说、麒麟山的传说、麒麟逐日的传说、金牛生麒麟的传说、麟山的传说、孔子见麟而死的传说、牛生麒麟、麟山产麟、玉麒麟、上天造麟、麒麟显灵，等等。

一、麟山产麟的传说

菏泽地处华北平原，但菏泽的巨野确有个山，名曰金山。据说，金山西北脚下有个焦氏山。世传焦氏山产麟，因此又叫麟山。因为麟山太小，麒麟出生后，就移居到金山的山洞中，所以，金山的山洞也叫“麒麟洞”。

鲁襄公时期，鲁国陬邑大夫叫叔梁纥。相传叔梁纥与正妻施氏生了九个女儿，没有儿子。后来叔梁纥又向鲁国颜氏求婚。颜氏的父亲说，叔梁纥祖辈六代积德必出圣贤。便将三女儿颜征在嫁给了叔梁纥。当时叔梁纥已经 60 多岁，而颜征在不满 20 岁。因为年龄相差太过悬殊，所以这个婚姻不被人认可，人们称之为“野合”。

叔梁纥和颜征在成婚后，非常想要个儿子。他们盼儿心切，颜氏便经常去尼山祈祷。颜氏每次上尼山祈祷，所路过的地方，树叶花草纷纷下垂，好像都低下了头来。颜氏过去后，枝叶花草便会再挺起来，好像在向颜氏表示敬意。

后来，颜氏果然怀孕了。叔梁纥老年看到贤妻有孕，自然是百般呵护。想到尼山清净，便让妻子栖居尼山静养。

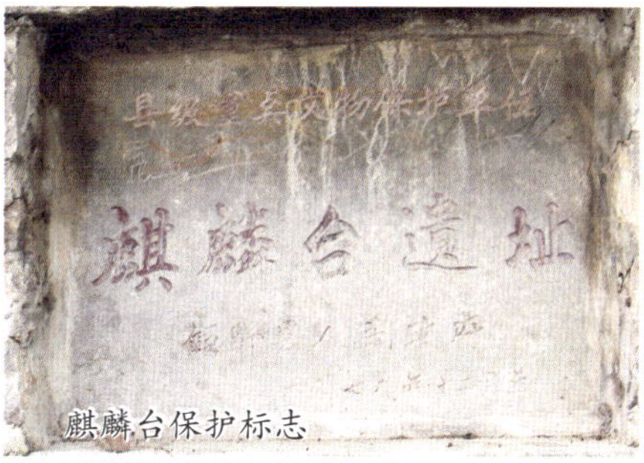

麒麟台保护标志

麒麟冢碑

“麟台第一峰”石刻

麒麟洞

民间印染“麒麟送子”

鲁襄公二十二年（前551）九月二十七日夜间，颜氏做了一个奇怪的梦。梦中见到一个怪兽，口吐人言，说自己是麒麟，来给素王送书，随即，从大口中吐出了一个玉书，上面写着：“水精之子，继衰周而为素王。”颜氏梦中接过玉书，正待观看。忽然又有两条龙飞来，绕着房屋飞旋。随即，五位老人率领一众仙女从天而降，院子里当即传出了“钧天之乐”。当中一位老人朗声说道“天感生圣子，故降以和乐”。接着仙乐飘飘、仙子起舞、紫气东来、千祥云集。颜氏忽然醒来，已是第二天（鲁襄公二十二年九月二十八日）早晨，这一天，旭日东升、光芒万丈，山河锦绣、彩霞满天，颜氏感到肚子疼痛难忍，接着生下一子。

颜母生下孔子后，口渴难忍，但井深难以取水，当她伸手到井边时，井便斜着向她倒了过来，伸手就能碰到水。后来人们便将此井称为“扳倒井”。扳倒井在夫子洞不远处，至今遗址尚存。

孔子出生后，头顶如反盂，中间低，四周高。司马迁曾说孔子“生而七露，圩顶”。七露是指：两眼露白、鼻露孔、口露齿、双耳露廓、头部凹陷，四周高中间低。看上去像个怪物。叔梁纥夫妇大为吃惊，便把孔子扔放到野地里回家了。后来就有一只雌虎跑过来将他衔进了一个山洞保护他，并给他喂养乳汁。当时天气炎热，孔子身上冒汗，老鹰从天上看到了，就飞下来用自己的翅膀当扇子，给孔子扇风乘凉，俗称“凤生虎养鹰打扇”。颜氏扔下孩子，终于不忍心，过后不久，便来寻找孩子，在洞中看到此种光景，感到孩子将来一定不同凡响，便又把孩子抱回去抚养。后来，人们把这个洞叫作“夫子洞”“坤灵洞”。颜氏抱着儿子回家，尼山上的枣树、槐树、野玫瑰等带有针刺的树，树针全都向下低垂，以免刺伤他们母子，等到颜氏和儿子过去后，再回复到原来的样子。颜氏看到这个情景，开始感到非常惊讶，后来意识到这一定是自己的孩子不同于凡人，感动天地草木鸟兽，便将孩子精心哺育。

孔子长大成人后，果然被后世誉为“文官祖”“帝王师”“大成至圣先师文宣王”。著有《诗》《书》《礼》《易》《乐》《春秋》以及《论语》。后世为纪念这位全世界的至圣先师，屡次增建庙宇殿堂，现有被称为三孔的“孔府”“孔庙”“孔林”等纪念建筑和名胜景区。

二、上天造麟的传说

传说，夸父初开混沌，刚有天地。当时诸位神仙也是刚刚得道。有一天，玉帝和太上老君、老寿星在一起闲聊，说到老君的青牛、寿星的仙鹿、东海的龙王，都是神兽，是否可以把这些仙兽合为一体，成为一个具有更大更高道法的仙兽呢？太上老君说：“请玉帝将这件事交给老官儿吧，我将把仙牛、仙鹿、老龙王的道法灵气聚集一体，制造出一个道德高深、法力高强的仙兽。”玉帝大喜曰：“那就有劳老君。”老君领命后，立即找到龙王、仙鹿和自己的青牛，从它们身上吸收了先天精气，放入八卦炉中，点燃三昧仙火，经过七七四十九天锻炼，果然造出了一个似龙非龙、似牛非牛、似鹿非鹿的圣兽，并且法力高强，出生就能腾云驾雾，足踏祥云，顶带三花，晃一晃身躯，天摇地动；卷一卷尾巴，四海翻腾；摇一摇头顶，彩霞满天。

第二天上奏玉帝。玉帝看到，大喜曰：“此兽果然是法力无边的神兽。”便问老君曰：“此兽何名？”老君曰：“特请玉帝赐名。”玉帝曰：“此兽天生祥瑞，集龙、牛、鹿精华为一体，便叫‘麒麟’如何？”老君道：“谨遵玉旨。”因此，此仙兽以后便叫麒麟。

三、玉麒麟的传说

巨野秦家村的东南面有一个荒芜的土丘，名字叫作阎王场。本来是灌木丛生的荒芜不毛之地。后来人们开荒除草，又在上面栽种了大片的苹果树。

几年后，苹果挂果了，需要有人去看护。秦家村有一个人叫张老大，是个一人吃饱全家不饿的光棍汉，大家就让他去看护果园，并且给他盖了房子，砌了锅灶。张老大就乐颠颠地搬着铺盖去果园了，刚开始几天，果园里平安无事。可有一天夜里，张老大突然听见果园里传来一阵奇怪的声音：哒哒哒，哒哒哒……张老大以为是有人在偷苹果，就摸起一根棍子出屋去看。但他绕着林子走了一圈，也没有发现任何可疑之物，并且那声音也消失了。张老大以为是自己听错了，摇了摇头，回屋继续去睡。可是他刚一上床，那声音却又响起了。待到他一出屋，那声音又消失了。一连几天都是这样，张老大感到莫名其妙，莫非是什么鬼物在作祟？他是一个胆子特别大的人，心说就是闹鬼也一定要弄清是怎么回事。

这天夜里，他吃罢晚饭，并没有回屋睡觉，而是悄悄地躲在林子里的一个草堆后面，想看看究竟是什么东西在作怪。

半夜时分，那个奇怪的动静并没有出现。张老大正准备放弃的时候，突然眼前闪过一阵青绿色的光。他瞪大眼睛向发光处看去，眼前的情景不禁令他瞠目结舌。

他看到果园里有一匹有四尺多高、一丈多长的动物正在疾跑。那动物生着一只龙头，身子却像牛，但却长着一身的鳞片，并且，它还长着一双像鸟儿一般的翅膀，通体乌黑发亮，发着青绿色的幽光，俨然是一匹玉做的麒麟。更令人吃惊的是，苹果树也挡不住它的脚步，它竟然能轻而易举地穿越苹果树的树干，而树竟然纹丝不动。这怪物来来回回跑了一阵，忽然从地下传来了一声隐隐约约的召唤："麒麟儿，快回来！"之后，这怪物就一个猛子扎到地里不见了踪影。

此时，张老大想起小时候曾经听老人说过，这阎王场老名叫将军坟，埋葬着一位汉代的开国大将。据说墓里好东西很多，特别是有一件先天奇宝，叫玉麒麟。老人们还说，早些年，有不少走夜路的人经过这里，月朗星稀之时，就会看见有一只长翅膀的玉麒麟在这一带游荡，不过很久以来，人们没有再见过这只玉麒麟。

张老大想，看来这就是老人们说的那只玉麒麟了，以后再也不能惹它了。从此以后，这只玉麒麟就再也没有出现。

传统音乐

◆ 鲁西南鼓吹乐

鲁西南鼓吹乐是一种以唢呐为主要演奏乐器、由吹奏乐和打击乐配合演奏的一种民间艺术形式。鲁西南鼓吹乐是山东鼓吹乐四大流派之一。山东鼓吹乐有鲁西南、鲁中南、鲁东和鲁北鼓吹乐四大流派。鲁西南鼓吹乐在汉代就已流传于巨野一带。

唢呐是巨野当地一种古代乐器。巨野及鲁西南一带民间叫作“喇叭”“响器”“大笛”。由双簧哨子（芦苇制成）、蕊子（铜制）、杆子（木质、锡质或铜质圆锥体，共有八音孔，前七后一）和铜碗（喇叭形）四部分组成。唢呐有大小不同规格。唢呐音色明亮，且音量大而粗犷，善于表现热烈、兴奋、欢快、悲哀等情绪。明代，唢呐多用于军中。明·戚继光《纪效新书·武备志》记载:“凡掌号笛，即是吹唢呐。”明·王圻《三才图会》记载:“唢呐，其制如喇叭，七孔，首尾以铜为之，管则为木。不知起于何代，当军中乐也。今民间多用之。”明·王磐《朝天子·咏喇叭》中说:“喇叭，唢呐，曲儿小，腔儿大。来往官船乱如麻，全仗你抬身价。军听了军愁，民听了民怕，哪里去辨什么真共假？眼见得吹翻了这家，吹伤了那家，只吹得水尽鹅飞罢。”清代，唢呐被称为“苏尔奈”，被编进宫廷的“回部乐”中。

鲁西南鼓吹乐可以追溯到东汉时期。汉画像石记载了东汉时期鲁西南鼓吹乐队表演的场景。巨野在东汉时期就有了鼓吹乐。宋元以后，唢呐在巨野民间已经流传。有各种宋元小曲成为唢呐吹奏的曲目。明代，巨野的唢呐吹奏曲目已较为丰富，并且有了其他的乐器伴奏。清代，在巨野民间唢呐吹奏已非常盛行，曲目繁多，伴奏有各种打击乐和吹奏乐器。唢呐在巨野民间的吹歌会、鼓乐班、曲艺、戏曲的伴奏中已得到广泛应用，鼓吹乐班社已较为成熟。

起初，巨野唢呐都是民间一人或几人，在庙会、祭祀、喜庆等活动中，进行吹奏。经过历代演变，逐渐成为一种职业。唢呐艺人们聚集结社，形成了鼓吹乐队，专业从事唢呐吹奏。民国时期，巨野县已有8个唢呐班社。近年来，巨野县每个乡镇都有唢呐队。较有名的鼓吹乐班社主要有大宁庄魏家班、田庄村柏家班、陈集村陈家班、北王堂王家班。

民间唢呐艺人柏文彬

柏文彬祖孙三代

巨野鲁西南鼓吹乐主要传承人。有柏文彬、魏照明、陈建斌等。

鼓吹乐队的演奏乐器。主要是唢呐。其他乐器有笛、笙、钹、梆、锣、鼓。

巨野鲁西南鼓吹乐队的组合。明清以来，巨野鼓吹乐多以乐队组合形式演出。常见的乐队组合形式有①单大笛。用一只唢呐（一般用中音唢呐）主奏的形式民间称呼为“单大笛”。所用管乐器有唢呐、笛子、笙（1~2人）；打击乐器有小钹、云锣、汪锣、乐鼓。乐队人数一般为8人，是鼓吹乐中最重要最基本的演奏形式。②对大笛。用两支唢呐（低音唢呐）演奏的形式民间称呼为“对大笛”。所用管乐器有低音唢呐（2人），打击乐器有小钹、云锣（或钹子）、铜鼓、乐鼓。乐队人数一般为6人。③专用乐队。用锡笛（以锡制杆的海笛）主奏的形式或锡笛、笙、笛合奏的形式，这是为演奏大弦子戏曲牌的专用乐队。所用管乐器有锡笛、笛子、笙（2人）；打击乐器只用小镲或梆子。乐队人数一般为5人。④笙笛合奏乐队。这是用来演奏柳子戏曲牌或民间小曲的乐队。所用管乐器有笛、笙（2人）；打击乐器仅用小镲。乐队人数一般为4人。⑤咔戏乐队。

所用管乐器有唢呐（兼奏把攥子）、笙（1~2 人）、笛子；打击乐器有皮鼓、简板、小镲、小锣、大锣。乐队人数一般 8~9 人。⑥电声乐器队。这是近年使用电声乐器后出现的一种乐队组合，少数乐队还自制了流动演出舞台。

巨野鲁西南鼓吹乐常用调名。一般有两个体系。一是承袭原地方戏曲的演奏指法变换，称为平调、越调、二八调、下调、起调等；二是民间鼓吹乐所用工尺谱演奏指法变换，称为六字调、尺字调、上字调、凡字调、五字调等。

唢呐吹奏技艺。巨野的唢呐艺人吹奏唢呐有多种技巧。①吐音（单、双、三吐）；②滑音（指滑、气滑、上下滑、快慢滑）；③花舌（快、慢、粗、细花舌）；④指花（快、慢、单、双、实、虚指花）；⑤颤音（快、慢、长、短、气、舌、指、唇颤音）；⑥其他，如吞、吐、垫、打、抹、压等。

巨野鲁西南鼓吹乐常演曲目。清代以前，主要是演出一些杂剧曲牌，如“混江龙”“滚绣球”；明、清时期流传的多为小曲牌子，如“山羊”“锁南枝”“驻云飞”“一江风”“朝天子”“到春来”“叠断桥”“采茶儿”等。保留的传统曲目，如“百鸟朝凤”“抬花轿”“打枣”“一枝花”“滚绣球”“山坡羊”“拜花堂”“婚礼曲”“开门”“快慢笛绞”等。

巨野鲁西南鼓吹乐主要演奏形式。①行走演奏。边行进边演奏。一般是只有唢呐、笙、笛子的演奏。②坐台演奏。这种演奏多用于大型活动，演奏乐器较为齐全，一般是乐队所有的乐器都会派上用场。③站场演奏。一般是在一个

万丰镇陈家班

章缝镇王家班

固定的场所（场院、街道、集市等固定地点）放一张桌子，艺人们围绕桌子进行演奏。④舞台演奏。自从有了专门班社以后，乐队很多演出都是固定的舞台上演出。尤其是近年，有了电声乐和流动舞台后，这种舞台演奏形式便较为常见。舞台演出褪去了集市街头演奏的“地摊”形式，走向了规范曲艺演出的轨道。

巨野鲁西南鼓吹乐主要演出地点。以前主要是在乡村演出。每逢婚丧嫁娶、节日庆典、祭祀活动、庙会集市等，一般都有唢呐演奏。在大型集市、婚丧嫁娶、祭祀活动等大型场合，一般还会有多个演出班子，分别在相距不远的地方扎台演奏。这种多队演奏，往往带有吹奏比赛的意味。每个乐队都通过各种发音、技巧、伴奏，表演自己的拿手技艺，激烈较劲时，还会用化妆、带髯、装象牙、用鼻腔等吹奏方式，甚至站到椅子或桌子上，卖力地表演自己的唢呐绝技，以求赢得对方，张扬自己的声誉。

传统戏剧

◆ 枣 梆

枣梆，是一种戏剧艺术。

枣梆，是指山西上党梆子传入山东后，受到当地语言的影响，发生变化，学唱者又多为本地人，所以有了这个名称，意即“本地的山西梆子”，因为传入较早，所以简称“早梆”。后来因为剧团击节所用的梆子是枣木制作，谐“早梆”原音，改为“枣梆”。清代，山西戏曲职业班“十万班”来到鲁西南演出，本地学唱者众，从此“枣梆”开始在菏泽、巨野、郓城等地流行。

巨野枣梆的唱腔。唱腔既高亢激昂，又委婉活泼。枣梆的行当唱腔主要有三种：一种是小生和旦角唱腔，一种是老生唱腔，一种是花脸唱腔。常用的枣梆板式有“大花腔”“二板大花腔”“流水花腔”“二板”“落二板”“流水板”“二八铜”“紧铜”“垛子板”“栽板”“二犯”“倒反拨”“紧反拨”“一串铃”“靠山红”“三步歌”“渐板”“哭门子”“顶帘子”“武包腔”等。

巨野枣梆的伴奏乐器。最初用的是丝弦乐器，分头把和二把。头把又名“锯

排练

演出

已使用 100 多年的枣木梆子

枣梆传承人苏玉翠接受采访

琴”，杆似板胡而稍短，椿木制筒，前后粗细不同，用梧桐板覆蒙，羊肠制弦，发音高亢尖亮，与山东梆子的“二弦”、莱芜梆子的“提琴”、章丘梆子的“胡琴”相似；二把的式样与头把基本相同，但筒子前后一般粗细。后来又陆续增添了板胡、二胡、三弦、琵琶、低胡、笛、笙等伴奏乐器。打击乐器与山东流行的其他梆子大致相同，只是“锣经”中的“小锣浪头”略有差异。

巨野枣梆的表演程式。生、旦、净、丑各行。生行有大红脸、架子生、武生、秀生；旦行有青衫子（青衣）、红衫子（花旦）、二小旦（闺门旦）、老旦、彩旦；净行有大花脸、二花脸；丑行有文丑、武丑、老丑、小丑。旦行讲究“青衣走，大甩手；小旦走，风摆柳”。各行当出手的具体要求是“花脸过顶，红脸齐眼，武生齐眉，小生齐口，老生齐肩，旦角齐胸，武丑齐腹。”表演风格粗犷豪迈、架势美观。

巨野枣梆的剧目。枣梆的剧目常演的有三四十本，以历史剧和民间传说为多。如“蝴蝶杯”“访四川”“代州愿”“绿牡丹”“凤仪亭”“日月图”“夺金杯”“彩仙桥”“连环计”“天波楼”“董家岭”“坐北楼”“翠屏山”“珍珠塔”“五花马”“雷峰塔”“无底洞”等。近年也有新编枣梆剧目，如“沙家浜”“红灯记”“三世仇”“血泪仇”“毛衣记”“槽头新区”“三回船”等。

◆ 山东梆子

山东梆子，又名高调梆子，简称高梆，是一种民间戏剧艺术。

山东梆子起源于明代，当时，陕西、山西一带的梆子腔传入鲁西南一带，受当地语言、民间歌曲、戏剧声腔的影响，逐渐演变成当地的声腔剧种——山东梆子。巨野是山东梆子重点流传地区之一。创办于清康熙十二年（1673）的巨野“大姚班”，是山东境内规模和影响较大的戏剧班社，有“三百年江湖大姚班”之誉。巨野还有“田家班”“郭家班”“孔家班”“孙家班”“二姚班”“女班”等较多的山东梆子班社。

巨野山东梆子的角色行当。有生、旦、净、末、丑。后来又按照“五生四旦四花脸”三大门头十三行体制规范，现行的角色行当体制，分属生、旦、净、

演员谷爱春剧照

丑四大门类。

巨野山东梆子的脸谱。有“红脸”“黑脸”“白脸”“小花脸”，以及“勾脸”等种类。不同的人物在不同的场次中脸谱也有不同的变化。如“赵公明下山”一剧中首次上场勾画黑三角眼二次上场勾画黑眉及蜡签；三次上场在眼下勾红色纹饰；四次上场用“尖子号”嘴的铜箍做眼睛的局部塑型，口含四枚弯猪牙充作“獠牙”。这些不同脸谱显示了该角色的前后变化。程咬金在“豹头山”“花打朝”中，因年龄不同脸谱就有不同的画法：前者是年轻的，画红豆腐干，额画红色桃形；后者画红元宝，额画八卦图。包公的脸谱，其他剧种额上的月牙是独立的，而巨野山东梆子里的包公，额上的月牙却与右眉连在一起，直到老年，月牙和眉才分开，但月牙内又加进了紫色，不同于其他剧种。

巨野山东梆子有一些特殊的面具。如“假面”“磕脑”“局部塑型”。这种面具，形态夸张生动，是“俊扮”化装和“脸谱”难以表现的，适合表现神仙鬼怪及各种动物形象。以角色典型部位的夸张、变形为其基本特征，造型鲜明。另外，有些剧目的装扮均具有“形儿”的特征，如“黄牛分家”中的“黄牛形”，“拉刘贾”中“独角鬼”“高头鬼”等。

山东梆子剧团下乡演出

山东梆子演员刘桂松（左一）

巨野山东梆子唱腔。唱词结构为上下句式，以七字句和十字句为主，男女声腔同宫同调。起初男角（黑脸、红脸）唱腔采用“大本腔”（本嗓），后改用“二本腔”（假嗓）或“夹本腔”（真、假嗓结合）。流传于巨野的山东梆子唱腔是板式变化体，基本板式分“慢板”“二八板”“流水板”“非板”四大类。①慢板，包括“慢板”“中慢板”“破字慢板”“金钩挂”“上五音”，以及由此派生的“二凡”“一句正”“一句落”等。②流水板，包括“流水板”“慢流水板”“快流木板”“一串怜”，以及由此派生的“一锣切”“仓令仓”“倒送板”等。③二八板，分为“二八板”“慢二八板”“中二八板”“紧二八板”，以及由此派生的一鼓二锣“呱打嘴”“倒反拨”“嘟噜锤”等。④散板，分为“飞板”“栽板”“滚白”“起极”。除以上四大板式外，还有“导板”“哭剑叫极”“三哭腔”，以及演出神戏时用的“吹腔”等。

巨野山东梆子表演程式。动作粗犷，架势夸张，不同行当的表演风格不同。除传统的基本表演身段外，山东梆子的很多戏中有独特的演技。如“叼领窜椅”“二郎担山”“漱牙”“活腮”，以及近年创新的变草帽圈等。

巨野山东梆子经常上演的剧目。多取材于民间传说、历史故事等。据传剧目有600余个，经常上演的也有100多个。如“王二姐抛彩”“天赐禄”“大登

山东梆子作曲家张占申

殿”“玉虎坠”“老羊山”“两狼山”“黄牛分家”“烧桃园”“黄鹤楼”“墙头记”“龙门渡口”“徐策跑城”“反西唐”“三省庄”，以及近年创作的现代戏“七品红娘”“万紫千红”“拣豆种”“柳下人家”等。

巨野的山东梆子演唱及道白在语音声调上基本使用“中州调”的四个声调类，无入声，演唱中有较严格的“尖团字”区分，韵白上口，语言和音韵有独自的特点。

◆ 柳子戏

柳子戏，又名弦子戏，是一种戏剧艺术。柳子戏是以元、明、清以来流传于中原一带的传统民间俗曲小令为基础，并吸收高腔、青阳、乱弹、昆腔、罗罗、皮簧等声腔的部分剧目及唱腔，逐渐发展演变而成。因曲牌中有一种柳子调，故得名柳子戏。柳子戏是我国四大古老剧种之一，戏曲史上的“南昆、北弋、东柳、西梆”之“东柳”，就是指柳子戏。

巨野柳子戏唱腔。属于弦索腔系，也叫曲牌体。演唱时句中多加虚词相衬，腔调委婉动听，韵味醇厚，抒情性极强，演唱难度较大。柳子戏唱腔曲牌有600余支，由曲子和小令组成。调式分为越调、平调、下调、二八调、下二八调、西皮、昆调、高腔等。唱词以长短句为主，衬以虚词，结构比较严谨。唱腔典雅古朴，悠扬绵长，素有“九腔十八调”“七十二哎咳”和“百调子”之称。常用的曲牌有“五大曲”，即山坡羊、锁南枝、驻云飞、黄莺儿、耍孩儿。其中每支曲牌唱腔都有各种不同的节奏变化，并且男腔、女腔齐全，各腔均可自成一套。

柳子戏伴奏乐器。以丝竹乐器为主，包括竹笛、笙、三弦等，其中笛子吹奏的旋律和唱腔基本一致，笙、三弦可加花变奏。打击乐有边鼓、大锣、小锣、大镲、小镲、堂鼓等。打击乐合奏时发出“哐、噗、呔”的板眼，音调鲜明，与其他剧种多有不同。

薛楼村柳子戏剧团保存的百年云板

柳子戏演员行当。分为四生、四旦、四花脸，三大门头十二行，现演化为生、旦、净、末、丑五大门类。

巨野柳子戏的传承。以群体传承为主，科班以“春”“秋”“明”排辈。知名人物有戴金枝、姚天机、王福润、孙春花、李春海、张宝行、黄守勤、徐秋凤、赵明洪、崔明雨、侯明山、李明云、郭明月、孙凤菊、张增旗、张增怀、张凤菊、孔玉英、张保来、张元义、张元龙、张元房、张秋菊、张元印、张巧云、张三妮、

柳子戏剧团乐队

张增峰、张增河、张增江、张元英等。

巨野柳子戏的特点。表演程式大方，人物性格鲜明，生活气息浓厚。曲牌结构严谨规范，曲调行腔委婉，曲牌过门完整齐备，调式丰富多变，风格各异；尤其是慢三眼节奏的曲牌，加上唱词即为唱腔曲牌，不加演唱又是结构完整的器乐曲牌，旋律、结构自成体系。柳子戏的许多剧目都充满了扶正惩恶、清正爱民、精忠报国、尊老爱幼、扶危济困、侠肝火胆、见义勇为等。

薛楼村柳子戏剧团

曲 艺

◆ 山东落子

山东落子，又称“莲花落”“哓哓书”“荷叶吊板”，是一种民间说唱曲艺，因为原曲衬词“落莲花、莲花落”而得名“莲花落”。

据传，山东落子源于宗教，创始于隋末唐初，是僧侣募化所唱的“落花”曲子，唐代叫“散花落”，唱词都是宣讲佛教教义。宋代出现了乞食歌唱的莲花落。明代莲花落已经在社会上广为流传。明·李翊《戒庵老人漫笔》卷五中说：“道家所唱有道情，僧家所唱有抛颂，词说如《西游记》《兰关记》，实匹休耳。”叶德均《宋元明讲唱文学》中说：“僧人所唱《西游记》，当是玄奘取经故事，也就是《金瓶梅词话》十五回所记灯市的《煽响钹游脚僧演说三藏》”。明代在莲花落基础上产生了叙事莲花落。自此唱曲与叙事两种莲花落并存。在清代中叶以后，傅惜华所藏清咸丰六年《百万句全》（手抄本），就有标明“山东莲花落”的“姐儿房中闷沉吟”“姐儿比作一枝梅”“姐儿房中把手招”三支叙事莲花落的曲目。“山东落子”一词，最早见诸清道光十二年（1832）手抄本《赶板牌子曲、快书、岔曲、马头调各样曲》中。清朝中后期，山东落子具有了明显的说书特性。

山东落子伴奏乐器

山东落子分为“三口”。流传在鲁西南、鲁中南一带的叫“南口”落子，聊城以北的叫“北口”落子，济南以东的叫“东口”落子。南口落子形成较早。落子后来相继传入豫东、皖北、苏北等地。南口落子从形成时期开始就在巨野流传。

巨野山东落子的伴奏乐器。主要是单页铜钹、竹板。不用弦乐这是山东落子和其他曲艺伴奏的重要区别。

山东落子演出的形式。一人自行打竹板击铜钹演唱的，叫作“荷叶吊板”，也称“单吊板”。两人分击铜钹、竹板演唱，叫作“双吊板”，也叫“擎板”。

巨野山东落子的唱腔。曲调比较单纯，半说半唱。一般多采用“一串铃”式的垛句，按词意将段子分成若干段落，多则十几句，少则两三句就拉一个长腔，打一个简单的钹点作为过门。唱词多为上下句结构，一般采用七字句或十字句。

山东落子演出的地点。田间地头、村庄街道、场地院落，随处都可。

巨野山东落子的特点。风格粗犷强悍，具有浓厚的山东地方特点。艺人在演唱到书中热闹的地方，常将手中大响钹高抛两三丈，猛转身打个飞脚接住再唱，有声有色，节奏不乱，成为巨野山东落子的“绝活”。落子的唱腔有很大的随意性，语言多是俚俗

山东落子演员褚福林

山东落子艺人冯庆海

口语。

各地落子的风格有明显差异。流传各地的山东落子，因为唱腔艺术的不规范，多受当地方言以及当地流行的相近艺术的影响，各地落子曲调风格也不相同。南口落子受花鼓影响较大，并且适应说书要求；北口受山东大鼓影响，出现明显的风格差异。

山东落子艺人张文传

山东落子曲目。因为落子源于宗教，早期多是僧人募化所唱的佛教警世歌曲，后来流传的很多曲目都与宗教有关。清·翟灏《通俗编》引宋代僧人普济《五灯会元》说："俞道婆常随众参琅玡，一日闻丐者唱莲花落，大悟。"除与宗教有关的曲目外，大多都是移植的其他相近曲种剧目。短篇书目以生活题材为主，而中长篇曲目则多是移植。如薛礼还家、白蛇传等都是移植的山东琴书的经典曲目。现存山东落子的传统曲目有"草船借箭""司马懿扒墓""唐王探病""大关西""黑松林""周仓偷孩子""四环记""小两口争灯""包公案""海公案""刘公案""彭公案""响马传""司马懿扒墓""李存效夺蒿""智夺战马"，以及新编的"砸坦克""钢铁跃进"等60多部。

巨野山东落子的传承。巨野山东落子传承以邱祖龙门派"大龙门字辈"排辈。（即道德通玄静，真常守太清。一阳来复本，合教永圆明。至理宗诚信，崇高嗣法兴。世景荣惟懋，希微衍自宁。谓修正仁义，超升云会登。大妙中黄贵，圣体全用功。虚空乾坤秀，金木性相逢。山海龙虎交，莲开现宝新。行满丹书诏，月盈祥光生。万古续仙号，三界都是亲）。很多前辈艺人已不可考，较早的知名艺人为"本"字辈刘本春；"合"字辈王合玉、李合钧；"教"字辈侯教山、王教增等。近年较为有名的是冯庆海（艺名"冯明坤"，又名"大老冯"）、褚富林等。

巨野流传的山东落子特点。具有宗教艺术向民间艺术转变的特征，曲目一部分保留了宗教色彩，是曲艺发展脉络的另一个活体标本。音乐由曲牌体发展为适应说书需要的吟诵体，对研究说唱音乐发展有较高价值。具有较强的兼容性，容易吸收相近曲艺元素。唱腔简单实用，表现丰富，具有表意上的发挥空间，表现了当地人的精神气质，具有很强的象征意义。

◆ 山东琴书

山东琴书是一种戏曲艺术。早期叫作“小曲子”，后又叫“唱扬琴”“山东扬琴”“文明扬琴”等。1933 年，琴书艺人邓九如等在天津演唱时，将其正式定名为山东琴书，沿用至今。

山东琴书形成于清雍正年间。发源于菏泽地区，是在明清俗曲基础上形成的以联曲体为主的曲艺形式。元明以来，鲁西南民间出现了以琴、筝伴奏弹唱小曲，称“琴筝清曲”。后因演唱情节的需要，开始连缀数百种曲牌演唱，并有了“白蛇传”“秋江”等书目，联曲体“小曲子”应运而生。清光绪年间，“小曲子”

汇演剧照

下乡演出

艺人充实书目，改进唱腔和伴奏，简化了曲牌体结构，演变为以“老六门主曲”为主的主插式联曲结构。清末民国初，山东琴书传入河南、安徽、江苏等地。20 世纪初，山东琴书传入京津及东三省等地，并发展出风格各不相同的三个流派，即以商业兴为代表的“东路琴书”、以邓九如为代表的“北路琴书”和鲁西南原产地“南路琴书”。

巨野山东琴书伴奏乐器。有扬琴、古筝、坠琴、软弓京胡、三弦尚板、碟子等。后来又增加了唢呐、琵琶、笙等乐器。

巨野山东琴书演唱形式。一般是三五人搭班演唱，人人操乐器，演唱的同时也兼乐器伴奏，以中间打扬琴者为主，站立演唱，其他人以扇形围坐。

巨野的山东琴书为民间小曲子联唱体。曲牌有 200 多个。开头演奏普遍用大八板、五字开门、天下同、梳妆牌、鸳鸯扣等曲牌，演唱时常用的有“七十二牌”说法。演唱以“护琴歌”为根本，以凤阳歌、上河调、迭断桥、汉口垛为“老四门元曲”，加上垛子板和梅花落，合称为“老六门元（主）曲”。“凤阳歌”平稳规整，婉转而豪迈，适合一般叙情；“垛子板”明快紧凑，铿锵有力；“上河调”多用在开头，连三句跌宕起伏，结尾处众口合唱，高音反复，十分引人。

巨野的山东琴书剧目。题材广泛，上至帝王将相，下至普通百姓。剧目分为书帽、短篇、中长篇。书帽用在开篇，内容诙谐幽默。如“高姑娘”“访女婿”“小柳树”“十八扯”等。短篇内容丰富，题材广泛，主要有“孙膑上寿”“王林休妻”“二怪分家”等。中长篇主要有“岳唐演义”“五子争父”“回杯记”等。新段子主要有“瓜棚记”“田间怒火”“拦花轿”等。

◆ 山东花鼓

山东花鼓又被称为“花鼓丁香”“花鼓腔”“打花鼓”，是一种戏剧艺术。

山东花鼓在明代已经流行，苏、鲁、豫、皖交界地区都有山东花鼓，后来逐渐形成了带有区域性的不同流派，分为东、西、南、北四路。东路花鼓流行于徐州、鲁南一带，在江苏叫“苏北花鼓”；西路花鼓流行于河南北部和东部一带，叫“河南溜”；南路花鼓流行于淮南、皖北一带，叫“淮北花鼓”；北路花鼓流行于鲁西南地区，称为“山东花鼓”，因地域和方言的差异，风格特点区别较为明显。山东花鼓又分为南、北、东三路。南路流行于菏泽、济宁一带，影响最大，形成了“两夹弦”“四平调”两个剧种。北路流行于聊城、德州、惠民等地区，有“聊城花鼓”“茌平花鼓”和以歌舞为主的“柳林花鼓”；在德州、禹城、临邑一带发展成为小戏“一勾勾”。东路即邹县、滕州、峄县（今枣庄市

艺术节演出

下乡演出

伴奏乐器

峄城区）一带的“锣鼓冲子”，在当地发展成为“拉魂腔”（即柳琴戏）。再向东传入淄博、潍坊及胶东，称为“肘鼓子”，发展成为“五音戏”“柳腔”“茂腔”等剧种。

巨野山东花鼓唱腔和板式。唱腔以七声音阶宫调式为主，主体部分为板式变化体结构。主要有平调、寒韵、夸七锣、过序子、念板、锣鼓冲、砍牛橛等。山东花鼓的唱腔是一句接一句、一板扣一板，往往多句唱词一气呵成，节奏明快。另有专段专曲的“货郎调”“拐磨子”“赶脚调”“娃娃腔”等。山东花鼓常用板式有“慢板”“快板”“紧板”“垛子板”“腰闸”“顶帘子”“哭门子”等。演唱以一生一旦二人对唱形式最为普遍。男为“鼓架子”，女为“舞桩”，稍加化妆，边舞边唱。男角穿褂扎腰挎鼓，女角系裙扎裙舞帕，对唱对舞。后增加了演出人数，少则三五人，多则七八人，发展为分角色化妆演出。

巨野山东花鼓主要演奏乐器。开始主要是以花鼓为伴奏乐器，后来逐渐增加了大锣、小锣、铙钹、梆子等打击乐器。乐器伴奏吸收了某些戏曲的锣鼓经，打击乐由开台锣鼓和唱念锣鼓两部分组成。

巨野的山东花鼓有地域特点。主要流行于太平镇展屯村、开发区赵官屯村、田庄镇栾官屯村、沙土集村等地。演员主要集中在巨野的西部和北部。巨野当地的知名艺人有李可奉、陈继才、王殿一、刘新学、刘方现等。

◆ 坠子书

坠子书，简称坠子，是一种说唱艺术形式。

据传，大约在东汉时期，“道情”“莺歌柳”两个曲种的艺人逐渐合流，在音乐唱腔等方面互相吸收融合。莺歌柳的伴奏乐器“小鼓三弦”改为“坠胡”，改弹拨乐器为弓弦乐器，伴奏旋律发生了根本性的变化。伴奏乐器和旋律的变化又促成了唱腔音乐的变革，“溜腔”（俗称“哼弦子”，起腔之前使用）在坠子中使用。新的唱腔和音乐结构的出现，成为坠子书这一曲艺形式形成的标志。坠子书在清代末期已经在巨野流传。

巨野坠子书的唱腔音乐。包括起腔、四句腔、垛子板、寒韵、快板、落腔等。在主体唱腔进行中，根据唱词中不同句式的格律，使用三字崩、五字嵌、七字韵、巧十字、拙十字、寒韵、滚口白等唱法，产生节奏和旋律上的变化，表现不同的感情。伴奏乐器坠胡独具特色，早期开场时都有即兴演奏的“闹台曲”。闹台以后向起腔过渡的乐曲，称为“过板”，近年都改为前奏曲。伴奏的主要部分是“托腔”，是唱腔进行中的模仿性过门，包括乐句中间的对应性过门、乐句中间的填补性过门、寒韵（悲腔）中间的吟哦性过门。

坠子表演艺术家刘瑞莲与巨野琴师杨守善

巨野坠子书的伴奏乐器。主要伴奏乐器是坠胡，其他击节乐器有脚梆、简板、铰子、

公益展演

下乡演出

矮脚书鼓、醒木等。由“道情”改唱坠子的多用简板，由“三弦书”改唱坠子的多用铰子，由“大鼓”改唱坠子的多用矮脚书鼓，醒木多在说唱长篇书目时使用。

巨野坠子书的演唱方式。有单口、双口（或对口，多是家族式夫拉妻唱）、三口（或群口）等。坠子书原来属于“地摊式”曲艺，演出场地如街头、村庄、场院等随处皆可，后来成为舞台艺术形式，多在剧院或文化娱乐场所演唱。

巨野坠子书的曲目。坠子有长篇、中篇、短篇 200 多种，并从道情、渔鼓、山东大鼓、山东琴书等曲种移植了大量曲目，后来艺人又创编积累了一些独具特色的书目。

坠子书有不同派别。巨野坠子书按“道德通玄静，真常守太清，阴阳来复本，合教永元明，智礼忠诚信”排辈分。拜师仪式隆重，分为奶师、门师、送师、保师，一旦入门，便由师父按辈分另起艺名，原先的名字一般不再称呼。巨野坠子书现已传至第二十一代。已知最早的坠子书艺人是清道光至民国年间的景本仙（外号“景瞎子”），知名艺人有景本仙、苑元信、王中举、朱红新、朱桂莲、杨守善、阎大凤、赵鸣九、卞明华、李桂芳、王福华等。

◆ 梨花大鼓

梨花大鼓伴奏乐器

梨花大鼓，原名“犁铧大鼓”，因伴奏乐器为犁铧碎片而得名，自《老残游记》之后，开始谐其音美称为“梨花大鼓”，是中国北方地区现存较早的传统曲艺鼓书和鼓曲形式。

巨野梨花大鼓大约形成于明代，起源于农村，最初是在农村田间地头敲击犁铧碎片唱农歌的自由吟唱。主要流传于鲁、冀、苏、豫交界地区。

梨花大鼓的伴奏乐器。有所谓“一鼓一板一三弦”的说法，即一个矮脚小鼓、一副月牙板（也叫梨花片，即两枚板状的铁片或铜片）、三弦琴（传统民族弹拨乐器）。

巨野梨花大鼓的演唱形式。多为单人站唱，也有二人对唱形式。演唱时演员右手执鼓槌击鼓，左手操月牙板敲击演唱，乐师以三弦伴奏。唱腔属板腔体，有双八口、慢三眼、二行板、快口、头句腔、二句腔、三句腔等板式。中篇书目唱白相间；短段只唱不说。

梨花大鼓唱腔上形成北口老牛大捽缰调和南口梨花调及小北口三大派别。“老北口”派唱腔粗犷、豪放，其开头腔是用头板或类似头板的二板起腔，速度慢，尾音长，板起板落，咬字狠，吐字真，落音重，字密声促，善用顿音，其旋律似说似唱自然流畅。故有“老牛大摔缰”的俗称；“小北口”派的演唱风格，溶入借鉴了一些西河大鼓的技法，较之“老北口”显得巧俏，委婉细腻，善说演“文书”，唱中加叙；“南口”派的唱腔婉转悠扬，曲调华丽细腻，字少腔繁，节奏舒缓。除板腔体唱腔外，“南口”派还有一些曲牌体唱腔，叫牌子腔，分快、慢两种，只在特殊唱段（如小黑驴、小黑牛、王二姐思夫）中使用。清嘉庆年间，梨花大鼓又分成五大支派，其代表人物名字中都有一个“山”字，故称为“五大山”。

梨花大鼓直接促进了山东快书的形成，并对河南坠子和西河大鼓等艺术形式的形成与发展有较大影响。

巨野梨花大鼓的特点。音乐唱腔独特，节目蕴藏丰富，地方色彩浓郁，伴奏乐器简单，演出场地随意。人物角色的表现细腻入微，情感丰富。巨野梨花大鼓艺人较多，大义镇、董官屯镇、田桥镇、田庄镇等都有梨花大鼓艺人。

梨花大鼓演出现场

传统体育、游艺与杂技

◆ 孔楼杂技

杂技是指表演者以肢体技巧完成多种高难度动作的表演艺术。

据传，蚩尤当年的“角抵戏”就是杂技的前身。巨野一带是当年黄帝与蚩尤征战的主要区域之一。“黄帝征师诸侯，与蚩尤战于涿鹿之野，遂禽杀蚩尤。”（《史记·五帝本纪》）蚩尤死后，黄帝将其分尸掩埋。蚩尤肩髀骨就葬在巨野,《皇览·冢墓记》中说:“蚩尤冢在东平郡寿张县阚乡（今河南省台前县）城中，高七丈……肩髀冢在山阳郡巨野县，大小与阚冢同。”《巨野县志》亦载:“蚩尤墓，在巨野县城东北八里。”巨野杂技至汉代已初具雏形，至明清时期基本成熟。巨野较大的杂技艺班早期是“山东大兴棚”，后大兴棚分成两支：一支去南方省区表演，称孔班；另一支在山东、河北一带演出，称邱班。

排练杂技“三推”

巨野杂技以孔楼村较为有名。孔楼杂技多与武术结合练习，如耍叉、飞刀、流星、鞭技、走索、爬杆、舞狮、马术、顶功、软功、硬功等节目技巧，都带有武术的烙印。孔楼村近年来对原有的武术杂技进行规范，创新了一系列新式节目。

排练杂技“蹬车轮”

巨野孔楼杂技，以腿、腰、顶、跟头等为基本功，其主要技艺形式和表演节目有：

蹬技。表演节目包括“重蹬技”和“轻蹬技”。蹬缸、蹬桌等蹬较重的道具为“重蹬技”；蹬伞、蹬毯、蹬罐等蹬较轻的道具为“轻蹬技”。

顶技。分鼻顶、眉顶、下巴顶等，其表演节目主要有“顶杆”“顶塔”“顶鸡蛋”“顶桌子”“顶板凳”“顶碗”“顶坛子”“顶灯”等节目。

叼技。表演者口衔棍棒末端，顶端放置灯、瓶、碗、蛋等光滑的器物，以显示掌握平衡的技艺，常演的节目有“叼球”“叼瓶”“叼杆”等。

软功。是表演者通过身体超强的柔韧程度和活动幅度，表现肢体美感的艺术，常见节目如“咬花”“钻桶”“滚灯”“滚杯”“板凳面”。

车技。分单车、高车、自行车、摩托车等，表演节目有“单车跳绳”“单车蹦楼梯”“高车踢碗”“高车打蛋”“站把”“飞轮”等。

手技。是用双手熟练而巧妙地耍弄、抛接各种物件的技巧，道具是日常生活中的球、棒、盘、刀、圈、球拍等，有单人表演和多人对抛之分，常演节目有“飞刀”“草帽”“抛球”等。

口技。口技是表演者用嘴、舌、喉、鼻等发音技巧来模仿各种声音，如火车声、鸟鸣声、儿童啼哭声，以及综合性情景，表演时配合动作，以增强真实感，口技节目是巨野杂技中较为古老的一种节目。

晃板。这是一种平衡技巧的表演，常用的平衡道具是一个厚板跟圆桶的组合，板放在圆桶上，而人则站立其上。

爬杆。表演者在竖直的高杆上，仅靠双手和双脚从杆的底部向上快速攀援或从顶部沿杆向下飞速坠落，其间要做出各种肢体造型和表演许多高难度动作。

高空。业内行话为“吊子”活，就是在高空梁柱上悬挂绳索，表演者在上面表演各种动作，常见的有“空中飞人”“浪桥飞人”“秋千飞人”等。

顶功。即倒立，又叫“拿大顶”“叠案”“竖蜻蜓”等，是表演者头下脚上的一种基本功，也是杂技表演的基本内容，主要节目有“木砖顶”“椅子顶”。

晃梯。表演者仅靠手扶住一个什么都不靠的直立云梯，表演上下梯子的动作。上梯之后，表演者往往还双手放开，单靠身体的微微摆动使梯子不停地抖动，并前后左右慢慢地移行。晃稳之后，双手可以表演转圈、抛接等技巧。

孔楼杂技节目较多，除以上主要技艺外，还有“软钢丝”“水流星”“耍叉”“晃碟”“中幡”“抖空竹”“绳技”“鞭技”“对练”“皮吊”“扛梯”“扛竿”“马术”等 30 多种技艺形式、100 余个杂技节目。

巨野孔楼杂技的特点。融入了武术元素，追求“新、美、奇、难”。

◆ 二郎拳

二郎拳是中华武术的一个拳种，属于外家拳。

二郎拳的起源，大致有四种说法。一是传说由神仙“二郎神”所创，后流传于人间。因此称二郎拳。二是传说由武松发明，因武松人称“武二郎”，故名二郎拳。三是因其拳术、器械的练习主要是二人对练，并且练习这种拳的人多为男子，古人称男子为“郎”，所以称“二郎拳”。一般认为，二郎拳出自少林，约形成于明末清初，“二郎拳”的名称最早见于清雍正时期的拳谱中。

巨野二郎拳起于清代。清道光年间，少林寺慧丰和尚云游大江南北，先后收俗家弟子冯、高、王、洛四人，江湖人称“二郎四杰”。冯氏辗转于江南一带；高氏落脚于河北沧州；洛氏流落于东北三省；王氏（王松领）则扎根于山东。巨野二郎拳即出自王氏一脉。

巨野二郎拳传承。第一代，少林寺慧丰和尚；第二代，王松领（王氏）；第三代，杨秀林；第四代，杨金堂；第五代，赵相坤；第六代，耿福寅；第七代，耿广民。

巨野二郎拳包括拳术套路和器械套路。

拳术套路。主要有三步架子、四步架子。在拳术套路中，又有外形、功夫、技击之分。三步架子、四步架子主要是练习功架，即外形。二十腿、十二路谭（弹）腿等主要是练功夫。拆手十八式、三盘九段手主要是练技击，用于实战。练习二郎拳的顺序。先练谭（弹）腿功夫，后练功架外形，再学技击实战。其中练功夫的谭腿最为重要。在训练中，手、眼、身、法、步；肩、肘、腕、胯、膝；顶（头）、颈、胸、腰、背，样样须练好，要达到“掌须断石、并须穿板、沾须破竹”“手如钢钩、身如铁石；硬则如钢、粘则如胶、重则如生根、轻则如走冰”。在技击中，要做到“手出一条线，打人看不见”的效果。

器械套路。流传的有 24 种，其中刀法最多。二郎拳器械中的刀，分单刀、双刀、大刀、腰刀、朴刀、春秋刀、钩镰刀、象鼻刀、青龙偃月刀、三尖两刃刀等。仅单刀就可分为六合刀、抹眉刀、劈闪刀、凤翅刀、五虎断门刀等。在二郎拳的所有器械中，最有代表性的是三尖两刃刀，又名二郎刀。因为神话传说中二郎神所用兵器是三尖两刃刀，故二郎拳以此为主要兵器，暗含二郎拳乃“二郎神”所创之意。三尖两刃刀属于长兵，手柄和冷兵中的枪相似，只是前端不同。枪的前端是菱形，三尖两刃刀的前端是三叉刀形。刀身两面有刃，法门独特。在实战中除作一般大刀之法使用外，前端的三叉刀可作锁、铲、刺之用。三叉刀上镶有三个环，舞动时有金铁争鸣之声。主要用法有劈、砍、抹、撩、斩、刺、压、

传授

招式

对练

挂、格、挑等，其招式较为难练，既有刀法技艺，也有枪法招式。这些技法招式的运用，使三尖两刃刀能够同时发挥枪和刀的威力。

巨野二郎拳的特点。二郎拳强调“道与艺”的统一。要求“未曾学艺先学礼，未曾学武先学德”。以理服人，不以武逞强。对习练者有“十大拳规”和“八大戒律”的要求。二郎拳讲究练用合一。拳种套路讲究“套外无招法，套内无空式”。套内的招式打法是“拳打四面八方，出手变化多端。”武艺练的是“眼、手、脚、精、气、神、心、招”的综合功夫。二郎拳招式独特。动静结合，刚健有力，手脚并用，利于实战，讲究一接、二缠、三进、四拉、五切、六拿。二郎拳习练有利康养。二郎拳特有的功法运动，能够提高练习者基本的身体素质和整体的健康水平，达到以内促外、内外俱练的健身效果。据说，长期练习二郎拳，可以健筋壮骨、防身护体、延年益寿。

◆ 五步架

五步架，古称杜家拳、五手拳、长寿拳等，是武术的一个拳种。

据传，五步架起源于宋朝皇室赵氏，是内家拳种之一。清乾隆年间将拳法与练气融合，并结合儒道文化、吸纳阴阳五行之理、融入马上的战斗功夫，形成了五步架。清朝乾隆末年，五步架传入巨野。

巨野五步架的传承。第一代，张天禄、张天福；第二代，刘锡倌；第三代，张守礼；第四代，吕观林；第五代，孔凡恩；第六代。孔祥麒；第七代，孔令振；第八代，张仁奎。

巨野五步架由文功（静功）和武功（动功）两部分组成。

文功。主要是调息、入静、养气、练意，为五步架拳法的根本。习练方式有静坐、侧卧、仰卧、站立等式。

武功。主要是练形求法。动作中讲究阴阳变化，刚柔含展，伸筋拔骨，以意引气，以气催力，气到力到，意气力相结合，方法上讲究粘、沾、连、挤、推、托、靠、钻等。

巨野五步架有“五式”（五手）“五步”。五式：大枪式、大刀式、拉弓式、

通天炮

托刀式

威锤式

大掌式（盘肘）、威锤式。五式中又有五大式、五小式，故有“五五二十五式”之说。五步：预临步法、马步、列马步、拗马步（缠丝步）、虚步。

巨野五步架的习练。习练五步架主要是将武功与文功相结合、习拳与练气相融合，集五行生克、阴阳互变之理，刚柔相济，虚实相兼，内外同练，练成文武合一的内家拳法。

巨野五步架的基本功和技战术。五步架有头趟架（一路架）、二趟架（二路架）、双人对练、三人对练等。头趟架是五步架拳法的基本功。其功法是按照人体阴阳五行相生。以练气为主，训练四肢根节。内练五行之气相互生化；外练皮肉筋骨之气以抵御外邪。它是由外到内、由表及里，强化训练各神经系统、血液循环系统、消化泌尿系统和经络运行系统，起到练气、增力、防病、去病、增强体质的作用。五步架的技击战术。主要是侧身击打、防打一体、瞬间近击、得机顺势、守中用中、争夺空间、整体发动、入位夺位、沾粘连随、挤跟靠打、神定势严、稳准狠衡。要求在松静中做到神定，产生威严的气势和稳衡的整体间架，有效地实施又准又狠的破坏性攻击。

巨野五步架的特点。五步架有养生功能，门内弟子长寿者众多。拳法动作古朴稳健，松柔自然，中正和谐，刚柔相济。五步架以五步之距就可以练拳，有所谓“拳打卧牛之地”的说法。拳法的技击变化，以易理文化为指导，招式千变万化，阴阳不测，无以穷尽。

传统美术

◆ 工笔牡丹画

工笔画，亦称细笔画，是以精谨细腻的笔法描绘景物的中国画表现方式，属于中国画技法类别的一种，与写意画对称。

工笔画初始时，崇尚“形似”，多是工整技法。至唐·王威创水墨画法，崇尚“意似”，题材多为描写自然的人物山水花鸟等，画法始有工笔画和写意画之分。凡写实求形似的工整技法，均为工笔画。工笔画根据画的内容又有人物、花鸟等区分。巨野的工笔牡丹是巨野工笔画的当家画种。

巨野的书画艺术可上溯到秦汉时期。从巨野县出土的陶器、玉器、汉画像石等，都有文饰图样。绘画题材涉及人物、花卉、山水等各个方面，技法娴熟，形象逼真。北宋巨野人王禹偁、晁补之等书画兼工。明清时期，巨野绘画已流传社会各界。近年的巨野工笔牡丹以巨野画院，永丰办、董官屯镇、麒麟镇、独山镇和洪庙等较为有名。

巨野工笔牡丹画的流程。工笔画一般先画好稿本，一幅完整的稿本需要反

白描练习

牡丹写生

《花开盛世》创作场景

复修改才能定稿，然后覆上有胶矾的宣纸或绢，先用狼毫小笔勾勤，然后随类敷色，层层渲染，达到形神兼备的艺术效果。

巨野工笔牡丹画的工具。①用笔。画笔。一般选用狼毫类细而尖的笔。常用的笔有衣纹笔、叶筋笔、大红毛、小红毛，蟹爪、狼圭、紫圭等等。染色笔。一般选用兼毫笔。常用的有大白云、中白云、小白云和其他软毫毛笔。板刷类。各种宽度的羊毛板刷、排笔、联笔。②墨锭和墨汁。③用纸。用熟宣或热绢（即生宣或生绢经过一定比例的胶矾水刷制而成）。熟宣纸。如清水书画宣、冰雪宣、书画笺、蝉翼笺、云母笺等。热宣纸中有薄有厚，胶矾水有浓有淡。一般来说薄者适合画淡彩，厚者适合画重彩。另外，酒金美以及各种染色纸也可以用来画工笔。熟绢。绢为纯丝织制品，分圆（原）丝、扁丝两种。一般常用扁丝绢（在绢织成之后加以捶砸，使绢丝呈扁形，以减少绢丝之间的空隙，使绢刷上胶矾水之后不易漏矾）。这种绢有白色和仿旧色数种。

巨野工笔牡丹画技法。以线造型是中国画技法的特点，也是工笔画的基础和骨干。工笔画对线的要求是工整、细腻、严谨，一般用中锋笔较多。工笔画在勾线时行笔不要太快，要有节奏。在行笔的过程中，不要太快，一气呵成。保持线条的圆浑与流畅。白描中，每勾一条线都有起笔、行笔、收笔。①起笔藏锋。欲右先左、欲左先右；欲下先上、欲上先下。②行笔。行笔要稳，速度要慢，对纸面压力要均匀。行笔中中途转向稍停为“顿”，向后折回为“挫”，

《花开盛世》系列作品

顿挫时要调整笔锋方向，不出现侧锋。中锋圆转用笔为“转”，侧锋方拐为“折”。③收笔回锋。每收笔都要向来的方向收回，所谓“天往不回”“不垂不缩”，使线的结尾含蓄有力。勾线的中锋与侧锋、顺锋与逆锋，以及顿挫、转折、粗细、连断、方圆、疾徐、光毛、虚实等用笔变化，再加上浓淡、干湿等墨色的变化，以达到白描在形式美感方面的要求。

染色。这是工笔画的重要环节。染色以固有色为主，一般设色艳丽、沉着、明快、高雅，有统一的色调，具有浓郁的中国民族色彩审美意趣。工笔画的染色有多种技法。①分染。这是工笔画绘制中最重要的染色技巧。一支笔蘸色，另一支笔蘸水，将色彩拖染开去，形成色彩由浓到淡的渐变效果。②统染。根据画面明暗处理的需要，统一渲染，凸显整体的明暗与色彩关系。③罩染。在已经着色的画面上重新罩上一层色彩并局部渲染。④提染。用某种色小面积、局部提亮或者加深画面。⑤烘染。在所描绘的物体周围淡淡的渲染底色用来衬托或掩映物体。⑥点染。用接近写意的笔法，一笔蘸上深浅不同的色彩在画面上连点带染（处理背景或小型花卉的时候时常用）。⑦斡染。将一块色彩向四周染开（工笔牡丹中多用）。⑧醒染。在罩色过后色彩略显发闷的画面上用淡淡的深色重新分染，以引出底色部分，重新使画面醒目。⑨复勒。设色完成以后，用墨线或色线顺着物体的边缘重新勾勒一次。⑩水线。工笔画常用手法之一。工笔设色中遇到物体的边缘或线条的时候，常会采用留一道亮边的手法来区分局部色彩、或用来保留线条、或用来体现物体的厚薄程度。另外，还有立粉法，点花蕊的重要手法之一。长锋笔饱蘸粉黄（藤黄＋白色），也可略调一点胶，色彩的浓度要大，同时竖立笔锋，缓慢点出蕊的形状，湿润时色彩会高出纸面1毫米左右，等干了就会形成两边高中间凹的视觉效果，很有立体感。

巨野工笔牡丹画的色彩。常见的有草绿色、老绿色、檀香色、四绿色、三青色、老赭色、豆绿色、古铜色、汁绿色、灰绿色、米黄色、橘黄色、墨青色、藏青蓝、绛红色、紫色、墨绿色、翠绿色、褐色、蓝灰色、豆沙色、土红色、青绿色、胭脂水、青灰色、蓝色、朱红色、紫青色、粉黄色、红褐色等。

巨野工笔牡丹画的特点。巨野工笔牡丹以其雅俗共赏、工整典雅、色彩绚丽、雍容华贵为特色，是装饰、馈赠、收藏的艺术品。巨野工笔牡丹画的作者都是土生土长的巨野人，多数为农民，业余和职业并行。

◆ 剪　纸

剪纸是将各种纸张用剪刀或刻刀剪刻成各种图案的一种民间手工技艺。

剪纸在唐代就已出现，宋代就有了以剪纸为职业的艺人，后来历代传承。巨野县民间剪纸起源于清代末期，以张胡同村剪纸较为有名。

巨野剪纸传承。第一代，董张氏；第二代，姚董氏；第三代，姚俊梓。

剪纸的主要工具。剪刀、刻刀、宣纸等。

创作

示范

剪纸的类别。剪纸按纸张的颜色分有单色剪纸、彩色剪纸。单色剪纸按剪纸的技法又分为折叠剪纸、剪影、撕纸。彩色剪纸按剪纸技法又分为点染剪纸、套色剪纸、分色剪纸、填色剪纸、木印剪纸、喷绘剪纸、勾绘剪纸、彩编剪纸等。

巨野剪纸的主要技法。有剪、刻、撕、拼色、衬色、染色、勾描等多种技法。单色剪纸是剪纸的基础。在单色剪纸中，折叠剪纸是巨野剪纸最基本的技法。就是经过不同方式折叠，然后进行剪制。折叠剪纸，折法简明、制作简便、造型概括。对于结构对称的图案一般都用折叠剪纸。如人、蝴蝶、倒影、对鱼、几何纹、花卉、景物、器具等。折叠剪纸展开极为对称，又能变化出多种造型，有两方连续、四方连续或多方连续。折叠技法，简单、实用、速度快。在单色和彩色剪纸中，巨野剪纸还常用“镂空”“联结”两种技法。镂空就是在纸张上雕刻出穿透纸张的花纹或文字，从外面看是完整的图案，但里面是空的。联结

姚俊梓剪纸作品《清明上河图》局部

常凤灵剪纸作品

就是将单件的剪纸按照预先的设计在剪制过程中互相衔接起来，成为新的图案。

巨野剪纸作品。主要是花鸟鱼兽、生活场景、历史故事、民间传说、戏曲人物等。

巨野剪纸的特点。它融合了北方粗犷、南方细腻的剪纸特点，逐渐形成了线画结合、虚实相间、繁缛华丽、细腻传神的艺术风格。剪纸题材广泛，并且栩栩如生。各种作品，粗犷时如水墨写意，精巧处细若蚊足。技巧虽朴拙而不华，却生机勃勃；简单夸张，却源于现实生活。承载了艺人的心思、兴趣、意境、爱好和情感，反映了人们追求幸福吉祥、向往美好生活的愿望。

◆ 缪篆书法

篆刻是一种书法和镌刻结合的艺术，是将文字通过书法艺术书写后再雕刻在一种预先选定的材质上。

篆刻艺术很多情况下都是雕刻印章，据传，在春秋时期就有印章篆刻，汉代官印的印文多采用缪篆（汉代印章的字体之一）。

缪篆，也叫摹印篆。汉·许慎《说文·解字叙》中说："缪篆，所以摹印也。"

缪篆形体平方匀正，饶有隶意，而笔势由小篆的圆匀婉转演变为屈曲缠绕，具有“绸缪”（绸缪，出自《诗经·豳风·鸱鸮》，意思是紧密缠缚，连绵不断）的意思，故叫缪篆。巨野县的张氏缪篆书法主要是指书刻，其技艺以张集村较为有名。

巨野张氏缪篆书法（刻）技艺的传承。张氏缪篆书刻技艺起源于清光绪年间，第一代，张重宵；第二代，张秀琳；第三代，张庆昌；第四代，张光泽；第五代，张会利。张会利传徒 20 余人。

巨野张氏缪篆书法（刻）技艺风格。取法官印古玺，以古为师，广收博采，以宣纸或金石为载体，以甲骨文、石鼓文、钟鼎文参叠入篆，自成一体，形成浑穆灵动、朴拙雄强的风格特点。

巨野的张氏缪篆书法（刻）技艺主要工艺。①资料搜集；②书稿构思或印稿设计；③准备工具；④临写创作或操刀治印；⑤优化调整；⑥题款或刻边款；⑦钤印。

巨野缪篆书法（刻）技法。主要是“篆刻三法”。①篆法。篆法就是篆刻文字的书法。古代用大篆，汉印用缪篆（少数也用鸟虫书），宋元以后多用小篆（也有的用九叠篆，即将篆书笔画折叠均匀，填满印面）。后代也用隶书、草书、楷书镌刻。②章法。就是针对不同形状和大小的镌刻平面，结合不同的字体，组织整体的布局。文字的安排和布局，即所谓“分朱布白”（分朱，是指在镌刻设

切磋技艺

示范刻印

计中对于红色的阳文或白色的阴文进行合理布局；分朱还涉及红色和白色的位置。布白，是指在文字布局中考虑文字的形状、大小、排列以及空白空间的利用；布白不仅适用于单字，也涉及线条的构成、字距和行距的设置、整体的疏密搭配）。③刀法。就是镌刻时用刀的技法。古代有所谓的“用刀十三法”，专业著作中将刀法分为单刀、复刀、反刀、飞刀、涩刀、舞刀、切刀、留刀、埋刀、补刀等。也有的分为正入正刀、单入正刀、双入正刀、冲刀、涩刀、足刀、留刀、复刀、轻刀、埋刀、切刀、舞刀、平刀等。巨野的张氏缪篆书刻技法常用的刀法是“切刀”和“冲刀”。两种刀法镌刻的风格不同。冲刀，一般是线条挺健，刀笔相融，流畅自然，线条风格流动奔放，效果流利。切刀，一般是刀痕顿挫起伏，沉着痛快，线条风格生拙古朴，效果凝练。

巨野缪篆书法（刻）的基本笔画。楷书的基本笔画有点、横、竖、撇、捺、折、勾、提等所谓“永字八法”。小篆的笔画线条有横、竖和各种折画及对称弧笔。缪篆的基本笔画有横画、竖画和折画，有时还有叠画、弧笔和斜笔等。

巨野缪篆书法（刻）的字形结构。①方。字形方整。缪篆的字形多为方形，并以正方形为主，有时因章法安排需要也有长方形，以求字形填满印面空间。与之相对应，凡笔画转折处也以方折为主而极少圆转，对小篆中笔画为圆转的弧线，缪篆多变为方折。②平。横平竖直。由于缪篆字成方正，笔画力求统一，因此横画水平、竖画垂直，避免较大斜笔，对较大斜笔应平缓之或折叠之。③均。

笔画均布。缪篆一字之内的笔画粗细一般相等（个别笔画较少的字可略粗一点，个别笔画较多的字则可略细一点）。一字之内的笔画间距一般都相等均匀（个别笔画较少的字间距略大，笔画较多的字间距略小）。④叠。线条折叠。缪篆笔画以横、竖、折画为主，弧笔与斜笔较少，对弧笔和斜笔多作折叠（或化圆为方，把；或化斜为平）。⑤满。充满顶格。缪篆大多填充布满，也有因字的笔画较少而留有较大空地，但不论繁、简，线条一般都是顶格。

巨野缪篆书法（刻）的特点。一是张氏缪篆的写法特点。巨野缪篆虽属篆书，但并不同于大篆、小篆。其写法大致是将小篆化圆为方，一方面是将小篆字形转化为方形，另一方面是将小篆的各种圆弧曲线转化为横、竖画和折画。二是巨野张氏缪篆的多变特点。一个字的写法有多至数十种。如增（增笔画）、减（减笔画）、挪移穿插（将结构中的某些笔画通过挪移穿插的方法调整均衡）、方圆（一些缪篆的转角处，常是“内方外圆”）、欹正（缪篆一字之中，笔画多横平竖直，转角多 90°，但亦偶有斜笔。横平竖直为正，斜笔为欹）等。

书刻作品

巨野缪篆书法（刻）技艺的作品表现形式。一般为条幅、斗方、中堂、对联等书法作品或印章作品。

◆ 微书写卷

微书写卷是中国传统美术中一种以微字为特点的书法艺术。

微书，实际上就是蝇头小楷，字体微小到极致。微书法是一种微小的书法艺术。中国的书法艺术是指根据文字的特点和含义，以其书体笔法、结构和章法书写，使之成为艺术作品。清·康有为《广艺舟双楫》中说：“唐尚结构，宋尚意趣。”说明书法艺术既有“形”的艺术，也有“意”的境界。巨野的微书写卷源于清代。

中国的书法包括五种书体。即篆书（大篆、小篆）、隶体（古隶、今隶）、楷体（正楷、魏碑）、行书（行楷、行草）、草体（小草、大草、章草、标准草书）。

中国是文化的国度，历代书法名家辈出。如“二王”（王羲之、王献之）；“四体”：颜（颜真卿）、柳（柳公权）、欧（欧阳询）、赵（赵孟頫）；“四家”：苏（苏轼）、米（米芾）、黄（黄庭坚）、蔡（蔡襄或蔡京）等。

书法艺术本体包括笔法、字法、构法、章法、墨法、笔势等内容。笔法，是书法技艺的核心内容。笔法也称“用笔”，是运笔用锋的方法。字法，即字的结构内容。章法（布白），指一幅书法作品的整体布局，包括字间关系、行间关系、篇章与空白的处理。墨法，即用墨的方法，包括对墨的浓、淡、干、枯、湿的处理。笔势，即书法的仪态和气势，由于用笔和结体的不同，使字的点画处于不同的位置。

巨野微书写卷的要领。①要求既要精通书法艺术，还要熟悉古代文学，具有较为深厚的文学素养。②微书书写时要以一颗平常心，保持良好坐姿，调匀呼吸，心静如水，摒弃杂念，抱元守一，这是书写微书的前提和基本要求。③运气、提神、提笔、蘸墨，细心勾好笔锋。④提笔书写要一气呵成，无一懈笔，不容纰漏。⑤字体大小不超过 2 毫米。写字的时候只用顶尖上的一根毫毛来写，难在其微，贵在其精，妙在其巧。

巨野微书写卷的传承。第一代，魏自励；第二代，卜昭信；第三代，张凤集；

创作

第四代，谢小品。

巨野微书写卷的特点。或者笔力厚足，气魄超然，字体雄强浑厚，饱满丰腴，有恢宏博大的气势。或者格调古、雅、幽、静，别有一番韵味。巨野的微书作品较为有名的有《中华谢氏文化宝典》《谢氏家谱》《谢氏家学》等。

微书作品局部

传统技艺

◆ 花冠酒酿造工艺

花冠酒是巨野用传统技艺酿造的一种白酒。

中国的白酒历史可以追溯到三皇五帝时期。晋·江统《酒诰》中说：“酒之所兴，肇自上皇，或云仪狄，一曰杜康。有饭不尽，委余空桑。郁结成味，久蓄芬芳。本出于此，不由奇方。”《战国策·梁王魏婴觞诸侯于范台》中说：“昔者帝女令仪狄作酒而美，进之禹。禹饮而甘之。遂疏仪狄，绝止酒。曰：‘后世必有以酒亡其国者’。”《说文解字·巾部》说：“古者少康，初箕作帚、秫酒。少

酿酒车间

严把质量

康，杜康也。”自三皇五帝开始，中国的酿酒技艺传承至今，形成了中华酒文化。

巨野古称大野泽，是大禹治水的重要区域。《尚书·禹贡》中说：“大野既潴，东原底平。”古巨野四季分明，林木茂密，植被繁盛，水源在地下经过千百年的过滤和沉淀，是酿酒所需微生物良好的栖息地。自古此地多出酿酒作坊，酿酒技艺世代相传，经久不衰。西汉刘贺曾为昌邑王。南昌海昏侯墓出土了从昌邑国（今巨野）带去的酒器及蒸馏器，说明了巨野酿酒的发达。明代《巨野县志》载：“以谷磨米为之曰汤，酿高粱为酒曰蒸酒，酿黍米为酒曰黄酒，酿黍米以蒸酒作酵为酒曰稀熬，蒸酒即烧酒也。”至清代同治年间，巨野大李庄酒坊，更名为花冠酒坊，聘请酿酒大师，创生了花冠酒酿造技艺。一直传承至今。

巨野花冠酒酿造工艺。以优质高粱为主要原料，经粉碎成6~8瓣，其他原料有小麦、大麦、豌豆、糯米等。酿酒采用传统老五甑技术（老五甑技术是中国传统的浓香型白酒的一种传统技艺。主要内容是将窖中发酵完毕的酒醅分成五次蒸馏和配醅的传统操作方法。即蒸五下四。窖内有四甑酒醅，即大渣、二渣、小渣、和回糟各一甑）。用地下500米深井水，加热至90℃润粮。在窖泥和大曲中巧妙运用牡丹花瓣、花蕊和根皮等，制成天香窖泥和牡丹春曲。以牡丹春曲为糖化发酵剂。在天香窖池中固态发酵60~90天，然后上甑。采取缓气蒸馏方式将蒸酒与蒸粮同时进行，酿酒师一边品尝一边摘酒。牡丹的用量、火候的掌握等需要以师带徒，心口相传，为机械所不可替代。看花摘酒共分八段（前头、前上、前中、前下、后头、后上、后中、后下），入库后经过感官和理化检验，按照不同段别分别用陶坛储存。花冠酒有专业专用的酒窖，称为“天香窖泥”。根据不同酒质的要求储存1~3年，然后经勾兑、检验合格后灌装出厂。花冠酒的“天香窖泥”和“牡丹春曲”是花冠酒酿造的两项独特技术。花冠酒的酿造技术在巨野花冠酒厂，还被推广应用到酿醋、制酱、造酱油的过程中。

巨野花冠酒的种类。花冠酒在长期的发展中，形成了较多的白酒系列。主要系列品种有花之冠、冠群芳、花冠、年份酒、红果酒5个系列；每个系列又都有多个品种，如冠群芳有五粮冠群芳、绵柔冠群芳、金冠绵柔冠群芳、富贵冠群芳、醇和冠群芳等5个系列共计60多个品种。

巨野花冠酒的特点。花冠酒是浓香型白酒，酒香浓郁悠长，窖香突出，香味协调，多粮风味，优雅柔顺，酒体丰满，绵甜爽净。花冠酒的酿造技术还被推广应用到其他酿造产品上。花冠酒具有扩张血管、促进血液循环、减少血脂积淀、降低胆固醇、活血提神、去除疲劳、御寒抗冷、愉悦心情等功效。

◆ 香油制作技艺（孔家小磨香油）

香油，也叫芝麻油，就是用芝麻磨制出的油。因其香味浓郁，故称香油。

小磨香油在晋代就有记载。晋·张华《博物志》说："外国有蘘豉法，以苦酒浸豆，暴令极燥，以麻油蒸讫，复暴三过乃止。"南北朝以后，香油已广泛地被用于餐饮。明·李时珍《本草纲目》中有以芝麻油入药的记载。

小磨香油的功效。据近年研究，小磨香油富含钙、磷、钾、镁、维生素E、脂肪、碳水化合物、铁、蛋白质、锰、膳食纤维、钠、锌、烟酸、硒、铜、维生素B1、维生素B2等人体必需的诸多物质和微量元素，具有较高的营养价值。

香油制作

小磨香油还能促进食欲，有利于人体的消化和吸收，具有重要的保健价值。祖国医学认为，芝麻油可润燥、补液、息风、解毒、杀虫及消逐疮肿。长期服用，还可延缓衰老、保护血管、润肠通便等。小磨香油也是中国传统饮食中特有的调味品。

巨野小磨香油以孔楼村较为有名，孔楼村孔家小磨香油发源于清代，以家族式传承为主，现已传承六代。第一代，孔昭绰；第六代，孔祥全。

巨野小磨香油的加工流程。主要包括选料、过筛、淘洗、控晾、炒制、磨制、晃油、搋油、起油、沉淀、取油、分装等工序。其主要技艺是精选本地优质芝麻，用筛子除去杂质后加清水搅拌、淘洗，用箩筐控晾水分。控晾通透后放在铁锅里炒制（炒制是技术的核心之一，特别讲究火候，既要炒熟略过，又不能炒煳）。把炒好、晾凉的芝麻，用石磨磨成又细又匀的浆料，而后放进铁锅中，加入一定度数的开水不断搅拌，使油水分离，让油浮于浆料表面（水代法）。当搅拌均匀后，开始晃油，同时用油葫芦搋油。边起油、边晃动，直到油起净为止，耗时 8~10 个小时。将起出的油装入大型容器内沉淀，静置数日，等水分、杂质沉淀于容器底部后，即可取油分装、包装销售。巨野小磨香油的部分工序机械不可代替。尤其是“水代法”（利用油料中非油成分对油和水的比重不同，进行油水分离）独具特色，使用的油葫芦、油梆子等颇具特征。

巨野孔家小磨香油产品，色泽红黄，浓香四溢，近年已形成系列：白芝麻油、黑芝麻油；白芝麻酱、黑芝麻酱；白芝麻盐、黑芝麻盐等。

◆ 谢集罐子汤

巨野谢集罐子汤是当地的一种汤类美食。

巨野谢集罐子汤起源于清光绪九年（1883），是谢集村村民发明的一种用羊杂熬成的汤，汤熬制好后，盛到特制的褶沟罐里。此汤既有肉的滋味，又比肉类便宜，且味道鲜美，当地称之为谢集“罐子汤”。

巨野谢集罐子汤的制作工艺。①选材。选用鲁西南散养的小尾寒羊、青山羊、白山羊。主要用羊骨头、羊头肉、羊肝、羊心、羊肚等羊杂，以及当地精

采购羊架

原料羊肚

出罐

罐子汤

纯地瓜粉条。②清洗。将羊杂放入清水中浸泡 2~4 小时，泡出里面的血水和异味。用小苏打或食用碱揉搓，再反复用清水冲洗干净。③第一次起火熬制。羊杂泡好洗净，徐徐放入锅内。起火烧锅。烧到一定程度后，水面开始出现浮沫，厨师要在浮沫一开始就不断撇除出去，并间断性地翻动锅内羊杂，使其受热均匀，并将羊杂内部的杂质全部以浮沫的形式吐出撇去。④第二次起火熬制。待浮沫撇完后，继续用旺火煮 2~3 小时，将羊杂炖烂。⑤第三次起火熬制。捞出羊骨拆肉、切片、入锅，在老汤中适当兑上清水，加入精纯粉条，再次烧沸后（粉条炖熟但不要炖过），起锅盛入罐中。⑥放入葱、姜、盐、花椒、胡椒粉等佐料，入碗食用。三次起火熬制都要掌握适当的火候，既不可不熟不烂，也不可过度松软。熬制时掌握火候是谢集罐子汤的核心技术。

巨野谢集罐子汤的特点。汤清肉嫩、不肥不腻、不腥不膻、没有异味，口感爽滑。具有补精血、益虚劳、温中健胃、补肾养肝等营养保健功效。谢集罐子汤近年又研制出了新的品种：如香酥羊腱、红烧羊头、红烧羊脑、羊拐骨、羊排、酸辣羊肺汤、肚丝汤、天花汤等风味小吃。

巨野谢集罐子汤的传承。以家族式传承为主，第一代，谢登谱；第二代，谢来拿；第三代，谢华溪；第四代，谢瑞范；第五代，谢云德；第六代，谢经良，谢经申，谢经春，谢经良。

◆ 阿胶生产传统技艺（鲁润阿胶传统制作技艺）

阿胶是一种用马科动物驴的干燥皮或鲜皮经煎煮、浓缩制成的固体胶。

阿胶是祖国医学中的一种补益药。《神农本草经》认为阿胶“主心腹内崩劳极洒洒如疟状，腰腹痛，四肢酸痛，女子下血，安胎。”《医林纂要·药性》说：阿胶“补心和血，散热滋阴”。《纲目拾遗》中说：阿胶“治内伤腰痛，强力伸筋，

挑选驴皮

浓缩提沫

浓缩出胶

翻胶

添精固肾”。《名医别录》《食疗本草》《日华子》《本草元命苞》《本草蒙筌》等医学书籍，都有关于阿胶功用的记载。

阿胶在西汉时期就有生产。汉·刘安《淮南子·淮南鸿烈》中有“阿胶一寸，不能止黄河之浊”说法。明·何良俊有诗赞阿胶：“万病皆由气血生，将相不和非敌工；一盏阿胶常左右，扶元固本享太平。”清·慈禧太后因患“血症”，以致习惯性流产，后服用阿胶而痊愈，其后阿胶功效声誉日隆。

巨野鲁润阿胶传统制作技艺较早的是前楼村的阿胶作坊，起源于清光绪年间。

巨野鲁润阿胶的药用成分。主要是蛋白及肽类成分，经水解后得到多种氨基酸，如甘氨酸、谷氨酸、丙氨酸、精氨酸、天冬氨酸、赖氨酸、苯丙氨酸、组氨酸等。

阿胶的功用。阿胶味甘，性平，归肺、肝、肾经，具有补血、止血、滋阴润燥等功效。常用于：血虚萎黄，眩晕心悸，肌痿无力，多种出血证，阴虚证及燥证。现代科学研究显示，阿胶有促进造血、降低血黏度、抗肺损伤、增强免疫力等作用；能提高小鼠耐缺氧、耐寒冷、耐疲劳和抗辐射能力。口服阿胶者血钙浓度有轻度增高，但凝血时间没有明显变化。此外，阿胶还有抗炎、抗肿瘤、抗休克等作用。

巨野鲁润阿胶生产工艺。有泡皮、刮毛、焯皮、化皮、靠汁、打沫、过滤、沉淀、出胶、切胶、晾胶、翻胶、擦胶等40多道工艺。其基本技艺是先将驴皮浸泡5~7天，每天换水1~2次。刮毛、去脂，并切成40厘米左右的正方形小块。倒入洗皮池内重复清洗7~10次。把已处理好的小块驴皮倒在竹篓上，用文火加热，保持微沸1~2天。用猛火加热，煮至沸腾文火煎熬。当杂质聚集到中央时，进行打沫。每次所煎胶液，先用细筛滤过，然后用丝棉过滤，过滤后的胶汁加入明矾适量，搅拌混匀，静置沉淀，再过滤、澄清后，合并进行浓缩。胶锅熬制中出现“发泡”现象表示即将出胶，要停止加热，这个过程称为“醒酒”。待胶液炼成后，趁热倾入凝胶盘内，自然冷凝。

鲁润阿胶经过多道工序加工后，主要成品有阿胶片、阿胶粉、阿胶固元糕等，经过严格质检，进行包装出货，销往各地。

巨野鲁润阿胶和其他药物掺合可以制成复方制剂。①阿胶鸡子黄汤。具有滋阴养血，柔肝熄风之功效。主治邪热久羁，阴血不足，虚风内动证。

②大定风珠。滋阴熄风。主治阴虚风动症，手足瘈疭，形消神倦，舌绛少苔，脉气虚弱，时时欲脱者。③清燥救肺汤。清燥润肺，养阴益气。主治温燥伤肺，气阴两伤证。④猪苓汤。利水，养阴，清热。主治水热互结证。⑤九仙散。敛肺止咳，益气养阴。主治久咳肺虚证。⑥炙甘草汤。益气滋阴，通阳复脉。用于心脉失养证、虚劳肺痿证。⑦温经汤。温经散寒，养血祛瘀。治冲任虚寒、瘀血阻滞证。

巨野鲁润阿胶近年产品及制作创新。鲁润阿胶主产阿胶，另有阿胶片、阿胶粉、阿胶固元糕、阿胶金丝枣等产品。在化皮、提沫、去杂、浓缩、凝胶、切胶等方面的继承中有了一定创新。

巨野鲁润阿胶制作的传承。以家族传承为主，主要传承人：第一代，邓以龙；第二代，邓耀智、邓耀荣；第三代，邓继宽；第四代邓来义；第五代传承有十几人。

◆ 柴烧陶印

柴烧陶印是指用泥土制作后经过木材烧制的印鉴，属于陶器的一种。

治印

印章从古至今一直都是权力的法物。中国的印章历史悠久，而且至今传承不衰。印章是中国传统文化的代表之一。陶印就是陶瓷印章。陶印的历史可以上溯到原始社会。河南舞阳贾湖史前聚落遗址出土的“十”字形陶印（模）、河南渑池郑窑第三

陶印展示

期文化遗存所出的“田”字边款圆窝纹陶印（模）距今已 8000 余年，是目前出现陶印的最早记录。经过历代发展，陶印成为中国传统篆刻艺术的一支。巨野的柴烧陶印与传统的陶印有深厚的历史渊源。

柴烧陶印发源于巨野县王店村。其传承：第一代，孔文箴；第二代，董森；第三代，徐龙仓；第四代，蒋继涛。

巨野柴烧陶印的制作过程，融合了书法绘画、手工雕塑、望火控温等技艺。主要制作流程包括选土、配土、过滤、沉淀、制纽、晾晒、打磨、篆刻、入窑、烧制等。精选本地优质陶土，加水成泥浆后用纱布滤去杂质，加入一定比例的高岭土搅拌混合后入缸沉淀。除去多余水分晾至软硬适中，然后练泥。用练好的泥料手工制作成各式印坯，或刻以浮雕纹饰。待放置于阴凉处自然干透，再用细砂纸把印面打磨平整后，才可用刻刀刻以文字或图案。将刻好的印纽用软毛刷清扫浮尘，就可以入柴窑烧制了。在窑内要经过曲线升温并持续 20 小时不间断的木柴火焰的烧制过程，待自然降温后开窑取出，挑选完整不变形的清洗处理，钤印看效果。成功的方可入盒包装。

柴烧陶印的特点。柴烧陶印具有意境高古、厚重内敛、朴拙天成的艺术特色，形成了柴烧陶印独特的制作技艺。

巨野柴烧陶印的近况。近年来，柴烧陶印增加了禅意陶印、古代纹饰陶印、瑞兽陶印和大印等系列作品。在传统柴烧窑的基础上借鉴无烟窑的样式改进了窑炉，提高了陶印的烧制品质和成品量，外形更为朴拙、色泽更为圆润、质感更为厚重。

传统医药

◆ 张氏一指禅疏通经络手法治疗带状疱疹

张氏一指禅疏通经络手法治疗带状疱疹是巨野当地的一种中医疗法。

带状疱疹是由"水痘—带状疱疹病毒"引起的急性感染性皮肤病，这种病毒具有亲神经性，可长期潜伏于脊髓神经后根神经节的神经元内。多在春秋季节发生，是中老年人容易感染的病毒性传染疾病。

巨野张氏一指禅疏通经络手法治疗带状疱疹，运用传统医学"经络内属脏腑，外络肢节"的经络学说，借鉴民间治疗带状疱疹的方法，根据现代中医理论，经过理论研究和临床实践，总结出的一套治疗带状疱疹及后遗神经痛和由其诱发的并发症的特色方法。

巨野张氏一指禅疏通经络手法对带状疱疹的治疗。张氏一指禅疏通经络手法治疗不直接针对病源，而是作用于患者患病的部位。以"一指禅"的特定手法，用拇指指尖或指肚，在患者患病部位，循环往复地点按刺激患者的皮肤及经络。通过皮肤透入，产生信息，激发经络的调节作用，以行气活血、疏经通络、

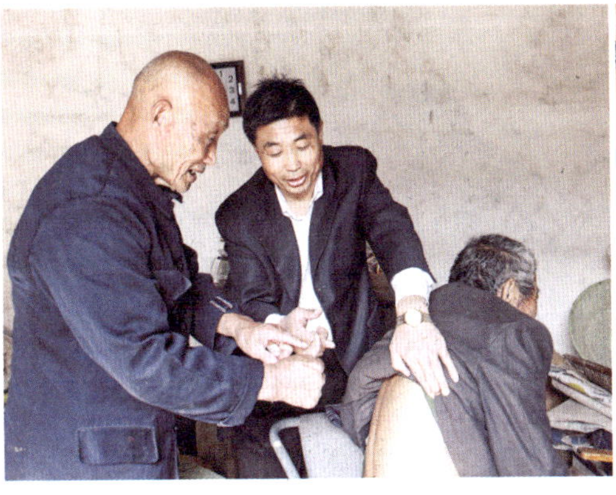

传授

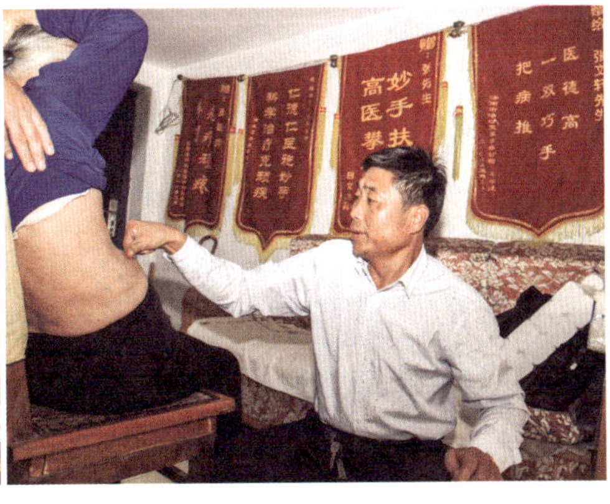

诊疗

改善患者患病部位微循环及其周围的感觉神经末梢，促进脏腑气血的正常运行，平衡人体阴阳，使机体恢复正常和提高免疫力，进而调动人体的自我修复能力，由外治内、治愈疾病，使疱疹自行消失，收到“内病外治”的效果。

巨野张氏一指禅疏通经络手法的特点。不用任何药物、医疗器具和破坏神经的措施，对患者没有任何损伤和毒副作用，治疗过程中患者没有痛苦，简便快捷、疗程短、见效快、治愈率高，对带状疱疹及后遗神经痛和由其诱发的并发症治愈率几达百分之百。充分体现了传统中医药“简、便、验、廉”的优势，打破了所谓“病毒引起的疾病非药物不能治愈”的说法，填补了民间治疗带状疱疹及后遗神经痛和由其诱发的并发症的空白。

巨野张氏一指禅疏通经络手法治疗带状疱疹的传承。第一代，张狄氏；第二代，张金刚；第三代，张元财；第四代，张为轩。

◆ 于氏正骨

巨野于氏正骨是于氏家族在传统中医正骨方法的基础上创立传承的一种中医正骨方法。于氏正骨主要治疗骨关节错位和筋腱移位等骨科病症。

巨野于氏正骨创立于清咸丰年间，现已传承六代，主要是家族式传承。其传承规矩是“传男不传女，传内不传外。”第一代，于衍泗；第二代，于肇登；第三代，于兴柱；第四，于玉玲；第五代，于际社、于保社、于连社；第六代，

诊疗

于法震、于法向、于法涛。

巨野于氏正骨的主要手法。包括摸、推、拉、按、托、扣等。于氏正骨首先是凭手感确认病情，然后以大拇指为主，辅以其他四指进行摸诊。确定骨骼或筋腱的病症，或错位、或移位等。根据病症，再施用相应手法，进行治疗。有时根据病情，两种或多种手法并用。有的大症，如吊膀子，实际是肩膀骨关节脱臼，还需把肩膀脱位关节再度拉开，根据脱位方向，使用推、托并用的手法，使其恢复原位。再如掉牙巴骨，其实是上下颌脱臼，扣住病位，用力向上一托，使其恢复原位。如筋腱移位，先用摸的手法凭手感确认移位的方向，然后用拇指按位，或推或拉，使其恢复原位。

巨野于氏正骨的特点。主要是以手法治疗为主，其手法特点是稳、准、轻、快。根据病情不同灵活使用不同的手法，病人痛苦小、治愈率高。于氏正骨充分体现了传统中医药“简、便、验、廉”的优势，看似简单，实际上是以对人体各部位的骨骼、筋腱、肌肉、经络结构了如指掌为基础，并针对手、腕、肘、肩、脚、膝、胯、腰、颈、颌等全身各部位的骨、筋脱臼移位，采取的一整套独家独门的复位措施和医疗手法。于氏正骨简便快捷、疗效显著，对筋骨错位、关节脱臼患者，不打针、不吃药、不手术，数秒之间即可手到病除，极大地节约了医疗时间和医疗成本。于氏正骨按照祖训，行医“只看病，不收钱”，世代恪守，百年不变。

民　俗

◆ 东岳天齐庙会

东岳天齐庙位于巨野县陶楼村，因历代护庙人及重修者中多为陶姓，故又称陶家庙、陶花府。

巨野东岳天齐庙供奉的是东岳泰山君，为道教祭祀泰山神的庙宇。“东岳泰山君领群神五千九百人，主治死生，百鬼之主帅也。”（宋·张君房《云笈七签·五岳真形图序》）唐玄宗封泰山神为“天齐王”，元世祖时又尊泰山神为“东岳天齐大生仁皇帝”，简称“东岳天齐大帝”或“东岳大帝”，每年农历三月二十八日为祭祀日。

巨野东岳天齐庙始建年代无考，或传唐，或曰宋。明·天启《巨野县志》中记载有元代至元年间的重修碑记。后不断增修扩建。主要建筑有天齐殿、三皇殿、文王殿、关帝殿、三教堂、玉皇阁、九女阁、真武庙、土地庙、华佗庙以及山门、戏楼等，占地面积200余亩。文王殿内尚存有三幅清代壁画，一幅为天齐庙全景图；一幅为“文王与麒麟”；一幅为“周处除三害”。庙内的一株古槐，传为唐人所栽。

巨野东岳天齐庙会，会期一般为1周，规模以农历三月二十八日正会为最大。庙会活动主要有道场、祭祀、民间娱乐、商品贸易等，庙会主要活动是设道场，由庙会邀请的道士担任主持，率领善男信女在天齐殿前举行。主要仪式有祈福迎祥道场、“拜东岳忏”科仪、“转天尊”、保泰延生道场、“拜三茅忏”科仪、敬孝祝福道场、“拜斗姆忏”科仪、赐福解厄道场、“拜三元忏”、迎财神道场、“拜慈航忏”科仪。庙会祭祀仪式，与春节祭祀基本相同，不同的是神戏演出不在庙内，而是在庙前200多米的戏楼舞台上进行。庙会时民间娱乐，庙内以担经、扭秧歌为主，来自外地的香社成员作为贵宾受到本地香首隆重接待，中午吃饭不收钱。担经也以外地香社成员为先，担经时边舞边唱，旋律以当地民间歌“采茶调”为基调，唱词朴素，内容以劝人行善、祈求美好愿望为主。

仪式的后续活动。①祈求。各路香客开始在天齐殿古槐前烧香许愿，祈求祷告，其主要内容是“贫者求富，疾者求安，耕者求岁，贾者求息，祈生者求年，未子者求嗣”。②还愿。祈求的愿望实现要还愿。还愿者往往以请戏班在庙前戏楼唱戏为多。还愿戏主要有山东梆子传统戏“老征东”“白马关”“刘备招亲”“王凤岭”“马龙记”“夺瓶记”等。旧时一年到头唱戏的连续不断，连本大戏有时一唱就是半个多月。

东岳天齐庙会

巨野东岳天齐庙会祭祀活动的特点。庙会祭祀活动与别处不同的是祭神和家族祭祀密切相关。因东岳天齐庙历代为陶姓捐资修建，因此陶姓视东岳庙为家庙，每到庙会时便在此举行祭祀活动。

郓城县篇

民间文学

◆ 水浒传说

水浒传说，是由文史记载、古迹遗存，以及民间口头相传，经后人整理而形成的。特别是在郓城民间，有关水浒英雄及故事的传说代代流传。

宋江起义发生在宋宣和年间，在《宋史》和宋人笔记里有多种记载，虽不一致，但都说到力量强大，威胁朝廷。由于水浒好汉们替天行道、劫富济贫，深受人民特别是下层社会的喜爱，虽然起义规模不大，但在民间妇孺皆知，影响甚广。水浒传说自宋江起义后，便开始在民间广泛流传。南宋人龚圣与说："宋江事见于街谈巷语。"宋末明初，以水浒故事为题材的话本、戏剧相继问世。有些存留到现在，如话本《大宋宣和遗事》和元人杂剧。明代中期开始，《水浒》

水浒传说代表性传承人姚念惠

即大量翻刻、流行。

郓城境内流传的水浒传说主要有晁盖的传说、白爷的传说、宋江为什么被称为淮南盗、宋江为什么没有当上真龙天子、吴用落第、砍头入谱说晁盖、宋江河的传说、九天玄女庙、宋江巧断舅姑案、施耐庵巧联治心病、宋江之妻张金莲是怎么死的、张青和孙二娘的传说等。

水浒传说相关史籍来源有《续资治通鉴长编》《东都事略》《三朝北盟会编》《皇宋十朝纲要》《宋史》等。地方志有《郓城县志》《寿张县志》等。文学作品有南宋·龚开的《宋江三十六人赞》，元·陆友的《题宋江三十六人画赞》。元杂剧有《黑旋风双献功》《同乐院燕青博鱼》《梁山泊黑旋风负荆》《大妇小妻还牢末》《鲁智深喜赏黄花峪》《水浒叶子》等。

围绕水浒传说故事，现保留的历史遗存有宋家村的“忠心坑”和“宋江井”等，还有宋江河、黄泥冈、九天玄女庙、乌龙院等。

水浒传说代表性传承人有姚念惠、晁岳元、张耀光、刘桂全等。

水浒传说是“水浒文化”的重要内容。水浒人物仗义、坦荡、豪爽的性格，反映了郓城一带的乡风民俗。水浒传说的内涵与儒家文化中所提倡的“忠、孝、礼、义、信”不谋而合，其实是传播儒家文化的另一种方式。对国家要尽忠，对朋友要讲义，这种观念直到今天依然受到人们最广泛的赞同。研究水浒传说，有利于开发利用水浒文化，发展现代经济，构建和谐社会。

传统音乐

◆ 山东古筝乐

古筝为中国传统弹弦乐器，流传至今已有 2000 多年的历史。山东古筝乐在中国音乐史上影响深远，它是世界级的重要非物质文化遗产。中央音乐学院、中国音乐学院等全国各高等音乐艺术院校，均把古筝乐作为教材。

据《战国策》记载:“卒丁猎围，鼓琴筝。”“鲁民富而风朴，其坊间杂有吹芋、鼓琴、弹筝。”汉魏时期，诗人曹植在鄄城为王时，曾写有“弹筝奋逸响，新声妙如神”的诗句，生动地刻画出当地民风质朴、古筝艺术盛行的景象。到了宋代，郓城更是“民乐汇坊野，朝夕丝弦声”。明清时期，郓城乡村集镇多有琴社出现，“或一二乐师弄于村街，或十数众集于商贾云聚处，抚琴拨筝，听者神之”。至今，郓城县梨同庄村还保存着一架明代万历年间的 16 弦古筝。

山东古筝乐，相传有古曲 10 大套，小板 72 首，小曲 500 首。它们有的清秀细腻，如泣如诉；有的粗犷豪放，如万马奔腾；有的抒发怀古之幽、离别之绪；有的寄情于花草鱼鸟、高山流水之情趣……其音调典雅，结构严谨，节奏鲜明。山东古筝乐具有华丽、柔美、刚劲、明亮、音韵浓郁等艺术特点，不但为本乡本土的人民所喜爱，而且深受国内观众和国际友人的赞赏。

据说，六十八板是先人根据《周易》六十四卦加上春、夏、秋、冬四季制定而成，依据八卦的“乾、坤、震、巽、坎、离、艮、兑”为八个乐句，每卦相生，八卦为每乐句的八板，共计六十四板，加上春、夏、秋、冬四板，共计六十八板，民间称“老八板”或“大八板”。分别为大板第一、大板第二、大板第三、大板第四四个板头。一是区分于小曲、小板类曲目，二是从速度节奏上而言。大板第一为大慢板，曲目有汉宫秋月、隐公自叹等；大板第二为慢板，曲目有美女思乡、鸿雁夜啼等；大板第三为中板，曲目有鹦哢黄鹂、鸿雁捎书等；

大板第四为快板，曲目有高山流水、清风弄竹等。

郓城古筝人才辈出，上千年师承不断，不但在民间形成了独特的地域色彩，而且出现了至今仍高居于中国乐坛大师级的古筝演奏家，如王殿玉、黎连俊、张为昭、张念胜、樊西雨等。特别是新中国成立后，更多的古筝名家如雨后春笋般涌现出来，如高自成、赵玉斋、赵登山、韩庭贵等。

山东古筝乐代表性传承人刘瑞强

主要传承人刘瑞强，山东郓城人，中国民族管弦乐学会会员。10 岁起学习古筝，他从师于著名古筝大师季玉玺先生、西安音乐学院高自成教授、山东艺术学院韩廷贵教授。1989 年起，他创办鲁韵筝社、鲁韵古筝培训中心、鲁韵古筝艺术学校等，培养古筝专业大学生数百人。

发掘、抢救和保护山东古筝乐，对于丰富和完善中国音乐史，增强中华优秀传统文化的多样性，将产生积极的推动作用。

传统舞蹈

◆ 高　跷

郓城高跷俗称“拐子”，又叫“踩高跷”，是一项既辛苦又危险的民间艺术表演形式。

郓城高跷已有几百年的历史。据《郓城县地名志》载：“明初，陈氏祖茂，从兖州府滋阳县李宫社村徙迁郓城。”相传陈茂为兖州著名高跷艺人，有一次演出时不意与本村李大辫（也是高跷艺人，因甩大辫甩得好而得名）在兖州府相遇，李大辫在对面一路之隔扎下场子，对台演出。二人虽然同村长大，又同时拜师学艺，可是李大辫心胸狭窄，生怕陈茂超过自己，想方设法压倒对方。李大辫心想陈茂已经演出多日，早已筋疲力尽，要不几个回合，他便会败下阵来。谁知一连演了七天七夜，陈茂非但没有败走，反而越演越精神、越演越精彩。观众也好像偏了心，都跑到陈茂那边，挤得水泄不通。李大辫又气又恨，突然脚下一绊，一个跟头栽倒在地，摔得鼻青脸肿。从此，李大辫更是怀恨在心。他先是点燃陈茂家柴草垛，后又往陈茂家水缸里投毒。陈茂万般无奈，只好背井

高跷表演

离乡徙迁郓城，发誓再不吃高跷这碗饭。谁知事与愿违，陈茂在郓城落脚不久，遇上黄河决口泛滥，接着又是久旱不雨，生活之窘迫，迫使陈茂不得不重操旧业，靠高跷卖艺为生。也许正因于此，他的子孙才得以繁衍，高跷艺术才得以延续。

几百年来，郓城陈氏高跷不断吸取众家之精华，逐渐形成了自己的风格和特色，成为民间广泛流行并为人们喜爱的艺术表演形式之一。

郓城高跷表演人数由几人到几十人不等，多扮演古代神话或历史故事中的人物形象，服饰模仿戏曲行头，常用的道具有扇子、手绢、木棍、刀枪等。踩高跷所用“拐子”分高、矮两种，高“拐子”一般在100厘米以上，矮“拐子”一般在60厘米左右。表演时艺人把“拐子”用自制的“麻绳辫子”绑在腿上。表演形式有“踩街”和“撂场”两种。撂场表演有“变换队形”“走8字”“二马分鬃”“五虎群羊阵”等。动作要求行走如飞，旋转似风。有时还要在腿上系一对小铃铛，以增强艺术效果和热闹气氛。

从表演风格上，郓城高跷可分为“文跷”和“武跷”两种，文跷重扭、踩、唱和情节表演；武跷重炫技功夫表演，但更多的是文、武混合表演。表演者要求身强力壮，有一定的武功基础。

郓城高跷兴起于郓城并扎根于民间，富有地方特色，具有健身、娱乐的象征意义，是郓城“本土”民俗文化的突出表现形式，充分展示了民间文化艺术高超的表演成就，体现了郓城人乐观向上的精神、信仰和价值取向，已成为郓城人“崇文尚武”的代表性“名片”。

◆ 抬 阁

明朝嘉靖年间，河北武举人杨氏“一精”，举家迁徙至山东省郓城县郭屯镇邵集村定居。有一天，他受到轿子的启发，让当地有名的木匠设计了一个特殊的轿子，命名为“抬阁”。这种轿子无篷盖，左右两根长约五米的扁平杠子，中间六根横梁连着，每根横梁中间竖着一个立杆。两根长杆每端一人抬着，四人抬杆步调一致，走着上下颤动，艺人在上面玩斗，很是刺激。据郓城县郭屯镇邵集村《杨氏家谱》和杨氏祖林碑文记载，抬阁这种民间传统舞蹈起源于1556年。

抬阁表演

此后，杨氏后代对抬阁进行了多次改进，由双杆改成单杆，去掉横梁，在长杆上竖立一竖杆。后安装了供演艺的人站立的脚板，同时在抬阁架的两端制作了拐子，避免了翻转的危险。清朝道光年间时，在演艺方面除了增添古装和表演动作之外，又增加了说唱，基本上能演出完整的戏曲故事。清末李鸿章观抬阁演出后，题匾曰："踏遍疆土，无独有偶。"

抬阁演出前的化妆都是秘密的，不让外人看到。化妆之后，男女演员分别登上两个抬阁用一红绸系于腰间绑在桩上，女穿长裙，男穿长袍盖住桩和脚板。远远望去，演艺者好像悬在空中一般。四位壮汉抬着二人并排前行，上面的演艺者可说可唱，嬉戏对打。下面壮汉，身穿黄褂，步调一致，哼着咿呀的调子，颤动着慢慢前行。抬阁演出灵活多变，可以是一根抬阁演出，也可一对演出，多者也可达六七对，参加演出者少则六七人，多则达四五十人。演艺时还配有乐器在前开路，如大鼓、大镲、大锣、二锣、鳖螺、铙、手钹、赶板、载板、手板等。

郓城抬阁根植于民间，活泼质朴，文化底蕴丰厚，具有浓郁的生活气息、鲜明的民间特征。抬阁吸纳了说唱、民间小调、戏曲之精华，既有民间舞蹈优秀的动作，又有起伏跌宕的事件说唱，既有柔肠寸断的悲情演出，又有酣畅淋漓的欢乐嬉戏。抬阁舞蹈主要曲目有"梁山伯与祝英台""秦琼还乡""哪吒闹海”“划大船”“站花墙”“钻花轿”“罗衫记”“逗夫”“嬉夫”“劝夫”“娶新娘”“凤凰双展翅”“断桥”“花月夜”“新婚别”“赖皮子找媳妇”等。

抬阁是郓城县特有的一个演艺品种。经常受邀请到外地演出，观后无不称奇赞叹。抗战时期，郓城县伪县长刘本功听说本县郭屯镇的邵集有神奇的抬阁演出，心血来潮，命抬阁队前往县衙演出，遭到拒绝，十分恼怒。令其部下抢走抬阁两对，用大火给烧掉了。后来，抬阁人编了《大汉奸》一曲目，用以讽刺刘本功。

抬阁演艺人员主要在山东省郓城县郭屯镇，后延伸到唐庙、南赵楼、随官屯等乡镇。第十三代传承人杨其景，曾多次到菏泽、聊城、济宁、徐州、开封演出。第十四代传承人杨延根。

郓城抬阁是郓城民俗文化的大荟萃，充分展示了郓城民间艺术的丰富多彩和高超的表演成就。在结婚、庆典、集贸市场等占有极大市场，对活跃民间百姓生活，强身健体，构建和谐社会及精神文明建设和群众美育德育教育方面起着重要作用。

传统戏剧

◆ 两夹弦（北词两夹弦）

相传，明朝大移民的中后期，曾在山西教过私塾的一王姓落魄艺人，在东迁路上有感于木车、扁担的吱响声，在山东郓城、鄄城一带落脚后，就模仿着车轮、扁担发声的节奏，结合当地人盖房打夯时的号子声，编着戏词哼唱起来，竟得到了乡邻的认可，逐渐成了乡间的自娱形式。这种自娱自乐的形式一开始被称为“吱响腔”或“号子调”，属于民间小调之类，只能算是北词两夹弦原始阶段。

剧照

排练

随着各种音乐元素的加入以及其他地方小调的渗透，到了明末清初，两家初具规模的戏班分别在郓城唐庄村（今双桥乡）和何堂村（今侯集镇）相继结社而成。因其主要伴奏乐器为四弦胡琴，民间称之为“四弦”“四根弦”“马尾巴弦”。后经数代人的不断丰富发展，北词两夹弦逐渐成形。

北词两夹弦的演唱剧目多，内容丰富，既有小巧玲珑的闺房戏，又有起伏跌宕的事件戏；既有柔肠寸断的悲情戏，又有酣畅淋漓的欢乐戏。北词两夹弦带有鲜明的民间特征，不讲究外在形式的华美，重在“艺以载道”“以艺教化”，撷民风以入乡俗，传伦理以入庭院；借先贤以明事理，移清雅以负圣洁。唱的是百姓戏，说的是自家话，演的是身边人，论的是古今事。

北词两夹弦的音乐伴奏音域广阔，节奏紧凑，音色亮丽，跌宕起伏，优美动听，苍劲厚重，浑然一体，极具民间韵味。曲牌经过历代艺人们的加工修饰，有的缠绵委婉如曲径通幽，有的清新亮丽似行云流水，有的高亢激昂像快刀断铁；有的引而不发，有的一泻千里。可谓穿肠柔情北词戏，纵横捭阖两夹弦。

北词两夹弦常用的板式有慢板，包括中慢板、散慢板、倒板、顺板、散子架等；二板；簧戏（南词两夹弦称为“三板”），包括端阳鼓、小快门、大快门、霜晨月、呱嗒嘴、吱响吱等；娃娃板，包括大娃娃、小娃娃、喜娃娃、闹娃娃、娃娃乐等；另外，还有山坡羊、小放牛、顺河溜、腊月令、赞子、看头撅（南词两夹弦称为“捻子”）、大栽板、小栽板、哭迷子、阴阳脸、二八秋、大圆月、小圆月、大登枝、小登枝、卷帘、门对门、麦子穗、面箩等共60余种。

弦乐曲牌有大金铃、小金铃、一串铃、五子拜、大三阳、小三阳、清风赞、溜水鱼等30余支；琵琶曲牌有大传令、小传令、秋风急、秋煞子、乱芭蕉、涨池雨、散拨、套曲十八尾等；二胡曲牌有大流水、小流水、飞溅石、觅子牌、三月雪、棱棱怔、九曲子等；武乐（南词两夹弦称为锣鼓经、北词两夹弦称为将军令）有大连环、三声急、上山头、跟头翻、跃城楼、凤凰双展翅、叠罗汉等20余种，共120余种。

早期的伴奏乐器有牛筋盆面鼓、三叶手板、马尾四弦等。后来又陆续增添了笙、笛、琵琶、二胡、大锣、小锣、钹等。

北词两夹弦演员行当分工十分细致讲究。如“大生”，又分为红脸、老生、须生；小生行当中又分为文生、武生、长靠武生、短打武生、官生、娃娃生；旦角行当又分为老旦、青衣、花旦、闺门旦、刀马旦、彩旦等；丑角行当又分为文丑、武丑、官丑、小丑等。

北词两夹弦主要分布在山东省的西南部、河北省的西南部和河南省的东北部约20个县市。各地的演唱风格、技巧及曲牌、曲调略有差异，但究其本真，包括清末出现的南词，均与北词两夹弦有着极深的师承渊源。

北词两夹弦是负载着平民文化情结的戏剧艺术，具有戏剧艺术教化功能。其曲牌、词牌、音调及伴奏音乐，对研究中国民族民间音乐有着重要的借鉴作用。

◆ 山东梆子

郓城是山东梆子的发源地，据《郓城县志》和《郓城县地名志》载：隋开皇十年至唐贞观八年（590~634），郓城为郓州驻地，设总管府、都督府，统5州32县，府中常有歌舞、说唱和滑稽戏演出，热闹非凡。演唱者演唱时多以枣木梆子击节，清脆悦耳，当当有声，俗称“当当土梆”。唐太宗时，郓州常选优秀“戏子”进京演出，影响很大。

山东梆子原来民间的旧戏班均是自动成班，无固定演出场所，多在乡间露天舞台流动演出。1949年郓城县成立了前进剧社，后易名为郓城县郓城山东梆子剧团。

山东梆子有近200支曲牌，结构严谨规范，曲调行腔委婉，曲牌过门完整

《盘丝洞》剧照

《青蛇传》剧照

《三省庄》剧照

齐备，调式丰富多变，风格各异；尤其是慢板节奏曲牌，加上唱词即为唱腔曲牌，不加演唱又是结构完整的器乐曲牌；而且它有异于其他剧种摹拟唱腔的音乐旋律、结构，自成一体。演出剧目内容丰富，既有三国戏又有水浒戏，武戏吸收了民间杂技，真刀真枪，赤膊"彩戏"，很受欢迎；音乐伴奏音域广阔、音色亮丽，节奏明快、转换自如，个性明显华丽、民族韵味醇厚。其曲牌、唱词经过文人加工修饰，有的缠绵委婉如行云流水，有的高亢激昂如快刀断铁，既有下里巴人的通俗，又有阳春白雪的高雅，从而形成雅俗共赏的艺术特征；植根于民间习俗，具有非常明显的地方戏特征。

代表性传承人冀梅霞，国家二级演员，现为郓城县山东梆子剧团团长、中国戏剧家协会会员、菏泽市第十三届政协委员、郓城县第十二届政协常委。11岁考入河南省清丰戏曲学校，主工刀马旦、青衣行当，练就了扎实的基本功。1991年进入郓城县山东梆子剧团。主演剧目有"一丈青奇缘""青蛇传""盘丝洞""追鱼""风雪海棠""吕后杀宫"等。主演的大型神话戏《青蛇传》在省内外引起轰动，至今已成为该剧团保留剧目。1996年11月在山东省首届地方戏曲邀请赛中主演《青蛇传》，荣获表演一等奖；1998年11月在山东省第二届地方戏曲邀请赛中主演《青蛇传》，荣获表演一等奖；2004年、2009年分别在"中国红梅大赛"山东赛区大赛中主演《盘丝洞》，荣获一等奖。

山东梆子音乐、剧目、表演，自成体系、自呈面貌，高台教化、寓教于乐，对兄弟剧种音乐具有重大影响，对研究中国北方戏曲具有重要价值，对中国民族音乐具有持久的借鉴作用。

◆ 竹马戏

竹马戏又叫“跑竹马”，以民间舞蹈及戏曲为表现形式，因竹制马为道具而得名。它源于明洪武年间，主要流行在鲁西南、豫西、河北一带，距今已有600多年的悠久历史。解放前，郓城县侯咽集镇李垓村的李继法在寿张县县衙前表演了竹马戏，县长看了高兴若狂，说自己从未看过这样精彩的表演，真是奇妙。解放战争时期，竹马戏曾赴前线慰问过解放军。

“竹马”以竹篾扎形，外蒙红绸或枣红、黑、青、赤、花等多种颜色纸，糊制成马的形状，演出时，竹马的前节挂在胸前。因“马儿”个头较小，马背仅

竹马戏

到表演者的腰间，为了遮掩，给马系上“围裙”，“围裙”下就是演员的腿。骑马的人各有各的扮相，兵、将、帝、丑、怪、仙，行当齐全。竹马舞动时，线路、花样各式各样，缓时銮铃叮咚响，恰似行云流水，快时万马奔腾，有不可阻挡之势。

竹马戏开始演出时多用民间小调，之后增加了山东柳子戏、山东梆子，也有以天津快板的形式来表演的。唱腔简单实用，表现丰富，具有极大的发挥空间，吸收各方面的营养为己所用，因而其地方色彩非常突出。

主要伴奏乐器有笛子、三弦、二胡、笙，蛤蟆鼓、板鼓、手板、锣、铙镲、铙、钹、小锣、梆子等。主要剧目有“憨宝观灯”“张大德游寺”“秦琼打登州”“罗成招亲”“跑花船”等。

项目传承保护人李宗江，自幼跟爷爷学戏，后又拜李宗福为师学唱青衣。他 13 岁就随演出队演出。因唱腔柔和响亮，音韵准确，很受观众欢迎。近年来，他又致力于挖掘整理剧目，力求让竹马戏被更多群众熟知、喜爱。

竹马戏是中国曲艺中的一个具有活化石作用的活体标本，是具有重要文化价值的地方名片。其语言通俗，富有口语化特色，且乡土气息浓郁，对于民俗学、方言学、社会学研究来讲是不可多得的活体研究对象。

◆ 柳子戏

柳子戏是在元、明以来的弦索声腔的基础上发展起来的古老剧种，有 500 年以上的历史。因其由弦索伴奏的俗曲演变而来，故又称弦子戏。戏曲史上所称“东柳、西梆、南昆、北弋”的东柳，就是山东柳子戏。郓城县是柳子戏的发祥地，又是柳子戏流传、分布最密集的地区。早在 300 年前，柳子戏就在郓城广为传唱。最初以口头传唱为主，逐渐演变为“围鼓圈”演唱小戏剧，有些村庄利用竹马、旱船、抬阁等作道具，边舞边唱，在此基础上又转向大舞台演唱。

郓城县的柳子戏先由民歌、小曲发展成为说唱艺术，之后又演变为戏曲声腔，后来柳子戏又吸收了高腔、青阳、乱弹、昆曲、罗罗、皮黄等剧种的部分剧目与唱腔，与大弦子戏、河南曲子戏、越调、河北丝弦戏同出一源。经过长期加工提炼，修饰创造，并博采众长，兼收并蓄，由简单的民间说唱艺术发展成为比较完整的戏曲声腔类型和演唱形式，并且形成了有相当规模的演唱队伍，成为人民群众喜爱的有重大影响的剧种。

据《郓城县志》记载：在清乾隆年间，郓城县黄岗、蝙蝠刘庄、七里铺、房河口、吕月屯等50多个村庄经常演唱柳子戏。自1850年艺人姚天机在鲁西南创立柳子戏科班起，郓城县不断出现柳子戏专业科班，其中比较著名的是郓城县随官屯村刘云泗的“义盛班”。这些专业科班培养人才，到处演唱，促进了柳子戏的发展。20世纪40年代后期，郓城县的民间班社多达50多个，涌现出了许多优秀演员和专业教师，较为著名的郓城籍演员教师有刘云泗、刘仰田、王连弼、杨汉春、王传明、王传振、宋锡龄等。每逢农闲、庙会是柳子戏的集中演出时期，许多村庄的群众请戏班、抢名角、搭戏台、邀亲友，演出一场接一场，戏台前人山人海，热闹非凡。近年来，柳子戏非常不景气，全县已经没有一处村庄的戏班能独立完整地上演出成本大戏，而且角色不够，戏装、道具

剧照

传授

排练

不全，或没有乐队。观众也因为长期不接触柳子戏而急剧萎缩。柳子戏这一古老剧种在郓城已面临灭绝的危险，亟待抢救和保护。

截至目前，搜集起来的柳子戏曲牌达 693 支，传统剧目 200 余部。代表剧目有“孙安动本”“张飞闯辕门”“玩会跳船”“白兔记”“红罗记”“打登州”“抱妆盒”“五台会兄”“挂龙灯”“颜查散”等，还有近期创作的剧目“风雨帝王家”“琵琶遗恨”“江姐”等。

柳子戏曲牌结构严谨规范，曲调行腔委婉，曲牌过门完整齐备，调式丰富多变，风格各异，充满正能量，对研究元代散曲、明清时期北方的戏曲音乐现象具有重要的参考价值，对中国民族音乐具有持久的借鉴作用。如柳子戏传统剧目《玩会跳船》中的音乐已被编录在九年义务教育六年制小学音乐教材中。

◆ 琴 剧

郓城琴剧兴盛于明初，始称“琴曲”，迄今已有 600 余年的历史。清乾隆六十年（1795），第四代传人刘道友与弟子陈廷展在传统琴剧基础上，吸收山东梆子、山东枣梆、两夹弦等艺术精华，将琴曲分角色化妆演出，俗称“化妆扬琴”。清道光年间（1848），陈来元、李玲元等人在内蒙古、北京等地与山东梆子演员李贤良（郓城人）合作创办琴剧社。20 世纪 20 年代初，第七代传人陈怀教及韩廷贵等人，在郓城创办了琴剧团，后易名为“鲁西琴剧”。琴剧艺人创编了大批

琴剧演练

群众喜闻乐见的新节目，丰富了演唱内容。20 世纪 80 年代末，第八代传人陈乃端，根据历代艺人演出的剧目，耗尽大半生心血搜集整理出长篇剧本 20 余个，中篇剧本 100 余个，书帽、诗、引 600 余首，曲牌 1500 余首，使琴剧得到极大发展。

郓城琴剧吸收兼容多家戏曲之精华，形成基本唱腔、基本曲（又称筝唱曲）、大曲、中曲、小曲和其他曲，另有 72 曲牌。唱腔柔婉舒展，唱词通俗易懂，曲调丰富优美，既有山东梆子、枣梆的高亢亮丽，又有四平调、两夹弦的柔婉细腻，比较流行的曲牌有“满地红”“满江红”“满堂红”“娃娃调”“牧曲”“蝶恋花”“凤阳歌”“石榴花”“风筝曲”等。板式复杂多变，身段工架粗犷强健，传统的练功步法和程序有推圈、云手、跷腿、搬腿、打旋风脚、打高提，以及耍草帽等特技。行当有生、旦、净、末、丑。乐器有坠胡、京胡、板胡、琴、筝、笙、笛、鼓、锣、镲等。主要传统曲目有“三女拜寿”“王天宝下苏州”“双锁柜”“白蛇传”“梁山将”“秋江”“白玉楼”“巧中奇”“哭长城”“杜十娘”等。

郓城琴剧的形成和演变过程，表现了郓城人豪爽豁达的性格，有着浓郁的乡土气息。为我们研究中国民间艺术的发展规律提供了鲜活的资料，许多传统剧目，至今还保留着深刻的时代印记，具有很高的历史价值和艺术传承价值。

◆ 枣 梆

郓城枣梆始称“傗”（zhǎo）戏，又称本地“傗”，由山西晋城上党梆子演变而来，迄今已有300余年的历史。

清康熙年间，山西晋城上党梆子剧团“十万班”来郓城一带谋生，由于唱腔奇特新颖，被当地人戏称为“傗”戏。“十万班”领班潘朝绪（潘师爷）为人谦和，有求必应，不少当地戏剧爱好者拜其为师，学唱“傗”戏。潘师爷先后在郓城县多个村收徒传艺，成立起了郓城县第一个“傗”戏剧团“盛义班”，经常在鲁西南一带巡回演出。

由于方言和风俗与山西不同，再加上受本地梆子戏、柳子戏等影响，郓城的“傗”戏渐渐发展演变成为具有地方特色的新剧种，因用枣木梆子击节，当当有声，清脆悦耳，遂易名郓城枣梆，逐渐在鲁西南、河南东部地区流传开来。

郓城枣梆吸收兼容多家之精华，唱腔板式十分丰富。演员演唱时都用大本

《天波楼》剧照

腔（本嗓）与二本腔（假声）相结合的唱法。红脸、黑脸的唱腔尾音，用假声“立嗓”，翻高八度，发“讴”或“啊”音；小生、小旦的立嗓尾音，发“咦啊”声，听来颇有特色。主要板式有大花腔（四十八梆，现已不常用）、二板花腔、流水花腔、栽板小花腔、慢板（二板）、落二板、二八铜（分紧二八、慢二八）、流水板、紧垛板、慢垛板、小栽板、大栽二犯、武二犯、倒反拨（多半转垛子板）、紧反拨、一串铃、靠山吼、三步歌、武包腔、娃娃调、尖板、奏曲调、哭迷子等。

常用的丝弦曲牌有大救驾、降香牌、五字开门、斗鹌鹑、扬州、大金钱、十番子、肚里疼、拉房、现鬼牌、鬼抽筋、狗撕咬、上香牌等近20种。

常用的唢呐曲牌有慢欠场、拜堂令、朝元歌、碰门子、到春来、打老虎、急三枪、滴溜子、唢呐皮、吃酒牌、天下同、四不像、四大锣、朝天子、水龙吟、点绛唇、尾声、半尾声等20余个。

郓城枣梆主要伴奏乐器有锯琴（头把）、二把、三把。

郓城枣梆现存传统剧目有80余个，大部分为历史题材，其中取材于《三国》的有“荐诸葛”“连环计”“曹丕射鹿”“八卦阵”“出祁山”“天水关”“骂曹”等；取材于杨家将的有“天波楼”“董家岭”“双挂印”“对金刀”“提寇”等；取材于梁山英雄故事的有“坐北楼”“时迁打铁”“翠屏山”“打渔杀家”等。另有一些取材于民间故事的剧目，如“珍珠塔”“五花马”“绣糯记”和神话剧“无底

《三开膛》剧照

洞”“雷峰塔”等。整理改编的传统剧目和新编历史剧目有“徐龙铡子”“狄青借衣”“无底洞”等。还创作演出了现代戏“小二黑结婚”“白毛女”“党的女儿”“金沙江畔”“牡丹向阳开”等，这些剧目在全国、省、市戏曲汇演中，分别获得最佳主演奖、最佳配角奖和演奏奖等。

代表性传承人王爱平，郓城县于庙村人，枣梆世家。自幼受父母影响，酷爱戏剧艺术，主工文生，兼演青衣、老旦、武生。5 岁随父母登台演出，6 岁崭露头角，荣获“枣梆小王后”之美誉，其唱腔豁亮，吐字清晰，做工细腻，刚柔相济。1979 年正式加入郓城县枣梆剧团，1999 年参加范县戏剧汇演，荣获表演一等奖；2002 年参加山东省公安厅汇演，荣获二等奖；2004 年山东省电视台专访，录制唱片光盘；2012 年被菏泽市文化部门评为“菏泽市民间艺术家”。

郓城枣梆吸收兼容了多家艺术之精华，其音乐和表演具有浓郁的生活气息，贴近群众，贴近现实，在精神文明建设和群众的美育、德育教育中发挥了重要作用。

◆ 大弦子戏

大弦子戏源于元代以来中原地区的俗曲小令，是流行于鲁西南和豫东北的一个古老剧种。因起板时以伴奏乐器三弦起头，故被称为大弦子戏。明、清两代是大弦子戏的鼎盛时期，郓城县科班众多，戏台遍布城乡，坊间流传着“村村有戏楼，夜夜唱灯戏”的说法。大弦子戏在郓城历经 700 多年的传承和发展，不断与其他剧种互相交流和借鉴，逐渐形成了大弦子戏粗犷、激烈、古朴和淳厚的独特表演艺术风格。

大弦子戏剧目众多，流传下来的传统剧目有 200 多个，被称为“民间戏曲艺术活化石”。角色行当齐全，有五生、五旦、五花面之分，脸谱化妆细腻而富有个性。有“秦琼红脸五道眉，敬德黑脸三块瓦，杨七花脸细而俊，张飞黑花倒金钩，丹凤残眉关云长，牛皋铜铃两竖眉”的说法。

大弦子戏唱腔属“曲牌体”，曲牌繁多，还吸收了一些古老腔调。唱腔中曲牌更换频繁，音节跳度较大，唱词有长短句式、单句式和对偶句式。演唱时真、

大弦子戏剧照

假腔相结合，富于变化，抑扬顿挫，旋律动人，有“九腔十八调、七十二哎嗨”的说法。表演时游走于夸张和含蓄两个极端，身段动作以杂技功底和“大洪拳”架势为根基，扎实夸张，刚健劲拔，豪迈威猛，手势、台步、架势和亮相等均有独特风格，擅长演出袍带戏和架子戏，素有“李逵笑，敬德傲，张飞出场三不照”之说。

大弦子戏伴奏乐器以锡笛、竹笛、笙、三弦为主，有“笛是骨，笙是肉、弦是筋”之说。伴奏风格分为粗、细两种，粗曲字多调急、情绪激昂，细曲字少调缓、行云流水。

2016 年，郓城县黄安镇郭垓村的郭良为、申明亮等人重建大弦子戏剧团，常年活跃在当地送戏下乡的舞台上，并受邀到各地巡回演出，深受群众欢迎，并多次在文艺汇演中荣获表彰。

曲 艺

◆ 山东琴书

山东琴书最初叫扬琴，也有叫打扬琴的、唱小曲的。

据《郓城县志》载：“琴曲始出于书香之家。”相传明永乐年间，出生于书香之家的郓城县刘官屯李子慎，善抓筝弹琴，创作了许多曲谱，后经艺人多年创演而成剧。明中后期，抚琴抓筝、弹唱小曲的风雅活动在当地较为流行。随着中原俗曲不断相互融合，于是便产生了鲁西南“小曲子”。这种俗曲联唱的“小曲子”又有一个较雅致的称谓——琴筝清曲。经过几代人的传承发展，“琴筝清曲”渐渐冲破了文人雅士的小圈子，流传到民间。由起初风雅的“携访友”变成农闲或节日聚会的自娱性“庄稼耍”或“玩局”。清朝末年，这种业余玩局琴书演唱社，在郓城一带农村盛行起来。

光绪年间，七代传人陈怀教在刘官屯、张官屯、史垓等10余村收徒传艺，传播琴书演唱。琴书由业余玩局变为“撂地说书”的职业性演唱，这时期的演唱依然保持着“琴筝清曲”的书词尚文采、注重音乐性的特点，其演出虽以娱

山东琴书曲艺队文艺下乡

乐为目的，但重在比赛唱腔的优美、曲牌多寡，以及乐器演奏技巧的高低，还有浓重的文人雅士弹唱抒怀的情趣，绝少江湖气。后来演唱内容、形式以及音乐唱腔上慢慢有了变化。音乐结构由原来的曲牌联唱，变为以唱“凤阳歌”“垛子板”两种曲调为主，以板式变化、穿插使用曲牌，唱词变得通俗易懂，演唱风格也由以前的纤柔细腻变得活泼质朴。

作为这一阶段的重要标志，琴书由郓城农村进入了运河漕运重镇——济宁，并陆续传入邻近的徐州、商丘、开封等地。一时间，济宁的土山、运河岸成为琴书名家荟萃之地，并扩大影响，遍及山东各地。陆续发展形成了以广饶、博兴为中心的“东路琴书”和以济南为中心的“北路琴书”，鲁西南一带的琴书遂称为“南路琴书”。南路以茹兴礼及其创始的“茹派”最具代表性，演唱不用花腔巧调，行腔深沉，咬字真切，节目多为愤世之作。

新中国成立前，曲艺演唱都是艺人走村串乡，新中国成立后逐步发展到登台化装演唱，山东琴书有了新的发展，成为流行于大江南北的主要曲种。为了进一步发展曲艺演唱，1950 年冬，郓城县成立了 18 人的曲艺队。1955 年开始化装登台演唱，经常配合形势排演现代戏。

山东琴书从形式上看，属于坐唱形式的曲艺。演出形式一般为 2~5 人，演唱时坐成八字形，扬琴居中，其他乐器分列两旁。在故事的发展中，演唱者多以角色出现，并有生、旦、丑的分工。塑造的人物立体感很强。演员各持乐器，自拉自唱。演唱者分赶角色，也兼乐器伴奏。分赶角色者一般 2~3 人，余者为伴奏兼伴唱。传统的演唱讲究稳重大方，仪态端庄，全靠富于变化的唱腔和有机的伴奏配合来完成故事情节的表达和人物形象的刻画。随着山东琴书艺术自身的发展，旧的演唱方式逐渐被打破。如演唱者可根据故事情节的发展和人物感情的变化传达表情，有时亦可略加手势以助表演，演员之间在演唱中可进行感情交流，还可与观众直接交流，但其演唱风格依然保持了稳重大方的基本特点。

随琴伴奏的乐器有筝、坠琴、京胡、板胡、软弓胡、四股弦、蝶子、大板梆子等。有曲牌 200 多支，传统曲目共有 100 多个，书帽、诗、引 600 余首。分牌子曲、中篇、长篇 3 类。节目以中长篇书为主，兼唱小段儿。代表曲目有“白蛇传”“王定保借当”“三上寿”“梁山将”“秋江”“白玉楼”“巧中奇”“哭长城”“杜十娘”“杨家将演义”“包公案”“大红袍”“梁祝下山”“水漫金山”“夺印”

山东琴书剧照

山东琴书进校园

“游湖”“雷峰塔”“许仙晚会”“盗灵芝”“雷峰塔杭州送子”“哭长城”“杜十娘”“樊梨花投唐”“杨八姐游春”“吕洞宾戏牡丹”“李天宝吊孝”“站花墙”“兰桥会”“拾玉镯”“王天保下苏州”“王汗喜借年”“清官断”“刘秀落难”等 100 多个。

代表性传承人何淑玲，1946 年 10 月出生，郓城县郓城镇人。11 岁从师于著名琴书艺术家陈乃端学习山东琴书，1960 年考入郓城县曲艺队，多次在省市曲艺汇演中获奖。先后培养了以陈金萍、薛章连、王合义等琴书继承人，并多次带领弟子在山东、河南、山西、河北、安徽等十几个省市城乡巡回演出。1997 年创办山东实验艺术学校，设立山东琴书专业班，学生遍布全国各地，为山东琴书培养了大批新生力量。

山东琴书对吕剧的发展产生过重大影响，是山东吕剧的直接母体戏曲，文化价值高，是广大人民群众喜闻乐见的一种艺术形式。山东琴书经艺人传唱，流传至山东各地、河南、江苏、安徽北部、河北南部及东北的个别地区。在宣传党的方针政策和精神文明创建方面发挥了重要作用。

◆ 坠　子

山东坠子源于鲁西南一带，其前身是流行于民间的道情和莺歌柳两种曲艺形式。从清代末叶开始，两个曲种的艺人逐渐合流，在音乐唱腔、伴奏等方面互相吸收融合，特别是莺歌柳的伴奏乐器小弓三弦被改制成坠胡以后，改弹拨乐器为弓弦乐器，开始使用“溜腔”（俗称“哼弦子”）。新的唱腔和音乐结构的出现，是山东坠子形成的标志，其时在1900年左右。

山东坠子在形成过程中，以新鲜活泼的特色，吸引了不少三弦书和山东大鼓艺人加入，使山东坠子的曲目得到进一步扩延，演唱技巧也得到极大地提升。这一新兴曲种日益成熟，并迅速流传到邻近的河南、安徽及黄河沿岸的冀南地区。民国初年传入北京，20世纪20年代传入天津、上海、沈阳，30年代传入兰州、西安，40年代传入武汉、重庆、香港等地，成为中国流行最广的曲艺形式之一。其间仅郓城一地，常年在外串乡演唱山东坠子的艺人就有450多人，一直到20世纪60年代，郓城尚有30岁以上的山东坠子艺人260多人，被外地人称为“坠子窝”。坠子演员郭文秋在全国首届曲艺汇演中一举成名，随后收郓城籍坠子艺人李少秋为徒（时年15岁），由此也拉开了山东坠子在郓城的新篇章。

山东坠子的音乐由唱腔及乐器伴奏两部分组成。它既有曲艺演唱上的一般表现风格，也有自己特殊的演唱与伴奏特点，地方色彩鲜明，生活气息浓郁。

山东坠子的唱腔音乐包括引子、起腔、平腔、送腔、尾腔等部分，在主体唱腔进行中，根据唱词中不同句式的格律，使用3字崩、5字嵌、7字韵、巧10字、拙10字、寒韵、滚口白等唱法，产生节奏和旋律上的变异，以表现不同的人物感情。

山东坠子的伴奏乐器有专职伴奏者使用的脚梆和坠胡，说唱演员使用的简板、矮脚书鼓与醒木等。由道情改演山东坠子的艺人多用简板击节，由大鼓改演坠子的艺人多用矮脚书鼓，醒木则在说唱长篇书时使用。

山东坠子的曲调虽多，但它以一个主体性基本唱腔曲调为基调，根据唱段

排练

演出

起、承、转、合的不同规律和故事情节的不同需要，加以重复、发展和变化。同时，对传统唱腔中属于插入性或附属性的唱腔曲调，如引子、牌子及大小寒韵等，进行融会贯通式的取舍处理，把有特性的乐句和片断有机地结合在唱腔音乐中，使整个唱腔音乐丰富多彩，和谐统一。早期开场时都有即兴演奏的“闹台曲”，热烈火爆，以吸引听众。闹台以后是起腔过渡的乐曲，这是速度和力度的缓冲，称为“过板”，近几年大多数都改为前奏曲。伴奏的主要部分是“托腔”，是唱腔进行中的模仿性过门，包括乐句中间的对应性过门、乐汇中间的填补性过门、寒韵（悲腔）中间的吟哦性过门。

山东坠子唱腔慷慨激昂，高亢雄健，洋溢着雄浑豪放的阳刚之美。始初为一人演唱，后来发展为双人或多人演唱。旧时，坠子的演唱场地多为茶馆、书场。演出形式是台上放一张条桌，上边有块桌布作为装饰，演员站在桌子旁边，手拿简板（演员打节奏用的两块檀木板），有时用筷子随唱腔节奏敲击单钹。琴师手拉坠胡，兼踏脚板（桌子腿上绑的梆子）。由于器具简单，又便于携带，因而最适宜于在集市码头、乡村街巷演唱。郓城山东坠子使用郓城方音说唱表演，以唱为主，唱中夹说，所用唱腔主要包括平腔、快扎板、武板、五字坎和垛板等。坠子通俗易懂，老少皆宜，加之故事引人入胜，所以人听人爱。

山东坠子一直在民间流传，长期以来从道情、三弦书、山东大鼓、琴书等曲种移植、继承了大量优秀书目，以后又创编、积累了一些独具特色的书目，有长篇、中篇、短篇 200 余种，保存了不少流传下来的艺术精品，如“杨家将”“列国”“说唐传”“水浒”等。中华人民共和国成立之后，山东坠子在整理传统优秀节目、编写反映现实生活的新作，改革音乐、表演艺术等方面，都取得了显著的成就。其间出现了一大批名家名作，如冯福合演唱的《八女投江》、王来堂演唱的《双枪老太婆》等。

郓城山东坠子主要传承人王合义、贾如生，二人均为郓城县宋江武校“水浒书场”说唱演员。贾如生，从事民间说唱 40 余年，先后 20 多次参加本省及周边省、市组织的文艺大赛，共获二等奖以上奖励 18 次。王合义艺名“黑孩”，其创作的《宋江杀惜》曾在中央电视台七台、中央电视台四台、中央人民广播电台相继播放。2007 年在电影演员洪金宝主演的《武术》中成为特邀演员。2008 年 4 月份在菏泽市牡丹花会文艺汇演中获得一等奖，5 月在山东电视台“谁不说俺家乡好”电视大赛中荣获山东省最佳表演奖。

◆ 郓城渔鼓

郓城郑营人郑益路于明万历四十年（1612）入峄山清霞宫道观修道并深得渔鼓要领，后承师训返乡后布道授艺，逐渐形成以当地方言为发音特点的“郓城渔鼓”，属“全真教丘祖龙门派”，成为山东渔鼓流派的重要分支。

《郓城县志》记载：明万历四十七年（1619）农历三月三，郑益路率弟子 9 人于县城南关王母庙前以渔鼓说唱的形式设坛布道，规模宏大隆重，“听众逾万人”，后人亦称“弟子 9 人唱渔鼓”。

清乾隆三年（1738），黄河决口柳林段（今属菏泽市东明县滩头乡），朝廷派户部侍郎谢仁庭督导修堤，历时三月未成，而所差钱粮尚巨。窘迫无奈之中，偶然听人说郓城有一渔鼓艺人绰号“镇黄河”（刘真林），遂指派郓城县令郭其勋带其义演募捐。郓城“丘祖龙门派”传人“真”字辈渔鼓大师刘真林便在曹州府（今菏泽市）西校场搭台唱戏，连唱 11 天，所筹钱粮至决口合龙也未用完。谢仁庭感慨不已，竟亲扶轿杆陪刘真林走回曹州府衙。此事收录在《曹州府志》，后又由坠子艺人陈其忠编为坠子戏“真林坐轿”，在鲁西南地区演唱了 200 多年，而郓城渔鼓也名声大振。

演出剧照

光绪二十八年（1902）秋，中原渔鼓艺人应邀汇聚天津展艺，郓城“荣”字辈艺人陈荣香率先在渔鼓伴奏中引入坠胡，使渔鼓的表演形制与唱腔声韵均有了焕然一新的变化，一时被誉为“京津独门技，中原渔鼓花”。从此，郓城渔鼓也被称为“渔鼓坠”，并很快向东影响到聊城、济宁、泰安、德州、济南等地区，向西则扩散到自郑州以东的大半个河南省。

1938 年，由代师长陈光率领的八路军一一五师六八六团自太行山过黄河入郓后，第一仗就拔掉了日伪军盘踞的樊坝据点，中共郓城中心县委书记梁仞仟（中共七大代表）带渔鼓艺人 12 人到部队慰问演出。团长杨勇兴至情浓，当场取过渔鼓艺人王元山的渔鼓，提笔在鼓筒上写下“千年道情附渔鼓，渔鼓可作道情人”。

抗战时期，在时任中共郓城县委书记徐雷健的支持下，郓城组织了第一个民间艺术团体“东鲁雅乐团”，协助党的抗日救亡工作。渔鼓名家王元山、王殿玉、曾明才、季福合等都是其中的主要成员。

郓城渔鼓是带有鲜明地域特色的曲艺说唱艺术形式，其舞台语言为“郓城土话”，至今已有近 400 年的历史。郓城渔鼓乐器主要有渔鼓、简板、堂鼓和坠琴等。郓城渔鼓的调式、旋律特点比较鲜明，也可以说比较质朴，长于叙事又兼有抒情。郓城渔鼓演唱主要剧目有韩湘子上寿、三度林英、吕洞宾戏牡丹、吕蒙正赶斋等。

郓城渔鼓主要传承人有贾如生、王合义。二人也精通山东坠子，是山东坠子的传承人。

郓城渔鼓这一曲种的板式和演唱形式独树一帜，平起仄落的韵脚别具一格，对探索渔鼓的古老文化内涵、研究民间戏曲文学价值提供了鲜活的例证；其唱腔、表演、锣经，以及郓城渔鼓引入的坠胡伴奏非常独特，不仅具有很高的声乐美学价值和宗教研究价值，也为其他剧种丰富演唱和表演提供了有益的借鉴。

◆ 山东花鼓

山东花鼓这一民间艺术历史悠久，在南宋耐得翁《都城纪胜》中即有记载。元明时期，花鼓不仅在民间盛传，还进入了官宦士绅之家。山东花鼓不断地与各地民间小曲、舞蹈相融合，相互吸收借鉴形成了风格迥异的南、北、东三路花鼓。流行在郓城、菏泽、济宁等地的为南路花鼓，在清朝中叶已到鼎盛时期。后来，花鼓唱腔与表演逐渐戏剧化，发展衍生出了两夹弦、四平调、五音戏等多种地方戏剧种，在山东戏曲史上有着深远的影响。

排练

山东花鼓中的女角最初由男性艺人装扮，俗称“包头”“舞妆”。后来，女艺人大批出现，花鼓又向戏曲方面发展，分角色化装演出，并增添了大锣、小锣、铙钹、梆子等打击乐器，演出场面有“紧七慢八，六个人瞎抓”之说。

山东花鼓主要以花鼓为伴奏乐器，故又叫“花鼓丁香”“打花鼓”“花鼓秧歌”等。流传在郓城的山东花鼓，男不上妆女上妆，道具简单，扮相俏丽，唱词通俗易懂，表情幽默风趣，集说唱、舞蹈、表演为一体，尤其是当地方言、土语的运用，让人喜闻乐见，是山东曲艺品类中唯一一个走唱类曲种。

山东花鼓的音乐极为丰富，既有曲牌体又有板腔体，其唱腔多以七声音阶的宫调式为主，风格独特，感染性强。其板式主要有平调、直板、念板、娃娃、羊子、寒韵、砍头橛、夸七锣、过序子、货郎调、哭迷子等。曲牌有徵调、采茶调、河南调、赶脚调、娃娃腔、拐磨子、垛子、扑蚂蚱等。

花鼓戏没有文场，伴奏只有打击乐，由开台锣鼓和唱念锣鼓组成。开台锣鼓一般是老三番、新三番、串三番、阴阳锣、游场锣、炸黄锣、串三锣、遍地金、紧冲冲、开场锣鼓、凤凰三点头等，多以借鉴其他曲艺、小戏并加以演化而成。唱念锣鼓则是正戏中的伴奏，集中了30多种板式唱腔、专用曲牌及说白穿插时用的锣鼓经，灵活多变，长短随意，时有新意出现。

山东花鼓演唱时少则一人，多则七八人，以两人演唱最佳。演出时，男角挎花鼓，身束腰带，双手舞动鼓槌，配合身段及曲调节奏敲击，插科打诨，幽默诙谐，人称“鼓架子”；女角粉装彩扮，头顶特制的绣球，两条锦绣飘带垂于胸前，长辫垂于脑后，上穿彩衫，足踩小跷，围着彩色的飘带罗裙，手持折扇或彩绸、罗帕，演唱时手扶男肩，边歌边舞，一人多角，时进时出，风趣活泼。流传郓城的花鼓词曲目以“三小戏”小生、小旦、小丑为主，俚词俗语生动，生活情趣浓郁，演唱中多用衬词，以七字句和十字句居多，形成了“九腔十八昂”的演唱特色。

代表性传承人有刘息忠、陈化举、王丰节、刁秀运等。

山东花鼓的唱词和唱腔均有深厚的地域文化的烙印，曲词通俗生动，生活情趣浓郁，地域文化色彩特别鲜明，发展衍生出了诸多地方戏剧种，是我国民俗学、方言学、社会学及曲艺界、戏曲界极为难得的活体研究对象。

◆ 山东落子

山东落子始于清朝道光年间，是一种说唱兼有的民间传统曲艺，演变自古代的莲花落艺术，现可查证的已传承五代，历代名家辈出。按照流行地域、语言、唱腔的不同，可分为南口、北口和东口三种。南口落子流传于鲁南、鲁西南地区，以山东郓城、单县、成武及周边市县为代表，受花鼓影响较大；北口落子

曲艺传授

流传于鲁西北地区，受山东大鼓影响较大；东口落子流传于济南市以东的潍坊市、平度市等地。

山东落子演出乐器简单，表演轻便，曲目众多，唱腔比较随意，属于吟唱型的板腔体结构，唱词大致押韵，比较口语化，或以唱为主，或唱白穿插，句式基本以七字或十字为主，每两词或者七八句拖一长腔，以鼻音“哼哼”结束，说唱结合，唱腔收放自如，表演自然。个人表演轻便，左手打单镲（又称大咣咣），右手打竹板，一人自演自唱，随时随地可以拉场子、唱段子，行动自如，简捷方便，自由发挥空间大，适合各种场合的演出。

山东落子曲调质朴无华，风格粗犷豪放，表演轻便，常与方言、民歌小调等相结合，诙谐幽默，叙事性强，兼有民间文学特性，带有浓郁的乡土气息。新中国成立后，山东落子与时俱进，改变了老口落子腔慢婉转的风格，形成一种平腔快口，很多经典传统曲目至今传唱不衰，深受百姓喜闻乐见，具有重要的艺术价值。

郓城县及周边地区的山东落子艺人人数众多，以唱南口落子为主，名家辈出，弟子众多，山东落子艺术已传播到河南、河北、江苏、安徽等地。

◆ 莲花落

郓城莲花落是流传于民间的一种曲艺形式，又称“莲花乐”或“咣咣书”等，迄今已有400余年的历史。

郓城莲花落唱词平实朴素，源于2000多年儒家文化的熏陶，唱腔柔美隽永，借助了佛家诵经和佛歌的韵律，铿锵中透着神圣，诵唱中传情达意。清脆明快的铜板、竹板声，与抑扬顿挫的诵唱声，把人不知不觉地带入佳境，这就是所谓有板有眼、具有强烈艺术感的效果。

相传明末清初，一位绰号为“滚烫嘴”的山西艺人来郓城卖艺，并收徒定居于郓城，莲花落由此在郓城落户。经过几代人的演变与发展，吸收兼容了多家艺术之精华，文化底蕴十分丰厚，其唱腔柔婉舒展，唱词通俗易懂，曲调丰富优美。同时，注重取幽默舍滑稽，重含蓄轻夸张，求细腻戒粗糙，表演时做到语言吐字清晰，动作洗练大方，风格朴实自然，以真情动人、以奇巧取胜，注重真实性、趣味性、准确性，真正做到了雅俗共赏、老少皆宜。

莲花落多为一人表演，自说自唱，自打七件子伴奏。演唱时，铜板打板，

莲花落

小竹板打眼，相互配合有板有眼，唱词随着板眼节奏即兴编排，以唱为主，间以夹白，边唱边说，抑扬顿挫，尾音稍长。演唱内容多为劝世，以扬善惩恶，吉祥纳福为主，方言说唱，唱词通俗易懂，唱腔朴实流畅，富有浓郁的生活气息，为群众喜闻乐见，具有寓教于乐、淳化民风的功能，是民间文化和地方风俗的历史见证。其明快有力的风格，鲜明地表现了鲁西南人直率强悍的性格特点，是古老说唱艺术的宝贵遗产。

郓城莲花落多在集市、庙会演出，一般演出前要先击节打场，并有开场白。开场白多是“哎，咱说的是……”演唱至高潮，还能将铜板或大钹抛起，再打一个飞脚，然后稳稳地将铜板或大钹接住，以此活跃演出气氛。在地摊前演唱，则更简单更随意。

郓城莲花落广泛流传于山东各地和河南、江苏、安徽的北部，河北的南部，以及东北三省等。在长期演唱过程中，以适应民风民俗，不断吸收、兼并当地的曲艺特点，逐渐形成各具特色的表现形式。主要传统剧目有“响马传”“武松”“杨家将”“打关西”“黑松林”“薛礼还家”等。新编剧目有“老来难后传”“水浒故里展新姿”等 30 多集录音录像和五集电视连续剧《酸甜苦辣莲花落》。

郓城莲花落的形成和演变过程，为研究中国民间艺术的发展规律提供了活的资料。许多传统剧目，至今还保留着深刻的时代印记，对研究民俗文化具有很高的历史价值、文化价值和艺术传承价值。

传统体育、游艺与杂技

◆ 大洪拳

鲁西南大洪拳源自宋太祖三十二式长拳，属少林罗汉大洪拳的主要分支。明天启年间（1621~1627），少林罗汉大洪拳已分为“乾坎艮震巽离坤兑”八门。“离”门大师部黄代活动于河北、山东、河南一带。清嘉庆末年（1796~1820），其真传弟子河南省清丰县孔昭武，融入当地各拳种的精华，自编套路，形成了独具风格的大洪拳。该拳功架套路众多，防可以护身，攻可以制敌，具有一定

大洪拳罗汉架子双趟腿

大洪拳罗汉架子虚步钻捶

大洪拳罗汉架子云顶右击掌

大洪拳器械双刀

的实战性。而且演练场地简单，室内外皆可。因此，该拳种深受广大群众的喜爱，在鲁西南、豫、苏、皖等地广为传习。

鲁西南大洪拳以五拳为根本，俗称“五花炮”，是大洪拳入门功夫，即龙拳练背、虎拳练骨、豹拳练力、蛇拳练气、鹤拳练精。自宋流传有“罗汉十八手”，历经演变已增至七十二手。身法讲究“起落进退反侧收纵”八法，使手眼身法步运用自如。在此基础上，先练单拳，再练对打拳，在拳术练到一定程度后，再练十八般兵器。

鲁西南大洪拳六代传人黄广勋，郓西黄岗村人，少林寺二十九代皈依弟子，鲁西南大洪拳掌门人之一，历任郓城县武术协会会长、菏泽市武协理事。他出身于武术世家，自幼拜菏泽马垓村马体林为师，刻苦学艺，融各家之长，对鲁西南大洪拳套路有诸多创新。八代传人樊庆斌、刘国庆，郓城县南关人，少林寺三十一代皈依弟子。樊庆斌第九、十、十一届全国政协委员、国家武术八段位、国家体育学会武术协会副会长、鲁西南大洪拳研究会副主席。刘国庆第十、十一届山东省人大代表、国家武术七段位、全国武术协会会员、中华武术学会少林拳研究会理事、鲁西南大洪拳研究会副主席、郓城县武术协会副会长。两人自幼酷爱武术，学艺于黄广勋先生之亲传弟子郑勋谦。1984 年二人在黄广勋的帮助下，自筹资金创办了郓县宋江武术学校。20 多年来，学校为国家培养了 3 万余名文武兼备人才，百余名进入武英级运动健将行列。在世界和全国重大比赛中获得千余枚奖牌，为国家争得了荣誉。2003 年，宋江武校被评为全国十大名武校，名列首位。两人为抢救鲁西南大洪拳做了大量工作，整理出“拳谱”4 部，收藏秘籍手抄本 20 余部，套路录像 10 套。

鲁西南大洪拳是以搏击为主要内容的民间体育运动，也是人们在生产斗争和战争中不断演变和完善的拳种。经常训练，可起到活动筋骨，疏通经络，提高人体各器官的生理功能，以达到增强体质，延年益寿的效果。由于该拳动作舒展大方，姿势优美，国家体育总局推行的武术段位教材，许多核心内容也多选自鲁西南大洪拳。

◆ 水浒拳

《郓城县志》记载：“公元1119年，宋江结36人聚众起义，活动于河北、山东一带，曾在梁山泊设营结寨。”义军除暴安良，除贪官、济百姓，威名大震，山东、河北等地的武林豪杰，不得志的地方武官、贫穷百姓和无处存身的流民纷纷参加义军，最盛时达数千人之多。义军中武功高强者甚多，武术种类和派别繁杂，练兵时分别由各头领带队训练，主要练习进攻和防守的奇招绝式。为提高战力，后来在训练中各种“套路”当场过招，取长补短，重新组合，形成了水浒拳。

水浒拳招式开弓式

水浒拳招式白蛇吐信

水浒拳招式刺破青天

“宋宣和三年二月，宋江率义军进攻沭阳和海州时，为海州知州张叔夜伏兵所败。”一些溃败义军潜回郓城，隐姓埋名于民间，郓城县潘渡地处水泊西岸，又是一个水泊码头集镇，成为义军理想藏身之地，他们靠出苦力艰难生存下来，同时把水浒拳传至民间。清光绪年间，义和团运动爆发，水浒拳的传人积极参加了天津反英侵略战斗。自此，水浒拳公开露面，并得到了广泛的传承和发展。由于历史的原因，水浒拳原来的师承关系不清，任风武被奉为第一代传人。1932年，第八代传人汪秀严在郓城县潘渡村开馆传授水浒拳，收徒300余人，后又传至碱店村。1954年，汪拳师在侯集镇碱店村排演了最具代表性的“水浒阵”，由108人装扮成水浒108位将士，由静到动，阵势多种变化，对练此起彼伏，喊杀声震天，再加器械的撞击声，场面声势浩大，观众赞不绝口。后来又到潘渡、李楼、赵营表演，观众人山人海，影响了黄河两岸各县。第九代传人臧延路、谭连本等，挖掘和发展民间武术，设点授徒5000余人，波及郓城周围各县。

水浒拳动作优美，舒展大方，刚柔相济，力量强，进攻猛，防守严，注重实战，且与强身健体、祛病延年相结合。水浒拳有五个基本拳术套路：水浒初势、水浒一路、水浒二路、水浒八式和水浒二郎架，除水浒初势外，其他四个套路都有一个辅助套路，叫作“拆”，并配有一套拳术对练。除此之外，还有水浒龙拳、水浒虎拳、燕青拳、武松脱铐、醉拳、醉八仙等拳术套路。

水浒拳是集体创作的结晶，反映了郓城人强悍、忠义的民族精神以及深厚的文化底蕴，承载了众多历史文化信息和原始记忆，具有非常重要的社会价值。

◆ 宋江阵

郓城县城东有一座“旷庙”，即《水浒传》中宋江得三卷天书的“九天玄女娘娘庙”，旷庙邻村旷庙苏庄即当年的“还道村”。相传，宋江得三卷天书后，连战连胜，便遵照当时的许诺，重修了庙宇。殿前一副石刻楹联“圣慈垂佑，岂敢罪下丰都；天罡地煞，旨在替天行道”即宋江亲笔所书。此后，经历代修缮，添建了九女殿、祖师殿、玉皇阁、钟楼、戏楼等，香火一度盛极。义军失败后，神医安道全流落于此出家，圆寂后葬于庙旁的“和尚林”。安道全在世时，经常带领庙内出家人共同演习“宋江阵”，久而久之，流传至民间。传说元朝兵部侍郎樊执敬，自幼聪敏好学，精通“孙膑兵法”，热衷于“宋江阵”。樊执敬经常在郓城南关的一片杂树林里摆兵布阵，并请家里人按“宋江阵”法进行操练。

《水浒传》的作者施耐庵，在元泰定年间赴京赶考，因“污卷”一事名落孙山。国子监司业刘本善（郓城人）爱其才，将其推荐到郓城县做训导。施耐庵闲暇时，经常到九天玄女娘娘庙里找高僧聊天，搜集水浒故事，观看“宋江阵”表演。《水浒传》第七十六回“吴加亮布四斗五方旗，宋公明排九宫八卦阵”，作者几乎用了整整一章的篇幅叙述童贯作“四门斗底阵”和宋江排出的“九宫八卦阵”，可谓精细到极致。

综上所述，“宋江阵”应在《水浒传》成书之前或成书期间，就已经在郓城一带广泛流传了，迄今已有 800 多年的历史。

宋江阵阵容庞大，以锣鼓点场，按 36 天罡、72 地煞的顺序亮相表演。开场是“宋江舞大旗”，锣鼓响处，大旗卷地而起，浑天挥舞，体现了叱咤风云、顶天立地的英雄气概。接着梁山好汉纷纷上阵，18 般兵器尽显神通，场面威武壮观。因梁山 108 条好汉皆死于非命，宋江阵表演者认为 108 为不祥之数，便不再由 108 人组成，而改为只要是双数即可。操演时，成员可多达几十人或数百人，一般以 36 人阵最为普遍，各人手握兵器或盾牌，以各种阵法队形变化，摆开勇猛应战的姿态，有如水浒英雄再世，呈现万夫莫敌、锐不可当的威凛气势，既富紧张、刺激气氛，又兼具力与美动感，可观性十足。

宋江阵操练通常分为三个阶段：单人操练、双人兵器套路和全阵团体操练。单人操练即每人选练一种兵器。双人兵器套路是将单人兵器的操练化为随机应变的小型战斗，包括伞对扫刀、盾牌对月牙铲、大刀对月牙铲、钩对盾牌、大刀对双刀、棍对棍等。团体操练通常以行阵绕圈的大花圈为主，阵形变化分为双人套路、三人连环套路、单人和对打表演。八卦阵形变化，主要有开四门、龙卷水、龙穿心、龙门阵、谋营、破城、对打、蜈蚣阵、蛇脱壳、蜘蛛结网、八卦阵、巡城、撞七星等。其中，八卦阵是最重要的队形。

宋江阵乐队是不可少的，它可以激励士气，渲染气氛。主要乐器有鼓、锣、钹。鼓是整个场面的灵魂，动作依战鼓而行。

宋江阵在郓城县民间，最早兴起于元末明初，于明代中后期经兵部侍郎樊继祖（樊执敬曾孙）、清代光绪钦点武状元张宪周和近代武术名士孙振奎、孟继恩、姚云腾、陈连田、刘干周、刘缵忠、刘桂全等传播至各地，尤以福建厦门、台湾台南、高雄等地为盛，至今演练不衰。

宋江阵灵活多样，表演不拘人数，不分男女老少，既适于大型广场群体展演，又适于街头巷尾、舞台、厅堂，甚至田间、地头表演；它可以真刀真枪的拼杀，也可以花拳绣腿地取乐。在郓城农村广泛流行，不少村庄拥有宋江阵表演队。

宋江阵演练

宋江阵现已成为郓城、东南沿海、台湾等地最受群众欢迎的武术和艺术相结合的民俗表演形式之一。

宋江阵集武术、舞蹈、舞台艺术等于一体，富有地方特色，是郓城民俗文化的大荟萃，是郓城人精神、信仰、价值取向的象征，体现了本土英雄崇拜和民俗文化，具有人类学、民族学、民俗学研究素材的特殊价值。

◆ 王氏内家拳

郓城王氏内家拳兴起于山东郓城县王庄村，至今已有600余年的历史。据《郓城县地名志》载：王氏祖王显于明永乐三年（1405）“自洪洞东迁临沂，西移盘沟，始为郓民。”王显为明朝开国功臣，1367年10月，王显随朱元璋南征，在消灭浙江的方国珍、福建的陈友定以及湖广地方割据势力时，曾手持春秋刀只身闯入敌营，连斩数十名顽敌。后因遭人诬陷贬为平民，举家徙迁郓城。这时的王显已年近60，子孙满堂，家境殷实。为了保家护院，王显将内家拳法传授给了子孙。相传，王显曾孙王隆考取举人，初授萧县知县，后转安庆通判。他将本不外传的郓城王氏内家拳带到各地，教给百姓强身健体，保护自己。

郓城王氏内家拳在明末清初最为兴盛。那时村里设有演武场，族中选派专人负责教练拳法，农闲时还要举行比赛，获胜者披红戴花，被人抬着在村里游行，俗称“夸街”，以示对获胜者的尊崇。演武场搭建一座高大擂台，常有四方“游侠”来此打擂，现还有御封石碑。黄百家著《内家拳法》时曾来郓城观摩，看见御碑扑倒便拜，连连称赞郓城王氏内家拳“基础深厚”。

随着郓城王氏内家拳名声远扬，来观摩和打擂的人越来越多，同时也随着王氏人口流动，郓城王氏内家拳渐渐打破了原有的“遗训”，开始往外传播，山东、江苏、安徽、河南、河北以及东北三省，都有郓城王氏内家拳爱好者。郓城王氏内家拳已成为中国民间广泛流行并为人喜爱的武术拳种之一，业内人士称其为“中国功夫的精粹”。

抗日战争期间，郓城土匪头子石殿华经常洗劫村庄。一天，石殿华纠集

老拳师培养传承人

集体表演场面

王氏内家拳虎抱头

王氏内家拳迈打

1000余名匪徒，包围了王庄。在王家生、王家进等人带领下，300多名郓城王氏内家拳子弟，手持春秋刀、长枪、短棍、拐子、梢子，甚至抓钩、铁锨、打狗棍，坚守寨门和垓子墙，与匪徒激战七天七夜，打死打伤匪徒400多人，狠狠打击了匪徒的嚣张气焰，鼓舞了郓城人民保家卫国的士气。

郓城王氏内家拳在漫长的发展进程中，不断吸取众家之精华，渐渐形成一套与众不同、极具实战性的拳法。其特点“以柔克刚”“以静制动”，招招简捷实用；打穴击要，封闭缠拿，势势内气奔泻，松紧转换，刚柔相济；将气功炼养要旨融于拳法之中，具有心息相依、运行匀缓、意到气到、动静自如、灵活婉转、莫测端倪的行拳意旨。

郓城王氏内家拳常用器械有春秋刀、两节棍、三节棍；拐子、梢子；单刀、双刀；擒枪、花枪。

郓城王氏内家拳，一代代流传至今，甚至被一些人作为谋生手段，外出表演挣钱糊口，具有广泛的群众性和民间传承性。代表性传承人王福稳，自幼练习郓城王氏内家拳，擅长短拳（槌）和春秋刀。他拳术、刀法娴熟，出似猛虎，扫似疾风，行似巨龙，攻防自如。多次参加县、市组织的武术大赛并获得大奖。在他的倡议下，郓城王氏内家拳纳入了本村小学教学计划，由专职教练在体育课或课余时间传授郓城王氏内家拳。该校在市、县教育部门教学质量评比中，被评为市级“特色学校”。

◆ 郓城乾捶梅花炮拳

据《郓城县地名志》记载：东晋末年，汉丞相陈平之后陈连携家人迁至郓城顺河集，被推为里正之长，改村名陈里长。陈连将祖上传下来的乾捶梅花炮拳传授给子孙和乡里，传承至今。

1771年，8岁的韩世征跟随父亲前往陈氏武馆拜师学武，几年工夫，韩世征便掌握了所有套路的精要，刀、枪、剑、棍无所不能。特别精通郓城乾捶梅花炮拳。后来，陈氏武馆败落，韩世征便在村里树起大旗，招收弟子，最负盛名的有江永年、江鄂、邓四鲁、徐秉淳、徐凤荣等人，他们后来都独树一帜，

第十代传承人徐守文表演“大跨虎”

第十一代传承人谢兴军表演“双雪抱弹”

第十一代传承人尚汉平、谢从雷表演“双迎面”

第十一代传承人徐传忠指导少年练拳

为人称道。

郓城乾捶梅花炮拳具有极强的技击实用价值，“三年架子两年捶”，乾捶梅花炮拳有一整套从基本功到单练、对练、器械等系统全面的训练方式。对练又分双人对练、3 人对练、7 人对练、12 人对练、24 人对练等，场面宏大壮观。乾捶梅花炮拳对练时步法清晰稳健，进攻直击对方要害，不要虚招，式式紧逼，并且随机应变，架防准确。防中有攻，攻中有防，上护心下护裆，侧身而进，随势而变，肘击，肩靠，膝顶，拳为先锋，手法步法紧相连。要求多练为熟，熟中有变，变中有化，化中制敌。套路讲究功架大开大合，身正步稳，张弛有度，发力猛狠，下盘扎实，手法多变，步法灵活，攻打四门，一气呵成。

代表性传承人徐传忠，郓城唐庙乡陈里长村人，郓城县第十三届政协委员。他自幼喜文好武，拜第十代传人韩学增先生为师，学习乾捶梅花炮拳。经过 20 余年勤学苦练，熟练掌握了拳术和器械套路。多次参加县、市武术比赛，分别获得一、二等奖。徐传忠在本村组织起一支 70 余人的武术队，教练乾捶梅花炮拳，使此拳种不断发扬光大。

郓城乾捶梅花炮拳具有丰富的文化内涵和浓郁的地域特色，练习乾捶梅花炮拳能够强身健体、修身养性，还能培养人们积极向上、公平正义、坚韧不拔的优秀品格，在全民健身活动中发挥着积极作用。

◆ 佛汉拳

佛汉拳由南天竺（印度）人菩提达摩所创，南北朝时传入中国，迄今已有1400多年的历史。菩提达摩自南天竺（印度）至洛阳，在少林寺代代相传，至清代，传至普净大师（徐修文）等僧人。

据河北大名碑文记载：清道光年间，河北省长垣县贾家庄人贾云露，酷爱武术，求师访艺于少林寺，得到普净大师真传。贾云露为俗家弟子，离开少林寺后便到民间收徒传艺，因习练此拳者多是汉人，故贾云露将拳法定名为“佛汉拳”。尊徐修文为佛汉拳始祖。1923年佛汉拳第五代传人赵忠仁，只身闯山东，先后在梁山、郓城一带开设武馆，收徒传艺，培养出了一批佛汉拳高手。

郓城佛汉拳吸取鹰、虎、猴、犬、鸡等动物的技击之长，集各家拳法之精华，以对练为主，单练为辅，动作灵活敏捷，窜、奔、跳、跃、疾、腾、滑、挪、闪等交替运用。郓城佛汉拳以擒拿、跌打、抗击、近身短打为实践方式，以单练散手、功法、对练套路为表现形式，以人体三节、四肢、五行、六合、七星、八法、九弓为依据；以动静、内外、刚柔、自然为特点；以站练、坐修、卧养、

传授

演练

行拳为功能。运用擒拿、分筋、挂骨、闭气点穴等技法，一手分三手，手手带暗藏；一式跟三打，一打有三破。上下相随，内外相合，整体化一。头、手、肩、肘、脚、胯、膝七个部位并用技击对方。佛汉拳常用器械有刀、枪、剑、戟、棍、棒、钩、钗、拐、斧、鞭、梢、锤等十八般兵器。

20 世纪 60 年代之后，佛汉拳第 7 代传人刘现江在郓城县侯咽集镇刘庄、赵营、宫庄等地开设武馆，收徒传艺，足迹与弟子遍布山东、吉林、江苏、安徽、河北等地。

第八代传承人刘现龙，1986 年参加河北省邯郸市主办的佛汉拳散手比赛，取得第二名的好成绩；1989 年参加河北省大名府举办的全国佛汉拳擂台赛，荣获亚军；2000 年在邯郸市举办的全国佛汉拳交流观摩会上，被授予佛汉拳师称号。刘现龙在多地开设武馆，迄今授徒 300 余人，其中杨纪良、刘秋林、张雪林、刘成军、刘成国、刘自浩等 20 余人已在省内外小有名气，多次参加省市级组织的佛汉拳赛事，取得了骄人成绩。目前，郓城佛汉拳弟子遍布河北、河南、江苏、安徽、山西、内蒙古、东北三省，以及港台地区和美国、澳大利亚、加拿大等华人居住地。

◆ 阴阳掌（二郎门阴阳掌）

阴阳掌，又名西凉掌，是以掌法为主的拳种。阴阳掌始于宁夏，相传为东汉末年马超所创，流传至今已有 1700 余年历史。

第 31 代弟子贾景林与智海林表演对扎枪

第 30 代弟子宋绍友与贾汉青对练

第 31 代弟子智绪文表演勒马从风

第 31 代弟子马方义与智方华对练

自清末始，阴阳掌在中国东部黑、冀、鲁、豫、苏等省得到长足发展。1936 年秋，阴阳掌大师徐永清应邀来到郓城传艺，阴阳掌传入郓城。郓城阴阳掌现有弟子近千人。

该拳特点和练功方法：阴阳相兼出西凉，变化多端阴阳掌。十字抓地头顶天，身为弓弩拳为箭。“嗨”声如号令，出手如迅雷。拳不达空弃，意不达空落。练拳先站桩，苦练在腿上。手似两扇门，全凭脚打人。现有拳术、器械对练套路 50 余套。

代表性传承人有第四代拳师智乃举、智庆收等。现在能全面掌握阴阳掌功法和套路的人越来越少，许多套路动作残缺，不能完整演练，濒临失传，急需进行抢救、保护和挖掘整理。

◆ 状元大刀

六路状元大刀，是清朝末年武状元张宪周独创的大刀刀法，秉承了祖传张氏刀法的特点和风格，并在原有十七式套路结构和技术要领之上糅合而成。

张氏祖传刀法起源于元末。郓城状元张楼张氏一族始祖张贞，少入少林寺拜师习武，精通少林精髓五拳十八式及“少林七十二绝技”，因有功于大明，升任湖广左布政使、从三品怀远将军。后隐居郓城西北黄河岸边的张楼村潜心武术研究，后编著《周公炮捶谱》和《周公刀法详解》各一部。其后裔晚清武状元张宪周，自幼习练家传的周公炮捶和周公刀法，勤学苦练，深入研究，给家

状元大刀

传的周公炮捶添加了不少实用性武术套路，如留传至今的状元六路大刀、状元枪、状元棍、状元单刀、状元双刀等。

六路状元刀法，综合了撩、挑、剁、劈、拦、架、斩、抹、刺、钻等刀法，其特点是古朴稳健、步法灵活、气势恢宏、连绵不断，上呼下应，左右逢源。一招一式，无不迸发着“大刀猛如虎”的肃杀气势。

第一路：虎步刀法。要领是立马横刀，左手握刀柄下盘，右手抓刀柄中盘，以横扫之式开刀，然中途却斜刀出击，上挑下抹。此刀法的特点是大开大合，攻防双备。

第二路：六合刀法。要领是柔中挟刚，大刀立劈八门，刀锋招招内收，看似破绽百出，实则是诱敌乘虚而反制之。此刀法暗合五行八卦，变化无穷，威力十足。

第三路：中路夺命刀法。要领是飞身疾进，先拨后插，待敌闪避之时，刀锋直冲面眉。此刀法的特点是势威凌厉，使敌招式自破，从而自乱阵脚。

第四路：旋风刀法。要领是一招三变，招招内旋。此刀法的特点是，刀锋连绵，使敌难以形成攻防招式。

第五路：卷帘斜步刀法。此刀法是对春秋刀法的变异活用，要领是以斜步拖刀，不留后背于敌，使敌误认为是收刀躲闪。此刀法的特点是先闪后剁，败中反胜。

第六路：分鬃刀法。要领是正面迎敌，一虚二实，左右双斩。此刀法的特点是迎面刀力道要猛，待敌招架之即，迎面刀却于中途一分为二，变直劈为斜撩，使敌难遮难挡。

状元刀法，重在“道义”二字，其核心是忠正，是刚烈，是忠勇，是胸怀天下，是家国意识，是民族情怀。推介、演习、传承郓城状元刀法，既是对精忠报国遗风的传承，更是现代奋发精神的延续。

◆ 文圣拳

清康熙年间，曹州府单县的民间宗教领袖刘奉天与其弟子郜云龙创立了文圣拳。后来，郜云龙后人将文圣拳法传于聊城市冠县的杨四海，杨四海又将文圣拳传给了济宁市嘉祥县的杜恒信，杜恒信武艺高强，弟子众多，威名远扬，号称“拳打南北二京，脚踢黄河两岸”，有“南京到北京，都是杜家兵”的说法。清道光年间，郓城人侯保安拜杜恒信为师，得其真传，文圣拳由侯保安传至郓城，历经五代 200 多年传承。现第五代传人侯高民，武艺超群，武德高尚，成立了郓城县文圣拳协会以及训练基地，弟子 100 多人，遍布郓城县及江苏省徐州、河北省邢台、黑龙江省北安、新疆维吾尔自治区克拉玛依等地。20 世纪 80 年代，文圣拳为“山东四大名拳”之一，后被誉为“中华历史名拳”。

文圣拳

文圣拳拳法由文场和武场组成，文场修心，武场练技，以文统武，以武载文，文到武成。其招式动作松沉自然，古朴稳健，刚柔相济，圆通浑厚，简洁实用，实战性强，技击时讲究沾、黏、连、随、推、托、靠、钻等。拳法云：有阴有阳有变化，有高有低分上下，攻中有守守亦攻，以柔克刚软欺硬，不开不躲粘挤打，神仙难躲圣拳法。

文圣拳套路繁多，攻守灵活，演练时分为实步架和活步架两种。实步架包含头趟架二十五式、二趟架五路以及双人对练、三人对练套路等。文圣拳器械套路包括六合大枪七路、跃步骑枪五路、文圣大刀八路、九节鞭六路等。

文圣拳集健身、养生、保健、防身、实用等功能为一体，是中华武术中的一朵奇葩，其众多弟子曾在清末反压迫斗争中发挥巨大作用。

◆ 孙膑拳

孙膑拳是中华武术中起源较早的古拳法之一，为战国时期大军事家孙膑所创。因其演练出击时常以长袖藏手，故又称“长袖拳”。

孙膑拳套路繁多，练功时强调动静结合，共 365 手。由母架 32 手、小架 64 手、大架 96 手、中架 173 手组成。每一手一个用法，可以互相串联，进攻时“一

孙膑拳

掌不到二掌跟，三掌四掌齐跟进”，给人以“一招不成，再来一招”的轮拳滚打之势。

孙膑拳主要技击方式是点穴。拳诀是“孙膑长袖技击放，以柔克刚似海江，拳内玄机虚实诓，寻经点穴手中藏”。孙膑拳练功时强调静功与动功密切结合，练动功时“动中有静”，练静功时“静中有动”，可以达到事半功倍的效果。

孙膑拳实战特点是蹲走跛行。要求以“圆、角、线、点”为原则，左晃右移，走弧走圆不停，时刻保持侧身对敌，出拳时张开双臂，身根略晃，走曲不走直，有真有假，有虚有实，采用“空诓虚实晃、速巧绵软小”的十字要诀，拳法凌厉诡异，深沉莫测，以不招不架、转向进取为表象，使对手产生错觉，在看似偏离飘忽中，曲中求直，迅猛发力，一击即中要穴，从而制服对手。

孙膑拳是研究中华武术、宗教发展和民间运动等的重要依据，功防兼备，易学易练，老少皆宜，在健身培训、影视表演、技击比赛等方面都有广阔的市场潜力。现在流行于郓城的孙膑拳，是清朝嘉庆年间，山东茌平县的孙膑拳名家张景春传授给山东阳谷县的爱国武术家杨金栋，再由杨金栋的弟子葛振玉（郓城县双桥镇王营村人）再传至郓城的，已传承六代100多年。

◆ 晁家拳

郓城晁家拳，又称晁盖拳，为水浒英雄“托塔天王”晁盖所创。据传，晁盖以北方洪拳为基础，借鉴各门派武术绝技，又结合军事作战特点，创编了晁家拳，并在郓城一带传承下来。清道光年间，晁盖后人晁秀峰深恶鸦片之危害，心怀健民强国之心，广收门徒，大力弘扬祖传晁家拳法，培养出了很多武林精英。

晁家拳传统套路以活马步桩为根基，由六步架组成，手眼身法运用皆有独到之处，具有动作连贯、节奏严紧、功架朴实、掌拳并用、刚柔相济、攻守自如、实战性强的特点。晁家拳练功时要求练拳和练气相结合，内外兼修，拳诀是拳打十分力，力从气中出，运气贵乎缓，用气贵乎急，缓急神其术，尽在一呼吸。动作分为三晃膀、顺风捶、弓步单鞭等三十六势，演练时要求做到秀如猫、抖如虎、行如龙、动如闪、声如雷，强调一气呵成，做到肩与胯合、手与足合、

晁家拳

心与意合、意与气合、气与力合，内外一体，拳打一线。晁家拳的手法是曲而不曲，直而不直，滚出滚入，运用自如；眼法是以目注目，以审敌势；身法起横落顺，掌握重心，不失平衡；步法进低退高，轻灵稳固；使用方法上要藏而不露，内静外猛；战术上声东击西，指上打下，佯攻而实退，似退而实进，虚实兼用，刚柔相济，乘势攻击，出手无情，击其要害。晁家拳套路繁多，实战性强，在健身培训、影视表演、技击比赛等方面都有很大的价值。

近年来，在晁家拳第五代传承人李宗盼、晁祥君和第六代传承人李华青、侯体选等人的努力下，一方面开办武术培训学校，招收来自全国各地的学生，另一方面积极参加各项武术交流活动，足迹走遍济南、郑州、北京、上海、深圳、西安等国内大城市及欧美、日韩、东南亚地区，多次在武术比赛中获奖。

传统美术

◆ 花鸟篆书（花鸟字）

花鸟篆书字是以字为载体，把字的笔画用花、鸟、草、鱼、虫、山、水、螺线、水果、龙凤等图案替代，按基本字形组成，集绘画书法为一体的书画艺术形式。花鸟篆书字是一种在民间流传的艺术字形式。东周时期，便有鸟虫兽的“图形”用黄金镶在青铜器上。汉代“隶书”出现后，人们将其划为“篆书”范畴，称其为“鸟虫书”，初现花鸟字雏形。东汉著名书法家蔡邕创立了“飞白书”，开始使用板笔，促进了鸟虫书向花鸟字演变。艺人创作时你增我补、互相借鉴彼此的笔画图案，大部分文字笔画逐渐被花鸟鱼虫等图案所替代，竹木刷形扁笔也开始使用，“花鸟字”便应运而生。魏晋行书的兴起，促进了花鸟字的发展。至唐代，艺人融入了殳书、穗书、云书、龟书等技法，清初又汲取了西洋透视等技法，花鸟字基本定型。

花鸟字传承人杨颜华

花鸟字的画笔、纸张、画纸等用品都是特制的，多彩画笔以及独特的笔法使其别具一格。民间艺人利用特制的多彩画笔，创立了字里藏画的结构形式，一笔多彩，笔画圆润，色彩鲜艳，立体感强。

花鸟字的色彩搭配、蘸笔施墨颇为讲究。单色、双色、多色转换自如，巧妙地融字、画于一体，具有很强的文字意趣及视觉吸引力。运用拼色技巧可调配成各种颜色，满笔蘸黄、两边蘸绿，绿中可配阴阳，这样画出的竹子特别逼真。一边红一边黄，可以画菊花、蝴蝶、金鱼、鲤鱼等。

花鸟字的书写内容大多因人而异，许多吉祥好听的成语和民间俗语在花鸟字中最为走俏，也有人根据孩子的名字量身定做，求一份平安，求一份福佑。

由于郓城独特的地理特征、浓郁的风俗民情，通过融合其他艺术技巧，郓城花鸟字形成自己独一无二的特色，特别是经过水浒文化的浸泡，花鸟字在郓城的发展历经了从无到有、从单薄到丰富、从声名鹊起到四处流传的过程。

◆ 郓城碳粉画

碳粉画是中国画中最古老的一个画种，据甘肃秦安大地湾考古发现，古人用木炭在地上绘制图案，迄今已有5000多年的历史。郓城碳粉画作为一个支

传承人刘德魁

碳粉画作品

派，其特点是根据画的正面、侧面、斜侧面等透视角度的变化规律，对传统构图大胆取舍，表现手法注意近实远虚、近详远略、近浓远淡、兼工带写，色轻色重全在手上功夫，上色后便不再改动，力求一气呵成，挫画于笔端，达到“似在画形，贵在画神，妙在配景，绝在气韵”的效果。郓城碳粉画不仅光线柔和，画面细腻逼真，而且具有极强的艺术感染力、渗透力，不但为本地人所喜爱，而且深受国内同人和国际友人的赞赏。

郓城碳粉画的创始人葛元美（1871~1947），郓城县双桥乡葛垓村人，自幼酷爱绘画，擅长画虎，兼画山水、花鸟、人物。曾游历江南，结识了苏杭一些画家并与之切磋技艺，享有“碳粉画师”之美誉。其画风超群，丰姿俊逸，栩栩如生。晚年设馆乡里，教画诲人，并参与寺院、庙堂神像绘画，以挣钱养家。其子葛世坤自幼跟父亲学画，从事寺院、庙堂神像绘画、雕塑，在菏泽东北部及济宁、泰安一带颇有名气。1940年郓城县重修文庙，葛世坤与其子第三代传承人葛化凤一起承担了大殿绘画工作，其精湛画技赢得世人称赞。第四代传承人刘德魁，郓城县唐塔街道刘孟庄村人，经过50多年的勤学苦练，潜心钻研，画作不仅气质鲜活，其解剖比例与透视准确更是堪称一绝，令人叹为观止。他不但将传统技法烂熟于心，做到与国画、水彩画、水粉画相互借鉴融通，并且独创了一些绘画工具和绘画技法，可以在宣纸上画，也可以在墙壁上画，可以画抽象画，也可以画风景、肖像画。2009年4月刘德魁参加中日友好东京书画展，获得“樱花”金奖，作品藏于东京博物馆。2010年10月赴美国纽约参加世界艺术博览会10周年活动，被评为“中美文化交流使者”。创作的《雄风万里》《威震山河》等一系列虎画作品，入选《中国当代书画名家》《中国实力派名家》大型历史档案文献丛书。

郓城碳粉画近百年师承不断，形成了独特的地域特色，发掘、抢救和保护郓城碳粉画，对丰富和完善中国画史，增强中华文化的多样性，都将产生积极的推动作用。

◆ 剪　纸

剪纸是郓城农村世代相传的一种古老艺术，历史久远，人们用剪纸这种传统艺术形式表达祈福迎祥的心愿，增添了民俗生活的气氛，生动形象地反映出人们追求幸福美好生活的理想。

在唐代，郓城民间便出现了利用剪纸形式制作的漏版印花板：人们用厚纸雕刻成花版，将染料漏印到布匹上，形成漂亮的图案。宋代造纸业成熟，纸品名目繁多，为剪纸的普及提供了条件。后来艺人将剪纸作为陶瓷的花样；用驴、牛、马、羊等动物的皮雕刻成皮影戏的人物造型；用油纸板雕镂成纹，刮浆印花形成蓝印花布工艺制作等。明、清时期剪纸手工艺术走向成熟，并达到鼎盛时期。郓城民间剪纸手工艺术的运用范围广泛，民间灯彩上的花饰、扇面上的纹饰、刺绣的花样等等，无一不是利用剪纸作为装饰再加工的。

剪纸艺术是一门“易学”但却“难精”的民间技艺，作品大多出于乡村妇女和民间艺人之手，以现实生活中的见闻事物作题材，对物象观察全凭纯朴的感情与直觉的印象，因此形成剪纸艺术单纯、简洁、明快的特殊风格。

郓城剪纸主要以剪刀为工具，以纸张为材料，技法以掏剪、折剪、平剪为主，通常以民俗风情、本土文化、花鸟鱼虫、飞禽走兽、民间传说、历史人物和文学戏曲的生动场面等为题材，以妇女为主要创作主体。

剪纸作品由于是在纸上剪出或刻出的，因此必须采取镂空的办法，就产生了千刻不落、万剪不断的结构。由于受到工具和材料局限，剪纸在处理形象时，既要抓住物象特征，又得做到线条连接自然。因此，就不能采取自然主义的写实手法。而要抓住形象的主要部分，大胆舍去次要部分，使主体一目了然。形体突出，物象姿态夸张，就有了朴实、大方的优美感。

郓城剪纸经典作品有《连年有余》《花开富贵》《二龙戏珠》《五福献寿》《福禄寿喜》《喜上眉梢》《马上封侯》《仙鹤》《窗花》《花瓶》《水浒英雄》《水浒108将》《武松打虎》《鲁智深倒拔垂杨柳》《三十里天罡星》等，现在郓城剪纸已走进课堂，剪纸内容也与时俱进，更为宽泛。

剪纸进课堂

第五代剪纸传承人杨秀玲，自幼受家族熏陶，现为菏泽市剪纸艺术委员会会长，剪纸作品《百鸟朝凤》2014年4月刷新世界纪录。商秀兰，12岁时跟其姑母学习剪纸，落剪随心，不看样本，剪的花样有人物、动物、花鸟等，几十年一直从事剪纸艺术。魏天清，从事剪花艺术70余年，主要做喜事用的云子、顶棚花、鞋花等剪纸。张华，通过剪纸书籍材料和电视录像学习剪纸，剪、刻结合，创作了大型剪纸《调鹦图》《豹子头林冲》《花和尚鲁智深》等。李翠云，艺名晨云，自幼受家庭熏陶，喜欢书法、绘画、剪纸艺术，剪纸作品《牡丹》获世界博览会金奖。

郓城剪纸艺术风格独特，生动逼真。每一幅作品都给人以经久的品位，都承载着艺人厚重的民俗文化情结。剪纸扎根于民间，富有地方特色，是郓城民俗文化的大荟萃，充分展示了郓城民间传统艺术的丰富多彩和高超的艺术成就。

◆ 郓城传统彩粉画

郓城传统彩粉画以虎为表现题材，画面千姿百态，色彩绚丽，惟妙惟肖，具有极强的艺术感染力，带给人美好的审美情趣。在彩粉画创作过程中，使用的是一种纯天然的彩粉颜料，不褪色，不腐蚀，不怕潮，能够让画经久保存。当地人把彩粉虎画挂在家中，用来镇妖辟邪、保佑平安，它不仅可供我们了解当地不同时期的风土民情、礼仪风俗等，还是研究中华民间绘画艺术的一个重要依据。

传统彩粉画

传承人李照君

清光绪年间，郓城县李善起少年时便酷爱画画，尤擅画虎，后集百家之长，自成一家，李善起的虎画色彩明丽饱和，栩栩如生，当地人们都叫他“彩粉李老虎”。俗话说“画虎画皮难画骨”，要想把虎画好，首先必须对虎的形态、习性等进行观察、探索和研究，达到“全虎在胸”，才能得其神、通其意，使虎跃然纸上。为了把虎画好，他经常到野生动物园观看，或在电视中观看关于虎的纪录片，进行临摹写生。李善起的彩粉虎画在主题表现上，通过老虎呐喊的表情、昂首的动作和内心深处复杂的心理变化，表现出面对孤寂和悲凉毫不畏惧，敢于抗争的精神；在赋彩上追求单纯和谐，背景简练概括，用大面积墨层画出雪域的宽广雄浑、夜色的深邃杳然，使画面墨气淋漓，富有神韵，焕发出浓重的民间画派新意。作画时，先把各种矿物质彩粉颜料根据需要进行调色，然后根据老虎正面、侧面、斜侧面等透视角度的变化规律，用笔蘸颜料画在纸上，表现时注意近实远虚、近详远略、近浓远淡，兼工带写，色轻色重全在手上功夫，上色后便不再改动，力求一气呵成，挫虎于笔端，达到“似在虎形，贵在虎神，妙在配景，绝在气韵”的效果。

李照君是郓城传统彩粉画第四代传承人。他融合西方素描、水粉等技法，创作了《雄风万里》《浩气长流》《虎啸雄风》《威震山河》等一系列虎画作品，多次受邀参加全国各地的画展和文化交流活动，受到专家的认可和虎画爱好者的欢迎。李照君的《百虎图》先后入选《中国现代最具实力的画家》和《中国画虎民间画派》等书籍。

传统技艺

◆ 郓城古筝制作工艺

郓城历史悠久，文化积淀丰厚，古筝制作工艺在郓城独成一派。《郓城县志》载：元明时，“有乐师制筝于村坊，商贾名伶云而聚之，抚琴拨筝，听者神之”。现郓城县陈坡乡黎同庄村还保存有一架明洪武年间制作的十六弦筝。

古筝这种器乐最早出现于春秋战国时期，至唐宋时已为宫廷乐师广泛使用。郓城制筝工艺源于明朝初期的洪武年间（1397）。刁氏一世祖刁琅从山西洪洞县迁徙山东途中，巧遇一流浪的李姓制筝艺人，拜其为师，相约同往郓城。他们定居于郓城北 7 公里刁庄，随后便有了第一家制筝作坊（《刁氏宗谱》记载）。刁琅天资聪慧，为人忠厚，其师遂将筝的制作之要尽数传授。后经历代传承、

古筝制作工艺

古筝制作工艺传承人刁望河先生

创新，刁氏传统制筝工艺益发精湛，成为许多筝乐演奏名家的首选之物。郓城筝的制作工艺流程非常复杂，甚至带有难以用现代科学解析的神秘性。由于每一道程序都是采用口传心授的方式，如其独特的板材阴干和烘烤规程，一直为其他同业所不解。现在的刁庄筝已由原来的 16 弦，研发出 18 弦、21 弦、23 弦、26 弦 5 个品种系列，可演奏的音域更加宽广。

制筝和筝乐艺术在长期的渗透中，互为借鉴，相辅相成。如郓北刁家所制之筝，几乎成了郓籍古筝演奏名家的心爱之宝，在郓城一带造就了一大批在现当代乐坛久负盛名的演奏家，如黎邦荣、黎连俊、张念胜、樊西雨、张为昭、王殿玉、高自成、赵玉斋、张应易、赵登山、韩廷贵等。

◆ 郓城水浒纸牌及雕版印刷

郓城水浒纸牌采用木板雕版和手工印刷工艺印制而成，该牌源于元，盛于清，迄今已有600多年的历史。由于此牌起始于民间，兴盛于民间，加之又是老年人的把玩之物，所以被当地人称为“老妈妈牌”“婆婆牌”“小牌”。

水浒纸牌雕版印刷工艺，是与历史上水浒英雄的传说联系在一起的。可以说，没有“梁山一百单八将，七十二名在郓城”的历史文化背景，就没有雕版印刷水浒纸牌的出现。据郓城地方史料记载，宋江水泊梁山起义失败100多年之后，宋江故里郓城县水堡村的齐氏、付氏、杜氏三家，出于对宋江及众多英雄人物的怀念，萌生出制作一种既能寄托哀思又便于流传的纪念品的想法。最终创制出了水浒纸牌，把水浒人物形象印制在纸牌上，以游戏的形式流传，这就是水浒纸牌的来历。

水浒纸牌共120张（规格为长6厘米，宽1~3厘米）。他们根据赏银数量，精心地将梁山寨水浒一百单八将，按顺序分门别类地编排出三种牌，即万字牌、条字牌、丙字牌。宋江的皇榜赏银数额是九万贯，所以万字牌的首张牌页便是九万宋江，最后是一万燕青，依顺排出九万至一万各4张。条字牌的首张是九条卢俊义，最后是一条张顺。丙字牌的首张是九丙吴用，而后到一丙张青。还有红花子牌，他是梁山寨起义的第一届首领王伦，两头红印花的牌是第二届首领晁盖，黑瞎子牌就是阎婆惜，他们三个人的牌各四张。至此，120张纸牌的设计就算完成了。

演示雕版印刷

水浒纸牌及雕版印刷

水浒纸牌从雕版到印刷，共有 60 多道工序，主要包括：

一、雕版。包含用料、刨面、上油、打线、印底版、裱底版、刻版、修版、定版面内容。

二、浆、墨、纸。包含熬浆子、调墨、裁纸。

三、印刷。包含清版、上墨、印牌、印红花、搪牌、上挣子、潮平、上光、配牌、裁切、包装。

元末明初，由于元曲和明话本的出现，各种传说、故事被艺人加工演说，对水浒纸牌的流行起到了推波助澜的作用，而水浒纸牌的创制地水堡村，也因此步入了制作的黄金时期。据《郓城县志》记载，水浒纸牌最鼎盛时期，全村共有制作作坊 100 多家，每天的产量可达 1 万副，前来从事交易的远近客商“车水马龙到水堡，往来只为水浒牌”。

水浒纸牌雕版印刷工艺，无论是独特的印刷工艺，还是所承载的历史文化内涵；无论是遍布全国的影响面，还是妇孺皆仰的英雄崇拜情结，郓城县水堡村的雕版印刷水浒纸牌，都堪称民间制作工艺的一绝。水浒纸牌现已流传到河北、安徽、江苏、河南、浙江、山西、新疆及东北三省等 21 个省市区。

水浒纸牌及雕版印刷工艺传承人薛善兵

◆ 黄泥古陶制作技艺

菏泽黄泥古陶制作有着悠久的历史，考古专家曾在菏泽发掘了大汶口时期的一座烧窑的灰坑，出土泥陶器残片若干片，如觚形杯，龙山文化时期的夹砂陶鼎、陶杯盆、夹砂灰陶罐、器盖、泥质灰陶三足罐等；还发现了一座商代陶窑，现存窑床尚有将近 1 米厚，直径 1 米多，从上往下看为圆形，推测原来属于竖穴式窑。窑壁上有 1 个圆形火口，它的四周有 4 个长条形火口。能分辨出窑床、火塘、操作间等结构设施。这两处遗址的发现充分证明菏泽在 6000 多年前的新时期时代和 3000 多年前的商朝就已经有古老的泥陶制作技术。

春秋末期，范蠡在辅助越王勾践灭吴后，退隐陶地（今定陶一带），潜心研制泥陶工艺，鼎革造型，陶工们视范蠡为陶业祖师，世人尊称“陶朱公”。从此，菏泽泥陶技艺在民间不断被传承和发展，并逐渐形成了独具特色的菏泽泥陶流派。黄泥古陶从南宋开始逐步形成产业规模，至明、清达到鼎盛期。

光绪年间，郓城县武安乡沈桥村的李肇修继先辈之遗风，历经数年研制，成功地突破了黄泥古陶传统的红、灰、黑三色，焙烧出石青、石绿、绛紫、褐、黄等色泽，其色调柔和，古色古香，古朴典雅，自然天成，其造型美观，质地细腻，纹理清晰，线条流畅，是集雕刻、绘画为一体的实用高雅艺术品，在当时的陶艺界独树一帜，远近闻名。

菏泽黄泥古陶的传统制作，全部是手工工艺，主要材料选用黄河下游冲积平原地下 5~8 米处的黄泥，从选材料到后来的烧制成功，20 多道工艺，集雕刻、绘画于一体，包含了中国悠久的文化和制陶工艺。古陶制作工艺复杂，特别是拉坯技术全凭手感操作，烧制成品率还不到 50%。早期的黄泥古陶烧制大件如大缸、大盆等，现在主要烧制经济适用、美观的套件和单件泥制陶器，如茶具、茶罐、烟灰缸、花瓶等，有的花瓶还镂空雕饰。

黄泥古陶艺术表现形式丰富多彩，形态浑然天成，内在神韵十足。包含着每一个历史时期众多的社会信息、文化信息。黄泥古陶的图案多样，题材丰富，花纹精美，构思灵妙，构成了典丽、古朴、大器、浑厚的艺术风格。它的图案

好强（右）探讨黄泥古陶片

有不少以谐音和隐喻来表达人们的美好愿望，激励人们积极向上的生活心态。这些图案内容，大都在民间长期流传，表达了人们对美好生活的追求，特别能在他们思想感情上唤起共鸣。它神奇的图纹，恢宏的线条，对比的几何形状，强烈的动感姿态，像黄河奔流般千姿百态，生生不息，永世旋动。它把中国传统艺术当中诗、书、画、印等融为一体，使黄泥古陶充满了无穷的艺术魅力。一个个造型各异、古朴生香，或精雕细刻，或粗犷豪放，器上饰纹图案或秀丽或神秘，或繁复或简明，表现了中华民族的神话传说和独特的审美情趣，体现了外观的物质形态与内涵的精神意蕴和谐统一，实用性与审美性的和谐统一，材质工技与意匠营构的和谐统一，处处散发出诱人的艺术魅力。

第六代传人李在山，是当地闻名的一位黄泥古陶制作大师。其创作的黄泥古陶代表作品有《千杯不醉》《俏不争春》《面壁罗汉》等。当今代表性传承人好强，从 16 岁起师从李在山，在继承中不断探索创新，很好地传承了黄泥古陶技艺，其作品多次参加国际、国家、省市级工艺美术展，获各类艺术评比金、银奖及“山东省泰山文艺奖”30 余项。好强现为郓城县政协委员，民盟山东省委文化联络委委员，民盟山东省直七支部委员，联合国教科文民间艺术国际组织成员。个人传略及陶艺作品被收入山东省“泰山文艺奖档案库”作为永久性政府收藏，中国工艺美术学会颁发“中国最具潜力工艺美术大师”金奖，并荣获菏泽市五一劳动奖章。

◆ 郓城泥塑

郓城泥塑又称“彩塑”，它以泥土为原料，以手工捏制成形，是一种立体造型艺术。郓城泥塑多集中于各地名胜寺院、旅游景点，其作品也主要以传统佛、道教、历史演义故事、人物为题材，造型典雅传神，或素或彩，技艺精湛，做工细腻，形态逼真，或威武慈善，或婀娜轻盈，可谓千姿百态，栩栩如生，深受人们的欢迎。

郓城泥塑起源于春秋战国时代，兴盛于唐宋，辉煌于明清。两汉以后，随着道教的兴起和佛教的传入，多神化的奉祀活动使社会上的道观、佛寺、庙堂兴起，直接促进了泥塑艺术的发展。郓城雕塑流派多，传承不一，尤以葛氏雕塑最具代表性。葛氏自清嘉庆年间至今，博采众长，形成了自己形神兼备的流派风格。

郓城雕塑采用黏土、纤维（如麦秸、稻草、纸筋、棉花等）、河沙为主要原料，加水捣匀后，捏制成雕塑形象的泥坯，经阴干打磨后，再上粉底、施彩绘，既可以作为独立的艺术形式存在，也可以作为其他雕塑形式的辅助方法，具有立体性、色彩性、实用性和观赏性。泥塑的基本用料——泥土需精心准备，一

郓城泥塑

般选用带些黏性又细腻的土，经过捶打、摔、揉，有时还要在泥土里加些棉絮、纸或蜂蜜。

泥塑的模制一般分为四步：制子儿、翻模、脱胎、着色。制子儿就是制出原型，找一块和好的泥，运用雕、塑、捏等手法，塑造好一个形象，经过修改、磨光、晾干后即可，有些地方还要用火烧一下，加强强度。翻模就是把泥土压在原形上印成模子，常见有单片模和双片模，也有多片模。脱胎就是用模子印压泥人坯胎，通常是先把和好的泥擀成片状，然后压进模子，再把两片压好泥的模子合拢压紧，再安一个“底”，即在泥人下部粘上一片泥，使泥人中空外严，在胎体上留一个孔，使胎体内外空气流通，以免胎内空气压力变化破坏泥胎。最后一道工序是着色，“三分塑，七分彩”。一般着色之前先上一层底色，以保持表面光洁，便于吸收彩绘颜色，彩绘的颜料多用品色，调以水胶，以加强颜色附着力。

郓城泥塑作品一般从脚捏起，从下到上，由里到外，分段组合，一气呵成。在彩绘上则以细腻的笔触，从头到脚，按神话传说的形象和传统风格细塑精雕，从人物表情到衣服褶裥作精致的描绘，个性鲜明，造型生动，装饰精美，浑然天成。另外，郓城泥塑技艺还有一个绝招，那就是传统的贴金沥粉，堪称独一无二。

泥塑为纯手工艺，极少用工具。特有的工具就是自制的各种各样的匙子。匙子俗称“套沟”，多用活柏木制作。匙子的形状很特别，呈S形。不同的匙子有不同的功能，在泥塑行业，大、小、长、短、带刺的、层面圆滑的匙子比比皆是。泥塑到底需要多少匙子呢？郓城泥塑行业有一句谚语：匙子够不够，数够三十六。

郓城泥塑在山东泥塑中占有重要地位，郓城泥塑是全国六大派别之一，具有重要的学术价值和极高的观赏价值，是齐鲁之邦的优秀民间手工技艺。

郓城泥塑代表性传承人有葛惠君、葛惠斌、郑玉章等。他们在继承和发扬前人传统艺术的基础上大胆创新，将很多高新材料应用到工艺中来，如前人所用的色彩颜料为土粉，他们则改进为油彩荧光颜料。还有很多声光控和集成技术也被他们恰当应用到泥塑作品中，泥塑相应产生了声控光导及语言动作，取得了很好的效果，使郓城泥塑的知名度得到了飞速提升。

◆ 鸿发涌酒酿造技艺

郓城县玉皇庙镇刘口村《刘氏宗谱》记载，鸿发涌酒始创于明朝永乐年间，刘氏酿酒作坊有兄弟三人，老大刘鸿、老二刘发、老三刘涌，所生产的酒以弟兄三人的名字“鸿发涌”为招牌，历经22代传人，至今已有600余年的历史。

鸿发涌酒酿造选用上乘高粱、小麦等原料，以黄河水为主要水源，采用独特的配方和传统的古法酿造工艺，通过泥窖进行发酵，再辅以现代科学手段调制而成。酿造出的原浆酒色泽清澈透明，酒香浓郁，口味纯正，柔绵爽口、回味悠长，不上头，不口干，不伤身体。适量饮用具有舒筋活血、延年益寿之功效，深受当地老百姓的喜爱，民间有“喝了鸿发涌，不思其他酒”的赞誉。

鸿发涌酒酿造技艺，从选料到进入窖池，其间要经过晾晒、息性、润窖、抹窖、发曲、闷曲、阴坯、倒垛、晒曲、润浆、排码、透气等30多道工序。其中，窖泥的配制纯属自然天成，既没有具体的理化指标，也没有固定的数据参考，一切全凭经验体会掌握。

鸿发涌酒酿造技艺是我国古老的酿酒技艺，通过对其发展脉络的梳理，对于我们了解黄河沿岸的生活、风俗变革，有着重要的参考价值。

鸿发涌酒厂酿酒蒸锅

◆ 郓城西瓜酱制作技艺

西瓜酱

相传西瓜酱是“商圣”范蠡发明的。春秋时期，范蠡和西施退隐鲁西南一带，范蠡本是制酱高手，他把西施爱吃的酱和西瓜巧妙地融合在一起，酿成了西瓜酱，并把技艺传授给乡邻。由此，西瓜酱制作技艺开始走进鲁西南的千家万户，成为饭桌上的佐餐佳品。

郓城西瓜酱是山东省郓城县境内老百姓餐桌上常见的一种特色佐餐佳品，西瓜酱制作技艺在郓城及周边地区广为流传。

配料

制酱工艺有选豆、浸泡、蒸豆、制曲、接种、入缸发酵等十几道工序，每道工序凭借“望、闻、感”之悟性，虽无定法，却又极有章程，其中之妙全在心领神会。制作西瓜酱，先把当地的小粒黄豆发酵，直至成为表面长出黄绿色菌丝的酱豆，然后把又大又甜的当地沙瓤西瓜洗净，削去外层青皮，再切成小块，和发酵好的黄豆混合在一起，撒上盐、姜丝、花椒、八角、香叶等调料，用双手不断翻动揉捏，混合均匀。然后把它们一起装入陶瓷缸里，盖上盖子，最后用泥巴把缸口严严实实地封起来，放在室外有阳光的地方晒 40 天左右，就可以开缸取食了。酿好的西瓜酱酱香纯正，清香微甜，百吃不厌，如果再撒点葱末、滴点

发酵

香油拌一下，更是美味之极。郓城西瓜酱成品一般为红褐色或棕褐色，鲜艳，有光泽，有浓郁的酱香和西瓜香味，咸淡适口，黏稠适度，色、香、味俱佳。

郓城西瓜酱是一种地道的绿色无公害食品，含有大量葡萄糖、苹果酸、果糖、蛋白氨基酸、番茄素及丰富的维生素 C 等物质，在发酵过程中会产生乳酸菌，有助消化，调节肠胃，调节胰岛素水平，并具有明显的降低血浆胆固醇，降低血脂软化血管作用，对医治心血管病如高血压等亦有疗效。

郓城西瓜酱第五代传承人王贤慧，生产仲堌堆西瓜酱。王贤慧毕业于中国海洋大学，她为了保护和传承郓城西瓜酱制作技艺这一非物质文化遗产，于 2016 年 3 月自筹资金创办郓城仲堌堆农业科技有限公司，成立了西瓜酱加工厂，把很多掌握西瓜酱制作技艺的人员聚集到一起，使西瓜酱的生产规模越来越大，并借中央电视台《舌尖上的中国》栏目等主流媒体平台进行宣传推广，依托商场、淘宝等线上线下平台进行销售，努力开拓郓城西瓜酱市场，被评为“山东省农村青年致富带头人”。

第六代传承人刘超，生产郓城刘家西瓜酱，2008 年刘超正式跟随父亲学习西瓜酱制作技艺。2009 年 8 月建立大超酱菜厂，先后研制开发了油炒西瓜酱、花生油炸西瓜酱、葱爆西瓜酱、花生西瓜酱、牛肉西瓜酱、原味西瓜酱、花生杏仁西瓜酱、浅辣西瓜酱等系列产品。

◆ 王屯冰糖红糖传统制作技艺

山西洪洞县王氏家族以制糖为业，明朝初期，王氏一分支迁居至山东省郓城县潘渡镇王屯村，带来了祖辈相传的制糖技艺。因王氏制作的冰糖、红糖，

冰糖红糖

口味纯正，价格公道，十里八乡只要用糖，都来王屯购买，当时坊间流传“冰糖红糖，王屯老王”。

冰糖即多晶体冰糖。冰糖性平，老少皆宜，不但能补充体内糖分，而且具有补中益气、和胃润肺、止咳化痰、祛烦消渴、清热降浊、养阴生津、止汗解毒等功能。王氏古法制作冰糖，以白砂糖为原料，经加水溶解、除杂、清汁、蒸发、浓缩，最后放入结晶斗中 7 天左右，逐步冷却结晶制成，经敲碎干燥后即成成品。

红糖制作和冰糖类似，把甘蔗汁经过煮糖、搅拌、冷却和干燥而成。红糖中含有 95% 左右的蔗糖，保留了较多甘蔗的营养成分，颜色呈暗黄色至棕红色。甘蔗含有多种人体必需氨基酸，如赖氨酸、柠檬酸等，都是合成人体蛋白质、支援新陈代谢、参与人体生命活动不可缺少的基础物质，对促进健康有绝对的正面效用。中医认为红糖有益气缓中、健脾暖胃、化食止疼、活血化瘀、驱寒的功效。特别是妇女产后身体多淤，八脉空虚，喝红糖水能补充能量、增加血容量，有助于“通淤”或“排恶露”，所以古代有“女子不可百日无糖”的说法。

王屯冰糖红糖制作技艺，以家族式口传身授，一代一代传到今天。第四代传承人王海华在原来制糖作坊的基础上，创办了海华糖业加工厂，目前王屯冰糖红糖制作技艺主要传承人群都在加工厂工作。王屯冰糖红糖制作技艺，是中国制糖业的一个缩影，是研究民族产业发展的重要标本。

◆ 水浒酒传统酿造技艺

宋江故里水堡村有一眼八角古井，是酿酒的好水源。水浒酒传统酿造技艺就起源于水堡村，村中酿酒历史悠久，高手辈出。清光绪年间，村民赵修起继承祖传酿酒工艺，遵循“宋韵古法”之道，酿出了窖香浓郁、纯正典雅、甘洌醇厚、回味悠长的优质美酒，深受人们喜爱，坊间流传着“酒逢知己千杯少，水浒美酒出水堡”的说法，水浒酒也因此而得名。水浒酒传统酿造技艺“以师带徒，口传心授”，代代相传，现已传承五代。

水浒酒采用的是传统纯粮固态发酵酿酒工艺，包括固态发酵和固态蒸馏等酿造过程。制曲时先将小麦研磨成粉，加水搅匀，再压成曲块送入曲室中发酵30天左右，焙干备用。酿酒时，先把高粱蒸煮成高粱饭，掺进稻壳，使其不致太黏稠并加速冷却，然后掺入将曲块磨成的曲粉，搅拌均匀后发酵10天，即可

酿酒

用酒甑进行蒸馏，蒸馏出的酒经过窖藏，进行深化老熟后，方能形成陈年佳酿。

窖藏

水浒酒酿造过程中没有化学添加物，发酵池内固、液、气同时存在，非常有利于微生物生长，产生大量香味物质，形成白酒特有的芳香。所以水浒酒营养丰富，香味醇正、酒劲较大，醉酒之后苏醒较快，对人体刺激性小，品质安全可靠。

水浒酒传统酿造技艺在中国酒文化中独树一帜，具有鲜明的时代性，它的发展历程反映了不同历史阶段的社会面貌、风俗习惯和生产力发展水平等，具有重要的历史价值。

◆ 黄泥冈水浒酒传统酿造技艺

黄泥冈水浒酒的传统酿造工艺，最早可追溯到北宋末年，延续至今已有 900 多年的历史。鼎盛时期，黄泥冈有张氏制酒作坊 3 家。

据地方志史料记载，黄泥岗又名黄堆集，明清时期，黄泥冈一度有大路 38 条，通达 20 多个省，四面八方的客商云集于此。在历史上，黄泥岗以“白胜卖酒黄泥冈、七英智取生辰纲”而名扬于世。由于地势较高，南有济水浇灌之利，北有梁山泊浸润之便，旱涝难侵，丰歉无虑，自古便是粱米富庶之地，形成了黄泥冈数百年不衰的水浒酒集散地。黄泥冈酒厂现还有 500 年以上的老窖池 6 个，300 年以上的窖池 11 个，100 年以上的窖池 18 个。传统浓香型水浒酒制作技艺历经传承发展，已流传到全国 25 个省、市、区。

黄泥冈水浒酒从选料到出酒，共有30多道工序，主要包括选料、晾晒、息性、润窖、结心、亮心、酿土、抹窖、做曲（麯）、蓄势、聚伙、联首、蒸曲、闷曲、阴坯、倒垛、晒曲、润浆、排码、透气、合窖、蒸料、留温、蓄性、初识、发力、入窖、发酵、出池、蒸酒、密封存储等。9个月后即可开坛饮用。

黄泥冈水浒酒传统酿造工艺，是独特的水浒文化与独特的地理环境合二为一的结合体。从某种程度上说，其精神层面的文化信息量，甚至超过了一般意义上的酿造技术。

车间

窖藏

传统医药

◆ 全氏正骨

郓城全氏正骨创始人全云集（1782~1874）出生于书香世家，清嘉庆九年的秀才，是当时曹州一带公认的正骨圣手。全氏正骨疗法对于闭合性骨折、痹证、伤筋、劳损等常见性疾病，有着独特的疗效。

据《全氏族谱》记载，全云集和孔子七十二代孙衍圣公孔昭焕是亲戚关系。全云集年少时经常跟随家人去孔府探亲。少有聪慧的全云集对孔府藏书表现出极大的兴致，尤其是对《金匮要略》《筋痹详解》等书爱不释手。引起了衍圣公孔昭焕的喜爱，说："此子不可小觑，他日定成奇才也！"不仅招至膝间耳提面命，临行还送给全云集一本宫廷治疗筋骨痹证的专著《骨痹秘旨》，并题下"精研细读，心神交汇"的赠言。少年全云集如获至宝，刻苦钻研，旦夕揣摩，30岁时便医名大震。据《曹州府志》记载："全云集先生乃西州善士，东鲁名医。清同治年间，曹州镇台万年青在一次视察河务时，不慎摔成肱骨骨折，疼痛难忍，慕先生之大名，前来求治，经云集先生诊治，立时见效，并很快痊愈，四乡遂为美谈。"《郓城县志》称："全云集善治折跌、伤骨、痹证（风湿）、伤筋诸症。妙有心悟，涉于危者，经其医治，无不获愈，众乡称其为神医，奉为正骨泰斗。"

晚年的全云集集毕生行医之精要，撰著《筋骨论》一书，使全氏正骨有了系统的理论体系。此后，全氏第十九世全作禹、第二十世全宣德、第二十一世全昭聘、兆玉，连续三代四人均为享誉一方的正骨名医。嫡亲相传，至今已经六代有200多年的历史。

全式正骨主要有四类操作手法：点穴类手法（点法、按法、压法、捏法、弹拨法）、放松类手法（推法、拿法、提法、揉法、滚法、擦法、搓法、梳法、抹法）、治疗类手法（牵引牵抖法、引伸法、拔伸法、折屈法、扳转法、抖转法、旋转法、旋摇法、摆摇法等）和拍打类手法（指打法、掌打法、拳打法等）。如腰间盘突出的治疗手法，首先应用放松类手法，先用双手平掌反复揉按腰背脊柱两侧肌肉 3~5 遍，再用掌根反复揉按腰背 3~5 遍。最后用滚法滚腰背两侧肌肉 3~5 遍。随后运用点穴类手法，把药酒均匀涂抹到腰背脊柱两侧华佗夹脊穴，用双手拇指反复点揉华佗夹背穴，由上到下反复 3~5 遍，再用肘点法，点揉脊柱两侧穴位及大肠俞、腰阳关、上髎、次髎、环跳、委中、承山、风市、阳陵泉、足三里、昆仑、太溪等穴。同时根据病情的需要，灵活选择针灸、牵引、中药离子导入、熏蒸、理疗等综合治疗手段。

全氏正骨所用膏药的主料为品质精良、产地准确的地道药材，辅料为窖藏 3 年以上的家酿老陈醋（主要原料为黏米、薏米）。将药材粉碎为颗粒状后，装入以米酒加柏壳、透骨草打过浆的瓷坛中，密封一个对时（24 小时），然后倒入窖藏醋，再浸泡 9 天 9 夜。熬制时，按照子午流注开穴法，根据“君臣佐使”诸位药物的不同药性、功能及用途，选择不同的下药时间。

全氏正骨的文化底蕴十分丰厚，继承了岐黄文化中“标本兼治”的精髓，对病人采取“识体质、辨脏腑、治根本”的原则，使病人愈后不再复发。正是由于全氏全息正骨疗法具有疗效好、费用低的优势，在郓城及周边十几个县市有着广泛的群众基础。

全式正骨代表性传承人全西坤，现为郓城县全老家正骨诊所医师，1992 年毕业于济宁医学院，曾多次到北京、上海、洛阳等多家大

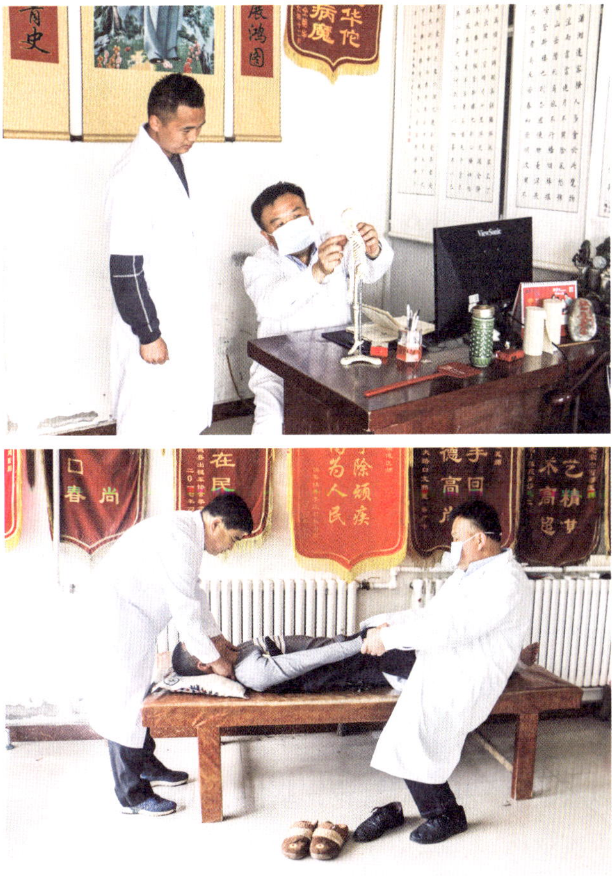

全氏正骨

医院进修学习，在继承祖传医术的基础上，结合现代的高新技术，博采众家之长，形成了一套以传统中医（推拿、膏药、药酒、中药内服及外用、针灸、拔罐）为主，现代理疗手段（电疗、磁疗、远红外线疗、汽疗、中药离子导入、中药熏蒸牵引）为辅的全息综合疗法。2006年被授予郓城县首届“创业有为青年标兵”称号。

◆ 郓城罗氏刺络疗法

诊疗

乾隆、嘉庆年间，郓城罗氏第十世罗乾修师从清代医学大师黄元御从医。罗乾修学习数载返乡，在濮州范邑（今河南范县）设“济生堂”医馆。在行医中，罗乾修吸纳了《内经》《伤寒》等医学上的一些治疗方法，经过多年的观察实践总结，形成了一套独特的治疗方法——罗氏刺络疗法，既为广大乡民节省了汤药资费，又快速解决了他们的病痛，受到百姓的广泛赞誉。罗氏第十二世罗汝信著《刺络宝鉴》一书，赴京给清廷皇族医病，获赏赐甚多，置良田千顷，成为名彻濮州、誉满郓城的名医。罗氏刺络疗法经八代族亲相传，至今已近300年历史。

郓城罗氏刺络疗法遵从“同病异治、异病同治”的唯物辩证法，是地道的传统中医针灸技术，理论上属尊古派、经方派，口诀代代相传，罗氏刺络疗法以《宝鉴》为基础理论，坚持“八纲辨证”“阴阳提携”，严格遵循天人合一的中医整体观，形成了比较完整的中医刺络“三部六病”学说。郓城罗氏刺络疗法标本兼治、内外调理，治病兼康体，排毒调脏腑，疏通经络，调和阴阳，扶正祛邪，疗效快捷稳定。

罗氏刺络疗法在针具应用、针刺配穴方面独具特色：一是取栓术，既从舌下、腋下、腘窝、头颈等部位刺络祛瘀；二是挑筋（割筋）术，即从头面部、耳后、四肢、腹背等部位通经刺络；三是巨刺法，即以罗氏特制针具针刺特定部位的方法，同时配合家传药贴和汤剂。

罗氏刺络疗法传承人罗东军，先后在武警总院、解放军309医院、解放军301医院、解放军白求恩国际和平医院工作。他结合家传手艺和经方，在中医学、临床医学、康复理疗学、健康管理学等各个领域，有着扎实的理论基础和丰富的实践经验，对“中医刺络疗法”“三部六病学说”的研究造诣颇深，被患者誉为“神医小郎中”“郎中哥”。

◆ 复盛永痹通热宝传统制作技艺

清朝光绪年间，家住郓城县飞集镇的王兴汉，因母亲患有腰腿疼病，屡治不好，于是发愤自学医学。青年时从《三指禅风痹脉论》中得到启发，遵守传统中医所重视的人体统一性、完整性及其与自然界的相互关系，研创出痹通热宝疗法。历经五代传承发展，该疗法现在鲁西南及周边地区得到广泛推广。

复盛永痹通热宝是一种内病外治的热疗技艺。该技法把桂枝、白芍、细辛、羌活、独活等二十几味中草药粉成粗末，按照一定的比例混合，组成多味药物的大复方，然后用布袋装上，在锅中蒸，后热敷患处。痹通热宝疗

诊疗

法利用药蒸汽通过皮肤的渗透、转运、吸收，直达病灶，药效高度聚集，在病灶处清热解毒，散寒消肿；祛风燥湿，杀虫止痒；舒筋活络，行气止痛。无任何化学成分，无副作用，不伤肝脾。

复盛永痹通热宝会产生两大效应：第一，穴位经络效应。痹通热宝治疗中所含的芳香化浊、辛香走窜的药物离子作用于皮肤、腧穴后，在穴位经络效应和穴位的信息效应影响下，通过神经体液装置和经络系统，调节高级神经中枢、内分泌、免疫系统，从而达到迅速调整人体脏腑气血和免疫功能。第二，血液循环效应。痹通热宝中的药物通过皮肤吸收后，一部分药物进入毛细血管，药物通过血液循环稳态扩散至全身，调节全身状况。

复盛永痹通热宝是中国传统中医领域中的一门绝技，患者花小钱治大病，为日益严峻的人口老龄化减轻了社会负担，痹通热宝疗法在当地及周边地区为很多病人灵活就医提供了一个新途径。

◆ 任氏怀德堂膏药

任氏怀德堂膏药始于清朝雍正年间，至今已近 300 年的历史。据《任氏世谱》记载，任氏七十八代公任兆先（1701~1774）自幼喜爱医术，广交朋友，走访名山大川，拜师学医，寻求医术妙方，继承前人之技法，制成任氏膏药，以此悬壶济世，善行名扬一方。当时，成宰辅家中成老太君患腿疾之病，行走困难，

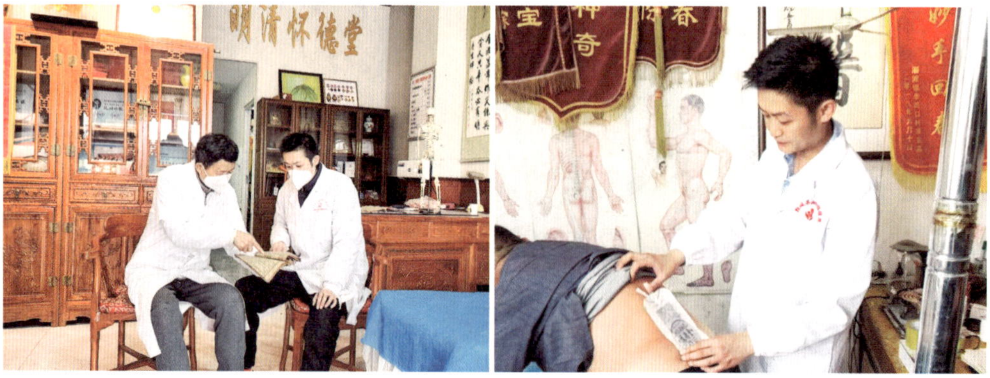

诊疗

经多位名医诊治不能痊愈，十分痛苦。任兆先自荐用家传膏药可以贴治，成老太君应允，贴敷 3 天后腿疾疼痛减轻，不久而愈，成老太君大喜，把任兆先引见给太医院佐堂张维型，拜张为师，张维型赠给《陵山摘锦》医书，并授宫廷妙方、医术、秘籍，任兆先医术大增，被封为寿官。扬州八怪郑板桥患腿疾病，行动困难，闻名前来求治，3 副膏药贴愈，亲送画作梅兰竹菊表谢意。

郓城任氏怀德堂膏药制作考究，选材道地，方药足量，经香油浸泡、炸药、炼油、下丹、去火毒、摊膏，成为治疗颈肩腰腿痛的膏药。任氏怀德堂膏药已成系列膏药，专药专治，一病一方，疗效好，不伤脾胃与肝肾，自行揭贴，简便易行，在方圆百里内被誉为神贴“一贴效”。

代表性传承人任宪勇，高级康复理疗师，中华中医药会员，2016 年被“聚医杰”全国中医药百佳名医学术交流会授予“十佳优秀中医世家”“特色医疗名医”“中国民间中医大师”称号。入选国家中医药管理局首批“中华中医世家人才信息库”。2002 年论文《膏药四段法贴疗颈椎综合征》在中医杂志上刊发，在世界华人优秀成果评选中获金奖。

任豪，上海大学毕业，中医针灸医师，擅长使用家传膏药、针灸、手法触摸辨症、调曲复位、治疗颈椎综合症、腰椎间盘突出，治法独特。论文《膏药贴愈千余例颈性眩症的体会》在《中华特色医疗研究》杂志上发表，入选《共和国优秀中医人才》大型经典画册。

◆ 丁氏通络清肺平喘贴

清朝光绪年间，郓城县双桥镇丁坡里何庄村的中医丁心诗（1866~1923），依据“外治之理即内治之理，外治之药即亦内治之药”的理论，采取内病外治，上病下治，通过经络循环，使外用药物有效成分透过皮肤直达病灶的医理，历经数十年研究和临床实践，研制出了专治肺系疾病的丁氏通络清肺平喘贴。该平喘贴能帮助患者把沉积在肺里和气管里的黏痰慢慢排出体外，疗效非常好。当时就流传着“要治咳嗽痰喘病，坡里何村找老丁，三贴两贴就见轻”的顺口溜。丁氏通络清肺平喘贴对心脏病也有一定的溶栓通络作用。

传承人丁玉强

丁氏通络清肺平喘贴是把桃仁、杏仁、白胡椒、川松贝、黑丑、白丑和木别子等药物，按照一定的比例配制，碾碎成粉末，再用4个蒸熟的白皮鸡蛋，取蛋白后，和药物粉末掺在一起捣碎、拌匀，然后按男左女右敷在脚面14~15小时，治疗肺系疾病，所用药材都是中草药，无副作用。

丁氏通络清肺平喘贴有“简、便、廉、验”的特点，用药方便，起效快速，多数患者隔日见效，一般病轻者用2副，病重者用3副，即可痊愈，让患者花小钱治大病，为病人灵活就医提供了更多途径和机会。

100多年来，丁氏通络清肺平喘贴在丁氏家族已传承五代，名医辈出，由郓城辐射到鲁西南及周边地区的东平、梁山、嘉祥、鄄城、台前、范县等地。第五代传承人丁玉强和妻子管翠萍，在郓城县双桥镇黄岗村开设门诊1处。

民　俗

◆ 肖堌堆庙会

肖堌堆位于郓城县西北李集乡杨集村北，距黄河 1500 米，据专家考证，此处属于新石器时代的原始村落遗址，2009 年被列入菏泽市重点文物保护单位。

肖堌堆庙会以寺庙为依托，村民在参与传统祭拜活动之余，可以进行商品买卖，既满足了人们的心理精神需求，同时又促进和推动了乡村经济的发展。

肖堌堆庙会历经千年而不衰。据寿张《张氏家谱》记载，在宋仁宗时期，寿张一个叫张云鹤的秀才，生了一个聪明可爱的儿子叫张相才，等他长到 10 余岁时，得了一场暴病，卧床不起，到处求医，不能治愈，后来有一位叫三皇先生的医治好了他的病，张云鹤非常高兴，领着儿子拿着药费去拜见三皇先生，却发现三皇先生搬走了。一天夜里，张云鹤梦见了三皇先生，问他住在何处，三皇先生只说了一句“黄河岸边灵罗山”转身就不见了。25 年后，张相才考中

肖堌堆庙会

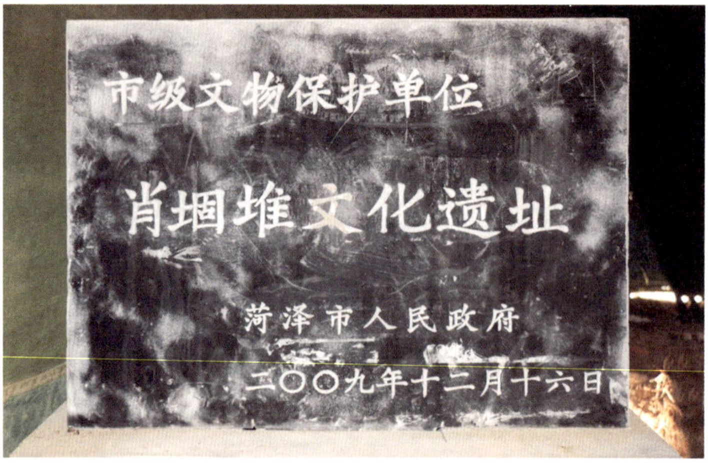

肖堌堆文化遗址石碑

了进士，次年被派到范县、寿张一带为官，他节俭爱民，清廉正直。宋神宗八年，张相才在肖堌堆（灵罗山）修建三皇圣殿，并举行了盛大的竣工典礼。每年的农历二月十三至十五日为肖堌堆庙会日。千余年间，各地香客、游客、商贾纷至沓来，逐渐形成了集民俗文化、特色餐饮、娱乐、民间手工艺于一体的民间大集。以前，只有郓城县境内及周边的梁山县、范县、台前、寿张、鄄城、巨野、阳谷、清丰等县的百姓前来参加庙会。2000 年以后，庙会增加 3 天，自此以后，河南、河北、山西、安徽、江苏、浙江一带的商人也前来进行物资交流。每年的庙会期间，各种类型的文艺演出让人看得眼花缭乱，听得如痴如醉。马戏团、曲艺团、相声、斗羊会、担经、踩高跷、扭秧歌、跑旱船、跑竹马等表演活动，吸引了周边几百里的游客前来观看，万人云集。

肖堌堆庙会保留了众多民间艺术，是研究民俗文化和乡土文化的活化石，对促进农村经济的发展发挥着积极的作用。

菏泽非物质文化遗产概览

HEZE FEIWUZHI WENHUA YICHAN GAILAN

鄄城县篇

民间文学

◆ 孙膑传说

孙膑，字伯灵，战国中期军事家，今山东鄄城人。

《史记·孙子吴起列传》载："孙膑尝与庞涓俱学兵法"，庞涓为魏惠王将军后，恐孙膑超越自己，便设计陷害孙膑，"以法刑断其两足而黥之"。后来孙膑为齐国所救。在齐国，孙膑为齐将军田忌赛马设谋说："以君之下驷与彼上驷，取君上驷与彼中驷，取君中驷与彼下驷"，最后一负二赢，开后世运筹学先声。公元前 353 年，孙膑指挥齐军用"围魏救赵"的战法，"一举解赵之围而收弊于魏"，在桂陵（今山东菏泽）打败魏将庞涓。公元前 341 年，孙膑指挥齐军用"添兵减灶"之法，诱使庞涓，齐军"夹道而伏"，在马陵大败魏军，庞涓身死，"虏魏太子申以归"。"孙膑以此名显天下，世传其兵法"。

孙膑塑像

孙膑生于鄄城。《史记·孙子吴起列传》曰："膑生阿、鄄之间。"1990 年以后，鄄城县红船镇孙老家村修撰于清光绪年间的《孙氏族谱》

孙膑纪念馆

（前有明景泰五年和清顺治时期的序言）载：孙膑为孙老家村始祖，号伯灵；后在该村发现清顺治十一年（1654）的《孙氏族谱》和明万历七年（1579）的绘画《孙膑传影（坐车像）》，上有“始祖膑公传影”。在孙老家东北10华里的箕山乡孙花园村，发现孙膑墓地的残碑和战国时期的铜戈、铜箭、齐刀等文物，以及“孙膑九宫八卦阵法”和孙膑书院的遗址。该村《孙氏族谱》中有孙膑之父孙明隐居于此和孙膑生于公元前379年7月9日、卒于公元前314年8月28日，享寿66岁（虚岁）等记载。经学术界“孙膑故里研讨会”研讨论证，并由新华社发布消息，确认鄄城县孙老家为孙膑故里。

在鄄城孙膑故里，流传有许多关于孙膑的传说。如不幸的童年、放牛遇孟子、巧结良缘、拜师学艺、庞涓害孙膑、桂陵擒庞涓、解甲归田写兵书、孙膑煮酒论五霸、冷家庄探亲等。

一、拜师学艺的传说

孙膑在青年时期，曾和魏人庞涓一起拜鬼谷子为师，学习兵法。鬼谷子是位德行高深的隐士，有通天彻地之才。他精通星象，占往察来；出辞吐辨，万口莫当；精通导引，祛病延年；尤善兵学，六韬三略，变化无穷，布阵列兵，鬼神莫测。著名兵家尉缭，纵横家苏秦、张仪等，皆为其门下。孙膑为人淳朴厚道，谦虚谨慎，勤奋刻苦，颇得鬼谷子器重。一天，鬼谷子对众弟子说：“我

孙膑墓

孙膑家祠将军碑林

夜间讨厌听到老鼠的声音，你们轮流值宿，替我驱鼠。”这天夜里，轮到孙膑值宿，鬼谷子将孙膑叫到跟前，从枕下取出一卷文书，对他说：“这是你的祖先孙子留下的《孙子兵法》十三篇。当年你的祖先曾将它献给吴王阖闾，阖闾用其策，大破楚军。自越兵焚台，此书不传。吾向与汝祖有交，求得此书，亲为注解；行兵秘密，尽在其中，未尝轻授一人。今见子心术忠厚，特以付子。”并告诫道：“得此书者，善用之为天下利，不善用之为天下害。”于是，孙膑携归卧室，昼夜研习。三日之后即能背诵无误。鬼谷子逐篇盘问，孙膑对答如流，一字不遗。鬼谷子高兴地对孙膑说：“你能如此用心，你的祖先孙武先生后继有人了。”谁知，此事后被庞涓所知，庞涓对孙膑顿生嫉恨之心。此人本来就生性奸诈，嫉贤妒能，怎能容忍孙膑超过自己。自此心中埋下了陷害孙膑的种子。

二、桂陵围魏救赵擒庞涓的传说

孙膑来到齐国，被齐威王封为大将军兼军师之职。一日有赵国使者朝见威王，述说魏将庞涓率大军攻打赵国都城邯郸，赵王特派使者向盟国齐国求助。威王问群臣意见，一些谋求苟安的大臣都反对齐国出兵救赵。威王问孙膑的意见。孙膑说：“过去，魏国连伐几个弱国，不可一世；若再任其攻赵，下一步便可能加兵于齐。依我之见，还以主动出兵为上策。”于是威王当即下旨：任田忌为大将，田缨为副将，孙膑为军师，发兵救赵。齐军出发，来到了孙膑故乡阿鄄之地附近的桂陵。他把大军驻防于桂陵，然后先派一支兵马攻打魏国的边城襄陵，让庞涓知道齐国在援助赵国；另外派一支军队飞兵直捣魏国都城大梁。庞涓率大军攻陷了赵国的邯郸，正自得意，要修书向魏王邀功，不料接到了齐军直捣大梁，王命回救魏都的万分火急圣旨。庞涓遂命大军立即出发，仓皇放弃邯郸，回师解救大梁。魏军日夜兼程赶到桂陵，中了孙膑的埋伏，被打得溃不成军，齐军生擒了庞涓。孙膑让武士在庞涓前额刺上“缺德”二字，把他放了。后人诗曰：多行不义将诛身，缘有孙膑武圣人。以史为鉴知兴替，以人为鉴贤愚分。

三、解甲归田写兵书的传说

孙膑协助大将军田忌取得了桂陵、马陵大战的胜利，为齐国立下了赫赫战功，齐国疆土牢固，国泰民安。齐宣王念孙膑功高盖世，欲加官晋爵。可孙膑不愿在朝为官，恳求解甲归田，颐养天年，共享天伦。于是打定主意，向宣王递表辞官。宣王起初不允，但见孙膑去意已决，且确实年事已高，便恩准了，并赐予许多金银和奴仆。孙膑起程，来到距故里不过 10 余里的偃月河北岸。他非常喜欢此地，便命侍从一起动手，挖河、建房、修路，建起了一座 10 余亩大的花园。花园两面靠水，四座寨门，依依垂杨柳，淙淙月偃河，绿地常青，花香四溢，歌台水榭，雕梁画栋，莺唱鹂鸣，其乐融融，庄以园名，称为“孙花园”。村庄建成后，孙膑与家人便在此定居下来。孙膑根据多年的作战经验，参考祖上留下的《孙子兵法》，专心编著了一部新的兵书《孙膑兵法》。孙膑历代后人在此繁衍生息，遂成村庄。

◆ 尧的传说

尧是《史记》中的五帝之一。汉“帝尧碑”载：尧母庆都与赤龙相交，生尧于常羊（今鄄城临濮）。《史记·五帝本纪》载：帝尧，“敬授民时”、设立百官、治理洪水、剪除“四凶”“百姓昭明、合和万国”，开禅让先河，为一代圣君。

鄄城是帝尧葬地。晋《帝王世纪》曰：“尧葬济阴成阳西北四十里，是为谷林。”《吕氏春秋》《水经注》《通览》《皇览》《元和郡县志》《大清一统志》《清史稿》《曹州府志》《濮州志》等皆有记载。

鄄城尧的传说，多是古籍、方志和民间口头相传的故事，有近百篇，如巧敲斗笠、智试二女（娥皇、女英）、箕山访许由、历山访舜等。

鄄城及周边地区世代流传着两句民谣：“尧王虚葬八百墓，唯有真身在谷林。”

传说，帝尧死后，舜怕后人盗掘帝尧墓冢，做了18口棺木，而其中只有1口棺木中是帝尧遗体。成殓帝尧遗体时，帝舜亲自入殓。连他最为亲近的皋、夔、稷、益等22臣，也不让在眼前。直到帝尧遗体入殓好，才让22臣前来祭拜。至于帝尧的儿子丹朱，自小不孝，帝尧死后，只顾得想方设法继承王位，而没有心思管帝尧的丧事。但最后因为帝尧早就昭告天下，禅位于舜，并且舜得到了四岳和其他大臣的全力支持，最终丹朱没有为帝，而是舜继承了尧的帝位。

帝舜首先把自己的手下人，分成18个小群，每群人都向不同的方向走三天三夜，在那里分别秘密地选择地址，挖掘墓穴，对外只说是有位老人要安葬这里，这样18群人就分别在相距很远的地方选择了18处墓地。

到了出殡那天，帝舜让人把18口棺木分别抬往四面八方的墓地。每1口棺木都让人抬着向已定的墓地走一天后，就换成另外一批人再抬，第三天再换一批人抬。每天的抬棺人都完全不同。第一、二批抬棺人不知道抬到哪里，第二、三批人不知道从哪里抬来的死者。每一批抬棺人都不知道抬的谁的遗体，有效保护了尧王墓冢不被发现。

舜即帝位后，在帝尧的18个墓冢都置有守墓人，各个墓冢的守墓人都不知

尧陵碑碑文

尧陶唐氏墓

祭尧墓文碑

祭尧碑林

道谁守护的是真正的帝尧的真墓冢，直到帝舜临禅位前，才告诉禹谷林是帝尧的真身墓冢，并让帝禹一代一代密传下去，直至当今。

传统音乐

◆ 鲁西南鼓吹乐

鲁西南鼓吹乐是鼓吹乐的一个支脉。

鲁西南鼓吹乐据说可以追溯到东汉时期。鄄城的鲁西南鼓吹乐源于明代，以田铺、杜庄、信义村的鼓吹乐较为有名。

鄄城鲁西南鼓吹乐一般是在红白喜事、庙会、重大活动中演奏。

鄄城鲁西南鼓吹乐乐器。一是吹奏乐器，有唢呐、笛、笙，以及“闷笛”“尖子号”等；二是打击乐器，有大镲、小镲、梆子、战鼓、锣、二锣等。唢呐是鼓吹乐的主要乐器。唢呐由三部分构成：芯子、杆、碗。芯子又可细分为哨子、气盘和铜芯三部分。杆多是木质的，也有锡杆的，称为“锡笛”，杆上有八个音孔，前七后一。常用的唢呐有大、中、小三种，按音色可分为高音唢呐和中音唢呐。高音唢呐包括高音小唢呐和锡笛。高音小唢呐多为F调或G调，锡笛多为G调或A调。中音唢呐多为木杆，E调、D调和C调。

鄄城鲁西南鼓吹乐演奏技巧。常见的演奏技巧有吐音、滑音、花舌、指花、

传人王立华演奏“尺子开门”

传人肖守存演奏“唢呐咔芯子”

郓城董口镇田埔村王家班

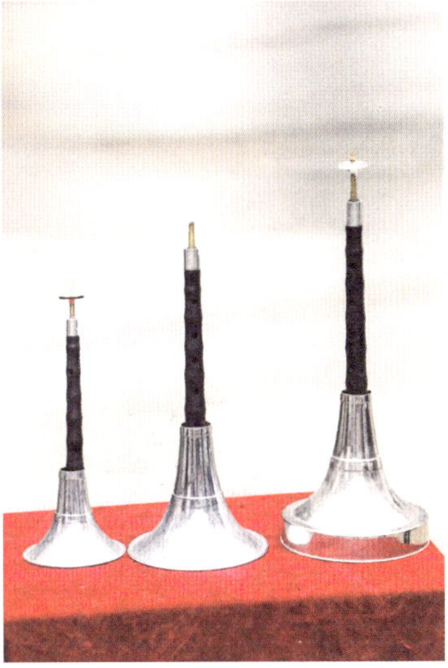

高中音唢呐

颤音，以及吞、吐、垫、打、抹、压等，还有舌冲音、气冲音、反弹音、反双吐、连弹音，气唇同颤音、指气同颤音等。

乐队组合形式。①单大笛主奏。所用管乐器唢呐（1 支）、笙（2 把）、打击乐器，小镲或梆子选其一。演奏曲目广泛。②对大笛（两只唢呐）主奏。以两个同度唢呐为标志，所用管乐器为一支唢呐、两把笙、小镲。演奏曲目以“包妆台”“开门”为主。③笛、笙合奏。以笛子主奏为标志，所用乐器为一支笛子、两把笙、小镲或梆子选其一，演奏曲目同样以“开门”为主。④锡笛主奏。所用乐器为一支锡笛、两把笙、一只小镲、一个梆子，演奏曲目多为大弦子曲牌“锁南枝”等。⑤吹咔演奏。所用乐器为一支唢呐、一支口哨、两把笙、一把拉弦乐器，小镲、梆子、锣各一。主要模拟戏曲唱腔。

演奏形式。一是行走演奏，多用于迎送宾客等。二是坐棚演奏，多用于婚丧嫁娶、庙会、大型活动等。三是站场演奏，多用于行礼、答谢等。

郓城鲁西南鼓吹乐曲目丰富。主要有：①传统古曲，如包妆台。②开门系列，如“上字开门”“尺字开门”“凡字开门”“六字开门”“五字开门”“下五音开门”“扬州开门”“错调开门”“天下同开门”等。③笛绞类曲目，如“大笛绞”“百鸟朝凤”“一枝花”“抬花轿”“风搅雪”。锡笛类曲目有“驻马亭”“锁金枝”“青羊歌”“二迷子”“抬花轿”“朝阳沟”“穆桂英挂帅”等。

◆ 坠 琴

坠琴伴奏乐器

坠琴，也叫坠胡，是一种类似于小三弦的管弦乐器。

坠琴的演奏形式。最初坠琴一般用于戏曲伴奏，如山东吕剧、山东琴书等地方戏曲都有坠琴伴奏。后来演奏形式不断发展，在戏曲伴奏的基础上，又有了独奏、协奏、合奏和其他多种演奏形式。

据传，坠琴萌芽于清代，鄄城较早就有演奏。艺人们参照大坠子的模式，把三弦的板式共鸣六角形琴筒的前面蒙上莽皮或蛇皮以增大音量，把三弦改为二弦，形成了早期的坠琴（也叫坠胡）。后来把木制的琴筒改造成铜制的琴筒，形成了现代的坠琴。

鄄城坠琴演奏。坠琴演奏时，一般是将坠琴放到演奏者的大腿上，演奏者左手拿琴杆、按弦；右手握弓弦拉奏。坠琴的指法比较复杂。坠琴的滑音，双滑音很有特色。由于坠琴是分开拉弦，它能以一根弦伴奏，一根弦奏旋律。

鄄城坠琴演奏曲目。坠琴演奏曲目有几十曲，如夸山东、八板伴奏曲、豫

传承人吴道文（左）

传承人张效臣

西风情、河南曲子牌子曲、家乡的喜讯、新春乐、庆丰收等。

鄄城坠琴。坠琴由琴筒、琴杆、琴头、琴轴、琴托、千斤、弓子、琴弦组成。坠琴种类较多，有 1 号大雷琴。2 号坠琴，也叫中雷琴。3 号坠琴即大坠琴，也叫小雷琴。4 号坠琴，也叫专业琴。5 号坠琴，也叫高音琴。6 号坠琴，也叫童琴，一般是儿童使用。各类坠琴的声音也各有千秋，有的坠琴声音粗犷、深沉，有的坠琴声音尖脆、婉转。鄄城县目前流行的多是 4 号坠琴。这种坠琴长 88~90 厘米，琴筒高 7~7.5 厘米，琴筒直径 10 厘米，适用于专业独奏和乐队合奏。

坠琴是很有特色的乐器。坠琴杆长、琴筒大，发出的音调高亢、浑厚、明亮、柔美。其音色更是丰富多彩，同时还可以模仿各种特有的声音（如各种动物的叫声、人的笑声和哭声等），大幅度的滑音更具特色，对唱腔能衬托入微。坠琴在菏泽的鄄城、郓城等地较为流行。

◆ 软弓京胡

软弓京胡，原名胡琴，又叫土胡琴、二鼓子，是一种近似于京胡的管弦乐器，由于弓软毛松并且弓毛比弓杆长，所以叫软弓京胡。

据传，软弓京胡是从蒙古传入中原的一种乐器，后来，软弓京胡与徽胡融合，产生了“京胡”，软弓京胡后来成为流行于山东、河南、安徽、河北南部的一种戏曲伴奏乐器。

传承人张效芝（左）与扬琴合奏传统曲目

鄄城使用的软弓京胡构造。主要由弓子、琴杆、琴筒、弦轴等部件组成。软弓京胡的“弓子”，是用富有弹性的软竹子制成。弓子特别软，其弓杆由两部分组成，上半弓长 15~20 厘米，用薄竹片作成钩状，下半弓长 58~60 厘米，用细圆竹制成，形状与京胡的弓子相同，这两部分用弓弦缠在一起。弓毛用马尾制作，比弓杆约长 1/3，弓毛的拴法也与京胡相同。琴杆和琴筒采用紫竹、白竹或染竹制作。琴杆一般有 5 节，第一节和第二节有弦轴，最后一节插在琴筒中。琴杆在琴筒中开有长方形对穿的孔，成为琴筒的共鸣部分。琴筒一端开口，另一端蒙上蛇皮。其他部件还有琴轴、千斤钩、弦码、琴弦等。

鄄城软弓京胡的音色。常用的定弦法为“6~3”弦、“2~6”弦、“5~2”弦、“1~5”弦。演奏时常用的弓法有连弓、分弓、顿弓、抛弓、上半弓、下半弓等。坠胡声音尖细、高亢、饱满、亮丽，富有穿透力，演奏风格诙谐、调皮、风趣、自然。软弓最富有特色的是“飞弓”（“打嘟噜”的一种），类似唢呐演奏中的“花舌”的音乐效果。演奏中不仅能模拟唢呐、扬琴等乐器的音效，还可以模仿各种人声、鸟语、蛙叫、虫鸣、狗咬、马嘶、鸡鸭争鸣等。

鄄城的软工京胡也可以独奏。主要演奏曲目有“喜庆开门”“游仙桥”“百鸟朝凤”“蛤蟆跳湾”“山东琴书音乐”“鸟语虫鸣”“八板”“红娘巧辩”“车字开门”“六字开门”“过街牌”“降香牌”等。独奏时的伴奏乐器有扬琴、二胡、坠琴、古筝、琵琶、笛子、三弦、中阮、大阮、大提琴等。

鄄城县目前流行的京胡大多是软弓京胡。琴杆长 49.5~50 厘米，琴筒高 11.5~12 厘米，琴筒内直径 3.6~4 厘米。

◆ 古筝艺术（山东古筝乐）

古筝，是较为古老的弹拨乐器之一。

据传，古筝在春秋战国时期就有，鄄城在西汉时期已有古筝。魏·曹植任鄄城王时，有“弹筝奋逸响，新声妙如神”的诗句。据《曹州府志》《宋书》等记载，宋明清时期菏泽古筝已盛，有“城内大户多有瑟，城外村村都有筝”的说法。今鄄城县孙堂存有清末的一架十六弦古筝。

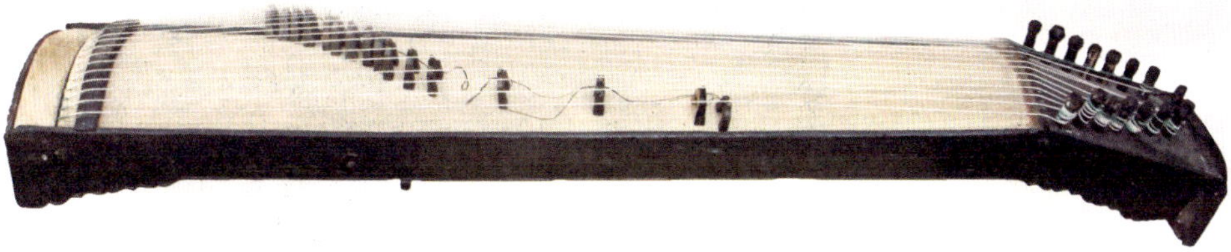

保存完好的百年古筝

鄄城古筝演奏手法。主要是右手弹，左手按。右手指法有托、劈、抹、挑、剔、勾、撮、摇、连托、双劈、双勾、双抹、花指等；左手指法有虚、实、点、空、揉、滑、吟、走等。

鄄城古筝乐演奏形式。有独奏、合奏、伴奏。合奏乐器有筝、扬琴、琵琶、如意勾（一种弓弦乐器），有时增加坠琴、软弓胡、二胡、简板、梆子等。伴奏，主要用于“山东琴书”，与扬琴、坠琴、软弓胡、二胡、琵琶、简板、碟子等组合，有跟腔送韵、加花变奏的作用。近来古筝还被引进“两夹弦”“梆子”“柳子”等地方戏曲的伴奏中。

鄄城古筝乐曲。包括两类：一是古曲，俗称大板筝曲。二是牌子曲、板头曲，俗称小板筝曲。

大板筝曲。是“八板体”的曲式结构，即“老八板”“大八板”。从头至尾都是4/4或2/4的节拍。鄄城的古典筝曲，分别属于大板第一、二、三、四,四个板头。大板第几，是从速度节奏上讲的。大板第一的乐曲，速度为大慢板，一板三眼，即4/4节拍，乐曲有“汉宫秋月”“隐公自叹”等。大板第二，速度为慢板，一板三眼，4/4节拍，乐曲有“美女思乡”（即“昭君怨”）、“鸿雁夜啼”等。大板第三，速度为中板，一板一眼，2/4节拍，乐曲有“莺啭黄丽”“鸿雁捎书”等。大板第四，速度为一板一眼，2/4节拍，有的则成为流水板，乐曲有“夜静銮铃”“清风弄竹”等。古曲一般都有鲜明的主题。如“大板第三”的“莺啭黄鹂”，是民间乐曲“八板”演变成的一首十分巧妙的筝曲。它音符密集繁碎，节奏活泼跳跃，曲调欢快明朗，表现了在清风荡漾、春光明媚的时节，黄鹂用它优美清脆的歌喉在纵情欢唱。乐曲用右手拇指第一关节的密“摇”和左手“打”弦、“点”指，以及双手配合演奏的“走”指等技法，使音乐更加活泼。

传承人吴秀丽参演剧照

小板筝曲。大都是“山东琴书”的唱腔曲牌发展而来，板头曲是由“山东琴书”的前奏、间奏等发展来的。曲子保留了琴书音乐的基本面貌，更有古筝的演奏特点，成为古筝的独奏曲目。如“凤翔歌”“叠断桥”“下河调”“小金钱”“五字开门”“四字开门”等。小板筝曲主要流行在菏泽鄄城一带，具有鲜明的地方特色。

传统舞蹈

◆ 商羊舞

商羊舞是模拟传说中商羊鸟动作的一种民间舞蹈，主要流传于鄄城县杏花岗村一带。

商羊并非“羊”，而是古代传说中的一种吉祥鸟，因此商羊也称商羊鸟。传说，商羊本体是单脚的青鸟，是凤凰的近亲，属于凤凰羽族的一类。洪荒时期的商羊鸟修化成人形，实力十分强大，是上古十大妖帅之一。在传说中的巫妖大战时，商羊在女娲娘娘的庇护下，去往北俱卢洲。

传说，商羊天生有预测吉凶的能力，是远古天庭的占星师，战国之前商羊

《吉祥商羊》表演队演出剧照

鸟经常出现在人间。商羊每当风雨来临或有重大变故发生时，商羊就会单足起舞。《孔子家语·辩证》上有这样的记载：“齐有一足之鸟，飞集于宫朝下，止于殿前。齐侯大怪之，使使聘鲁问孔子，孔子曰：“此鸟名曰商羊，水祥也……”传说商羊鸟在战国以后，就再没有人见过。但商羊鸟临雨而舞的故事却得以流传。东汉·王充《论衡·变动篇》载：“故天且雨，商羊起舞使天雨地。商羊者，知雨之物也。天且雨，屈其一足起舞矣。”

商羊为人们的生活带来了很多便利。因为商羊能够预测风雨，先民们每见到商羊起舞，就知道将有风雨来临，便可未雨绸缪、预做准备。雨水多时，家家户户赶紧挖沟开渠，疏通水路，防止水淹。天旱缺雨时，人们就祈盼商羊鸟出现，为人们带来降雨的福音，好让庄稼得到充足的雨水滋润，获得一个好收成。

商羊舞源于旱灾时人们对商羊出现就有风雨降临的祈盼。由于商羊鸟在战国后，人们再也没有见到商羊。在长时间干旱缺雨时，人们便扮作商羊鸟，敲锣打鼓，模拟商羊起舞，以祈求上天下雨。天长日久，逐渐形成了独具特色的“商羊舞”。

商羊舞排练

鄄城在明代就有了“商羊舞”。明代《濮州志》载：“杏岗春色红十里，夜听谷林撞晚钟。”诗中“杏岗”就是现今的杏花岗村。村西有一座三官庙。每年三月三庙会，十里八乡的群众，便聚集在杏花岗三官庙，求神进香，祈求太平，买卖东西，逛游庙会。庙会期间，狮舞、龙舞、高跷、旱船、鼓吹乐、戏曲、舞蹈、技艺等各种民间艺术云集。尤其是在天旱缺雨时，人们便从庙里抬出老关爷（关羽）的塑像，搭戏台、扎大篷，大篷上画上龙的形象，举行盛大的祈祷仪式，“商羊舞”就是祈祷仪式的主体。求雨时，每人手拿一对“响板”，上结艳丽鸟羽，模仿商羊鸟的各种蹦跳动作进行表演。“妇束短幅裙，屈一足，作商羊舞。”（清·蒲松龄《聊斋志异·跳神篇》）有人据此认为，鄄城的商羊舞发源于杏花岗村。

鄄城商羊舞的演出。鄄城的商羊舞是集体舞蹈，一般有12~16人（男女各半）。每人上穿彩衣，下穿彩裤（男女服装颜色不同）；腰系彩带，手拿响板；上系一对大如拳头的铜铃和用红缨结成的大如手掌的一朵花，脚脖上也各系一对铜铃。在乐队的伴奏下，队员手持响板跳舞，模仿商羊鸟的动作，双手执响板有节奏的撞击，发出脆响；模仿商羊鸟的叫声，进行表演。商羊舞演出中的队形变化主要是：①下山（即集体上场），②上山（即集体下场），③卷箔（向内转圈，交插队形），④二龙吐须（男女两队由中心向外反转），⑤交麻花、商羊戏水等。商羊舞的表演动作主要有：①行走动作（基本动作双手托响板在胸前竖立撞击，一足抬起跳动向上），②泰山压顶（女队员蹲下手持响板撞击，男队员站立手持响板，响板头向下击节，表现商羊鸟的欢快起舞），③抵头（男女队员各持响板分两队，响板头互相抵着，并击之，传说商羊鸟抵头，天空就会下雨），还有商羊腿、前仰后合步、前跳步、后弓步等。

鄄城商羊舞的重要特点是商羊腿。商羊腿是鄄城商羊舞中最为常见、出现次数最多的动作，这一动作就是演员用单腿独立的舞蹈来模仿商羊只有一个腿的起舞，商羊腿后来在当地演化出了一种名叫“碰拐”或“摧拐”的极为常见、深受当地民间喜爱的小儿娱乐项目。具体玩法是两个或两个以上的小儿，每人单腿独立，另一腿从膝部至脚往怀中横提，并用一手抱小腿、一手抱脚，膝盖外摆。游戏时，两小儿或多个小儿以其立腿，蹦着相向靠近；至接触时，两人膝盖互相用力顶撞，然后各自后退分开；再前行相撞，反复循环，直至一方松手或被撞倒者为输。

鄄城商羊舞伴奏乐器。以往是以鼓为主的民间打击乐器（鼓、锣、镲、梆等），所以商羊舞也叫商羊鼓舞。后来，人们根据气氛和场合的需要加入了笛、笙、二胡、坠琴等民间管弦乐器。现在的商羊舞以坠琴为领奏乐器。坠琴是由小三弦改制的，琴筒用硬木或黄铜制作，短而粗；前口蒙蛇皮；琴杆和琴头似三弦，琴杆兼做指板，置两轸，张两弦，用马尾拉奏。既能独奏，也能合奏，音域宽，声音柔和，音量也比较大。它与别的乐器不同的是，可以惟妙惟肖地模仿人声、唱歌、讲话甚至鸟和兽的叫声等。商羊舞比较常见的乐器结构。坠琴一把、二胡两把、笙二个、笛子一个、堂鼓一面、锣两面、梆一对、大镲两对等。乐队的演奏人员，一般有十来人。

鄄城商羊舞伴奏音乐。多为传统音乐中的 D 宫调式，后转 E 商调式。音乐节拍为板眼相间的 2/4 节拍。商羊舞的伴奏音乐共分为两段：从开始到变换队形的散板为第一段，这段音乐旋律沉稳、抒情、细腻、节拍缓慢。主要是表现人们对祈福求雨的复杂心情。散板后为第二段，以 D 宫调开始，以 E 商调结束，音乐节奏由慢变快，旋律悠扬明快，舞蹈动作也随之变得舒展跳跃，逐渐把舞蹈推向高潮。主要是表现人们对所祈求雨水将降充满了信心。音乐的节奏节拍与商羊舞的动作组成了完美的结合。演奏乐曲以祭祀仪式乐为主，多用雅乐、韶乐等。

鄄城商羊舞主要道具。①响板。响板是商羊舞的主要道具。材质为枣木，有红、黄两种颜色，分别刻制或印制龙凤图案。男队员持黄色响板，女队员持红色响板。响板由主板和侧板组成：主板长 65 厘米，宽 5 厘米，厚 3 厘米，主板手柄长 10 厘米，左手握板；侧板长 55 厘米，宽厚与主板相同。手柄处有一绳套。表演时绳套套在食指上，主侧板尾部用牛皮条连在一起。另外在每个响板的手柄处还有铜铃一对，以及装饰性缨穗一个。枣木响板声音清脆响亮。②服饰。商羊舞在明代，头带柳条和鲜花编织的花环，身披鸟羽，腰系罗裙，赤脚，脚系串铃，主要突出以鸟的原形态出现。明以后改为穿彩衣表演。服饰分红、黄两色，男队员黄色服饰，黄色扎巾做帽，黄色衣裤，彩鞋；女队员红色服饰，红色头巾，红色彩衣罗裙，彩鞋。黄色代表丰收，红色代表财运。

鄄城商羊舞表现了鄄城一带的人们对于风调雨顺、五谷丰登的期盼，也体现了当地人对于上天赐赠及古代祥瑞的感恩和崇敬。

◆ 担　经

担经是一种以挑担走动为主要形式、边唱边舞的民间舞蹈艺术。担经发源于鄄城，是鄄城及周边县域特有的一种舞蹈艺术。

担经，据传起始于华胥、伏羲、女娲时期的鄄城。《春秋世谱》载："华胥生男名伏羲，生女名女娲。"唐·司马贞《补三皇本纪》云："太昊庖牺（伏羲）氏，风姓，代燧人氏继天而王。母曰华胥，履大人迹于雷泽；而生庖牺（伏羲）于成纪，蛇身人首，有圣德。""女娲亦风姓，蛇身人首，有神圣之德。代宓牺（伏羲）立。"《水经注·瓠子河》曰："瓠子河又左经雷泽北。其泽薮在大城阳县故城西北 10 余里，昔华胥履大迹处也。"先民们为使华胥、伏羲、女娲流芳百世，便在雷泽湖、瓠子河北半里处（今鄄城县彭楼镇北口村）建立华胥、伏羲、女娲庙宇，并举行各种祭祀活动，先民们手舞足蹈，为祖先歌功颂德，由此形成了担经舞的雏形。

鄄城担经的舞台演唱形式。主要有两种：一种是 1~2 人小范围吟唱；另一种是在宽阔的场所集体表演，集体表演一般是 3~12 人，也可更多一些。表演者身穿绫罗彩衣，头戴霞冠，浓妆艳抹，妆扮与戏剧中的青衣相似。肩上挑一根用彩带包裹的扁担，扁担两头各自下垂一根彩绸编制的彩绳。前面彩绳以黄绸为主，后面彩绳以红绸为主。彩绳的另一头系着一个花篮。花篮中放满彩布制作的花束。扁担前头的花篮一般是以黄花为主，扁担后头的花篮一般以红花为

担经

担经

主。两臂平伸挑担。挑担人身旁可以有舞伴。舞伴妆扮和挑担人相同，只是不挑担经，手中拿着一块鲜艳的绸巾舞动，和挑担人一起舞唱。

鄄城担经的舞台队形。有横、竖、圆，以及“十”字形、“∞”字形、“⊕”字形、“∩”字形、波浪形、半圆形等多种形式。担经的舞台队形在表演过程中不断变化。担经表演时，一般是原地舞蹈和行进舞蹈相结合。原地舞蹈是在队形形成后，在原地踏步晃动舞蹈。行进舞蹈是在队形形成或原地舞蹈一段时间后，表演者在舞台行走，变换队形。担经的队形变化丰富多彩。如“剪子股”：一人打经板，三人表演，以“十”字路线为中心，对面穿叉，走成剪子股路线；“铁索链”：一队人走这条路线，另一队人走另一条路线，像拧麻花一样多次相迭，也就是行进中不断变换成“∞”字形；“蛇蜕皮”：一人在前，三人（包括打经板者）朝同一个方向行进共舞。如此等等，有很多变化。

担经的舞台步法。有“十字步”“八字步”等。担经在舞台行进表演时，一般走“碎步”，步幅为半脚或一脚的距离，走起来跟戏剧舞台上旦角动作中的“碎步”相仿。

鄄城担经表演具有明确的寓意。据说，古代担经寓意是敬“老母娘娘（华胥）”。挑担时要两臂平伸，手半握，身挺直，扁担要有一定弯曲度，走路要轻灵、走“碎步”，以表示对“老母娘娘（华胥）”的恭敬。经挑两头的花绳，前头的黄花绳代表“大龙”，即伏羲；后头的红花绳代表小龙，即女娲。前头的黄花篮表示儿子伏羲向母亲“老母娘娘（华胥）”敬献的贡品，后头的红花篮表示女儿女娲向母亲“老母娘娘（华胥）”敬献的贡品。

担经音乐曲调有10多种，这些曲调可以根据需要进行填词。担经主要在民间传统庙会上表演，鄄城县主要表演地是沙土庙会、信义庙会、白云寺庙会等，一般在农历三月三等时节表演。担经的主要伴奏乐器有唢呐、锣鼓等。

鄄城担经的表演曲目据传有100多首。如“华胥老母经”“女娲娘娘经”“白菜经”“保麦子经”“泰山经”“十二月经”“五月经”“走路经”“进庙经”“花盆经”等。担经的唱词内容主要以歌颂祖先、不忘祖先恩德为主，教育人们尊老爱幼、孝敬老人、行善积德、多做好事。如“女娲娘娘经”的唱词是“太阳一出照东坡，担经念经都有我。一对童女来请我，请我我都走，担起经挑快走着。一担担到女娲娘娘您面前，渴了俺给您送茶喝，饿了俺给您送蒸馍。又不渴来又不饿，担起经挑都走着，女娲娘娘笑呵呵。”再如“华胥老母经”的唱词是：“担起经挑翩闪闪，经挑扁担是竹竿。咱把经挑请起来，送到华胥老母前。你来念来俺来说，担起经挑膀上搁。金不走、银不蹿，担起经挑空里钻，一担担到华胥老母您面前。俺的经挑真是好，花篮上面挂元宝。华胥老母笑盈盈，俺的经挑老母都相中。”

◆ 三皇舞

三皇舞是舞者装扮成原始先民进行表演的一种民间舞蹈艺术。

三皇舞的起源有种说法。一说是三皇舞由舜帝的大臣夔所创。夔是舜帝二十二臣中一名掌管音乐的大臣。《尚书·舜典》载：“帝曰：‘夔，命汝典乐’……夔曰：‘於，予击石拊石，百兽率舞’”。另一说是三皇舞源于三皇伏羲时期。“往古之时，四极废，九州裂，天不兼覆，地不周载，火爁炎而不灭，水浩洋而不息，猛兽食颛民，鸷鸟攫老弱。”（《淮南子·女娲补天》）先民们为了躲避灾害，往往几十人群居同劳、猎捕刀耕。一旦狩猎成功或耕种有了收获，他们便将部分食物祭祀心中的神圣三皇（唐·司马贞《补三皇本纪》认为，三皇是伏羲、女娲、神农。史书记载，鄄城是三皇的诞生地和重要活动地），以求保佑庇护。其余食物则共同分享。分享食物时，人们伴随着有节奏地敲击声，兴奋地边吃、边叫、边舞，经过漫长的历史演化，逐渐形成了三皇舞。

鄄城三皇舞。表演者赤背露体，脸上画满各类颜色，类似现在非洲丛林里的民族。头发一般是披发下垂，头上戴一个植物软木条和彩色布条共同编制的圆环，下颌部位须髯飘飘，嘴唇涂画成黑紫颜色；下身系树叶、兽皮或麻布，赤脚跣足，艺术造型十分粗犷、威猛、激昂、疏荡。手拿牛臀骨或牛胛骨，顶端上方左右各钻两孔，系铜铃和红缕彩结两朵，手脖、脚脖上各系有铜铃一对或其他装饰物。手中敲打牛骨，身体模仿猿人爬行、站立、行走、蹦跳、窜越、攀登等。

鄄城三皇舞的舞台步法。包括并步、弓步、追步、三步一停、十字步、禹步、摇步、蹉步、缠丝腿跳步、回旋步、轱辘毛、缠线蛋等各种步法。舞台行进中，两腿主力腿屈膝、动力腿弓步向前，或向上屈膝抬腿，上身向主力腿方向倾斜，脚尖半立，交替行进。

鄄城三皇舞表演时的上肢动作。随着舞台上步法的变换，双手有节奏地拍击牛骨。同时，上肢不断变换造型，有小五花、大五花、火轮、拐子架、顺子架、前扑后仰、登蹬嚓、磕头作揖、大甩臂、小甩手、搂后桥、扔人子、颊馆、叠筋等。各种造型有节奏的变化，千姿百态，气象万千。

鄄城三皇舞是一种集体舞蹈。一般有 9~12 人组成表演团队。队形的排列有横排、直列、圆形、蛇形、十字形、蜗牛形、二龙吐须、八卦图、星斗阵、里逻城、外逻城队形等。表演者在舞台上，不断行走，演绎各种队形的变化，丰富多彩，令人眼花缭乱。整个舞蹈队形多次反复，随着乐曲的伴奏连续不断地跳下去。

三皇舞

三皇舞的主要特点是屈腿佝脚而舞，这是模仿原始人蹦跳动作，这也是与其他祭祀舞蹈不同之处。

三皇舞一般在丰收节庆或祭祀祈雨望晴时表演。

鄄城三皇舞的伴奏乐器和演奏乐曲。乐器主要是鼓、锣、钹、镲、梆子、笛、笙、二胡、坠琴等。乐队一般有十几人组成，主要结构为坠琴1把、二胡2把、笙2个、笛子1把、堂鼓1面、锣1面、钹1对、梆子1对、大镲2对等，演奏乐曲大多是民间小调。

改编后的三皇舞。近年来，鄄城县对三皇舞进行了规整改编。改编后的三皇舞，一般用16~20人（男女各半）。女穿彩衣，腰系彩带；男披兽皮或树叶形舞衣，头戴柳条圈或彩带，手持牛胛骨表演，并由两名演员扮演野牛，均披黄衣，头戴牛头饰。表演时，分男女两组列队出场，在乐队伴奏中表演各种动作。改编后的三皇舞共分8段。每段动作都有不同的寓意，舞蹈的动作简单粗犷，各种队形变化丰富多彩。①爬行站立。表现先民们由爬行逐渐演变为能独立行走的灵活人类。②围兽狩猎。表现先民们集体协作，围剿野牛与野牛搏斗并取得胜利。③下山。舒展双臂，以轻盈的舞步下山，到平原定居。④农作。表现先民播种五谷的动作。⑤采桑。模仿先民采桑养蚕的动作。⑥祭祀。展现祭奠崇拜三皇及祖先的动作。⑦联欢。⑧尾声。

三皇舞因其历史悠久，有人称其为舞蹈之宗。三皇舞粗犷疏荡，展现了鄄城当地质朴豪放的民风。三皇舞寓意了人们对天地崇拜敬重的虔诚之心，同时也表现了对先祖的缅怀之情。丰收节庆时跳三皇舞，抒发欢愉，以示庆贺。祭祀祈祷时跳三皇舞，以彰显礼敬祖先、祈求上天。

◆ 抬 阁

抬阁，也称两龙会，是一种民间集体舞蹈。

抬阁相传起始于春秋战国时期的鄄城。当时，孔子周游列国，来到鄄城，百姓敬其仁德博学，离开时，争相礼送，为让孔子走远后仍然能够在回望时看到相送的人群，不少人便站在高桌上边歌边舞。这便是抬阁的雏形。在日后的

抬阁故事《敬德钓鱼》

抬阁故事《吕洞宾戏牡丹》

岁月中，村民们每逢传统节日集会或自娱自乐时，便站在桌子上任意歌舞，并不断演变。

明朝初年，鄄城崔楼村艺人将流传的在桌子上的歌舞，精心改造，初步形成了“抬阁”的艺术形式，在后世流传中又不断有艺人们进行改进，成为今天看到的“抬阁”舞蹈。

鄄城抬阁的演出。①制阁。首先，扎制“主架”。用 2 根较长的竹木或铁杆水平放齐作为纵杆，宽度略大于“方桌”（当地民间边长约三尺六寸的正方形桌子）。在 2 个纵杆中间扎上 2~3 个横杆，横杆的两端与纵杆平齐（两边横杆的距离略小于方桌的边长），纵杆最外面两端，再各扎一个两端长度超出纵杆约一尺半的横杆，称“端杆”。端杆与相邻的横杆，约有三尺的距离。再在端杆两端和中间（即纵杆中间）各扎 1 根纵杆，称“抬杆”，两端共有 6 根抬杆（前后各 3 根）。抬杆长约五尺，前后各二尺半，用以抬阁。其次，在主架扎制好后，用一张方桌插放于主架中间，并捆绑固定，用方桌腿作为“阁腿（脚）”。再次，在方桌上固定竖立 1 根铁（木）柱，称“立柱”，立柱上端固定一个平板，以便表演者站立。平板一般有扇子形、宝剑形、鹰形等造型。最后，主架四周各插上一面大旗，叫“旌旗”，围绕着桌子的四周也插满各种颜色的小彩旗。②表演。表演者须有 2 人。1 人固定在抬阁上，一般用有力气的成年男性作为表演者。固定者身穿故事人物宽大又很长的戏剧衣服，用来遮住方桌和主架的中间部分。没有遮住的主架和没法遮住的抬杆一般用彩布缠裹起来，增加豪美亮感。由于固定表演者用夸张的戏装遮住了架身，使观众看不到架身，如同表演者真的站在空中一样。另一表演者一般为儿童，妆扮成故事中的人物，有固定者用手托起，或站在固定者旁边立柱的平板上，表演故事中人物的打、踢、抡、跳、蹦、踹、蹲、站、折腰、独立等各种动作。由于儿童表演者站立的位置和固定表演者站立的位置大致相差一人高，让观众感到儿童在更高的空中一样。③表演一般在行进中进行。一个抬阁有 12 人抬，称为一个抬阁队。（每根抬杆 2 人，前后各一；抬阁前后各 3 根抬杆，共 12 人）。一个抬阁一般要有 2~3 个抬阁队，每隔一个时辰（2 小时）轮换一次。抬阁人一般是御用轿夫装扮。身穿黄色唐装上衣，下穿黄色束脚灯笼裤，头系黄色头巾、脚穿圆口老式布鞋、白色布袜，上衣外面的腰中间系有一条红色布腰带（俗称毡带）。抬阁行进时，抬阁前面是乐队。乐队前面是抬阁官。抬阁官一般装扮成古代的官吏模样，面带齐胸须髯，头戴插有花翎的乌纱帽，身穿蓝色绣花官服，脚穿黑色官靴。抬阁官是抬阁起抬、行进、休息、轮换等的指挥人。一般有较为年长或辈分较高的人充任。抬阁官随着乐

抬阁故事《哪吒闹海》

抬阁故事《卓文君与司马相如》

队的鼓乐，不断发出各种号令，所有抬阁人都必须听从抬阁官的指挥和号令。随着抬阁官的号令，或快或慢，或者故意颤动，或者故意摇晃。表演时，抬阁的行进、摇晃、颤动和乐队的鼓乐、阁上儿童演员的动作表演，配合得十分默契，再加上主架上旌旗招展，彩旗飘飘，增加了高、峭、奇、险、威、靓、美的效果，场面十分壮观。

伴奏乐器。有鼓、锣、笙、镲、钹等，乐队有几人或十几人不等。

鄄城抬阁表演的内容。多是脍炙人口的历史和神话故事，据传有几十个，经常表演的故事有吕洞宾戏牡丹、白蛇与许仙、梁山伯与祝英台、司马相如与卓文君、赵匡胤千里送京娘、哪吒闹海、秦琼返乡、敬德钓鱼等。

表演时间。一般是在大型祭祀活动、重大节庆、秋收后进行。抬阁一般是十几个甚至几十个抬阁同时表演，仅参与抬阁表演的人员就有数百人。因为抬阁需要人数较多，一般节庆很少表演。因此，过去有所谓“十二年一抬阁”的说法，即十二年一次抬阁表演。据说，1935 年鄄城抬阁规模（两龙会）最大，一路上两旁观众如潮，绵延 20 余里，周边的井水都被观众喝干。

鄄城抬阁，融合了戏剧、杂技、彩扎等艺术，以独特的艺术方式再现了历史和神话故事。

◆ 龙灯舞

龙灯舞是一种民间舞蹈艺术。

据传，龙灯舞是在明洪武年间由山西客商传入鄄城，以什集龙灯舞较为出名。

鄄城龙灯舞的表演时间和场地。一般在春节、元宵节、二月二等节日和大型庆典活动时进行，通常是在较为宽敞的大街或空旷场地进行表演。

龙灯舞为集体舞。一般为 14 人，持节者 13 人，舞龙灯 1 人。

龙灯舞伴奏乐器。主要是大鼓、大锣、小锣、大钹、小镲等。

鄄城舞龙的组成。包括龙头、龙身、龙尾。整条舞龙呈圆筒形，长六丈四尺，半径二尺，有十三节，节距约五尺。龙头（首节）较大，外面糊以蓝布，额部

黄龙出海

龙扫尾

隆起，两眼凸出，两耳直竖，两角如枝，拨翅后倾，口似簸箕，须长尺余。“龙身”用竹篾子扎成，呈圆筒、多节状，每节下有一木柄，长三尺，为舞龙者持用。节内装有转动铁丝吊环，可插蜡烛。尾节前部粗、后部细，末端缚麻一束作龙尾。用一根长绳将十三个龙节串联一体，外面罩以龙皮，皮用白布制成，背部和两侧饰以彩色鳞纹。戏珠一个，圆形，半径一尺，内放蜡烛，下有木柄。

龙灯舞的基本动作。有盘桌子、戏水、戏珠、盘龙、钻大厦、钻树行等。

郓城龙灯舞表演方法。龙灯舞一般是边走边舞的行进式表演。①转龙珠。持龙珠者在龙前，与龙对面，手持珠柄，挥动龙珠，使龙珠忽左忽右，忽上忽下，往复循环。②摆龙头。龙头跟随舞动的龙珠摇动。第二节跟随龙头，第三节跟随第二节，以此类推。整个龙身，犹如几个半圆弧首尾相接，波浪相连。③龙扫尾。在行进中，龙尾的活动量最大，持尾者必须行动敏捷，使龙尾扫地而过，紧紧跟随。龙头带动龙身，左往右返，龙尾就势跟随，左旋右扫，反复进行。④龙钻裆。持尾者停住脚步，高举尾柄，龙头返回，从尾节前面的空隙中钻过去，整个龙身就势跟随。最后尾节不钻，持尾者便来一个鹞子翻身，紧跟上去。⑤穿树行。龙头带动全身从林隙中穿行，持节者随势边舞边跑，龙身则曲曲连连，狂舞疾驰。打“呼哨”者，将一个手指弯曲，放在口中，用力猛吹，发出“吱吱”长鸣声，好像巨龙长啸。⑥蹿桌子。舞龙前面置一方桌，持珠者先越桌而过，持龙头者蹿上桌子，随即跟踪而下，整个龙身亦随势越桌而过。⑦盘桌龙。绕桌疾驰，持尾者先靠桌边站定，整个龙身从尾部开始将桌子包围若干圈。然后，龙头折回，龙身从头至尾逐节离开桌子，龙盘逐渐缩小。

引龙舞花

鄄城龙灯舞的特点。龙灯舞人数众多，气势恢宏，场面壮观，是民间比较热闹的舞蹈。舞龙造型融合了书法、绘画、剪纸、刻花、雕塑、扎制、编糊等工艺。

传统戏剧

◆ 枣　梆

枣梆是流行于鲁西南地区的一种戏曲，因伴奏所击打的梆子是枣木，因此又叫枣梆。

枣梆起源于山西上党梆子，清代光绪年间传入菏泽。当地人在演唱山西梆子时，不断学习和吸收本地剧种的精华，融合一些民间小调，逐渐形成了山东梆子。枣梆盛行于菏泽、鄄城、郓城一带。

鄄城枣梆的传承。第一代，潘朝绪；第二代，史汝秀；第三代，吴凤珠（旦）等 10 余人；第四代，邢永会（艺名连众）、侯建良（艺名银友）等；第五代，王学谦等；第六代，刘福银、王桃莲等。

鄄城枣梆班社。先后有“义盛班”“江湖班”“打窝班”“义和班”。

鄄城枣梆演唱。生、旦、净、丑行当齐全；表演包括传统戏剧的唱、念、做、打；综合了对白、音乐、歌唱、舞蹈、武术和杂技等多种表演方式。

枣梆主要伴奏乐器

伴奏乐器。边鼓（大鼓子）、梆子（二鼓子）、牙板、战鼓和鼓槌、大锣、二锣、大镲、小镲、铜板、板胡、二胡、笛、笙、唢呐等。

音乐道白、唱腔和板式。枣梆以本地方言为唱词和道白。旋律灵活多变，音域宽，起伏大，经常出现大跳和递降超八度，有时大跳能达到 15 度，大跳后接着是递降下行。演唱时真假嗓结合，真嗓吐字，假嗓拖腔，拖腔不归韵。鄄城枣梆的唱词无论是什么韵脚，小生、小旦拖腔都用“咿”“呀”；红脸、黑脸拖腔皆是“啊”“呕”。鄄城的枣梆板式有三十多种。所有的板式唱腔都是“张口板、合口梆”，就是开口起唱在板上（弱拍），结束音落在梆子上（强拍）。按结构可分为三种类型：一是完整板式，如“二八板”（三眼一板）“流水板”“二板铜”等；二是不完整板式，此类板式没过门，没头腔和死板腔，只依附完整板式，如“倒反拨”“靠山吼”等；三是一句词板式，这类板式仅一句唱词，如“大栽板”“小栽板”等。

鄄城的枣梆剧目。保留的剧目有 100 多个。传统剧目，如“蝴蝶杯”“斩秦英”“天波楼”“珍珠塔”“徐龙铡子”“三开膛”“狄青借衣”“卢龙征北”“访四川”“三结义”“迎风剑”“五花马”“凤仪亭”“五郎关”“海棠关”“无底洞”“坐北楼”“下三关”“秦英征西”等。现代剧目，如“红灯记”“沙家浜”“智取威虎山”“白毛女”“奇袭白虎团”“新风赞”“沂蒙山”“沙岗新苗”等。

传统剧目《徐龙铡子》剧照

曲 艺

◆ 坠 子

坠子，又称坠子书、汉口坠子，是流传于鄄城民间的一种说唱艺术形式。

坠子，据说是起始于清代，发源于河南，是在莺歌柳书（莺歌柳子）、三弦（书）、曲艺道情等艺术形式的结合上形成的。流行于豫皖京津等地，因为主要伴奏乐器是坠胡（坠子弦），因此称为坠子。

坠子的初始形式。演唱者为一人，手打“简板”（两个长 1 尺左右、宽约 1 寸、厚约 0.5 寸，截面呈上边为弧线，其余三边都为直线长方形木条，木质一般是檀木或枣木），边打边唱。后来在乐器、唱腔、内容、人员等各方面都有了很大的变化。

坠子于清末传入鄄城。第一代传人是鄄城县河李庄李永芹，后世已不可考。坠子传入鄄城后，当地艺人在演唱中，不断在传统的坠子中吸收和借鉴地方戏曲和其他曲艺，形成了鄄城坠子。

鄄城坠子的表演形式。鄄城坠子使用当地方言说唱表演，以唱为主，唱中夹说（道白），偶尔有表演动作。开始是一人手打简板站立说唱，后来演变为演唱者前面放一桌子，桌子上放有“渔鼓”（用长 1 米左右、直径 13 厘米左右的

简板

渔鼓

竹筒和猪膀胱制作而成。这是鄄城坠子特有的伴奏乐器），表演者坐着演唱，一手打简板、一手拿鼓槌打鼓，一只脚踩“脚梆（子）”。后来增加伴奏人员，形成一人演唱，一人伴奏。演唱者只管打简板和打鼓演唱，伴奏者拉坠琴和踩脚梆。后来又发展成为一个小团队，有两人及多人演唱（称为“对口”或“多口”），伴奏乐器和人员也增加到两人以上。鄄城坠子，较多的形式是一拉一唱的“二人班”。

演出场地。鄄城坠子的演出场地非常简单，村庄大街、空旷的场院等，只要能放开一张桌子、能够容纳观众就行。现在的专业演唱，在专业舞台上演出，一般不再摆放桌子。

伴奏乐器。简板、坠琴，是坠子的标志性乐器，以及书鼓、三弦、锣、梆、镲、钹、振子（醒木）等。

鄄城坠子的唱腔和板式。主要使用“平腔”，有时也使用“快扎板”“武板”“五字坎”和“垛板”等。板式通常是一板一眼（即 2/4 拍子），也有的是有板无眼（1/4 拍子）和散板、紧打慢唱以及连说带唱的滚白形式。

唱词。以七字句为主，也有三字句、四字句、五字句、九字句、十二字句等，比较灵活。

演唱内容。在鄄城流传的坠子书，演唱的篇目有 200 多种，既有传统曲目，也有现代曲目，还有鄄城人自己创编的剧目。传统曲目，如“三国演义”“说唐”“金枪杨家将”“说岳全传”“水浒传”“武松”“诸葛亮借箭”“呼杨斗”“乾隆私访”“响马传”“罗成算卦”“皮袄记”“佘太君表功”等。现代曲目，如“烈火金刚”“林海雪原”“铁道游击队”“苦菜花”“胶东半岛游击队”“平原枪声”“两

表演

传授

好各一好”“松花江”“一年四季”等。鄄城坠子艺人从“两夹弦”“山东梆子”“道情”“三弦书”“山东大鼓”“山东琴书”等曲种移植、改造和创编了一些曲目，如“寸草心”“王二姐思夫”“天下第一美人”等。

鄄城坠子是一种在当地颇受欢迎的曲艺。场地、乐器要求不高；表演者和观众无须多人；唱腔流畅自然、朴实亲切；演唱内容脍炙人口、贴近生活。坠子在鄄城非常盛行。

◆ 木板大鼓

木板大鼓是一种说唱曲艺。

木板大鼓的起源有两种说法。一是该曲种原为流行于河北农村的鼓书，明崇祯年间，由河北省传入鄄城等鲁西南地区。另一是木板大鼓于清代发源于鲁西北一带的农村，由民间的鼓词、运河号子、小调演变而来。

鄄城的木板大鼓始于清朝光绪年间。其传承是第一代，吕廉山；第二代，范其风；第三代，王长志、张春玉；第四代，刘振清、陈立江；第五代，周正奎。

伴奏乐器。主要是一面书鼓（羊皮鼓），主要作用是在演唱中伴奏和烘托气氛。一副木板（三页板），主要作用是在演唱中击打节奏。其辅助器材是一个鼓架和一个鼓槌。

鄄城木板大鼓表演。一般是一人演唱，也可多人演唱。说（道白）和唱结

三页板

书鼓

传承人周正奎演唱《包公案》

周正奎弟子王孝福演唱《平原游击队》

合。表演者左手打三页板、右手击书鼓，开腔前先击鼓两遍，以镇书场；唱腔开始后又击一遍，以接词话。演唱期间，唱念结合。唱腔以板腔体为主，念白则以当地口音为主。板式有“大慢板”“慢板”“慢二板”“快二板”“三板子”“碰板”“闪板”“晃板”等。表演动作有“怀中抱月”“冲天一炷香”“天王托塔”“上三番”“下三番”等。演唱时，鼓板相击，激烈交鸣；唱词内容，跌宕起伏。唱腔板式，富有变化。临近结束，故留悬念。道白多用方言，体现当地民风。表演场地多在田间地头、街头场院、集市庙会等，一般是随地均可。

鄄城木板大鼓表演曲目。传统表演曲目有“水浒”“后续梁山”“杨家将”“三侠剑”“包公案”“岳飞传”“三国演义”“西游记”等。新曲目有“平原游击队”“三打保定”“哈尔滨渡江侦察记”“小陈庄夺印”等。自编曲目有“孩子多困难大”“拾棉花”等。

鄄城木板大鼓的特点。在吐字发声上，融合了菏泽当地方言，富有诙谐幽默、通俗易懂、朴实、夸张的演唱风格，唱词字句简洁，含义深邃，唱腔上采用了木板大鼓的原调，与说唱道情的曲调和民间小调的相互融合。

◆ 山东琴书

山东琴书，又称“唱扬琴”“小曲子”，是当地民间的一种说唱曲艺。

山东琴书于清乾隆年间发源于菏泽一带，其发展大致经历了三个阶段。初

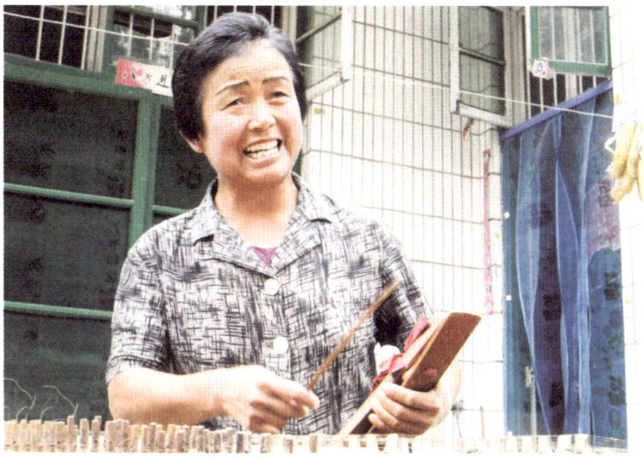
琴书艺人曾凤荣表演琴书小段《女儿也是传后人》

始叫“琴筝清曲”，属于文人的自娱自乐。后来成为民间的玩艺，又称“玩局”“庄稼耍”。直至后来演变为撂地说书的职业性演唱，遂成为山东琴书。山东琴书后来逐渐流传于豫苏皖冀京津等地。在广泛流传各地后，逐渐分为三路：流行于鲁西南地区的为南路。流行于胶东地区的为东路（东路琴书是山东吕剧的早期阶段）。流行于济南以及鲁北、鲁西北和京津等地的为北路。郓城县于民国初年成立了琴书班，属于南路琴书。

郓城山东琴书的演唱人员与伴奏乐器。演唱人员从一人到六七人不等。伴奏乐器主要是扬琴、坠琴、软弓京胡、筝、打碟子、四鼓子等，有时还用笙、箫、笛、管伴奏。根据人数多少依次增加伴奏乐器。

郓城的山东琴书有曲牌 300 余支。如“混江龙”“天下乐”“叠莲花”“雁鹅调”“石榴花”“鼓子头”“鼓子尾”“四板腔”“玉娥郎”“大金条丝”“小金条丝”“大银纽丝”“小银纽丝”“剪剪花”“接断花”“四字凤阳歌”“三字凤阳歌”“四股

山东琴书演出场景

琴书表演常用的伴奏乐器

绳”“大金钱”“快金钱”“小金钱”“夜落金钱”“老工”“小工”“江流水”“寒苦调”“上四调”“游春调”“迎春调”等。

鄄城的山东琴书基本唱腔。主要是“上河调”“凤阳歌”“垛子板”“接（叠）断桥”“汉口垛”，以及“北词”“下河调”“娃娃调”“哭迷子”等。

鄄城的山东琴书主要曲目。包括小段和中长篇以及新编曲目。小段，如“王林休妻”“草船借箭”“盗灵芝”“王天保下苏州”“俊丑记”“孔明赘亲”“杨八姐游春”“王汉喜借年”“朱买臣休妻”“吕洞宾戏牡丹”等。中长篇，如“包公奇案”“大红袍”等。新编，如“卖箩筐”“田间怒火”“激战盐碱洼”等。

鄄城的山东琴书特点。多用当地方言演唱，开始是顶板唱，限制在七字、十字韵上，后来用南路闪板唱法，不受字数限制。

◆ 山东落子

落子，是一种当地民间的说唱艺术，因伴奏所用的乐器铜钹，形状像莲叶，称“莲花心”，因此又叫“莲花落”；因伴奏乐器竹板也叫吊板，故又称“吊板”。

据传，落子起源于唐代。一说是僧人募化所唱的佛教故事，开始用渔鼓，后改为落子。另一说是唐代的落魄状元郑元和，沦为丐帮的首领，始创莲花落。唱词曰：“吊板本是玉鼓传，老君赐给郑元和，自从郑元安天下，如今落得生意多。”逐渐传承演化至今。鄄城县在民国初期就有演唱。较为知名的鄄城县落子艺人有张希林，吴教明、曲教严等。后有十九世霍忠兰（艺名郭元学）；二十世陈格宪（艺名陈明东）、张占先、丁西勇、张喜林等；二十一世薛传宝、赵庄老

传承人陈格宪演唱落子唱段《呼家将》

传承人张占先表演落子小段《捉妖》

四等。

鄄城山东落子演唱场所。开始是沿门乞讨要饭演唱。民国以后，一般在集市、庙会上以摆场、打地摊演唱。新中国成立后，鄄城成立了曲艺团，在舞台演唱。近年来，落子多在农村的红白事或庙会演唱。

鄄城山东落子演出形式。一般是一个人自打自唱。成为舞台曲艺后，也有多人演唱。艺人演唱时，主要是说唱表演和打板。同时，左手击打铜钹，激越时还能将铜钹抛起三米多高，然后稳稳接住再唱。

伴奏乐器。竹板（吊板）：两块用皮条栓系在一起的瓦形毛竹大板，长约 23 厘米，宽约 6.6 厘米，用来打节拍伴奏。铜钹（莲花心），单页圆形，直径 30 厘米，中间隆起，呈馒头状，用左手拇指挑在此处下方，用“点”击打。振子（惊堂木）：长约 6 厘米，宽、高约 3 厘米的小木块。

鄄城的山东落子曲目。传统曲目有“打蛮船”“二武松赶会”“何公子投亲”“捉妖”“朱洪武放牛”“打关西”“包公案”“海公案”“杨家将”“呼家将”“薛刚反唐”“少侠包公案”“百鸟笼”“三侠剑”“三国”“隋唐演义”“回龙传”“杨家归西”“七侠五义”“陈

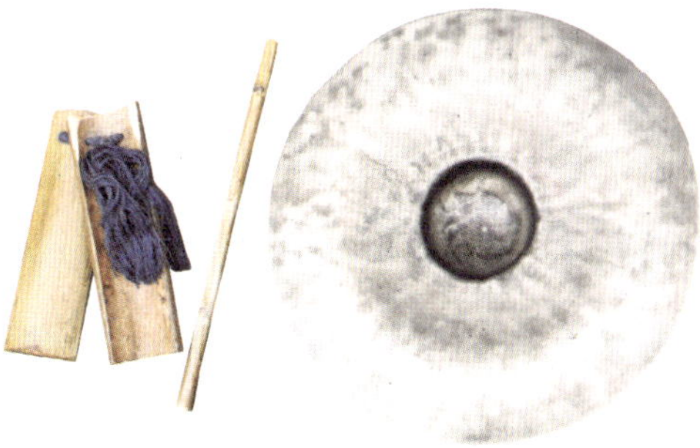

山东落子伴奏乐器莲花心、竹板、鼓棒

州放粮”等。新曲目有“胶东游击队”“平原游击队”“烈火金刚”“平原枪声”“山区游击队”“李逵大闹菊花会”等。

鄄城山东落子板式。有三种：①一二三，又叫凤凰三点头，竹板打一下，铜钹打三下。②五子登科，竹板打三下，铜钹打五下。③七七巧，竹板打四下，铜钹打七下。

鄄城山东落子唱腔。①四句腔。唱完四句腔，加套（加伴奏）。②板藏词。以说为主，慢打快唱。

鄄城的山东落子特点。唱腔旋律性不强，随意性大，以带有当地方言的说词为主，似说似唱。

◆ 山东花鼓

山东花鼓又名花鼓丁香、打花鼓、花鼓腔和花鼓秧歌，是一种以花鼓为主要伴奏乐器对口走唱的说唱艺术形式。

花鼓在宋代已有流传，南宋耐得翁所著《都城记胜》记载：“杂扮或杂班，又名纽元子，又名技和，乃杂剧之散段。在京师时，村人罕得入城，遂撰此调，多借山东、河北村人以资笑。今之打合枝、掂稍子、散刷皆是也。”清代以后，流传菏泽之鄄城等地。约在清代咸丰末年，鄄城、东平流行的花鼓还演变为两

山东花鼓传人杨传德、杨红霞表演传统曲目《薛平贵征西》

山东花鼓传人杨九平、杨九海表演传统曲目《高文举赶考》

夹弦、四平调两个剧种，但花鼓曲艺仍然存续。

花鼓的主要伴奏乐器。花鼓、大锣、小锣、铙钹、梆子或板等。山东花鼓的打击乐伴奏，由开台锣鼓与唱念锣鼓两部分。开台锣鼓主要是演出前招徕观众。其鼓点有“老三番”“新三番”“阴阳锣”“遍地金”“凤凰三点头”“游场锣”“炸黄锣”等10多种。唱念锣鼓是各种板式唱腔、专用曲牌以及说白时穿插使用的锣鼓经，变化灵活，长短不一，有30多种。

山东花鼓伴奏乐器

鄄城的山东花鼓演唱形式。有一人、二人和多人，其中二人居多。二人是一男一女，男角叫作“鼓架子”，多是挎花鼓，着便装，束腰带，双手舞动鼓槌敲击，配合女角表演。女角俗称“包头”“舞桩”，化妆、包头、着裙、披长绸，足踩小跷，手持折扇，边舞边唱。舞蹈动作较多，如“鹞子翻身”“凤凰展翅”“跑场子”“端鞋筐”“串翻滚”“鲤鱼打挺”等。多人演唱时，一般是六七人，不超过十人。

鄄城的山东花鼓主要板式。“平调”“寒韵”“砍牛橛”“货郎调”“拐磨子”“赶脚调”“采茶调”等，被称作“九腔十八昂”。

鄄城的山东花鼓曲目十分丰富。有近200个段子和中长篇，如“货郎段”“黑驴段”“王婆骂鸡”“安安送米”“王小赶脚”“王刚画庙”“朱买臣休妻”“吕蒙正赶斋”“站花墙”“薛平贵征西”“刘公案”“包公案”“琵琶词”“花木兰从军”“翠屏山”“白蛇传”“白玉楼”“二龙山”等，近年新编的有“红灯记”“太行山”“绿牡丹”等。

鄄城的山东花鼓特点。唱词多为七字句、十字句，语言较为口语、俚俗，多用衬词，常以散板起唱。

传统体育、游艺与杂技

◆ 二洪拳

达摩铲杖“回头望月”

拳术对练“泼脸锤”

二洪拳又名小红拳，是武术的一个拳种。

据传，二洪拳是宋太祖赵匡胤在鄄城所创。整个宋代，二洪拳被称为“皇家拳”，后被誉为“长寿拳”。据《濮州志》记载：宋太祖赵匡胤打关西、闯关东时，曾兵屯于鄄，为了提高军队的战斗力，增强将士的作战能力，适应于对敌搏斗，创编了一套适宜将士训练的拳术套路。因宋太祖打关西、闯关东取得胜利，为此套路取名为关西大架和关东大架。后称二洪拳，传入鄄城民间。有歌诀云：“神手洪拳赵太祖，闯荡江湖有大名。洪拳九九八十一，传在人间定太平。”二洪拳在鄄城已传承三十二代，每代习练者都人数众多。

鄄城二洪拳自成体系。包括基本功、套路、器械，以及硬气功、养生功、点穴擒拿、对抗散打等。

二洪拳基本功。包括技术基本动作和筑基功法。技术基本动作有手法、拳法、掌法、腿法、步法、身法等；筑基功法有十二把抓、三番九转一百单八手等。

二洪拳套路。有①关西、关东四路大架势。二洪拳的关西、关东大架各有两路，俗称“(关西、关东)头趟架”“(关西、关东)二趟架”，架势舒展大方，大开大放，稳重坚强有力。②四路小架势。四路小架，即七星架、随手架、文架、四路板架。四路小架架势小巧玲珑，机动灵活，低身进步，手拿、脚扣，连环紧凑，巧妙多变，一气呵成。③拳术。有六步拳、八步拳、八卦片、醉拳、地趟拳、武松脱拷等。在拳术套路中，二洪拳讲究动作起落、进退、出击、收回，多为直线往返，即“拳打一条线”，可在方寸之地与敌搏击取胜，故有“拳打卧牛之地”的说法；技击时讲究出拳要狠、要活、要快、力达拳面。二洪拳的拳术中，尤以六步拳、八步拳最受推崇，有所谓“学会八步、六步架(拳)。打遍天下都不怕”的说法。

二洪拳器械。①短兵器。常练的有单刀、双刀、牛心拐、单剑、双剑、长穗剑；另外还有醉剑、双锏、双鞭、虎头双钩等。②长兵器。常练的有春秋大刀、子龙枪、三节棍。另外，梢子棍、九节鞭、月牙铲、方天画戟等也有习练。③软兵器。常练的有七节鞭、九节雷、绳鞭、流星锤。除此之外，单绳标、双绳镖也曾在一些二洪拳师中流传。

二洪拳的对练。①徒手对练。有炮山锤、泼脸锤、窜花锤、二趟锤、七进、九进、五风锁、鲤鱼跳龙门、三英战吕布、五虎群羊等数十路徒手对练套路。②器械对练。长短器械对练有单刀破枪、双刀破枪、单刀破春秋、双刀破春秋、三节棍破枪、拐子棍破枪、对劈刀、对打棍、对花枪、梢子棍破枪、三节棍战枪、双枪破春秋、双锏破枪、双拐破枪、月牙铲战春秋等70余套器械对练。另外有软器械对练。如七节鞭、九节雷、绳鞭、流星锤等。软器械对练要求是柔中带刚、放长击远、快速准确。③徒手对战器械习练。如白手夺刀、白手夺枪、白手夺棍等。

鄄城二洪拳的风格是刚柔相济。二洪拳本属少林门一支，自带外家拳刚猛的风格，但二洪拳讲究内外兼修，又有内家拳的柔和之风。

器械对练“方天戟破金瓜锤”

据说，其柔和之处较之陈式太极丝毫不差，其刚猛之处比八极拳尚且有余。二洪拳小架较多，架势多以丁步跨虎、歇步打锤为主，步法以鸡爪蹦、潜步铲腿、拐手小拿为多。在技击中刚柔相济，以柔为主，动作灵活多变，攻防严谨，多使寸劲，以快制胜，极具实战性。有歌诀曰："拳出虎口掌出腮，打拳扑锤即夹肋"；"入拳如遇绵，进拳硬似钢，只要接到手，神仙也难走"。

◆ 大洪拳

大洪拳，也称大红拳，是中华武术中的一个拳种。

大洪拳起源有多种说法。一说是源自上古，有"伏羲遗之，尧王则之，老子继之"的说法。另一说是由宋太祖赵匡胤所创。《红拳拳谱》载："提起大红拳，巽卦在东南。要问祖师地，太祖天下传。"还有一说是由本地武师所创。

大洪拳不同于其他拳种，它的内部又分为众多流派，仅流传在菏泽的大洪拳，就有多支传承，如郓城大洪拳、曹县大洪拳、鄄城大洪拳等。

流传于鄄城的大洪拳分为两支。一是起始于明天启年间。《大洪拳拳谱》记载，明天启元年（1621），五台山高僧灵空禅师，传授武艺于李庄村李洪（李洪，

演练

对练

当地人认为他是隋末瓦岗农民起义勇士。曾立庙纪念，称“洪庙”）的后裔李先明。他在灵空禅师所授技艺的基础上结合家传武功，创造出一种新的拳术，以其祖李洪之名将拳术命名为“大洪拳”。后李先明设馆授徒，将最为得意的9位弟子，按九宫八卦命名为乾（姬秀灵）、坎（郭玉普）、艮（张振邦）、震（陈连明）、巽（邱三来）、离（部皇太）、坤（王九成）、兑（柳三连）、长子李泰中央戊巳（土）。李先明创立的大洪拳后来失传。二是清嘉庆年间，真诚大师传弟子孔昭武。孔昭武又根据“龙虎蛇豹……”等十二形的特点，创新丰富了大洪拳的内容。光绪年间朱效章以大洪拳为本，兼练融合少林罗汉拳法，形成了后世流传的郓城大洪拳。

郓城大洪拳门规辈分。光绪年间，郓城重修大洪拳拳谱，制订“十大门规”。①不准师令不尊；②不准同场不谋；③不准欺师灭祖；④不准私传武术；⑤不准奸盗邪淫；⑥不准仗力欺人；⑦不准旁场争斗；⑧不准夸己诬人；⑨不准以众抗官；⑩不准借师诈财。还规定了排序辈次“二十字”：仁、义、礼、智、信，孝、悌、忠、爱、诚，兴、山、林、和、会，福、禄、增、胜、华。

郓城大洪拳传承。第一代，真诚大师；第二代，孔昭武；第三代，任恒太；第四代，朱孝章、朱凤君、李凤龄；第五代，李守荣、赵洪举、赵登禹、付学志；第六代以后人数众多，至今已传十余代。

郓城大洪拳内容包括盘、法、势、理四个方面。

盘。即盘功，是基础训练，以十大盘功为基本功法。十大盘功是霸王举鼎势、撑补势、力推泰山势、千把攒势、孤雁盘翅势、雀地龙势、燕子噙泥势、靖王托天势、魁星点斗势、朝天蹬势。

法。即打法，其零手有百种之多，另有组手排子、打手母子、九拳及打手跑拳。

势。即套路，大洪拳的套路最为丰富。包括徒手套路器械套路和对练套路。

操练

①徒手套路主要有龙拳、虎拳、豹拳、狮拳、象拳、马拳、猴拳、鹤拳、蛇拳、彪拳、虎鹤双形拳、一至三路罗汉拳、四箱拳、五形拳、六合拳、七星拳、八卦拳、九宫连环拳，五形拳、十形拳、铁线拳、闯少林拳、铁功三线拳、叠掌、洪门拳、青龙手、武松手、白虎捶、子午捶、大洪捶、五行拳（分别是伏虎金星拳、夹木拳、水浪拳、火箭拳和土地拳）等。②器械套路主要有单头棍、双头棍、铁包金棍、七点半棍、十点半棍、八封棍、二十四枪头棍、海底藏针棍、十七连枪棍、十八连棍、平西棍、飞龙棍、桥梁棍、中栏棍、洪家伏虎凳、青龙刀、洪家二龙刀、大斩四门刀、关刀、大刀、双龙拐、洪家双刀、雪花盖顶双刀等。主要对练套路有十二连拳、六合棍对练、棒对练、棒对凳等。

理。即拳法理论，有《红拳打手歌》五篇及《打手要言》《拳谱》等。

鄄城大洪拳的特点，后人有两种实际内容相近的说法。一是从练功和实战上概括为以活马步桩为根基，架子大开大合，多崩打、架打、扒打、滚打，架子刚劲有力，多发身力整劲，初练刚劲、明劲，再练柔劲、暗劲，后练混元劲，刚中有柔，刚柔相济，连绵不休。二是从拳术整体上概括为五点，即①撑斩为母，尽八法之变；②势正行美，繁华藻丽；③扁身远击，雀身筋柔；④闪展腾挪，刁打巧击；⑤劲尚脆快，而兼长柔。

大洪拳是中华武术中非常古老、非常普及、内容非常丰富的拳种之一，有“洪拳为诸艺（拳）之母”的说法。“红（拳）、梅（花）、弹（腿）、迷（踪）”，被誉为拳术中的“上四门”。大洪拳在诸多拳术中习练者极为众多。大洪拳多与古代的农民起义相联系。太平天国时期洪秀全太平军称其为“洪拳”，并编有清王李开芳所绘制的《大洪拳谱》；捻军后人编写有《大洪拳要诀图解》和《小洪式》；义和团（又称义和拳）称洪拳为“红拳”。洪拳的文场是八卦教，俗称白莲教。后期的义和团组织，包括梅花拳会、红拳会、山东的神拳会和金钟罩（大刀会）等组织。

◆ 斗 鸡

斗鸡是一种动物博弈，属于传统体育竞技。

斗鸡历史悠久，在春秋战国时期就已经盛行。《战国策·齐策》载：“临淄之中七万户……其民无不吹竽、鼓瑟、击筑、弹琴、斗鸡、走狗、六博、蹹踘者。”鄄城斗鸡即追溯到这一时期。三国·曹植曾在鄄城为王，其诗《名都篇》曰：“斗鸡东郊道，走马长楸间。”及汉至清各代，鄄城都有斗鸡延续。近年来，鄄城被确定为中国斗鸡保种基地县，并建立中国斗鸡资源保种场。

鄄城斗鸡选育。斗鸡要选择力大凶猛的优良品种鸡。东晋·郭璞注释《尔雅》云：“阳沟（羊沟）巨鸡，古之良鸡。”清代，培育出一种叫“九斤黄”的斗鸡，体大、力足、凶猛、耐斗。清·李声振“斗鸡诗”云：“红冠空解斗千场，金距谁堪冠五坊？怪道木鸡都不识，近人只爱‘九斤黄’。”

古代斗鸡图腾

鄄城的斗鸡训练。主要是训练鸡的斗性和斗技。①耐力训练。饲养者于黎明即起，对鸡进行引导训练。选择一定的场地对斗鸡加以驱赶，不让其休息，训练其耐力，增强其运动能力。②弹跳训练。训练者双手抓住鸡的身体，让双腿朝下，自半空往地面上扑下来，反复多次，训练鸡的筋腱及大腿部肌肉的强壮

搏击

打斗

度。③空腹训练。饲喂者对斗鸡进行空腹训练，加强格斗体能。食饱后，打斗时容易啄坏嗉囊；体重增加后弹跳的负荷也会加大，不宜训练。

斗鸡场地。民间斗鸡场地一般为平地围栏，或设专门斗鸡坑，面积在50~100平方米不等。

鄄城的斗鸡比赛规则。斗鸡双方可自行约定，但多数是遵守行业规定。古代鄄城斗鸡行业有斗鸡规则。近年鄄城成立“斗鸡协会”，制定了新的斗鸡规则，主要包括健康检查、体重分组、放鸡要求、胜败评判要点、有关注意事项等。

斗鸡的时间。民间斗鸡一般在喜庆日子或节日进行。

鄄城的斗鸡表演（比赛）。一是民间自发斗鸡。一般是饲养者自发携带斗鸡、鸡笼和水。双方先比较一下各自斗鸡的大小（如同拳击比赛前先称体重按重量级分组比赛）。当两者鸡的个头、大小、体重相当，且双方同意比赛后，放入赛场。围观者可以喝彩，但比赛双方均保持沉默，只观不语。比赛至约定程度，双方休战。各自抱起自己的斗鸡清理创伤，给鸡降温、饮水，然后放入自带的笼中。二是有组织的斗鸡比赛。近年来，当地经常组织斗鸡比赛，按照比赛规程，有裁判主持评判，按照得分标准，决定胜负。

鄄城斗鸡历久不衰，一方面是达官贵人消遣释闲的方式和夸豪斗胜的手段，另一方面也是人民群众喜闻乐见的文化娱乐活动。

◆ 马 叉

马叉原是一种长柄冷兵器，鄄城的马叉表演是一种民间艺术，鄄城的马叉表演以什李村的较为有名。

据传，什李村的李氏先人李元春，让铁匠把原为兵器的三股钢叉砸扁，在底部套上两个铜片起名叫马叉。

马叉表演的伴奏乐器。大鼓一面、铜锣 2~4 个。

鄄城马叉习练。①步法。有弓步、马步、歇步、垫步、箭步、闪步、寸步、跨步、缠步、滑步等。讲究以步领先，踢、打、摔、拿等综合应用。②身法。站如松，立如钉，稳如山，动静结合。③出手。手到脚到，眼到步到身到，意到形到，形到力到。④力量。运用时先紧后松，始于足，发于腰，经于肩，重于肘，达于手。动作突然，多发寸劲。⑤练气。马叉练气有“三元六合，练成一气”的说法。三元为“两肩扣而不张一元，气沉丹田二元，束肋、扣膝、悬挡三元。”六合：“心与意合，意与气合，气与力合，肩与胯合，肘与膝合，手与足合。”

鄄城马叉表演。马叉表演者一般是有武术功夫并经过专门训练的人，表演者可多可少，一般 20~40 人。表演者身着黄色中式衣衫，头扎黄巾，各拿马叉

单肩搓叉

空中飞叉

西瓜灯戏狮

一把，在乐器的伴奏下表演。双腿自然分开站立，手、臂、肩、背等撮动马叉飞速旋转，做各种动作。叉上的铜片在空中发出哗哗啦啦的声响。马叉经常表演的动作有怀中抱月、蛟龙盘玉柱、霸王盘顶、敬德钓鱼、鹞子冲天、燕子越脊、大鹏展翅、仙女散花、李广击石、你来我往、苏秦背剑、燕子穿林、张飞挑柴、桃园结义、怪蟒出洞、接仙桃、朝天一炷香、空中飞叉等，有 32 种动作之多。这些动作惊险奇特。如怀中抱月。表演时表演者以马步站立，重心下沉，双臂怀抱马叉，借助马叉旋转时的向心力，使马叉在双臂上飞速旋转而不下落。马叉与表演者双臂结合紧密，犹如贴在双臂之上。什李村表演的燕子越脊，可单臂把马叉抛向高空飞起十多米高，再使马叉越过六米多宽的门楼顶，表演者趁此机会迅速穿过门楼后把马叉稳接臂上，继续表演。

鄄城马叉融合了武术器械、气功、娱乐和舞台表演为一体，惊险刺激，显示了鄄城一带的尚武之风。

◆ 梅花拳

梅花拳，是武术的一个拳种。

据传，梅花拳起源于春秋战国时期。明崇祯年间在全国形成了三派（家）十二支。明末清初，梅花拳传入鄄城。梅花拳是鄄城流传最广的拳种之一，习者甚众。

梅花拳弟子王玉全和王海峰

梅花拳十六代弟子五玉照和十七代弟子五昌海

鄄城梅花拳包括基本功、套路单练、对练、功夫、实战等。

基本功。①五路明腿：正踢腿、侧踢腿、十字腿、外摆腿、里合腿。②手型：拳（虎拳、五顶拳、独顶拳）、掌（立掌、横掌、八字掌）、勾（捏勾、刁勾）、爪（虎爪、龙爪、鹰爪）。③步型：弓步、马步、仆步、歇步、虎步、丁步、盖步、跪步、盘步、倒插步、独立式、打虎式、平衡式等。④倒功：前倒（扑虎）、后倒（摔背）、侧倒（箭腿）、滚翻等。⑤架势功：大架、小架、三路花架、四路花架。梅花拳很重视基本功的习练，要求基本功要舒展大方、美观实用、动静分明、高低清楚、演练到位，要行如风、站如钉，要严格落实练功时间、数量、标准、效果，要讲究意行气、气达力、力定位、位之正、正之合、合之精。

套路单练。①徒手单练。四路拌，五路踏，小底拌，大底拌；梅花靠身拳、梅花七星拳、梅花醉八卦拳、六合拳、六路弹腿、十二路弹腿、四门斗、梅花形象拳（六路）、地趟拳等40余套。②器械单练。单刀、单枪、剑、棍、鞭、锤、铲、梢子棍、三节棍、叉、斧、钩、拐子、朴刀、流星、春秋大刀等兵器，单练八十多套。单练要求，舒展大方、美观实用、有梅花拳展放的特点。

对练。①徒手（含多人对练）。下身捶：猛虎拦路、大扑门、小扑门、关东、关西、大五腿、小五腿、磨盘捶、乱式炮等20多套。上身捶：八捶、十六捶、大采花、小采花、一马三箭等20多套。②器械对练（含多人）。单刀枪、大刀枪、对扎枪、棍破刀、三节棍破刀、大刀破小刀、关公挑袍刀、一马三刀、大刀破春秋、春秋配、磨盘棍、梅花奇枪、落花枪、棍破枪、夺大刀、夺小刀、刀枪捌、捌子枪、空手枪、对扎刀、双刀枪、对劈大刀、大三不齐、小三不齐、马杈镗、二龙收珠、大刀破两杆、群英会、三英战吕布等多兵器混合150多套。对练要求：

梅花拳十七代弟子杜传福和王玉全

梅花拳十五代弟子周唤明和十六代弟子孙在雪

徒手对练要先习练地趟动作和招法，再进行对练。下身锤是梅花拳的亮点，地趟动作处处是绝招，武林向有“卧倒不打梅花拳”之说；上身锤实用性强，式式为招，招招相扣。器械对练要求美观大方、攻防一致、互相协调、灵活多变、注重效果。

功夫。①气功：太阳功、四门斗功、桩子功、排打功、架子功、梅花桩功、靠山功等。②硬功：掌开砖、石，拳断砖、石、木，铁砂掌，铁臂腿，铁头功，金刚指，铁板桥，驮石滚，霸王打弓，霸王肘，金钟罩，铁布衫等。③轻功：轻身术、飞檐走壁、缩身法、拔步铲、墙上挂画、蹿山跳涧等。功夫习练总的要求是，气靠功练、硬功靠验、轻功靠变。

实战。①拳法：冲、横、勾、劈、崩、炮、点、钻、砸、搂、挑、裁、翻、截、抢等。②腿法：弹、踢、蹬、踹、扫、踏、勾、摆、剪、点、压、窜、挂、拌、缠、铲等。③格斗（打）：七十二打法。④擒拿：一百单八擒拿术。⑤摔跤（摔）：三十六摔法（绊子）。⑥点穴（定身法）：七十二点定法。⑦卸骨错筋：三十二卸骨错筋（分筋错骨）法。

另外，鄄城梅花拳还有舞狮十三场。

鄄城梅花拳门规。不准欺师灭祖；不准违背体制；不准以卑为尊；不准灭弃义气；不准争强斗狠；不准欺孤凌弱；不准奸淫偷盗；不准非法取财；不准消极堕落；不准漠视法统。

◆ 佛汉拳

佛汉拳，也叫佛汉锤、佛拳，七二三八拳，是武术的一个拳种，属少林拳派。

佛汉拳源自北少林，属禅宗，起源于南北朝时期大通年间，成拳于明清时期。佛汉拳约于清末传入鄄城。

佛汉拳按“二十字”排辈。内、初、山、寺、团，同、胜、国、少、年，用、者、思、理、多，君、猷、民、则、安。

鄄城佛汉拳套路。①徒手套路。初级套路有少林拆等架子，佛汉十八掌、跃步头、开门腿、乌龙出洞、乌龙退洞、上下步、进退步、佛汉十二式、佛汉

佛汉拳第九代传人贾海军和张华山演示“端车摔”

佛汉拳第九代传人周景正演示“佛汉朴刀”

三十六门头等。中级套路有一趟、二趟、四趟、六趟等散手和单操式、三十六腿法、二十四手对打、二十四趟捶等。高级套路有十字手、七星手、佛汉三十六手、七十二手、佛汉一百零八式等。②器械套路。佛汉棍、佛汉枪、佛汉刀、佛祖剑、达摩剑、滚龙刀、混元刀、空手夺刀、空手夺枪、单枪破双刀、单棍破双枪等。

鄄城佛汉拳功法。①外强功法。包括初级功法、中级功法和高级功法。习练外强功法要求意气相合，以意领气，以气催力。高级功法较为难练，包括五雷掌、铁砂掌、铁臂功、铁腿功、霸王肘、金钟罩等。②内壮功法。包括分桩功和动功。桩功主练气，动功主练筋。桩功包括定式和不定式。定式桩功有自然式桩功、混元桩功、佛汉桩功；不定式桩功就是没有固定姿势的桩功，站、行、坐、卧均可练功，姿势随意，场所不定。动功主要有内功八法、小盘手、大盘手、鹰爪功、大力金刚掌功、日月掌功、铁臂鹰爪大力功、卧牛功、百字功、禅密调气功等。内功是佛汉拳功法的基础和精髓，内壮外强，由内及外，以内为根，以外为用，内外合一，浑然一体。

鄄城佛汉拳劲力。主要有崩炸劲、弹抖劲、沾错劲、旋化劲，另外还有寸劲、旋搓劲、按搓劲、捋劲、棚劲等。整劲练习分为三步，即意动、微动、整动。整劲发力练习的形式有定位发力、疾步发力、上步发力。劲由筋发，力由骨生，筋长则骨壮，筋伸则劲发。

鄄城佛汉拳传承。第一代，贾云露；第二代，宋金榜、张金荣、赵金山、何金成、曹思温、齐河权等；第三代，赵金山等；第四代，（佚名）；第五代，赵忠仁等；第六代，赵心良等；第七代，马继允等；第八代，王宗跃、李新亭、赵振兴、高尚珠等；第九代以后弟子众多。

◆ 太祖洪拳

太祖洪拳是武术的一个拳种。

据传，太祖洪拳为宋太祖赵光胤所创，后传入少林寺，成为少林拳的一个拳种。鄄城的太祖洪拳，据说是少林高僧湛举在当地收徒所授，自此太祖洪拳流传于鄄城民间。

二十九代传承人范殿臣演练“力扎四门”

鄄城太祖洪拳的技击方法。主要是踩脚审进、钻靠刁打、行一实二、声东击西、后发制人、闪转腾挪、飞步打人。①手法。有八种：撑、斩、勾、挂、缠、拦、沾、挎。②腿法。太祖洪拳谚言曰：“手是两扇门，全凭腿打人”，手打三分，腿打七分，远腿近膝，贴身挎打。腿法有正踢腿、侧蹬腿、里合腿等。③摔法。樵夫捆柴、勾连腿、却地龙、顺手牵羊、倒卷红等。④拿法。金丝锁喉、搬头换顶、顺手牵羊、仙人指路、叶底藏花、二虎争食、罐子翻身、金丝缠臂。

二十九代传承人范殿东和范殿礼演示“鲤鱼抠腮”

技击要旨。以防为攻，变活为主，以巧取胜。当地有歌曰：“太祖拳，善实战，刚柔相济虚实兼。行如风，动如电，后发先至在敌先。前手领，后手追，两手互换一气催。前腿踢，后腿蹬，一招一式都见功。远处打，近处拿，贴身摔他满地爬。”

鄄城太祖洪拳最常见拳法是三十二路太祖拳。第一式，懒扎衣势；第二式，金鸡独立势；第三式，探马势；第四式，拗鞭势；第五式，七星拳势；第六式，倒骑龙势；第七式，悬脚腾空势；第八式，丘留势；第九式，下插势；第十式，埋伏势；第十一式，拖架势；第十二式，垫肘势；第十三式，撤步势；第十四式，擒拿势；第十五式，中四平势；第十六式，伏虎势；第十七式，高四平势；第十八式，倒捉势；第十九式，井栏势；第二十式，鬼蹴势；第二十一式，指裆势；第二十二式，兽头势；第二十三式，神拳势；第二十四式，条鞭势；第二十五式，雀地龙势；第二十六式，朝阳势；第二十七式，鹰翅势；第二十八式，跨虎势；第二十九式，拗鸾势；第三十式，当头炮势；第三十一式，顺鸾势；第三十二式，旗鼓势。

鄄城太祖洪拳特点。拳术难易适度，老、中、青人群多有习练。拳术套路器械齐全，是当地武术竞技的主要项目之一。同时还在传统节日、婚丧嫁娶、喜庆开业、丰收活动中进行套路器械表演，成为民间娱乐的内容。

传统美术

◆ 砖塑（鄄城砖塑）

砖塑是用泥土塑成各种各样动物造型毛坯，经过烧制等各种工序而制作的一种建筑装饰材料。

砖塑最早由画像砖演化而来。约始于战国至秦汉时期，到南北朝、唐和两宋，其艺术形式有了较多的变化和发展。当时，砖塑主要用在寺庙、祠堂、宫殿等大型气派的建筑上，成为这些建筑必不可少的主要装饰构件之一。明清时期，砖塑建筑构件开始普及，逐渐出现在民居建筑上，以致后来很多家庭建造房屋都要装饰一些砖塑造型，以增强房屋的威势和美感。

鄄城县的砖塑以谢家砖塑较为著名。谢家砖塑起源较早，1983 年，鄄城县文物工作者在鄄城县李胡同村西的亿城寺旧址上发掘出三块砖塑作品。亿城寺相传始是战国时期齐王为孙膑所建的驿城，孙膑死后，葬于驿城前，遂改驿城为“仪城”。又因为这里有“二义冢”，即战国时期的佐伯桃和羊角哀合葬墓，

谢新建砖塑作品

鄄城砖塑制作工具

因此又称为“义城”。北朝时，佛教传入，成为佛教圣地，大肆扩建，取“仪”“义”的谐音、以含有安宁之义的“亿”字为名，改名为“亿城寺”。因此，后世将亿城寺始建时间多记为北朝。亿城寺在鼎盛时期，曾有佛像万余尊，僧侣千余人。明代遭大火焚毁。明、清屡次重建，其清代砖塑遗留到今。

经省文物鉴定委员会专家鉴定，认定亿城寺砖塑的制作年代在清乾隆年间。经谢家砖塑传人辨识，该砖塑造型、构图、制作技法与谢家砖塑相同，应是其先祖遗作。由于缺乏相关资料记载，能考证的谢家砖塑是从光绪年间开始的，至今已传三代。第一代，谢光芳；第二代，谢振乾；第三代，谢学运。

鄄城砖塑形制图案。主要有人物和花鸟两大类。人物砖塑，以小说戏曲故事为题材的砖塑形制占了相当大的比重。根据戏曲故事的人物形象，先制作好大概的形体，再放到雕刻台上，最后精细修饰、雕刻。戏曲人物砖塑，多是来自民间的传统戏曲，如“姚刚征南”“千里送京娘”“文武双状元”，以及《西游记》《三国演义》《水浒传》里的人物等。动物花鸟砖塑，多为寓意吉祥的形制。其制作工序和人物相同，其砖塑成品有荷花水禽、凤凰牡丹、双狮戏球、二龙戏珠、麒麟送子、五福临门、三星高照、仙桃祝寿等。

鄄城砖塑在当地的民居建筑中，不同形制的砖塑用于不同的位置。用于正房前出厦、山墙墙垛上的砖塑，多以戏曲砖塑为主；用于房屋山墙上端的砖塑，多以花鸟动物砖塑为主；用于房屋屋脊或屋檐四角上的砖塑，多以神兽为主。当地民间非常重视屋脊上的砖塑，有“五（屋）脊六兽”的说法。民间正房屋脊在当地有很多种类，大都有砖塑装饰。正房屋脊一般总长度约为 11 米（三间），除两侧的吻兽外，通常由 19 块长条形砖塑组成。当地屋脊常见的种类有“滚龙脊”和“莲花脊”。这种屋脊的砖塑制作是一次打出三米多的条形空心砖，在空心砖上雕塑出设计好的内容后，再用细铁丝把条形砖分割成大小相等的六块，这样可以保证房脊使用时砖塑图案的连续和对接无误。

鄄城砖塑制作的一般工艺流程。

蹬泥。原料要选择质地较粘的淤土，粘粒含量在 30% 以上。把挖出的淤土晒干，然后根据泥土多少加水粉开。开始时加水可以少些，免得泥土过湿。蹬泥人赤脚或穿上雨靴在泥中一遍遍不停地反复蹬踩，蹬踩时均匀用力，使水和泥充分融合，进行和泥。和泥时要掌握一定硬（黏稠）度，特别是加水要适量。如果经验不足，可以分几次加水。过干则裂，要继续加水蹬踩；过湿则不易成型，

鄄城砖塑制作流程

鄄城砖塑作品

过湿的泥要摊到地上晒干到适度。这一工序至少要反复三遍。直到泥被蹬踩的象和好的面团一样细腻而有韧性，才能使用。

打泥板。用和好的泥，按照砖塑的要求制作，边长不得大于45厘米，厚度在10~15厘米。泥板在沙土上放一晚上，目的是使泥板散发一些水分，让泥板“挺身”（定型），然后扫静沙土，做成空心砖。

雕塑。根据预先构思好的设计图案，采取秘传的雕刻手法，通过微雕、圆雕、线雕、半圆雕、透雕、镂空雕、浮雕、双面雕等多种技艺，在空心砖上进行贴条、挖洞、去多、添少，用刻刀雕刻成舞台、瓦垄、飞檐、兽头、门窗、明柱和柱础等要求的构件形状和砖塑图案。雕刻要细心，先雕刻大概，最后再精工细雕。每一步雕刻，都要做到“胸有成竹”。雕刻最主要的就是防止损坏大坯，一旦大坯损坏，就得再打泥板重做。瓦当和滴水上的图案，不用雕刻，是用一个花纹图章压印而成。

烧制。将制作好的砖塑放在阴凉处晾至半干，即行装窑。砖塑可以用固定的砖窑烧制，也可临时用土坯围圈马蹄窑烧造。如果临时圈窑，围圈一定要有足够的厚度，否则，可能在烧窑时削弱温度，更为严重的是渗水时可能发生“飞窑”，即烧制品爆喷。烧窑的燃料一般使用麦草、豆秸和棉花秆，这样的燃料可以使火候刚柔适宜。烧窑时通过窑门上设置的观察孔关注砖塑的火候，过烈或过柔均不适宜，火候是保证砖塑质量的关键。一般在窑内经过两天的烧制后即

鄄城砖塑作品

可停火。经过淋水渗碳等工艺处理后，砖塑颜色变成青色即可出窑，始为成品。淋水的时候，在窑顶砌一个水池，池子的底部用泥土铺成，并用脚踩实，保证注入清水后缓慢渗入窑内，冷水进入炽热的窑室后，变成升腾的水雾，让砖塑充分吸收后，原本烧红的砖体就变成青色。窑内烧制砖塑的多少和渗水的数量是成比例的，渗水过多影响砖塑的烧制质量，渗水过少则砖塑的颜色青红不均匀，影响砖塑的美观。

最为紧要的是，砖塑的各个工序一定要防雨，如果天气阴天有雨，不可进行砖塑制作。

鄄城砖塑的特点。砖塑形制取材来源于现实生活，大胆写实，构图合理，风格自然，朴实清新，留有民间建筑工艺品的风韵。在艺术构思和表现形式上，运用变形、夸张、概括的手法，造型生动传神，层次分明，线条清晰流畅，人物造型和情景表现形式多样。图案具有褒扬忠诚美善、贬抑奸佞丑恶，追求吉利祥瑞、增添欢愉喜乐的意义。

鄄城砖塑制品广泛使用于冀鲁豫皖交界区。其质地坚固、颜色质朴、耐侵蚀、无裂纹、无残次，图案清晰、美观、寓意好。尤其是鲁西豫东一带建庙、立祠、建房、筑殿等建筑装饰，多采用鄄城砖塑。

◆ 旋　木

旋木就是用旋转的刀具将木材制作成木制玩具或其他器具。

鄄城旋木据传起始于明代，以刘庄旋木较为有名。相传明洪武年间从山西洪洞县迁到鄄城定居的木匠，受小泥人、竹车之类的玩具启发，开始旋制刀把、花棒槌一类的玩具，成为旋木的发端。后来代代相传，旋木制品种类逐渐增多。

鄄城的旋木工具。开始的旋木工具是根据手拉皮带使钻头转动的原理，变手拉为脚蹬，制成简易旋车。后人不断改进，形成了老式旋床。老式旋床的动力由人脚踩提供，方法是在旋轴中段缠绕三圈指头粗细的麻绳或更细些的牛皮条，绳的两头下垂分别系住两根木棍的前端。木棍的后端则搭在机架座机板下的横杆上。旋木者坐上座机板，两脚依次踩动两根木棍，使棍轴头旋转。旋木者面对所旋原料，腰前顶一根木棍做支杆，支杆的一端钉有铁钉，穿在支架的圆孔内。在旋做时老式旋床的原料适用长度为 50 厘米左右，其粗细可在 1.5~2 厘米之间自由调节。旋木轴头碗直径为 4.5 厘米左右，因此，粗于轴碗的原料在旋做时要将原料的一端砍削至适用；细于轴碗的原料在旋做时要用木块将轴碗填死，再用钻刀钻出适合原料粗细的孔，才能安装原料开始旋做。旋木者右手持刀，左手辅

选料

佐，旋刀要放靠在支杆上，防止刀的抖动，也利于旋木者控制刀具。现代科技的发展，形成了新式旋床。新式旋床可以旋制较大的木材。旋木原料长度可至 80 厘米甚至更长，原料粗细也可在 2~25 厘米之间自由调节。

斜刀切割

鄄城旋木制品生产流程。

一、旋木选材

旋木原料一般选取当地盛产的杨柳木。杨柳树 2—3 年、无果节和虫眼、较粗的干树枝，就可以用来作为旋木玩具或其他旋木制品的原材料。

二、加工制作

刮树皮、截成段。根据成品的大小，把木材截成段。然后用镰刀把杨柳木每段中间的外皮（树皮）剥去，两头不剥，以防干裂。经风干至含水量到 50% 以下，才可使用。过干可造成加工困难，过湿会使制品变形和干裂。

制毛坯（车毛坯）。根据不同种类制品的需要，在旋床上先把木头旋成各种毛坯。简单的旋木制品可以做一个毛坯，较复杂的旋木制品，需要组合装配，就需要分别旋制部件毛坯。

圆笔点彩

上颜色。毛坯做好后，开始上颜色。首先是“上粉子”（打底子）。即在毛坯表面涂一层粉子。粉子是用滑石粉和水胶混合而成。上粉子的目的是为了上色的时候能比较均匀。打完底子后晾干，再打磨，把整个毛坯的外面打磨光滑。再根据设计，在上面绘上各种图案或人物形象。图案设计，大多取材于神话传说、民间故事、历史故事等。通常有钟馗、嫦娥、佛像，花草山水、飞禽走兽；还有穆桂英挂帅、祝英台与梁山伯、关公战秦琼、孙悟空三打白骨精等戏剧、小说中的场景。然后上颜色，传统的旋木制品颜色都是用植物（矿物）颜料。常用的颜色为桃红、草绿、艳黄。用的时候要在颜色里面掺水胶，这样上出来的颜色明亮、固色牢固。

晾干。将上有颜色的旋木制品，在房（棚）内置晾，将里面掺有的水胶晾干，以保证颜色的牢度。晾干时要将各制品之间保持一定距离，防止相互沾染颜色。

组装。很多旋木成品往往是由多个旋木单件组合而成，所以在完成上述工序后，要将各个部件手工装配在一起，最后形成旋木成品。

鄄城旋木制品，造型精巧别致、图案新颖、形象逼真、色彩艳丽、生动传神；旋木多是用一些树枝和“边料”，废物利用，变废为宝。

旋木制品

◆ 泥　塑

泥塑是用经过制作的泥土进行的一种雕塑艺术。

泥塑源远流长，可上溯到新石器时期。考古发现，浙江河姆渡文化遗址就出土了陶猪、陶羊。此后，泥塑艺术一直没有间断，汉代以后已成为一种常见艺术。泥塑开始可能是用于殉葬，作为殉葬器具，后来随着宗教的传播，道观、佛寺、庙堂奉祀活动兴盛，促进了泥塑偶像的需求和泥塑艺术的发展。大约宋代以后，部分泥塑又成为家庭摆件和儿童玩具。

鄄城泥塑是全国重要的泥塑品种。泥塑在全国各地都有生产，鄄城是泥塑的著名产地，鄄城泥塑以刘家泥塑较为出名。

刘昌伟泥塑作品

鄄城刘家泥塑传承。刘云峰，刘朝中，刘文修，刘文珍，刘同贞，刘昌伟。

鄄城泥塑工艺流程。①和泥。选择黄河岸边地下，优质泥土为原料，将特选的纯净泥土调和后闷制一定时间，掺以优质棉絮，再反复揉打，手感像面团一样细腻滋润而有韧性才能使用。②雕塑。根据构思好的设计进行创作，通过堆、砌、粘、挖、刻等多种手法捏制，所用工具也多为自制，各有所用。③阴干成型。泥塑作品完成后放在阴凉通风处慢慢变干，以使其不裂缝、不走形，适于长期保存。

泥塑工具。切刀、挖刀、木刀、木棰等。

泥塑雕刻工具

泥塑罗汉像

鄄城泥塑作品。题材多样，以神佛造像和现实人物为主，作品有神佛道教人物（达摩祖师、观音菩萨、财神等），历史名人，戏曲人物、现代人物等。作品把现实主义与浪漫主义相结合，所塑造的人物，多运用夸张手法，变形又紧扣写实。作品以写实为特色，人物造像、音容笑貌、服饰手势，特别是人的面部表情、眼神、毛发、五官造型、皮肤纹路、骨骼肌肉、躯体等各个部位，都强调一个“像”字，同时又充满浪漫色彩。

鄄城泥塑特点。工艺手法朴实，将人物的五官，面部表情、眼神、骨骼肌肉、发型头饰、服饰等，都仔细地刻画出来，注重人物的表情和神态，逼真传神，栩栩如生。

◆ 剪　纸

剪纸，是用剪刀或刻刀裁剪成各种图案的民间艺术。

剪纸，源于裁剪，早在未出现纸张时，就有了裁剪艺术。《左传·桐叶封弟辨》“成王以桐叶与小弱弟戏，曰：‘以封汝’”，就有了剪纸的萌芽。湖北江凌望山一号楚墓出土了战国时期的皮革镂花；河南辉县固围村出土了战国时期的银箔镂空花。及至西汉，人们开始运用薄片材料，通过镂空雕刻的技法制成工艺品。鄄城早在宋代就有了剪纸艺术。

张月英剪纸作品《中华大家庭》（局部）

张月英剪纸作品《开国大典》

张月英剪纸作品《黛玉》

剪纸在后世发展中有南方派和北方派之分。北方派多是单色剪纸，鄄城属于北方派，剪纸技艺多是单色剪纸。

剪纸工具。剪子、刻刀、针、案板、衬料等。

剪纸种类。包括单色剪纸、彩色剪纸、立体剪纸。

鄄城剪纸基本技法。

单色剪纸。这是剪纸的基本技法，其技法又包括①折叠。将纸折叠两次或数次后，开始裁剪。②阴刻。也称镌刻。就是裁剪后，由其空白部分组成图案。③阳刻。也称镂刻。就是刻去空白部分，保留的部分形成图案，与阴刻相反。④阴阳刻。在同一图案中同时使用阴刻和阳刻两种技法。⑤刺孔。就是用针刺孔组成图案，或用于图案的待分离。

彩色剪纸。这是比较高级的剪纸技法，其技法有点染剪纸；套色剪纸；分色剪纸；填色剪纸；木印剪纸；喷绘剪纸；勾绘剪纸；彩编剪纸等。

立体剪纸。是当地近年兴起的比较复杂的一种剪纸技法，包括绘画、剪刻、折叠、黏合等综合手法，近似于雕塑、浮雕的新型剪纸艺术。

鄄城剪纸作品种类。有近百种之多，包括单一图案和复合图案。①单一图案有花卉。如牡丹、莲花、月季、梅花等。鸟类。如龙、凤、狮、虎、鱼等；人物。如儿童、姑娘、老人以及铜钱、家具、花瓶等。②复合图案有凤凰牡丹、麒麟送子、五谷丰登、狮子滚绣球、二龙戏珠、三星高照等寓意吉祥的图案。

鄄城剪纸在过去还是当地衡量女工技艺的标准之一。当地把剪纸技艺作为女孩子的一项必会技艺，民间有歌谣曰："手艺巧，手艺巧，两把剪子对着铰。左手能铰花蝴蝶，右手能铰灵芝草。铰的小鸟云里飞，铰的蛐子吱吱叫。"

◆ 烙　画

烙画，古称烙花、烫花、火针刺绣等，是用烙铁在木板或其他材料上烙烫画的一种民间艺术。

据传，烙画源于西汉（前 207~8）。清·李放《中国艺术家征略》载："张崇，唐代名画工，擅长烙画，人称巧人张崇。"鄄城烙画始于清光绪年间，以花园李庄烙画较为有名。

鄄城花园李庄烙画传承。主要是家族式传承。第一代，李俊金；第二代，李中坡；第三代，李广军；第四代，李强。

鄄城烙画工艺流程。①选材。当地所产的杨木、柳木、椴木等。以板面无疤痕、光洁白亮、纹理自然、色泽一致的板材为上乘。②打磨。用细砂纸将选好的板材表面和四周顺纹理打磨光滑，处理干净。③构图。根据板材纹理和图案内容，先在素描纸上构思草图。④拓稿。用碳素铅笔在草稿背面轻轻涂上一遍，把草稿与板材对好固定，用硬铅笔沿着草稿的结构拓印，然后在拓好的板材上完善。⑤烙制。从最深的地方开始，根据所烙的内容，运用勾、拉、按、擦圈等技法，烙出各种质感和层次，并进行局部调整，直到完美。⑥护制。在完成的作品表面薄薄地刷一层清漆，或打一层蜡，以防褪色（烙画在空气和阳光照射下会褪色）。⑦装裱。根据需要，用相应的制框或覆膜装裱。

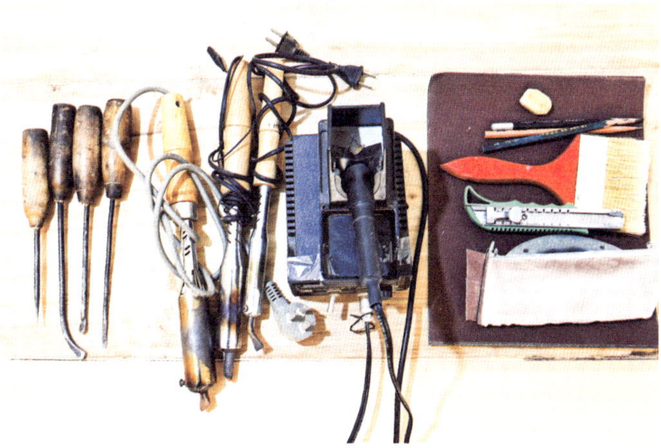
烙画工具

烙画作品

工具。烙画是全手工制作，烙铁（电烙铁）、喷枪、变压器、细砂纸、铅笔、橡皮、美工刀等。

基本技法。烙烫、皴擦、勾点等。

作品图案。一般是山水、花卉、鸟兽、佛教圣像等。

鄄城烙画特点。烙法的写意性与画面的写实性融合一体，以烙画的单色本源特征为主，以淡彩水冲技法为辅，表现烙画的肌理感、厚重感、形式感。作品融入了西画、版画、装饰画等多种绘画语言，表现烙画的艺术性、原创性、思想性。作品艺术风格典雅精致、古朴大气。烙画现在主要以木板烙画为主，也进行一些宣纸等其他载体的创作。

◆ 木　雕

木雕，是用木材雕琢成各种造型的一种技艺。

据传，木雕在新石器时期就已萌生，浙江余姚河姆渡文化就有木雕鱼，历代传承至今，鄄城木雕以侯家木雕较为有名。

木雕工具。雕刻刀，包括圆刀、平刀、斜刀、中钢刀、三角刀等30余件，这是木雕的主要工具；另有辅助工具有锤、木锉、斧、锯、钻、砂纸等。

鄄城木雕技艺。

选材。本地产的桃木、榆木、香椿树、楸木、木瓜树等硬木为原材料。最好在每年农历九至十二月（秋冬季）伐木。

木雕作品

工艺流程。①原木干燥。人工干燥：

木雕传人侯广辉

木材经水浸泡（进行软化处理），烘干处理定型（改善木材的弯曲性能，增加塑性变形）。自然干燥：将木材分类放置通风处（板材、方才或圆木），搁置成垛，垛底离地 60 厘米左右，中间留有空隙，使空气流通，带走水分，木材逐渐干燥（自然干燥一般要经过数年或数月，才能达到一定的干燥要求）。②原材加工。将原木加工成需要的圆木或方木等。随后，进行大手笔的雕刻，使其成为基本的雏形，制成毛坯。③精雕细琢。根据题材内容，对原木精雕细琢，采用平刀块面法、圆刀雕琢法，浮雕、浅雕、镂空雕、透雕、通雕等多种雕刻技法，进行雕琢，制作成基本成型的木雕作品。④打磨。从粗到细经过十多道砂纸的磨工，每道磨工必须将上道磨工留下的痕迹彻底打磨干净，最后使用最精细的砂纸精工打磨。将木雕作品最后打磨的光洁平滑。⑤涂漆：采用天然生漆为主要原料，手工涂漆重复三遍以上，使木雕作品防腐蚀、防潮绝缘、耐高温。

鄄城木雕代表性作品。有桃木九龙壁、龙凤如意、一山一水一圣人、牡丹屏风、百鸟朝凤、吉祥大象、太师椅、博古架、桃木九龙剑、佛祖、菩萨、关公、罗汉、猛虎、狮子、大象等。

鄄城木雕特点。采用当地木材，融入各种雕刻技法，主题寓意吉祥，工艺比较精细，具有当地粗犷而又细腻的民风。

◆ 木版年画（鄄城木板年画）

木版年画是用木版印制年画的一种民间传统艺术。

木版年画约开始于宋代，以后世代传承。鄄城木版年画，是用木版彩色套印，以木版水印的方式制作，在清代已盛行于当地民间。鄄城县的复兴永、源昌永等店的木版年画较为有名。

工具。木版，木刻刀（三棱刀、圆口刀、斜口刀、平刀等），油墨和颜料、滚筒、木蘑菇、印纸。

鄄城木板年画内容。涉及社会生活的方方面面，几乎包罗万象。按题材分为历史故事类、神话传说类、风景名胜类、实事新闻类、讽喻劝诫类、仕女娃娃类、花鸟虫鱼类、吉祥喜庆类等。按用途分为①婚喜画。新婚人家贴用的喜庆画，如“麒麟送子”“龙凤呈祥”“子孙万代”等。②庆寿画。庆祝开业和福寿吉日的年画如“利市仙官”“百寿图”“松鹤图”“五女拜寿图”等。③祖师画。各个行业祭奠创业祖师或收徒传艺等仪式上贴用的纸祃（神像）类画，如“药王孙思邈”“吴道子”等。④扇面画。夏季年画淡季时补充性的木印画制品。⑤灯谜画。多在元宵节看花灯（当地的一种风俗），粘贴在灯笼四面，内容多取材历史故事和戏曲，常与谜语结合，称为“灯谜画”。⑥玩具画。如玩具、纸牌、走马灯、风筝上面的装饰。⑦时令画。岁时节日用的装饰画。如“九九消寒图”

刻版用工具

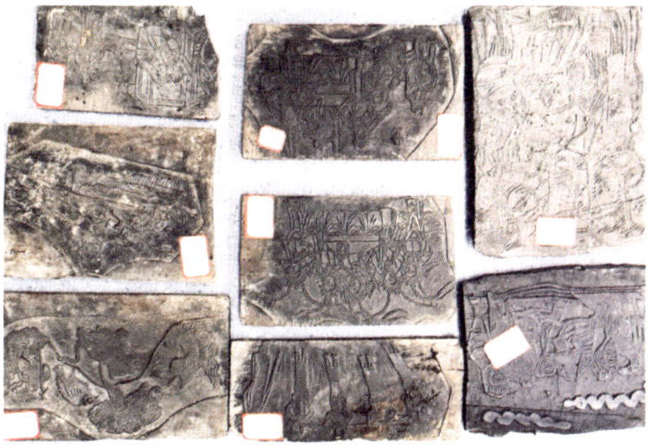

木版年画雕版

传授

“钟馗打鬼图”“中秋明月图”等。

鄄城木板年画工艺流程。①选材。选择当地硬质干燥后的木材制作成木版。②整理。根据图案，分割成大小形状适用的木版，并将木版打磨平滑。③制稿。将设计好的图案在纸上绘制完成后，复制到木版上。④刻版。按照复制到木版上的图案，在木版上雕刻出线稿的细节和图案。⑤印刷。将涂有墨汁的木版放在纸上，用力压，让墨汁染传到纸上，形成图案。⑥彩绘。用颜料按照设计绘制成彩色图案。⑦加工。对印制的图案进行加工、剪裁、装裱。

鄄城木版年画特点。木版年画是当地“年”的象征。题材内容反映了当地的民间生活，年画风格带有黄河文化的烙印。

鄄城木板年画

传统技艺

◆ 鲁锦织造技艺

鲁锦是用染色棉线按照设计好的经纬，手工织成带有几何图案的面料，鲁锦是鲁西南民间手工纯棉提花织锦的简称。

鲁锦源远流长。传说，黄帝时期就有织造，后世奉黄帝的正妃嫘祖为纺织神。考古证明，早在六千多年前的新石器时期，就有先民从事葛布纺织物生产。《诗经·葛覃》曰：“葛之覃兮，施于中谷，维叶莫莫。是刈是濩，为絺为绤，服之无斁。”《周礼》载：周朝时，朝廷就在众臣中设立了掌葛的官职。《三字经》中有“昔孟母，择邻处，子不学，断机杼”的记载，说明早在春秋战国时期鲁国就有了机织生产。棉花在南北朝时就有，棉丝织造唐宋时期已经遍及民间。唐·白居易《新制绫袄成感而有咏》：“水波文袄早新成，绫软绵匀温复轻”。宋·范成大《四时田园杂兴·其三十一》：“昼出耘田夜绩麻，村庄儿女各当家。童孙未解供耕织，也傍桑阴学种瓜。”元明之际，随着棉花在黄河流域的大面积种植，鄄城人将传统的葛、麻、丝的织绣工艺揉于棉纺，成为鲁西南棉锦，在鄄城一带广为传播。鄄城人在织锦中不断改进工艺，及至清代，鄄城鲁锦被当地官吏作为贡品，上献朝廷，成为贡品宝物。

鲁锦织造工具。主要是纺车、锭子；络子、风车；经线橛、经线杆；织机、机杼、缯、梭等。这些工具，缯是用棉线组合编结、机杼是用竹片组合制造，其余全部是木材制成。

鄄城鲁锦的类别众多。按缯的数量分：有二匹缯、四匹缯、六匹缯、八匹缯，以二匹缯和四匹缯较为多见。按织花工艺分有提花、包花、砍花、打花等。按纹样分有斜纹、条纹、方格纹等，后来不断发展，增加了枣花纹、水纹、合斗纹、鹅眼纹、猫蹄纹等。按图案分，见之于记载的有 1990 种。鲁锦较为常见的作品有老朝廷、回纹合斗、四大朵、合斗花芯、迷魂阵、八个盘子八个碗，满天星星乱挤眼、窗户棂子挂纱灯、灯笼花、八摆齐、黑老包、长流水、双喜字等几十种；壁挂的代表作品有门神、吉祥图、夏日池塘、车马出行图等。

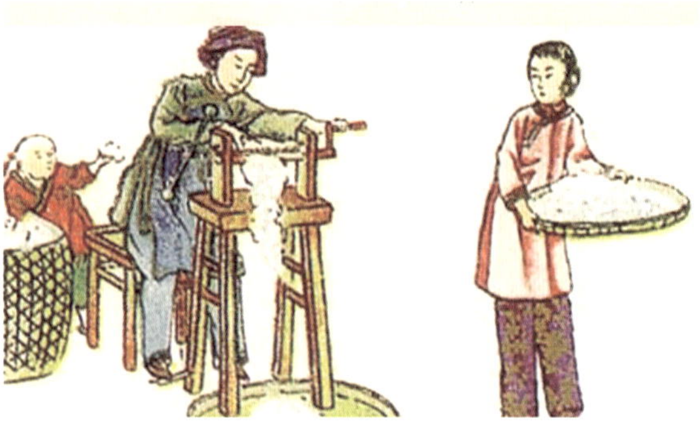

鲁锦织造程序：轧花

郓城鲁锦常用的颜色。有大红、桃红、湖蓝、靛青、绿、棕、紫、白、黑、黄等。尤其是鲁锦染色，采用天然的植物染料，色谱比较齐全，没有有害物质。一般常用靛蓝染蓝色，茜草、红花染红色，槐米染黄色，紫草染紫色，石榴皮、杏根染黑色，柿子染橙色。染色有专门的操作工艺和染色配方。

鲁锦织造程序：经线

郓城鲁锦一般工艺流程。包括三个阶段20多道主工序。第一阶段。备棉，包括采棉、轧花、弹花、搓绒条。第二阶段。制线，包括纺线、打（络）线、浆线、染线、扽线、落线、经线、刷线、做缯。第三阶段。织布，包括上机滚、掏缯、闯杼、上梭、织布、拴布、了机等。每道主工序中还有很多子工序，十分复杂。民间说法有“大大小小七十二，布匹才能下织机”。

鲁锦织造程序：织布

郓城的鲁锦由于缯数不同或

鲁锦织造程序：织锦

是梭数不同，其织造方法也不相同。

缯数不同的鲁锦织造。由于缯数不同，其织造方法也有不同。缯数越多，形成的织口变化越多，织物的纹样也越趋于丰富多彩。缯数越少，织口越变化简单，织布也越快捷。①二匹（片）缯面料织造。织机有两片缯片，织机下有两个脚蹑（织机的一个构件名称），踩下第一个脚蹑、拉开经线，形成织口，右手传梭，左手接梭；再踩下第二个脚蹑，合上织口，搬动绳框打紧纬线，就完成了一个织布流程。如此循环往复。由于二匹缯的变化只有上合的固定规律，除了纬线颜色的更换，能使布料出现色彩变化外，布料没有明显的起伏肌理，所以通常称二匹缯布为平织布。这是织布中最为基础和简单的一种织造。②四匹缯的织布流程虽然与两匹缯大致相同，但缯片的增加决定了织造难度的加大。织机下的四个脚蹑在织造不同的图案时踩的先后顺序和两两组合的次序也不相同。每次踩下两个脚蹑，带动不同的经线形成张口，投梭后踩下另外的两个脚蹑合上经线，用绳框打紧纬线。再次踩下脚蹑时就不是上次的两个脚蹑组合了，而是根据面料的设计进行不同的调整。③六匹缯、八匹缯则更为复杂。

梭数不同的鲁锦织造。织鲁锦时，机上掏缯的是经线，梭中穿的是纬线。根据面料的设计，要用不同数量的梭织造纬线。纬线一种颜色要用一把梭，织梭最少一把，最多有十几把，通常使用最多的是 4~5 把梭。织梭越多，颜色越丰富。织梭越少，织布越快。

鲁锦织造程序：了机

鄄城鲁锦的制花技艺。①提花技艺。主要用于四片缯到八片缯的面料织造。②包花技艺。主要用于围巾、头巾和披肩的成品织造。③砍花工艺。主要用于功夫带、床垫等用品的织造。④打花工艺。主要用于包袱带、花边织带等用品的织造。包花、砍花和打花工艺不仅能织几何纹样，还能织人物、动物、植物和文字等纹样。由于织造技艺不同，织锦的肌理也不相同。“包花”厚而软，保暖作用佳。“砍花”挺而韧，平滑且紧密。“打花”细而柔，立体效果好。这几种技法是鲁锦织造技艺中具有的特点，在鄄城县保存得较为系统和完整。

鄄城鲁锦的织造工艺极为复杂，遗漏了任何一道工序织布就要出错。因此，当地老百姓自编了《棉花段》把织布工艺当作歌谣传唱，以便记忆。

天上星星滴溜转，听俺表表棉花段。
庄稼老头去犁地，犁耕耙耋都带全。
使着两个老板犍，拽拉拽拉上家前。
犁得深，耙得垣，横三竖四耙七遍。
黑花种，灰土拌，撒在地里如云散。
老天下场雾细雨，出的小花真全欢。
两个短工去锄地，横三竖四锄七遍。
打花顶，坐花盘，开的花像黄罗伞，
结的花桃一大串，开的花絮赛雪蛋。
小大姐，去拾棉，一趟拾了一竹篮。
大箩挎，小箩担，搬了一个大蒲帘。
晒得棉花松软软，奇溜各嗒去轧棉。
一边出的是花种，一边出的是雪片。
沙木弓、牛皮弦，当中夹个柳芭椽。
枣木棰子旋个圆，弹得棉花扑软软。
拿梃子、搬案板，搓的布绩细又圆。
纺车上面八根齿，一根锭子两头尖，
吱吱扭扭纺穗子，两头尖尖当中圆。
打线子打、线柱子穿，浆线杆架着浆线椽。
扽线棒棒拿在手，砰砰礚礚扽三遍。
风车转，络子缠，经线姑娘跑得欢。

线头闯进杼子里，刷线姑娘两边站。
织布就像坐花船，织出布来平展展。
送到缸里染青蓝，粉子浆来棒捶掂。
剪子铰，钢针钻，做了一个大布衫。
虽说不是值钱货，七十二样都占全。
十字大街站一站，夸夸奴家好手段。

鄄城鲁锦织造技艺是古代民间高难度的织造工艺技术，是技术和艺术的结合，传承了中华民族数千年织造文化。

◆ 北狮皮制作技艺

北狮皮制作就是舞狮（狮舞分为南狮和北狮，鄄城的狮舞属北狮）表演的狮子外皮制作技艺。

鄄城的北狮皮制作技艺主要传承地是鄄城什李集村。据传，北宋时期（960~1127），鄄城什李集村的村民李开山所创。李开山在外地看到一怪兽和狮子大战，便仿照怪兽做了一个外披，叫“四不像”，供小孩披着玩耍，这就是北狮皮的雏形，后来逐渐演化为北狮皮。

鄄城百年狮皮

鄄城北狮皮的制作工艺。

备料。上等大麻、鞭炮捻子纸、铃铛、布、绳；红、黄、蓝、绿、黑、白等颜料；竹片、清漆、铁丝、狮子眼球、铁鼻、模坯盘（太平车轮或80厘米见方的木板或瓷砖）、沙土、塑料布等。

做模坯。用水把沙土和成硬泥，堆放到80厘米见方的木板或瓷砖上，

舞狮

做成厚 10 厘米、直径 65 厘米的模坯。用手拍打平，使其成为一体。再用手搦 11 根 10 厘米长、直径 5 厘米粗的泥条，晾透、晒干。

刻模。模坯五六成干时，开始刻模（狮头形象的模具）。两耳尖之间的距离为 65 厘米，耳朵长 15 厘米，两耳下到嘴巴中间各长 50 厘米；眼眶长 20 厘米，中间高 9 厘米，刻挖好后把土取出。眉长 25 厘米，高 6 厘米；鼻宽 12 厘米，高 6 厘米；嘴巴中间圆 15 厘米，此处以上挖 5 厘米宽的槽，上下断开。把 11 根泥条刻光滑，做成长 8 厘米、直径 3.5 厘米的泥橛。

刻模晾晒。将刻好的模在阳光好的地方晾晒，晚上搬屋内或用塑料布遮盖，严防雨淋。

栽疙瘩。晾晒七八成干，把泥橛栽入 2 厘米深的眉须上，外面栽 5 个、中 3 个、里 1 个、嘴巴上 2 个。

裁纸。把六斤纸裁成 2480 张、纸长不变、宽 10 厘米的长条，再把其中的 400 张长条裁成 1180 张、10 厘米见方的纸片。

制糨糊。将四斤白面用水和成面团，兑水搦，反复数次，直到把面粉中的淀粉搦尽，剩下面筋，然后把面水倒锅中加热至沸开，成糨糊。

糊纸。模晾晒干后，开始糊纸。先用刷子把模上的尘土刷干净。先糊周围，再糊上面，疙瘩上用方块纸糊。先抹糨糊、后贴纸。一层层糊纸，层层糊匀、按实。分三次糊，第一次糊 40 层，找阳光好的地方晒，晚上防潮、防雨。晾透晒干后再糊 50 层，晾晒同第一次。完成正面后，把狮头反过来，把坯土去净，糊纸 18 层，晾晒如前。如阴天可用顺风的办法，以促晾干。

连接狮嘴。用 3 米长、5 厘米宽的竹片，刮均、刨平滑后，钻眼加固，里外两层糊纸，连接狮子嘴，用铁鼻固牢，下巴 3~5 个、上边 5~7 个。

掏把手。用竹片加固后，在耳朵下 8 厘米处，掏挖 8 厘米长、4 厘米宽的孔，称为“把手”（方便两手拿狮子玩耍、掌管狮子嘴的张合）。

狮头的画描。用红、黄、蓝、绿、黑、白六种颜色，把狮子的眉、疙瘩、鼻子、口齿、纹路等描画好，用清漆刷一遍。

制眼球。用柳木旋成椭圆形，短直径 5 厘米、长直径 7 厘米、上粗下细的圆体，作为眼球，钻成十字孔，再用黑色染好。

栽眼毛、安眼球。把头发剪成 6 厘米长，折叠后用线绳一撮一撮栽入眼皮里，然后用结实的细绳穿人眼珠十字孔内，固牢在眼眶中。

制作狮皮。用 2.5 米长、0.9 米宽的黄色棉布 3 幅，裁剪好，缝制成狮皮。用红、黑、蓝、白四色，在狮皮上描绘图案；把狮身、腿、爪画好，晒干。

编麻辫。用一斤六两上等大麻，编成三股连在一起的辫子，两边长 2.2 米，中间长 3.1 米。

做狮毛。用上等大麻十斤，先搓成 4 米长的绳子，对折过来，双头挂在固定点上，另一头拴在人腰中。用两股长 2.7 米以上的麻一头一尾合起来，中间一拧。从双绳下面往上两侧各缠一下，一一相连，一直做到 1.5 米长，两边狮毛正好 1.3 米长，余者剪去。

做狮领。剪好 20 厘米长的麻一斤，搓成 3 米长的细绳，对折过来，做法与狮毛相同，做 95 厘米长。

做胡子。剪好 1.4 米长的麻一斤二两，搓成 2.1 米长的细绳，对折过来，做法与狮毛相同。胡子长 65 厘米。

制狮尾。剪好 30 厘米长的麻六两，用细绳绑成扫帚状。

染狮毛。一对狮毛分蓝、绿两种。用大锅加水烧开。放入狮毛，按一斤狮毛一包颜料的比例倒入锅中，水漫过狮毛为准，煮 30 分钟捞出，用清水清洗一遍，晾透晒干。锅中水倒净，换水换色再染另一狮毛。

染狮领、狮尾。用红色颜料煮染狮领、狮尾，分两次煮染。染法和狮毛相同。

安胡子。把胡子挂在下巴铁鼻上，再用绳固定牢。

装狮皮。先把狮皮头端装在狮头铁鼻上，用绳固定牢，皮里面缝好三趟布鼻；再把麻辫穿里面。

装狮毛。在狮皮外面，把狮毛中间用线绳固定好，狮毛两边分好，两边往下 30 厘米处，用线绳两股一起把毛固定在皮下。再同法把狮毛固定在皮上。

装脊梁骨。用缝制好、画好纹的长黄袋，装入八成满的秕子或糠，用绳子扎成 8 段，再用线绳固定在狮皮毛正中。

经过上述一系列复杂的工艺，北狮皮制作就完成了。

鄄城什李的狮皮制作，也叫“褙狮”。工艺复杂，要求精高，狮皮产品，别具一格。千百年来，遵先辈古训，从不外传，成为当地秘技。什李的狮子皮、马叉、西瓜灯，被当地人誉为“三宝”。

◆ 手制糖果饯

糖果饯，俗称“花馍”，是鄄城当地以糖（原先是面粉）为主要原料的模制糖（面）质的动物造型食品工艺。鄄城在清代就有糖果饯。

鄄城糖果饯的主要形式。糖果饯是以白砂糖为原料，经模制浇注而成的各种糖质造型。有大型摆件和小型果饯。大型摆件（用于摆放）有马、鱼、公鸡、羊、猪、桃、宝塔、牌坊、狮子滚绣球、麒麟送子、观音、寿星、八仙人物等。小型果饯（用于席食）有小马、小猴、小羊、小童、小花篮等，高度一般在 3 至 4 厘米。

制作器具。铁锅（熬糖用）、（木制）果饯模（浇灌用）。

鄄城糖果饯工艺流程。①制模。果饯模一般用梨木制作。根据果饯大小形状，把梨木剖成均等的几部分，不同形状由不同数量的模块组成。如鸡、马、鱼、狮子、牌坊、寿星、寿桃等一般用两块模。塔、亭子等一般用 4~6 块模。果碟装盘使用的糖果饯模是由 10~14 厘米的长条模组合。每条木模上刻有 8~10 个相同的造型（如马、羊、猴、童子、花篮等）。模的上端密封，下端留有浇灌口。②刻板。剖两开的原木可以直接在剖面上描绘墨线稿。剖 4 或 8 开的原木先将

糖果饯

剖开的梨木从木心向外挖出一个平面，再根据糖果饯的形状画出墨线稿，按墨线稿雕刻花纹；雕制时将浇灌口留在模的下端，上端严密组合，防止糖液流出；雕刻面打磨平滑。模的雕制要能使糖汁顺利浇灌，避免出现果饯中空或浇灌不到位；模与模的边缘衔接要精准，防止出现糖果饯形态扭曲。③泡版。模板使用前用清水浸泡。如果模版放置时间长，出现裂纹，要浸泡 1~2 天，使裂纹弥合以后才能使用。如果是完好的模，在使用前浸泡两个小时即可。④熬糖。按照糖（白砂糖）和水 3:1 的比例加入铁锅内，点火加热，边加热边用木勺搅拌，使原料受热均匀，等到糖水沸腾，水花逐渐消失，糖液能用木勺拉成片即可。⑤打环。将锅离火，用木勺继续搅拌糖液。同时将过快凝结的糖块打散，使冷却程度保持一致。⑥浇制。先将模用铁丝箍合紧密，再将模倒置，把糖液从模开口处浇灌进去。浇灌完成后稍等片刻，将模中心部分未凝固的糖液倒出，形成糖果饯的空心。再过大约 10 分钟的时间就可以脱模，制成糖果饯。

鄄城糖果饯的用途。在“请新客”时（当年刚成婚的新女婿叫新客。按当地风俗，在正月初二这天必须到岳父家走亲戚，岳父家摆席宴请新客。新客，当地方言叫新 kēi）。女方陪客献上糖果饯，表示庆贺祝福。糖果饯如果用在白事上，则是供品，祭祀供品一般是十碗鸡、十碗肉、十碗馍、十碗糖果饯。当地的红白事一般都要有糖果饯。

◆ 鄄城烧羊肉

鄄城烧羊肉是烧制羊肉食品的一种技艺。

据传，鄄城烧羊肉技艺起始于魏文帝黄初年间。魏·曹植封王于鄄，品尝农家羊肉，大为赞赏。因羊肉色泽红润，好似红烧过一般，曹植即兴赐名“鄄城烧羊肉”。此后，鄄城人世代相传，以周家烧羊肉较为有名。

鄄城烧羊肉的核心技术是中药大料的配方、腌制的成色和煮肉的火候，这些核心技术多是靠制作者的经验积累。近年来，鄄城烧羊肉分为盆装羊肉和真空袋装羊肉。

盆装羊肉，是指将烧制好的羊肉放到盆内，属于即食食品。盆装烧羊肉的制作工艺。①选材。选用生长期不足 6 个月、重量不超过 10 斤、肥瘦适宜、有质检卫生部门检验过的优质鲁西南青山羊骨肉为主要原料（因 10 斤以下的青山羊肉肉质鲜嫩）。②宰杀。将山羊宰杀、剥皮、放完血后，洗净、剔骨、分割备用。③煮熟。加质地柔和的清水，先下骨头后下肉，以杂木做燃料，初期用猛火煮，待沸腾后打出血沫，把白芷、花椒等 10 余味中药大料和盐一起下锅，再细火轻熬 4 小时。④浸泡。肉煮好后，在卤汁中煨泡 4 小时。⑤盛盆。将肉盛入干净

青山羊

烧羊肉成品

的盆内，加入煮肉汤，冷却，使肉汤充分融合一体，卤汁和煮肉汤形成晶莹剔透、弹性十足的肉冻。

真空袋装羊肉，是指真空包装的袋装羊肉，可以保存一段时间，再行食用。真空袋装烧羊肉的制作工艺。①选材。和盆装羊肉相同。②宰杀。同盆装羊肉。③腌制。将宰杀的生羊肉块，剔骨，用精盐腌制 1~3 天（根据季节气温高低不同，腌制的天数不同。气温较高，则可以相应减少腌制天数）。④煮熟。将盐腌制好的肉块放在开水锅内，加入白芷、花椒等 10 余味中药大料和精盐烧煮，打出血沫，将肉煮至七成熟时，把肉捞出，控干水分。⑤装袋。待肉凉透，装入真空包装袋，封口。⑥杀菌。将封口后的袋装羊肉放进杀菌锅，高温蒸制半小时即成。

鄄城烧羊肉的特点。肉质鲜嫩、细腻、清香、无腥味、无膻味，曾被认定为中华名吃。

◆ 左营绿豆丸

左营绿豆丸是鄄城左营村用绿豆炸制的丸子食品，广义的左营绿豆丸包括狭义的绿豆丸（当地也叫绿豆面丸子）和牛肉丸。

鄄城左营绿豆丸据传起始于清朝，民国时期已名传聊城、济宁、临沂、德州、泰安，以及河南的焦作、范县，江苏的徐州、丰县、沛县和安徽砀山等周边区域，其产品和制作技术传承至今。

制作器具。大筛子、干石磨、大瓦缸、木槌、土锅台、加厚铁质大锅、笊篱、柳编笸箩、烧火用木柴、大桶；后来还有脱油机、真空包装袋、封口机、礼品盒等。

一、鄄城左营狭义绿豆丸（绿豆面丸子）制作工艺

选料。选择饱满无霉粒、颗粒均匀、颜色油绿发亮的大毛绿豆。

筛选。将绿豆过筛，除去尘土，然后用干石磨磕瓣，再次筛选去除碎瓣、胚芽及豆粉。然后倒入瓦缸，约 20℃温度浸泡 9 小时，每 3 小时换水清洗一次。

去皮。倒掉浸泡水，用木槌捶打浸泡好的绿豆，然后均匀用力，顺时针搓皮，一般搓 9 遍。而后加水用笊篱撇皮，边撇皮边搅拌，撇皮过程中换水 3 次，去

皮率要达到 99% 以上。

主要原料绿豆

自制佐料。取适量花椒、小茴香、八角等香料，分别用文火炒制（关键是掌握好火候），炒好后放入柳编笸箩溜风降温，冷却后用干石磨磨成粉。

自制小麦粉。选优质小麦，过筛去杂，清洗晾干，用干石磨磨成全麦粉备用。

炸制油和其他辅助配料。一级压榨大豆油。葱、姜制丁，高背大葱去叶，大块生姜去皮，清洗后切丁备用。标准食用盐。

腌制。取适量葱、姜丁、五香粉、食盐、大豆油勾兑搅拌均匀，20℃腌制 10 小时。

磨浆。将撇净皮的绿豆捞出控水沥干，磨浆，边磨边加水，使其粗细均匀。

勾兑调浆。将腌制好的馅料放入绿豆浆中搅拌，放入全麦粉再次搅拌，使浆保持有劲不散。加全麦粉后搅拌时间一般不超过 2 分钟。

油炸。用铁锅炸制。控制好火候。常用烧柴有杂木、干竹、苹果木、枣木，一般不用煤。

制作。加工中主要是低温油炸。主要过程是①成型。手工将面浆丢入油锅使其成型，要大小均匀，呈不规则圆形，有酥刺，成型后捞出沥油。②将丸子再次入锅，大火炸制，微黄后，用文火炸制 3~5 分钟，出锅沥油。③将丸子第

绿豆丸子

三次入锅炸酥，用文火对丸子不断翻炒，直至达标出锅，出锅时间一般 30~60 秒。捞出后趁热脱油，放入柳编笸箩中摊平，在干燥环境中自然冷却 10 小时。

二、鄄城左营牛肉绿豆丸制作工艺

牛肉选择。选用鲁西南黄牛（一年半到两年的公牛）的后腿肉。

制作肉丁。将牛肉分割成大约 200 克一块，进行预煮，煮至九成熟出锅。风吹半干，去除牛油。然后切丁，一般切为 0.7 厘米见方的肉丁。

馅料腌制。取适量牛肉丁、葱姜丁、五香粉、食盐、大豆油勾兑搅拌均匀，20℃腌制 10 小时。

炸制。将腌制好的馅料放入绿豆浆中搅拌，加入全麦粉，再按照炸制绿豆丸子的做法炸制，只是牛肉绿豆丸比绿豆面丸子炸制时间相对要长些。

鄄城左营绿豆丸食用方法及其特点。干吃、煮汤、火锅皆可，其特点是干吃焦脆，香味悠长；煮汤清香可口，煮透也不胀裂；色泽金黄，集色香味于一体。据传，鄄城左营绿豆丸曾进贡光绪帝，光绪皇帝曾御赐“别具风味”匾额一块，以示褒奖。

◆ 致德坊绿豆酸粥制作技艺

鄄城致德坊绿豆酸粥又名酸酸糊涂、老豆汁，是鄄城当地一种粥样食品。

鄄城酸粥的起源有两种说法。一说酸粥很早是辽国民间食品，后来传入鄄

选料

煮制

磨浆

发酵

城。另一说是酸粥来自当地民间某绿豆粉作坊（当地历史上盛做绿豆粉），磨出的豆汁因当天没用完，第二天已发酵，没舍得倒掉，又把它煮熟，结果味道更佳，从此有了酸粥。清末酸粥已遍及当地民间。鄄城酸粥以致德坊酸粥较为有名。

制作器具：大筛子、干石磨、大瓦缸、土锅台；后来又有了包装袋、封口机、礼品盒等。

鄄城致德坊绿豆酸粥制作工艺流程。

原料：以绿豆为主，辅以小麦面粉、豇豆、麦仁等。

选料。挑选圆润、饱满无霉粒、颗粒均匀、颜色油绿发亮的绿豆为原料（以东北优质绿豆为佳）。

浸泡。将挑选的绿豆浸泡。根据天气决定浸泡时间长短。一般夏天 12 小时，冬天 24 小时，使其充分膨胀。浸泡到绿豆能用手搓碎。

去杂。浸泡好的绿豆用清水冲洗两遍，把泥沙秸秆等杂质全部清除。

磨浆。将冲洗好的绿豆用石磨磨浆。磨浆时，不要一次加入太多绿豆，要少放勤加，边添绿豆边加适量水，磨成浆糊。一般要磨两遍。

去渣。用细孔筛子，把浆过筛，使浆渣分离，留浆去渣。过筛一般要过两遍。

发酵。把过筛后的浆放入密闭容器中，在新浆中加入老浆，使其发酵，一般夏天 4~6 小时，冬天 8~10 小时。发酵到有酸味即可（在新浆加入老浆发酵之前，要留一些新浆，作为下一次的老浆）。

加料。将发酵好的浆加入适量精选小麦面粉，再加上精选煮熟的豇豆和麦仁。

煮制。用微火慢煮，微开后，即行停火（无须沸腾），即可当即饮用。

包装。装入食品袋，真空包装，可以保存较长时间。

鄄城致德坊绿豆酸粥特点。香涩兼具，柔滑皆有，酸甜适度，较有嚼头。既可原味饮用（不加配料）；也可喝时根据饮者口味加入辣椒油等调味品，使香、辣、麻、酸、甜等五味俱全。

◆ 香油制作技艺（花王石磨香油制作技艺）

清洗

炒制

研磨

释浆

芝麻炸出的油，鄄城一带叫香油。石磨香油技艺是将芝麻用石磨磨制成油的一种传统工艺。

据传，石磨香油技艺起源于河北保定，始于南宋时期，是清乾隆钦点的御用膳食。鄄城石磨香油以起源于清代的王氏“花王”石磨香油较为有名。

制作工具。石磨、土灶台、搅拌器、容器、过滤器等。

鄄城花王石磨香油的制作工艺流程。

原料。芝麻。

选料。选取优质“活芝麻”（当地称无生命力的芝麻为“死芝麻”，发芽率达到99.9%的芝麻为“活芝麻”，只有活芝麻当地才用来磨油）。

初选。将选取的活芝麻进行挑选，将容易产生黄曲霉毒素的霉变粒、半霉变粒、不成熟粒，以及沙粒、土块、草籽等杂质完全剔除。挑选要两次风选、两次去石、两次磁选。

过筛。将挑选过的芝麻三遍过筛，筛去微粒、尘土。

精选。将各种颜色的芝麻分开，黑、白芝麻不能混合使用（黑、白芝麻虽然都可磨油，但磨

搅拌

揣油

起油

出的油颜色稍有差别。黑、白芝麻混合磨油，会影响油色的鲜艳明亮）。

育胎。将精选好的芝麻进行培育，使芝麻成为芝麻胚胎。（芝麻胚胎能生成对人体有益的芝麻酚、芝麻素、芝麻酚林素等营养物质。科学研究发现，这一技术与现代生命科学高度吻合，育胎是花王石磨香油的核心技术之一。）

烘炒。将芝麻胚胎放入土灶台内进行烘炒。烘炒火候和时间特别重要，火候、时间要适度（烘炒过“老”，颜色深暗、油有煳味；烘炒太“嫩”，出油率低，香味不浓。烘炒也是花王石磨香油的核心技术之一）。烘炒时，一直翻炒，不能停顿。

晾凉。芝麻炒熟后要立即用器具把芝麻扬凉（芝麻越凉越香）。制胚后搅油时要搅熟，越熟出油越多。

磨制。将制好的芝麻放入石磨，研磨成芝麻浆（酱）坯。磨制过程要低温、低压，手试温度（一般掌握在 60℃ ~65℃，这样不会破坏香油中的芳香味物质及功能性营养成分）。

水代法。将酱坯中倒入一定比例的优质饮用水，经过反复振动，用水将油从酱坯中置换出来（水和油的比重不同），这就是所谓的“水代法”。

撇油。将置换出的油，从上面提取出来（让油自动流出或撇取）。

包装。将提取的香油，装入瓶中，密封包装。

鄄城花王石磨香油特点。不添加任何化学溶剂，不存任何残留。香油呈棕褐色，醇香透明，香味浓郁。

◆ 聚同木梳制作技艺

梳（子），又称栉，是整理头发的工具，因多是木质，故又叫木梳，其形状通常扁平，齿密为“篦”，齿稀为“梳”。

相传，木梳是黄帝妃方雷氏命其木工睡儿仿照鱼刺所制，陕西乾陵永泰公主墓出土“憎爱分明梳”就和鱼刺非常相似。木梳除梳发修饰保健外，中国及日本女性通常还会在头发中插梳以为装饰。鄄城“聚同木梳”缘于清光绪年间的始造者王聚同而得名。

制作工具。手锯、线锯、平刨、刮刀、拨齿铜叉等。

鄄城聚同木梳制作的工艺流程。

原料。当地生长的枣木、桃木。

选材。选择当地产的无裂痕、无虫蛀、无腐朽、木质坚硬、干透的枣木和桃木。近代高档木梳还有黄花梨、紫檀、黄檀、黑檀、金丝楠木等名贵红木或硬木（这种名贵红木或硬木制作的梳子品相好、油性足、香味浓、花纹精致、手感温润，价格高档，一般不用于梳头，而是多用于收藏、把玩或装饰）

开料。按照设计的木梳大小，将原木锯段、解板（依据原木的生长纹理竖立开料），制成胚胎。

定型。参考材质及纹路走向和形状，勾勒草图，制作模型，确定形态。

划线。在定型的木梳胚胎上划顶线、地角线和开齿线。

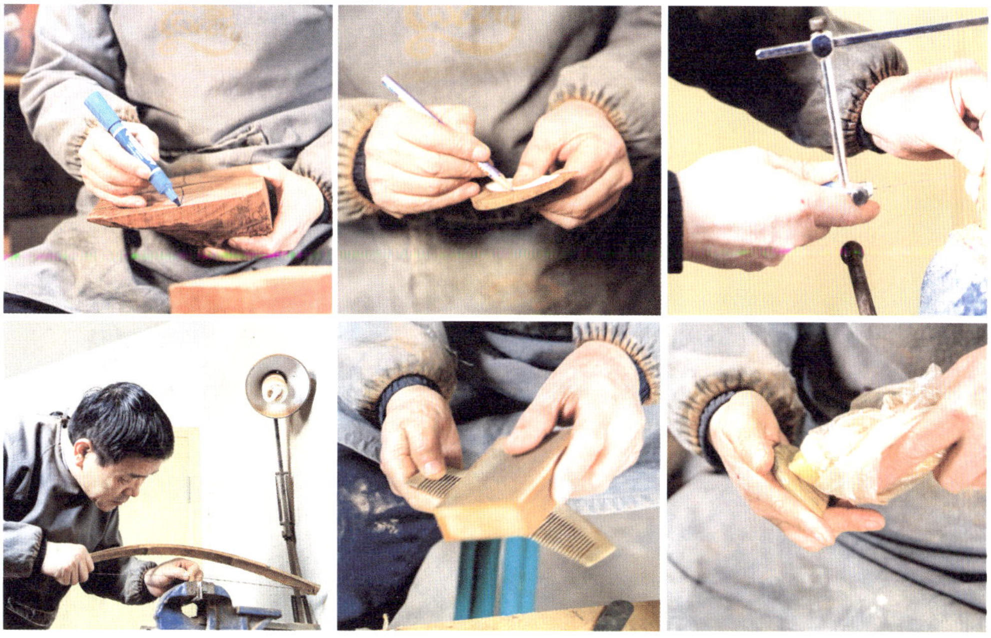

木梳制作流程

开齿。用手锯一一开齿（这是木梳制作的关键，一齿开错，整梳报废。开每个齿的用锯，都应做到稳、准、平、匀）。

调齿。凡齿间距不一致的，实行二次开齿。然后用木锉或线锯在齿与齿之间进行规整，形成最佳的均衡齿距。

刮痕。对制作中遗留的刀痕、锯齿痕、麻点等，用刮刀修整。

细磨。用竹刷、鬃刷、麻条依次打磨木梳外部和齿间，一般要多次（遍）打磨，直至手感光滑。

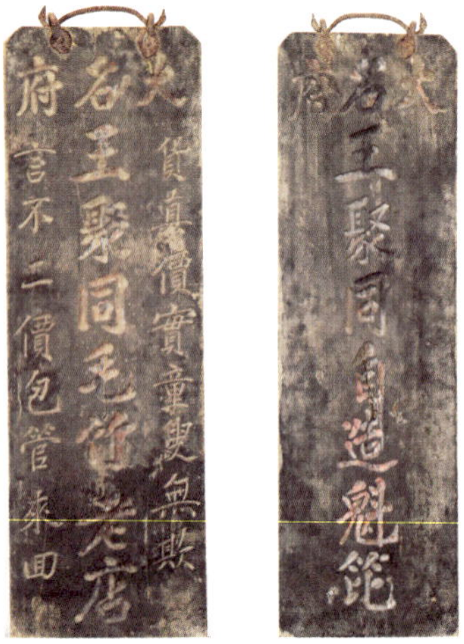

王聚同营生梳篦招牌

刻花。一些比较讲究的木梳，在调齿后还要在木梳的背侧雕刻一些吉祥图案。如鸳鸯、喜鹊、红莲、青竹、牡丹等吉祥花鸟图案。

抛光。用琉璃串、布条，对打磨后的木梳进行除尘、打磨、抛光（防止干裂，增加光度和美感，有时在抛光时适当用些蜂蜡）。

鄄城聚同木梳，按形态大致分为规矩梳、象形梳、随形梳等。

◆ 羊毛编织技艺

羊毛编织技艺（羊毛手工编织技艺）是一种把羊毛手工制作成线再编织成各种成品的织造技艺。据说，羊毛手工编织发源于菏泽鄄城，在汉代就已盛行。

羊毛编织

鄄城羊毛编织工艺流程。

原料。羊毛，以及棉花，麻、颜料。

绘图。根据产品需要进行设计并绘制成预定的编织图案。

点图。将设计稿转化为生产图纸，用于编织艺人读取数据，进行生产。

纺线。①将羊毛手工搓捻成粗毛条。②将粗毛条经过层层筛选，剔除有杂质或无法纺织均匀的毛条。③将选留的粗毛条纺成细毛条。④把毛条分类纺成不同支数的毛纱（线），最细的毛纱用现代纺织工艺的标准来看，能够达到20支以上，几乎是羊毛能够纺成纱线的最细值（即一克重的羊毛，可以纺成20米的毛线）。⑤将辅料人工纺成不同的支数（辅料主要是经线以及纬线，根据生产的需要，可能会使用不同材质的辅料，如黄麻、棉、羊毛等）。

染线。毛线纺好后，进行染色。根据设计要求，将染料（染料又分为植物染料和矿物染料），按配方配好，再算出单个颜色的用量，配以催化剂和固色剂加热，进行染色。

羊毛编织作品

挂经。将经线根据设计的疏密程度，按照固定的距离分别缠绕在上下水平的横梁上（经线的疏密决定着产品的质地，经线越密图案越细致清晰，但工作量也越大）。

编织。在机梁间来回穿梭，将经线环形缠绕在机梁上，再将缯棒通过操作杆用缯丝固定在经线上，连接绞棒进行变绞生产。编织时要先用棉线或毛线打底布，再用毛纱过纬线拴扣编织，拴一个扣用刀砍断。编织完一道后，再过一遍粗细纬线，用耙子砸实。再编织下一道。

平剪。按照织造图案，掌控好位置、深度、角度，进行初步平剪，然后再修剪出非常平滑的效果。

包装。平剪后进行水洗、挽穗、包装。包装后的产品应于干燥处存放。

鄄城羊毛手工编织工具。纺车、织机等。

◆ 手工插花技艺

鄄城手工插花技艺是鄄城当地人（一般是女工）在布料等物品上手工织绣成花的一种工艺。

鄄城插花制品。主要是在服装、布鞋、围巾，窗帘、床围、桌布、围裙，以及枕巾、被子或被罩、床单等上面织绣成花。鄄城插花技艺以王胡同村较为有名。

鄄城插花传承。第一代，福闫氏；第二代，闫桂莲；第三代，李秀芹；第四代。李小宁。

手工插花作品

鄄城手工插花工艺流程。插花制作要经过30多道工序，主要有①制线。选择上好的单蛹茧（双蛹茧较难缫丝），经过很多小工序，将蚕

手工插花制作

茧缫丝，制作成插花线。②染色。用传统的植物染料（一般不用化工颜料，化工颜料一是容易掉色，二是对蚕茧有腐蚀损害），将蚕丝染色，一般都是染成鲜艳的亮色，用于各种图案的插花。③打袼褙。“袼褙”（俗称，传统制法就是用软布一块块、一层层均匀地平铺在平板上，用浆糊平整地粘合起来，厚度和长宽根据需要确定，晒干后，从平板上揭下来，成为一张厚度适用的布浆板），是插花必备的一种原材料。④剪纸样。取一张纸，用剪刀按照预想的图案剪裁出来，形成图样。⑤剪袼褙。将袼褙剪成制品的式样（插花的载体）。⑥制坯品。将制品用布（棉、丝、麻、纤维质地均可）覆盖在剪好的袼褙上，成为预制（待插花）的坯品。⑦粘纸样。将剪好的插花纸样用浆糊粘到坯品上。⑧插花制作。用蚕丝线和插花针开始插花，根据图样进行绣制。一般绣制一个图样，需要多种彩色丝线，每条丝线都用一个固定的插花针。经过一段时间的绣制，待图样全部绣制完毕，插花产品就完成了。

鄄城插花工艺针法。主要采用了插花双丝捻线的衣线绣，有辫绣、缀绣、接针、套针、平针、抢针、打籽等多种针法。

鄄城插花产品的特点。插花针法独特，产品针线细密，整齐匀称，疏密有致。图案花纹经典，苍劲有力，色彩浓丽，质地坚实。

传统医药

◆ 千户宋楼正骨疗法

千户宋楼正骨疗法（宋氏正骨）是鄄城县千户宋楼村宋氏祖传的一种中医骨科疗法。

鄄城宋氏正骨疗法的诊疗项目。骨折、跌打损伤、关节脱臼、关节骨质增生、胸腰椎骨科疾病等。

鄄城宋氏正骨疗法的诊疗过程。

诊断。①采用双侧肢体对比观察法，通过观察诊断骨折移位情况。②对骨折移位严重患者则采用尺量立线法，诊断骨折移位。③对患者四肢进行中线对比和采取立线法诊断的同时，采取手法触捏有无台阶感。④通过中医传统的望、闻、问、切，进行复合诊断。

治疗。①正骨复位。宋氏正骨疗法主要体现下手准、轻、巧、快，并且根据病情灵活应变，如对颞颌关节脱位采用食指下压，拇指上抬法治疗；对肩、肘、腕、髋、膝、踝等关节脱臼治疗，常用肩扛复位法、脚蹬手牵法、手握屈伸旋转法、牵引、抖动法等，手法各异。②包扎固定。宋氏正骨在临床治疗时，采用竹板、木浆纸板、石膏、夹板、束带等多种器材，针对不同部位的骨折，选择合适的器材进行区域合理固定。在固定时，大小合适、松紧有度，弥补石膏固定的不足，降低并发症的发生率。③外敷膏药。宋氏正骨根据临床治疗，按初期、中期、后期的疗程，贴敷祖传的“接骨散膏药”，进行外敷治疗。外敷对常见多发性四肢骨折疗效较为显著。

鄄城宋氏正骨特点。宋氏正骨包括了骨折诊断、手法复位、包扎固定和膏药制作技艺。宋氏正骨以传统手法复位和外固定技法相结合，在总结前人相度、揣摸、拔伸、捺正、搏平、屈伸等常用手法的基础上，总结出了“正骨九法”，即“拿、牵、拉、提、点、推、折、按、握”九种推拿正骨手法。宋氏正骨擅长小儿、青少年肱骨下端髁上骨折、克雷氏骨折（含重叠型）、锁骨骨折、胫骨及踝关节骨折、跟骨骨折等多发性四肢骨折的治疗。宋氏正骨针对易移位骨折患者，多采用闭合穿针术，加以针灸、推拿、熏洗等辅助治疗，能够加快骨折的恢复愈合，促使骨痂加速形成。

宋氏正骨传人编纂有宋氏正骨典型病例手抄本 5 册，分上肢前臂诊疗篇、下肢诊疗篇、伤筋跌打篇、肋骨脊椎篇、膏药篇。

◆ 中医带状疱疹疗法（任氏带状疱疹外敷疗法）

带状疱疹是一种由水痘—带状疱疹病毒引起的急性感染性皮肤病。鄄城任氏带状疱疹疗法是民间治疗带状疱疹的中医疗法。

任氏带状疱疹（外敷）疗法创立于清代同治年间（1862~1875），以任氏家族式传承为主。

鄄城任氏带状疱疹外敷疗法。

采药。自小满开始，至秋分采摘相关中草药，将所采的中草药分门别类，或晾干收储，或入酒储存。

炮制。配置药物前要将晾干的草药根据需要，进行水煎，滤除药渣待用。将酒中浸泡的草药取出切成粉末状收好。用砂锅将石灰石粉末炒熟后，趁热将

第二代传人宋惠波

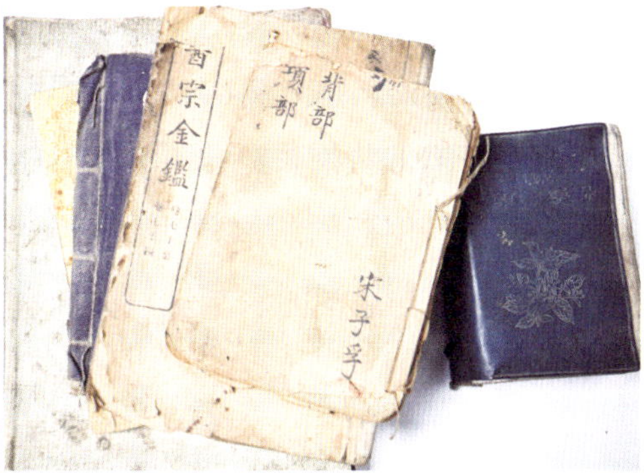

宋氏正骨疗法祖传药书

草药

组方用药

煎好的药液和药粉兑入，使石灰石粉末和药物混合产生反应，冒出大量水蒸气后分解成药粉，即为成药。

收储。将制好的成药用细箩过筛，除去药物中的石灰石大颗粒，放入瓷瓶或者深色玻璃瓶中，于阴凉处密封保存。（如有条件，最好埋于地下储存，可延长药粉药效的保质期）新制成的药粉要经过 30 天的储存，才能用于治疗。

治疗。带状疱疹患者就医，医者先问发病时间并观察疱疹属于哪种类型。根据不同的发病时间和疱疹类型，决定药粉的使用剂量。药粉使用前先用 500℃以上的粮食酒适量兑入调成糊状，用一根 10 厘米长的细杆蘸取少许药糊后，将高粱杆轻轻转动，待药糊沾满秆体后，把药杆平置在疱疹上，轻轻转动药杆，将药糊均匀地涂在疱疹上。

疗效。涂上药糊的疱疹在 20 分钟内会止住疼痛，新起的大疱疹会在一天内坍陷、干爽，皮肤恢复原貌。发病多日的大疱疹和干疱疹须在涂抹药糊 30 分钟后，扫净已经干涸的药粉，再重新涂抹一遍药糊。第二天，再按照上述办法涂抹两遍药糊，患者一般即可痊愈。对于发病超过一周且疱疹溃破、化脓感染者，要重复涂抹 5 天，每天 2 次，一般即可痊愈。

鄄城任氏带状疱疹外敷疗法，采用纯天然药物外敷使用，无毒副作用，对人体无风险。用药的制取方法属于家传秘技，主要是采用药液与生石灰相融的化学萃取法，与通常的水制法、火制法和水火共制法等制药方法有所不同。

◆ 中医传统制剂方法（神王膏药）

神王膏药，也叫神王黑金膏、油，是一种中医药。其治疗方法叫神王黑金膏、油外治疗法，是用膏、油治疗疾病的一种中医药疗法。

膏药在我国春秋战国时期就已出现，《黄帝内经》《神农本草经》就有记载，唐代就有了黑膏药，宋代黑膏药已非常兴盛。宋·王怀隐《太平圣惠方》记载了黑膏药的熬制方法，膏药是中国中医药中“丸、散、膏、丹、汤”五大剂型之一。

鄄城神王膏药为近代所创。其传承是第一代，王金奎；第二代，宋瑞玲。

鄄城神王膏药制作器具及作用。大铁锅：熬制药油和药膏。勺子：搅拌，使药材更均匀释放能量。漏勺：药材炼油后过滤捞出。槐木木棍：快速搅拌成膏。大水盆：膏药入水去火毒。纯棉布：把膏药摊涂在纯棉布上用玻璃纸覆盖，密封保存。

鄄城神王膏药

鄄城神王膏药原材料的主要成分。当归、川芎、鸡血藤、全蝎、蜈蚣、红娘子、血竭、乳香、没药、大黄、川麝香、三七、海龙、地龙、骨碎补等。

鄄城神王膏药的熬制技艺。配方比例属于秘传之技，制作工艺也比较复杂，制作过程主要是浸泡药材；煎煮或炒制；提取药油；下丹成膏（如果是制作膏油，就无须下丹成膏）；去火毒；药膏的后续处理等。过去的膏药熬制全靠心传口授，特别是药材配方、油丹化合及其炒制中的火候控制等是神王膏药的核心技术。

鄄城神王膏药外治疗法的临床应用。①膏药疗法（也称“薄贴贴敷疗法”。膏药贴敷在阿是穴或红肿淤滞患处，主要针对风寒暑湿等外邪入侵经皮肉到达筋骨而做下病灶，侵袭部位不同，患者表现不同）。②药油按揉经穴疗法。（熬制而成的药油不下丹成膏，静置常温封存，直接涂抹按揉相应经络穴位，经表皮吸收后入经络从而调节脏腑阴阳平衡，提高免疫力，预防疾患。适用于养生、保健、预防、提高免疫力，病邪侵袭皮肉而非筋骨的症状）③针灸疗法。④热熨疗法。各疗法均需要配合望诊，找到病邪所在经穴、脏腑、致病根源，以及人体正气耗损情况，辨证选择最适宜、最有效的外治诊疗方法。

外治疗法的特点。神王膏药组方为多种名贵中药配伍之大复方。黑金膏、油统治六经，异病同治，以消为贵，开窍透骨，或涂或贴，配合独特手法和心法疏通经脉，可连续多次使用5~30天，不经脏腑代谢，安全有效。凡病所结聚之处，拔之则病自出，无深入内陷之患；病所经由之处，活血化瘀，则邪祟自消。

鄄城神王膏药主要功效。拔寒祛湿，活血化瘀，软坚散结，消肿止痛，补气养血，疏通经络，提高肌体免疫力。

民　俗

◆ 尧陵祭尧大典

尧，也称唐尧、帝尧，名放勋，是五帝之一，其墓冢在鄄城县谷林。

汉·司马迁《史记·五帝本纪》中说：尧是黄帝的五世孙，尧的父亲是帝喾（高辛）、帝喾的父亲是蟜极，蟜极的父亲是玄嚣，玄嚣的父亲是黄帝。“帝

尧陵祭典

尧者，放勋。其仁如天，其知如神。就之如日，望之如云。富而不骄，贵而不舒。黄收纯衣，彤车乘白马。能明驯德，以亲九族。九族既睦，便章百姓。百姓昭明，合和万国。”“尧辟位二十八年而崩。”东汉“帝尧碑”记载：尧母庆都，生尧于常羊（今鄄城临濮）。《竹书纪年》《定陶县志》载：“尧都陶丘。”（今定陶马集）《尚书尧典》《濮州志》记载：帝尧死后葬于穀林（今鄄城谷林）。诸多史籍表明，帝尧出生、建都和活动，以及死后墓冢都在今菏泽境内。前些年，山东省人民政府将鄄城穀林公布为省级文物保护单位。

鄄城尧陵。尧陵坐落于鄄城县富春乡谷林，陵高约两丈、直径约三丈，周围有二尺多高的长方体石垒砌围墙，陵上自然生长的绿树成荫。明代牌坊屹立，雕龙画凤，神道修葺一新，蜿蜒远伸，数千平方米的宽阔广场，有水泥铺筑，周边几十米宽的绿化带，各种花草树木郁郁葱葱。陵前石鼎，专为焚香之用，烟火缭绕，一派肃穆庄严。

鄄城尧陵祭祀。据有关史书记载，自汉成帝阳朔四年（21）开始，直至1905年尧陵祭祀几乎没有间断。祭祀大典按中国传统礼仪祭拜，祭祀程序依次举行请神、敬香通神、安神、上三牲、上五谷、上百果、上肴巽、奠酒、读祭文、嘉宾祭拜、献歌舞、饮福受祚等祭祀仪式。尧陵前，彩旗飘舞，香烟缭绕。高大的尧陵，绿树成荫。牌坊、石门、神道，装扮一新。数千平方米的广场宽阔

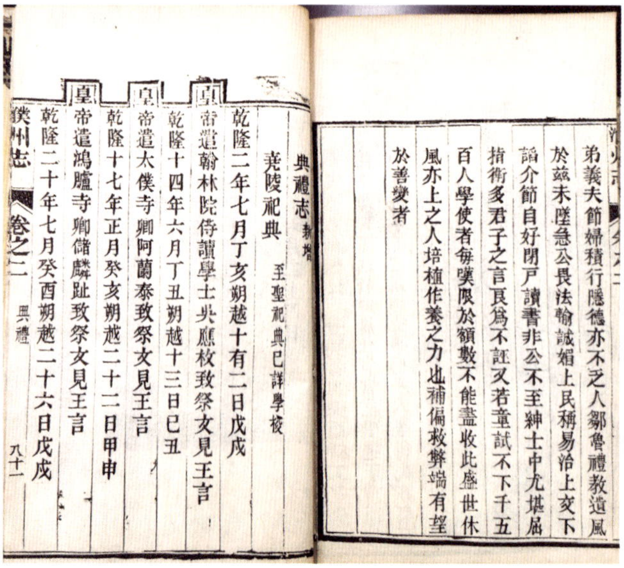
弟義夫節婦積行隱德亦不乏人鄒魯禮教遺風
於茲未墜急公畏法輸誠媚上民稱易治上交下
諂介節自好閉戶讀書非公不至紳士中尤堪屈
指衛多君子之言𥳑爲不誣又若童試不下千五
百人學使者每嘆限於額數不能盡收此盛世休
風亦上之人培植作養之力也補偏救弊端有望
於善變者

典禮志 新增
堯陵祀典　至聖祀典已詳學校
乾隆二年七月丁亥朔越十有二日戊戌
皇帝遣翰林院侍讀學士央應枚致祭文見王言
乾隆十四年六月丁丑朔越十三日己丑
皇帝遣太僕寺卿阿蘭泰致祭文見王言
乾隆十七年正月癸亥朔越二十二日甲申
皇帝遣鴻臚寺卿儲麟趾致祭文見王言
乾隆二十年七月癸酉朔越二十六日戊戌
濮州志　卷之二　典禮　八十一

《濮州志》关于尧陵祀典的记载

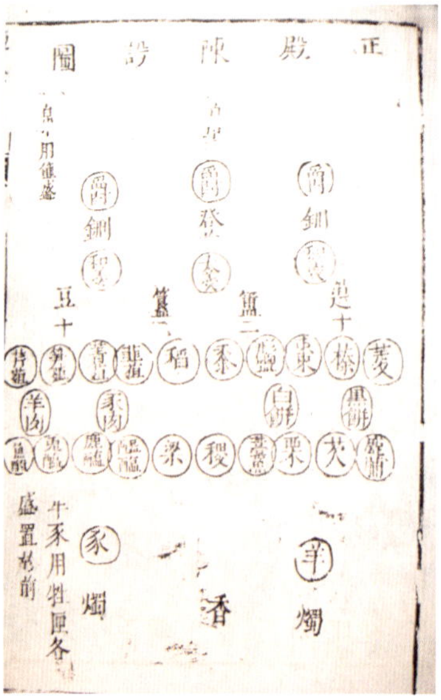

尧陵祭典礼器祭品摆放图

尧陵祭典

敞亮。祭祀行传统七十二拜大礼，有专人领众叩首，乐器伴奏。祭祀的人数众多，场面隆重庄严，恢宏壮观。

祭祀时间。鄄城在每年的清明节举办尧陵“清明祭”，每年的农历十月初一举办尧陵“寒衣祭”。

祭祀，是中华民族传统文化的重要内容，祭祀圣哲，感恩先祖，祈福神灵，保佑华夏民族国泰民安，保佑人民生活幸福美满。

菏泽非物质文化遗产概览

HEZE FEIWUZHI WENHUA YICHAN GAILAN

东明县篇

民间文学

◆ 庄子传说

庄子（约前 369~前 286），名周。《史记 · 老子韩非列传》载：“庄子者，蒙人也，名周”，“尝为蒙漆园吏”。是我国历史上著名的思想家、哲学家和文学家，继承和发展了老子的学说，是道家学派的创始人之一，唐玄宗封其为“南华真人”。

《庄子》一书为道家经典。《庄子》（南华经）集中反映了庄子的思想。《庄子》一书据说当时有 52 篇，后来散佚；晋 · 郭象整理《庄子》为 33 篇，其中内篇 7、外篇 15、杂篇 11，成为后世《庄子》一书的定本。《庄子》《老子》《周易》并列为“三玄”，是中国历史文化典籍。

南华庄子观

相关著述

东明县有漆园、南华山遗址、庄子钓台、庄子观、庄子墓以及庄子后裔等。

东明民间关于庄子的传说流传很广。有几十个之多，如姓氏名号、蒙漆园吏、游历列国、隐住南华、著书授徒、庄子升仙、庄子墓、祭祀庄子、庄子点化杨日升、倒刺钩、南华山宛句（朐）和五霸岗的由来。

姓氏名号的传说。庄子读了几年书后，拜师长桑公子，长桑公子是一个得道的高人。他见庄子聪颖绝伦，便将终生所学全部传授给庄子。又将自己保存的老子所著《道德经》交给庄子，让庄子好生细读。庄子刻苦学习，学业大进。一次长桑公子问庄子对道德的理解，庄子说，道即“周”，长桑公子认为他理解了道，就说，“周”圆也、天也、道也”，你叫“周”吧。从此庄子就叫庄周。庄周到了社会上，人们尊称他为庄子，并把他的原名联在名后叫作子休。于是庄子就成了名“周”字“子休”了。

漆园吏的传说。庄子在漆园（在今东明），当了几年的漆园吏。当时这一带种植漆树、生产的漆是贡品。这里原来有一座属于曹国的漆树园子，后曹国为宋所灭，漆园属宋国。宋国衰弱，漆园又被魏国占领。当时魏国的相国是惠施，就将魏国占领的漆园交给庄子管理。庄子上任后，将蒙漆园改为鵷鶵漆园，寓意自己是一只高洁的凤凰，漆园是凤凰栖息的梧桐树。其后这里就叫宛朐。

游历列国的传说之一。庄子从南华到了卫国，当时卫国只剩了一个叫野王的小城，大部分国土都被魏国夺走。他渡过濮水到了卫地，首先到帝丘，祭祀祖先。然后北上，看到了他向往已久的大河。正巧赶上连天大雨，河水暴涨，波涛汹涌，一望无际，隔岸相望不辨牛马。庄子不禁赞叹道：“好大水。”这时一个老人告诉他，河水虽大，还得流归大海，大海在齐国之东，与天相接不见尽头，那才叫“大水”呢！后来庄子到了齐国，真的见到了大海，他便写下了有名的《秋水》篇。其中“望洋兴叹”“井底之蛙”，都成了传世成语。

庄子观

游历列国的传说之二。庄子游历鲁国，听到了许多故事。开始，他听到了孔子、颜回、曾子等人的故事，对曾子、颜回安贫乐道给予了颂扬。对鲁国盛行的虚伪仁义给予了批评，并建议“凡穿儒服而无儒术者杀”，验证了鲁国真正的儒士不多。后来，庄子在鲁国听到了鲁侯治国理政的事，认为鲁侯的治国方法是不适当的。便把鲁侯的治国方法，讽喻为以“奏《九韶》以为乐，具太牢以为膳”的方法养鸟，本来是想让鸟活得更好，结果却把鸟养死了。比喻鲁侯的治国理政，本来是想把鲁国治理好，最后结果会失败。庄子在鲁国还听到了关于柳下跖的传说，写了一篇有名的文学作品《盗跖》。

游历列国的传说之三。庄子游历楚国，途中有幸与惠施相遇于濠水，二人雅兴大发，在濠梁之上观鱼辩论，留下了“知鱼之乐”的典故。庄子在楚国到老子故里瞻仰先贤，了解了孔子周室问道和到楚国问道的故事。他对楚国传说中接舆的事迹、渔父说孔的故事都一一记录下来。庄子还专门写了《渔父》记载他在楚国的行迹。

游历列国传说之四。庄子到了魏国，见到了好友惠施，谈了自己对大宇宙的探讨。惠施认为庄子的理论大而无用，便嘲讽庄子说，魏王给他一个大瓠子种，他种上结了一个大瓠子，有好几石那么大。因为它太大了，用它盛水，没人拿得动；把它剖开做成瓢，又没有那么大的水缸。这个东西大是大，但是没什么用处。因为大而无用，所以遭到了抛弃。据《齐民要术》记载，曹州这个地方确实曾种过大瓠子，与瓠子同属于葫芦科植物的东明西瓜也长到过100多斤。

著书授徒的传说之一。有一次，庄子带着他的弟子们从南华出游，到了魏国的襄陵，他们看到许多工人正在伐木，一个木匠用斧指着那片树林说：“凡是有用的都伐掉，小的做椽子，大的做梁檩、柱子。”不长时间，那片树林就被砍完了，唯独剩下一棵大树。学生很奇怪就问庄子，庄子说：“这棵大树无用，你们看，粗大的主干很短，不能作柱子，枝干弯曲不能作梁檩，枝叶还有臭味，所以免遭了砍伐。”

著书授徒的传说之二。一次，庄子游历到了天黑，便带领他的弟子投宿到一位朋友家，这位朋友让仆人杀鹅来款待庄子一行。仆人请示主人说：“一只鹅会叫，一只鹅不会叫，杀哪一只？”主人说：“杀那只无用的吧”。学生联想到上次无用的大树不被砍伐，感到很不理解，就问庄子：“先生处世是选择无用呢，还是选择有用呢？”……庄子告诉学生：我们处世要取有用与无用之间，……最根本是要心怀道德，……只有归向道德才能免于祸患。

著书授徒的传说之三。庄子散步到雕陵的栗子园里，看到一只黄鸟，便想用弹弓射杀它，这时庄子看到一只蝉正在乘凉，在蝉的背后有一只螳螂举起砍刀要吃蝉，正当螳螂要冲向去时，黄鸟一口把螳螂叼住了。庄子看到这里放下弹弓往回跑了，这时看园子的人以为庄子偷了栗子，边追边骂。庄子三天心神不安。后来他把这个“螳螂捕蝉，黄雀在后”的故事讲给了弟子，并告诫弟子们任何时候都不要见利忘危。

隐住南华的传说。楚威王听说庄子是个贤能的人，并且在宋国不受重用，隐居在南华。楚王便派使臣送上千金聘礼，欲聘庄子为国相。使臣来到南华，见庄子正在钓鱼，便向庄子说明来意，庄子说：“听说楚国有一只大神龟，已经三千年了，楚王把它装在一个珍贵的盒子里，供奉在宙堂之上。”两位使者说：“是。”庄子说：“请问，这只龟是死了让人把它的壳供奉着好呢，还是在泥水里活着爬行好呢？”使臣答道：“当然活着好。”庄子说：“对了，你们回去吧。我宁愿在泥水里爬行。”庄子最终也没有去楚国做官，而是一直在南华隐居。

庄氏族谱

庄子墓

庄子升仙的传说。东

明城东十里处的东裕州屯村，战国时称“漆园”，是庄子为吏处。庄子一生不愿做官，不要说不愿当大官，就连“漆园吏”的小官也不愿当。便从漆园隐退到南华山著书立说。庄子一去不回，就连消息也没有了。漆园当地的人就传说庄子是从漆水的石桥上羽化升天了。后人为纪念庄子，便命名此桥为“登云桥”。清乾隆二十三年的“登云桥”石碑至今尚存。据传说，登云桥为二百单三孔，其实只有三个桥孔，在桥的两端种有两棵柏树，因此称二百（柏）单三孔。

庄子墓的传说。庄子逝世后，庄氏家人把他葬在南华山前。（现位置在东明庄子观北面，黄河大堤南、距堤根 50 米处。）庄子墓地上，一年四季芳草青青，不管遇到什么天气，庄子墓上都没有水浸，并飘带有少量的油星。相传，在黄河改道前的某一年，暴发特大洪水，到处一片汪洋，当地的村民都逃到了庄子墓上去避难。只见洪水汹涌澎湃，一阵紧似一阵。西面不远处有座著名的回目楼，眼睁睁地淹没在洪水里。而躲在庄子墓上的庄氏家人却安然无恙，只见水涨墓涨，水落墓落，洪水始终淹没不了庄子墓。此后，人们便说庄子墓是座浮墓。

◆ 黄巢传说

黄巢（约 847~884），曹州冤句人，唐末农民起义领袖，881 年攻占长安，国号“大齐”。884 年兵败，死于泰山虎狼谷。

黄巢起义纪念馆

黄巢传说在东明流传很广。据说有 100 多个，主要有姓名的来历、观狮救民、黄巢赶考、八里寺起义、黄巢祭刀、黄巢和卞律和尚、第二寨的传说、黄巢转生的传说、黄

黄巢起义壁画

巢坐骑的传说、马挂铜铃的传说、黄军营的传说、斜迷村、清明节插柳枝的传说、冤句县城的传说等。

观狮救民的传说。黄巢十岁那年夏天，他站在土堆上，正和村里的小伙伴玩将军点兵的游戏，一个匆匆过路的白胡子老头被黄巢吸引住了。他在旁边观看了好久，对黄巢说："将军可否下台一叙？"黄巢见老汉叫他，便跳下土堆，跑到老汉面前询问何事。老汉说："我观公子有将国之相、王侯之貌。但是自古贵人多磨难，你们这一带最近将有水灾。你可每天到冤句县衙，查看衙前石狮子的眼睛。如果有一天石狮子的眼睛红了，水灾便要来了。你可劝乡邻往东逃难，使百姓免受水害。"黄巢点了点头，一回头的瞬间，白胡老头就不见了。从此，黄巢遵守诺言，天天到县衙门前守着石狮子观看，生怕误了大事。一连几天过去了，都没有变化，黄巢仍然坚持天天去看。到了第七天，县太爷正在审问一桩盗案，因长时间没有破案，县太爷便把办案的捕快各打四十大板。捕快被打得鲜血淋淋，捂着屁股，踉踉跄跄从县衙中出来，门槛一绊，差点摔倒，忙用带血的手扶住石狮子的头，石狮子的眼睛便被染成了血红色。黄巢大声喊道："狮子眼红有水灾！"县太爷便将黄巢叫到衙内询问。黄巢将前后经过说了一遍。县官尽管半信半疑，但还是让县内百姓收拾东西往东逃难。第二天夜里，电闪雷

明重修开元寺碑

黄巢起义祭刀处

鸣，大雨倾盆，洪水铺天盖地而来，县城的许多村庄被洪水吞没。几个月后，洪水退去，避灾逃难的人们才陆续回来，重建家园。人们由衷地感激黄巢。从此黄巢观狮救民的故事便流传开来。

黄巢赶考的传说。黄巢自幼读书习武，20 岁那年，朝廷开科考，黄巢进京城应试。因其文武出众，考取了文武双状元。当时，状元要受皇帝召见，娘娘要为其披绸戴花。当召见黄巢时，娘娘看见黄巢长得猪齿獠牙、五大三粗、面黑如炭，相貌十分丑陋，吓得面色蜡黄、浑身发抖。皇帝顿时大怒，取消了黄巢的双状元，斩了考官，把黄巢轰出了宫殿。黄巢从此便立志造反。此事后来在东明流传。东明至今仍有“猪齿獠牙赛鬼判，文武状元一笔圈”（一笔圈是当地方言，指一笔抹杀、圈掉）的民谚。

第二寨的传说。自黄巢拉旗造反以后，朝廷对起义队伍又恨又怕，到处造谣说：“黄巢杀人八百万”，把黄巢说成是杀人魔鬼。一天，黄巢骑马路过东明黄河边，看见一位中年妇女怀里抱着个大孩子、手里牵着个小孩子，背上还背个沉甸甸的大包袱，神色慌张地跑路。黄巢很奇怪，跳下马，和蔼地问：“大嫂，你是哪里人？人家都抱着小孩儿，拉着大孩儿，你为何相反？”中年妇女说：“俺是第二寨人，听人说黄巢的队伍过来了，杀人不眨眼，俺就带孩子出来逃命。小孩儿是俺亲生的，大孩儿是俺抱养的。俺宁愿亲生孩子受罪，也不能让抱养的孩子受屈。这才抱着大的、拉着小的。”黄巢一听，知道妇女是位好心人，便对她说：“黄巢的队伍只杀贪官污吏、地主恶霸，不杀害穷苦人，请大嫂放心。”黄巢还要她回去告诉乡亲们，只要在门口插上柳条，写上“第二寨”就没事了。妇女回去按照黄巢说的去做。黄巢大军来后，果然秋毫无犯。事情传开后，附近村庄也都照着样子做，村名都改为“李第二寨”“董第二寨”等。直到现在，东明境内的黄河大堤下还有许多“第二寨”的村名。

◆ 刘秀传说

刘秀（前 6~57），字文叔，南阳人（传为西汉末年出生于东明满城古济阳城）。东汉开国皇帝（光武帝），定都洛阳，在位 23 年（25~57）。

东明县关于刘秀的传说有 100 多个。有嘉禾九穗与满城红光、饥食糠团也香甜、屈桃与椿牌、蜘蛛网救刘秀、骡子为何不下仔、蝼蛄为何不吃带荚的庄稼、天到五更寒、石人指路、北城墙、芦草救刘秀、马抬前蹄、摞不正的谷摞、无耳朵庙、鱼砌桥、济阳宫、齐王集大寺无蚊子、济阳县贴不住的通缉布告、济阳的老桑树气破肚皮、夺馍封官、布谷鸟救刘秀、公鸡叫三遍、天牛助刘秀等。

天到五更寒的传说。东明当地人相传，当年王莽追杀刘秀，刘秀不顾一切地逃跑。一天傍晚，刘秀实在跑不动了，看见前面一片树林，就钻进去睡着了。刘秀一觉醒来，天已放亮。他一看，周围全是王莽的人马。刘秀着急，便向天祷告："苍天啊！你能不能现时再黑一会儿，让我逃出林子，您再放亮？"太白金星听到刘秀祷告，奏明玉帝。更改时辰，重播黑暗，布下冰霜。王莽的兵看到天色既暗且冷，便钻进帐篷睡觉去了，刘秀乘机逃了出来。从此以后，每当天将放亮，就要黑上一阵、冷上一会。

济阳宫遗址

纪念碑

屈桃与椿牌的传说。在东明县有多种树木，大家常常看到的有两种。一种是椿树，另一种是叫“屈桃”的树。“屈桃”树原来是叫“楮树”，楮树原本每到秋天，枝头结得满满的圆形果子，果子外面长着一层像月饼中的青红丝那样的红丝儿，吃起来香甜可口，既可充饥，又能解渴。而椿树则每到秋天，枝上长满一簇簇、一串串的椿牌，椿牌只能看不能吃。但是，东明人却都将椿树称为“树王”，认为是一种吉祥树。在东明民间，曾有这样一种习俗：谁家的小孩长得矮，就在大年初一五更时分，让其双手抱住椿树，嘴里念：“椿树椿树你为王，你长粗来我长长。你长粗来做梁檩，我长长来站朝堂。”这样反复念几遍，来年个子就长高了。这一习俗就源于当年的汉光武帝刘秀。

相传，当年王莽撵刘秀时，一直撵到济阳县一个密密的树林里，刘秀好不容易藏起来，躲过了一劫。这时他一松劲，浑身一点气力也没有，感到饥饿难忍。四处寻看，一片荒林，别说吃的，就是连一口水也找不到。刘秀靠到一棵楮树身上，一边歇息，一边想，寻不来吃喝的东西，我可是一步路也跑不动了，如果追兵再撵过来，肯定被活捉了。想着想着，刘秀不由落下泪来。

这情景被楮树看得一清二楚。楮树想，刘秀是真龙天子，连玉皇大帝都保佑他，我怎能见死不救。此时，正值深秋，楮树结满了楮桃，它便起劲地摇动身子，楮桃便落在刘秀面前。刘秀正在绝望中，忽然觉着树干摇动，接着眼前落下许多红红的果子。刘秀惊奇不已，急忙捡起一颗放到嘴里。谁知这一吃，顿觉满口香甜，他连连吃了许多，肚内也不饿了，口里也不渴了，浑身充满了力气。刘秀这才抬头看着这棵树说：“感谢你救了我一命，等我打败王莽，坐了天下，一定封你为树中之王。”谁知还未仔细地看清楚究竟是啥树，只听得杀声又起，王莽追兵再次

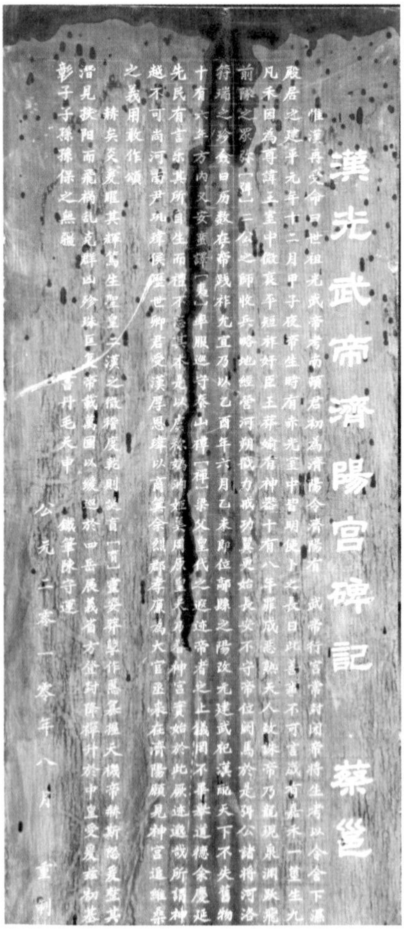

蔡邕作济阳宫碑记

撵来，刘秀便急忙逃跑了。

后来，刘秀打败王莽坐了天下，他在封王的时候想起了当年救过命的果树，便要封树王。可是当时因为逃得急，没看清是棵什么样的树，更不知道楮树的名字。不知道名字又怎么封呢？刘秀只好亲临济阳查找。当时正逢春夏之交，树木枝繁叶茂，果树还尚未结果。刘秀在密密的森林里寻找多时，也分不清哪是救过命的树木了。这时，他忽觉得眼前的椿树长得又高又大，想着可能就是它救了我。于是便封椿树当了王，并给它挂起了匾牌。楮树看见了，有心向刘秀说个明白，可又知道皇上是金口玉言。皇帝一旦说出，就难以更改，只能委屈得伤心落泪，自那以后，楮树只结果却不再长那么多让人吃的红丝了，树干也长不高了。后来人们对楮树也就不再叫“楮树”而称其为“屈桃”树了。

不过，椿树虽然当了王，可那是因刘秀所误，是白捡来的虚名。所以椿树的木质不结实，人们很少用它做栋梁。只是图其是“树王”的吉利，多用椿木做床的材料。

鱼砌桥的传说。东明县有一个村庄叫武胜桥，在清咸丰之前一直称鱼砌桥。相传，当年刘秀率义军与官兵在一次打仗中失败，官兵在后面追杀，刘秀带着义军往济阳（济阳郡，在今菏泽定陶一带）退兵。当退至如今武胜桥北边濮水河时，河水滔滔，一无桥梁，二无船只，义军无法通过，而后面追兵眼看就要来到。刘秀祈祷说：“老天爷，这里要是有座桥该有多好。”刘秀话音刚落，万千条鱼儿竞相游来，一条由鱼砌成的鱼桥展现在面前。刘秀率兵从鱼砌桥上通过，脱离了危险。刘秀称帝后，便命当地官府修了一座桥，命名为“鱼砌桥”，以作纪念。东汉时，人们陆续在此集居，成为村庄。村庄以桥为名，遂叫“鱼砌桥”村。

传统音乐

◆ 鲁西南鼓吹乐

鲁西南鼓吹乐是以唢呐为主、配合其他伴奏乐器演奏的鼓乐，是当地的一种民间艺术。史载，东汉时期当地已有鼓吹乐。明清时期，鲁西南一带涌现大量的鼓吹班社和众多演奏能手。他们平时务农，遇到婚、丧、喜庆等场合，便搭班演奏。东明是鲁西南鼓吹乐的发源地之一。

鲁西南鼓吹乐的主要乐器是唢呐，俗称“喇叭”“响器”“大笛”；伴奏乐器有笙、笛、闷笛、梆子、鼓、锣、镲等。

东明唢呐有大、中、小三种。大唢呐筒音为D1，发音深厚丰满；中音唢呐筒音为A2，发音圆润柔和；小唢呐筒音为D3，发音清脆响亮。

东明唢呐的构造：杆子（木质或锡质圆锥体，上有八个音孔，前七后一）；铜碗（喇叭形）；蕊子（铜制如锥形）；哨片（形状如铲）；气牌（圆形、中间一孔、套在蕊子上面）组成。

东明唢呐常用的演奏技巧。吐音（单吐、双吐、三吐）、滑音（指滑音、气

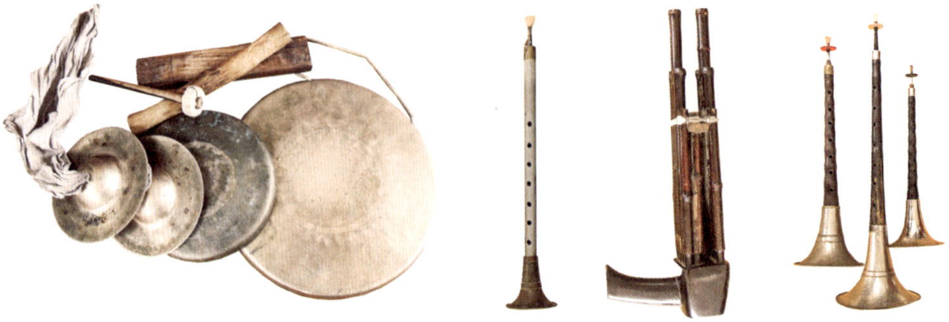

演奏乐器

滑音、上滑音、下滑音、快滑音、慢滑音）、花舌（粗花舌、细花舌、快花舌、慢花舌）、指花（单指花、双指花、快指花、慢指花、实指花、虚指花）、颤音（快颤音、慢颤音、长颤音、短颤音、气颤音、舌颤音、指颤音、唇颤音）、舌冲音、气冲音、反弹音、反双吐、连弹音、气唇同颤音、指气同颤音，以及吞、吐、垫、打、抹、压等特殊技巧。

演出活动

东明鼓吹乐经常演奏的曲目有“混江龙”“滚绣球”“山坡羊”“一江风”“朝天子”“到春来”“采茶儿”“百鸟朝凤”“抬花轿”“大笛绞”“满堂花”“石榴花”“梦子调抱龙台”“凡字开门”“尺字开门”“下江开门”“大起板”“一枝花”“锁南枝”等。近几十年来，也演奏一些地方戏曲。

东明鼓吹乐演奏乐队一般由 6~12 人组成，艺人们各执乐器，协调吹奏。

演奏方式有“行进演奏”（用于迎亲、送葬及节日喜庆场合）和“坐场演奏”（乐手围坐桌子四边，边吹边打，演奏一些曲牌或咔戏）两种形式。

东明境内在 20 世纪末有 20 多个团体（班、队），较著名的团体有杨桥村的“邢家班”（已传六代）；东堡城的“刘家班”（已传五代）；于州屯的“李家班”（已传五代）；新兴集村的“女子唢呐队”（已传四代）。

传统舞蹈

◆ 羊抵头舞

羊抵头舞，是一种相似“羊抵头”的民间擂鼓舞蹈，东明县的羊抵头鼓舞以王菜园村较为有名。

羊抵头舞源远流长。萌芽为“角抵戏”，可以追溯到黄帝时期的涿鹿之战。南北朝·梁·任昉《述异记》载：“蚩尤氏耳鬓如剑戟，头有角，与轩辕（黄帝）斗，以角抵，人不能向。”后来，民间以角抵为戏，故名“角抵戏”或“蚩尤戏”。战国时期。每逢军队凯旋，即奏起“大得胜”鼓乐，以庆胜利。和平时期也在迎送贵宾及节日庆典时奏起鼓乐，伴以舞蹈，这是羊抵头鼓舞的前身。

羊抵头舞的名称来源。一说是羊抵头鼓舞的舞蹈动作像似羊抵头，且胸前挎鼓，故称羊抵头鼓舞。另一说是该舞尖子号声类似“咩、咩”羊叫，舞队队形似公羊对峙欲斗之阵，又有击鼓伴舞，故称羊抵头鼓舞。

伴奏乐队

鼓舞

排练

东明县的羊抵头舞，始于明永乐年间（1403~1424），据说是从山西省洪洞县迁至现东明县的移民所传，始称“四翻鼓”，后改为羊抵头鼓舞。在当地的历代传承中，羊抵头鼓舞融入了当地的武术元素，增大了舞蹈动作的幅度和技巧的难度，丰富了舞蹈的表演语言。

东明县的羊抵头舞，过去多在祭祀求神活动中表演，用以驱鬼、求神、求雨、驱蝗。新中国成立后，一般多在春节、元宵节、庆典、喜庆、新婚嫁娶、重大节日的时候表演。20 世纪 50 年代东明曾组织舞队表演羊抵头鼓舞欢送中国人民志愿军参加抗美援朝。

东明羊抵头舞的表演程式。

舞队。无固定编制，规模可大可小，从十几人到几十人甚至上百人均可。

演出剧照

多为4人一组（亦可8人、12人或更多）胸前各挎一面中号扁形圆鼓（鼓圈为黑色或红色，直径约70厘米），鼓环系红绸布为鼓带，斜挎于表演者胸前。表演服装为红檐黄头巾，上身穿黄色靶衣，下身着黄色灯笼裤，脚蹬黑色半高筒布靴，一身古装兵士打扮。

鼓乐。表演用鼓是木框扁鼓，牛皮蒙面，均为同一形制：鼓面直径70厘米，框径75厘米，高40厘米，与现代象棋棋子形状相似。鼓数一般为四的倍数，或8面，或16面、32面不等。伴奏乐器有大铙、大镲、筛锣、尖子号4—10支；另有大锣、小锣各两面、镲两副。一般大铙、大镲、大锣随舞者鼓点敲击重拍，以强调其节奏感；筛锣只在引子、高潮及结束时使用，烘托气氛；镲和小锣随鼓点同时敲击重拍和弱拍，增强音乐的层次感。

表演。羊抵头鼓舞在表演时根据其功用和场地不同，其表演形式一般分为原地表演与行进表演。原地表演。舞者每4人分为一组，两两交叉相对，数组排成方队，开始表演。完成相应鼓点动作后，与相邻的鼓手在表演中，重新组成新的4人组，再敲击不同鼓点表演。伴奏使用的大铙、大镲等打击乐器分列两旁。尖子号分为4组，置于方阵四角。观众环绕四周观看。表演起来，锣鼓震天，气势宏大，场面极为热烈壮观。行进表演。表演者先以左右列阵对峙，形成两军对垒的场面，继而排成4路纵队。最前面是鼓队，中间是铙、镲、锣等打击乐器，最后是尖子号。边行边奏边舞。无论是原地表演还是行进表演都是有节奏地击鼓相舞。铙、镲、锣等打击乐器，尖子号吹奏出类似“咩、咩”的羊叫之声，形成数头公羊相持欲斗之声势。舞鼓人步伐有序而动，时而持弓箭步下蹲与对角鼓身相撞，发出“咚、咚”之声；时而扬起鼓槌与近临鼓槌相击，发出“乒、乒”之音。表演至高潮时，4人同时跃起，4鼓相撞，空中相对，抛接鼓槌，旋转击打，气势威猛雄壮。步伐跟随鼓点，讲求动作协调一致，整齐划一。形象地再现了羊抵头的雄壮场面。

击鼓。击鼓是羊抵头舞的主要表演方式。表演用鼓为低音鼓。击鼓方式花样繁多。有击鼓面、击鼓边、击鼓框、鼓鼓相撞、鼓槌相击等几种。击鼓动作优美。因鼓大而重，所以舞者身架较低，多采用“弓步”，右脚在前，左脚在后，右腿贴紧鼓框下缘，增强了鼓的稳定性。击鼓步法沉稳。多为前后移动，进退坚实有力。击鼓动作迅捷威猛。跨步前冲，4鼓相接，似公羊相抵；气势威猛雄壮、稳健潇洒、淳朴刚劲。鼓点节奏复杂多样。鼓点属套曲结构，称为“五部四翻”，即①引子；②大镫镲、小镫镲（一翻）；③大咕噜噜、小咕噜噜（二翻）；④大闷、小闷（三翻）；⑤大得胜（四翻）；鼓点是舞步的号令，舞步随着鼓点的变化而变化。

东明羊抵头舞气势恢宏，亢奋激越，浑厚拙朴，粗犷豪放，具有原始粗放、震撼强烈的艺术风格。羊抵头舞将戏曲表演、舞蹈、武术、打击乐、吹奏乐融为一体，艺术形式丰富多彩，极具有观赏性和娱乐性。

◆ 撅老四

撅老四表演

撅老四，开始称“抬老四”，是以主角“撅老四”命名、以抬杆或撅车为道具表演的一种传统民间游艺。

据传，东明撅老四是明代永乐年间随移民从山西省洪洞县传至东明。文献记载始于1924年，东明县龙山集村于农闲节庆组织表演撅老四、踩高跷、舞狮子、跑竹马、推小车等民间艺术节目。东明县撅老四以龙山集村较为有名。

撅老四的起源有两种说法。一说是“老四”是明朝一位地方官，爱民如子，清正廉洁，和蔼幽默，经常带着太太和随从衙役下乡体察民情，查访民间疾苦，并自己创编一些节目与百姓同欢同乐。撅老四就是据此由群众集体创编而成的民间游艺形式。另一说是“老四”是“四衙官”，因官职较低，不够坐轿资格，就让两个衙役用扁担抬着代步，进而逐渐演变成撅老四。

东明撅老四的场景。起初是用一根长约 5 米的柳椽或竹竿，由 2 人抬着，老四坐在中间，利用柳椽和竹竿的弹性，上起下落，与其他表演者配合，表演各种对话和动作。后来在柳椽或竹竿两头又各加了一个横木，前后由 4 人或 8 人抬着。20 世纪 80 年代初，改用撅车，突破了传统的表演模式，增强了表演的惊险刺激程度，拓展了表演空间。

东明撅老四的表演古时多在庙会、祈雨、免灾等风俗活动时进行，现在撅老四多在节日、喜庆等活动中表演。

东明撅老四的伴奏为打击乐。主要有大鼓、大铙、大镲、大锣、小锣、小镲、筛锣等。鼓点属套曲结构。主要曲目有出簧、马场、单剑拨、双剑拨、拦马头、羊抵头、铰子、大得胜等。乐器随演员的表演配合演奏。

东明撅老四的演员装扮。

老四。老四的扮相多为丑角。或穿红官衣，薄底靴，戴圆翅乌纱帽。或穿大褂，戴礼帽。或反穿皮袄，戴帽垫，上身斜挎串铃，手执破蒲扇，丑角脸谱。

老四婆。老四婆多为丑旦。身穿粉红大襟女大褂，头戴箍子，耳戴红辣椒

撅老四表演队

耳坠，腰缠竹马，手摇彩扇，头上插满各色鲜花，当地称其为“洋娘”。

拿马扎者。上穿黄色马夹，下穿蓝色灯笼裤，头戴蓝色大檐斗笠，脚穿黑色尖口布鞋，口戴山羊胡，斜挎串铃。有时戴圆形眼镜，一幅师爷形象。拿一靠背马扎，待老四下撅杆后，让老四坐。马扎上时常放有红萝卜、地瓜之类，以调侃戏谑老四。

执茶壶者（随从）。穿衙役服饰，手持一根约 3 米的竹竿，竿头系一茶壶，随老四在撅杆上下，以便让老四饮茶解渴。

差役。一般 4~8 人，均着戏曲兵役服饰，手执黑红水火棍。

撅老四游艺的表演没有确切固定的程式。多数表演情节是老四带着太太及兵役下乡察访民情，关心百姓疾苦，和百姓同欢同乐的情景。

东明撅老四具体表演过程。老四在撅杆顶头上起下伏，做着表演，老四婆时而用扇遮阳上望，时而为老四扇凉，并即兴发挥 2 人对白，也有临场与观众互动的即兴对白。如，老四：“老婆子。”老四婆：“哎！”老四：“快点走。”老四婆：“咱去哪？”老四：“上李庄。”老四婆：“干什么？”老四：“找老王。今天晌午吃点啥？”老四婆：“好面馍。”老四：“老王吃的啥？”老四婆：“野菜汤。”老四：“把咱的好面馍分给他吧，我也喝点野菜汤。”等诸如此类的对白。撅老四表演时，一般情况有十几人，规模大的时候有几十人，其中“老四”是表演的灵魂演员。

东明撅老四的表演分为杆上表演和地面表演。出场时，衙役分列前行，老四、拿马扎者、执茶壶者，随锣鼓点垫步出场，老四婆腰缠竹马碎步前行。

杆上表演时，老四坐在撅车（木杆前端）。撅车是将一根长 5~6 米的柳椽，中间拴在简易三轮车上，柳椽后头绑上大石头，撅车两旁有 2 人推车，1 人掌握方向，4 人或 6 人用力向下拉或向上送，随着一拉一送，坐在前端的老四亦一高一低的颠簸。演员在颠簸时表演扇凉、吸烟、喝水、转体、四肢腾空等惊险滑稽的动作。同时和观众即兴对白，并且拿茶壶者不时用长木杆挑着茶壶让老四喝茶。故意以水浇面，动作滑稽，语言风趣，令观众忍俊不禁。

地面表演时，前面 4 个兵役手执水火棍，在两边分开众人，中间是老四带着老四婆，执茶壶和拿马扎者跟随，众杂役推着撅车跟在身后。老四手拿破蒲扇和长杆烟袋，随着锣鼓点，边舞边走，让百姓有冤诉冤。其间和老四婆挑逗、调笑、戏谑，以及坐马扎、喝茶水、抽烟袋等，表演夸张滑稽。

东明撅老四是集民间舞蹈、游戏、杂技、音乐、戏剧为一体的一项综合性民间艺术表演形式，演员服装、道具、脸谱、化妆，以及演出的情节、语言都具有戏剧色彩，表演动作惊险刺激、幽默滑稽，诙谐风趣，具有浓郁的生活气息。

◆ 麒麟舞

麒麟舞也称舞麒麟，是一种音乐舞蹈艺术，麒麟、龙、凤、龟并称“四灵”。麒麟是象征祥瑞太平、风调雨顺、国泰民安的瑞兽神灵。《尔雅·释兽》载：“麇身、牛尾、一角。”史载，麒麟舞原是皇宫中的表演艺术，称之为“麒麟圣舞”。明代中期传入民间。东明的麒麟舞，始于明弘治年间（1488~1505）。

东明麒麟舞的艺术造型比较精美。麒麟，骨架用竹篾扎制，皮用各色彩布做成，分成头、尾两截，中间穿孔。舞者站在穿孔处将麒麟系在身上。舞台上的麒麟，身躯庞大，眼似大灯，口如簸箕，龙头、鹿身、独角、牛尾，全身鳞甲，熠熠生辉，威武雄猛，造型震撼。

东明麒麟舞表演。一般是两只麒麟和一个小童。一只麒麟由两人扮演，一前一后，同穿一个麒麟皮装。表演时由一人舞动麒麟头，一人舞动麒麟尾。麒麟入场，雄左雌右，摇头、摆尾、晃身、抖鬃，精神抖擞。小童手举“绣球灯”

装具

麒麟争绣球

在麒麟前面或站立、或蹲伏、或前眺，挑逗麒麟（这也是给鼓手开始的信号）。演出时，麒麟围绕绣球，三进三出，交头接尾、人立而扑、翻滚跳跃、打鼾休憩、力跳跨栏、巧漫桌面、抢夺绣球、麒麟探海、登高远眺、情投意合、互相撕咬、胜利嘚瑟等节目，把麒麟的喜、怒、哀、乐展现得栩栩如生、活灵活现。麒麟舞一般于每年春节前后在城乡上演。

东明麒麟舞的伴奏乐器比较简单。有大铙（四对）、大镲（两副）、小镲（两副）、大锣、大鼓各一面。入场时，伴奏乐器大铙、大镲、小镲、大锣同时敲击，俗称流水板。表演中，随麒麟的表演伴奏，或重或轻、或急或缓，随时变换节奏。

东明的麒麟舞以赵真屯和前排村较为出名。舞队在表演麒麟舞的同时，还增加了跑竹马、划旱船、张老头背张老婆、二鬼摔、大头和尚娶媳妇、划旱船、跑旱蚌等民间传统表演。据说，清乾隆皇帝曾经观看过东明当时舞队的麒麟舞表演。后来舞队增加了秧歌队、唢呐队、花鼓队。表演技艺、节目内容、服饰道具等也不断改进。

东明麒麟舞在民国以前的传承已无据可考。民国以来传承七代。第一代，安铁树、程风臻；第二代，胡重修、胡东柱；第三代，韩石郎、周恒安、安二合；第四代，程双显、安运法、安法梦；第五代，安随祥、孟凡玉、安世得；第六代，安法亭、安法广、安法会、安法红；第七代，安景顺、安红起、安国利、安坤鹏。

东明麒麟舞承载了当地人们迎祥纳福、祈求风调雨顺、国泰民安的价值取向、审美情趣和良好愿望。

◆ 舞　狮

舞狮，亦称狮（子）舞，是一种由一人或两人合作，装扮成狮子，模拟狮子各种动作的一种传统舞蹈艺术形式，一般舞狮表演通常由两头狮子或多头狮子同台演出，我国的狮舞有北狮和南狮之分。

舞狮可追溯到东汉，《汉书·礼乐志》中就有关于“象人”的记载，“象人”就是扮演鱼虾、狮子的艺人。

东明县舞狮始于清光绪年间，以县城尚家较为有名，现已传承七代。第一代，尚安顺、尚安泽；第二代，尚部月、尚部明；第三代，尚子瑞、尚子祥；第四代，尚庆丰、尚庆承；第五代，尚胜法、尚胜友；第六代，尚伟刚、尚伟达；第七代，尚烨晨、尚伟等。

东明舞狮的艺术造型非常威猛。狮子在当地民间被视为祥瑞之兽，是吉祥的象征，勇猛的代表。舞狮的骨架用竹木（条）扎制，狮头用木材（现用塑料类材料）制作，外皮用红黄棕色布、麻（现用化纤类材料）制成。舞狮者在骨架中，外披制成的狮皮。小狮子一般是一个人装扮，大狮子一般是两个人装扮，二人一前一后，前面一人控制狮头，后面一人在身后抱住其腰舞动狮身狮尾。

舞狮狮头

伴奏乐器

演出剧照

舞台上的狮子，目如灯盏，嘴似小盆，狮毛红光闪亮耀眼，十分威猛、亮丽、华美。

东明舞狮在表演时有各种动作。舞台上表演的狮子一般有两个或多个，中间一人装扮成小童（狮童），引导狮舞。狮童有时手持灯笼，有时手持绣球，有时手持狮杖，引导狮子随之做出旋转、跳跃、扑夺、翻身、人立、前踢、后蹬、打鼾、休憩、嘚瑟、抖毛、张口闭眼、摇头摆尾，以及抢夺绣球、登台上桌、爬杆跨栏、互相舔舐、耳鬓厮磨、欢呼跳跃等各种动作。

东明舞狮的伴奏乐器比较简单，有大鼓（两面）、大镲（两副）、小镲（两副）、大锣（一面）等。

东明县舞狮属于我国北狮艺术，具有刚劲有力，洒脱奔放，形神兼备，节奏鲜明的艺术风格。狮头外形夸张，既威武雄壮，又憨态可掬。通过舞台艺术，表现狮子的喜、怒、哀、乐，以及机智灵敏、勇敢无畏的精神形态，具有形象生动、情态逼真、险奇兼具、节奏明快的艺术特点。

东明舞狮具有很强的节令性，当地每逢大型节日如春节、元宵节、庙会、重大社会庆典活动等，一般都有舞狮表演。

舞狮表演的场地要求不高，一般在普通的乡村戏台都可以进行，台上可以有桌凳、木杆等设施，以增加狮舞的惊险。

东明舞狮融入了舞蹈、音乐、武术、杂技等元素，是一种深受当地百姓喜爱的民间艺术形式。狮子的吉祥威猛，寓意了当地百姓祈求风调雨顺、国泰民安的精神寄托。

传统戏剧

◆ 大平调

演出剧照

大平调原名平调，是梆子声腔系统的地方戏剧种，因其唱腔音乐比高调梆子（山东梆子）低，故称平调，又因其击节用的梆子特别大（长约 50 厘米），因此也称“大油梆”“大梆戏”，现在通称大平调。

大平调在明代已有演唱，明弘治十一年（1498）《滑台重修明福寺碑记》载：“以上布施除修葺佛塔外，敬献大梆戏、大弦戏各一台。”

东明大平调的起源。一说是由木偶戏（当地称大头吼）演变而成，一说是河南大梆戏吸收当地民间戏曲表演程式，移植到山东地方大戏剧目，逐渐形成大平调。

大平调历史上有三大流派。一是“河东平”，流行于东明（山东境内黄河以东）一带。二是“东路平”，亦称“开州平”，流行于开州（今河南濮阳）一带。三是“西路平”，也叫“滑县平”，流行于滑县、内黄、杞县、延津、鹤壁等地。

明清以来大平调班社。东路平有清丰洪家班、清丰南乐万家班、濮阳范家班、濮阳陈家班、濮阳二花袄班等 7 个班社。西路平有滑县公兴班、内黄大盛班、杞县同乐班等 8 个班社。河东平有东明“三鳖肚”（掌班人的艺名）班、曹县袁家班、菏泽县（菏泽当时为县，即今菏泽市牡丹区）德盛班、菏泽县天兴班 4 个班社。有的班社短时间内还叫过其他名称。有的班社还互有分合。

东明县大平调剧团的前身是菏泽县彭堂村的“天兴班”，约于 1930 年创立，后改名“天成班”，1948 年改名“利民剧社”。新中国成立后，由河南省东明县（东明县曾经隶属河南省）人民政府命名为“东明县新艺剧团”，后改名“东明县大平调剧团”至今。

东明大平调剧目。东明大平调的剧目有 140 多种。目前存于山东省艺术院的有 93 种。东明县大平调剧团经常演唱的有 50 多出剧目。分别是“百花亭”“天水关”“铡美案”“铡赵王”“铡郭槐”“反徐州”“战洛阳”“白玉杯”“栖梧山”“大登殿”“困河东”“李炳下江南”“闯幽州”“双龙剑”“辕门斩子”“东昌府”“琥珀珠”“反洪山”“玉河关”“李颜龙征南”“海棠关”“十八义”“金鞭记”“九头案”等。其中“弑朝篡”“楚王灭夏”“滚鼓山”“二打金枝”等为平调剧种所独有。

东明大平调音乐。

演出剧照

演出剧照

唱词。唱词为上下句式，以七字句和十字句为主，也有数字不等的长短句唱词，男女腔同宫同调，都是七声音阶徵调式。

唱腔。唱腔属板腔体。基本板式有慢板、二八板、流水板、散板等 30 多个板式。还有一些在此基础上变化形成的其他辅助板式。①慢板，主要板式。一板三眼，起于板上。慢速的多用于抒情或悲楚的情绪；中速的表现叙事或抒情；快速的表现慷慨激昂或愤怒的情绪。辅助板式有秋风凉、双过板、二混头、金钩挂等。②二八板，常用板式。一板一眼，一般为眼起板落。二八板又细分为慢二八，旋律性强，既可叙事、亦可抒情；中二八，明快简捷，表现喜悦或激奋的情绪；紧二八，紧打慢唱，表现愤怒或悲壮情绪。辅助板式有二八垛子。③流水板，常用板式。一板一眼，曲调流畅活泼，有慢、中、快之分。④散板，无板无眼、自由散唱的板式。表现悲哀或激昂愤怒的情绪。辅助板式有大起板、栽板、导板、滚白等。

东明大平调演唱声韵。演唱声韵以北方方言为基础。在山东、河南方言中归属“鲁西”“豫东”的语言片区，以东明、菏泽、长垣、濮阳、滑县一带为基础语言。演唱和道白中有较严格的“尖团字”区分。

东明大平调唱腔男女各有特点。女声唱腔优美华丽，富有抒情细腻的特点；男声唱腔质朴刚劲，具有挺拔大气的风格。演唱时一般都用真嗓。甩腔时翻高八度。红脸、黑脸的拖腔讲究喷口气势。黑脸演唱有时强调“炸音”。大平调有一种特殊的唱腔叫“讴腔”（扬腔），发声高而尖，有呼、吸两种唱法，用以表达激昂、欢快的情绪。

东明大平调表演。大平调的表演程式分为个体程式和技巧程式。①个体程式。如外摆连儿、抱腿、推圈、抄脸（为大平调所特有的程式）、三脚、气色等表演。②技巧程式。腰功、腿功、基本功和桌子功为一般性技巧。翎子、甩发、髯口、水袖、折扇、手帕、大辫、笏板、出手等称为特技。顶灯、三换胡、镗镰削柳椽、吊辫子、戳马蜂窝、彩铡、彩刀等则属大平调独有绝技。

东明大平调具有完善的角色行当。角色行当“四门分”：生、旦、净、丑。生行有文生、武生、帅生、娃娃生。其中属于此门头挂戴髯口的生角，不论其勾画红色脸谱或俊扮角色，一律称“红脸”。红脸有大红脸、二红脸、净面大生。旦行有青衣、闺门旦、小旦、刀马旦、帅旦、老旦和彩旦。净行又称“脸子门”，有大黑脸、大花脸、二花脸和歪辫花脸。丑行有公子丑、官丑、老丑、小丑和武丑。

东明县平调曲牌。传统曲牌有“大金钱”“小金钱”“水上漂”“滚龙珠”“翻八剑”“正八剑”“仿弦”“大桃红”“大游场”“小游场”“苦中乐”“五字开门”等 100 多个传统曲牌；还有“朝元歌”“紫金杯”“爬山虎”“大得胜”“得胜令”“嗦咯皮”等 30 多个笛牌。

东明大平调锣鼓经伴奏。分为①“开场锣鼓”，俗称“打闹台”。如一路敲、五定锤等；②“身段锣鼓”，如；乱敲、多一锣等。常用的鼓经有撕边、四击头、水底鱼等。

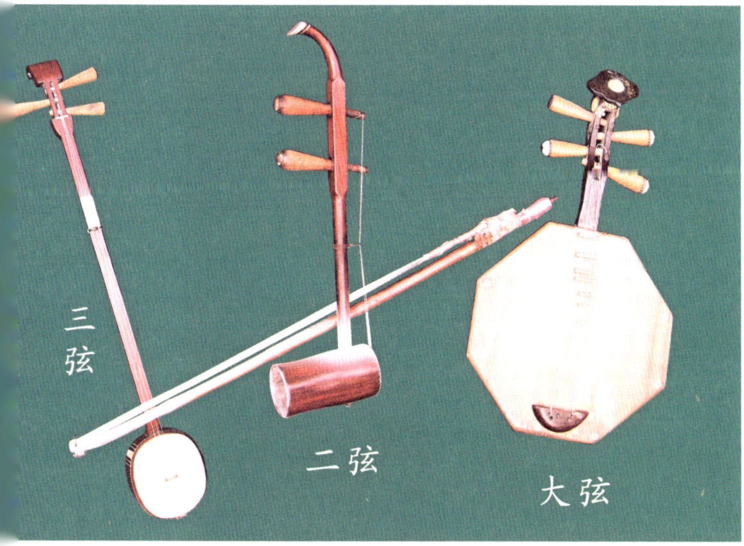

大平调伴奏乐器

东明大平调乐器。大平调除与其他剧种相同的伴奏乐器外，其独特乐器分为文场乐器和武场乐器。

文场乐器：①大弦（八角月琴）：属弹拨乐器，状似月琴，呈八棱造型，八品、四轴两弦。系皮弦，近年也有用月琴弦的，艺人根据其形状俗称“老鳖”，定弦为“25”。发音清脆，穿透力强。②二弦：属弓弦乐器，短杆，高约50厘米，发音筒长约20厘米，直径约10厘米，千斤与发音筒之间的距离较近，系皮弦，用弓拉奏，定弦为“63”。发音高亢，似鸟鸣，戏称“吱纽纽”。③三弦：属弹拨乐器，系钢弦，与现行木板三弦相同，定弦为“515”。这三样乐器俗称“老三把”。近期逐渐增添了二胡、笙、竹笛、唢呐、琵琶和低音大提琴等。

武场乐器：①梆子，俗称“大油梆”，枣木制成（枣木料须在食油中浸泡1~2年），长约50厘米，中部挖6厘米的圆门，内为略大于圆门的共鸣腔，发音沉闷，呈“兜、兜、兜”声，重达五斤有余。②大铙、大钹各一对，直径尺余，重约5公斤，俗称“四大扇”。③尖子号两支，铜皮打制，分为三节，长约120厘米，其声尖高。

东明大平调近现代知名演员众多。有“三鳖肚”（艺名）、陈贵馨（艺名二夹）、魏守法（艺名魏大黑子）、陈广勤（艺名四夹）、郭盛高（艺名小黑牛）、刘西魁（艺名花脸兴）、牛良材（艺名花脸垫）、刘天成（艺名大黑脸）、申德高（艺名花脸虎）、孙广福（艺名百油店）、李桂芝（艺名大坤角）、秦桂芝（艺名小丑）、吴从印、周魁生、逯文行、张海仁、刘爱兰等。

东明大平调剧目、唱腔板式、戏剧艺术、演出程式都较为丰富、乐器独特、流派众多，在冀鲁豫皖苏地区喜听者甚众，极富乡土气息。

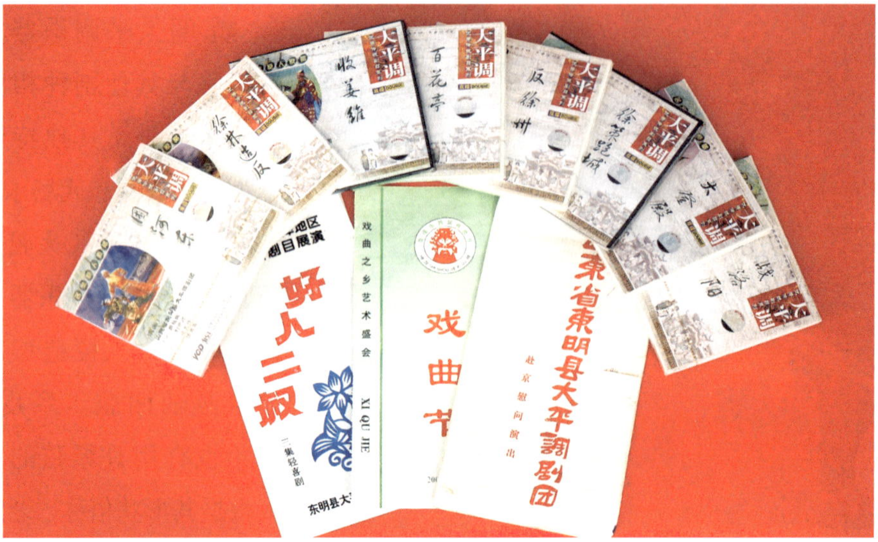

东明县大平调优秀传统剧目光盘

曲　艺

◆ 山东琴书（小曲子）

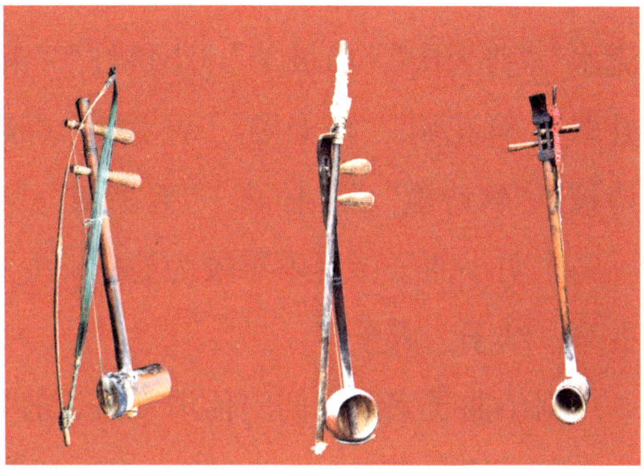

伴奏乐器

小曲子，又名琴筝清曲（大多演唱小曲子的场地搭建竹楼、沏建水池，琴韵借水音，清雅别致，故名），是一种联曲体的曲艺品种。

小曲子的历史可以追溯到宋词元曲。当时，大量的散曲小令流入民间，产生了中原俗曲和运河小曲。元明时期逐渐演化成小曲子的艺术形式。明·卓人月《古今词统》载："我明诗让唐、词让宋、曲又让元，庶几吴歌'挂枝儿''罗江怨''打枣竿''银铰丝'之类，为我明一绝耳。"

据《山东曲艺史》载：清初，菏泽各地均有小曲子演唱班社。东明因文人墨客、瓦舍艺人、青楼歌伎陆续汇集，文艺活跃，小曲子得以四处传播，曾有多家小曲子班社，其中以吉利营小曲子班社较为出名。

东明吉利营小曲子班演出曲目百余支。

民间故事有"兰桥会""小寡妇上坟""王云休妻""王婆赶会""王宝钏""大堂作诗""龙三姐拜寿""吴香女观花""武大郎逃荒""吕蒙正赶斋""洪武放牛""踏青"（放风筝）、"李二姐观灯""三上寿""哭长城""梁山伯下山"等。

神话传说有“丁郎刻木”“八仙庆寿”“吕洞宾戏牡丹”“孙膑拜寿”“天台山”（二仙采药）、“殷纣王禹王庙降香”“刘伶醉酒”“许仙游湖”“盗灵芝”“水漫金山”“断桥”“金山还愿”“杨二郎劈山救母”“白猿偷桃”等。

历史名著故事有“华容道”“关公挑袍”“三战吕布”“单刀赴会”“五丈原”“古城会”“乌龙院”（坐楼）“燕青打擂”“拳打镇关西”“武松孟州充军”“李存孝夺篙”“罗成算卦”“秦琼辞母”“秦雪梅观画”“西厢记”“三堂会审”“唐王探病”“秋江”“佘太君表功”“清凉桥”“宝玉探病”等。

东明小曲子班演唱的曲牌较多，据传有300多支，今存近百支。主要有“西江月”“虞美人”“杨柳枝”“浪淘沙”“桂枝香”“罗江怨”“蝶恋花”“大宫花”“江流水”“普天庆”“山坡羊”“小桃红”“银铰丝”“货郎调”“汉口垛”“满地红”“双叠翠”“鲜花调”“楼上楼”“香罗帕”“雁鹅调”“铺地锦”“大金钱”“靠山调”“硬诗篇”“软诗篇”“十杯酒”“五字崩”“九连环”等。

东明小曲子伴奏乐器较为简单。主要有蝴蝶琴、木筒坠琴、木筒胡琴、二胡、古筝、结子、碟子等。

据小曲子宗谱“儒门传清”载，东明小曲子已传承十世。一至十世是王尚田；陈兴顺（清·雍正时人）；陈大俊；刘道友；陈延展；陈来元；陈怀教；油良德；陈善绪；陈怀庆。

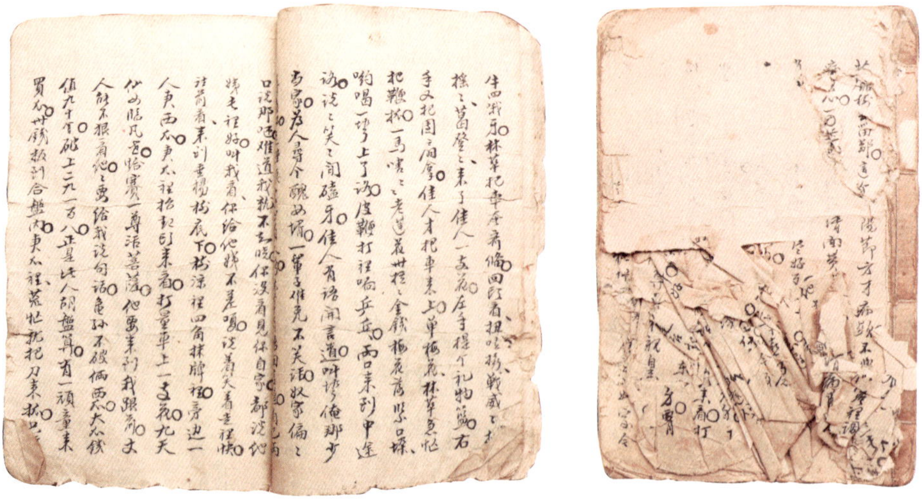

小曲子唱本（晚清时期）

东明小曲子具有突出特点。一是保留了原始状态。原汁原味地保留了大量具有当地特色的民间小曲曲目和民间俗曲曲牌；曲目和演唱保留了原始内容，以及很多当地方言、生活风俗习；唱词规整简洁，没有长篇书目（个别长篇故事呈现为系列独立曲目）。曲牌音乐一直采用了早期的联缀方式，在曲牌连缀上有自己独特的方法和规律。伴奏乐器保留了古老样式。二是演唱不拘形式。一般是场地中间摆一方桌，上置茶具、乐器等，演员、观众不拘多少，伞形而坐，各操乐器，演唱者（多为当地农民，不拘男女老少）站或坐在桌子旁边，唱完归座。自娱自乐。场地随处即可。唱腔随意自然。三是小曲子是山东琴书的直接母体，琴书的唱腔、曲牌、曲目、伴奏形式直接脱胎于小曲子。四是较之其他曲艺具有重唱腔、轻表演的特点，而且方言口语较浓、表演风格粗犷、伴奏乐器拙朴自然。

东明吉利营小曲子班

小曲子展演剧照

◆ 坠　子

坠子（书）亦称“渔鼓坠”“玉琥坠”“简板书”，是当代民间的一种演唱艺术。

坠子书源于鲁西南一带，其前身是流行于当地民间的山东渔鼓、三弦子书、莺歌柳等曲艺形式。后来将三弦子书的伴奏乐器三弦改制成坠胡、将三弦子书与山东渔鼓融合，吸收莺歌柳小曲，逐渐形成了坠子。

东明坠子的演唱形式。以唱为主，唱中夹说（道白），唱说结合，由一人或双人或多人演唱。

场地。多为茶馆、书场、街道、大路、场院等。在台子或中央放置一张桌子，演唱者或站或坐（一般手拿简板击节）进行演唱。

乐器。主要是坠胡和简板（打节奏用的两块檀木或枣木板，长约25厘米，厚约1厘米，宽约2厘米），其他有渔鼓（后改用书鼓）、脚梆，以及单钹、醒木等。其中渔鼓和简板是最早的伴奏乐器。

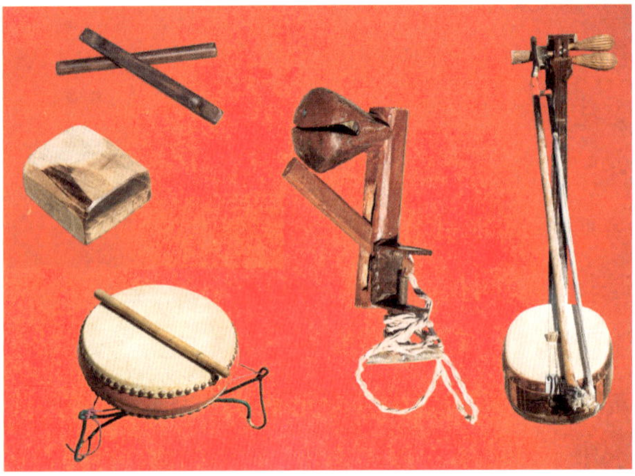

主要伴奏乐器

唱腔。有多种曲调（板腔）构成。包括引子、起腔、平腔、送腔、尾腔等。句式使用：“三字崩”“五字嵌”“七字韵”“巧十字”“拙十字”“大寒韵”“小寒韵”“滚口白”等。其中，平腔指唱段中间大段落的唱腔部分，侧重于故事的叙述，为唱腔的主体部分。

东明是坠子之乡。坠子艺人众多，民众喜听坠子，被称为“坠子之乡”。坠子于民国初年传入北京，后传入全国大部地区。

东明坠子保留和创编的剧目。传统的有“金钗案”“罗衫记”“包公案”“月唐传”“杨家将”“白绫记”“小八义”“秦琼打擂”“大红袍”“呼家将”“水浒

第二十一代传人李忠霞表演坠子书

传”“五虎征南”“金鞭记”“刘公案”“八头案”。近代保留和创编的剧目有“八女投江”“双枪老太婆”“三拉房”“哈尔滨奇案”“上海风云”“平原枪声”“夺印”“唱唱俺的新农村”“仨儿争爹”等。

东明坠子传承。按照祖师龙门派的三十字排辈，尊张果老为行业祖师爷，供奉邱处机真人为祖师，开山祖师为张教钧。东明坠子已传二十多代，第十七代（教字辈）李教记；第十八代，彭永江；第十九代，苏元明；第二十代，刘桂梅（刘明霞）；第二十一代，李忠霞；第二十二代，孔新芝。

东明坠子的继承和发展。东明坠子不断吸收和借鉴戏剧元素，伴奏乐器不断增加，声乐唱腔不断丰富，生旦净丑行当齐全，人物采取戏剧脸谱，将演出搬上了的舞台，成了“化妆坠子”。

传统体育、游艺与杂技

◆ 佛汉拳

佛汉拳又称“七二三八拳”“佛汉捶”，是武术的一个拳种流派。

佛汉拳，一说起始于南朝梁武帝大通年间（527~529）。东明县《佛汉拳续谱纪念碑》载：“盖佛汉拳乃如来三尊佛祖所创，兴于唐，备于宋。”有歌曰：“佛汉本是暗藏门，大通年间留下根。绘图带到少林寺，暗藏佛法少人闻。”一说由河南嵩山少林寺武僧徐修文于清道光年间（1821~1850）所创。有碑文载：“有大和尚修文者……俗家姓徐……七二三八佛汉拳”。有歌曰：“初祖外传防身法，流传少林墙壁纳。千古妙术传千古，佛汉暗藏佛汉家。”

佛汉拳第六代传人李义军演练佛汉散手

佛汉拳弟子按二十字排辈。即“内、初、山、寺、团，同、胜、国、少、年，好、者、思、理、多，君、猷、民、则、安。”

佛汉拳于清道光年间传入东明。第一代，徐修文（祖师）；第二代，贾云露、田魁皂；第三代，宋金榜、贾二财、郭秀兰、李凤海、安永福、张金荣、刘常春；第四代，宋全福、张好问；第五代，魏仁芳、陈云汉、陈书贵；第六代，陈洪元、李义军；第七代，张少林、刘道衡；第八代、九代弟子众多。佛汉拳自东明三代弟子传向社会，逐渐流传于鲁、晋、冀、豫等众多省份以及美国、澳大利亚、加拿大等华人住居区。

东明佛汉拳特点。一是佛汉拳以掌法为主，长于铁爪功偎身靠打。惯于施展擒拿、分筋、挫骨、点穴闭气等技法。运用明暗柔硬功。强调闪身贴近，挨身肩靠，转身背撞，拧腰胯打。讲究呼吸得法，力从腰发，摇身加晃膀，动作带身法。二是佛汉拳体现一个“整”字。讲究三节（手、身、腿）相随，四气（手、腿、心、步）一致。以敏捷为主，低进高退，落地生根。全身各法运用协调一致，内外合一。在技击中强调以变应变，滚打巧拿，要求身灵、步活、眼到、手到，上下相随、完整一气。三是佛汉拳习练以徒手对打为主要形式，强调实战运用。动作精巧紧凑，敏捷灵变，刚柔相济，练功练拳，步身相应，手法善变，结构严谨，动作连贯，刚柔相济，招法脆利。对练要求：不顶不丢，粘连相随，气如风，手如抓，不挨身子不理他，不要与他胡乱抓。佛汉拳谱载：“佛汉出手站当阳，切闪调步人难防；两手不离胸，两肘不离肋。身似弓，手似箭，鹰眼猫腰鬼拉转。”

东明佛汉拳有“三十八路佛汉拳”之说，又细分为分上、中、下三盘，均为对打套路。

单练式法。单式法包括七十二擒拿手、三十六腿法，共一百零八式。一式跟三打，一打有三破。边破边打，打破一气，讲究“连绵铁”“君臣手”。动作有窜、蹦、跳、跃、疾、腾、滑、挪、闪、沾、缺、随。一递一接，一来一往，递中见打，打中带防，出其不意，连绵不断。讲究鹰眼硬，虎心狠，猴相精，犬腰活，鸡叨食快；一胆二力，三眼四疾，五说六讲，七传八练，九九归一。

东明佛汉拳在传承中有大架、小架之分。主要区别是演练过程中身法不同。大架佛汉拳，舒展大方，大开大合，放长击远。小架佛汉拳，小巧紧凑，步活身灵，手法善变。

对练

展演剧照

姿势进退法。手出与眉齐，两肩一字平。两膀松，两手争，扬手如拜月，贴掌似反弓。出手如撒箭，饿犬夺食人难封；手如鸡叨米，抓把要狠不放松。一手跟住一手打，两手出击似流星；前进猛虎跳山涧，后滑玉龙退洞中。进步狸猫去捕鼠，脚闪拉钻要使精。两手扒门如套月，脚步手眼使齐整。神定气闲架站稳，看他来人怎么攻。

手法。佛汉拳手法善变，快如风，疾如雨，手臂非直非曲，变化伸缩走弧线，动作大都为螺旋式。佛汉出手身正立，不用慌忙手出齐。脚法随法是妙计，不得真传定有失。手如箭，身如弓，大罗神仙也难封。佛汉出手站当阳，斜行遥步人难防，捉拿使的反弓式，箭步猛勇不慌忙。佛汉出手人迷茫，真招虚幻手内藏。有人解开其中意，不是老师是同窗。手法要求：出手如撒箭，回手如触炭。两手平行同时出，后发而先至，手如鸡叼米，出如犬夺食。抢等手、截手、随法手，顺手拈住手，见手跟手不让手。

眼法。以目视目，眼随人动。眼似铁、神似钢、鹰眼一展敌惊慌。二人交手眼要硬，全凭两眼去打人。论眼法：眼是心之苗，心是眼之源；意动眼就到，灵机如电闪；眼到手就到，快如流星赶；眼里能出手，手里能出眼；射远如鹰鹞，眼快霞光展。眼跟手，手跟眼，合住三尖九弓式，三照之法不虚传。

步法和腿法。佛汉拳进退变换虚实分明，重心前三后七，起落变换，同手法一样走弧线，要求手到足到，手足相应。腿法：多用寸腿，高不过膝。具体用法：弹、踹、扫、跨、挤、截、撩、铲、跐、剪、踩、云、搂、钩等。步法：九宫步：疾步、跌步、滑步等。步法要求：闪展腾挪，鹤行鹿伏，蹿蹦跳跃，形如猿猴，挨膀依靠，状如熊貔，前后用力脚如钻，一身灵动似蝶舞。

身法。佛汉拳《九宫身势》，讲究“吞、吐、沉、浮”，要求“三心（手心、

演练

传授

足心、人心）相照”，虚灵内含，含胸拔背，沉肩坠肘，精神贯顶，且忌前俯后仰，低头弯腰。具体用法有吞、吐、粘、连、带、随、沉、闪、落、展。谱曰：吞身如鹤缩，吐手如蛇奔。身法要求：手眼步的协调一致就是一身相合。偈曰：手如流星眼如电，腰似蛇行腿似钻。九弓身式从头想，上下左右差不差。

佛汉拳续谱纪念碑

佛汉拳拳谱

高低苗。这是佛汉拳的基本动作，也是入门者必修的筑基功夫。因它在练习时，身体重心一高一低，手法上也随之高戳低打，讲究“高棚下压中间截”，连环盘练不休止，故曰：“高低苗。”

高低苗主要是通过单架的训练，使练习者的手、眼、身、法、步，精、神、气、力、功等技击要素，得以锻炼和提高。练习时由慢至快，每日数千捶，不过百日，自有灵验。有谱歌曰：“伸手上打有人迎，换手变把下边通。真真假假人难认，虚虚实实见奇功。”

高低苗还包括佛汉拳的主要功法。即桩功手上功夫（包括铁爪功、鹰爪力、盘手功）。桩功是配合硬功发力的一种方法。桩功的习练是“内练一口气”，讲究“哈”“张”二气，力发气随，练成周身一家，浑圆一体。通过调息，有修身养性功效。手上功夫是以神养气，以气化力，以意御气，故而功效甚殊。据说，一般勤修精进者三五年内即能获得较大效果，可以用手指捏碎茶杯，具备擒拿点穴的功力。

东明佛汉拳融汇了中国古典哲学、医学、武学、人体力学的元素，遵循佛家、儒家思想，吸收了道家太极阴阳学说，富含深厚的武学理论。它以人体为依据，以实战技击为要旨，具有综合性、实用性、健身性的特点。它以贴身靠打、擒拿分筋挫骨、点穴闭气见长，具有“攻其不备、出其不意”“避其锐气、击其惰归”

的兵家谋略。它内外兼修，全身各法协调，精气神和谐统一，是武林中富有特点的拳种流派。

◆ 武术点穴法

武术点穴是融合武术技击和中医经络理论，用点击人体穴位而进行技击或医疗保健的一种武术方法，它是我国历史上特有的稀传秘技。

点穴历史悠久，中国最早的医学典籍《黄帝内经》（约成书于战国至西汉）中就有人体经络、穴位的记载，论及导引、按跷等内容，其中导引、按跷就是点穴法的原型。

东明县武术点穴法自清道光年间焦士虎（焦延章，梅花拳第八代传人）始，已传承十代。第一代，焦士虎；第二代，白金斗；第三代，袁青；第四代，袁继业；第五代，袁德明；第六代，袁孝文；第七代，邢东泽；第八代，邢金海；第九代，邢银泉；第十代，邢登科、邢登彪、陈义乾、李高峰、王魁、江景伟。各代传承人同时也都是梅花拳师。

一、东明的点穴理论

一是中医经络学说。

祖国医学认为，人体有十四正经（十二正经与任、督二脉）和五脏六腑。十二正经：手三阴经（手太阴肺经、手厥阴心包经、手少阴心经）、手三阳经（手阳明大肠肺经、手少阳三焦经、手太阳小肠经）、足三阳经（足阳明胃经、足少胆阳经、足太阳膀胱经）、足三阴经（足太阴脾经、足少阳胆经、足少阴肾经），

第八代传人邢金海

第九代传人邢银泉

十二正经运行气血，连接脏腑，如环无端，周而复始。五脏：心、肝、脾、肺、肾；六腑：胆、胃、大肠、小肠、膀胱、三焦。

穴位，亦称腧穴，是脏腑经络气血出入会合节点（身体敏感点）。人体共有穴位720个、医用402个，要害穴位108个，其中72个小穴（点打效果不明显），36个大穴（点打效果明显）。大穴位以点打效果又分为松软、酸胀、疼麻、晕眩、伤残、死亡等穴。

武术点穴是点击人体的36穴。①头颈部9个（百会穴、神庭穴、太阳穴、睛明穴、耳门穴、风池穴、人中穴、哑门穴、人迎穴）。②躯干部22个，前面14个（膻中、鸠尾、巨阙、神阙、气海、关元、中极、曲骨、鹰窗、乳中、乳根、期门、章门、商曲）；后面8个（肺俞、厥阴俞、心俞、肾俞、命门、志室、气海俞、尾闾）。③肢部5个，上肢2个（肩井、太渊）；下肢3个（足三里、三阴交、涌泉）。

二是子午流注学说。

子午流注学说认为，人体气血是按照一定时间循环运行的。自然界的年、季、日、时的周期变化，影响着人们的生理、病理的周期变化。

穴位在不同时辰，气血运行到不同的经络，对人体的生理，病理具有直接的影响。

穴位在一昼夜中，随着气血的循环打开或关闭。打开的穴（即气血到达）称“实穴”；关闭的穴（即气血未到达或已过去）称“空穴”。

点击实穴（气血刚到达的穴位），会使被点击者气血停顿阻滞、不能正常流行，引起全身各部麻酸软伤等点穴效果，这就是点穴的原理。

二、东明的点穴技法

一是点穴功夫。点穴的主要功夫包括指力和眼力。

指力。包括点击力和抓力。点击力，就是用一指（食指、中指、拇指）点击物体（沙袋、木物）的力量；抓力，拇、食、中三指的末节向内稍屈，似鹰嘴状，形如圆锥，将全身力量聚于三指抓握扣点。

眼力。主要是认准穴位（先睁眼、再闭眼）。

二是点穴手法。点穴分为技击点穴和医疗（保健）点穴。其手法有所不同。

技击点穴。技击点穴主要是以经络学为依据，根据实战情况，点击对手的要害大穴。主要是以指、锥、掌、拳、肘等手型，采用点、打、拿等技巧制人。点穴时，多用指、锥；打穴时，多用拳、掌、肘；拿穴时，多用掐筋、拿脉、截络、反关节等。

医疗点穴。医疗点穴是以点穴理论为依据、基础和前提，遵循祖国医学“虚则补之，实则泻之，寒则温之，热则清之”的医疗原则，根据穴位的医理作用和效果，点穴医疗。点穴手法以手指点法为主，配合掌、肘点按，灵活多变。常用手法有：

点按法。用手指点按施治穴位，发功刺激穴位，时间长短及力度要适宜，是最常用的一种手法。

点揉法。根据患者病情和体质不同，以指或肘对施治穴位，前后或左右揉动。点揉法适用于风湿性疾病和大多慢性疾病。

练指功

点划法。用双手在相应穴位快速划动，瞬间刺激经络上的多个穴位，以舒通经络，解除病痛。多用于头部和颈部保健治疗。

三是解穴。解穴是依据点穴理论用点穴技术解开被点穴位，使穴位恢复正常。

点穴与解穴在理论上是对立统一的两个方面。解穴时要辨别出是哪个穴位被点打，哪条经络受阻，哪个脏腑受损，然后，随着经络的顺逆方向运用各种补法、泻法和疏法进行按摩，必要时还可增加药物治疗，使被点穴者解开穴位（恢复正常功能）。

东明点穴实质上是对人体薄弱部位（要害部位）的点击，融合了经络学、子午流注学、现代人体科学、传统武学等，汇聚了中医和武术两大国粹，对于技击防身、治病救人、强身健体都有直接功用。

◆ 梅花拳

梅花拳，也叫梅拳、梅花桩，是武术的一个拳种。

据传，梅花拳是取梅花在冬未尽、春未到之时开放，含有先知先觉之意，且拳分五势、合梅花五瓣之行，故取名梅花拳。

梅花拳历史较长，《梅拳秘谱》云：梅拳“传云汉时已有”。梅花拳尊“收

典籍

元老祖”为祖师。据传，梅花拳自明末清初北直顺德府（今邢台市）人邹宏义（字光大），始传民间。邹宏义传东明人李继统（绍先），此为东明梅花拳之始。现已传承十六七代，弟子逾万。

器械

东明梅花拳包括文理、武场、功法、动作等。

文理。包括武德和文场。武德。讲究“天地君亲师”，遵守儒家纲常。有《五戒》《五要》《习武规矩十二条》等梅花拳清规戒律。文场。是传授梅花拳武德、负责清规戒律、规范弟子行为的组织。

武场。包括拳理和武功。一是拳理。梅花拳理集中见于清·杨炳《习武序》、清《少林秘授拳经棍法》、韩其昌《梅花拳秘谱》、吴春沾《梅花拳拳谱》以及梅花《根源经》等书。二是武功。①架子和梅花桩。架子。梅花拳架子有大架和花架（小架）。架子包括桩步（静止站桩）和行步（桩上行走技击）。桩步有五势（姿势）：大势、顺势、拗势、小势、败势。行步也是实战步伐（见后）。“行步三法”组成架子的四门八方（八卦）套路。梅花桩。一般是指站在桩上练功的方法（地上练习称“落地梅花桩”）。桩的直径为三至五寸，下半截埋地下，上半截距地三尺三寸，桩与桩之间，前后三尺，左右二尺五寸。布桩上应天象、下合地理、中合节气。桩法有三星桩、五星桩、七星北斗桩、八卦桩、九宫桩、天罡桩、繁星桩等。梅花桩有丹凤朝阳、二郎担山、大鹏展翅、猕猴攀枝、霸王卸甲等桩势。练习时可互相变换，一式变二式，二式变三式，循环无端，变化无常。②成拳。成拳是两人以上对练的方法。动作有抓、拿、摔、打。所用步法为“八方群步”（八方散手）。拳法有曦阳掌、三皇炮捶、三十六手、七十二手、一百单八手等。③拧拳。拧拳是练习出手引手、见手使手的拳法。步法是“大八方步”。④器械。包括春秋刀、单刀、双刀、花刀、剑、提戟、三尖拐、双控棍、文棍、齐肩棍、七节鞭、三节棍、虎头钩、手梢、枪、流星、两眼杖、钩镰枪等。梅花拳兵器以棋盘大枪为帅，以春秋大刀为先锋。枪法、刀法都分为一百单八式，如“凤凰双展翅”“金鸡乱点头”等。另外梅花拳的独特兵器有镋耙、燕翅镋、拦马橛等。

功法。功法有硬功和内功。一是硬功。主要有踢打功、拍抓功，以及铁砂掌、打沙袋等。二是内功，按金、木、土、水、火“五行”分为五功。①太阳功（属火），属外功，阳刚劲，为硬功外壮。分上、中、下三盘，有三层功夫、九层练法。练功时间：早晨（寅时）、中午（午时）、下午（酉时）、夜间（子时）。练功时面朝太阳，有口诀，须在师父指导下练习。②太阴功（属金），有天字桩、地字桩组成，合称混元桩。主要引行气脉升降，练阳中之阴，阴中之阳，天为益气升阳，地为以阴潜阳，两桩合练称混元。此天地木桩法，启天门，闭地户，二气交泰于身，健壮于内外。③动功（属木），十三太保功（十三个动作），是太阳功和太阴功的保健功。功能：通经络，活血脉，调理阴阳，强身健体，益寿延年。④行功（属水）：分有形和无形。具备前三种功底，才能修炼此功。⑤静功（属土），分坐、站（桩上）两种功法。

演练

动作。包括拳法、腿法、实战步伐、实战技击。一是拳法。有蹦、挑、点、带、平拘、大摆、直拳。二是腿法。正踢、侧踢、前蹬、展弹、大劈、外摆、踹腿、鞭腿、扫蹚腿、二起脚、旋风腿、寸腿、连环腿。三是实战步法。①八方步（群步）。八方步分大中小三种。小八方步是基础步法，运动中便于闪转，伺机进击。中八方步和大八方步是用以对付多个对手，快而不乱，进退自如，占取主动位置，占据有利地形，进退随情，起落随形，变化有法，动静有术。②行步（也作练习步法）。有三法，即摆法、扎法、撤法。摆法是横向运动，扎法是纵向运动，撤法是斜线运动。四是技击。有上、中、下三盘。上盘指头到胸部的攻防技法，包括叼、拿、锁、带、勾、劈、搂、抱、打、崩、挑、砸。中盘指胸部到胯部的攻防技法，包括沾、粘、连、随、吸、卸、柔、化、推、托、领、带、辗、转、扭、蹭、挨、膀、靠、挤、偎、身、靠、打。下盘指胯部到腿脚的攻防技法，包括踢、点、截、撞、勾、挂、踩、蹁、跌、扑、滚、翻、前后扫趟、左右撑拨。

东明梅花拳是文武兼修的拳种。功法强调内外兼练，外练形（亦称外丹，即"外练筋、骨、皮"），内练气（亦称内丹，即"内练一口气"）。内丹借助外丹练成。外丹练到"心与意合，意与气合，气与力合"；内丹练到"气随意发，力随气使，形气合一，浑元一气"，达到"气化"程度。技击追求灵活巧变、借力打力、出其不意、避锐击惰。拳理讲究"阴阳交互""生化制克""奇正相合""体用兼备""身心合一"。习练要求由外及内、循序渐进、内外兼修、文武共习。具有较高造诣的梅花拳师一般都能医会算，有一定的医学和易学造诣。

◆ 东明炮拳

炮拳，亦称少花拳，属少林拳的一个拳种。

据传，炮拳起源于明代，为风道仙人所创。明末清初传入东明。东明炮拳的拳法招式与其他地方的炮拳有所不同，是一个独具特色的炮拳

第五代传人郝付荣（左）、张海忠（右）演练东明炮拳

门派。

东明炮拳分为拳法套路、功法和器械。

硬气功“钢刀铡木”

硬气功“油锤贯顶”

拳法套路。主要有三路炮拳，兼练二红拳、四路红拳、挂拳、通臂拳等。套路还包括手法、眼法、步腿法、身法等各种基本拳法。

三路炮拳是炮拳的基本套路。共有三路五十六式。第一路包括骋步单扁、捅天炮、十字锤、提腿单扁、骑马拉弓式、箭步单扁等十四式；第二路包括云腚窜掌、蹭步合掌、上步窜掌、转身跨骨、扫腿老虎大张嘴、落步蹋掌、震脚骑马拉弓式等十八式；第三路包括老君撇柴、淌掌、栽锤、顺天旗、跳步通天掌、云腚抓裆、云腚托掌、旋风脚、野马分鬃等二十四式。

手眼腿身法。手法主要有撇、撸、缠、戴、点、拿、拧、锁、扣、抖、压等。眼法主要是意到眼到，眼到手到，眼跟手、手跟眼，眼手合一。腿法和步法主要有弹、踹、扫、滑、跨、摧、钩、云、踩、崩、呲、撩、卸等。身法讲究升、悬、压、沉。

器械。主要有单刀、六合枪、双刀、九节鞭、仆刀、枪、剑、棍、捎子、镗镰、拐子、流星锤等。对练有大三步齐、小三步齐、单刀破枪、双刀破枪、捎子对棍、大刀锁枪、乱矛绝枪等。

东明炮拳传承已五代。第一代，苏金榜；第二代，张连魁；第三代，李永合；

第四代，李明达；第五代，李河东、郝富荣。

东明炮拳吸收了道家太极阴阳学理论，重视内在“精、气、神”和外在攻防技击的习练，以近身擒拿格斗见长，经常锻炼能促进人体脏腑经络功能的协调和平衡、强身健体，讲究内心的自修和自审，强调“道与艺”统一。

第一代传承人尹尚学

第二代传承人尹丙亮

◆ 尹传陈式太极拳

太极拳是武术的一个拳种，具有技击、竞技、康养和强身健体的多种功能，男女老少皆可习练，在中华武术中具有重要地位。

太极拳起源多说并存。有起源于南北朝、唐、明、清等诸家之说，太极拳门派众多，常练的有陈式、杨式、孙式、武式、吴式等。

东明尹传陈式太极拳的特点。以中国传统哲学理论为基础，集技击、气功、养生于一体。在理论、技法和功法等方面具有鲜明的特色。其基本内容包括拳术套路、太极推手、器械套路以及太极技击等。

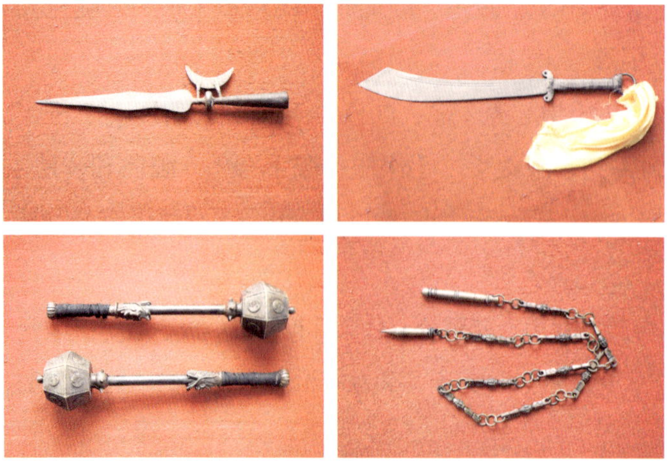
习练太极拳部分武术器械

东明尹传陈式太极拳拳术套路。有一路、二路之分；又有老架、新架之别。

尹传陈式太极拳老架一路（大架）。拳架舒展大方，步法轻

尹传陈氏太极拳所获部分奖牌

灵稳健，身法中正自然，内劲统领全身。练习时，要求意、气、身密切配合，外形走弧线，内劲走螺旋，缠绕圆转，外柔内刚。新架的特点是架势宽大，低沉稳重。拳架以“崩、履、挤、按”四正手的运用为主，以“采、列、肘、靠”四隅手的运用为辅；以柔化劲为主，发劲为辅，柔中寓刚，力求柔顺。外形以缓柔稳为主，疾刚跳跃为辅。运劲方法要求以身领手，突出螺旋缠丝劲的练习，以腰为轴，旋腕转膀，旋腰转脊，旋踝转膝，胸腰折叠，形成一系列的空间曲线运动。

尹传陈式太极拳二路，亦称炮捶。以刚为主，尤其突出太极八门劲的四隅劲：

第三代传承人尹怀祥日常习练太极拳

第四代传承人尹正华登载武术杂志封面

第四代传承人尹正华习练太极拳

第四代传承人尹正华教弟子习武

采、列、肘、靠。有了一路拳的“松”，二路拳的“松、活、弹、抖”，就能更好地发挥出来。

尹传陈式太极推手。就是两人搭手，互相缠绕，根据太极拳沾粘连随，松活弹抖，不丢不顶，圆转自如，避实就虚，恃巧不恃力的原则，将抓、拿、摔、踢、打等基本方法融为一体，是以乘势借力、克敌制胜为目的，练习高超技击技能的方法。套路与推手互为体用、相辅相成。

尹传陈式太极拳器械套路。主要有单刀、双刀、单剑、双剑、单锏、双锏、枪、大杆和青龙偃月刀等。

东明尹传陈式太极拳特点。动作缠绕折叠，松活弹抖，快慢相间，刚柔相济，连绵不断，一气呵成。

东明尹传陈式太极拳传承。第一代，尹尚学；第二代，尹丙亮；第三代，尹怀祥；第四代，尹正龙、尹正华；第五代，尹洪攀、尹于娜等。

传统技艺

◆ 蓝印花布

蓝印花布是以蓝草（蓼蓝、山蓝、木蓝、菘蓝）为颜料，通过一定工艺，印染上各种花纹图案的织布，这是一项当地的民间传统手工技艺。

蓝印花布历史悠久，《毛诗·小雅·采绿》曰："终朝采蓝，不盈一襜。"《礼记·月令》载："仲夏之月……令民毋艾蓝以染。"北魏贾思勰《齐民要术·种蓝》记述了从蓝草中撮蓝淀的方法，这是世界上制作蓝淀工艺的最早记载。

东明县许多百姓从事蓝印花布的印染，以龙山集蓝印花布较为有名。现已传承六代，第五代，孙朝彬；第六代，陈旭升。

东明蓝印花布工艺流程。

一、花版制作

花版，亦称花模子，就是染坊用的油纸花版（即印染"型纸"）。其制作工序是：

蓝印花布

打袼褙：用 5~9 层毛头纸、高丽纸或其他纸裱糊成纸板。浆糊要发酵后使用，以减少挣力。

上花样：把 4~5 层纸板用纸捻订成一叠，在最上一层的纸上描绘或刷印花样。

刻花（花版）：用刻刀依照纸板上的花样镂刻成透空的漏版（刻刀一般有圆口、弧口、平口、斜口）。刻花时，纸板下垫蜡盘（用印花版蜂蜡熔合灰末填入木盘内制成）。

砑版：用卵石把刻好的花版打磨平整并打蜡。

上油：先刷生桐油，火烘干；再刷熟桐油，晾干后即可使用。好的花版要具备纸细、油刷得透、不怕水泡、不粘版、花纹刀口干净利落、刮印浆剂不糊版。

二、防染浆制作

防染浆制作开始用玉米粉、小麦粉、糯米粉等，后来改用黄豆粉加石灰粉。不仅上浆好刮，染好后也容易刮掉灰浆。有时根据花型要求也采用糯米粉加石灰作为防染浆。

具体配方有三种：一是石灰七、黄豆粉三，加水调成糊状。二是石灰八（两）、黄豆粉四（两），加一个鸡蛋清，用水调成糊状。三是用石灰拌入水豆腐，发酵，搅匀成糊状（石灰和黄豆的比例约为 2:1）。

调浆时厚薄（黏稠）要适中。石灰和黄豆粉越细，浆调得越透，黏性就越好。否则防染性就会减弱，染出的白花就不会很清亮。

三、印花工艺

挑选坯布：一般都挑选棉质好的上等布料（当地用手工老式木织机织的棉布，即“土布”）。挑选好坯布后，一般以不长于三丈六尺（12 米）为一段。

脱脂：将布料直接用水漂洗 2~3 遍，晾干后待用。

刮浆：把镂空花版铺在白布上（铺版），用刮刀把防染浆剂刮入花纹空隙，漏印于布面。（刮刀头一般为铁制、手柄为木制圆形；亦有用牛角和木板制作的刮刀。刮浆时用力要均匀。铺版时对版要准确。）然后将刮过防染浆的坯布晾干。

染色：染色前将竹篮放入缸中间，以防所染的布沉入缸底或缸脚，影响染色。然后把刮浆的布松开放在水中浸泡，至布完全浸湿浆料并发软后即可下缸染色。布下缸 20 分钟后取出氧化、透风 30 分钟，并不断转动布面使其氧化均匀（根据面料不同和气候变化可调整下缸和氧化时间）。

工艺流程

刮灰：出缸布晒干后灰碱偏重，要“吃”酸固色（酸碱中和反应）。清洗后，把布绷在支架上，用定制两头圆形的刮灰刀倾斜 45° ，适当用力刮去灰浆。

清洗晾晒：布在刮灰后要 2~3 次清洗，把残留在布面的灰浆及浮色清洗干净。然后将湿布放到晾晒架上（高约 7 米）晾干。最后用“踹布石”将布滚压平整。

四、染布工艺

配色：把蓝靛倒入小缸中，5 斤蓝靛配 8 斤石灰、10 斤米酒，加适量水搅拌，使蓝靛水变黄，水面上起“靛花”，即可倒入大缸待染。

看缸：每天清晨看缸里的染色水是否成熟。用碗舀起缸中“苗水”，先用食指在头上轻擦一下，手指沾到油脂后，再放在碗边的苗水上看颜色“大小”。如碗中水面迅速推开，缸中靛水颜色“大”；反之，缸中水必须经过灰酒调整，成熟后方可染色（灰多，称缸“老”或“紧”，蓝靛下沉，布不易上色；酒多，称缸“软”或“松”，染时浮色多易掉色）。

下缸：缸水保持在 15℃以上，一般在农历十月初生火加温，燃料为稻糠、棉籽壳或木屑（它们的特点是基本没有明火，保温性能好）。白天开炉加温，晚上关门封炉。到来年三四月份气温升高后，方可停火。刮过防染浆的坯布，须浸湿后方可下缸。布下缸后须浸染充分，才可出缸氧化。这样反复浸染七八次，颜色满意为止。

东明蓝印花布的种类及用途。蓝印花布一般分为“通用花布”（匹料）和“专用花布”（件料）。“匹料”供人们随意剪裁，缝制衣服、被面、门帘等。“件料”一般印染成褥面、包袱、帐檐、门帘、围裙、围嘴、肚兜、枕巾、头巾、墙围子、坐垫等。

东明蓝印花布因“匹料”“件料”不同，印花纹样、图案各异。纹样有二方和四方连续纹样、单独纹样、框式结构与中心纹样组合等。如日月形、波浪形、回旋形、鱼鳞形、蛇皮形。图案有单独型、组合型。单独型如梅、兰、竹、菊、牡丹、莲花、葡萄、仙桃、石榴、龙、鱼、麒麟、凤凰等。组合型如松鹤延年、鸳鸯戏荷、喜鹊登梅、凤戏牡丹、龙凤呈祥、二龙戏珠、鹤鹿同春、连年有“鱼”（余）、麒麟送子、五谷丰登、鲤鱼跳龙门等。

东明蓝印花布体现了当地民众的审美观，丰富了百姓生活，增添了喜乐情趣，寓意了百姓对美好生活的向往。

◆ 东明粮画制作技艺

粮画亦称“粮艺”“谷艺”“豆塑画”“米画”等。东明粮画制作技艺是利用粮食以及草籽颗粒的自然形状、颜色，通过一定工艺而形成的美术制作技艺。

东明粮画的制作技艺，据传是在当地农历“二月二”囤粮和蒸花馍习俗的基础上逐渐形成的。有人认为，东明粮画起始于东明孔北城的孔子第七十二代孙孔宪柱，现已传承八代，第七代，孔维宽及其妻赵桂芳；第八代，韩国瑞（赵桂芳外孙）。

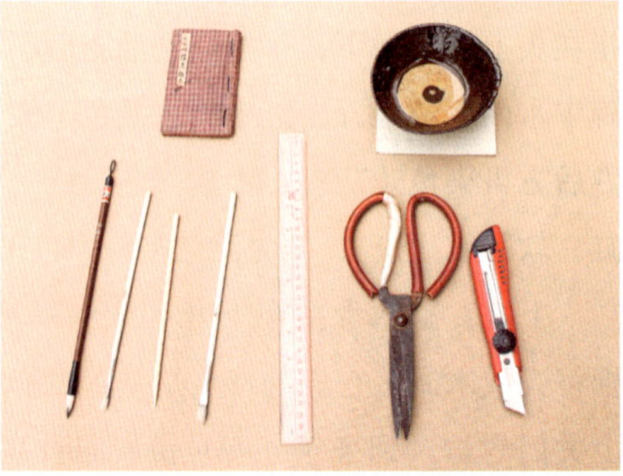

制作工具

东明粮画按颜色分为原色粮画、染色粮画、合成色粮画。

东明粮画的图案样式较多。有龙凤呈祥、五福捧寿、百鸟朝凤、福在

传承人韩国瑞

眼前、喜庆有余、麒麟送子、福寿双全、喜上眉梢、三多图、四季如春、金玉满堂，以及福字、春字等。

东明粮画的制作工艺。

选种。选择颗粒饱满、光滑圆润、色泽优良、含水量低的粮食，不选择颗粒太大、空心、油脂高、比较粉的粮食。颗粒大小适中，如有不规则形状的粮食，可在作画时特殊处理使用。

第一次防腐处理。按照一定比例配制防腐药水，用药水浸泡优选的粮食。配方药品有氯化钠、碳酸钠、硝酸钠、无水乙醇（药水具有填充粮食、消毒、防虫、防霉、防腐、增硬、脱脂、定色等作用）。因粮食颗粒大小、含水量、含油量不同，配制药水的比例不同、浸泡的时间长短也不同。原则上是颗粒大、含油量高的，浸泡 1~2 小时；颗粒小、含油量低的，浸泡 0.5~1 小时。

晾晒或烘干。经过防腐浸泡的粮食要进行晾晒或烘干处理。天气较好，且气温在 10℃ ~30℃之间时，可在阳光下晾晒，一般 1~2 天即可晒干。如果气温过高，则不宜在阳光下长久暴晒，否则种子表面容易发黑或者爆裂。如果气温在 10℃以下，或者比较潮湿，不适宜晾晒种子，可以采用恒温箱烘干，恒温箱的温度一般控制在 30℃ ~40℃之间，8~12 小时即可烘干。

变色处理。就是根据作画需要改变粮食颜色。一是增色加深。用颜色更深的染料染色，染料配制比例为 1000 斤粮食，用 5 克染料、2 克盐、800 克 60~70℃水，不停搅拌 10~15 分钟即可捞出。然后进行第二次晾晒或烘干处理。二是完全变色。染制方法同上。三是减色变淡。把需要减色的粮食在漂白剂中浸泡 0.5~1 小时，然后捞出，再进行第二次晾晒或烘干处理。

分类保管。把塑料或玻璃容器清洗干净，再晾干，然后把粮食装入，每一色系为一小组，并在容器上标上名称和序号。然后把瓶盖拧紧封存，防止受潮。以后经常检查储存情况，发现受潮现象，及时晾晒处理。

制作图样。图样可自创、可借鉴。一般步骤是先绘图，再喷绘，后进行印

粮画作品

刷品采样，做出适合用粮食粘贴的图样。

底板的固定和打磨。传统作画是在花馍、瓷盘、木板、厚纸上制作。现在的底板材料为透明或半透明的亚克力板。先将图样放在底板下面，用胶布或双面胶把图样固定在底板中间，然后按照图样的尺寸裁好。再根据图样线条和画面，用刀片在拼粘区域划“井”字线条，进行打磨，以使粮食粘得牢固。这样做的好处有很多。图样可以反复使用，免得做一幅画绘一次图样；改变底色方便，做完后将图样揭下，可以根据画面需要选择各种颜色的卡纸、泡沫板、丝绢等作为底色；使制作好的粮画作品增强防腐和防损能力，防止起层和吸水，利于长久保存。

拼粘画面。用针管吸好胶水，均匀地涂在打磨好的底板上，再用夹子或沾了一点胶水的竹签，按照画面需要把粮食一粒粒粘贴上去。常用的方法有对接、并接、斜接、压接、竖接、重叠、堆砌、匀撒、剪切、雕刻等。拼粘中粗笔画的图案用较大的颗粒、细笔画的图案用较小的颗粒，使之布局合理、大小协调、具有韵味。

修补晾干。粮画粘好后，进行修补，然后平放 1 周晾干（防潮和防鼠咬）。

保护层处理。在粮画上面喷刷三遍亮漆。喷刷时既要喷刷均匀，又不要喷刷到画面以外。每次喷刷完后，都要平放阴干 1 周，然后进行下次喷刷。喷刷亮漆能防腐、增亮、固定，使画面美观高档，防霉变、虫蛀、腐烂，以便长久存放。

装裱。粮画作品装裱要根据粮食高度，把衬纸和底板之间垫高，以保证画心和表层玻璃、热缩膜的距离。常用垫高的材料有卡纸、泡沫板、亚克力板等。装裱的主要工具有①毛笔，一般用羊毫中楷毛笔往底板粘贴区域刷黏合剂，用勾线笔绘制图样。②黏合剂，一般是传统配方配制，用于粘贴粮草颗粒。③竹签，用竹制成，长约 10 厘米，钢针状，用于粮画制作中的颗粒对接、拼接、斜接、竖接、重叠等。④夹子，用两竹片相叠制成，长约 20 厘米，宽约 1.5 厘米，如医用镊子状，用于挑拣粮草颗粒。⑤剪刀，用于修剪、雕刻粮草颗粒。⑥底板，一般用木板、瓷盘、瓷板、卡纸等。⑦装饰框，有国画框、油画框等。⑧天然染剂，用于改变粮草颗粒颜色。

传习课堂

东明粮画图案精美，形式丰富，寓意美好，有较强的思想性和观赏性，风格淳朴、粗犷、明快、精巧，有鲜明的地方特色。

◆ 纸　扎

纸扎作品

纸扎是用竹木扎成人或房屋车马等物品的骨架，再用画上各种图案的纸张裱糊装饰制成的作品。

古代，人们认为，人死后去冥府，生活与活人一样。为了让死去的人在冥府有好的生活，其子女就让死者带去佣人和很多物品（殉葬）。在奴隶制社会，贵族死后用活人活物殉葬。春秋战国时期，逐渐改为用茅草和竹木扎成的草人（木偶）殉葬。《孟子·梁惠王上》载：“仲尼曰：始作俑者，其无后乎？”俑，就是人形的木（草）偶。汉以后，纸扎逐渐成为主要殉葬品（多将焚烧视为殉葬）。

东明纸扎按用途分有两类。一是丧葬祭祀纸扎。包括纸人（童男、童女）、纸马、摇钱树、聚宝盆、金山、银山、门楼、牌坊、厅堂、楼阁，以及现代的轿车、沙发、彩电、冰箱、洗衣机等。二是节庆纸扎。包括多姿多彩的风筝、五彩缤纷的花灯、斑驳陆离的草木花卉、鸟兽虫鱼等，种类繁多，气象万千。东明人说的纸扎，一般都是指丧葬祭祀纸扎。

东明纸扎的制作技艺比较复杂。一是扎制支架。用杆（竹竿、高粱秆、苇秆、塑料杆等）、绳（麻、丝、纤维、铁等）按照预先设计的物品样式扎制基本骨架。二是裱糊。用黏合材料（浆糊、胶水、黏合剂等）、涂绘材料（墨汁、颜料等）、纸张材料（金纸、银纸、彩纸、绢、绫等），将骨架裱糊覆盖、并按照设计的图案绘画，装饰成型。三是装饰。用器皿（灯、蜡烛、容器等）、装饰物件（龙头、珞樱、銮辔等）进行装饰。四是修葺。进行精工雕琢和修整，以求纸扎精美。

东明纸扎的传承谱系。目前可以追溯的有六代。第一代，乔来福；第二代，郝北城、郝德才；第三代，董北城、董留柱；第四代，江玉印；第五代，郝春广；第六代，张怀生。

东明纸扎是将绘画、草编、竹扎、贴糊、泥塑、彩绘等技艺融为一体的一门独特的民间手工艺术。纸扎是一种民俗文化，表达了人们的精神寄托，祭祀的纸扎寄托了人们对逝者的孝敬、哀思和怀念；节庆的纸扎寄托着人们对美好生活的向往和追求。

◆ 东明香肚

东明香肚，又称粉肚，是东明人将猪肉装入猪肚（猪的胃，当地叫猪肚）并制成熟食的一种美食。

东明香肚

东明香肚以李家香肚较为有名。李家香肚自1896年传入东明，现已传承五代：第一代，薛正铎；第二代，李全德；第三代，李义军、李红军、李香云；第四代，李锐、李鹏飞、李飞翔；第五代，李若宁。

香肚的主要原料是瘦猪肉、猪肚、淀粉以及各种香料。

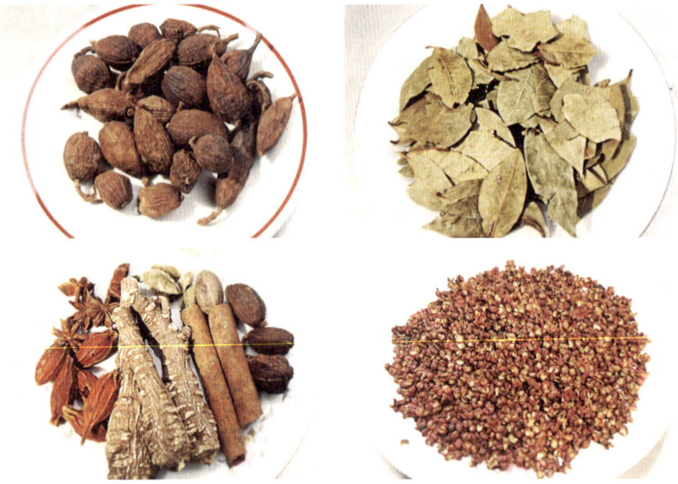
调配香料

东明香肚的制作技艺。

清洗。用食用碱水反复揉洗生猪肚五遍以上，食用碱水温与食用碱用量要适当，水温不宜则脂肪去除不净，食用碱过量则碱味残留。清洗后的猪肚没有多余的脂肪、异味、血液残留，有柔韧度，呈现半透明状，高温蒸煮不破。

切割。将猪肉切割成一指长、拇指粗细的肉条（以便腌渍入味），并搭配一定比例的肥猪肉。

配拌料。也称研磨配比香辛料（这是核心工序）。秘传配方有砂仁、花椒等十几味名贵香料，按秘方比例混合，然后按秘传要求研磨。将分割的猪肉，加入研磨好的各类香料、绿豆粉水溶液（按照 80% 的瘦猪肉加 20% 绿豆粉的比例混合配制，把绿豆粉加水调成水溶液）、芝麻油、酱油等调味料后，即可拌料。一般采取手工拌料方式，纯手工翻滚搅拌 40 分钟以上，拌匀成馅料。

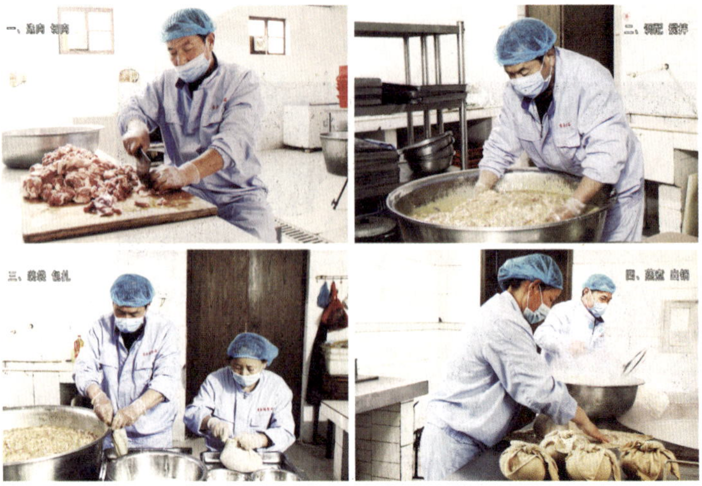
制作流程

灌装。将馅料装入猪肚，装填时以左手拇指、食指及中指撑开猪小肚，右手将馅料装入猪肚中，以竹签封口。馅料装入要适当，装多，入锅易破；装少，熟后外观干瘪。

蒸煮。将香肚下入沸腾的“老汤”

（多年汤汁）锅内，片刻后香肚因内部受热膨胀成浑圆的球状，捞出，趁热以白纱布包裹，系紧再次下锅，文火慢煮 4~5 小时，即可出锅。其间要不停地以铁签穿刺其中，凭经验依靠刺入时阻力的反馈判断火候，火候大小和时间要适宜。出锅后以铁钩悬挂冷却（不能堆放），香肚才呈浑圆状。

东明香肚切开后，粉色鲜亮，肉粉层叠，肉以粉香，粉凭肉鲜，鲜嫩松烂，口感爽滑，香而不腻，营养丰富，老少皆宜，风味独特，具有鲜明的地方特色，是当地走亲访友、馈赠宴客的佳品。

◆ 手工挂面制作技艺

挂面又称龙须面、空心面，是一种细若发丝、洁白柔韧、耐存、耐煮的手工面食。面粉经多次发酵而有微孔，故有“茎直中通”之说。史料记载，唐代已有面条；元·忽思慧《饮膳正要》有关于“挂面”的记载。空心挂面手工技艺系明朝洪武初年，随移民由山西传入东明，流传至今。

东明手工挂面原料。当地生产的优质小麦原味面粉、精盐等。

东明手工挂面制作工序。

和面。将面粉加调制好的盐水混合后和成面团，然后进行反复揉面，使面团水分均匀，色泽一致。再将面团放入面缸，盖上湿棉布醒熟，促使面筋充分形成，增强可塑性和延伸性。如此揉醒，重复两遍。

切条。把醒好的面团擀成约 4 厘米厚的面饼，然后用瓷盘从面饼外沿向中心环形分切，再将切好的面条盘置于面盆中，盖上湿棉布，熟醒 2 小时。

搓条。将醒好的面条在案板上搓成更细的面条。一般是左手搓、右手拽。放入 35℃左右的桶内，醒面 2 小时左右。搓的遍数越多，做出的手工挂面越劲道爽滑。

挑条。将醒好的面条，按“8”字形绕在两根木棍上。把绕好的面再放入醒面槽内，用棉被保温保湿。

拉条。醒好的条，把上棍的一端插入拉面架的圆孔固定，双手抓住下棍往左下用力拽，把面拉长。再把下棍插在预留的架孔里。拉条分两次拉到最终的

盘条

搓条

扰条

拉条

分条

晾干

设计长度。

分条。当分面板能在挂面表面蹭出“沙沙”声时开始分条，用分面板从下往上，用力把左右挂面分开。分条的目的是防止出现并条现象。

晾干。把挂面在自然状态下晾干（干燥是挂面脱水定型的关键）。

裁切。将干燥好的挂面平放置于案板，用宽约 20 厘米的木板压放在面上，从一端依次裁切。切好的挂面要长短一致、切口平滑、摆放整齐。

封装。挂面裁好后称重，再用剪刀将两端修剪整齐，封装，就是手工挂面成品。

东明县挂面以“张氏坊”较为有名。张氏坊挂面现能考证的已传承五代。第一代，张建仓；第二代，张闻栋；第三代，张清林；第四代，张随春；第五代，张庆国。

东明及周边地区，老人庆寿，要做寿面，取其长寿吉祥之意。孩子过生日，也要吃面，以求长远吉顺。挂面的“挂”字有牵挂、挂念的意思，因此成为逢年过节馈赠宾客和招待亲友的佳品。

◆ 东明栽桑制杈技艺

栽桑养蚕，源远流长。黄帝的正妃嫘祖被后世奉为栽桑养蚕缫丝之祖。《诗经》中“七月”“桑柔”“桑中”等都有关于桑的诗句。南北朝·贾思勰《齐民要术》、元代《农桑辑要》等都有关于栽桑的记载。

东明及周边地区，栽桑除了养蚕，还将桑树制作成一种叫作“桑杈”的农具。桑杈就是一端是长柄（把），另一端有三个分枝（杈股），柄长 1.5~2 米，杈股长 0.3~0.4 米。主要用于农作物碾压后的翻动、柴草上垛等。

东明桑杈制作技艺以许庄较为有名。村碑家谱载，清康熙（1662~1722）初年，许氏制杈已传十一代。第一代，许夺铉；第二代，许多学；第三代，许勤；第四代，许世观；第五代，许映标；第六代，许荣遂；第七代，许凤河；第八代，许万春；第九代，许鸿飞；第十代，许付林；第十一代，许所宪。

东明桑制杈技艺流程。

桑杈半成品

熏杈

捏杈齿

捏杈柄

上排

桑杈成品

育苗。育苗有播种和压条两种方法。播种就是在夏秋季撒播种子，盖土 2~3 厘米，幼苗长到 0.5 米可出圃栽植。压条是将桑树嫩枝条，弯入土中，盖土压实，顶稍露出地面，一般 1~2 月即可生根，之后切断与母株的连接。

栽植。桑苗一般在春天栽植，每亩不超过 1200 棵，栽植技术和其他树相同。

管理。管理包括几个环节。平茬。栽后 2~4 年于开春发芽之前砍去枝条。定棵。平茬后一年定棵，每墩留 2~5 棵。打头。主干生长到 1.5 米左右剪顶，留 3~5 个芽生长，其余去掉。整形。新枝直径从 0.6 厘米开始，先水平向后劈股，待 1~1.5 米时向上偎股成肩膀形。劈股偎股需要多次完成，3 年后基本定型。

收获。砍伐在立冬到来年立春前进行，最好贴地将树茬砍成鸭嘴形或莲花盆形，以便来年萌生新条。

加工制杈。加工制杈分几步进行。一是熏杈。在熏窑内进行。熏窑的规格是窑底直径 1.3 米，窑口 0.53 米，窑高 1.2~1.3 米，用砖和泥砌成。熏杈，先熏杈柄，再熏杈股。熏杈关键在于掌握火候适宜，经常保持窑内热气充满为度。熏杈柄一般需 2 小时，熏杈股一般要 1 小时。二是整形。出窑后趁热用整形器调整杈形。整形器长 1.2 米、宽 0.25 米左右，由硬木制成。整形器上端有 2 个圆孔，下部固定在地上。先将杈柄穿入整形器大孔，上下调整，把杈柄爆直、去皮。再将杈股穿入整形器小孔进行调整，去皮（杈股间距为 15~18 厘米）。最后调整弯度，使杈柄和杈股的弯度为 110° ~120° 。三是上排。把调整好的桑杈排在排梁上稳固定形。每两把为一对，将杈股对面插入排梁下向上偎，使杈柄与杈股保持一定角度。冬季 20 天、夏季 10~15 天落排。四是深加工。按预定规格进行调、截、刮等整理，即制成光滑适用的桑杈。

◆ 红薯粉条制作技艺

红薯粉条是一种利用红薯淀粉制作的条状食品。

东明粉条以索旗营粉条较为出名，现已传六代。第一代，穆老四；第二代，穆同银、穆三云、穆永图、穆广伦；第三代，穆兰奏、穆广云、穆庆云；第四代，穆殿元、穆留柱、穆记争、穆留海；第五代，穆庆法、穆连法、穆宝生、穆永惠、

漏条

捞条

理条

上架

穆庆旺；第六代，穆朝阳、穆殿英、穆富喜、穆永祥、穆院生。

东明粉条制作的原材料是红薯，红薯有许多品种，一般选白红薯。

东明粉条制作工艺。

一、制粉

选薯。收获季节（红薯储存时间久了淀粉会糖化，降低出粉率），选择优质红薯，两头削掉、脱皮、清洗。

打浆。将红薯边粉碎边加水，打成浆汁。

过滤。用吊浆布过滤。初次兑稀，过滤液入池 12 个小时后，把池水放尽；加入原来水量的 1/3 搅拌，再过滤一次。将过滤液放入池内沉淀。

晒粉。池内全部澄清后，把水排尽，取出表层油粉后，把下层淀粉取出装入吊布，控干水分吊成粉砣、晾晒。当粉砣内水分蒸发一半时，把粉砣切成若干份曝晒。晒场设在背风向阳、无污染处。

检查。淀粉要具有光泽，无异味，无杂质，呈白色或微带黄色阴影的粉末。

二、制粉条

各种漏瓢

制糊。把淀粉和食用明矾按一定比例调和成芡粉，取 2.5 公斤淀粉和制作好的芡粉倒入盆内，冲入 50℃的热水，充分搅拌。然后用 95℃ ~100℃的热水 12 公斤猛冲，再搅拌约半分钟，即成淀粉糊。

和面。往淀粉糊中倒入淀粉 50 公斤，再加 12 公斤 45℃的水，充分搅拌，反复糅和至没有颗粒、不沾手的淀粉面团。

漏条。将和好的淀粉面团放入漏瓢中，在烧有开水的大锅上面，用手下压面团，让面粉条从漏孔中漏出，开始漏条。根据面团的软硬大小，适当调整瓢的高低，震动漏瓢，使粉条均匀地在锅中分布，不得粘连、渥堆。

捞条。粉条下入锅后，用木棍在上面不停地划动，等粉条全部浮出后，放入冷水中降温。

理条上架。放入理条锅中进行人工整理上杆，滤出多余的水分。

冷冻。放入温度 -10° 的冷库中冷冻 8~10 小时。解冻后自然散条。冷冻后的粉条韧性好、透明度高、干燥快。

晾晒。采用顶风拉绳法晾晒，用纱窗封闭，勤检查，把粘在一起的粉条分开。晾晒时室外温度 20℃ ~30℃，风力 2~3 级最好，干燥到八九成即可收条。检验合格，修剪包装。

红薯粉条食用方法

红薯粉条含有锶、锂、碘、锌等微量元素，有增强食欲、软化血管、润肤美颜、润肠通便的功效，可凉拌、热炒、炖煮、油炸，耐储存；是美味食品、馈赠佳品。

◆ 花馍制作技艺

花馍，也称为“面花”“花馍供”，是鲁西南地区在馒头基础上增加一些装饰点缀或直接将馒头做成花鸟造型等制成的民间面塑食品。

花馍主要用于祭奠祖先、婚丧嫁娶、老人祝寿、小孩过生等庆典活动。

东明花馍造型逼真、形式多样。过去有大馍、花糕、元宝、枣花、寿桃、人物、动物等造型，后来逐渐形成了戏曲人物、民间故事、花鸟鱼虫、吉祥物品、儿童玩具五大系列 300 多个品种。

花馍的制作手法。有切、揉、捏、揪、挑、压、搓、拔、按等。制作所需工具有；面板、擀杖、剪刀、梳子、菜刀、筷子、竹签、模子等。

东明花馍具有完整的制作工艺。

选料。一般选用小麦“特精粉”。根据需要还可略用一些豆面、高粱面、玉米面、巧克力粉，以及干果、水果、蔬菜等辅料。

制作手法

花鸟虫鱼系列花馍

吉祥富贵系列花馍

吉祥喜庆系列花馍

主要制作工具

蒸制、上色

和面。在面粉中按一定比例加入传统配方的发酵粉，适量加入 35° 左右的温水（近些年有的用菜汁代替水，以增加营养成分和色彩），调和至团状，再盖上白布，静置约 45 分钟。拉开面团后内为蜂窝状即可。

揉面。将发酵好的面团反复揉搓，期间加入少量干面粉，直至表面光滑。

捏制。根据作品要求，取适量面团，用手捏成大概轮廓，再用小刀、剪刀、筷子等工具制作出大致形象，最后用小号刀具、竹签等工具对作品细致刻画。

蒸制。将面丕放置笼屉中，先大火蒸五六分钟，再小火蒸半小时。火材最好用木材（木材火蒸制不易变形）。

着色装饰。蒸好后停火，再焖 10~15 分钟，取出静置至自然晾干，待干透后，将备好的食用色，用刷、染、喷的手法上色。

包装。先做防干裂处理，再包装。

东明花馍以苏家花馍较为有名，从清至今已传六代。第一代，苏荣春；第二代，苏省电；第三代，苏文广；第四代，苏连俊；第五代，苏何；第六代，苏三美。

东明花馍形式多样、题材广泛、造型逼真、生动写实、寓意吉祥，是民间传统面食和供品。

◆ 糖画制作技艺（唐氏糖画制作技艺）

糖画，亦称“倒糖人儿”“倒糖饼儿”“糖灯影儿”，就是用糖做成的画，是一种传统民间手工技艺。它亦糖亦画，可观可食。

糖画艺术有不同流派。“四川糖画”“天津糖画”“北京糖画”等，其技法大致相同，但形态、花样、颜色各异。

糖画始于明代宫廷祭祀。用糖制作“糖狮”“糖虎”和“糖文臣武将”，时人戏称“糖丞相”，后演化为糖画。东明县糖画，以唐庄糖画较为有名，人称“唐氏糖画”，始于清光绪年间，已传五代。第一代，唐书范；第二代，唐百泰；第三代，唐世祥；第四代，唐念文；第五代，唐卫民。

东明糖画题材多样。主要有十二生肖，飞禽走兽、吉祥花果、人物等。

糖画制作工具有勺、铲、火炉、石板等。

东明糖画制作分两个阶段。

一、制作糖块

原料。麦芽糖、白糖、天然蜂蜜及纯净水等。

熬糖。把锅（最好用铜锅）放在灶上，加上适量纯净水，依次放入白糖、麦芽糖、天然蜂蜜。大火加热，麦芽糖与白糖开始融化，不断同方向搅拌。完全融化后，调制不同口味与不同颜色的糖画（放入姜汁、果浆等），停止搅拌。当糖完全沸腾，糖液由大气泡变为小气泡，改中火。慢慢搅动（约10分

糖画制作

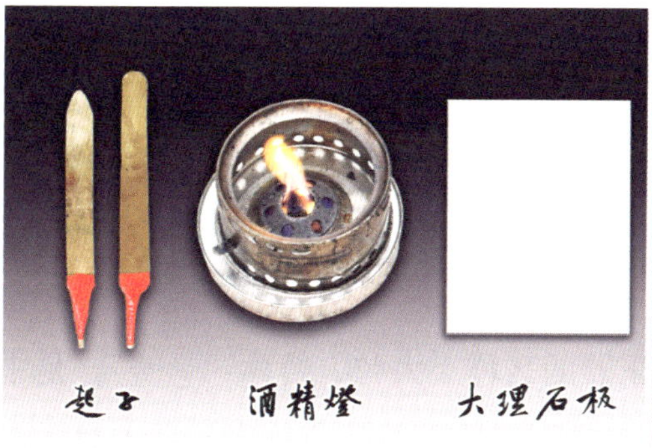

糖画所用器具

糖画所用原料

钟），改小火（人不能离开锅）。目视糖液的颜色由白变浅黄时，立即关火。端锅离灶。把糖液倒在准备好的大理石板上冷却，形成糖饼（如需切块，必须在糖饼未完全冷却时切，越快越好；否则，糖液会在几秒内变质发糊）。糖液完全凝固后，将糖块密封，备用（好糖块清亮透明、金黄色、晶莹剔透，有独特香味，吃着脆甜）。

存放。熬制好的糖块要密封在结实的袋子里（常温下可保持 3 个月），以保干燥。

二、制作糖画

融糖。把事先准备好的糖块放在糖锅内溶化。开小火，不断搅动，形成糖液。融糖的关键是把握火候，火大易焦、苦、黑。熬制的糖汁要稠稀适宜。用小勺子盛糖液慢慢往下倒，如流速很匀，说明黏稠度可以。太稠，则凝得快；太稀，则不凝固。

绘制。在光滑干净的大理石板（约 40×50 厘米）上，薄刷一层色拉油。盛上融好的糖液，在石板上浇出各种图案。根据糖液的冷却度，适时做出动物的眼睛、毛发、纹理等细节。最后用一支竹签涂上糖液，粘在做好的糖画上，然后用铲轻轻揭起即可。

东明糖画作品形象生动，结构简洁，风格明快，寓意鲜明，具有浓厚的乡土气息。

◆ 大弦制作技艺

大弦既是指乐器上的弦，也是一种乐器的名称。大弦，俗称“老鳖”，是中国传统竖式弹拨类乐器的一种，也是当地戏剧四平调的特色伴奏乐器。唐·白居易《琵琶行》云：“大弦嘈嘈如急语，小弦切切如私语。嘈嘈切切错杂弹，大珠小珠落玉盘……”就是指的是琵琶上的弦，不是乐器大弦。

东明的大弦制作技艺指的是乐器大弦的制作。大弦作为乐器，制作大概起始于明代弘治年间（1488~1505）。东明的大弦制作技艺有史记载的始于清末和民国初年。

东明大弦造型。大弦造型有“八品”“四轴”“两弦”之说，其形状似月琴，四轴、两弦，下有弦鼓、上有弦杆，和月琴不同的是弦鼓不是圆形，而是呈八棱造型，鼓高 34 厘米，宽 37 厘米，厚 4 厘米，弦杆长 60 厘米，宽 7 厘米，厚 35 厘米。

东明大弦制作工艺。大弦的主要骨架结构全部由木材制成，选用的木料多是枣木或檀木，弦鼓面选用桐木，制作流程包括 4 部分、18 个工序。第一部分是弦鼓制作；第二部分是弦杆制作；第三部分是零部件制作；第四部分是整体组合（装配、定音等）。大弦的制作原来都是纯手工制作，其过程十分精细。如大弦的形体大小和板材厚薄就是决定弹出声音质量的关键，厚一点或薄一点都

大弦制作原料

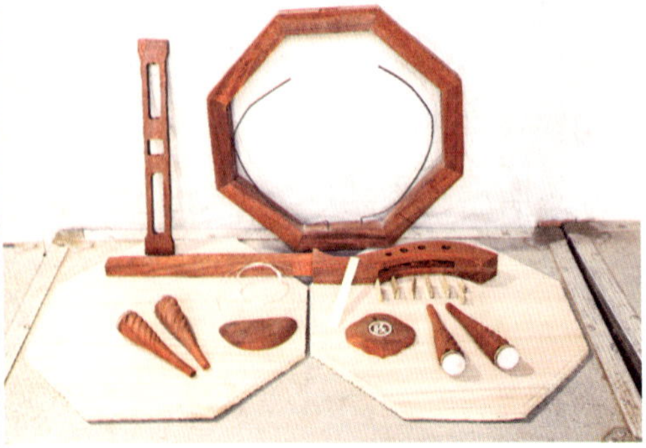

大弦零部件

艺人演奏大弦

发不出大弦子应有的音律。每个零部件的精细粗糙，也直接影响着大弦子音质的优劣。

东明大弦制作工具。刨子、锯、钻、雕刻刀、皮胶、拐角尺、木挫、砂纸等。

东明大弦强调“声”“韵”兼备。“声”属实音，“韵”属虚音，定弦为“25”，发音清脆。大弦音质圆净通透、穿透力强、音色清脆亮丽，有轻快、圆润、清雅之感，与琵琶的“大珠小珠落玉盘”有异曲同工之妙。

东明大弦制作传承可考的已传四代。第一代，冯道金；第二代，王兴全；第三代，张银所；第四代，王广兴。

大弦是大平调的主要特色乐器之一。东明大弦的制作技艺采用了造型、雕刻、彩绘、镶嵌等多种工艺手法，包含了韵、神、声、韵等音乐艺术。

◆ 西瓜酱制作技艺（东明西瓜酱制作技艺）

东明西瓜酱，又称作豆瓣酱，是用西瓜和黄豆制作的酱，也是当地老百姓的调味和佐餐食品。东明西瓜酱以曹庄村的产品较为有名。

西瓜酱

酱的历史可以追溯到西周时期。《周礼》中有“百酱”之说。《论语》云：“不得其酱，不食。”当地的西瓜酱，传说最早是陶朱公范蠡创制的。范蠡泛舟五湖，

制作西瓜酱原料

最后“之陶为朱公”，在“陶”（今菏泽市定陶区）居住经商，其间发明了西瓜酱。

东明西瓜酱的主要原料。当地生产的黄豆、西瓜瓤（东明诸多村庄地处黄河滩区，受黄河冲积的影响，当地土质属于沙土土质，土壤松软、透气性好、光照深入，最适宜西瓜生长，而且沙质土壤水分运行快、不易积水，能够使西瓜含糖量提高，所以东明黄河滩区盛产高糖度的沙瓤西瓜。因此，用东明西瓜制作的西瓜酱其甜度较高）。辅助原料有食盐、香料等。

东明西瓜酱的成品特点。一般为红褐色或棕褐色，鲜艳，有光泽，有浓郁的酱香和西瓜香味，咸淡适口，黏稠适度，无其他不良气味，色、香、味俱佳。

东明西瓜酱的工艺。家族传承，秘制配方。有选豆、浸泡、煮豆、制曲、接种、发酵、混合、搅拌、入缸发酵等十几道工序，入缸后再发酵40天左右，方可开缸取食。东明西瓜酱制作的每道工序，都是凭借工匠长年的经验积累和精心的调制，看似没有定法，但却富有内涵，全靠心领神会。过去，制作西瓜酱一定要在盛夏三伏天进行，高温高湿的气候是制作优质西瓜酱的重要气候条件。

东明西瓜酱创制于民国初年，在曹庄村已传四代。第一代，曹殿阁、于氏夫妇；第二代，曹心山、郝雨夫妇；第三代，曹铁成、段喜连夫妇；第四代，曹国红。

东明西瓜酱营养丰富。含有乳酸菌、葡萄糖、果糖、蛋白氨基酸、维生素等物质，绿色无公害，能降低血脂、软化血管，对于降低血浆胆固醇、调节胃肠功能及胰岛素分泌等较为有益。

制作西瓜酱香料

传统医药

◆ 毛家祖传喉科

东明县毛家喉科是诊疗喉部病症的一种中医中药疗法。诊疗项目主要有各种咽部、喉部炎性疾病，白喉、喉风、喉痈、喉痺、喉菌、喉阻塞，咽角化症、樊尚咽峡炎、咽部脓肿，扁桃体炎、扁桃体周围脓肿，各种口疮、烂嘴、口腔溃疡等，对喉癌也有治疗效果。

东明毛家喉科初创于清康熙年间，由东明县兰通村毛志仁所创，现已传九代。

东明毛家喉科的特色。一是特色疗法，即“吹药疗法”。二是特色方剂，外敷药喉药 1 号、2 号、3 号，烂嘴药 1 号、2 号；内服煎剂（配合治疗，根据服用效果，剂量随症情加减）。

东明毛家喉科外敷药配制方法及疗法。

毛家祖传喉科

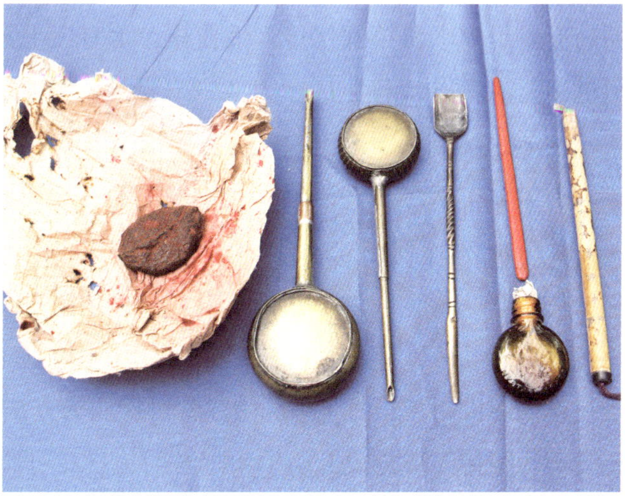

常用治疗器具及祖传遗留药品

咽喉药配制所用药材主要有月石、元寸、牛黄、珍珠、琥珀、冰片、西瓜霜等 10 余种。

配制时，将 10 余味药按一定比例放入药碾，碾压成粉状，过细罗，装瓶，称 1 号，用于急性咽喉炎。在 1 号药的基础上，再分别按一定比例加入其他几种药材，碾细、过罗、装瓶，即 2 号、3 号药，用于治疗慢性咽喉炎和其他咽喉疾病。

烂嘴药的配制是在 1 号药的基础上，按一定比例加入其他药材，碾细，过箩，即制成烂嘴药 1 号，再按一定比例加入其他药材碾细、过罗，即为烂嘴药 2 号。

主要疗法。根据患者咽、喉、口腔等各部位红、肿、溃疡分布形态及表肤色型，确定用药及治疗时间。每 3.5 小时吹、抹一次。对刚进红润期的患者，吹抹一次即愈；红肿期 3~4 次；溃疡期 4~6 次。慢性咽炎 10 年以上者，一般 15~20 天即可痊愈；出现反复的患者，约需 30~35 天。

东明毛家喉科内敷煎剂配制方法及服用方法。

内服煎剂。由桔梗、连翘、牛蒡子、蝉蜕、射干、僵蚕、麦冬、郁金、玄参、甘草等十多味中药配制。

煎制方法。一般头天晚上将药剂放入药锅（砂锅最佳），加清水漫过药一指浸泡。次日早煎，武火烧开后，改文火再煎 5~10 分钟。

毛家喉科系祖传秘方，制药取材方便、炮制简易、费用低廉，内服中药清热解毒、活血化瘀；外用吹药消肿止痛、祛腐生肌、理血顺气；治疗外敷内服，用量随症变化，变通运用，简便易行，疗效较好。其“吹药疗法”为毛家喉科所特有。毛家喉科第八代传人毛兆祥，著有《毛家祖传喉科》一书，对毛家喉科的用药治疗作了记载。

◆ 赵氏祖传正骨

东明赵氏祖传正骨是中医治疗骨科疾病的方法。

赵氏祖传正骨据说开始于南宋时期（1127~1279）。据《南外天源赵氏族谱》载：赵氏祖传正骨初创于南宋末年。初创人赵与赞（字振宇）是南宋御医院首席医官。

东明赵氏祖传正骨是家族式传承。据说已传二十代。第十三代，赵梅；第十四代，赵士继；第十五代，赵庭兰；第十六代，赵金林；第十七代，赵北璧；第十八代，赵富成；第十九代，赵洪法；第二十代，赵东华、赵文亮、赵东生、赵根亮、赵月亮、赵浩然（均为赵洪法之子）。

东明赵氏祖传正骨的诊疗。对闭合性骨折和开放性骨折分别采取不同的方法。

一、闭合性骨折的处理

诊断。通过传统的望、闻、问、切、量五诊来了解和掌握病情。最重要的是摸诊（切），通过对损伤局部的触摸、按压、屈伸、旋转、轻度叩击等动作诊断治疗。

手法。特点是“稳、准、轻、快”。在接骨、上骱、治筋上各有八法。一是接骨八法：对有移位的骨折进行整复用接骨八法，即推、拿、续、整、接、掐、把、拖。二是上骱（关节脱位）八法，即提、端、捺、正、屈、挺、扣、捏。三是治筋八法：对筋骨的损伤分新鲜性伤筋、陈旧性伤筋以及骨折或脱位后引起的筋位不合等用治筋八法，即拔、戳、捻、散、捋、顺、归、合。

固定。骨折或关节脱位经整复后，用木板、纸垫等，捆绑固定，松紧适宜。

药物治疗。对软骨组织损伤治疗，按初、中、后三期用药，辨证施治。初期。气滞血瘀、肿痛较重，以行气活血，化瘀消肿为主。外敷，用活血散、消肿散、消炎膏。内服，可用消炎退肿汤、活血镇痛汤。中期，肿胀基本消退，断端初步连接，但筋骨软弱，血脉尚未畅通，以和营止痛、接骨续筋为主。外用，如消毒散、接骨散。内服，如壮骨强筋汤、跌打补骨丸。后期，淤血肿痛已消，

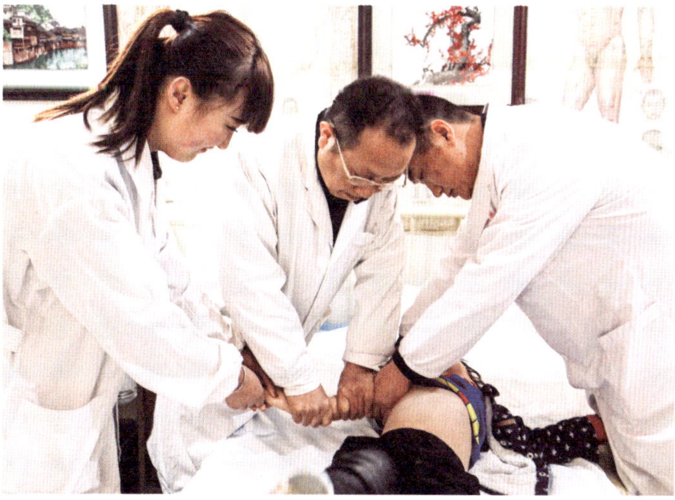

第二十世传承人赵文亮(中)、第二十一世传承人赵博

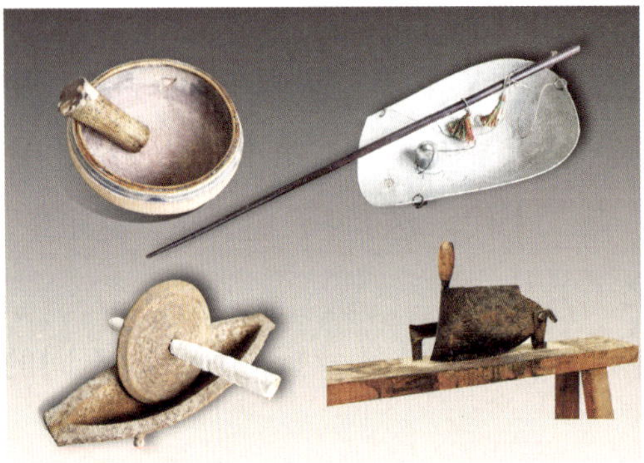

制药器具

主要药物

但筋骨未坚，肢体关节功能尚未恢复。应以补气养血、坚骨壮筋、舒筋活络为主。外用，如舒筋活血洗剂；内服，营养丸、续骨丸等。

二、开放性骨折的处理

整复方法与闭合性骨折的整复手法基本相同，严格清创，中草药外敷。

练功十八法。在固定与活动相结合原则的指导下，关节适当活动。按早、中、后阶段的不同特点，采用适当的练功方法。

东明赵氏祖传的继承与发展。赵氏正骨以传统中医（推拿、拔罐、针灸、中药内服及外用、膏药、药汤）为主，现代理疗手段（电疗、磁疗、气疗、中药离子导入、远红外线疗、中药熏蒸、牵引）为辅。

东明赵氏祖传正骨符合中医骨科理论，体现了中医“简、便、廉、验”的临床优势，药剂种类多，治疗效果好。

◆ 中医正骨疗法（支氏正骨）

东明支氏正骨是用中医的方法治疗骨折骨伤，属于传统中医骨科。

东明支氏正骨的治疗方法。

一是手法治疗。

传统上是通过用手“摸、接、端、提、按、摩、推、拿”八法（现代有中西医结合的新八法）进行治疗。

中药材

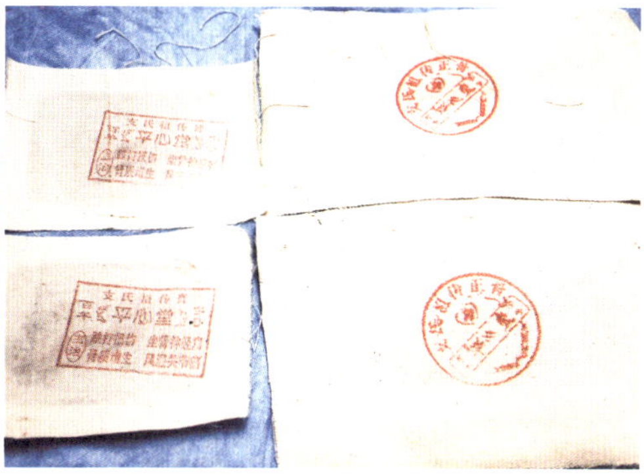

祖传膏药

手摸心会。用指腹触摸骨折（伤）处，用心体会了解骨折移位、分离、骨碎等情况。

拔伸牵引。持握骨折远近段，使肢体在原来畸形的位置下，沿肢体纵轴方向对抗牵引；再按照正骨步骤改变肢体方向，持续牵引，矫正短缩畸形。

旋转屈伸。近侧骨折段位置不易改变，远端段因失去连续可以活动，用旋转、屈伸、外展、内收等方法，整复骨折断端的旋转或成角移位。

提按端挤（用于骨折侧方移位，古称“捺正”）。骨折移位有前后侧移位和内外侧移位。前者用提按手法矫正；后者用端挤手法矫正。一只手固定骨折近端，另一只手握住骨折远端，或上下提按，或左右端挤。

摇摆触碰（用于横断、锯齿型骨折）。包括摇摆和触碰两种方法。“摇摆法”：双手固定骨折部，在维持牵引下，左右或上下轻轻摇摆骨折远端至骨擦音消失。“触碰法”：一只手固定骨折部，另一只手轻轻叩击骨折远端，使骨折端紧密嵌插。

挤捏分骨（用于两骨并列部位骨折移位）。用两手拇、食、中三指由骨折部的掌背侧对面挤捏或夹挤两骨间隙，使骨间膜紧张，靠拢的骨折断端便分开，远近骨折段相对稳定，并列的双骨折一起复位。

折顶回旋。包括折顶和回旋两种方法。“折顶法”：用于肌肉丰厚部位的骨折、且较大的重叠移位仅靠拔伸牵引法不能矫正。双拇指并列抵压骨折突出的一端，两手余指环抱骨折下陷的一端，用力挤按突出的一端，使骨折处原有成角加大至30~50度，当骨折端的骨皮质接近后，骤然用环抱的四指将远折端的成角伸直，进行反折，矫正畸形。“回旋法”：用于背向移位的斜形骨折、螺旋形骨折、软组织嵌入骨折。双手分别握住远近折端，按原来骨折移位方向逆向回旋，使断端相对。

推拿按摩。用于骨折复位后调理骨折周围受损的筋络。

二是拔（火）罐治疗。

在罐状器皿中点燃可燃物，借热力排除罐中空气，利用负压使其吸着于皮肤，造成瘀血现象的治疗方法。

三是药物疗法。

软组织损伤，按初、中、后三期用膏药外敷施治。支氏正骨膏药系祖传秘方。成品膏药主要有接骨膏，颈椎膏，活血化瘀膏，腰椎间盘突出膏，骨质增生膏。

四是开放性骨折疗法。

严格清创，及时缝合，防止感染。整复方法与闭合性骨折相同。复位后用小夹板固定。

五是康复锻炼疗法。

按早期、中期、后期三个阶段的不同特点，采用适当的练功方法锻炼。

东明支氏祖传正骨始于清道光年间。已传七代。第一代，李建顺；第二代，李嘉良；第三代，李成全；第四代，温芝兰；第五代，支德栋；第六代，支新；第七代，王昊立、王亚伟。

东明支氏正骨遵循中医理论，具有独特的临床治疗方法、药剂炮制科学，尤其是对骨伤骨折疗效显著。

第六代传人支新

民俗

◆ 丧事礼俗（享糖贡献礼）

幡

东明的丧事礼俗是办理丧事、为逝者祭祀祈福的礼仪风俗，体现了东明人安土地、尊祖宗、崇人伦、重礼仪的信仰特征，是当地民俗文化的组成部分。

东明的丧事礼俗主要包括以下程式。

灵堂灵棚的布置及其他准备。在亲人逝去当天，门贴烧纸，称“糊孝门”。入棺后，停在上房内，稍作祭祀布置，接受祭奠，称“灵堂”。上房前的大棚，称“灵棚”。“灵棚”的正面悬挂苇帘和摆放轧制的“灵楼”，楼前放灵牌遗像，设供桌，摆香炉、蜡烛及各种祭品祭器。子女至亲在灵堂和灵棚哭孝。当地人称之曰：“灵柩未埋三尺土，哀声先达九重天。”院门前摆放纸扎，是为

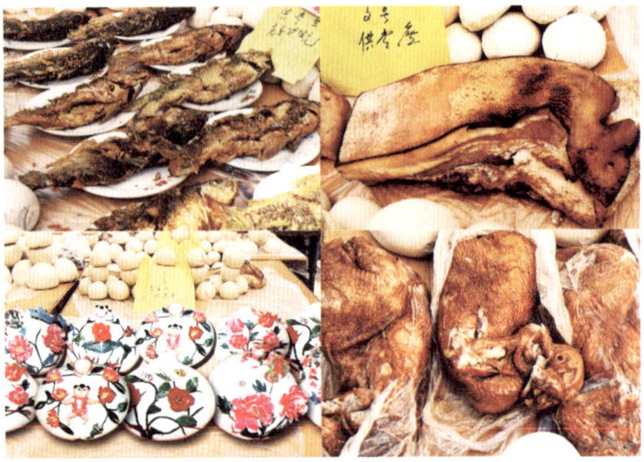

贡品

糖贡

亡者送葬所用的纸扎车、马等，称为“社火”。同时还要办理好看地茔、定葬点、请执客、问仪工、找响器、备酒席、送哭路、蒸馍馍等事宜。

烧纸、守灵。有吊唁人到来要烧纸哭孝，还要每天定时烧纸，子女日夜守护在遗体旁，叫“守灵”。

送盘缠。“盘缠”是方言，就是旅途的路费，送“盘缠”，就是送给逝者去阴间的路费，所烧的纸就是“盘缠”。

封口。把棺材（灵柩）的上盖和下棺口扣死叫“封口”，“封口”前，要“正冠”“净面”，正冠就是戴好帽子，净面就是用棉布蘸水给逝者擦脸。

辞灵。出殡的头一天晚上，在“灵堂”前举行的祭灵仪式，叫“辞灵”。

仪工。就是村里专为殡埋死人的公益性群众自发组织。

打墓。就是按照测定的墓穴位置和所划的线印及方向挖掘坟墓。

出殡。就是从灵堂到墓地掩埋。出殡当日，要“祭灵”。“祭灵”所用供品种类有①“糖贡”。就是将白砂糖熬成汁状，添加可食用剂倒入模具中，待冷却后，除去模具而成型，再用食用色素加以渲染，如八仙、戏曲人物、花鸟鱼虫等。这种用糖熬制的供品，当地叫“糖供（贡）”，也叫“响糖”，是东明及菏泽周边区域的一种独特祭祀。②“花供”。是“馒头供”的一种，蒸馒头时，装饰一些动物、植物、花卉等，并涂以食用色，摆放时每5个一组。③“肉供”。一般有2大块或5小块猪肉。④“鱼供”。10条鲤鱼。⑤“鸡供”。10个烧鸡。以上各供均配25个馒头。⑥“馒头供”。一般为100或80个、最少60个馒头，并将馒头有序堆砌成上尖下圆的山状。⑦“果品供”。一般是5样果品，根据果品形状摆放。祭灵一般要请“响器”班吹奏，请僧人、道士设“道场”。所有客人都要到灵前行“辞灵礼”，礼数有五拜、九拜、十二拜、二十四拜等。另外，还有开桌、谢客、拆棚、门祭、路祭等礼俗。

◆ 沙窝庙会

沙窝庙会是在东明沙窝依托寺庙和岁时风俗形成的集市贸易形式，沙窝庙会以庙古会盛闻名。

东明沙窝历史悠久。远古部落时期的沙窝一带有水、有山、有陵。据说颛顼时期掌管祭祀的官员居住在这里的陵上，并将此陵命名为襄丘。襄丘之北的山，称青龙山，穿过青龙山的济水一段叫响子河，穿山之后的河面有渡口叫响子口，传说青龙山是颛顼祭天的地方。

东明沙窝建庙始于唐代。沙窝庙碧落宫前的石碑载：“乾封二年（667）青龙

沙窝庙会

沙窝庙南山门

山再起，故修天庙以镇。”自唐以后，沙窝庙屡有扩建。五代建城隍庙。北宋建靖国寺，今存北极殿中真武铜像上铸有“宋端拱元年（988）供奉”字样。金大定（1161~1189）建碧落宫，并增建王母殿，碑文有“金大定”的纪年落款。清同治三年（1864）重修碑文曰：“元大德四年（1300）朔，成宗令县立三皇庙”。明朝建马神庙，万历年间（1573~1620）重修庙宇并增建了圣母殿、三官殿，将沙窝庙改名“泰山行宫”。清乾隆七年（1742），将原分散在青龙山各处的兴国寺、靖国寺、城隍庙、马神庙、嫘祖庙、白衣庵、圣母殿等，集中修建于三皇庙与碧落宫之间，外绕一红墙。形成占地50余亩，九进大院，共有殿、堂、楼、舍30余所、房屋100余间的庙宇建筑群，统称泰山行宫。同治三年。沙窝庙（泰山行宫）被黄河决口淹没后，在八方捐助下，建成正殿、廊房、厢房、列殿近百间。

东明沙窝庙如今仍气势恢宏。庙院坐北朝南，由南向北为影壁、垛式山门、大院。院南北两沿皆毗邻殿堂，院南沿与山门一字摆开，山门西为三皇殿、东为娃娃殿。院北沿由东往西为城隍庙、财神庙、灵官殿、嫘祖庙（先蚕庙）。

据传，沙窝当年“连两京贯八府通九州”，响子口为黄河重要渡口，是南茶北去、北马南售的枢纽，茶马集中，商贾云集，渐成茶马交易市场，宋代已成庙会。明朝中叶，每年的农历三月三、九月九，知县等人来沙窝庙祭祀社稷、举行乡宴，老少咸集，颇具规模。

东明沙窝庙会从当年农历九月到第二年农历二月底，逢九会一天；三月初一大会，会期半月。庙会期间，万人云集，熙熙攘攘，商品货物琳琅满目，民间技艺精彩纷呈。

东明沙窝庙会人文景观众多、庙会文化宽泛，对研究鲁西南的集市贸易和庙会文化有重要参考价值。

附　录

◆ 菏泽市市级以上非物质文化遗产项目名录

（资料截至 2021 年底）

项目类别	项目名称	保护单位	项目级别	公布时间
民间文学（19）	麒麟传说	巨野县文化馆	国家级	2006.11.3 第一批
	陶朱公传说	定陶区文化馆	国家级	2006.11.3 第一批
	牡丹传说	牡丹区文化馆	国家级	2008.12.9 第二批
	尧的传说	牡丹区文化馆	国家级	2008.12.9 第二批
	庄子传说	东明县文化馆	国家级	2008.12.9 第二批
	伯乐传说	成武县文化馆	省级	2008.12.9 第二批
	孙膑传说	鄄城县文化馆	省级	2011.11.24 第三批
	伊尹传说	曹县文化馆	省级	2011.11.24 第三批
	尧的传说	鄄城县文化馆	省级	2011.11.24 第三批扩展
	龙王冯传说（秃尾巴老李传说）	牡丹区文化馆	市级	2008.12.9 第二批
	黄巢传说	东明县文化馆	市级	2008.12.9 第二批
	九女传说	成武县文化馆	市级	2008.12.9 第二批
	吕后传说	单县文化馆	市级	2008.12.9 第二批
	戚姬传说	定陶区文化馆	市级	2008.12.9 第二批
	水浒传说	郓城水浒文化发展中心	市级	2008.12.9 第二批
	老君寨传说	单县文化馆	市级	2011.11.24 第三批
	刘秀传说	东明县文化馆	市级	2011.11.24 第三批
	商汤传说	曹县文化馆	市级	2011.11.24 第三批
	冉子传说	定陶区文化馆	市级	2018.12.26 第六批

续 表

项目类别	项目名称	保护单位	项目级别	公布时间
传统音乐（23）	古筝艺术（山东古筝乐）	菏泽市群众艺术馆	国家级	2006.11.3第一批
	鲁西南鼓吹乐	牡丹区文化馆	国家级	2006.11.3第一批
	弦索乐（菏泽弦索乐）	菏泽市群众艺术馆	国家级	2006.11.3第一批
	鲁西南鼓吹乐	单县文化馆	国家级	2006.11.3第一批
	鲁西南鼓吹乐	巨野县文化馆	国家级	2008.12.9第二批扩展
	包楞调	成武县文化馆	省级	2006.11.3第一批
	牛屯鼓乐	定陶区文化馆	省级	2006.11.3第一批
	古筝艺术（山东古筝乐）	郓城县文化馆	省级	2015.3.1第四批扩展
	黄河号子	菏泽市中华文化促进会	省级	2015.3.1第四批扩展
	鲁西南鼓吹乐	成武县文化馆	省级	2015.3.1第四批扩展
	雷琴艺术	菏泽市琴筝清曲古乐社	省级	2016.11.21第五批
	成武大鼓	成武县文化馆	市级	2006.11.3第一批
	成武儿歌	成武县文化馆	市级	2008.12.9第二批
	商汤鼓角	曹县文化馆	市级	2008.12.9第二批
	鲁西南黄河夯硪号子	菏泽市中华文化促进会	市级	2011.11.24第三批
	鲁西南鼓吹乐	鄄城县文化馆	市级	2011.11.24第三批扩展
	鲁西南鼓吹乐	东明县文化馆	市级	2011.11.24第三批扩展
	坠琴	鄄城县文化馆	市级	2015.3.1第四批
	软弓京胡	鄄城县文化馆	市级	2015.3.1第四批
	古筝艺术（山东古筝乐）	鄄城县文化馆	市级	2015.3.1第四批扩展
	软弓胡音乐	菏泽市琴筝清曲古乐社	市级	2016.11.21第五批扩展
	鲁西南民歌	定陶区文化馆	市级	2021.11.12第七批

续 表

项目类别	项目名称	保护单位	项目级别	公布时间
传统音乐(23)	古琴艺术	菏泽市艺术研究所	市级	2021.11.12第七批
传统舞蹈(17)	商羊舞	鄄城县文化馆	国家级	2006.11.3第一批
	羊抵头舞	东明县文化馆	省级	2006.11.3第一批
	担经	鄄城县文化馆	省级	2006.11.3第一批
	撅老四	东明县文化馆	省级	2006.11.3第一批
	抬阁	鄄城县文化馆	省级	2006.11.3第一批
	担经	成武县文化馆	省级	2008.12.9第二批扩展
	三皇舞	鄄城县文化馆	省级	2008.12.9第二批
	高跷	郓城县文化馆	省级	2008.12.9第二批
	精灵皮	单县文化馆	省级	2011.11.24第三批
	舞狮	东明县文化馆	省级	2016.11.21第五批
	蹦伞	曹县文化馆	市级	2008.12.9第二批
	抬阁	郓城县文化馆	市级	2011.11.24第三批扩展
	竹马舞	曹县文化馆	市级	2015.3.1第四批
	马叉舞	曹县文化馆	市级	2015.3.1第四批
	狮子舞	曹县文化馆	市级	2015.3.1第四批
	麒麟舞	东明县文化馆	市级	2016.11.21第五批
	龙灯舞	鄄城县文化馆	市级	2018.12.26第六批
传统戏剧(29)	山东梆子	菏泽市地方戏曲传承研究院	国家级	2006.11.3第一批
	枣梆	菏泽市地方戏曲传承研究院	国家级	2006.11.3第一批
	大弦戏	菏泽市地方戏曲传承研究院	国家级	2006.11.3第一批
	二夹弦	定陶区两夹弦剧团	国家级	2006.11.3第一批

续 表

项目类别	项目名称	保护单位	项目级别	公布时间
传统戏剧（29）	大平调	牡丹区大平调非物质文化遗产保护和传承中心	国家级	2006.11.3第一批
	大平调	东明县大平调剧团	国家级	2006.11.3第一批
	四平调	成武县四平调剧团	国家级	2006.11.3第一批
	皮影戏（定陶皮影）	定陶区文化馆	国家级	2006.11.3第一批
	大平调	成武县文化馆	国家级	2008.12.9第二批扩展
	柳子戏	定陶区文化馆	省级	2006.11.3第一批
	两夹弦（北词两夹弦）	郓城县文化馆	省级	2008.12.9第二批扩展
	山东梆子	郓城县文化馆	省级	2011.11.24第三批扩展
	柳子戏	郓城县文化馆	省级	2011.11.24第三批扩展
	四平调	单县文化馆	省级	2015.3.1第四批扩展
	山东梆子	巨野县文化馆	省级	2016.11.21第五批扩展
	竹马戏	郓城县文化馆	市级	2011.11.24第三批
	两夹弦	成武县文化馆	市级	2011.11.24第三批扩展
	枣梆	巨野县文化馆	市级	2015.3.1第四批扩展
	枣梆	鄄城县文化馆	市级	2015.3.1第四批扩展
	皮影戏（曹县皮影）	曹县文化馆	市级	2015.3.1第四批扩展
	琴剧	郓城县文化馆	市级	2016.11.21第五批
	枣梆	郓城县文化馆	市级	2016.11.21第五批扩展
	大平调	定陶区文化馆	市级	2016.11.21第五批扩展
	柳琴戏	单县文化馆	市级	2018.12.26第六批
	柳子戏	巨野县文化馆	市级	2018.12.26第六批扩展
	山东梆子	单县地方戏曲研究保护中心	市级	2021.11.12第七批

续 表

项目类别	项目名称	保护单位	项目级别	公布时间
传统戏剧（29）	大弦子戏	曹县文化馆	市级	2021.11.12第七批
	大弦子戏	牡丹区文化馆	市级	2021.11.12第七批
	大弦子戏	郓城县文化馆	市级	2021.11.12第七批
曲艺（38）	山东琴书	菏泽市艺术研究所	国家级	2006.11.3第一批
	莺歌柳书	菏泽市艺术研究所	国家级	2006.11.3第一批
	山东落子	单县文化馆	国家级	2006.11.3第一批
	山东花鼓	菏泽市艺术研究所	国家级	2006.11.3第一批
	山东琴书	郓城县文化馆	国家级	2008.12.9二批扩展
	山东落子	巨野县文化馆	省级	2006.11.3第一批
	山东琴书（小曲子）	东明县文化馆	省级	2008.12.9第二批扩展
	山东渔鼓	单县文化馆	省级	2008.12.9第二批
	坠子	鄄城县文化馆	省级	2011.11.24第三批
	坠子	郓城县文化馆	省级	2011.11.24第三批
	坠子	菏泽市群众艺术馆	省级	2011.11.24第三批
	花鼓丁香	单县文化馆	省级	2015.3.1第四批
	山东落子	菏泽市艺术研究所	市级	2006.11.3第一批
	山东琴书	定陶区文化馆	市级	2008.12.9二批扩展
	弦子鼓	成武县文化馆	市级	2011.11.24第三批
	木板大鼓	鄄城县文化馆	市级	2011.11.24第三批
	山东琴书	巨野县文化馆	市级	2011.11.24第三批扩展
	山东琴书	鄄城县文化馆	市级	2011.11.24第三批扩展
	山东落子	鄄城县文化馆	市级	2011.11.24第三批扩展

续 表

项目类别	项目名称	保护单位	项目级别	公布时间
曲艺（38）	山东渔鼓（郓城渔鼓）	郓城县文化馆	市级	2011.11.24第三批扩展
	山东花鼓	巨野县文化馆	市级	2015.3.1第四批扩展
	山东花鼓	郓城县文化馆	市级	2015.3.1第四批扩展
	山东花鼓	鄄城县文化馆	市级	2015.3.1第四批扩展
	坠子书	巨野县文化馆	市级	2015.3.1第四批扩展
	坠子书	成武县文化馆	市级	2015.3.1第四批扩展
	山东琴书（南路山东琴书）	成武县文化馆	市级	2015.3.1第四批扩展
	山东落子	郓城县文化馆	市级	2015.3.1第四批扩展
	莲花落	郓城县文化馆	市级	2016.11.21第五批
	山东琴书	单县文化馆	市级	2016.11.21第五批扩展
	坠子	东明县文化馆	市级	2016.11.21第五批扩展
	木板大鼓	单县文化馆	市级	2016.11.21第五批扩展
	花鼓丁香	成武县文化馆	市级	2016.11.21第五批扩展
	梨花大鼓	巨野县文化馆	市级	2018.12.26第六批
	坠子	曹县文化馆	市级	2018.12.26第六批扩展
	山东琴书	曹县文化馆	市级	2018.12.26第六批扩展
	山东琴书	牡丹区文化馆	市级	2018.12.26第六批扩展
	山东花鼓	曹县文化馆	市级	2018.12.26第六批扩展
	坠子	单县文化馆	市级	2021.11.12第七批
传统体育、游艺与杂技（49）	佛汉拳	东明县佛汉拳协会	国家级	2008.12.9第二批
	水浒拳	郓城县体育中学	省级	2006.11.3第一批
	孔楼杂技	巨野县文化馆	省级	2006.11.3第一批

续 表

项目类别	项目名称	保护单位	项目级别	公布时间
传统体育、游艺与杂技（49）	大洪拳	牡丹区文化馆	省级	2008.12.9第二批
	大洪拳	郓城县宋江武校	省级	2008.12.9第二批
	二洪拳	鄄城县文化馆	省级	2008.12.9第二批
	二洪拳	曹县文化馆	省级	2008.12.9第二批
	二郎拳	巨野县精英武校	省级	2008.12.9第二批
	梅花拳	定陶区文化馆	省级	2011.11.24第三批
	八卦掌	曹县八卦掌协会	省级	2011.11.24第三批
	梅花拳	东明县文化馆	省级	2011.11.24第三批
	大洪拳	鄄城县文化馆	省级	2011.11.24第三批扩展
	武术点穴法	东明县文化馆	省级	2011.11.24第三批
	定陶阴阳掌	定陶区文化馆	省级	2015.3.1第四批
	梅花拳	鄄城县文化馆	省级	2015.3.1第四批扩展
	斗鸡	成武县文化馆	市级	2006.11.3第一批
	斗鸡	鄄城县文化馆	市级	2006.11.3第一批
	马叉	鄄城县文化馆	市级	2006.11.3第一批
	宋江阵	郓城县文化馆	市级	2008.12.9第二批
	王氏内家拳	郓城县体育中学	市级	2008.12.9第二批
	斗羊	成武县文化馆	市级	2011.11.24第三批
	五步架	巨野县文化馆	市级	2015.3.1第四批
	定陶夕阳掌	定陶区文化馆	市级	2015.3.1第四批
	郓城乾捶梅花炮拳	郓城县文化馆	市级	2015.3.1第四批
	查拳	牡丹区文化馆	市级	2015.3.1第四批

续 表

项目类别	项目名称	保护单位	项目级别	公布时间
传统体育、游艺与杂技(49)	佛汉拳	鄄城县文化馆	市级	2015.3.1第四批扩展
	大洪拳	单县文化馆	市级	2015.3.1第四批扩展
	八卦掌	牡丹区文化馆	市级	2015.3.1第四批扩展
	掌洪拳	牡丹区文化馆	市级	2016.11.21第五批
	东明炮拳	东明县文化馆	市级	2016.11.21第五批
	定陶二路洪拳	定陶区文化馆	市级	2016.11.21第五批
	定陶洪拳	定陶区文化馆	市级	2016.11.21第五批
	佛汉拳	郓城县文化馆	市级	2016.11.21第五批扩展
	梅花拳	菏泽市梅花拳协会	市级	2016.11.21第五批扩展
	梅花拳	菏泽市牡丹区武术开发公司	市级	2016.11.21第五批扩展
	阴阳掌(二郎门阴阳掌)	郓城县文化馆	市级	2016.11.21第五批扩展
	关东炮捶	曹县关东炮捶武术协会	市级	2018.12.26第六批
	太祖洪拳	鄄城县文化馆	市级	2018.12.26第六批
	状元大刀	郓城县文化馆	市级	2018.12.26第六批
	二郎拳	曹县洪拳协会	市级	2018.12.26第六批扩展
	掌洪拳(定陶掌洪拳)	定陶区文化馆	市级	2018.12.26第六批扩展
	梅花拳(曹州梅花拳)	牡丹区文化馆	市级	2018.12.26第六批扩展
	文圣拳	郓城县文化馆	市级	2021.11.12第七批
	孙膑拳	郓城县文化馆	市级	2021.11.12第七批
	晁家拳	郓城县文化馆	市级	2021.11.12第七批
	定陶戴氏心意拳	定陶区文化馆	市级	2021.11.12第七批
	尹传陈式太极拳	东明县文化馆	市级	2021.11.12第七批

续　表

项目类别	项目名称	保护单位	项目级别	公布时间
传统体育、游艺与杂技(49)	蹬技	牡丹区文化馆	市级	2021.11.12第七批
	梅花拳	曹县文化馆	市级	2021.11.12第七批
传统美术(39)	曹州面人	牡丹区文化馆	国家级	2006.11.3第一批
	曹县江米人	曹县文化馆	国家级	2006.11.3第一批
	砖塑(鄄城砖塑)	鄄城县文物管理所(中国鲁锦博物馆)	国家级	2006.11.3第一批
	曹县柳编	曹县民间传统手工技艺研究会	国家级	2008.12.9第二批
	曹县木雕	曹县云龙木雕有限公司	国家级	2008.12.9第二批
	旋木	鄄城中国鲁锦博物馆	省级	2006.11.3第一批
	曹州绳编	定陶区文化馆	省级	2008.12.9第二批
	刻瓷	成武县文化馆	省级	2011.11.24第三批
	曹州堆绣	定陶区文化馆	省级	2011.11.24第三批
	工笔牡丹画	巨野县书画院	省级	2011.11.24第三批
	泥塑(曹州泥偶)	山东龙人康陶艺有限公司	省级	2016.11.21第五批扩展
	刻瓷(曹州刻瓷)	牡丹区文化馆	省级	2016.11.21第五批扩展
	缪篆书法	巨野县文化馆	省级	2018.12.26第六批
	木雕(菏泽木雕)	牡丹区文化馆	省级	2018.12.26第六批扩展
	花鸟篆书(菏泽花鸟字)	菏泽市群众艺术馆	市级	2008.12.9第二批
	曹州剪纸	牡丹区文化馆	市级	2011.11.24第三批
	花鸟篆书(花鸟字)	郓城县文化馆	市级	2011.11.24第三批扩展
	泥塑	鄄城县文化馆	市级	2015.3.1第四批
	郓城碳粉画	郓城县文化馆	市级	2015.3.1第四批
	指书	菏泽市林默指书艺术研究院	市级	2015.3.1第四批

续 表

项目类别	项目名称	保护单位	项目级别	公布时间
传统美术（39）	剪纸	巨野县文化馆	市级	2015.3.1第四批扩展
	剪纸	郓城县文化馆	市级	2015.3.1第四批扩展
	剪纸	鄄城县文化馆	市级	2015.3.1第四批扩展
	根雕（曹州根雕）	菏泽市工艺美术协会	市级	2016.11.21第五批
	陶丘雕刻	定陶区文化馆	市级	2016.11.21第五批
	烙画	鄄城县文物管理所	市级	2016.11.21第五批
	曹州面人	市文化促进会	市级	2016.11.21第五批扩展
	木雕	鄄城县文化馆	市级	2016.11.21第五批扩展
	泥塑	牡丹区文化馆	市级	2016.11.21第五批扩展
	指画	曹县文化馆	市级	2018.12.26第六批
	微书写卷	巨野县文化馆	市级	2018.12.26第六批
	郓城传统彩粉画	郓城县文化馆	市级	2018.12.26第六批
	曹州麦秆画	菏泽市工艺美术协会	市级	2018.12.26第六批
	烙画（曹县烙画）	曹县文化馆	市级	2018.12.26第六批扩展
	木版年画	菏泽市博物馆	市级	2021.11.12第七批
	木版年画（鄄城木版年画）	鄄城县文物保护中心	市级	2021.11.12第七批
	砖塑（曹县砖雕）	曹县文化馆	市级	2021.11.12第七批
	旋木	成武县文化馆	市级	2021.11.12第七批
	泥塑（曹县泥塑）	曹县文化馆	市级	2021.11.12第七批
传统技艺（79）	鲁锦织造技艺	鄄城县鲁锦工艺品有限责任公司	国家级	2006.11.3第一批
	单县羊肉汤传统制作技艺	单县文化馆	省级	2006.11.3第一批
	郓城古筝制作工艺	郓城县文化馆	省级	2006.11.3第一批

续　表

项目类别	项目名称	保护单位	项目级别	公布时间
传统技艺（79）	水浒纸牌及雕版印刷	郓城县图书馆	省级	2006.11.3第一批
	成武酱菜制作技艺	山东鸿方缘食品有限公司	省级	2006.11.3第一批
	东明香肚	东明县靳记食品有限公司	省级	2008.12.9第二批
	曹县戏文纸扎	曹县民间传统手工技艺研究会	省级	2008.12.9二批扩展
	曹县龙灯制作技艺	曹县民间传统手工技艺研究会	省级	2008.12.9第二批
	蓝印花布	东明县文化馆	省级	2008.12.9第二批
	曹县烧牛肉传统制作技艺	曹县民间传统手工技艺研究会	省级	2008.12.9第二批
	花冠酒酿造工艺	花冠集团酿酒有限公司	省级	2011.11.24第三批
	黄泥古陶制作技艺	郓城县县文化馆	省级	2015.3.1第四批
	北狮皮制作技艺	鄄城县文化馆	省级	2015.3.1第四批
	东明粮画制作技艺	东明县文化馆	省级	2015.3.1第四批
	传统酿酒技艺（邓氏黍米原浆酒制作技艺）	菏泽市定陶区学志黍米酒酿造研发中心	省级	2016.11.21第五批扩展
	曹县蒸碗制作技艺	曹县致宽堂美食城	省级	2018.12.26第六批
	皮影制作技艺	曹县任家班皮影传统文化有限公司	省级	2018.12.26第六批
	阿胶生产传统技艺（鲁润阿胶传统制作技艺）	山东鲁润阿胶药业有限公司	省级	2018.12.26第六批扩展
	手制糖果饯	鄄城县文物管理所（中国鲁锦博物馆）	市级	2006.11.3第一批
	纸扎	东明县文化馆	市级	2006.11.3第一批
	郓城泥塑	郓城县文化馆	市级	2006.11.3第一批
	黑陶	成武县文化馆	市级	2011.11.24第三批
	鄄城烧羊肉	鄄城文化馆	市级	2011.11.24第三批
	左营绿豆丸	鄄城县文化馆	市级	2011.11.24第三批

续 表

项目类别	项目名称	保护单位	项目级别	公布时间
传统技艺（79）	定陶烧鸡	定陶区文化馆	市级	2011.11.24第三批
	麻酥糖制作技艺	曹县民间传统手工技艺研究会	市级	2011.11.24第三批
	白酥鸡制作技艺	成武县文化馆	市级	2015.3.1第四批
	鲁西南传统木工制作技艺	曹县文化馆	市级	2015.3.1第四批
	曹县老土布制作技艺	曹县文化馆	市级	2015.3.1第四批
	致德坊绿豆酸粥制作技艺	鄄城县文化馆	市级	2015.3.1第四批
	裘皮手工艺品技艺	菏泽宇航裘革制品有限公司	市级	2015.3.1第四批
	手工挂面制作技艺	东明县文化馆	市级	2016.11.21第五批
	香油制作技艺（孔家小磨香油）	巨野县文化馆	市级	2016.11.21第五批
	香油制作技艺（李六香油）	成武县文化馆	市级	2016.11.21第五批
	香油制作技艺（花王石磨香油制作技艺）	鄄城县文化馆	市级	2016.11.21第五批
	捏糖人	成武县文化馆	市级	2016.11.21第五批
	阿胶生产传统技艺	山东东美阿胶有限公司	市级	2016.11.21第五批
	东明栽桑制杈技艺	东明县文化馆	市级	2016.11.21第五批
	鲁西南杆秤制作技艺	菏泽市工艺美术协会	市级	2016.11.21第五批
	十里铺糕点制作技艺	定陶区文化馆	市级	2016.11.21第五批
	聚魁笔庄毛笔制作技艺	菏泽市中华文化促进会	市级	2016.11.21第五批
	纸扎	成武县文化馆	市级	2016.11.21第五批扩展
	柳编（条编）	单县文化馆	市级	2016.11.21第五批扩展
	传统酿酒技艺（鸿发涌酒酿造技艺）	郓城县文化馆	市级	2016.11.21第五批扩展
	传统酿酒技艺（草里王酿酒制作技艺）	成武县文化馆	市级	2016.11.21第五批扩展
	麦芽糖制作技艺	曹县帅华食品有限公司	市级	2018.12.26第六批

续　表

项目类别	项目名称	保护单位	项目级别	公布时间
传统技艺(79)	红薯粉条制作技艺	东明县文化馆	市级	2018.12.26第六批
	花馍制作技艺	东明县文化馆	市级	2018.12.26第六批
	糖画制作技艺(唐氏糖画制作技艺)	东明县文化馆	市级	2018.12.26第六批
	糖画制作技艺	成武县文化馆	市级	2018.12.26第六批
	谢集罐子汤	巨野县文化馆	市级	2018.12.26第六批
	聚同木梳制作技艺	鄄城县文物管理所	市级	2018.12.26第六批
	羊毛编织技艺	鄄城县永铭地毯公司	市级	2018.12.26第六批
	曹州耿饼	牡丹区文化馆	市级	2018.12.26第六批
	郓城西瓜酱制作技艺	郓城县文化馆	市级	2018.12.26第六批
	王屯冰红糖传统制作技艺	郓城县文化馆	市级	2018.12.26第六批
	糕点制作技艺(隆盛昌糕点制作技艺)	定陶区文化馆	市级	2018.12.26第六批扩展
	传统酿酒技艺(老泥池酒传统酿造技艺)	山东菏泽天香酒业有限公司	市级	2018.12.26第六批扩展
	烧牛肉制作技艺(徐家满当烧牛肉)	成武县文化馆	市级	2018.12.26第六批扩展
	烧鸡制作技艺(陶城王老味柴烧鸡)	菏泽开发区二峰烧鸡店	市级	2018.12.26第六批扩展
	古城香油水煎包制作技艺	成武县文化馆	市级	2021.11.12第七批
	杨氏方笙制作技艺	单县文化馆	市级	2021.11.12第七批
	黄岗馓子制作技艺	单县文化馆	市级	2021.11.12第七批
	吴氏制香传统技艺	单县文化馆	市级	2021.11.12第七批
	郭家驴肉制作技艺	定陶区文化馆	市级	2021.11.12第七批
	大弦制作技艺	东明县文化馆	市级	2021.11.12第七批
	黄河窑陶瓷烧制技艺	菏泽市工艺美术协会	市级	2021.11.12第七批
	手工插花技艺	鄄城县森淼农副产品商贸有限公司	市级	2021.11.12第七批

续 表

项目类别	项目名称	保护单位	项目级别	公布时间
传统技艺(79)	柴烧陶印	巨野县文化馆	市级	2021.11.12第七批
	牡丹鲜花饼	菏泽开发区蓝天蓝食品有限公司	市级	2021.11.12第七批
	曹州井氏养蜂技艺	牡丹区文化馆	市级	2021.11.12第七批
	传统酿酒技艺(水浒酒传统酿造技艺)	郓城县文化馆	市级	2021.11.12第七批
	传统酿酒技艺(黄泥冈酒传统酿造技艺)	郓城县文化馆	市级	2021.11.12第七批
	传统酿酒技艺(刘氏浓香白酒酿造技艺)	山东牡丹城酿酒股份有限公司	市级	2021.11.12第七批
	传统酿酒技艺(春秋酎酒酿造技艺)	定陶区文化馆	市级	2021.11.12第七批
	烧鸡制作技艺(吉家烧鸡制作技艺)	牡丹区文化馆	市级	2021.11.12第七批
	香油制作技艺(李磨油小磨芝麻香油制作技艺)	牡丹区文化馆	市级	2021.11.12第七批
	皮影制作技艺(定陶皮影雕刻技艺)	定陶区文化馆	市级	2021.11.12第七批
	西瓜酱制作技艺(东明西瓜酱制作技艺)	东明县文化馆	市级	2021.11.12第七批
传统医药(38)	全鸡接骨膏	曹县同善医院	省级	2008.12.9第二批
	活血接骨膏	曹县同善医院	省级	2008.12.9第二批
	马纪庄眼药制作技艺	定陶区文化馆	省级	2015.3.1第四批
	荆氏经络点穴疗法	牡丹区文化馆	省级	2016.11.21第五批
	千户宋楼正骨疗法	鄄城县文化馆	省级	2016.11.21第五批
	任氏怀德堂膏药	郓城县文化馆	省级	2018.12.26第六批
	活鸡接骨膏	单县文化馆	市级	2008.12.9第二批
	仝氏正骨	郓城县仝老家正骨研究会	市级	2008.12.9第二批
	烟庄正骨	成武县文化馆	市级	2008.12.9第二批
	毛家祖传喉科	东明县文化馆	市级	2015.3.1第四批

续 表

项目类别	项目名称	保护单位	项目级别	公布时间
传统医药（38）	张氏一指禅疏通经络手法治疗带状疱疹	巨野县文化馆	市级	2015.3.1第四批
	郓城罗氏刺络疗法	郓城县文化馆	市级	2015.3.1第四批
	韩氏化刺膏	菏泽市世昌椎间盘中医诊所	市级	2015.3.1第四批
	于氏正骨	巨野县文化馆	市级	2015.3.1第四批
	赵氏祖传正骨	东明县文化馆	市级	2016.11.21第五批
	韩氏化刺丸	菏泽市世昌椎间盘中医诊所	市级	2016.11.21第五批
	面瘫牵正膏制作技艺	云涛牵正膏门诊	市级	2018.12.26第六批
	邹氏挑针疗法	菏泽市中医医院	市级	2018.12.26第六批
	风湿骨关节病消痛贴	单县文化馆	市级	2018.12.26第六批
	马仁堂鲁黑膏	单县文化馆	市级	2018.12.26第六批
	复盛永痹通热宝传统制作技艺	郓城县文化馆	市级	2018.12.26第六批
	朱明武杨氏吹喉疗法	菏泽开发区辛集宪恩诊所	市级	2018.12.26第六批
	中医眼药（李庄眼药）	定陶区文化馆	市级	2018.12.26第六批扩展
	中医正骨疗法（支氏正骨）	东明县文化馆	市级	2018.12.26第六批扩展
	中医正骨疗法（德缘堂正骨膏）	单县文化馆	市级	2018.12.26第六批扩展
	中医带状疱疹疗法（任氏带状疱疹外敷疗法）	鄄城县文物管理所	市级	2018.12.26第六批扩展
	中医推拿疗法（曹县中医推拿）	曹县文化馆	市级	2021.11.12第七批
	中医针灸疗法（子午流注针灸疗法）	曹县韩集镇吕家行政村卫生室	市级	2021.11.12第七批
	中医针灸疗法（中医针灸针挑疗法）	定陶区文化馆	市级	2021.11.12第七批
	曹州中药炮制技术	菏泽市食品药品检验检测研究院	市级	2021.11.12第七批
	中医传统制剂方法（巴必克疤痕膏）	菏泽巴必克医疗服务有限公司中医（综合）诊所	市级	2021.11.12第七批

续 表

项目类别	项目名称	保护单位	项目级别	公布时间
传统医药(38)	中医传统制剂方法(彪字号膏药制作技艺)	定陶区文化馆	市级	2021.11.12第七批
	中医传统制剂方法(小儿穴位贴制作技艺)	定陶区文化馆	市级	2021.11.12第七批
	中医传统制剂方法(神王膏药)	山东忆念莲生物科技有限公司	市级	2021.11.12第七批
	中医传统制剂方法(丁氏通络清肺平喘贴)	郓城县文化馆	市级	2021.11.12第七批
	中医传统制剂方法(言午堂清癣膏)	单县文化馆	市级	2021.11.12第七批
	王氏穴位卡灸疗法	牡丹区文化馆	市级	2021.11.12第七批
	中医点穴疗法(中医点穴)	菏泽市开发区盛泽草本植物有限公司	市级	2021.11.12第七批
民俗(14)	仿山山会	定陶区文化馆	省级	2006.11.3第一批
	桃源花供	曹县文化馆	省级	2008.12.9第二批
	曹州牡丹花会	牡丹区文化馆	市级	2008.12.9第二批
	梁王庙庙会	成武县文化馆	市级	2008.12.9第二批
	丧事礼俗(享糖贡献礼)	东明县文化馆	市级	2008.12.9第二批
	瓦堌庙庙会	成武县文化馆	市级	2011.11.24第三批
	东岳天齐庙会	巨野县文化馆	市级	2011.11.24第三批
	马神庙会	单县文化馆	市级	2011.11.24第三批
	黄河水神	菏泽市中华文化促进会	市级	2015.3.1第四批
	肖堌堆庙会	郓城县文化馆	市级	2016.11.21第五批
	沙窝庙会	东明县文化馆	市级	2016.11.21第五批
	吉祥寺庙会	成武县文化馆	市级	2018.12.26第六批
	尧陵祭尧大典	鄄城县文物保护中心	市级	2021.11.12第七批
	菏泽斗羊	牡丹区文化馆	市级	2021.11.12第七批

◆ 后　记

《菏泽非物质文化遗产概览》是菏泽市政协深入贯彻习近平总书记关于文化传承发展和非遗保护工作等重要论述精神，充分发挥人民政协独特优势、积极履职作为而实施的一项重点文化建设工程。这部书的征编出版，使菏泽非物质文化遗产的基本资料有了较为完整的记录和保存，是菏泽文化建设和文史资料工作的又一项新成果。

菏泽市政协领导高度重视和支持编撰工作，加强组织领导和工作指导，保障编撰工作有序推进。菏泽市政协文化文史和学习委员会、菏泽市文化和旅游局联合成立编审委员会，落实计划措施，扎实做好策划、协调、统稿、总撰、校审、出版等工作。九县区的政协和文化旅游部门承担了全部资料的收集整理工作，全体编辑和编审同志不惮辛劳，精益求精，认真组织审阅，历经多轮修订和改稿。借本书付梓之际，谨向有关资料的编撰者、提供者和相关单位、专家学者，表示诚挚的感谢！

由于非遗项目涉及内容较多，撰写难度较大，书中难免存在疏漏、错误之处，恳请读者批评指正。

编　者

2024 年 10 月